谢端琚文集

谢端琚 著

学苑出版社

图书在版编目（CIP）数据

谢端琚文集 / 谢端琚著. — 北京：学苑出版社，2020.12
ISBN 978-7-5077-6109-2

Ⅰ.①谢… Ⅱ.①谢… Ⅲ.①文物—考古—文集 Ⅳ.①K85-53

中国版本图书馆 CIP 数据核字（2020）第 265729 号

责任编辑：杨　雷
出版发行：学苑出版社
社　　址：北京市丰台区南方庄 2 号院 1 号楼
邮政编码：100079
网　　址：www.book001.com
电子信箱：xueyuanpress@163.com
联系电话：010-67601101（营销部）、010-67603091（总编室）
印　刷　厂：北京建宏印刷有限公司
开本尺寸：710×1000　1/16
印　张：48
字　数：730 千字
版　次：2021 年 1 月第 1 版
印　次：2021 年 1 月第 1 次印刷
定　价：260.00 元

自序

我1932年12月出生于福建省闽清县梅溪镇青岫村的一户农家。兄弟五人，我排行第四。一家人主要依靠少量土地的农业收入为生。父亲是位私塾先生，也是我的启蒙老师。我从小跟着父亲就读，他教我学习《论语》等儒家经典，还订出一定时间要我学习和背诵古文，这奠定了我阅读古文献的基础。同时父亲还手把手地教我写毛笔字，每次起码写一张纸，现在我毛笔字写得还算工整，也应该归功于我父亲的教诲。

小学我就读于当地的东山小学和昙溪小学。为减轻家里经济负担，与我同读于昙溪小学的哥哥谢端潮毕业后没有再升学就工作了。勤劳的母亲承担了家务和抚养子女的重任，母亲经常对我说：农村孩子上学不容易，你要好好学习，学个本领，争取找份工作。母亲温馨的话语和哥哥过早的工作，在我的脑海里深深种下了感恩的种子，也激励我要努力学习的决心。1945年昙溪小学毕业后，我被保送进闽清县天儒初级中学就读。高中升入闽侯中学。在小学和中学阶段，离家还较近，每逢假期我都回家帮助家里干些农活。生活虽然清苦，但全家人相处非常和睦，倒也其乐融融。

1951年高中毕业后，我考入了福州大学历史系。

1952年全国高校院系调整后转入厦门大学历史系学习。在厦大学习期间，我除学习历史系必修课外，还兼修考古学与人类学的课程。考古课的授课教师是著名的中国现代人类学家、考古学家林惠祥教授。林教授曾在中国东南地区和东南亚从事考古发掘和民族调查，尤其对台湾高山族有深入调查研究，论著颇丰，他的论著至今仍有重要的参考价值。他学识渊博，讲课生动有趣，深深吸引了我们，也直接影响了我后来想学习考古学的兴趣。可以说他是我考古生涯的启蒙人。

1955年从厦门大学毕业后，同年9月分配到了中国科学院（1977年改属中国社会科学院）考古研究所工作。考古所是中国考古研究的最高学术殿堂，著名的考古专家济济一堂，如郑振铎、夏鼐、徐旭生（徐炳昶）、尹达、郭宝钧、黄文弼、陈梦家、苏秉琦、安志敏、石兴邦等，他们都是我仰慕已久的名家。当时我选择了原始社会考古学作为研究方向，所领导即指派尹达和安志敏两位先生做我的指导老师。众所周知，考古研究的基础是田野考古，考古所非常重视田野考古工作。我是很幸运的，适逢国家正处于百废待兴、经济蓬勃发展之时，各地基础建设日新月异，为配合经济建设我们有做不完的田野考古工作。我参加工作伊始，就要准备去配合黄河水库的建设了。1956年秋季～1957年春季，我参加了由安志敏先生领导的河南陕县庙底沟遗址的发掘。这是我真正从事田野考古跨出的第一步，在田野考古中我经历了风餐露宿，也在慢慢地成长。嗣后半个世纪，我又在甘肃、青海、黑龙江、吉林、福建、云南、香港等10多个省区参加和主持过考古调查和发掘工作。

（一）

河南陕县庙底沟遗址的发掘是值得我回忆的，那是我国的考古史上空前的一次壮举。为配合国家实现使黄河变清的宏伟建设工程，1955年10月由中华人民共和国文化部和中国科学院联合组成黄河水库考古工作队，我们考古研究所副所长夏鼐任队长，在全国考古文物系统中调集了上百名干部，奔赴河南、山西、甘肃、青海诸省开展考古调查工作。我国历史悠久，文物蕴藏非常丰富，在河南黄河三门峡水库区即发现了古文化遗存300余处，包括不同时期的古遗址和墓葬等。1956年9月30日至1957

年 7 月 25 日，选择河南陕县（今属三门峡市）庙底沟遗址进行了大规模的发掘。参加的业务人员达 75 人，包括来自考古所、各省文物管理委员会、博物馆以及大学历史系老师等，协助发掘的工人最多时达 100 余人。

庙底沟遗址发掘面积共 5000 平方米。发现有新石器时代仰韶文化、龙山文化和东周时期的三层堆积。其中以仰韶文化最为丰富，出土有房址 2 座、窖穴 168 个、墓葬 1 座和大量的陶器、石器、骨器等。它的文化特征鲜明，代表了仰韶文化的一种类型，由于它首先被发现于庙底沟遗址，因而命名为仰韶文化庙底沟类型。庙底沟类型的遗物经碳 -14 测定，绝对年代约在公元前 3900 年至公元前 3500 年，晚于同属仰韶文化的半坡类型（发现于陕西西安半坡村）。经多年的考古发现和研究，庙底沟类型的文化分布十分广泛，中原地区是其分布中心，它对周邻的新石器时代马家窑文化、大汶口文化、红山文化和南方大溪文化等都有不同程度的影响。同时它也吸收了周围诸原始文化的因素而得到发展。在同一遗址中位处庙底沟文化层之上，即在时代上晚于庙底沟类型的龙山文化遗存也很重要，后来我们称之为"庙底沟第二期文化"，因为它的遗物显现出由仰韶文化到龙山文化的过渡性质，由此也阐明了仰韶文化和龙山文化有着继承的关系。在该文化层内出土墓葬 145 座，说明这是一处公共氏族墓地。这是在考古发掘中首次发现的龙山文化墓地，具有重要的学术价值。

在庙底沟发掘时，我们的生活是简单和艰苦的。大家都租住在农民家中，用竹席盖一座简易的，漏风但能遮雨的大饭厅，请当地农民来做饭。由于当时豫西还很穷困，居住条件很差，住的是平房和窑洞，且都非常破旧，在平房破烂的顶棚上不时有蝎子掉到床上来，睡梦中会有破旧的窑洞顶上的大土块掉到身上，雨季时窑洞顶上的雨水不断地渗透会使窑洞坍塌，非常危险，要有经验的老农及时提醒立即搬离。这些我们都亲身经历过，但我们都平安地过来了。晚上每人一盏煤油灯，在孤灯下，大家都在整理白天的发掘日记和出土的遗物或者读书，但大家都以此为荣不以此为苦，今天回想起来这些往事历历在目仍很鲜活。

发掘结束后，依照考古程序，我们要立即着手整理发掘资料，并编写发掘报告。我有幸参加了这一项工作，由领队安志敏先生和我、郑乃武三人组成整理和编写报告小组，历一年有余完成报告初稿。该报告资料除庙底沟遗址，还包括三里桥遗址，故书名定为《庙底沟与三里桥》。最后经安志敏先生整校一遍，并由夏鼐先生校阅全文定稿，1959年由科学出版社出版。当年该书出版后，即引起国际学术界的关注，原因在于庙底沟二期文化的发现，使中国中原地区史前文化的连续性得以证实。应国外学术界的要求，文物出版社于2011年10月用双语再版此书。美籍华裔著名考古学家张光直先生作序，序云："摆在大家面前的这部被译成英文出版的考古报告——《庙底沟与三里桥》，是中国新石器时代的一个重要的里程碑。……本书的英文版无疑将有助于把它置于世界考古经典之列。"考古报告被译成英文面向国外交流这在当时是极为罕见的，由此可见庙底沟遗址在新石器文化研究中的重要地位了。

（二）

庙底沟遗址的任务完成后，1958~1960年，所领导派我率黄河水库考古队甘肃工作队赴黄河上游甘青地区的刘家峡、盐锅峡、八盘峡水库区进行考古调查，并在调查基础上，先后选择了永靖县张家咀、大何庄、秦魏家、姬家川、马家湾等多处遗址进行发掘。前后参加人员达15人，除考古所外，还有甘肃省博物馆和永靖县炳灵寺保管所的干部。1974~1980年，应青海省文物管理处邀请，研究所派我队与青海省文物管理处合作，由我和青海省文物管理处处长赵生琛共同主持乐都柳湾遗址的发掘。参与柳湾遗址发掘的达40余人，除我所和青海省文物管理处18人外，尚有北京大学历史系考古专业师生8人和西北大学历史系考古专业、甘肃省博物馆文物队、青海省西宁市和乐都等县等文物或文化馆人员。此外，柳湾村几十位村民和知识青年，也长期协助我们对该遗址进行钻探和发掘工作。1981~1990年，我再次赴甘肃主持发掘天水市师赵村、西山坪和武山县傅家门三处史前遗址。先后参加者共20人，除我所人员外，尚有天水市博物馆、武山县博物馆和青海省文物考古研究所的干部参加。这次的发掘历时较长，且更带有学术研究的主动性。在甘肃青海从事田野考古期间我一直担任甘青考古队队长之职。

我国西北地区与中原一样历史悠久，而且在古代少数民族众多、交替频繁，这使史前的文化呈现出复杂的特点。西北地区气候干燥，地下的文物遗存较易保存，历史上因人口增长和经济建设而遭受的破坏也比较少，因此，西北地区有文物宝库之称，新疆、甘肃、青海都是文物大省，在考古文物专家的眼中是一块未开垦的处女地，因此在18世纪末19世纪初也引来了国外考古学家们。如瑞典人斯文·赫定、安特生，英国人斯坦因和法国人伯希和以及桑志华、德日进都曾涉足。安特生在调查了甘肃和青海的史前一些遗址之后，提出甘肃史前文化的"六期说"，即齐家、仰韶（半山）、马厂、辛店、寺洼、沙井六期，并主张"中国文化西来说"。斯坦因从甘肃敦煌莫高窟的道士手中骗走大量文物曾震惊全世界，以致国人有"敦煌在中国，敦煌学在国外"之痛。

在19世纪20至40年代，我国考古学家也因此纷纷踏足西北，如1927~1931年，中国学术团体协会与瑞典合组"西北科学考查团"，徐旭生任团长，斯文·赫定任副团长，在西北地区进行多学科的综合考察。1942~1943年中国中央研究院历史语言研究所、中央博物馆筹备处等单位合组"西北史地考查团"，考古方面由劳榦、石璋如负责，在敦煌附近和额济纳流域考察汉代长城烽燧遗址。1944~1945年，在"西北史地考查团"的基础上又加入中国地理研究所和北京大学，合组"西北科学考查团"，考古由向达、夏鼐、闫文儒负责，在甘肃河西走廊和敦煌附近考查和发掘汉代长城、烽燧遗址和汉唐遗址。夏鼐又在广通（前宁定，今改名广河）半山、临洮寺洼山、民勤沙井和兰州附近做了大量的调查和发掘，直接驳斥和纠正了安特生的"六期说"。1947~1948年裴文中在甘肃渭河上游、西汉水流域、洮河流域、大夏河流域、河西走廊一带和青海进行了史前时期的广泛考古调查和发掘。

1949年以后，考古文物界也非常重视西北地区的考古工作。我们甘青考古队在20世纪50年代开始的考古调查和发掘也受到所里的特别关照，夏鼐所长常给以具体指导。甘肃、青海诸省区也先后成立文物考古研究所、博物馆，大家共同为揭示、研究该地区的历史文化而努力。

在前辈开创性的考察和研究的基础上，我们通过长期的田野实践，积累了丰富的科学资料，进行不断地梳理和探索研究，对甘青地区的史前文化有了一定的认识。首先初步建立起甘青地区史前文化的发展序列和编年：大地湾一期文化（公元前6200～前5400年）→师赵村一期文化（公元前5300～前4900年）→仰韶早期文化（公元前4800～前3800年）→仰韶中期文化（公元前3900～前3500年）→马家窑文化石岭下类型（公元前3800～前3200年）→马家窑文化马家窑类型（公元前3400～前2700年）→马家窑文化半山类型（公元前2600～前2300年）→马家窑文化马厂类型（公元前2300～前2000年）→齐家文化（公元前2100～前1900年）→四坝文化（公元前1900～前1400年）→卡约文化（公元前1600～前600年）→辛店文化（公元前1400～前700年）→寺洼文化（公元前1400～前600年）→诺木洪文化（公元前1400～前700年）→沙井文化（公元前900～前600年）。大地湾一期文化，师赵村一期文化，仰韶早期、中期文化只存在于甘肃东部地区，这是因地缘上与陕西、中原相连的缘故，在文化面貌上呈现出和中原文化较多的联系。四坝文化、沙井文化仅分布于甘肃西部，卡约文化和诺木洪文化也只发现于青海地区。由于研究的逐渐深入，这些文化有的细分成若干的类型。考古学上所谓"文化"，是指在遗址或墓葬中出土的遗物和遗迹具有共性的共同体，至于文化的命名，按照考古学的惯例，是取自该文化首次发现的典型遗址所在的最小行政地名。

师赵村一期文化的命名地师赵村遗址位于天水市太京镇师赵村西北部。它由我们甘青队调查发现，经研究，认为它的文化内涵丰富，有助于考古学术探讨，值得投入力量主动发掘。在发掘师赵村遗址的同时我们还发掘了附近的西山坪遗址，历10年之久。这两处史前遗址文化内涵丰富，包括有大地湾一期文化、师赵村一期文化、仰韶文化、马家窑文化、齐家文化和辛店文化等多种遗存，发现有房子、窖穴、陶窑、墓葬、祭祀等遗迹，并出土大量陶器和石器，其中人像彩陶罐和全蛙纹彩陶钵，彩画形象生动，都堪称珍品。在同一地点发现如此丰富、时间长达4000余年的悠久古文化遗存，这在中国考古发掘中是极为罕见的。其中，师赵村一期文化年代处于大地湾一期文化和仰韶文化之间，文化面貌具有独自的特征，因此将其定为一种新发现的新石器时代文化，对它的发掘有很重要的学术价值。由我主编的《师赵村与西山坪》报告获2001年度考古研究所专刊类优秀科研成果奖和2002年度中国社会科学院优秀科研成果二等奖。2003年，我根据师赵村遗址和西山坪遗址以及历年来天水地区的考古资料撰写的《从考古窥探伏羲时代的历史背景》，被评为第一届中华伏羲文化研讨会优秀论文。

　　柳湾遗址以出土大量的精美彩陶而闻名于考古文物界。遗址位于青海乐都县高庙镇柳湾村北部。1974年当地村民在平地造田、挖渠引水工程施工中发现该遗址，他们逐级上报至国家文物局，文物局与考古所协商后，派我所甘青考古队前往发掘。发掘规模较大，历时7年，发掘有马家窑文化半山类型、马厂类型，齐家文化和辛店文化等不同时期的墓葬1700余座。这是中国迄今所知规模最大、发现墓葬数量最多的一处氏族公共墓地。墓地以马厂类型为主。墓坑多为长方形土坑墓，也有土洞墓。以木棺、垫板和独木棺为葬具。葬式有单身葬和合葬两种，合葬墓埋2至7人不等，葬式以仰身直肢葬为主。墓内随葬陶器多寡悬殊，多者如第564号墓共计91件器物，少者1至2件。陶器中彩陶占绝大多数，完整彩陶达万件。彩陶件件都制作精湛，造型精美，花纹华丽，多姿多彩，堪称彩陶中的精品。在一处遗址出土如此众多的精美彩陶在史前遗址中是极为罕见的。彩陶精品曾先后在北京、上海、西宁、兰州、西安、乐都等地展出，共接待全国观众达几万人次，反响很大；柳湾遗址亦被考古文物界誉称为"彩陶王国"。2004年，在柳湾村建成了"青海柳湾彩陶博物馆"。柳湾遗址的发掘对探讨我国西北地区原始社会时期的社会经济、婚姻形态与宗教信仰等方面都具有重要的意义。由我主编的《青海柳湾》于1984年出版，1986年获中国社会科学院夏鼐考古学研究成果二等奖，1993年获中国社会科学院首届（1977～1991年）优秀科研成果奖。

　　我于20世纪五六十年代在甘肃的考古田野工作主要是配合黄河水库的建设工程。1960年我们发掘了永靖县秦魏家遗址。这是一处齐家文化的氏族墓地。齐家文化因1923年安特生最早在甘肃省广河县（旧称宁定县）齐家坪遗址的发现而得名。它在甘青地区的分布较广泛，主要分布于渭河、洮河、大夏河、西汉水流域和河西走廊地区。在这广阔的地域内，共发现齐家文化遗址1000多处，经正式发掘的遗址共20多处，积累了大量的科学资料。齐家文化分布地域广阔，在不同地区，文化面貌存在一定的差异，经梳理研究可分为东、中、西三区。东区指甘肃东部地区，包括泾水、渭河、西汉水上游等地域。中区指甘肃中部地区，包括黄河上游及其支流洮河、大夏河流域。西区即甘肃西部和青海东部地区，包括甘肃河西走廊和黄河上游及其支流的湟水、隆务河等流域。秦魏家遗址为中区的代表遗址，称其为秦魏家类型。

我们在秦魏家遗址共发掘墓葬138座。墓地分南、北两区。南区规模较大。墓葬排列有序，南区分六排埋葬，头向均朝西北。北区分成三排埋葬，头向一律朝西。均为长方形竖穴土坑墓。葬式有单身葬和合葬两种，前者多为仰身直肢葬，后者以成年男女合葬为主。墓内有陶器和猪下颌骨等随葬品。猪作为家畜是当时衡量财富的标志，猪下颌骨数量的差别，表明当时社会上已有了贫富分化。合葬墓中出现一男一女的夫妻合葬现象，有力地证明了齐家文化的社会发展阶段是处于父系氏族社会，同时揭示了当时存在一夫一妻制的婚姻形态。因此原来将齐家文化归属于新石器时代的观点也逐渐改变，而将其定为处于新石器时代至青铜时代，其年代也与中原地区夏代纪年相当。

发掘结束后，我们撰写了《甘肃临夏秦魏家遗址第二次发掘的主要收获》一文，发表于《考古》1964年第6期，文中详细介绍了成年男女合葬墓的情况。未曾料想这引起了中国科学院院长郭沫若先生的重视和兴趣，不久他便用毛笔撰文投稿给《考古》编辑部，很快即在当年《考古》第8期发表。他对合葬墓的葬式等问题提出了精辟、独到的见解。他写道："由男女合葬墓中的骸骨情况来看，很可能是女子自愿殉死的。……女子屈肢，依附着男子的左肩，表示着依依不舍的情态。"这个观点震撼了当时的考古学界。郭院长是著名的考古前辈，他虽然政务繁忙，但仍然时时关心考古的新发现，这也激励了我们这些后辈为考古事业更努力地做好工作。

1958年，我们在甘肃省永靖县发掘了张家咀遗址。这是一处青铜时代辛店文化遗存，我们发现它的内涵与已知的辛店文化不同，因此命名为辛店文化"张家咀类型"。1960年发掘永靖姬家川遗址，丰富了原辛店文化的内涵,由于它与张家咀类型存在差异,为了便于研究,命名其为辛店文化"姬家川类型"。辛店文化的彩陶纹饰简单粗犷,常见有动物纹,如犬纹、双犬纹、鹿纹、鸟纹以及人像纹、太阳纹等,最为突出和引人注目的是全羊纹和羊角纹图案,羊的图案不仅多样而且生动逼真。学者们很自然地联系起古籍中有关古羌人活动于西北地区的记载,纷纷探讨辛店文化的族属。

《后汉书·西羌传》载:"西羌之本,出自三苗,羌姓之别也。其国近南岳。及舜流四凶,徙之三危,河关之西南,羌地是也。滨于赐支,至乎河首,绵地千里。"(唐)李贤注:"河关,县,属金城郡。"金城郡乃汉昭帝所置,《汉书·地理志》载其领县十三:允吾、浩亹、令居、枝阳、金城、榆中、枹罕、白石、河关、破羌、安夷、允街、临羌。其地域根据谭其骧主编《中国历史地图集》考证,包括今甘肃兰州市以西,青海湖以东的河、湟两水流域和大通河下游地区。现今考古调查发现的辛店文化遗址亦多在此范围内。汉代金城郡郡治允吾在今甘肃永靖县西北,我们发掘的张家咀遗址亦恰好坐落于此。

《诗经·商颂》载:"昔有成汤,自彼氐羌,莫敢不来享,莫敢不来王。"《后汉书·西羌传》亦云:"至于(商)武丁,征西戎、鬼方,三年乃克,故其诗曰:'自彼氐羌,莫敢不来王。'"殷墟出土的甲骨文中有大量关于羌、羌人和羌方的记载。《史记·周本纪》载:武王誓师于商郊牧野,参与者中有"庸、蜀、羌、髳、微、卢、彭、濮人"。可证在商周之时羌人即活动生息于历史舞台。据考古发掘所提取的木炭等标本经碳-14测年所得数据,辛店文化的相对年代为公元前1400~前700年,亦即商至西周之时。考古证据与文献记载也是符合的。

《后汉书·西羌传》又云:羌人"所居无常,依随水草,地少五谷,以产牧为业"。羌人以畜牧为主,似乎以畜羊为主。东汉《说文》释羌:"西戎牧羊人也,从人从羊。"应劭《风俗通义》(卷三):"羌本西戎卑贱者也,主牧羊,故羌字从羊、人,因以为号。"学者也都认为古羌人是以畜牧为其主要产业的。在解释甲骨文"羌"的字形时也认为此像人饰羊角之形。由于当时的羌族有首戴羊角的风俗,造字者取其形象,在人字上部加以羊角形便构成"羌"字。也就是说,羊对羌族而言具有图腾的意义。在辛店文化遗址的发掘中,也可以找到不少辛店文化的主人重视羊的实例。如在永靖姬家川等遗址发现有羊、牛、狗、猪和马等动物骨骼,并以羊占多数。在一座保存较好的墓中,死者头部上方随葬一只完整的羊。彩陶器如罐和瓮上,羊的图像和羊角往往是作为彩纹的母题,这应是牧羊人的真实写照。

据文献记载,先秦时期的羌人曾存在过火葬的习俗。《荀子·大略篇》云:"氐羌之虏也,不忧其系垒也,而忧其不焚也。"《太平御览》卷七九四引"庄子曰,羌人死,燔而扬其灰"等记载。考古发掘中也有辛店文化火葬墓的发现,如在青海民和县中川喇家遗址即出土过一座墓,墓内放有一个近方形的木棺,棺内尚遗留有被火烧过的人骨骼,棺外随葬1件典型的辛店文化陶罐。

我曾撰写《辛店文化族属蠡测》(《华夏文明》1990年第2期)一文,对辛店文化的内涵和族属诸问题进行了专题研究。

2002年我出版了《甘青地区史前考古》一书,对该区域的史前考古做了系统的论述,也是我多年来研究探索甘青地区史前文化的一个小结。

历经数十年的考古,我领悟到,考古工作必须要立足于田野考古的实践,多参加田野调查、发掘和资料整理。但实际的野外工作并不是想象的那么浪漫,而是非常困难艰苦的。尤其在20世纪五六十年代,我们在甘肃配合黄河水库建设工程之时,那时我国的经济不发达,甘肃还非常落后,当遇上三年困难时期,日子的艰苦不是今天年轻人可以想象到的。我们考古队的生活也和当地的老百姓一样,三餐吃的是黑粗粮,喝的是稀汤,蔬菜稀缺,有时要以苜蓿等野菜来代替,大米白面和肉蛋油更是根本见不到。由于我们要下田野,走路、发掘,不到吃饭的点就感到饥饿。当地的交通工具也很落后,有的仍是历史上沿用的老物件。譬如我们在永靖发掘张家咀遗址时,由于遗址和住处分隔在大夏河的两岸,赴发掘工地必须要渡大夏河才能抵达,但当地唯一的渡河工具就是羊皮筏子,我们别无选择,不得不乘坐它摆渡过河。这种羊皮筏子是用不同数量的整羊皮构成的。羊均去头和四蹄、尾巴,掏空内脏和肉,然后扎紧洞孔,留一孔用嘴吹气，充满气后，把整羊皮排列成长方形，相邻羊皮之间捆绑牢固，再在它的上面置一个大小相同的木或竹排，然后把它放在河上就可以摆渡过河了。控筏的船工一位至两位，一前一后站在筏的两端。乘筏的人不能多，一般是五六人，不超出十人。我们蹲在筏上感到紧张，两手紧紧抓住筏上的排条，就不敢动了。筏子在河上似飘着走的，有的河段流水湍急，我队人员坐羊皮筏子无不惊心动魄。船工经常吆喝训斥，怕乘客蹲不老实发生倾翻。控筏船工经验丰富，不多长时间，循着水路随波筏到了对岸。下了筏子，我们都松了一口气，稍微休息后，便开始我们的发掘工作。顺便说一句，在黄河上渡河也普遍使用这种羊皮筏子，偶尔也会用牛皮筏子。后者是用1头牛，制作方法同羊皮筏子，只是留一个大口，操作时让渡河者从大口钻进牛肚内，扎紧口吹足气，放入河中，控筏船工骑上牛皮筏子，奋力划过河再放出渡河者。我没有试过，只是听1955年来甘肃进行考古调查的同人诉说的。他说在牛肚子内的感觉真不好，不仅黑暗不见天日，且又闷又气味难耐。这种筏子在现代人看来是很落后的，但我也很感叹生活在大河边上的人民的智慧，就地取材，最简单地解决了征服面前滚滚大河的渡河工具的问题。

（三）

1963～1964年，我参加了吉林敦化六项山渤海国贵族墓地和黑龙江宁安渤海国都城上京龙泉府遗址的调查发掘。这次由我考古所组织的"东北考古工作队"是由中央特批的，吉林省博物馆、黑龙江省博物馆等部门都派人参加了。这两处遗址是唐代藩国渤海国最为重要的遗址，对研究渤海国的历史及其与唐王朝的关系等方面具有很高的学术价值，较早地被国务院公布为全国重点文物保护单位。1997年出版了发掘报告《六项山与渤海镇》。该报告1999年获国家社会科学基金项目优秀成果奖，2002年又获第二届郭沫若中国历史学奖。

1972～1973年，我协助云南省博物馆举办文物考古训练班，并参加元谋大墩子新石器时代遗址的发掘。1973年6～10月，考古所派我协助黑龙江省博物馆组成黑龙江流域考古队，参加发掘了黑龙江绥滨同人遗址。1976年唐山大地震后，我参加了由中国科学院组织的地震考古队，调查京津冀地区地震状况。1996年3～5月，参加了我所与香港中文大学考古艺术研究中心、广州中山大学人类学博物馆合作对香港南丫岛大湾新石器时代遗址的发掘。

1991年夏，我与叶小燕应香港大学冯平山博物馆邀请，鉴定该馆收藏的彩陶。1993年12月应邀前往日本进行学术访问，在奈良国立文化财研究所举办的学术报告会、驹泽大学史学会和日本中国考古学会学会联合举办的学术报告会上，分别做了题为《马家窑文化彩陶》的演讲。2001年8月，应台北故宫博物院的邀请，参加"黄河流域史前玉器学术研讨会"，我做了题为《黄河上游史前文化玉器研究》的演讲。该讲稿当年发表在《故宫学术季刊》第19卷2期上。通过上述港台和国外的学术活动，开阔了视野，获益良多。

我从1955年至今，60多年一直在中国科学院考古研究所（1977年起隶属于中国社会科学院）工作。主要从事史前考古学研究，曾担任考古研究所甘青考古队队长、考古研究所原始社会考古研究室主任、高级专业技术职务职称评审委员会委员，现任中国社会科学院古代文明研究中心专家委员会委员、中华伏羲文化研究会常务理事，享受国务院政府特殊津贴。

除上述论著外，我还参与多人合作撰写的著作，其中有的也获了奖。主要有《新中国的考古发现和研究》（1986年中国社会科学院夏鼐考古学研究成果奖、1993年中国社会科学院首届〈1977～1991年〉优秀科研成果奖）、《中国大百科全书·考古学》、《中国考古学·新石器时代卷》（2012年第四届郭沫若中国历史学奖三等奖）、《考古学·夏商卷》（2007年第三届郭沫若中国历史学奖一等奖）、《辞海》与《大辞海》等。《辞海》第五版获第四届国家辞书奖特等奖。

在我的考古人生中，我有幸遇到许多对我有很大帮助的人，使我取得了一些成绩。在田野考古中，不论考古所里还是省里的同人，大家都能和睦相处，共同完成任务，我要感谢他（她）们。我还要特别感谢我的老伴叶小燕，她不仅是我终生的生活伴侣，也是我的事业伴侣。她毕业于北京大学历史系考古专业，分配到考古所从事研究工作，任研究员，深知田野工作的重要性，大力支持我的田野考古工作。我长年出差在外搞田野调查和发掘，家里的繁杂家务和抚育孩子的重任全落在她的肩上，她不辞辛苦，任劳任怨。同时，在考古研究中我们也经常互相切磋，她对我的帮助颇多。可以说在我所取得的成绩中也融入了她的心血。

在结集出版过程中，考虑到文章是几十年来陆续发表过的，编辑过程中尽量维持原貌，因此，原地名、遗址名、器物、图等都不再做新订，仅就错漏之处进行了订正和补充。

目录

001 / 1985年新石器时代考古

018 / 1987年新石器时代考古

034 / 1989年新石器时代考古

049 / 考古发现的中国原始龙

060 / 论中国史前卜骨

076 / 试论我国早期土洞墓

089 / 黄河上游地区史前考古的回顾和展望

107 / 黄河上游原始文化居住建筑略说

137 / 黄河上游史前文化玉器研究

176 / 黄河上游史前陶器符号与图像研究

220 / 略论甘肃东部史前文化

246 / 黄河上游马家窑文化早期、中期遗存

275 / 黄河上游马家窑文化晚期遗存

304 / 马家窑文化渊源试探

321 / 马家窑文化诸类型及其相关的问题

339 / 师赵村一期文化的发现与研究

- 362 / 论马家窑文化石岭下类型
- 380 / 论青海柳湾马厂类型分期及其相关问题
- 400 / 浮塑裸人形饰彩陶壶——四千多年以前黄河上游的原始文化
- 403 / 试论齐家文化
- 417 / 甘肃永靖秦魏家齐家文化墓地
- 484 / 略论齐家文化墓葬
- 510 / 齐家文化的发现和研究
- 543 / 论大何庄与秦魏家齐家文化的分期
- 556 / 齐家文化是马家窑文化的继续和发展
- 563 / 试论齐家文化与陕西龙山文化的关系
- 575 / 关于齐家文化研究中的几个问题
- 591 / 略论辛店文化
- 619 / 甘肃永靖张家咀与姬家川遗址的发掘
- 679 / 宁夏史前考古概论
- 708 / 简论我国中西部地区彩陶
- 734 / 从考古窥探伏羲时代的历史背景

- 744 / 谢端琚先生著作目录

1985 年新石器时代考古

1985 年，我国新石器时代考古工作，不仅有新的重要发现，而且在一些课题上又有新的研究成果。这一年发表的新石器时代考古资料与研究文章共有一百五十余篇，其中，约有半数是关于黄河流域新石器时代有关问题的论述，其次是长江流域与东南沿海地区，北方地区与西南地区也有比较重要的新发现。

一、黄河中游地区

这个地区新石器时代文化遗存较为丰富，文化类型也较多。1985 年发表的文章，涉及新石器时代早期文化、仰韶文化、龙山文化等不同时期的文化遗存。

裴李岗文化遗址的新发现，主要有临汝县境的纸坊乡中山寨、城北槐树阴、尚庄乡安沟等六处（《中原文物》4 期）。其中，中山寨遗址保存最好，文化遗物亦较丰富。该遗址位于县城东部，遗址面积较大，达十五万平方米。出土物有石铲、石镰、石磨棒和双耳陶壶、深腹罐等陶器。其中，石磨棒多呈不规则椭圆形，器形较小，多经磨制，但较粗糙，具有明显的地方特点。这类文化遗存在豫西地区还是首次发现。因此，它的发现对于探讨该地区裴李岗文化的分布、特征，以及与其他地区同类文化的关系等问题，提供了一批重要的新资料。

对裴李岗文化进行研究的有赵世纲《裴李岗文化的几个问题》（《史前

研究》2期)一文。他根据已发表的五十多处裴李岗文化遗址分析,把它分为两个类型:一是新郑裴李岗、密县莪沟为代表的裴李岗类型,多分布在山丘地带;二是漯河翟庄、舞阳贾湖为代表的翟庄类型,主要分布在平原地区。王吉怀的《从裴李岗文化的生产工具看中原地区早期农业》(《农业考古》2期)中,从裴李岗文化的生产工具分析,说明我国不仅有发达的原始农业,而且是世界上农业发达最早的国家之一。

1985年发表的仰韶文化新资料,有河南渑池仰韶村、新乡洛丝潭、河北正定南杨庄,偃师二里头(《考古》3期)、山西垣曲宋村(《考古》10期)、陕西镇安赵湾等多处遗址(《史前研究》4期)。其中,仰韶村、洛丝潭、南杨庄等遗址的发掘资料比较重要。仰韶村遗址从1921年发现以来,曾经做过多次调查发掘。1980年至1982年揭露的,面积达两千多平方米(《史前研究》3期)。这是仰韶村遗址发现以来,规模最大、收获较丰富的一次发掘。发现有房屋四座,窖穴四十一个,出土陶器、石器、骨器与蚌器等遗物共六百多件。这次发掘的主要收获是,进一步弄清楚仰韶村遗址的文化内涵,并发现有仰韶文化与龙山文化的地层叠压关系。出土物可分为四期:一期为庙底沟类型,即豫西、晋南和关中东部地区仰韶文化中期;二期为西王村类型,即仰韶文化晚期;三期为庙底沟二期文化;四期为龙山文化三里桥类型,即龙山文化晚期。这就更加澄清了过去因该遗址所造成的混乱。因此,它的发掘为探索以这个典型遗址为代表的仰韶文化的有关课题提供了可靠而有价值的资料。洛丝潭遗址是1982年进行发掘的。该遗址以仰韶文化晚期遗存为主(《考古》2期)。出土遗物非常丰富,陶器有明显的地方特点,以素面陶为主,占全部陶器百分之九十以上,其次为彩陶,绘有红彩或黑彩,花纹有网状纹、竹叶纹、弧形三角纹、平行条纹、"~"形纹与"X"字纹等。器形主要有侈口鼓腹罐、折腹罐、曲腹盆、敛口钵等。由于遗址处于豫中、豫北的交接地带,因此,其文化内涵具有这两地区的因素。南杨庄遗址发现两件陶蚕蛹,呈灰褐色,长2厘米(《史前研究》3期)。同时还发现四片质地硬、表面有彩釉的"陶片",经鉴定,确认其中三片为原始瓷片,另一片为硬陶。作者认为它们的发现为研究我国原始瓷器、育蚕织绸的起源问题提供了重要的实物资料。

有关仰韶文化的研究文章发表得不少，主要讨论仰韶文化的分期、类型、源流与社会性质等问题。李仰松的《试论仰韶文化半坡类型的编年与社会性质》（《史前研究》4期）一文，对仰韶文化的社会性质等问题做了全面的阐述。提出仰韶文化大体相当于整个原始社会的晚期阶段，其社会组织、婚姻形态，应处于母系氏族社会晚期的对偶婚阶段。而且"仰韶文化半坡类型早期大体是属于原始社会母系氏族晚期向父系氏族过渡时期——对偶婚阶段"。

关于仰韶文化的类型划分与文化渊源等问题的讨论，看法不一。丁清贤《关于"仰韶文化"的问题》（《史前研究》3期）与《豫中地区仰韶文化的类型及特征》（《考古与文物》6期）两文，认为一般所谓的"仰韶文化"，实际上包含着三支各具特征，渊源不同，并分布在不同范围内的原始文化遗存。他主张：仰韶文化这个概念，只能包含分布在豫西晋南和关中东部地区的仰韶文化；河南和陕西地区的仰韶文化，则应另行命名。鉴于西安半坡遗址和郑州大何村遗址发掘面积大，出土物丰富，分布在两个地区最具有代表性，建议把河南的仰韶文化命名为"大何村文化"，把陕西的仰韶文化命名为"半坡文化"。同时，还提出把豫中地区的仰韶文化分为"点军台类型"与"秦王寨类型"。刘习祥与张新斌合写的《新乡地区新石器时代文化初探》（《考古与文物》6期）一文，提出新乡地区仰韶文化可分为仰韶早期、仰韶晚期前段、仰韶晚期后段等三期。王志俊《试论姜寨二期遗存的文化性质》（《史前研究》3期）一文提出关中地区仰韶文化从早到晚的发展序列为：半坡类型—姜寨二期类型早期—姜寨二期类型晚期—庙底沟类型—半坡晚期类型。李友谋的《试论半坡和庙底沟类型文化的相互关系》（《中州学刊》3期）与《东庄村西王村遗存的文化性质与年代分析》（《中原文物》4期）两文，对半坡与庙底沟类型的相互关系问题阐述了自己的观点，并认为东庄村遗存是晋南仰韶文化的一个地方类型，其年代相当于庙底沟类型早期。西王村晚期的文化面貌与半坡类型晚期的比较接近，但还具有其自身的文化特点。李昌韬《试论"秦王寨类型"和"大何村类型"》（《史前研究》3期）中，提出仰韶文化庙底沟类型也存在多源问题，绝非源于某一文化类型，而是几个文化类型发展到同一阶段的综合产物，其中一部分是正宗，其余的是受其影响而成为庙底沟类型的变异。文启明《略谈河北仰韶文化南阳庄类型》（《考古与文物》4期），在分析了南阳庄资料后，认为南阳庄类型分布广，文化特征明显，但与磁山文化可找到很多共同点，表明仰韶文化南阳庄类型渊源于磁山文化。

这一年还陆续发表了几篇书评和相互商榷的文章。苏迎堂的《评"宝鸡北首岭"——兼论上层遗存的文化性质》（《考古》2期）一文中，对北首岭全部房基和百余座墓葬定为"上层"并称为"半坡晚期"提出不同看法。认为从报告所选定的晚期墓葬随葬品典型组合中，可清楚地看出大部分晚期墓是属于半坡类型的。晚期地层及房址中所出的一些标本也具有鲜明的半坡类型特征。马洪路《元君庙墓地的分期与布局——〈元君庙仰韶墓地〉商榷》（《中原文物》1期）与伊竺《关于元君庙、史家村仰韶墓地的讨论》（《考古》9期）两文，对《元君庙仰韶墓地》中所分析的墓地由布局、分期等方面的问题，提出了异议。张忠培《答〈元君庙仰韶墓地〉商榷》（《中原文物》4期）一文，就有关问题做了说明。陈铁梅《多元分析方法应用于考古学中相对年代的研究——兼论渭南史家墓地三种相对年代分期方案的比较》（《史前研究》3期）一文，采用多元分析方法，提出史家墓地相对年代的分期方案。

为了总结交流仰韶文化的研究工作，于1985年11月6～10日在河南渑池县召开第一次全国仰韶文化学术讨论会。会上就关于仰韶文化的分期、类型、文化渊源与社会性质等方面的问题交换了意见。对仰韶文化的社会性质问题，有人提出仰韶文化晚期已由母系氏族社会过渡到父系氏族社会，并认为仰韶文化的渊源是磁山与裴李岗文化。这次会议无疑有助于仰韶文化有关问题的研究进一步深入（《光明日报》1985年11月8日、《人民日报》1985年11月17日）。

龙山文化包括河南龙山文化与陕西客省庄二期文化。1985年发表的调查与发掘遗址有山西石楼岔沟、安阳后冈、临潼康家、凤翔大辛村（《考古与文物》1期）、临汝柏树圪垯（《考古》3期）、镇安前湾（《史前研究》4期）、垣曲龙王崖等多处（《考古》10期）。其中，岔沟、后冈、康家等遗址都经过大规模的发掘，均发现了一批较完整的房屋，有助于对这个时期建筑遗存的深入研究。

岔沟遗址位于石楼县城东约 4 公里。发现保存较好的白灰面房屋十九座（《考古学报》2 期）。这一批房屋都建在半山腰上，平面呈凸字形窑洞式建筑，用白灰涂抹居住面与墙壁，室内设有圆形或方形的灶，灶面略高出居住面。有的可复原成穹隆顶的生土洞穴房屋。其文化性质属庙底沟二期文化，年代为公元前 2500～前 2300 年。安陷后冈遗址发现房屋三十九座，灰坑五十八个，墓葬二十八座（《考古学报》1 期）。房屋以圆形的为主，多属地面建筑，墙壁用土坯或木棍中夹黄黏土筑成，地面抹一层白灰面，中间设一圆形灶。墙基外设有散水或堆放石块。有十五座房基下埋有儿童骨架，最多埋四个儿童。这些儿童非正常死亡，应是为建房进行的某种宗教活动的牺牲。康家遗址位于临潼相桥康家东北部。发现白灰面房屋三十余座，灰坑二十一个，陶窑与墓葬各二座（《史前研究》1 期）。这些遗迹均属于客省庄二期文化。

襄汾陶寺遗址是一处比较完整、规模较大的龙山文化氏族公共墓地。从发掘简报发表后，即引起了考古学界的关注，发表了一些研究文章。李民的《尧舜时代与陶寺遗址》（《史前研究》4 期）提出陶寺的考古资料可与传说中尧舜时期的情况进行对照，从地域上看，它与尧舜部落活动的地区一致，从年代上看，若把陶寺遗址分为两个时期四个阶段，那么尧舜时代与陶寺早期的后一段至陶寺晚期前一段时间大致相当，从社会状况上看，两者也有不少相仿之处，应该说这并非是一种巧合，而有其内在的联系。利用考古资料结合古文献研究是值得重视的。

二、黄河上游地区

马家窑文化的田野工作，主要是调查发现了秦安焦家沟、民和杨家泉、肖家和循化审利、西沟坪、苏合扎等二十多处遗址。这些遗址虽属调查资料，但发现的地点与搜集的标本都比较重要，有的属新发现，有的填补了某一地区的空白。如在民和县马营河两岸发现的杨家泉等遗址，既填补了该地区考古工作的空白，而且还发现一种独具特点的古文化遗存（《史前研究》3期）。从杨家泉出土物分析，有些器物如双唇尖底瓶、曲腹盆等与庙底沟类型基本相同，但彩绘花纹又接近于石岭下类型，并有别具一格的灰陶盆等质地坚硬的陶器。从文化内涵分析，把它暂划入马家窑文化早期遗存为宜。在循化县调查中，新发现了西滩、仓库、伊马亥、苹果园、棺尸沟、乙日亥等六处遗址（《考古》7期）。其中西滩遗址文化内涵较为丰富、它位于红庄西滩清水河西岸台地上，发现有半山类型的灰层与墓葬等遗迹，这是一处居址与墓葬区兼有，并保存较好的遗址。它的发现为证明半山类型存在聚落遗址提供了又一个实例。

在秦安焦家沟遗址发现一件罕见的马家窑文化人面饰彩陶壶，器高34厘米，小口圆腹平底，彩绘花纹有月牙形纹、网格纹及变形鸟纹，引人注目的是在壶的颈部雕塑出人的耳、鼻、口、眼等人面五官形象，眼睛的睫毛用黑褐彩勾画。在造型艺术上系用了雕塑、绘画相结合的表现手法，堪称陶制艺术佳作（《考古与文物》3期）。

齐家文化的资料仅发表《甘肃岷县杏林齐家文化遗址调查》（《考古》11期）一文，杏林遗址位于岷县境内洮河东岸台地上，遗址范围较大，长约150米，宽100米。发现有白灰面房屋和墓葬，出土有石、骨器和陶、铜器等器物，其中，弧刃红铜刀与长方形红铜斧保存完好，实为难得的铜器标本。从陶器的组合与特点看，这个遗址的主要文化遗存属齐家文化秦魏家类型，同时，还有少量器物属马家窑类型和寺洼文化。

综合研究方面，谢端琚《马家窑文化诸类型及其相关的问题》（《考古与文物》1期），把马家窑文化分为石岭下、马家窑、半山、马厂等四个类型，并论述了各类型的文化特征及其相互关系，指出诸类型的相对年代序列，即石岭下类型—马家窑类型—半山类型—马厂类型。蒋书庆的《彩陶锯齿纹试解》（《美术》12期）一文，对锯齿纹的寓意、历史渊源等问题做了分析，目前在没有发现文字资料的情况下，只能采用时间和空间的对证等方法探讨龙山文化和夏文化的关系。陶寺遗地的年代上限不晚于公元前2400年，下限不早于公元前1800年。认为从遗址的年代、地望、墓葬所反映的社会发展阶段，以及彩绘龙盘所代表的族属等方面论证，陶寺遗址有可能是夏文化遗存。黄崇岳《虞代与龙山文化》（《中原文物》2期）对虞代与龙山文化的社会面貌及其相互关系进行探讨，认为陶寺类型与虞代文化存在内在的联系，它们在年代、公布范围与社会性质上的均互相吻合，说明两者的关系是非常密切的。

在黄河上游地区除进行文物普查外，还做了一些重要遗址的发掘。如毛家坪遗址（《考古学报》3期），发掘规模较大，出土遗物亦较丰富。该遗址位于甘肃甘谷县盘安乡毛家坪村，先后进行两次发掘，属于新石器时代的有以彩陶为特征的石岭下类型遗存。发现有灰坑二个，房址二座。陶器以泥质红陶为主，占92.3%，其中彩陶占一定比例。泥质灰陶和夹砂红陶较少。纹饰有线纹、方格纹与附加堆纹等。彩绘花纹有条纹、弧边三角纹、圆圈纹等，器形有钵、盆、壶、小口尖底瓶、缸、器盖与彩陶罐等。这个遗址的发掘，为研究石岭下类型增添了新的实物资料。

在宁夏固原店河村墓地，发掘新石器时代墓葬六座（《考古》8期）。均为长方形竖穴墓，单人侧身屈肢葬，随葬有陶器与石、骨器等。主要的陶器有侈口罐、壶、单耳罐、高颈罐，其中彩陶壶的器形与纹饰风格与半山类型相同，但也有部分陶器与齐家文化较近似，而饰有横篮纹加竖划纹的单耳罐则具有明显的地域性特点。该墓地的发掘，为探讨马家窑文化与齐家文化的关系提供了重要的线索。

关于黄河上游新石器文化的研究：安志敏《中国西部的新石器时代》（《考古学报》2期）提出，黄河流域属于农业畜牧起源的较早地区之一。在七八千年前，华北平原和黄土高原的河流沿岸已形成定居的村落，当时人们已使用比较进步的石制农具与栽培粟、黍一类耐旱的作物，畜养猪、狗等家畜，具有相当进步的农业经济。拙文《试论我国早期土洞墓》（《考古》12期）据考古发掘资料，论证我国土洞墓最早是在黄河上游及其支流等地区首先发源的，并推断土洞墓是仿自人们居住的窑洞式的建筑而建造的。

山东地区史前考古的调查发掘新资料，最重要的有长岛北庄（《考古》5期）、昌乐邹家庄和安丘塠堆（《文物》11期）等项。

北庄遗址位于长岛大黑山岛东边，发掘面积500平方米，发现北庄

一、二期、龙山文化与岳石文依次叠压的地层关系。北庄一期是该遗址的主要遗存，发现房址十六座、灰坑三十个、墓葬三座。房址作圆角方形或长方形半地穴式建筑，有斜坡门道、柱洞，房内有"箕形灶"。陶器以泥质和夹砂灰陶为主，纹饰有刻划纹、叶脉纹、锥刺纹与附加堆纹，彩陶图案有波浪纹、花瓣纹与八角星纹。器形以三足器、平底器为主，有鼎、鬶、罐、钵、筒形罐与觚形杯。二期与一期有密切联系，但有一定的差别，其年代距今为5100～5400年。北庄两期文化面貌既与大汶口文化存在相同的因素，又具有明显的地方特点。

昌乐邹家庄遗址先后进行两次发掘，揭露面积1200平方米。属龙山文化的有墓葬九座。墓内有二层台。人骨架保存欠佳，头朝东，随葬有陶鼎、鬶、盆、高柄杯等器物。还出土一批较有特点的陶器，如折盆形鼎、折腹环足盘、筒形罐等。鼎足变化多样，诸如鸟首形。半环形、凿形、倒三角形等，其文化特征与鲁东胶莱地区的龙山文化基本相同。安邱堌堆遗址的发掘，发现有龙山、岳石文化等文化层。龙山文化层有圆形与长方形房址十二座、灰坑四个。在一座房址的门道下夯土中，发现一具女性骨架，既无墓圹，又无葬具和随葬品，这显然是在建房时埋入的，应与某种建房仪式有关。其文化面貌与商丘地区的龙山文化比较接近。属于河南龙山文化系统。

关于山东史前考古的研究文章：郅田夫、张启龙《菏泽地区的堌堆遗存》（《考古》11期）认为，菏泽地区的古代村落遗址多坐落于高出地表几米的堌堆上，年代早到大汶口文化，鼎盛于龙山文化与商代。形成这种堌堆遗址，是因其地势低洼，经常受到河流决溢，湖泊泛滥的侵袭与威胁，较高的堌堆即可避免这些危害。吴汝祚《试论大汶口文化的三处墓地》（《考古学报》3期）对刘林、大汶口、三里河三个墓地进行分析比较，认为这三个墓地分别属于大墩子、大汶口、三里河三个类型。吴认为大墩子类型属大汶口文化前期，大汶口与三里河属大汶口文化前期，大汶口与三里河属大汶口文化后期阶段。其社会性质前者属母系家族，后者已进入父系氏族社会。李学勤《论新出大汶口文化陶器符号》（《文物》12期）指出，大汶口文化陶器刻划符号同甲骨文、金文形状结构接近，与中国文字起源有密切关系。于中航对尚庄与后岗类型的关系问题提出新的看法（《华夏考古》1期），认为两者差异是相当大的，不能把它们纳入一个共同的文化体系，应是同时发展起来的两个不同的文化系统。此外研究大汶口文化与山东龙山文化的文章，还有吴诗池《浅谈大汶口文化陶器》（《考古与文物》1期）、吴汝祚《试论龙山文化的蛋壳陶杯》（《史前研究》1期）等。

三、北方地区

北方地区新石器时代遗址的调查发掘新资料，最重要的有：内蒙古敖汉旗小山、巴林右旗那斯台、黑龙江大庆、刀背山和凤城南山头等项。其中小山与南山头遗址经正式发掘，获得较好的成果。

小山遗址（兴隆洼Ⅳ号遗址）位于赤峰敖汉旗兴隆洼村东部，发掘出长方形半地穴式房址二座和一批陶器（《考古》6期）。陶器以夹砂陶为主，纹饰有压印纹、几何形纹与动物形纹。有的几何形纹与"之"字纹并施于一器。器类有尊形器、椭圆底罐、圈足钵、盆等，筒形罐居多。文化内涵与较晚的红山文化相似，其年代为公元前4715～前4830年。在巴林右旗那斯台遗址采集一批较为新颖而精致的玉石制品（《考古》6期）。计石雕刻品六件，其中的裸体像，两臂于胸前作合掌状，束腰，赤脚，脚作跪坐状，没有性别特征。兽面形石雕，形象似猪。玉器一百余件，雕刻成小动物的形象，有蚕、鸮、鸟、鱼和龙形玦以及玉斧、玉管等，堪称红山文化中的精品。

在凤城县南山头遗址发现了二十五座墓葬（《辽海文物学刊》1期），均为长方形竖穴墓。可分两组，一组在南山头的南部，共十五座，作扇形排列。一排一座，二排二座，三排三座，四排四座，但五排仅二座。二组位在南山头顶部，共十座。两组墓室均由石筑筑成，大石板盖顶，单人葬。随葬品有石斧、锛、凿、纺轮与陶罐等器物。年代从新石器时代晚期至青铜器时代。该墓地保存较好，墓葬排列有序，像这样呈扇形的排列方式，极为罕见。刀背山遗址位于黑龙江穆棱河中游右岸，发现有陶钵与陶罐以及石器等（《北方文物》3期）。陶器特点均较小巧精致，器形与纹饰具有新开流上层文化的风格，它为研究新开流上层文化增添新的内容。

关于北方地区新石器时代考古研究文章有，傅仁义、王连春、刘具林合写《辽东地区旧石器、新石器时代文化遗址概述》(《史前研究》3期)，根据本溪、丹东、抚顺地区发现的新石器时代文化遗址资料，提出辽东地区的后洼遗址下层与上层遗存分别代表新石器时代早、中期文化，本溪南甸遗址代表新石器时代晚期遗存。于建华《早期篦纹及相关问题的探讨》(《辽海文物学刊》1期)，研究了北方地区陶器上常见的篦纹，把众多的篦纹归纳为弧线篦点"之"字纹、直线篦点"之"字纹、直线交叉篦点纹三种型式。它们分布在辽宁中部、内蒙古东部、河北的北部和吉林的西北部。陈国庆《之字纹研究》(《北方文物》1期)把这种之字纹分为六种：压印弧线、压印直线、压印弧线篦点、压印直线篦点、压划弧线、压划直线之字纹。同时对这种纹饰的施纹工具与施纹方法亦进行了探讨。光远《试论内蒙古赤峰市及辽宁省西部新石器遗存的相关问题》(《内蒙古社会科学》6期)，对兴隆洼文化与新乐文化、红山文化的相互关系问题进行分析，认为兴隆洼文化的年代与新乐下层文化相当，但要早于红山文化。此外，还有崔璇《内蒙古新石器时代考古的重要突破》(《内蒙古社会科学》1期)，蔺辛建《红山文化与古史传说》(《北方文物》3期)，李恭笃、高美璇《红山文化玉雕艺术初析》(《史前研究》3期)等文也都发表了有益的见解。

安志敏、陈戈分别对过去认为新疆地区新石器时代文化遗存，进行了全面分析。安志敏认为新疆尚没有发现新石器时代的农业聚落。过去发现的以细石器、砾石石器和彩陶为代表的三类遗存，属于不同时代，以细石器为代表的遗存主要属于新石器时代，其余遗存，时代比较晚(《考古学报》2期)。陈戈《关于新疆新石器时代文化的新认识》(《考古》4期)，认为曾作为新石器时代许多遗址和墓葬，实际属于青铜时代甚至是铁器时代，年代相当于内地的殷周以至两汉时期。目前可推断为新石器时代的遗址有哈密七角井、吐鲁番英都尔库什、辛格尔、阿斯塔那以及罗布泊周围等遗址，其中七角井或可早至中石器时代，其余的不排除晚至青铜时代或铁器时代。他还推测，在公元前5000～前3000年，新疆地区存在有新石器时代文化。

四、长江流域地区

这个地区主要指湖北、湖南、安徽、江苏与上海等省市。最近发表的新石器时代遗址调查发掘新资料，最重要的有宜昌中遗物分析比较，归结出：一批打制砾石石器与绳纹陶片共存，是华南新石器时代早期文化的主要特征。杨式挺的《试论西樵山文化》（《考古学报》1期）中，对西樵山文化的特征、年代、葬俗、经济生活等方面都做了较详细的论述。西樵山文化因1958年于广东南海县西樵山首先发现而得名。主要分布于珠江三角洲地区。出土的陶器除夹砂陶与泥质陶外，还有几何印纹陶与彩陶，印纹有方格纹、叶脉纹、曲尺纹等，彩陶较为罕见，器形有陶罐、杯、豆、盆与镂孔圈足盘等，陶器的纹饰造型都有其自身的特点。人死后实行瓮棺葬，葬具系两件折肩粗陶瓮相套成，并在陶瓮上刻划符号。人骨从头至下肢有序地叠置于瓮内。这种葬式较为特殊。经济生活以渔猎捕捞业为主，兼营原始农业。上述表明西樵山文化在器物特征、经济类型与葬俗等方面都具有明显的地区特色。杨另在《建国以来广东新石器时代考古略述》（《学术研究》5期）一文，对解放以来广东新石器时代考古做一总结。全省共发现新石器时代遗址共五六百处，清理墓葬二百座，窑址二十余座。他把广东地区的新石器时代文化分为早、中、晚期，早期主要分布于粤北、粤西的石灰岩洞穴；中期主要分布于韩江、珠江三角洲和港澳地区，以贝丘、沙丘遗址居多，也有土墩和山岗遗址；晚期数量多分布广，以山岗、土墩、贝丘、沙丘为主，也有台地和洞穴遗址。并认为几何印纹陶的出现和轮制技术的普遍应用，是这里划分晚期与中期陶器特征的重要标志。

张之恒写的《台湾新石器时代文化综述》（《史前研究》4期）与《华南地区的前陶新石器文化》（《考古与文物》4期）两文，分别对华南地区与台湾新石器时代做了较有系统而简要的论述。台湾新石器时代早期文化，可分前陶新石器文化和大坌坑文化，按地区分述，则西北部有圆山早期与圆山晚期文化，西海岸中部有牛鼻头文化、营埔文化与大邱园文化，西海岸南部有牛稠子文化与大湖文化，东海岸有麒麟文化与卑南文化等。台湾新石器时代各种文化类型较多，可在东南沿海地区找到相似的新石器时代文化，如台湾早期的新石器文化即大坌坑文化和华南地区新石器早期文化有很多相同的特征。台湾出土的几何印纹陶与福建地区的几何印纹陶相似。

五、西南地区

西南地区首先是西藏自治区在考古工作方面取得了突出成果。为了纪念西藏自治区成立二十周年，除《文物》9期特辟为西藏自治区考古资料与论文的专集外，还出版了西藏地区新石器时代遗址发掘报告专刊——《昌都卡若》。昌都卡若是我国目前发现的海拔最高、经度最西的一处新石器时代遗址。该遗址发现的房屋共二十八座，保存较好，有的还可以复原。各种遗迹或遗物都具有独特的文化面貌。年代据碳-14测定距今为5555～4315年。通过卡若遗址，不但使我们对西藏地区远古居民的生产活动和社会生活情况等有所了解，而且为探索青藏高原及其邻近地区的原始氏族的分布、相互关系等问题，提供了重要的新资料。作者认为卡若文化是一种吸收了西北氐羌文化而发展起来的土著文化。并合理地提出它与黄河流域的古文化有着千丝万缕的联系。

在拉萨市北郊曲贡村附近发掘的一处新石器时代遗址（《文物》9期），发现了窖穴、石棺墓与石器、陶器等遗物。石器有双肩石铲、敲砸器、网坠、石磨盘等。陶器中泥质陶与夹砂陶各占半数，还有泥质黑皮陶，纹饰以刻划纹为主，也有锥刺纹、锯齿纹、堆纹与三孔形镂孔等。器型只见圜底器与圈足器，不见平底、三足器，以陶罐、碗、钵、豆、壶较为常见。这一批器物具有明显的地方特色，又是在拉萨首次发现的，目前又无法归属于现有的某一种文化，因此，作者建议把曲贡遗址为代表的原始文化命名为"曲贡文化"。另在乃东县钦巴村遗址清理一个灰坑（《文物》9期），出土有石锛、石斧与玉锛等遗物。乃东地处雅鲁藏布江及支流雅隆河、温河的河谷地区，这里历来被藏族人民视为是本民族的发祥地。

在云南永仁菜园子与怒江州等地也发现有新石器时代遗址，并出土石器与陶器等器物（《考古》11期）。菜园子遗址的文化性质与元谋大墩子相似。怒江州发现的双肩石斧、长方形石斧等遗物（《史前研究》4期），材料较为难得。它的发现填补了从澜沧至雅安之间的考古空白区。还有在镇原岔河乡，秀山彝乡，维西哥登村，鲁甸野石，广南八宝铜木犁洞，沧源丁来等地均发现新石器时代的石斧、石刀和陶器等遗物（《云南文物》17、18期）。其中鲁甸野石遗址还发现半地穴式房屋、墓葬和单耳陶壶、罐等器物，这是一处较大的聚落遗址（《云南文物》18期）。在《云南文物普查的主要收获》一文（《云南文物》18期）中，对云南文物普查工作进行总结，发现古文化遗址共七百一十七处，古墓葬七百二十八座。初步弄清新石器时代的诸文化面貌，在云南境内计有：鲁甸马厂文化，晋宁石寨山文化，元谋大墩子文化，宾川白羊村文化，云县忙怀文化，耿马石佛洞文化等。李昆声的《论云南与黄河流域新石器时代文化的关系》一文（《史前研究》1期），认为黄河中、上游的一些新石器时代青铜器时代的氏族部落，不断由西北通过横断山脉河谷向西南地区迁徙，带来了氐羌文化，与当地土著居民的固有文化不断交流融合，产生了云南滇西北、洱海、金沙江中游地区这三种类型的新石器文化。

六、北方地区

这个地区新石器时代考古最主要的收获是，内蒙古敖汉旗兴隆洼和沈阳新乐新石器时代早期文化的新发现。兴隆洼遗址隶属赤峰市敖汉旗宝国吐乡，1983年在该遗址发掘中，发现有七间房址、三座灰坑和一段围沟，出土一批自具特征的石骨器与陶器等遗物（《考古》10期）。陶器均为夹砂灰褐陶或黄褐陶，纹饰多交叉纹、网格纹、席状纹与横排的之字纹，其中多是线形之字纹，纹道深细清晰。器类简单，主要是斜壁敞口筒形罐，其次是曲腹钵等。石器中以双肩石锄最富特色。年代据碳-14测定为公元前5290年。这一类文化遗存是西辽河流域与内蒙古地区迄今所知最早的新石器时代遗存。它有一定的分布区，又有特征鲜明的器物群，并且也无法划属现在已知的某一文化类型，因此把它称为"兴隆洼文化"是必要的。

沈阳新乐遗址的发现是下辽河流域新石器时代考古的重要突破。1973年曾予发掘，并发表了报告（《考古学报》4期），这次报道的是1978年发掘的新资料（《考古学报》2期），其中比较重要的发现为 F_2，居住面达95.5平方米，屋内未设隔墙，出有很多细石器，并有二次加工剥下的小石片，作者推测它是制作细石器的劳动场所。这个遗址的器物有自己的特点，细石器与磨制石器共存，陶器以深腹罐与异形罐为典型代表器，纹饰以压印之字纹与弦纹为主，是北方新石器时代早期文化一个新的文化类型。

在辽宁本溪山城庙后山发现三个洞穴遗迹（《考古》6期），其中有两个洞穴属新石器时代晚期至青铜器时代，洞内发现墓葬二十三座，火葬、仰身葬与二次葬共存，有陶器与猪、鹿下颌骨作为随葬品，陶器以假圈足和圈足器为主，不见三足器，可见这里的葬制及随葬品都有地区特点。在黑龙江街津口地区采集一批细石器、陶器、陶网坠等（《史前研究》3期），这在赫哲族聚居地还是首次发现，因此，这一发现具有重要的历史意义。

郭大顺、马沙的《以辽河流域为中心的新石器文化》一文（《考古学报》4期），比较全面地论述了以辽河为中心的新石器文化的分区、分期、文化关系诸问题。把西辽河、大凌河流域诸文化分为红山、小河沿、富河三个类型，下辽河流域分为新乐文化与偏堡类型，旅大地区包括小珠山（下层）、郭家村下层、郭家村上层、于家下层等类型。还论述了同黄河流域原始文化的关系等问题。该文材料搜集全面，论述条理清楚，对进一步研究这个地区新石器时代文化的有关问题是必须参考的。

张泰湘的《嫩江流域原始文化初论》一文（《北方文物》2期），对嫩江流域原始文化的划分、分期、族属以及与毗邻地区原始文化的关系等问题做了较全面的探讨。把这个地区的原始文化排出了发展序列，即昂昂溪—小登科—白金宝—官地等。其中，昂昂溪文化的年代最早，距今为6080年，与新开流文化相若。

对内蒙古地区进行综合研究的有马耀圻《内蒙古石器时代考古发现与研究》（《内蒙古社会科学》6期），崔璇《内蒙古中南部考古学文化序列与年代试探》（《内蒙古社会科学》5期），以及《内蒙古西部地区原始文化的编年及相关问题》(《文物》5期)等。马文对河套文化、礼赉诺尔、红山、小河沿、富河、阿善一、二期与大口一、二期文化等诸文化内涵及其与相邻地区的关系做了综述,由此可看到内蒙古石器时代考古发现与研究的情况。崔文依据现有资料,把内蒙古中南部新石器时代诸文化排成以下序列:阿善一期与白泥窑子第一种,阿善二期与白泥窑子第二种,阿善三期与白泥窑子第三种,老虎山早期、老虎山晚期与白泥窑子第四种等。还根据阿善和白泥窑子遗址出土的资料,确定了各期遗存的文化面貌和相对年代。阿善一期为内蒙古西部地区新石器时代最早的遗存。陶器中的小口壶、彩带钵、彩陶盆和弦纹罐等与后岗一期文化接近,约当半坡类型时期。白泥窑子第一类遗存,晚于前者,小口尖底瓶、圜底钵、夹砂罐等,具有半坡类型向庙底沟类型过渡的特征。白泥窑子第二遗存,彩陶中常见红黑彩两色相间,并有发达的内彩,还有篮纹尖底瓶、双耳彩陶罐、鸡冠耳夹砂罐等,反映了仰韶晚期的特征。这三类文化遗存基本上与陕、晋、冀地区同时代文化类型无大差别,表现出较大的一致性。

七、综合研究

新石器时代不同文化类型遗址已发表的有七千余处,其中,经正式发掘的也有四百处左右,分布广泛,几乎遍布全国,并且文化内涵复杂多样。因此,如何把这众多的古遗址进行归纳研究,就成为考古学界所关心的课题。佟柱臣的《中国新石器时代文化三个接触地带》(《考古与文物》2期)一文中,对这个问题提出了独自的见解。他把新石器时代分成阴山山脉、秦岭山脉、南岭山脉三个接触地带,这三带山脉都是东西走向的,每条山脉的北侧和南侧,分布着不同的文化,故名为接触地带。在北纬40°～42°之间东西横亘的阴山山脉,是阴山以北狩猎类型诸文化和阴山以南黄河流域粟作农业经济类型诸文化的接触地带。在北纬30°～34°之间的秦岭山脉以南及其余脉桐柏山脉和汉水流域、淮河流域这东西一线,是黄河流域以粟作经济类型为特点的诸文化和长江流域以稻作经济类型为特点的诸文化的接触地带。在北纬25°～27°之间的南岭山脉以迄武夷山脉是长江流域诸文化与珠江流域诸文化的接触地带。

关于新石器时代生产工具的研究文章较多，曾骐《我国新石器时代的生产工具综述》一文（《考古与文物》5期）认为新石器时代晚期居址和墓葬所出的生产工具有明显的差别，前者厚重粗犷，多有使用及磨损痕迹，后者扁薄轻巧，精工制作，甚至选用罕见的玉石。傅宪国《试论中国新石器时代的石钺》（《考古》9期），对石钺的定名、分布、型式、演变及与商周青铜钺的关系等问题进行了探讨。石钺最初是作为生产工具而出现的，但随着社会的发展与私有制的出现，很快便成为战争中的武器或礼仪中权杖之物。张寿琪《仰韶文化盘状器用途考》（《农业考古》2期），对盘状器的用途进行考察，认为盘状器具有多种用途：大型的盘状器做砍砸器；小型有锋刃的做刮拨器；也有作为狩猎"投石"或攻击的武器用。

对新石器时代自然环境的研究，有计宏祥的《从哺乳动物化石来探讨中国新石器时代一些遗址的自然环境》（《史前研究》2期）一文，作者通过哺乳动物化石的分析，阐明新石器时代气候及气候的变迁情况。新石器时代的自然环境同现在不是一样的，在六千年前的气候是处于最温暖的时期，当时南、北方的动物群区别不大。并说明黄河流域与长江流域在此时已有比较原始的农业，同时饲养家畜与从事渔猎以及采集等生产活动。

曾骐《我国史前时期的墓葬》一文（《史前研究》2期），对史前时期氏族墓地、墓葬结构、葬式、随葬品与埋葬习俗等方面进行了综合归纳，通过近万座新石器时代墓葬的整理分析，可以看出这个时期墓葬的特点：如氏族有公共墓地，不同的埋葬形式反映了他们的观念形态；随葬品的多寡受当时生产力水平的限制，大体说来，新石器早、中期墓葬随葬品差异不大，发展到晚期，大小墓之间随葬品多寡悬殊较大，反映贫富差别与社会地位的不同。原始社会的墓葬与阶级社会的墓葬有明显的差别，前者反映血缘关系和比较平等的社会情况，后者则明显打上了阶级的烙印。

关于碳-14测定年代方面，有蔡莲珍的《碳十四年代的树轮年代校正》一文（《考古》3期），介绍新校正表的制作、特点、使用和它的意义。通过新校正表可将碳-14年代比较可靠地校正到真实年代。魏京武的《碳-14测定年代与陕西地区新石器时代考古学文化》（《史前研究》1期）

一文，根据陕西地区新石器时代遗址碳-14测定的四十五个年代数据，把该地区新石器时代诸文化类型排出以下发展序列：老官台文化北刘下层（距今7300～8000年）—北首岭下层（距今6800～7300年）—仰韶文化半坡类型（距今6000～6800年）—庙底沟类型（距今5000～6000年）—龙山文化（距今4000～5000年）。

严文明写的《新石器时代考古研究的回顾与前瞻》《新石器时代考古研究的两个问题》(《文物》3、8期)、《考古资料整理中的标型学研究》(《考古与文物》4期)等文章，对关于考古学文化的理论与新石器时代的年代学等一些重要课题做了探索。他首先回顾了过去的研究工作，把中华人民共和国成立以来的考古工作分为四个时期：(一)1949～1954年，为准备时期；(二)1955～1965年，较大发展的时期；(三)1966～1976年，基本停滞时期；(四)1977年至今，全面发展时期。现在田野工作广泛而深入的发展，不但黄河流域不断有新的发现，而且其他地区也开展了许多工作。随后，又提出今后需要探索的问题，如关于新石器时代文化的起源、新石器时代如何向青铜器时代过渡、考古学文化同经济类型以及居民族属的关系等。

（本文原载《中国考古学年鉴》1986年）

1987年新石器时代考古

1987年发表的新石器时代考古报告与论著共二百余篇,其中涉及黄河流域地区的考古文章仍占多数,涉及北方地区与长江流域地区的次之,综合研究文章比往年明显增加,并且在探索某些学术问题上有所突破。

一、黄河流域地区

这个地区新石器时代文化丰富多彩,包括新石器时代早期文化、仰韶文化、马家窑文化、龙山文化、大汶口文化等。

新石器时代早期文化,1987年详细发表新资料的主要有河南长葛石固(《华夏考古》1期),偃师高崖和宫家窑(《中原文物》3期)。石固是一处以裴李岗文化为主的遗址,位于长葛县西南部。在此先后进行了四次发掘,揭露面积2145平方米。发现有裴李岗文化的房址三座、灰坑一百八十九个、墓葬六十九座与一批石器、陶器等遗物。同时,发现了仰韶文化层叠压在裴李岗文化层之上的地层堆积关系。从出土器物的分析比较,可清楚看出两者存在着不少共同因素,具有上下承袭的关系。据此推断仰韶文化源于裴李岗文化。郭天锁《从石固遗址略谈裴李岗文化的若干问题》(《华夏考古》1期)认为,石固遗址与别处裴李岗文化有别,有其自身的特点。该遗址可分为四期,一、二期相当于裴李岗、莪沟北岗文化遗存;三、四期文化特点与前者存在明显差异,如圈足壶、折肩壶、双耳壶、角把罐、红顶碗、带钮与穿孔盆等器物,在裴李岗与莪沟均不见,因此建议将其命名为裴李岗文化石固类型。

考古学界对裴李岗、磁山、大地湾、北首岭等新石器时代早期文化的分期、命名、相互关系等问题，继续展开了较热烈的讨论。林寿晋、游学华《陕南甘东的先仰韶文化》(《文物与考古论集》)一文提出，陕南甘东地区早于半坡类型的新石器时代文化遗存，数目众多，包涵庞杂，它们并非属于同一文化系统。这些遗存可分为三组：大地湾下层组、北首岭下层组与李家村组。三者应属各自独立的三个文化，可分别称为大地湾文化、北首岭文化与李家村文化。吴加安《试论"北首岭类型"》(《文物资料丛刊》10辑)认为，北刘下层遗存早于北首岭类型，而北首岭类型与半坡类型是同一文化中不同的类型。郭引强《宝鸡北首岭的分期及其有关问题》(《中原文物》3期)认为，原报告中早期有一部分为老官台文化，早期另一部分、中期及晚期大部分为半坡类型，晚期的少部分为庙底沟类型。所谓三个连续发展期实为老官台文化晚期—半坡类型—庙底沟类型。佟伟华、刘勇《磁山、裴李岗两种遗存的比较和探讨》(《史前研究》3期)与杨肇清《关于裴李岗磁山文化的定名及其年代问题的探讨》(《华夏考古》1期)两文，均鉴于裴李岗和磁山的遗迹遗物存在着明显的区别，并各有的分布地域与自身的文化特征，主张将其分别称为裴李岗文化与磁山文化。丁清贤《裴李岗文化的发展阶段》(《中原文物》2期)，把裴李岗文化分为三大段：一段以裴李岗一、二期与新郑沙窝李下层为代表；二段以莪沟晚期、长葛二期与贾湖一期为代表；三段以长葛三、四期、临汝中山寨与贾湖二期为代表。金家广《试论裴李岗新石器时代早期墓葬的分期》(《考古与文物》2期)一文，通过墓葬地层关系和随葬品演变的分析，论证裴李岗墓地经历了一脉相承的早、中、晚三期。俞伟超《中国早期的"模制法"制陶术》(《文物与考古论集》)提出新石器时代早期陶器制法上出现的"泥片贴筑法"，当属模制法的范畴，无论就制陶工艺本身的技术水平，还是民族学的研究来说，都应是比泥条盘筑法还要原始的方法，这对制陶工艺的研究是一个创见。

仰韶文化遗址的调查发掘又有一些新的发展。在洛阳市的孟津、新安、偃师等县发现了仰韶文化六十七处(《中原文物》3期)。在山西侯马、曲沃、翼城等地发现仰韶文化十九处（《考古与文物》4期）。重要的发掘有：广武青台、兰田泄湖、宝鸡福临堡等遗址。

青台遗址位于河南荥阳县广武镇青台村东，发掘面积730平方米（《中原文物》1期）。文化层可分六层，其文化性质与大河村仰韶文化相近。其中五、六层与大河村一期相似，四层与大河村二期相似，三层与大河村三期相近，二期与大河村四期相同。通过发掘对研究豫中地区的仰韶文化增添了重要资料。在伊川白元乡出土的两件彩陶缸，器形完整，极为罕见。该缸为泥质红陶，呈圆筒形，底正中有孔，肩部饰有三个对称的突钮，并饰有几何形彩绘图案。口径24厘米，高47～49厘米（《文物》4期）。这两件彩陶缸实为仰韶文化的彩陶精品。

泄湖遗址位于陕西兰田县泄湖镇北部，发掘工作刚刚着手（《考古》9期）。该遗址文化层堆积厚，内涵丰富，包括庙底沟类型、庙底沟二期、客省庄二期等文化遗存，以庙底沟类型的文化遗物较有特点。据此可探索它与史家类型的关系等有关问题。宝鸡福临堡遗址的发掘（《考古与文物》6期），发现灰坑九十八个，房址四座，陶窑十座。出土的陶器中夹砂陶罐、缸、敛口盆、粗陶瓮、陶钵等具有地域性特点，与仰韶文化的其他类型有差异。张天恩认为，该遗址的文化性质属庙底沟类型与半坡晚期类型之间的过渡类型，即史家类型与西王村类型之间的过渡阶段（《考古与文物》6期）。

关于仰韶文化研究的文章还有：汪宁生《仰韶文化葬俗和社会组织的研究》（《文物》4期），对仰韶母系社会的传统说法及方法论等问题提出商榷意见。他认为多人合葬墓不是母系家族的"缩影"，"女性本位"说不能成立。仰韶文化是否为母系社会，还不能做最后的结论。严文明《横阵墓地试析》（《文物与考古论集》），通过横阵墓地材料的分析，认为横阵、元君庙、姜寨一期墓葬都属于仰韶文化半坡类型的前期。横阵是一个氏族，开始包含五个家族，后来发展到七个家族。元君庙与姜寨反映的都不止一氏族。吴耀利《略论我国新石器时代彩陶的起源》（《史前研究》2期）通过对众多彩陶的分析，提出白家文化（或称老官台文化）彩陶可能就是新石器时代彩陶的原始型。彩陶的发源地在关中地区。

龙山文化遗址调查发掘的新资料，较重要的有永城王油坊、容城午方、扶风案板、宝鸡石嘴头等项。

王油坊遗址位于河南永城县姜胡庄东南，发掘800余平方米（《考古学集刊》5期）。发现房址二十座，灰坑四十四个，窑三座。房址有圆形也有方形，还有一组四间相连的建筑群，面积较大，通长15.1米，宽4～4.1米，这样完整的成组建筑遗存在龙山文化中极为罕见。出土的陶器有大口罐、子母口瓮、圈足盘、束腹筒形罐、长颈壶、大器盖等，深腹罐与鼎口沿上多有一周沟槽，鬹由罐或瓶与袋足鬲组成。纹饰以斜行划纹为主。这一批陶器有其独自的特点，与其他文化类型有别，原报告建议把它称为王油坊类型。容城县午方遗址发掘的一口龙山文化的水井（《考古学集刊》5期），保存甚好。井呈圆角长方形，长2.36米、宽1.54米、深5.3米，四壁光滑平整，井内置木质井盘，由十层圆木搭成，结构是东西两根压南北两根，呈井字形。井盘内出有汲水陶罐三十二件，陶盆一件。它是龙山文化迄今发现保存最好的水井。

宝鸡石嘴头遗址发现房址六座，袋状灰坑二个，长方形竖穴墓一座（《考古学报》2期）。房址呈凸字形，为地窖式建筑。出土陶器可分为早晚两期，早期陶器以灰陶为主，不见黑陶。纹饰横篮纹居多，次为绳纹。器形有鬲、单耳罐、双耳罐、三耳罐、斝、瓮、盆、碗，不见鬶、盉、鼎。晚期有磨光黑陶与橙黄陶，但以褐陶占多数，纹饰除横篮纹外，还有竖篮纹。器形有折肩罐、圈足豆、双耳与三耳罐、鬲、斝等，属客省庄二期文化。扶风案板遗址在过去发掘的基础上又进行了第二次发掘（《考古》10期）。发现灰坑十七个。出土一批具有独特文化面貌的陶器。以夹砂灰陶居多，泥质灰陶次之，还有红陶与少量黑陶。纹饰以篮纹为主，次为绳纹。器形主要有斝、鼎、壶、侈口罐、单耳罐、杯、匜、双耳或双大耳罐等。其文化性质不同于客省庄与庙底沟二期文化。它可能是存在于关中西部地区的一种新的文化类型。王世和、张宏彦、莫枯《论案板三期文化遗存》（《考古》10期），对该遗存的特征、年代、分期与相邻地区的关系等问题做进一步探讨。认为案板三期与武功赵家来出土的庙底沟二期文化器物有许多共同点，推测它可能是客省庄二期文化的前身。梁星彭《试论陕西庙底沟二期文化》(《考古学报》4期)认为客省庄二期文化是庙底沟二期文化浒西庄类型的直接继承者。

对中原地区龙山文化进行专题研究的有：张长寿《陶寺遗址的发现和夏文化的探索》(《文物与考古论集》)提出，目前在没有发现文字资料的情况下，只能采用时间和空间的对证等方法探讨龙山文化和夏文化的关系。陶寺遗址的年代上限不晚于公元前2400年，下限不早于公元前1800年。认为从遗址的年代、地望、墓葬所反映的社会发展阶段，以及彩绘龙盘所代表的族属等方面论证，陶寺遗址有可能是夏文化遗存。黄崇岳《虞代与龙山文化》(《中原文物》2期)对虞代与龙山文化的社会面貌及其相互关系进行探讨，认为陶寺类型与虞代文化存在内在的联系，它们在年代、公布范围与社会性质上的均互相吻合，说明两者的关系是非常密切的。

在黄河上游地区除进行文物普查外，还做了一些重要遗址的发掘。如毛家坪遗址(《考古学报》3期)，发掘规模较大，出土遗物亦较丰富。该遗址位于甘肃甘谷县盘安乡毛家坪村，先后进行两次发掘，属于新石器时代的有以彩陶为特征的石岭下类型遗存。发现有灰坑二个，房址二座。陶器以泥质红陶为主，占92.3%，其中彩陶占一定比例。泥质灰陶和夹砂红陶较少。纹饰有线纹、方格纹与附加堆纹等。彩绘花纹有条纹、弧边三角纹、圆圈纹等。器形有钵、盆、壶、小口尖底瓶、缸、器盖与彩陶罐等。这个遗址的发掘，为研究石岭下类型增添了新的实物资料。

在宁夏固原店河村墓地，发掘新石器时代墓葬六座(《考古》8期)。均为长方形竖穴墓，单人侧身屈肢葬，随葬有陶器与石、骨器等。主要的陶器有侈口罐、壶、单耳罐、高颈罐。其中彩陶壶的器形与纹饰风格与半山类型相同，但也有部分陶器与齐家文化较近似，而饰有横篮纹加竖划纹的单耳罐则具有明显的地域性特点。该墓地的发掘，为探讨马家窑文化与齐家文化的关系提供了重要的线索。

关于黄河上游新石器文化的研究：安志敏《中国西部的新石器时代》(《考古学报》2期)提出，黄河流域属于农业畜牧起源的较早地区之一。在七八千年前，华北平原和黄土高原的河流沿岸已形成定居的村落，当时人们已使用比较进步的石制农具与栽培粟、黍一类耐旱的作物，畜养猪、狗等家畜，具有相当进步的农业经济。拙文《试论我国早期土洞墓》（《考古》12期）据考古发掘资料，论证我国土洞墓最早是在黄河上游及其支流等地区首先发源的，并推断土洞墓是仿自人们居住的窑洞式的建筑而建造的。

山东地区史前考古的调查发掘新资料，最重要的有长岛北庄（《考古》5期）、昌乐邹家庄和安丘堌堆（《文物》11期）等项。

北庄遗址位于长岛县大黑山岛东边，发掘面积500平方米，发现北庄一、二期、龙山文化与岳石文化依次叠压的地层关系。北庄一期是该遗址的主要遗存，发现房址十六座、灰坑三十个、墓葬三座。房址作圆角方形或长方形半地穴式建筑，有斜坡门道、柱洞，房内有"箕形灶"。陶器以泥质和夹砂灰陶为主，纹饰有刻划纹、叶脉纹、锥刺纹与附加堆纹，彩陶图案有波浪纹、花瓣纹与八角星纹。器形以三足器、平底器为主，有鼎、鬶、罐、钵、筒形罐与觚形杯。二期与一期有密切联系，但有一定的差别，其年代距今为5100～5400年。北庄两期文化面貌既与大汶口文化存在相同的因素，又具有明显的地方特点。

昌乐邹家庄遗址先后进行两次发掘，揭露面积1200平方米。属龙山文化的有墓葬九座。墓内有二层台，人骨架保存欠佳，头朝东，随葬有陶鼎、鬶、盆、高柄杯等器物。还出土一批较有特色的陶器，如折腹盆形鼎、折腹环足盘、筒形罐等。鼎足变化多样，诸如鸟首形、半环形、凿形、倒三角形等，其文化特征与鲁东胶莱地区的龙山文化基本相同。安丘堌堆遗址的发掘，发现有龙山、岳石文化等文化层。龙山文化层有圆形与长方形房址十二座、灰坑四个。在一座房址的门道下夯土中，发现一具女性骨架，既无墓圹，又无葬具和随葬品，这显然是在建房时埋入的，应与某种建房仪式有关。其文化面貌与商丘地区的龙山文化比较接近。属于河南龙山文化系统。

关于山东史前考古的研究文章：郅田夫、张启龙《菏泽地区的堌堆遗存》（《考古》11期）认为，菏泽地区的古代村落遗址多坐落于高出地表几米的堌堆上，年代早到大汶口文化，鼎盛于龙山文化与商代。形成这种堌堆遗址，是因其地势低洼，经常受到河流决溢、湖泊泛滥的侵袭与威胁，较高的堌堆即可避免这些危害。吴汝祚《试论大汶口文化的三处墓地》（《考古学报》3 期）对刘林、大汶口、三里河三个墓地进行分析比较，认为这三个墓地分别属于大墩子、大汶口、三里河三个类型。刘林认为大墩子类型属大汶口文化前期，大汶口与三里河属大汶口文化后期阶段。其社会性质前者属母系家族，后者已进入父系氏族社会。李学勤《论新出大汶口文化陶器符号》（《文物》12 期）指出，大汶口文化陶器刻划符号同甲骨文、金文形状结构接近，与中国文字起源有密切关系。于中航对尚庄与后岗类型的关系问题提出新的看法（《华夏考古》1 期），认为两者差异相当大的，不能把它们纳入一个共同的文化体系，应是同时发展起来的两个不同的文化系统。此外研究大汶口文化与山东龙山文化的文章，还有吴诗池《浅谈大汶口文化陶器》（《考古与文物》1 期）、吴汝祚《试论龙山文化的蛋壳陶杯》（《史前研究》1 期）等。

二、北方地区

北方地区新石器时代遗址的调查发掘新资料，最重要的有：内蒙古敖汉旗小山、巴林右旗那斯台、黑龙江大庆、刀背山和凤城南山头等项。其中小山与南山头遗址经正式发掘，获得较好的成果。

小山遗址（兴隆洼Ⅳ号遗址）位于赤峰敖汉旗兴隆洼村东部，发掘出长方形半地穴式房址二座和一批陶器（《考古》6 期）。陶器以夹砂陶为主，纹饰有压印纹、几何形纹与动物形纹。有的几何形纹与"之"字纹并施于一器。器类有尊形器、椭圆底罐、圈足钵、盆等，筒形罐居多。文化内涵与较晚的红山文化相似，其年代为公元前 4715～前 4830 年。在巴林右旗那斯台遗址采集一批较为新颖而精致的玉石制品（《考古》6 期）。计石雕刻品六件，其中的裸体像，两臂于胸前作合掌状，束腰、赤脚，脚作跪坐状，没有性别特征。兽面形石雕，形象似猪。玉器一百余件，雕刻成小动物的形象，有蚕、鸮、鸟、鱼和龙形玦以及玉斧、玉管等，堪称红山文化中的精品。

在凤城县南山头遗址发现了二十五座墓葬（《辽海文物学刊》1 期），

均为长方形竖穴墓。可分两组，一组在南山头的南部，共十五座，作扇形排列。一排一座，二排二座，三排三座，四排四座，但五排仅二座。二组位在南山头顶部，共十座。两组墓室均由石砌筑成，大石板盖顶，单人葬。随葬品有石斧、锛、凿、纺轮与陶罐等器物。年代从新石器时代晚期至青铜器时代。该墓地保存较好，墓葬排列有序，像这样呈扇形的排列方式，极为罕见。刀背山遗址位于黑龙江穆棱河中游右岸，发现有陶钵与陶罐以及石器等（《北方文物》3期）。陶器特点均较小巧精致，器形与纹饰具有新开流上层文化的风格，它为研究新开流上层文化增添新的内容。

关于北方地区新石器时代考古研究文章有：傅仁义、王连春、刘具林合写《辽东地区旧石器、新石器时代文化遗址概述》(《史前研究》3期)，根据本溪、丹东、抚顺地区发现的新石器时代文化遗址资料，提出辽东地区的后洼遗址下层与上层遗存分别代表新石器时代早、中期文化，本溪南甸遗址代表新石器时代晚期遗存。于建华《早期篦纹及相关问题的探讨》(《辽海文物学刊》1期)，研究了北方地区陶器上常见的篦纹，把众多的篦纹归纳为弧线篦点"之"字纹、直线篦点"之"字纹、直线交叉篦点纹三种型式。它们分布在辽宁中部、内蒙古东部、河北的北部和吉林的西北部。陈国庆《之字纹研究》(《北方文物》1期)把这种之字纹分为六种：压印弧线、压印直线、压印弧线篦点、压印直线篦点、压划弧线、压划直线之字纹。同时对这种纹饰的施纹工具与施纹方法亦进行了探讨。光远《试论内蒙古赤峰市及辽宁省西部新石器遗存的相关问题》(《内蒙古社会科学》6期)，对兴隆洼文化与新乐文化、红山文化的相互关系问题进行分析，认为兴隆洼文化的年代与新乐下层文化相当，但要早于红山文化。此外，还有崔璇《内蒙古新石器时代考古的重要突破》(《内蒙古社会科学》1期)，蔺辛建《红山文化与古史传说》(《北方文物》3期)，李恭笃、高美璇《红山文化玉雕艺术初析》(《史前研究》3期)等文也都发表了有益的见解。

安志敏、陈戈分别对过去认为新疆地区新石器时代文化的遗存，进行了全面分析。安志敏认为新疆尚没有发现新石器时代的农业聚落。过去发现的以细石器、砾石石器和彩陶为代表的三类遗存，属于不同时代，以细石器为代表的遗存主要属于新石器时代，其余遗存，时代比较晚（《考古学报》2期）。陈戈《关于新疆新石器时代文化的新认识》（《考古》4期），认为曾作为新石器时代的许多遗址和墓葬，实际属于青铜时代甚至是铁器时代，年代相当于内地的殷周以至两汉时期。目前可推断为新石器时代的遗址有哈密七角井、吐鲁番英都尔库什、辛格尔、阿斯塔那以及罗布泊周围等遗址，其中七角井或可早至中石器时代，其余的不排除晚至青铜时代或铁器时代。他还推测，在公元前5000～前3000年，新疆地区存在有新石器时代文化。

三、长江流域地区

这个地区主要指湖北、湖南、安徽、江苏与上海等省市。最近发表的新石器时代遗址调查发掘新资料，最重要的有宜昌中堡岛、黄冈螺蛳山、宿松黄鳝嘴和青浦福泉山等项。

中堡岛遗址位于长江西陵峡三斗坪镇西边（《考古学报》1期）。文化堆积厚，延续时间长，包含了大溪、屈家岭与相当二里头文化的遗存。大溪文化可分四期，各期的器物存在明显差异，具有代表性的陶器有釜、圈足盘、圈足碗、平底盘、曲腹杯、筒形瓶、高领罐与支座等。这里大溪文化遗存的特征与枝江关庙山、巫山大溪文化相似。

在黄冈螺蛳山遗址发掘了十座墓（《考古学报》3期）。墓坑略呈长方形，单人侧身直肢葬，头朝西南。一般都有随葬品，多放在下肢上。随葬陶器有鼎、杯、豆、圈足罐、甑等。墓葬可分两期：早期相当于大溪文化晚期，晚期属于屈家岭文化早期。这批墓葬保存尚好，对探讨当时的葬俗等有关问题具有重要的学术价值。

黄鳝嘴遗址是安徽省比较重要的一处新石器时代遗址（《考古学报》4期）。它位于宿松县程岭乡。曾先后进行了三次发掘，发现墓葬十七座，人骨架已朽，葬式不明。一般都有陶器等随葬品，少者二件，多者达十三件。陶器以夹砂红陶与泥质红胎黑衣陶为主，纹饰以弦纹与点线纹为主，还有少量施有多角星纹与点线纹彩陶，颇具特色。器形以圈足器与三足器为主，平底器较少，有罐形鼎、钵形豆、盘形豆、单耳杯与大圈足碟形豆等。年代与薛家岗一期文化相近,早于薛家岗二期文化。

青浦福泉山遗址的发掘,取得了较大的收获(《东南文化》1期)。首先发现了崧泽文化早、晚期与良渚文化早、晚期共四期的地层叠压关系,为各自分期提供了依据,其次发现了崧泽文化晚期的男女合葬墓二座和三人合葬墓一座。男女合葬墓是男右女左,随葬品置于两者中间。三人合葬者中间为中年男性,左右各葬一儿童。另有良渚文化晚期墓七座,墓北边有祭祀坑,随葬品较多,达一百件。福泉山遗址的发掘,为探讨崧泽文化与良渚文化提供了一批新资料。

关于长江下游原始文化的研究:贺云翔《论马家浜文化自南而北传播》(《史前研究》1期),探讨马家浜文化传播的方向路线与传播对文化本身的影响。马家浜文化的摇篮在杭嘉湖平原中部地区,其后由北向太湖平原乃至通泰平原传播。方酉生《有关良渚文化的几个问题》(《武汉大学学报》6期)认为,吴县草鞋山遗址的发掘,已找到分属于马家浜类型、崧泽类型和良渚文化这三个不同时期的墓葬。这为太湖地区原始文化发展序列,奠定了地层学上的基础。

关于江汉地区新石器时代考古研究的文章有:张绪球《汉江东部地区新石器时代文化初论》(《考古与文物》4期),对汉江东部地区古遗址进行分类归纳,认为这个地区新石器时代文化是以天门为中心,经历了四个发展时期:大溪文化—屈家岭文化早期—屈家岭文化晚期—石家河文化,形成了一个独立的地区性的原始文化体系。熊卜发、宋焕文《浅谈鄂东北地区古代文化》(《湖北省考古学会论文选集》一),认为鄂东北地区的古文化序列为屈家岭文化、龙山文化、西周文化等。李龙章《丁家岗遗存的相对年代与大溪文化的分期》(《湖北省考古学会论文选集》一),主张把大溪文化分为五期:(1)以丁家岗与汤家岗早期为代表;(2)关庙山第一期与丁家岗第二期;(3)关庙山第二期与丁家岗第三期;(4)关庙山第三期与红花套第二期;(5)关庙山第四期等。杨建芳《大溪文化玉器渊源探索》(《南方民族考古》1期)探讨大溪文化玉器的渊源问题,兼论有关新石器时代文化传播、影响的研究方法。通过玉器的研究,他认为大溪文化和长江下游的史前文化存在着一定的联系。余秀翠《宜昌杨家湾在新石器时代陶器上发现刻划符号》(《考古》8期)对杨家湾陶器和陶器支座上的戳印纹做了分析,认为这种刻划符号是当时居民对某种事物的记述和描绘,也是原始记录的符号,具有文学初创阶段的性质。袁纯富、范志谦《试论江汉地区原始文化的地理诸问题》(《考古》9期),对江汉地区新石器时代遗址的地理特点进行探讨,认为屈家岭文化的根源要在江汉地区寻找,因为这一地区在远古时期不是一片汪洋湖泊,而是早有远古居民在此居住了。此外,发表的研究文章还有张绪球《汉江地区以黑陶为主的原始文化遗存》,周厚强《对孝感地区新石器时代文化的几点认识》,卢德佩《谈中堡岛大溪文化遗址石器的特点及工艺》(均见《湖北省考古学会论文选集》一),卢德佩《略论大溪文化的彩陶》,王杰《湖南"大溪文化"质疑》(均见《史前研究》3期)等。

四、东南沿海地区

1987年,这个地区考古发掘工作做得较少,多限于调查工作。

浙江仙居下汤村遗址调查发现的石器与陶器,较有特色(《考古》10期)。陶器是以夹砂红陶与夹炭红陶为主。后者是用稻草与稻谷壳为羼和料。器表施有一层赭色涂料。纹饰除绳纹、篮纹外,还有罕见的麦穗纹与印捺纹等。器形有罐、鬲、盉、鬶、鼎、豆、钵等。其文化内涵除含有昙石山下文化层的因素外,地域性特征也很明显。它对探讨该地区新石器时代文化的特征、分期,提供了重要的实物资料。

江西九江神墩遗址作了正式发掘(《江汉考古》4期)。该遗址位于九江新合乡境内,发掘面积900平方米。发现不同时期的文化遗存,属新石器时代晚期的墓葬二座。墓呈长方形竖穴式,随葬陶器有陶壶、罐与凿形足鼎等。陶质以夹砂红陶为主,占全部陶器的75%,泥质灰陶占25%。其文化性质属赣江—鄱阳湖地区新石器时代晚期的樊城堆文化范畴。它为研究该文化葬俗等问题提供了重要实例。在瑞昌良田寺遗址,调查发现石、陶器等遗物一百六十件(《考古》1期)。石器有锛、镞、铲。陶器有罐、尊、壶、缸、鼎、豆、鬲、鬶等,其中鼎足的形状变化较多,有圆凿形、三棱形、凿形、扁形等种。按其文化遗存可分为早、晚两期，晚期较接近良渚文化。因此，它的发现对探索江西与江浙地区良渚文化的关系具有一定的意义。

李玉林《清江新石器时代遗址的调查与分析》(《江西历史文物》1期)，根据近年的清江地区复查材料，对过去定为新石器时代三十五处遗址进行核实。认为能确定为新石器时代遗址的共十八处，其中经发掘的只有六处，即营盘里第1—4土城、横山坳、筑卫城等遗址。采集的标本属新石器时代的有杨家坳、观下山、老虎岗三处。筑卫城遗址下层出土的丁字形、卷边形、鸭嘴形、羊角形、尖锥形等十多种鼎足，与樊城堆遗址所出的相同，应属于同一文化类型。

福建诏安腊洲山遗址，是一处较为典型的贝丘遗址(《福建文博》1期)。陶器以夹砂红陶与泥质灰陶为主，陶质较粗糙。纹饰有绳纹、叶脉纹、锯齿纹等。器形主要是陶罐、豆、纺轮等。石器有锛与镞。文化性质属新石器时代晚期，距今约4000年，居民生活是以捕捞为生。它与闽东、粤东，台湾同期的文化遗址有许多相似之处。

在海南岛石贡新发现一处沙丘遗址(《中国文物报》12月25日)，出土一批几何印纹硬陶与石锛、双肩石斧等遗物。陶器为夹砂与泥质红陶，部分施有红陶衣，纹饰有细绳纹、刻划纹、网格纹等。器类有圈足器、大口罐、钵、器盖与纺轮等。该遗址是海南岛保存最好的早期遗址之一，它的发现对揭示海南岛远古文化面貌及其历史沿革等问题提供了实物例证。

彭适凡《试述南方古代制陶拍技术的萌芽与印纹陶的产生》(《史前研究》2期)，提出陶器制作技术上的需要以及原始居民日益增长的对美的追求，是古代拍印技术产生的主要原因。它萌芽于新石器时代早期。其起源地不限于闽江流域，而太湖流域、赣江流域、珠江流域及湘江流域的部分地区都应是几何形印纹陶的最早发生地。

游学华《台湾卑南遗址发掘简介》(《史前研究》1期)介绍了台湾卑南遗址发掘情况。卑南位于台湾东岸。先后进行八次发掘，揭露面积7550平方米。发现房址与墓葬，石板棺共一千具，出土物万余件。葬式为单人仰身直肢葬，盛行拔除侧门齿或犬齿的习俗。头部多扣盖一打破的大型陶罐。方向为北偏东。随葬品有玉石器与陶器,玉石器多置于棺内,陶器则多置于棺外东侧壁。陶质以夹砂红陶为主,除素面外,还有绳纹。器类有双耳折肩罐、鼓腹罐、钵、杯与纺轮等。这是一处比较重要的遗址,出土材料的丰富在台湾考古发掘中是不多见的。

五、西南地区

西南地区经调查发现的遗址有云南江川光坟头、大平山和通海空山、山龙潭等(《云南文物》6期)、维西哥登村(《史前研究》2期)、怒江州六库(《云南文物》19期)与保山地区等(《中国文物报》9月4日),贵州毕节青场(《考古》9期)、广西桂平石碑岭、上塔等(《考古》11期),西藏穷结邦嘎村(《文物》6期)、昌都小恩达(《中国文物报》12月25日)等。

位于怒江中上游的保山与傈僳族自治州地区,也发现了一批旧、新石器时代遗址,征集不少石器等标本,其文化特征与洱海、金沙江中游地区的新石器文化相似。这个调查不仅填补了该地区考古的空白点,而且对探索云南新石器文化的分布特点增加了新的内容。

在桂平县普查中,发现新石器时代遗址八处,采集有新石器文化标本的有三十二处。标本以打制石器为主,也有磨制石器与夹砂陶片共存。遗址多分布在浔江两岸的台地上。这一批遗址在时间上有早晚的不同,如大塘城、庙前冲、龙门滩等属新石器时代早期,上塔、长冲报等属新石器时代中期,牛尾岩洞穴贝丘遗址有轮制陶器,为新石器时代晚期遗存。

小恩达遗址,位于昌都县城北昂曲河的东岸,海拔3140米。进行过一次发掘,发现较完整的房址三座、窖穴五个、石棺墓一座。出土了一批石骨器与陶器。陶质以夹砂灰陶为主,手制。纹饰以刻划纹为主,有三角纹、弦纹、交叉线纹、指甲纹、堆纹、绳纹、压印纹等。器类有平底器与圈足器,以罐、碗、盆为基本器物组合,其中不少器物与卡若文化相近。这个遗址的发掘,对弄清卡若文化的发展序列与探讨藏族的起源等问题提供了珍贵的实物资料。

关于西南地区新石器时代考古研究文章有:马长舟《金沙江流域新

石器遗地的文化类型问题》(《考古》10 期)，根据大墩子与礼州两遗址的实物资料的分析，提出大墩子是龙川江两岸和云南境内成昆铁路两侧的同类遗址的代表，礼州则为四川境内安宁河及其支流一带的代表。两者虽同是新石器时代文化，但却存在着明显的差别，各有自身的特点。因此，大墩子与礼州不属于同一文化类型。杨原《云南元谋苴林的慢轮制陶工艺》(《考古》9 期)，对元谋地区现在尚保持的陶轮生产工具与制作过程的原始状态进行考察，认为借鉴它可帮助我们了解原始社会制陶工艺的发展情况。王海平《贵州有段石锛与古夜郎国的族属研究》(《贵州社会科学》6 期)，对目前学术界讨论古夜郎国的族属问题，提出个人的意见。认为从贵州有段石器的分布范围和存在的时间看，它应是古夜郎境内新石器时代末期越人的文化遗物。此外，还有张正益《略论卡若文化及其与云南原始文化的关系》(《云南省博物馆建馆三十五周年论文集》)，张兴永《云南新石器时代的家畜》(同上)等。

六、综合研究

综合研究方面，1987 年多着重于考古学文化发展序列和农业考古等课题的研究。如格勒《中华大地上的三大考古文化系统和民族系统》(《中山大学学报》4 期)，依据考古学、民族学与历史文献等材料进行综合研究，提出自新石器时代起，中华大地上存在着三大考古文化系统和三大民族系统：即北方草原地区的细石器文化系统和胡民族系统；长江中下游和东南沿海地区的青莲岗文化系统和濮越民族系统；中原地区的仰韶文化系统和氐羌民族系统。这三大考古文化和民族系统，经过长期的相互交流，不断地接触和融合，便逐渐形成了我国统一的多民族的中华民族文化。童恩正《试论我国从东北至西南的边地半月形文化传播带》(《文物与考古论集》)，提出我国从东北至西南的边地半月形文化传播带问题。认为从新石器时代后期至青铜器时代，活动于这一区域的众多民族留下了若干共同的文化因素。并从出土器物的类型风格、建筑遗迹、葬俗等方面探讨了这一半月形地带内古文化之间的内在联系，认为这一区域构成了古代华夏文明的边缘地带。

关于农业的发生发展问题，安志敏《中国史前农业概述》(《农业考古》2期) 一文指出，中国新石器时代的绝大部分遗址，属于农耕文化范畴。黄河流域与长江中下游是史前农业非常发达的两个地区，至少距今七、八千年以前，便遗留了丰富的农耕文化遗存。在考古发现的大量谷物遗存中，以粟、黍、稻为主。其地理分布以秦岭和淮河为界线，即在其南北种植着不同的作物，如粟和黍普遍发现在黄河流域，稻发现在长江流域与东南沿海一带，这说明史前农业作物是受到自然条件的限制。小麦与高粱也有发现，前者属于商周时期，后者年代待定，至于花生、蚕豆与芝麻等还不能确定它们属于史前时期的遗存。吴汝祚《太湖文化区的史前农业》(《农业考古》2期) 认为太湖地区的史前农业，主要是种植水稻，距今约7000年，这与河姆渡文化发现的稻谷年代相近，它们都是世界上最早的稻谷标本之一，说明我国是世界上水稻起源的地区之一。良渚文化的钱山漾遗址发现的家蚕丝的残绢片和丝带、丝线，说明当时已开始养蚕，距今已有5000年的历史。黄其煦《农业起源的研究与环境考古学》(《农业考古》2期)，提出环境考古学对研究农业起源问题是能起重要作用的。环境考古学研究的范围不仅包括传统考古学所研究的对象，还包括对植物的研究，如通过植物孢粉研究可获得农业发生的信息。另对动物遗骸与土壤的分析研究，可在不同程度上认识农耕经济产生的原因及结果。所以，探索农业起源问题，必须拓宽研究对象与研究方法的范围才能真正得到解决。王仁湘《关于我国新石器时代双肩石器的几个问题》(《南方民族考古》1辑) 对新石器时代双肩石器的分布、分类、起源及用途等，进行了较全面的探讨。杨鸿勋《论石楔及石扁铲》(《文物与考古论集》)，对石斧等生产工具的功能问题提出不同的看法，认为石斧是被误解的重要工具，应为石楔。而石扁铲（凿）应为木材加工的原始刨光工具。农业考古方面的文章还有柳勇明《小议河姆渡农具》(《农业考古》2期)，王仁湘《中国新石器时代的蚌制生产工具》(《农业考古》1期)，吴诗池《从考古资料看我国史前的渔业生产》(《农业考古》1期) 等。

关于我国文明的起源问题，是目前历史学和考古学界所共同关心的重要课题，今年展开了热烈的讨论。一些同志对我国文明起源的传统看法，提出了异议。苏秉琦认为，应当把文明起源与文明形成区分开来。"阶级，城市，国家，青铜器，文字，等等，指的是文明社会形成的几大要素。在原始氏族社会向文明社会的过渡中"，这些要素并不是同时出现的。并认为，中华文明的起源，恰似满天星斗。虽然，各地、各民族跨入文明门槛的步伐有先有后，同步或不同步，但都以自己特有的文明组成，丰富了中华文明，都是中华文明的缔造者（《史学情报》1期）。严文明《中国史前文化的统一性与多样性》（《文物》3期）认为，中国早期文明不是在一个地区一次发生，而是在许多地区先后发生的，是这一广大地区中的许多文化中心相互作用和激发的结果。张忠培《浅谈中国考古学的现在与未来》（《瞭望》36期）认为中国文明起源一元论的传统思想，不符合中国历史的实际，当为多元论。李绍连《中国文明起源的考古线索及其启示》（《中州学刊》1期）则提出，黄河、长江、珠江、东北与北方等四大区域的原始文化区都是中国文明的发祥地。

但一些同志对上述观点持不同意见。安志敏《试论文明的起源》（《考古》5期）认为商代文明是在河南龙山文化的基础上发展而成的，它是黄河流域首先出现的阶级国家，已拥有城市、文字和金属器，并形成文明发祥的中心，逐渐向周围地区扩大影响。在古代中国的发展过程中，长期以中原地区为核心，是有它的历史渊源的。邹衡《中国文明的诞生》（《文物》12期）提出二里头文化中成组宫殿群建筑的出现，都城的形成与青铜器中礼乐兵器的产生以及文字的发明等，都是商周文明所共有的。龙山文化中没有这些因素，说明它尚未跨入中国古代文明的门槛。中国文明的源头就是二里头文化。史慧敏《黄河文明学术讨论会综述》（《中原文物》4期）介绍了与会者讨论的主要观点：黄河流域是中华民族的起源地和中心，夏商周三代在此建立，中国古代文明从这里奠基，三代文明就是黄河文明的源头。陈星灿《文明诸因素的起源与文明时代》（《考古》5期）认为红山文化不具备文明时代的特征，因为它还没有青铜器的铸造和应用，也无城市的发现，更无文字的发明和使用。

（本文原载《中国考古学年鉴》1988年）

1989年新石器时代考古

1989年发表的我国新石器时代考古报告和综合研究文章达300余篇。论文集3种:《中国原始文化论集——纪念尹达八十诞辰》(以下简称《纪尹集》)、《庆祝苏秉琦考古五十五年论文集》(以下简称《庆苏集》,收集史前考古论文约20篇)和《磁山文化论集》。本年撰文之多,内容之丰富,为往年所罕见。它客观地反映了新石器时代考古研究的丰硕成果与研究水平。

一、黄河流域

黄河流域是新石器时代考古工作做得较多的地区。发表的工作简报、发掘报告与论述文章占全年总数的三分之一。发掘工作取得了较大的收获,科研成果显著。

在近年河南新石器时代遗址的发现与研究中,裴李岗文化的发现与确认,是新石器时代考古研究的重要成果,填补了早期新石器文化考古的空白。自70年代以来,先后发现了密县峨沟、长葛石固、临汝中山寨、巩县铁生沟、新郑沙窝李等60余处,其中有的经过较大规模的发掘。本年又有新的重要发现,发表了舞阳县贾湖遗址第二至第六次发掘简报(《文物》1期)和登封双庙遗址试掘报告(《华夏考古》4期)。贾湖遗址发掘2300多平方米,发现房基30余座、陶窑10余座、窖穴300多个、墓葬300多座。出土遗物数千件。房基均呈圆形或椭圆形半地穴式结构,出现较为罕见的三开间与四开间的多间房子。墓葬以单人仰身直肢葬为主，也有多人合葬，个别为俯身葬与仰身屈肢葬。随葬品以陶器为主，还有少见的带有契刻符号的龟甲、石骨器和骨笛。龟甲刻符很可能具有原始文字性质。骨笛完好，全长22.2厘米，钻有7孔，它的发现不仅为考古研究增添新的内容，而且为中国音乐史谱写了新的一页。登封双庙遗址出土一批石、骨、陶器等遗物，其文化性质与裴李岗文化相似，但也有其独自的特点，为探讨裴李岗文化内涵分期提供了重要的实物资料。

裴李岗文化方面：张居中分析了舞阳贾湖遗址的裴李岗文化遗存，提出贾湖一期的文化特征不见于以往河南境内发现的早期新石器文化，有其独具的特征，如大量的二次葬与多人合葬墓，方向多朝西等，为裴李岗墓地所不见。但却与大汶口文化早期较为接近（《文物》1期）。黄翔鹏对贾湖出土的骨笛进行了测音研究，指出骨笛的音阶结构至少是六声音阶，也有可能是七声齐备的、古老的下徵调音阶。可以吹奏旋律，发音较佳（《文物》1期）。朱延平据裴李岗墓葬的人骨鉴定资料分析，提出当时女性衰老的程度比男性快、寿命短。并从墓地出土资料考察，认为裴李岗文化是处在发达的母系氏族社会（《考古》11期）。

河南仰韶文化遗存较多，本年报道的濮阳西水坡遗址最为重要，发掘规模大，收获丰富，为文物考古界所瞩目（《考古》12期）。发现房址4座、窖穴227个、陶窑5座、墓葬148座、瓮棺葬38座。包括仰韶文化与龙山文化等不同时期的遗存。最重要的发现是仰韶文化时期用蚌壳摆塑的动物图案。蚌图共出3组，第1组蚌图已在《文物》发表（1988年3期）。第2组蚌图有虎、龙、鹿、蜘蛛等，龙朝南，虎朝北，龙虎蝉联为一体，鹿卧于虎背上，蜘蛛爬在龙头的东南部，头朝南。第3组蚌图有人骑龙与虎等，人两足跨在龙的背上，龙头朝东，虎在龙的北面，头朝西，仰首翘尾，呈奔跑状。这3组蚌图时代相同，据碳-14测定距今为6460年。它的发现，对探索龙的起源与研究美术史都具有重要的学术价值。淅川下集遗址的发掘也很重要（《中原文物》1期），发现有房址5座、陶窑2座与墓葬51座，出土遗物千余件。包含仰韶与龙山文化遗存，前者与庙底沟类型相近，后者具有屈家岭文化特点，这为探索中原新石器文化与湖北屈家岭文化的关系提供了重要的信息。

河南龙山文化遗址经发掘的有：鹿邑栾台（《华夏考古》1期）、信阳孙砦（《华夏考古》2期）、灵宝涧口（《华夏考古》4期）。栾台遗址保存较好，文化层厚8米余，出土物丰富，可分为6个文化期，一期为大汶口晚期遗存，二期早段属豫东龙山文化，晚段属造律台类型，出土的铜块、水井、长方形连间排房等为较重要的发现。三期以后为历史时期。涧口遗址发现半地穴式的白灰面房子，保存尚好，属庙底沟二期文化。报告作者提出庙底沟二期文化是来源于西王村类型的。辉县丰城的调查（《考古》3期）采集了一批陶、石器，多属龙山文化晚期遗存。

赵芝荃、吴加安探讨了中原地区原始文化的发展序列、年代及其与周围地区原始文化的关系等问题，提出中原地区原始文化各发展阶段的年代比周围地区同一阶段的文化要早，说明中原各文化发展阶段在时间上一直处于领先地位，也较早地具备文明时代出现的客观条件（《纪尹集》）。廖永民认为大河村遗址第四期遗存具有由仰韶文化向河南龙山文化过渡的性质，起着承上启下的作用（《中原文物》3期）。

对龙山文化的社会性质与古城址问题，讨论的文章较多，提出了各自的见解。安金槐提出河南龙山文化中晚期不是属于氏族社会阶段，而是到了阶级社会的奴隶制初期阶段。也就是我国历史上的夏代时期（《中原文物》1期）。王震中认为龙山文化不是单一的文化类型，而是可分为陶寺、三里桥、王湾、后冈、王油坊、下王岗六个类型，并指出它们之间存在的共性与独特性（《纪尹集》）。

近年在山西做了较多的考古工作。本年报道了黄河沿岸、涑水、汾河、浍河流域的调查情况，发现古遗址316处，其中仰韶文化120处，庙底沟二期文化102处，龙山文化93处，东下冯类型42处（《考古学集刊》6）。对沁源（《文物季刊》2期）、临水（《文物季刊》2期）、娄烦、离石、柳林和汾阳、孝义等县的普查（均《文物》4期），都有不同程度的收获。太谷白燕遗址的发掘（《文物》3期），发现房址4座、陶窑3座、灰坑96个、墓葬9座。出土一批陶器等遗物，可帮助了解晋中地区从仰韶晚期至龙山文化早期的文化发展序列。忻州游邀遗址（《考古》4期）发现相当于龙山文化时期的遗存，并具有其自身的特点，至于它的文化性质尚待进一步研究。万荣西解是一处比较重要的早期新石器文化遗存，正式报告尚未发表。陈斌在《中国历史博物馆馆刊》11期上做了简介。并提出西解一至三期遗存具有鲜明的特点，年代较半坡类型早，可能属于一种新发现的遗存，具有由裴李岗文化向仰韶文化过渡的性质。它对探讨山西早期新石器文化与半坡类型的关系等问题，具有重要的学术价值。

龙山文化陶寺类型的社会性质及其与夏文化的关系等问题，是目前考古界所关心与研究的课题。高炜明确提出陶寺遗存极有可能就是夏代开国前后夏人的遗迹。并认为礼制形成于龙山时代，应把礼乐制度的形成视为中国进入文明时代的一项标志。因此，陶寺遗址的发掘，为探讨中国文明起源与形成过程提供了弥足珍贵的资料（《纪尹集》《庆苏集》）。

陕西地区较重要的田野考古资料，有蓝田泄湖（《考古》6期）与华阴西关堡（《考古学集刊》6）两处遗址的发掘。泄湖遗址文化层厚、内涵丰富，包括半坡、庙底沟、史家、西王村、客省庄二期文化等不同时期的文化遗存。发现有房址、灰坑、墓葬与一批石、陶器等。为探讨陕西地区新石器文化的发展序列提供了较系统的资料。西关堡遗址出土的资料较重要，发现灰坑31个，生产工具66件，陶器88件，属于较典型的庙底沟类型遗存。在宝鸡纸坊头遗址也发现半坡与庙底沟类型的文化遗存（《文物》5期），为探讨两者的关系提供了新的资料。在宝鸡市附近调查发现了古遗址37处（《文物》6期），其中赵家坡、旭光、傅家村3处属早期新石器文化，扩大了早期新石器文化的分布图。黄龙县调查（《考古与文物》1期）发现古遗址16处，值得提出的是西山遗址，发现有东下冯类型遗存，这对探索陕西境内夏文化提供了重要信息。神木县（《文博》2期）石峁龙山文化遗址发现细石器50余件，这是探讨细石器与龙山文化共存关系的一个重要地点。另在洛南出土的一件红陶人头壶（《文物》3期）是一件难得的陶制艺术品。

巩启明对客省庄文化的命名、文化特征、类型的划分等问题做了全面的论述。提出客省庄文化分为康家、双庵、石峁三个类型，它们分别作为陕东、陕西、陕北三个地区该文化遗存的代表（《纪尹集》）。

在甘宁青地区，发表了宁夏海原菜园村切刀把墓地发掘报告（《考古学报》4期），介绍该墓地发现的33座墓葬材料。墓葬除竖穴土坑墓外，还有竖穴侧龛墓，形制较为特殊，葬式皆为屈肢葬。头向多朝北，随葬陶器等器物。值得注意的是还出土一批类似半山、马厂类型的彩陶器，其年代也与甘肃西部半山、马厂类型大体相同。它不仅丰富了宁夏新石器文化内容，而且对探讨甘肃东部和宁夏南部的古文化关系具有重要的学术意义。陈斌据菜园村林子梁窑洞房壁上发现有火苗状烧土和壁孔结构分析，推定我国在四千年前窑洞房内即有壁灯的设置（《文物天地》2期）。

关于早期新石器文化的论述：王仁湘认为大地湾文化与北首岭下层遗存是早期新石器文化的两个发展阶段，后者是由前者发展来的，并把后者分为A、B的早晚两组（《考古》1期）。阎渭清认为大地湾、老官台、半坡三者是新石器时代一脉相承的不同发展阶段的文化（《西北史地》2期）。尚民杰探索了大地湾地画的含意（《中原文物》1期），提出地画中的人形所表示的不是祖先崇拜，而是一种巫术画。刘溥编《青海彩陶纹饰》（青海人民出版社）一书概述了青海地区马家窑至卡约、辛店各个文化时期彩陶装饰的产生与发展、艺术特点和纹饰的演变等问题。袁靖对马厂类型墓葬作了较全面的分析，将马厂类型分为土谷台、柳湾、鸳鸯池三组，阐述三组间的共性与个性，进而探讨马厂类型社会性质等问题（《纪尹集》）。

山东的发掘工作，最引人注目的是临朐朱封龙山文化大墓的发现（《光明日报》12月12日），共发掘3座，墓葬规模大，长4米余。有棺椁，并设有"边箱"与"脚箱"，随葬品丰富，玉石器与陶器等共100余件。龙山文化的大墓以往发掘较少，因此，它的发现具有重要的学术意义。本年还报道了泗水尹家城（《考古》5期）、邹平丁公（《考古》5期）、邹平苑城（《考古》6期）、莒南化家村（《考古》5期）、苍山小郭村（《考古》2期）、潍坊徐家（《考古》9期）等地的调查与发掘情况。值得注意的是，宛城出土了一批北辛文化器物，它与典型的北辛遗址比较，存在某些差异，丰富了北辛文化的内涵。

本年出版的《海岱考古》第一辑（山东大学出版社），集中反映了山东考古发现与研究的成果。淄博市张店、周村、邹平县鲍家、广饶县五村、青州市凤凰台、赵铺、临朐县西朱封、海阳县司马台和诸城县、寿光县、章丘县等地的调查与发掘，均有重要收获。苏秉琦重申中国"文明曙光，似满天星斗，山东决不会只有一颗星。象牙筒、'日火山'铭文、鬹、盉、甗、杯与蛋壳黑陶，都应看作文明的标志"。张学海总结了山东新石器时代考古成就；最主要的表现在确定了北辛文化与大汶口文化遗存，加深了对龙山文化的认识，形成了山东新石器文化的发展谱系。郑笑梅提出，以泰沂山系为中心发展起来的传统文化，称之为"泰沂文化区"。泰山南侧考古文化序列为北辛—大汶口—龙山—岳石文化，这一系列文化基因，是一使用鼎、鬹、甗、鬲等炊煮器为特征的人们共同体。邹衡提出，龙山文化时期出现的城址，是作为防御设施的军事城堡，中国古代都城就是从这类军事城堡发展起来的。佟柱臣指出，岭南两广地区和北方河套地区都发现新石器时代与旧石器时代晚期地层叠压关系，同时，石器形制的演变也是一脉相承，再次证实中国新石器时代是从旧石器晚期发展过来的。

苏秉琦还就环渤海考古与青州考古问题发表了看法，提出环渤海考古是个"区系考古"概念。山东区系考古名为胶东考古与青州考古。并指出齐国政治中心也就是古青州地（《考古》1期）。邵望平据三代文明多源性的情况，论述《禹贡》所载"九州"风土反映的当时生态环境。并明确提出龙山文化圈恰恰与《禹贡》所云九州的范围大体相当（《考古学文化论集》2）。韩榕对城子崖类型的分布、特征、年代分期等做了系统的论述。认为城子崖类型与两城镇类型是典型龙山文化中并行发展的两个地方类型。并且都是由各自所在地区的大汶口文化发展来的（《考古学报》2期）。于中航认为大汶口下层与北辛遗存有衔接的因素，因此，可把大汶口下层遗存定为大汶口文化的初始阶段。它为进一步探讨大汶口文化的渊源问题，提供了很好的例证（《华夏考古》2期）。

二、北方地区

内蒙古考古工作，当首推凉城县岱海周围的调查（《考古》2期）与察右前旗庙子沟遗址的发掘（《文物》12期）。凉城元子沟遗址发现龙山文化窑洞或房子10余座，是该地区前所未有，房内中央有灶，墙壁及居住面均抹有一层白灰面。其学术价值自不待言。凉城敖包梁祭祀遗址，为一排东西向的石堆，全长60米，居中者为一大石堆，呈圆角方形，边长10米、高2米，中央有坑。在其两侧各有由大渐小的石堆11座，共23座。石堆皆用河卵石积成，这种形制的祭祀遗址，在国内是罕见的。庙子沟龙山文化遗址，发现房址51座、灰坑132个、墓葬43座，出土陶、石器等千余件。其侧身屈肢葬在内蒙古中南部尚属初见。碳-14年代为距今5500年，该遗址是内蒙古地区发掘规模最大、出土物最丰富的一处遗址。

本年度对红山文化的内涵、分期与葬俗等问题做了较多的研究。杨虎把红山文化分为兴隆洼、西水泉、东山嘴三个类型。它们分别属于早、中、晚三个阶段（《庆苏集》）。郭大顺据大南沟墓地材料，论述后红山文化的性质及其发展过程，它是晚于红山文化，早于夏家店下层的遗存，为红山文化的延续阶段，可称为后红山文化（《考古学文化论集》2）。高美璇提出，红山文化随葬品的特点是：不见生产工具与生活器皿，都是具有宗教色彩的玉雕器，无底筒形罐亦是专门烧制用于礼仪性的器物，含有宗教意义（《北方文物》1期）。刘晋祥论述了赤峰赵宝沟文化的内涵、特点及其相关问题。提出这里出土的陶器等器物和半地穴式房址都具有鲜明的特点，命名为赵宝沟文化（《庆苏集》）。

辽宁新石器时代考古的研究方面，许玉林等介绍了东沟后洼遗址的发掘工作，该遗址共发现房址43座、陶器393件、生产工具1668件、雕塑艺术品90件，这是一处出土物较为丰富的聚落遗址（《文物》12期）。佟柱臣对新乐出土的621件石器的形制特征、制造工艺等方面进行了深入分析，指出新乐石器的特点是：打制石器、磨制石器与细石器三者共存于同一文化遗存中（《辽海文物学刊》1期）。李恭笃对本溪地区的九龙口、马城子、庙后山三种不同时期的文化遗存作了系统论述。并认为洞穴墓早于石棺墓，石棺墓又早于积石墓（《辽海文物学刊》1期）。郭大顺认为，仰韶文化与红山文化各是从自己祖先那里衍生或裂变出来的优生支系。它们在河北桑干河上游相遇，在大凌河流域重合，产生以坛庙冢为象征的文明火花（《庆苏集》）。宋兆麟认为后洼出土的人鸟同体石雕像，是象征人鸟交合的形象，富有图腾的特征，由此推测后洼先民是以鸟为图腾的标志（《文物》12期）。

在吉林发掘了农安左家山（《考古学报》2期）和农安元宝沟遗址（《考古》12期）。左家山遗址发现新石器时代房址1座、灰坑20个和陶、石器等遗物。其中有形似龙的石制品和形似熊头、鸟头等陶塑品，均属罕见的艺术品。元宝沟遗址出有灰坑与陶器等遗物，其中彩陶器是吉林过去所未见的。该遗址的年代较早，碳-14测定距今为6140年。是目前吉林较早的一处新石器时代遗存。材料比较重要。

在黑龙江大兴安岭地区水电站淹没区进行的一次普查（《北方文物》4期），发现古文化遗址39处，新石器时代7处，通过调查，填补了该地区的考古空白，它对谱写该地区的古代史具有重要的意义。

北京和河北地区新石器时考古亦取得了重要收获。平谷上宅遗址的发掘（《文物》8期），出土陶器计800余件，其中陶杯、勺、鼓腹罐、圈足碗、鸟首器与带脊斧状器等都具有鲜明的地方特点，碳-14年代测定为距今6500～6000年。平谷北埝头遗址发掘（《文物》8期），发现房址10座，和一批陶、石器。碳-14年代为距今6200年，它和上宅遗址既有相似之处，又有自身特色，如出土的大口陶罐、鸟首陶支架和陶磨盘等都是其他遗址所罕见的。两处发掘为北京地区新石器文化的探源提供了重要线索。房山镇江营（《考古》3期）、永年石北口（《文物春秋》3期）、崇礼石嘴子（《文物春秋》1期）等遗址的调查与发掘，为探讨后冈一期文化与河北龙山文化的内涵及其关系等问题，都提供了重要的实物资料。张忠培把蔚县古文化归为八类遗存，前四类属新石器时代：即后冈一期文化；庙底沟类型；接近雪山一期遗存与龙山时期一种自具特征的遗存（《纪尹集》）。

河北省考古学会等编撰的《磁山文化论集》（河北人民出版社）一书，是1987年在邯郸召开的磁山文化学术讨论会的论文集。共收入21篇文章，分别对磁山文化的命名、文化特征、社会性质及其与其他文化的关系等问题进行分析研究，百家争鸣，各抒己见。其中安志敏提出磁山、裴李岗、大地湾三种早期新石器文化遗存，其区别大于共性，它们属于不同的文化系统，可分别称为磁山文化、裴李岗文化与大地湾文化。向绪成认为磁山与裴李岗两者为同一文化性质，共性占主导地位，主张命名为"磁山文化"。李友谋则认为磁山与裴李岗文化是属于同一时代不同氏族或部落的文化遗存。

在新疆调查的史前时期遗址有：和硕县新塔拉、曲惠（《考古与文物》2期）、木垒县四道沟（《农业考古》2期）和乌鲁木齐柴窝堡湖畔细石器遗址等（《考古与文物》2期）。新塔拉和曲惠两处遗址，出有较多的马鞍形石磨盘和少量铜器，年代已进入铜石并用时代。柴窝堡新发现的细石器文化遗存两处，共采集石器659件。这一批细石器数量多，并有自己的特点，是研究新疆史前文化的重要资料。

三、长江流域

湖北省为配合长江三峡大坝工程，发掘了几处新石器时代遗址，如宜昌中堡岛遗址的发掘（《文物》2期），出土遗物丰富，按时间早晚可分为三期，一期与大溪文化相似，二期是一期文化的继续，三期与宜都红花套出土的器物相似。它为探讨大溪文化及与其他文化的关系提供了地层依据。此外，还发表了宜昌朱家台（《江汉考古》2期）、艾家河（《江汉考古》3期）、秭归朝天嘴（《文物》2期）、均县朱家台（《考古学报》1期）、天门石河（《江汉考古》2期）等遗址和洪湖（《考古》15期）、黄冈（《江汉考古》1期）、汉阳（《江汉考古》2期）、应城（《江汉考古》2期）、当阳（《江汉考古》4期）等地的调查或发掘报告。朝天嘴发现的一期文化面貌较独特，以圜底器与陶支座为主，年代比大溪文化要早。二期文化与关庙山一期文化类似。在石门镇的邓家湾、谭家岭、肖家屋脊等遗址，发掘了不同时期的墓葬97座、瓮棺葬20座、灰坑131个，包括大溪文化、屈家岭文化、石家河文化的内涵，这对研究江汉平原新石器文化具有重要学术价值。黄冈地区古文化分布较密，共发现219处，包含从新石器时代至商周不同时期的文化遗存，它为探讨鄂东北地区古文化发展序列提供了重要资料。还有在荆州天门出土的一件红陶象，形态生动，是一件难得的陶制艺术品（《文物》3期）。

对大溪文化与屈家岭文化等进行专题研究的有多篇文章。吴汝祚提出宜昌中堡岛遗址第四层文化遗存，应称为中堡岛第二期文化，它与屈家岭文化是平行发展的（《江汉考古》1期）。何介钧把屈家岭文化划城岗类型分为早、中、晚三期，每期各有特有的器物，显示出发展的阶段性，划城岗类型是承袭大溪文化汤家岗类型的（《考古》4期）。王杰等认为，大溪文化与屈家岭文化等不是继承发展关系（《江汉考古》2期）。方酉生对湖北龙山文化与河南龙山文化进行分析比较，指出两者各自的文化特点与存在的共性，但它们的文化来源是不同的（《江汉考古》4期）。裴安平对鄂西"季石遗存"的源流、分期等问题做了较全面的论述，并认为季石遗存的前身是关庙山第三期文化遗存（《江汉考古》4期）。

湖南省早期新石器文化方面，报道了澧县彭头山遗址的发掘（《考古》10期），该遗址保存较好，出土的陶、石器具有明显的地方特点，陶器以夹炭红褐陶为主，部分施有红陶衣，均为圜底器。由于彭头山遗址具有这类遗存的典型性，报告建议命名为"彭头山文化"。金则恭认为皂市遗址早于大溪文化，年代经碳-14测定为距今8000～7500年，是目前湖南已知年代最早的新石器时代文化遗存。可定名为"皂市下层文化"（《纪尹集》）。另外，临澧太山庙（《考古》10期）、益阳石城山（《中国文物报》11月17日）两处遗址，都发现有房址与陶、石器等遗物，充实了屈家岭文化与湖南龙山文化的研究内容。

在江浙地区发掘的遗址中，最引人注目的是上海青浦县金山坟遗址（《考古》7期），发现新石器时代墓葬2座、古井4个、灰坑18个，出土陶器等器物57件，还有罕见的火葬墓，这为研究当时的葬俗增添了新的资料。新沂县花厅遗址（《人民日报》11月11日海外版），发现一处共有40座墓的墓地，出土一批良渚文化的陶、玉器。有5座大墓，墓主皆男性，脚后或身侧皆殉男女少年各1～2人，在M60墓主两侧及上方共殉5人，这为探讨奴隶制起源问题提供了重要例证。

关于江浙地区新石器时代考古的专题研究。宋兆麟研究了河姆渡遗址出土蝶形器，认为蝶形器实为鸟形器，是干栏建筑上安插的鸟图腾柱，它是越人鸟图案的渊源（《纪尹集》）。纪仲庆、车广锦提出，苏北淮海地区新石器时代文化发展序列，是青莲岗—刘林—大汶口—龙山与岳石文化，并主张青莲岗与刘林文化早于大汶口文化，不应统称为大汶口文化（《考古学文化论集》2）。曾骐、蒋乐平把长江下游分为宁绍平原、太湖流域、宁镇地区、皖南地区四个区，并编排出每个区的考古编年序列（《纪尹集》）。张敏把江宁县点将台遗址作为独具特征的典型单位，全面论述其文化分布、特征等，认为它有别于湖熟文化，可命名为"点将台文化"（《东南文化》3期）。吴汝祚认为良渚与大汶口、龙山文化是属于不同的文化系统，彼此之间只存在相互影响的关系（《东南文化》6期）。

安徽田野调查与发掘工作，近年来有很大的进展。本年报道的有：含山凌家滩（《文物》4期）、凌滩岗（《文物》4期）、大城墩（《考古》2期）、定远县侯家寨（《文物研究》5期）、郎溪县欧墩（《考古》3期）、萧县金寨村（《文物》4期）等。凌家滩发现有相当于大汶口文化中期的墓葬4座，出土陶、玉器等197件，M4最丰富，共出陶、玉石器131件。M1出的玉人、长方形八角星纹玉片、玉龟腹甲等都是罕见的葬品。侯家寨出土一批早期新石器文化器物，文化面貌与北辛文化相似，这为探索该地区早期新石器文化开拓了新领域。

高广仁分析了安徽淮北地区某些新石器时代遗址，提出亳县富庄遗址是包含不同文化的遗存，地层出土物属于龙山文化，墓葬则是大汶口文化的。雕溪县山子遗址的年代较早，相当于大汶口文化早期。严文明认为安徽新石器文化除皖南地区外，可分淮北、江淮两区，二区分属于两个不同的经济文化区，江淮地区又可分东北块与西南块两个地方类型。徐大立对蚌埠双墩带刻划符号的287件陶碗、钵、器底等做了分析，认定其内容有狩猎、捕鱼、种植、养蚕、编织、饲养家畜等，是展现当时人们的生活情景，但符号本身不是文字，仅具有汉字的一些基本特征（以上均见《文物研究》5期）。

四、东南与西南地区

江西新石器时代田野考古，本年报道了靖安郑家坳（《东南文化》4、

5期)、新干牛头城(《东南文化》1期)、清江樊城堆(《考古与文物》2期)、新余渝水棋盘山(《考古与文物》4期)等遗址的调查或发掘收获。郑家坳遗址发现土坑墓10座,陶、玉石器等80件。发掘资料比较重要,它填补了江西新石器时代晚期阶段的空白。李家和等分析了余江龙岗等遗址的资料,确认江西存在有龙山文化遗存(《考古与文物》2期、《东南文化》3期、《东南文化》1期)。

广东新石器时代考古有较大的进展。邱立城分析了封开、怀集等几个洞穴的文化遗存(《考古与文物》4期),提出怀集岗坪大沙岩二洞文化遗存,年代较早,约为新石器时代早期。杨式挺、邓增魁报道广东封开县古花河两岸古遗址调查与试掘工作。这里共发现古遗址二三十处,其中不少是属新石器时代晚期较重要的遗址,它填补了该地区新石器时代考古空白(《考古学集刊》6)。

对东南地区的专题研究也有新的成果。安志敏指出华南早期新石器的50多个年代数据都呈现偏老的趋势,有明显的误差。这是由于华南的石灰岩地带属于碳-14断代的异常区,是热带亚热带的自然条件和生态环境的制约所致(《第四纪研究》2期)。曾骐提出华南新石器文化以洞穴—贝丘—台地三个类型区分,它们反映了狩猎采集—渔猎—农业经济发展的早晚次序(《中山大学学报》3期)。石兴邦对新石器文化中的鸟类图像和史籍上记载的鸟崇拜、鸟生传说做了全面论述。探讨鸟图纹的含义,认为鸟崇拜与鸟生传说是我国东方沿海和东南地区的一个独特的文化表征(《纪尹集》)。

西南地区新石器时代考古发掘或研究文章,本年发表得较少。董晏明报道在重庆九龙坡区调查采集石器275件,夹砂陶器10余件(《四川文物》6期)。叶茂林认为成都新石器文化早于早期(巴)蜀文化(《成都文物》4期)。马幸辛提出在南口、渠县与巴中等县发现的新石器时代遗物,与陕西龙山文化、湖北大溪文化存在有较密切的关系(《四川文物》6期)。何金龙报道了通海县海东贝丘遗址的发掘,发现了该省过去罕见的仰身屈肢葬墓20座,随葬有石镯和陶罐等器物(《中国文物报》9月8日)。

五、综论与专题研究

关于中国文明起源问题 这是目前史学、考古学界探索的重要课题，也是世界文化史上的一个重要课题。《考古》编辑部于1989年9月召开了一次关于中国文明起源学术座谈会。讨论范围既涉及文明诸要素的起源，又包括文明社会产生的条件。与会者结合考古新发现与研究成果发表了各自的看法（《考古》12期）。许顺湛提出，中国文明时代源头的界限，应包括农业生产社会化、手工业专门化、脑力劳动阶层化、小城堡城市化四个方面。只要达到这四条即可以说进入文明时代了（《中州学刊》3期）。孙广清认为中原地区地处中心，历来古代文化发展水平较高，又能吸收四面八方有利于自身发展的文化因素，因而有条件率先进入文明社会（《中原文物》2期）。

关于制陶工艺研究 本年发表了多篇专题研究文章。钟华南对大汶口—龙山文化黑陶高柄杯的制作进行了模拟试验。牟永抗通过观察江西仙人洞与河姆渡陶片断口上有片状结构的现象，同意俞伟超同志最早提出的，它是一种多层贴塑成形的制陶术，简称"贴塑法"（《考古学文化论集》2）。禚振西提出半坡出土的斜腹翻唇陶盘应是慢速陶转盘，它是我国目前发现最早的陶转盘（《考古与文物》4期）。

关于陶器研究 张忠培从陶器形态装饰等观察，提出半坡与庙底沟类型陶器存在着明显的差异，反映了两者源流的不同。"鹳鱼石斧图"可能是墓主人生前事功的写实（《北方文物》2期）。叶文宽认为擂钵是以上海崧泽中层所出的为最早，马家浜文化的带流钵是擂钵的祖型（《考古》5期）。

关于陶塑品艺术研究 邵望平将迄今发现的史前艺术品作了系统论述，认为史前艺术都有直接的附属于社会生产需要的功利目的（《庆苏集》）。

关于玉器研究 对良渚文化玉器的研究较多。牟永抗对良渚文化玉器的定名、制造技术与功能等做了全面论述。提出玉器上神人兽面图形的大量发现，说明玉被神化和神灵崇拜在社会上占有重要地位（《庆苏集》《文物》5期）。马承源则认为良渚玉器上的神和兽面图像，其功用即贯通天地和保护人世的功用。同时保留着敛葬的功能（《辽海文物学刊》1期）。张明华认为良渚玉器中被称为玉杖饰、舰型器、冠形器等是某种器物上的附件，并据此复原玉戚具有冒、镦的完整形式（《考古》7期）。俞伟超分析了含山凌家滩玉器，指出玉龟甲应是一种占卜用物，与玉龟同出的长方形玉牌，应是一种崇拜物，牌上树叶形图案表现八方之树，是社神的象征，整个图案是表现天地的总体，即是宇宙的象征（《文物研究》5）。陈文金、张敬国提出含山出土的八角形图案玉片是原始八卦的图形（《文物》4期）。

关于原始文化交流的研究　任式楠研究了长江黄河中下游新石器文化的交流问题（《庆苏集》），作者选择了显示南北间具传播性质的若干典型器物，探讨文化交流的主要表现，相互影响的程度，文化力量的消长趋势，接触地带文化分布范围的变更以及对应的年代关系。魏京武提出汉江流域是我国古代传统中华夏、苗蛮、东夷三大集团接触和交融的中心（《纪尹集》）。佟伟华分析了胶东半岛与辽东半岛的生态环境与考古资料，指出两大半岛原始文化存在若干交流的现象，交流起始时间是在胶东紫荆山下层和辽东郭家村下层时期，到龙山文化时期达到了兴盛阶段（《考古学文化论集》2）。

关于史前葬俗研究　陈星灿据国内外史前时期居室葬材料，说明居室葬确是人类曾广泛存在的葬俗之一（《华夏考古》2期）。王仁湘对新石器时代墓葬方向进行探索，认为墓葬方向各地不同，如黄河中游地区以南、西向为主，中上游地区以西、西北为主，下游地区则以东向为主（《纪尹集》）。

关于种族人类学研究　韩康信研究了中国新石器时代的种族（《纪尹集》）与广饶古墓地出土的人类学材料（《海岱考古》1辑），指出渭河流域新石器时代早晚各组的颅骨形态存在某些不同的趋势，如有的倾向于接近蒙古人种的南亚类型（半坡、宝鸡、华县），有的倾向于接近蒙古人种的远东类型（姜寨一期、庙底沟二期文化），大汶口头骨虽具有南亚类型的特征，但在人种特征上与仰韶文化居民相似。广饶付家大汶口居民在体质上与鲁中南大汶口居民属同种系类群，但在某些细节特征上却趋向近代华北地区类型。

（本文原载《中国考古学年鉴》1990年）

考古发现的中国原始龙

中国人被称为"龙的传人",以龙为祖,唯龙是尊,龙成为中华民族的象征。追溯先民对龙的崇拜起于何时?迄今尚难做出准确的答案,成为学术界所关心的研究课题。诚然,近年来不少专家、学者随着对龙文化研究的逐渐深入,对龙文化的研究已取得了重要成果。本文拟在前人研究的基础上,结合考古的发现资料,对中国原始龙的发现、形象、特征、起始时代及其对中华民族文化的影响等方面进行探讨,提出个人粗浅的认识,请学界同仁指正。

一

近几十年来,随着考古事业的蓬勃发展,在田野考古的调查和发掘中,不断有新发现的古遗迹和遗物,包括有关龙的遗迹和遗物。据已发表资料,在我国甘肃、陕西、河南、辽宁和内蒙古自治区等省区,都发现有关龙的遗迹和遗物。现把 5000 年前有关龙的文化遗存进行梳理论述,与伏羲时代有关的部分,简要介绍如下:

1987～1988 年,河南省濮阳市文物管理委员会等对濮阳县城西南新民街南西水坡遗址进行发掘,发现蚌塑龙虎等图案,共 3 组。第 1 组位于 M45 号墓内,该墓为竖穴土坑墓,墓主为一壮年男性,埋在墓室正中,身高 1.84 米,头南脚北,仰身直肢葬。在墓主两侧用蚌壳摆塑龙虎图案,右侧为龙,头朝北,背朝西,身长 1.78 米,高 0.67 米,昂首张嘴,曲颈弓身，细长尾巴，形态生动。左侧为虎，头亦朝北，背朝东，身长1.39米，高6.3米，低头垂尾，四足呈奔跑状，形象逼真，栩栩如生（图一，1）[①]。第2组位于M45南20米，用蚌壳摆塑龙、虎、鹿和蜘蛛等图案，其龙头朝南，背朝北，虎头朝北背朝东，龙虎蝉联为一体，鹿卧于虎的背上，蜘蛛于龙头的东边，头朝南身朝北。第3组位于第2组蚌图南25米，为人骑龙和虎等图案，龙头朝东背朝北，昂首曲颈，舒身长尾，背上骑有一人，两足跨在龙的背上，一手在前，一手在后，似在驾驶巨龙腾飞。虎在龙的北面头朝西背朝南，昂首张嘴，弓身翘尾，鬃毛高竖，四足微曲呈奔跑状（图一，2）[②]。蚌图年代为公元前4600～前4000年。相当仰韶文化半坡类型时期。

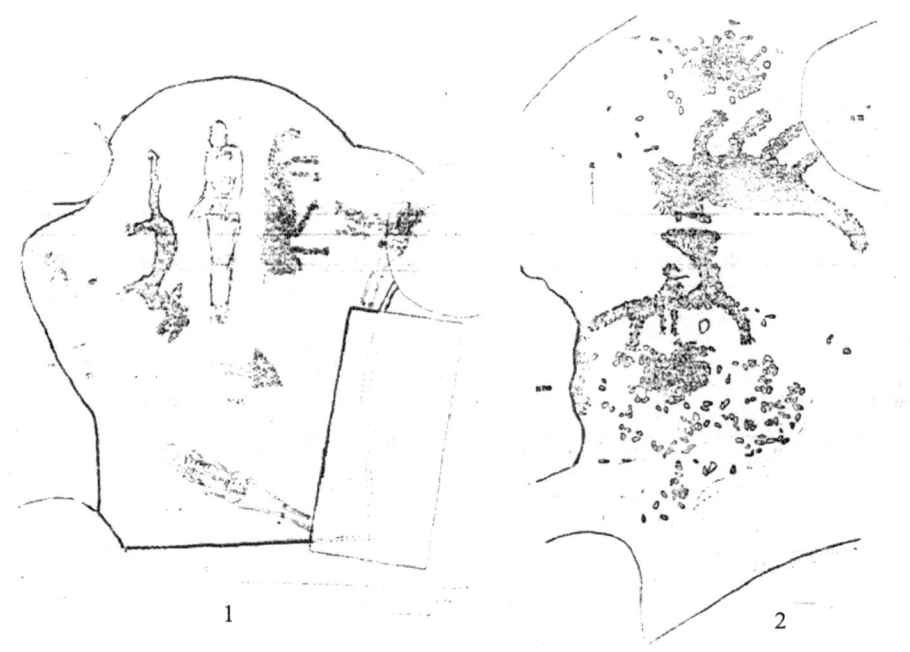

图一　濮阳西水坡出土的蚌塑图
1. 人、龙与虎　2. 人骑龙与虎

[①] 濮阳市文物管理委员会濮阳市博物馆濮阳市文物工作队：《河南濮阳西水坡遗址发掘简报》，《文物》1988年第3期。

[②] 濮阳西水坡遗址考古队：《1989年河南濮阳西水坡遗址发掘简报》，《考古》1989年第12期。

1956～1957年，黄河水库考古工作队对河南省陕县南关庙底沟遗址进行发掘，发现丰富的仰韶文化遗物，其中有3件堆塑有蜥蜴形（原报告称为壁虎）陶器，标本H20∶36，蜥蜴塑在黑陶器的肩部，前半身已残（图二，5）。标本T243∶16，蜥蜴塑在夹砂陶器的口肩部，图像完整，四肢作爬行状，逼真生动（图二，4）。标本T234∶17，蜥蜴也塑在夹砂陶器的口肩部，形态与前者相似，唯尾巴已残。该遗址为仰韶文化庙底沟类型命名地，属仰韶中期文化遗存，年代为公元前3900～前3700年[①]。

1989年河南省文物研究所（现更名为河南省文物考古研究所）对河南省汝州市骑岭乡洪山庙遗址进行发掘，发现大型瓮棺合葬墓，出土瓮棺136座，作为葬具的陶缸，其腹部一般都饰有各种不同的花纹，有彩绘、附加堆纹等，其中有2件陶缸各塑有一只蜥蜴（原报告称为壁虎），标本W46∶1，陶缸完整，大口圆唇，深腹平底，口径36厘米，通高44.5厘米，底径16.5厘米，肩部附4个鸟喙状钮，腹上部用泥条贴塑一蜥蜴，图像完整，扁圆首，细长尾，四肢对称屈伏于壁，体长14厘米。标本W45∶1，口径33.4厘米，通高40厘米，底径20.4厘米，蜥蜴也塑在陶缸的腹上部，图像与前者相同，形态均逼真生动（图二，6）[②]。文化性质属仰韶文化庙底沟类型。

1958年甘肃省博物馆在甘谷县西坪遗址发现一彩陶瓶，器形完整，小口细颈，深腹平底，腹侧附一对半环形耳，高38.4厘米，口径7厘米，底径10.8厘米，在瓶的腹部彩绘人面鲵鱼纹，图像完整，圆脸。两眼炯炯有神，长体弯曲，身上布满鳞状网格纹（图二，1）。1973年甘肃省武山县文化馆在武山县傅家门遗址发现一彩陶瓶，高18.5厘米，口径5.5厘米，底径5.7厘米，造型别致，在其腹部绘有人面鲵鱼纹，身上布满鳞状网格纹（图二，2）[③]。年代为公元前3800年。

1979～1982年，辽宁省文物考古研究所对辽宁省喀喇沁左旗东山嘴遗址进行发掘，发现一批玉雕龙，其中双龙首玉璜，雕工精致，形体较

---

① 中国科学院考古研究所编著：《庙底沟与三里桥》，科学出版社，1959年。
② 河南省文物考古研究所：《汝州洪山庙》，中州古籍出版社，1995年。
③ 甘肃省博物馆甘肃省文物工作队编：《甘肃彩陶》，文物出版社，1984年。

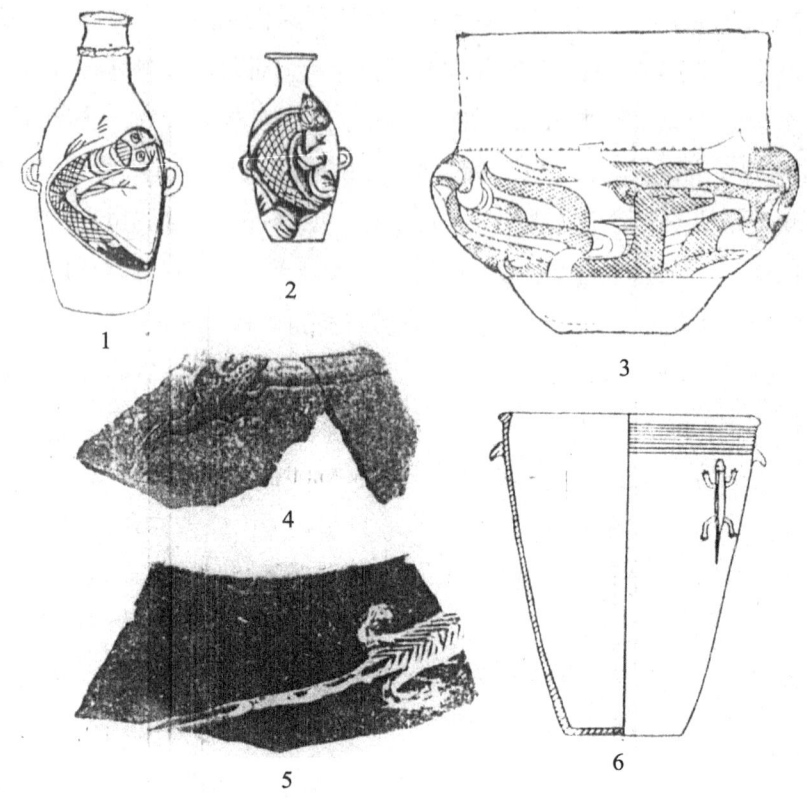

图二 陶器上龙形图
1. 甘谷西坪 2. 武山傅家门 3. 敖汉旗小山 4、5. 陕庙底沟 6. 汝州洪山庙

小,璜长仅 4.1 厘米,两端雕刻成龙首形,张口,菱形目,体饰平行凹弦纹(图三,7)。1984 年发掘辽宁省建平县牛河梁第二地点一号冢 4 号墓,出土玉雕龙 2 件,大的一件高 10.3 厘米,宽 7.8 厘米,厚 3.3 厘米,吻部刻有弦纹(图二,1)。小的一件高 7.9 厘米,宽 5.6 厘米,厚 2.5 厘米(图三,2)。在辽宁省建平县曾征集一件玉雕龙,完整且形体较大,高 15 厘米,宽 10.2 厘米,厚 3.8 厘米,通体浑厚圆润,肥首大耳,吻部前突,獠牙外露(图三,3)。辽宁省文物商店曾在辽西地区征集一玉雕龙,高 4.2 厘米,宽 3.4 厘米,厚 1 厘米,形体较细长,圆睛突出,吻部有刻划纹[①]。文化性质均属红山文化,年代为公元前 4000~前 3500 年。

---

① 辽宁省文物考古研究所编:《牛河梁红山文化遗址与玉器精粹》,文物出版社,1997 年。

1994～1995年，辽宁省文物考古研究所和阜新市文物管理办公室合作发掘查海遗址，新发现龙形堆塑遗迹1处。龙形堆塑位于该遗址第46号大房子的南侧，用选好的红褐色大小相若的石块堆摆而成，龙首龙身石块堆摆厚密，而尾部石块则较稀疏，昂首张口，体长弓背，龙首朝西南，尾朝东北，呈奔跑腾飞状，全长19.7米，龙身宽1.8～2米，年代为距今7360年[①]。

1971年内蒙古自治区翁牛特旗三星他拉村社员在村北山岗造林时，在地表下约半米处挖出玉雕龙1件，随即捐献给翁牛特旗博物馆。这是迄今已知最大的1件玉雕龙，体卷曲呈"C"字形，高26厘米，通长21厘米，墨绿色软玉，长吻稍上翘，梭形目，长鬣卷尾，颈部起长鬣，呈弯曲形，龙身有对穿的小孔，孔径0.95厘米，形态生动（图三，4）[②]。1975年在赤峰市巴林右旗羊场发现玉雕龙1件，高15厘米，在头部刻出眼、鼻、口等器官，首尾衔接如环，龙身有孔（图三，8）[③]。在敖汉旗大洼遗址亦出土玉雕龙1件，淡绿色玉，高7.1厘米，双鼻孔较显（图三，6）[④]。1981年巴林右旗博物馆在巴林右旗巴彦那斯台遗址发现玉雕龙1件，额头隆起，圆眼弧形耳，吻部前突，颈部对穿1圆孔（图三，5）[⑤]。文化性质均属红山文化，年代为公元前4000～前3500年。

1984～1985年，中国社会科学院考古研究所内蒙古工作队发掘赤峰市敖汉旗小山遗址中，新发现1件陶尊形器，口径、通高均为25.5厘米，底径10.5厘米，腹部施有猪、鹿和鸟形首等动物图像，猪形首，细眼，长吻前突，翘鼻长獠牙，蛇身躯体作蜷曲状，并刻有鳞状网纹。鹿形首，菱形眼，桃形耳，头上有角，前肢有偶蹄。鸟形首，有冠，圆眼，勾形长喙。鹿和鸟首形首均作引颈展翅腾飞状，栩栩如生（图二，3）。其年代为公元前4700～前4100年[⑥]。

---

① 辛岩：《阜新查海新石器时代遗址》，《中国考古学年鉴（1995）》，文物出版社，1997年。
② 翁牛特旗文化馆：《内蒙古翁牛特旗三星他拉村发现玉龙》，《文物》1984年第6期。
③ 孙守道：《三星他拉红山文化玉龙考》，《文物》1984年第6期。
④ 孙守道、郭大顺：《论辽河流域的原始文明与龙的起源》，《文物》1984年第6期。
⑤ 巴林右旗博物馆：《内蒙古巴林右旗那斯台遗址调查》，《考古》1987年第6期。
⑥ 中国社会科学院考古研究所内蒙古工作队：《内蒙古敖汉旗小山遗址》，《考古》1987年第6期。

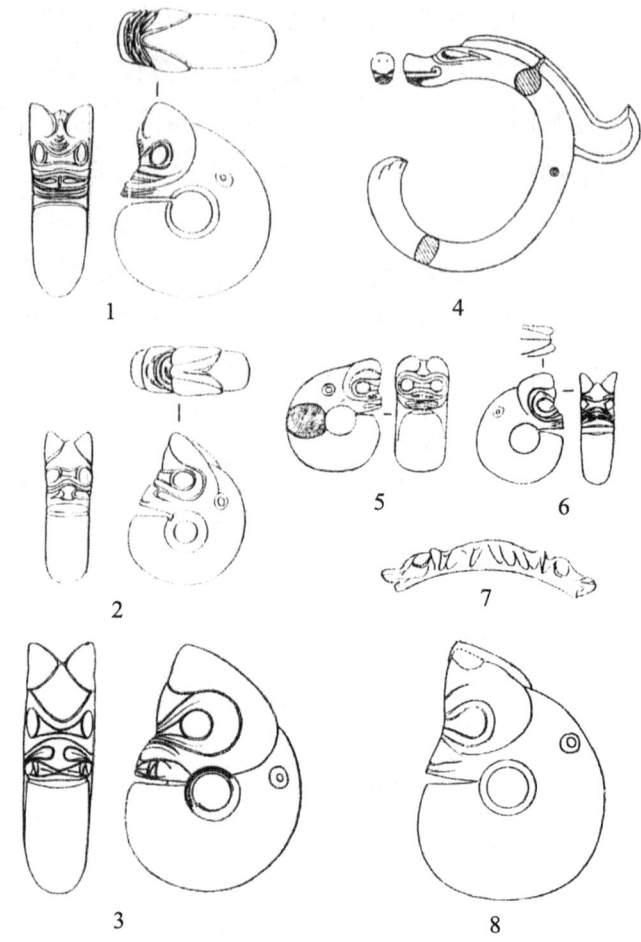

图三 玉龙

1、2. 建平牛河梁　3. 建平县征集　4. 翁牛特旗三星他拉　5. 巴林右旗那斯台
6. 敖汉旗大洼　7. 喀喇沁左旗东山嘴　8. 巴林右旗羊场

从龙形图像中观察，原始龙是多种多样的，既有石堆龙和蚌塑龙，也有泥塑龙和彩绘龙，还有制造精致的玉龙。原始龙的形体似有一定的演化规律，即由大变小，制作上由粗变细，形态由写实象往抽象演化。我们这些认识仅限于5000年前的实物资料所做出的判断，历史时期的龙，如何发展变化有待进一步研究。

二

据考古发现的龙形图像，对龙的概念有些新的认识。什么是龙？学术界众说纷纭，过去较多的学者是引用闻一多的说法："大概图腾未合并以前所谓龙者只是一种大蛇。这种蛇的名字便叫作'龙'。后来有一个以这种大蛇为图腾的族兼并了，吸收了许多别的形形色色的图腾家族，大蛇这才接受了兽类的四脚，马的头、鬃和尾，鹿的角，狗的爪，鱼的鳞和须……于是便成为我们现在所知道的龙了。这样看来，龙与蛇实在可分而又不可分。"但在生物界中并没有大家认可的这种龙，故难以给龙的形态做出明确的界定。

近年来，学术界极为关注中国龙的研究，不少专家、学者对龙的概念提出许多新的见解，孙机先生对龙的形象问题进行了探讨。他把中国龙分为前龙、原龙和真龙3种，即把甲骨文之前的原始艺术形象称"前龙"，同样是早于甲骨文的这类形象，但与龙字一致或近似，却与后来的龙之造型有传承关系者，称为"原龙"，红山文化中的玉龙及安徽含山墓地出土的龙，是为真龙。不再沿用"九似说"的路子，把龙分解开来再分别做解释，而认为龙是原始宗教信仰中的吉祥物，它可能来自某种动物或自然现象，但也可能是由几种动物或自然现象叠合、混合乃至融合、化合而成[①]。

现在所发现的龙形图像，多以蛇身为主体，综合鳄、羊、鹿、鸟、鱼和猪等动物的部分特征所组成的复合物。中国原始龙的形象是在阜新查海石堆塑龙和濮阳西水坡蚌塑龙被发现后才有所了解的，可以说，龙的形象是该遗址的先民所创造出来的，而为后期所继承、发展逐渐加以规范的。为了把5000年前的龙与后来的"真龙"或规范的龙相区别，也便于学术界更深入地分析研究，我们把5000年前的龙统称为原始龙。

关于伏羲的形象，古籍中记载很多，如皇甫谧《帝王世纪》曰："太昊帝庖牺氏，风姓也。母曰华胥。遂人之世，有巨人迹出于雷泽，华胥以足

---

① 孙机：《前龙·原龙·真龙》，《中国文物报》1999年第9期；《中国龙六千年变迁考》，《中国文物报》2000年1月30日。

履之。有娠，生伏羲于成纪，蛇身人首，有圣德。"《鲁灵光殿赋》载："伏羲鳞身，女娲蛇躯。"《列子·黄帝篇》云："庖牺氏、女娲氏……蛇身人面。"《帝系谱》载："伏羲人头蛇身，以十月四日人定时生。"《山海经·海内东经》："雷泽中有雷神，龙身而人头，鼓其腹"，传说伏羲为雷神之子。《玄中记》："伏羲龙身，女娲蛇躯。"这些记载的共同点，就是指伏羲氏的形象是蛇身或龙身，人首或人面。现在我们所见，有濮阳西水坡蚌塑龙、甘谷西坪彩绘人面鲵鱼纹、陕县庙底沟泥塑蜥蜴和翁牛特旗三星他拉玉雕龙等图像，虽然头部有别，但其主体均是蛇身或龙身，这种形象的动物，可认为它是先民原始宗教信仰中的崇拜物。

陕县庙底沟和汝州洪山庙陶器上的泥塑蜥蜴图，形体有些差异，前者躯体弯曲，后者躯体直挺，但两者属同类。为爬虫类，头扁，四脚似壁虎，故又名壁虎，捕食细虫，常栖于石壁之隙，所以又名石龙，亦称石龙子或龙子。主体亦是蛇身，可把它视为原始龙的一种。

三

伏羲时代的时间范围如何界定？这是一时难以解决而必须探索的课题，近年来，不少学者从不同学科对此进行了多方面的研究，提出了很多有益的意见，现把它归纳起来阐述，主要有以下几种观点：

（1）从天文学研究，认为伏羲时代比学界先前的估计要早，"伏羲时代，理应比太极既判的萌始年稍迟，也该比中国承星象体系初成的年代更早，即伏羲应该是 20000～10000 年前的人文初祖。"[①]

（2）伏羲氏族遗存距今 8000～7000 年。[②]

（3）伏羲时代当在母系氏族向父系氏族过渡或迈入父系氏族阶段，即新石器时代中期渔猎畜牧向农耕时代过渡的阶段，相当于仰韶文化早、中

---

① 伊世同：《伏羲时代——史前华夏族源的天文与人文背景》，《伏羲文化论丛（2003）》，甘肃人民出版社，2004 年。

② 仓林忠：《中华民族的人文初祖之辨》，《盐城工学院学报》2002 年第 1 期。

期，其上限约距今7500年，下限距今约6000年。①

（4）将伏羲时代确定为上限在父系氏族社会最终确立之时，下限为黄帝时代之前，即在距今7000年至5000年之间。②

（5）伏羲氏在公元前6000～前5000年的新石器时代早、中期，当时正处于母系氏族社会后期。③

（6）从伏羲诞生前后至炎黄出现时相当于仰韶文化的中晚期，为公元前4600～前2700年。④

根据现在已发表的考古资料分析，在伏羲时代的时间范围内，考古学文化遗存包括大地湾一期文化、师赵村一期文化、仰韶早期及中期文化等。对大地湾文化和仰韶文化的内涵，学者都比较熟悉，不赘述，但对师赵村一期文化比较陌生，有必要在这里作简略介绍。

师赵村一期文化是1981年中国社会科学院考古研究所甘青工作队发掘甘肃省天水师赵村遗址时新发现的，因为在甘肃地区首次发现这一类文化遗存，并有其独自的文化特征，为了与其他新石器时代早期文化相区别，我们把它命名为"师赵村一期文化"。1987年在发掘天水西山坪遗址中，也发现了师赵村一期文化遗存，而且，还发现该文化在上、大地湾一期文化在下的层位关系，从而解决了两者的相对年代，同时，它弥补了甘肃地区古文化发展序列中的一个重要环节。这在学术上具有重要的意义。⑤

师赵村遗址还发现师赵村一期文化在下、仰韶文化半坡类型在上的层位关系，我们通过出土物的研究和年代学考察，论证仰韶文化半坡类型是源于师赵村一期文化。这无疑对学术界多年来关注仰韶文化来源问题的研究，是有重要学术价值的。

甘肃东部地区新石器时代文化发展序列及编年是：大地湾文化一期文

---

① 雍际春：《伏羲传说的历史演变及其文化内涵》，《伏羲文化论丛（2003）》，甘肃人民出版社，2004年。
② 刘雁翔：《伏羲庙志》，甘肃人民出版社，2003年。
③ 龚平：《伏羲始作八卦考》，《东南文化》1997年第4期。
④ 张一方：《中华民族远古的三次大统一》，《湖南城市学院学报》2003年第1期。
⑤ 中国社会科学院考古研究所编著：《师赵村与西山坪》，中国大百科全书出版社，1999年。

化（公元前6200～前5400年）→师赵村一期文化（公元前5300～前4900年）→仰韶早期文化（公元前4800～前3800年）→仰韶中期文化（公元前3900～前3500年）。① 从大地湾一期文化至仰韶中期文化，其时间跨度从公元前6200年至公元前3500年，即距今8200～5500年，前后发展历程约2700年。

据夏商周断代工程研究结果，把夏代的年代界定在公元前2070～前1600年。从古籍记载，中国古史之时代发展序列，在伏羲时代之后至夏代之前，还有炎帝、黄帝等时代。现在把伏羲时代的下限定在公元前3500年，而夏代定在公元前2070年，其间大约1500年，可作为炎帝黄帝等古帝王时代活动的时间范围。基于以上分析，把伏羲时代界定为公元前6200～前3500年，即距今8200～5500年。

伏羲是中华民族文化的始祖，也是崇龙的鼻祖。中华民族对龙的崇敬是起始于伏羲时代。

四

中国原始龙的形象对中华民族文化的影响是非常深远的，在中国的历史长河中，在不同的时代都出现过有关龙的文物。新石器时代，在山西襄汾陶寺龙山文化墓地的第3072号墓中，出土一件彩绘陶盘，在其内壁磨光，着黑陶衣，以红彩或红、白彩绘出一蟠龙纹②，完整清晰。商代，在河南安阳殷墟妇好墓中，发现完整的玉龙和龙形玉玦共18件③，造型生动，线条流畅。周代，玉龙发现更多，仅在陕西长安张家坡墓地一处，竟出土22件之多④，它成为西周玉雕中最主要的题材之一。汉代，龙纹表现的形式多种，在广州西汉南越王墓中，出土蟠龙铜托座、金钩玉龙、龙凤纹玉

---

① 谢端琚：《甘青地区史前考古》，文物出版社，2002年。
② 中国社会科学院考古研究所山西工作队临汾地区文化局：《1978—1980年山西襄汾陶寺墓地发掘简报》，《考古》1983年第1期。
③ 中国社会科学院考古研究所编著：《殷墟妇好墓》，文物出版社，1980年。
④ 中国社会科学院考古研究所编著：《张家坡西周墓地》，中国大百科全书出版社，1999年。

璧、双龙玉璜等①。唐代，发现饰有龙纹的器物多展现在铜镜上，有的还带有铭文的，如带有"千秋"铭文的盘龙镜等。元代，龙纹常表现在青花瓷器上，姿态多样。到明清时代，龙纹多展现在帝后的服饰上，形式繁多。还有出现在明清的古建筑中，如：山西大同代王府前的九龙壁；在北京故宫太和殿内外，以不同形式出现的龙共13844条②。可见，龙纹成为当时的主要图案了。

龙在中华民族文化史上，从崇龙逐渐演化为皇权的代称，几千年的封建时代是用龙作为皇帝的象征，如龙颜、凤子龙孙等。所以，龙在我国广大人民的心目中占有重要的地位。

（本文原载《伏羲文化研究》2006年第1期）

---

① 广州市文物管理委员会、中国社会科学院考古研究所、广东省博物馆编辑：《西汉南越王墓》（上、下两册），文物出版社，1991年。

② 孙机:《中国龙六千年变迁考》,《中国文物报》2000年1月30日。

论中国史前卜骨

中国古代先民卜骨的方法有多种，其中主要的是卜和筮两种。考古发掘中出土的实物资料多是卜骨。卜骨是古代先民占卜用的兽骨。这种用兽骨做的卜骨，一般多选用羊、猪、牛与鹿的肩胛骨。古代巫师在选好的兽骨面上施行火灼、钻、凿，就其出现的灼痕裂纹形态，以判断吉凶祸福。研究卜骨对探讨古代占卜习俗与宗教信仰等问题具有重要的学术价值。因此，它成为学术界研究的一个重要课题。本文拟对中国史前时期卜骨的考古发现与研究情况、起始年代及渊源等问题进行探讨，以期引起学术界对此进行更深层的研究。

一

中国史前时期的卜骨据统计，在黄河流域及其以北地区，包括河南、山西、山东、河北、辽宁、内蒙古、陕西与甘肃等8个省区，发现有卜骨的遗址或墓地共43处，出土卜骨的数量达212件（见附"中国史前卜骨登记表"）。该表需说明的是有些遗址的发掘简报或报告发表时没有统计数，因此，我们统计时只好以一为基数计算，无疑实际不止此数。这些卜骨出自不同地区与不同的文化遗存，出土的数量及其形态亦有差异。因此，有必要在这里做个简要介绍。

河南省出土卜骨的地点有：安阳大寒南岗①、汤阴白营②、济源苗店③、孟津小潘沟④、淅川下王岗⑤、渑池仰韶村⑥、濬县大赉店⑦、鄢城郝家台⑧等8处，出土卜骨共30件。其中，白营最多共10件，次为南岗8件，苗店5件，下王岗3件，其余仰韶村与大赉店等4处均各1件。这些卜骨均属于龙山文化遗存。保存较好的标本有：下王岗卜骨 T15③：42（图一，3），为羊肩胛骨，保存较好，有灼痕，无钻、凿。有的灼痕烧透背面，呈圆孔；苗店卜骨 H19：34，为牛肩胛骨，稍残，有灼痕、灼孔及裂纹，残长19厘米，孔径0.5～0.8厘米；白营卜骨 T28②：12，为牛肩胛骨，完整，有灼痕，长27.5厘米；小潘沟出土的卜骨，为牛肩胛骨，较完整，先钻而后灼，灼痕约有30处。

山西省出土卜骨的地点有：襄汾陶寺⑨、夏县东下冯⑩、忻州游邀⑪、娄烦何家庄与离石乔家沟等5处，共出卜骨6件，其中，游邀2件，其余陶寺与东下冯等均各1件。均属龙山文化遗存。保存较好的标本有：游邀卜骨 H194：6（图一，1），为猪肩胛骨，完整，骨脊及周缘经加工稍修磨，有6个灼痕，左右对称排列，灼痕透过背面，呈圆孔，长19.2厘米；陶寺卜骨 H301：1（图二，6），为猪肩胛骨，稍残，有灼无钻，留有两个灼痕；东下冯卜骨 T209：9 为羊肩胛骨，较完整，骨面保留有8个对称排列的灼痕。

---

① 中国社会科学院考古所安阳工作队：《安阳大寒南岗遗址》，《考古学报》1990年第1期。
② 河南省安阳地区文物管理委员会：《汤阴白营河南龙山文化村落遗址发掘报告》，《考古学集刊》（3），1983年。
③ 中国历史博物馆考古部等：《河南济源苗店发掘简报》，《考古与文物》1990年第6期。
④ 洛阳博物馆：《孟津小潘沟遗址试掘简报》，《考古》1978年第4期。
⑤ 河南省文物研究所等：《淅川下王岗》，文物出版社，1989年。
⑥ 河南省文物研究所等：《渑池仰韶遗址 1980—1981年发掘报告》，《史前研究》1985年第3期。
⑦ 刘燿：《河南省濬县大赉店史前遗址》，《田野考古报告》第1册，1936年。
⑧ 河南省文物研究所等：《鄢城郝家台遗址的发掘》，《华夏考古》1992年第3期。
⑨ 中国社会科学院考古所山西工作队：《山西襄汾县陶寺遗址发掘简报》，《考古》1980年第1期。
⑩ 东下冯考古队：《山西夏县东下冯龙山文化遗址》，《考古学报》1983年第1期。
⑪ 忻州考古队：《山西忻州市游邀遗址发掘简报》，《考古》1989年第4期。

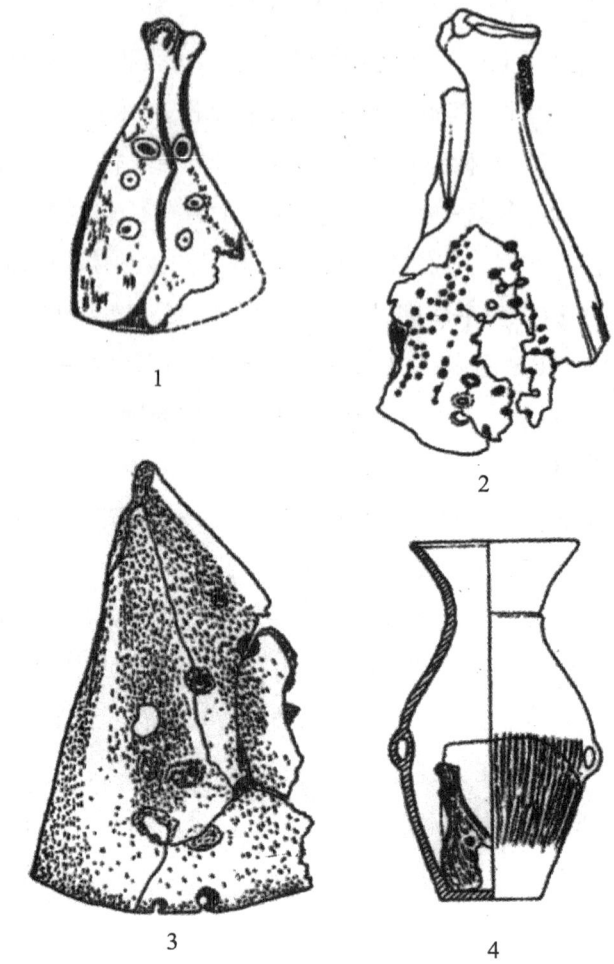

图一 游邀与卓尼等地卜骨
1. 游邀 H194∶6　2. 卓尼 H1∶64　3. 下王岗 T15③∶42　4. 秦魏家 M23∶2

山东省出土卜骨的地点有：历城城子崖[①]、茌平尚庄[②]、曹县莘冢集[③]等3处，共出卜骨12件。其中，城子崖6件，尚庄5件，莘冢集1件，均属山东龙山文化遗存。城子崖出土的卜骨中，有的标本年代可能要比龙山文化晚。保存较好的标本有：莘冢集卜骨（图三，1），为牛肩胛骨，有灼有钻，留有10个灼痕，分布较为密集；尚庄卜骨 H144∶1 为牛肩胛骨，

---

① 傅斯年等《城子崖——山东历城县龙山镇之黑陶文化遗址》1934年。
② 山东省文物考古研究所《茌平尚庄新石器时代遗址》，《考古学报》1985年第4期。
③ 菏泽地区文物工作队《山东曹县莘冢集遗址试掘简报》，《考古》1980年第5期。

较完整，有灼痕，长 25 厘米。

河北省出土卜骨的地点有：唐山大城山①、磁县下潘汪②、永年台口村③、张家口贾家营④、任丘哑叭庄⑤、邯郸涧沟⑥与蔚县筛子绫罗⑦等处，共出卜骨 15 件。其中大城山与哑叭庄出土较多各出 4 件。其余遗址出 1 件或 2 件。均属龙山文化遗存。保存较好的标本有：哑叭庄卜骨 H80：14（图二，7），为羊肩胛骨，稍残，留有两个灼痕，残长 9.7 厘米；卜骨标本 H106：2（图二，8），为牛肩胛骨，完整，灼痕留有 30 余处，分布密集，长 34.4 厘米。

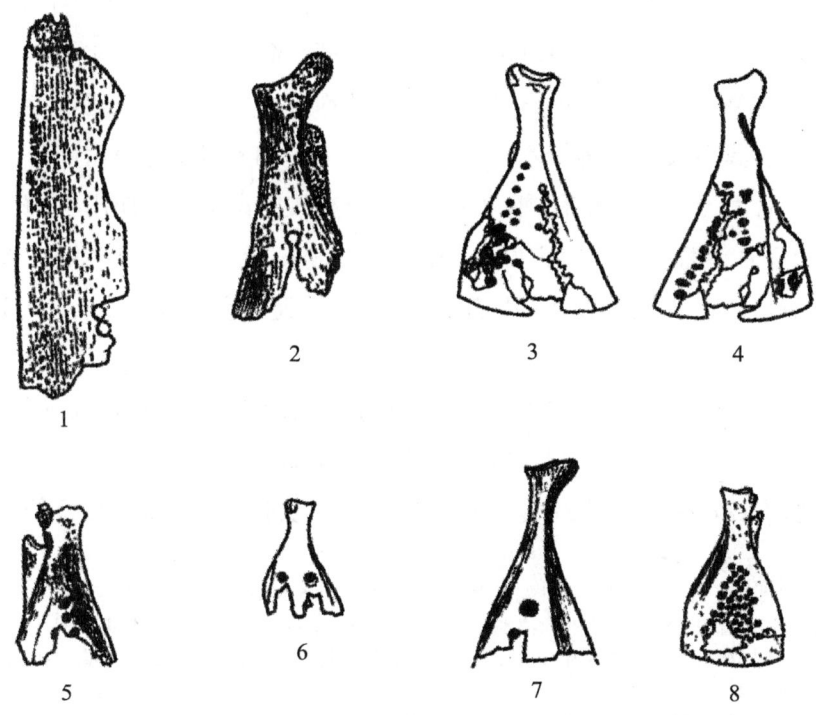

图二　皇娘娘台与陶寺等地卜骨

1、2. 皇娘娘台 T7H6、T11③　3、4. 卓尼 H1：65（3. 正面　4. 背面）
5. 紫荆 T8H4：02　6. 陶寺 H301：1　7、8. 哑叭庄 H80：14，H106：2

① 河北省文物管理委员会：《河北唐山市大城山遗址发掘报告》，《考古学报》1959 年第 3 期。
② 河北省文物管理委员会：《磁县下潘汪遗址发掘报告》，《考古学报》1975 年第 1 期。
③ 河北省文化局文物工作队：《河北永年县台口村遗址发掘简报》，《考古》1962 年第 12 期。
④ 陶宗冶：《河北张家口市考古调查简报》，《考古与文物》1985 年第 6 期。
⑤ 河北省文物研究所：《河北任丘市哑叭庄遗址发掘报告》，《文物春秋》1992 年增刊。
⑥ 邯郸考古发掘队：《1957 年邯郸发掘简报》，《考古》1959 年第 10 期。
⑦ 张家口考古队：《1979 年蔚县新石器时代考古的主要收获》，《考古》1981 年第 2 期。

辽宁省出土卜骨的地点有：锦州山河营子[①]和建平水泉[②]两处，共出卜骨7件。其中，山河营子4件，水泉3件，前者属龙山文化遗存，后者属夏家店下层文化遗存。保存较好的标本有：山河营子卜骨，骨面有孔，孔沿有灼痕，并显出"卜"字形兆纹；水泉出土的卜骨，较完整，先钻后灼，钻窝小而不透，窝径0.4～0.9厘米。

内蒙古自治区出土卜骨的地点有：赤峰富河沟门[③]、药王庙、夏家店[④]、敖汉旗范仗子[⑤]、大甸子[⑥]、宁城小榆树林子[⑦]与伊克昭盟朱开沟[⑧]等7处，共出卜骨12件。其中，大甸子4件，朱开沟与小榆树林子各2件，其余均各1件。富河沟门遗址文化独具特征，命名为富河文化。朱开沟属龙山文化遗存。大甸子与药王庙等5处均属夏家店下层文化遗存。保存较好并具有代表性的标本有：富河沟门卜骨H3∶24为鹿肩胛骨，较完整，骨面无钻凿，留有较多的灼痕，分布较密集；药王庙出土的卜骨F2∶10为猪肩胛骨，较完好。一面先钻后灼，另一面显出兆纹；大甸子的卜骨，有钻窝，钻窝最多者达19处，钻窝平底，直径0.4～0.6厘米。

陕西省出土卜骨的地点有：长安客省庄[⑨]、临潼康家[⑩]、岐山双庵[⑪]、商县紫荆[⑫]等四处，共出卜骨33件。其中，康家出土较多，共19件，客省庄与双庵各6件，紫荆2件。均属客省庄二期文化遗存。保存较好的标本

[①] 刘谦：《锦州山河营子遗址发掘报告》，《考古》1986年第10期。
[②] 辽宁省博物馆等：《建平水泉遗址发掘简报》，《辽海文物学刊》1986年第2期。
[③] 中国社会科学院考古所内蒙古工作队：《内蒙古巴林左旗富河沟门遗址发掘简报》，《考古》1964年第1期。
[④] 中国科学院考古所内蒙古工作队：《赤峰药王庙、夏家店遗址试掘报告》，《考古学报》1974年第1期。
[⑤] 内蒙古文物工作队：《敖汉旗范仗子古墓群发掘简报》，《内蒙古文物考古》1984年第3期。
[⑥] 中国社会科学院考古所：《大甸子——夏家店下层文化遗址与墓地发掘报告》，科学出版社，1996年。
[⑦] 内蒙古文物工作队：《内蒙古宁城县小榆树林子遗址试掘简报》，《考古》1965年第12期。
[⑧] 内蒙古文物考古研究所：《内蒙古朱开沟遗址》，《考古学报》1988年第3期。
[⑨] 中国科学院考古研究所：《沣西发掘报告》，文物出版社，1962年。
[⑩] 陕西省考古研究所康家考古队：《陕西省临潼县康家遗址1987年发掘简报》，《考古与文物》1992年第4期。
[⑪] 西安半坡博物馆：《陕西岐山双庵新石器时代遗址》，《考古学集刊》（3），1983年。
[⑫] 商县图书馆等：《陕西商县紫荆遗址发掘简报》，《考古与文物》1981年第3期。

有：紫荆卜骨 T8H4∶02（图二，5），为羊肩胛骨，骨面留有 4 个灼痕；康家卜骨 H29∶38（图三，2），为羊肩胛骨，尚完整，有 17 个灼痕，灼径 0.6 厘米，灼距 4～8 厘米，长 17.4 厘米；客省庄出土的 6 件卜骨，均为羊肩胛骨，无钻凿，只有灼痕，灼痕 2～10 余处不等。这类卜骨在客省庄二期文化中较为常见。

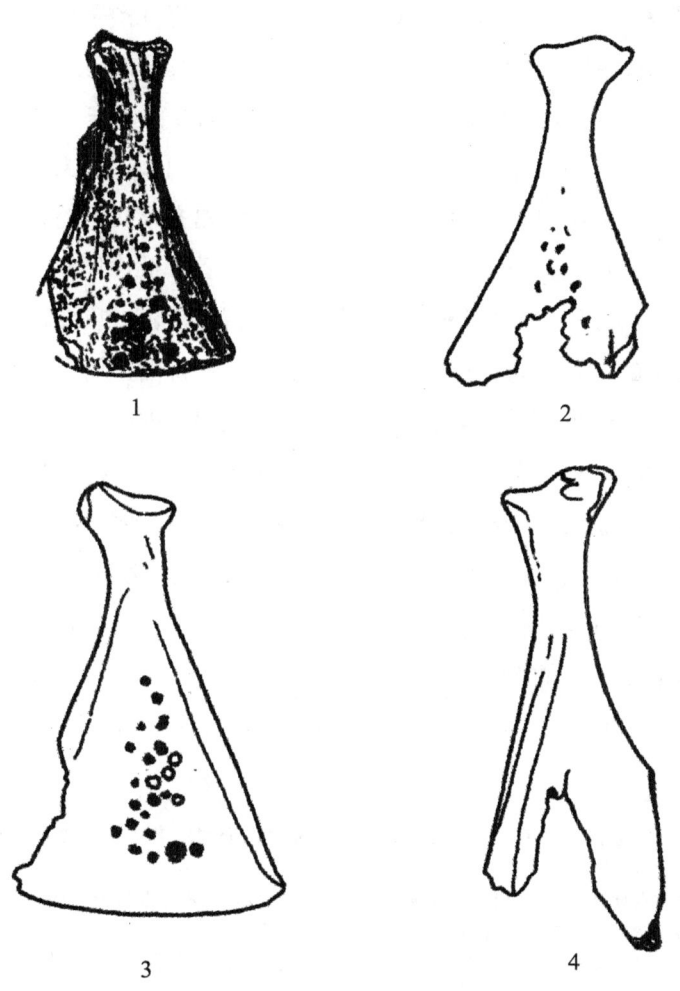

图三 莘冢集与康家等地卜骨
1. 莘冢集 2. 康家 H29∶38 3. 大何庄 T45∶2 4. 东灰山 0125

二

在出有卜骨的诸多省区中，出土卜骨量最多且形态较为复杂者要算甘肃省。甘肃省出土卜骨的地点有：武山傅家门①、武威皇娘娘台②、永靖大何庄③、秦魏家④、灵台县桥村⑤、民乐东灰山⑥与卓尼苊儿⑦等7处，共出土卜骨97件。其中，皇娘娘台出土较多，共49件，次为桥村与大何庄，分别为17件与14件，苊儿8件，傅家门5件，秦魏家3件，东灰山1件。傅家门遗址出的卜骨属马家窑文化石岭下类型，东灰山属四坝文化，苊儿属寺洼文化遗存，其余皇娘娘台与秦魏家等4处均属齐家文化遗存。甘肃省出土的卜骨占卜骨总数的45%以上，冠各省区之首。武山傅家门遗址发现的一组卜骨，共5件，是近年来考古的新发现，材料极为重要，它是迄今已知年代最早的一组卜骨。这组卜骨的特点是：在骨面都留有灼痕与阴刻符号。它是在该遗址石岭下类型的一座半地穴式房子内发现的，与其同出的有石岭下类型的彩陶盆与石斧、锛、刀等遗物。卜骨为羊、猪与牛的肩胛骨。卜骨未加整治，未施钻或凿，但有明显的灼痕与阴刻符号。卜骨标本F32F11∶6（图四，1）较完整，为猪肩胛骨，骨面阴刻"二"字形符号，长16.8厘米，宽7厘米。标本F32F11∶7（图四，2），为肩胛骨，下端稍残，骨面留有圆灼痕，并刻划一个"一"字形符号，长11.5厘米，宽8厘米。标本F32F11∶12（图四，3）亦为羊肩胛骨，下端残，骨面留有圆

---

① 中国社会科学院考古所甘青工作队：《甘肃武山傅家门史前文化遗址发掘简报》，《考古》1995年第4期。

② 甘肃省博物馆：《甘肃武威皇娘娘台遗址发掘报告》，《考古学报》1960年2期；《武威皇娘娘台遗址第四次发掘》，《考古学报》1978年第4期。

③ 中国科学院考古所甘肃工作队：《甘肃永靖大何庄遗址发掘报告》，《考古学报》1974年第2期。

④ 中国科学院考古所甘肃工作队：《甘肃永靖秦魏家齐家文化墓地》，《考古学报》1975年第2期。

⑤ 甘肃省博物馆考古队：《甘肃灵台桥村齐家文化遗址试掘简报》，《考古与文物》1980年第3期。

⑥ 甘肃省文物考古研究所：《甘肃民乐县东灰山遗址发掘纪要》，《考古》1995年第12期。

⑦ 甘南藏族自治州博物馆：《甘肃卓尼苊儿遗址试掘简报》，《考古》1994年第1期。

形灼痕，火灼痕呈焦黄色，长10.5厘米，宽6.5厘米。标本F32F11∶8（图四，4）为牛肩胛骨，骨面留有灼痕，并刻划一个像英文字母"S"的字形符号，长20，宽6.2厘米。这组卜骨上的刻划符号，都比较简单，也不规范，但它与古文字商代卜辞并非无关，应是对探讨中国古文字的起源提供一个重要的线索。

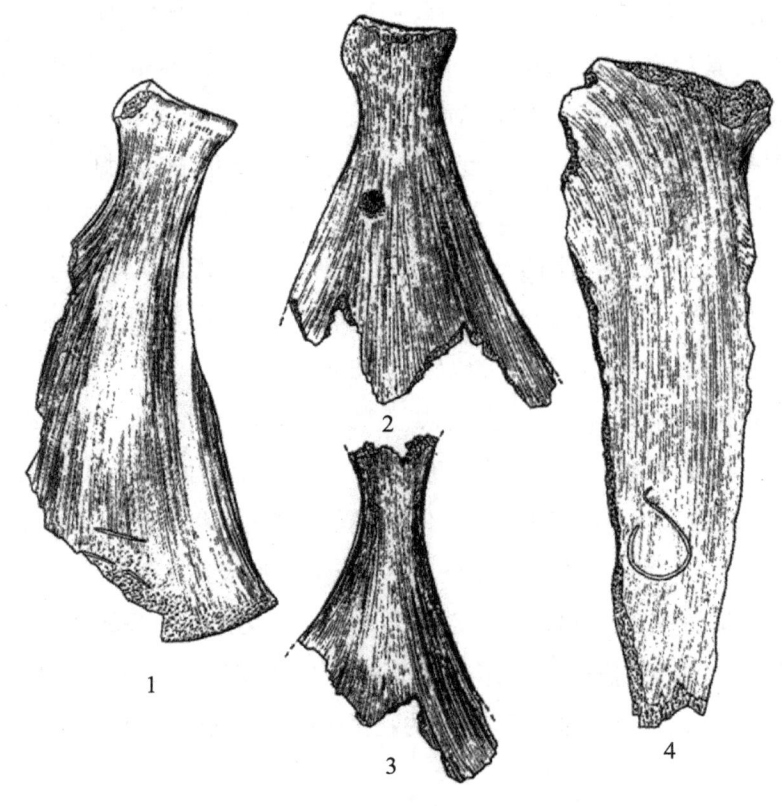

图四　武山傅家门卜骨
1.F32F11∶6　2.F32T11∶7　3.F32F11∶12　4.F32F11∶8

皇娘娘台、大何庄、秦魏家与桥村等都是齐家文化遗址，共出卜骨83件，是中国史前诸文化中出土卜骨的最多者。皇娘娘台遗址前后经过四次发掘，共出土卜骨49件，保存有较多较完整的卜骨，尤其在1号灰坑底部发现的一件卜骨最为完整，为牛肩胛骨，骨脊经加工修平，上端凿一长方形圆孔，长5厘米，宽3厘米，骨面留有灼痕12处，骨体较大，长37厘米，最宽处23厘米，这是迄今出土史前卜骨的标本中最大的一件。标本 T7H6（图二，1），为牛肩胛骨残段，骨面留有两个灼痕。标本 T11③（图二，2），为羊肩胛骨，下端略残，骨面中间留有明显的灼痕，有灼点透过背面，呈圆孔。标本 T10：12，为猪肩胛骨，较完整，骨面留有灼迹 13 处，长 12.5 厘米。大何庄卜骨 T45：2（图三，3），为羊肩胛骨，保存完整，未加整治，无钻凿有灼痕，骨面灼痕共 24 处，分布集中而密集，长 20 厘米。标本 T35：4，为羊肩胛骨，完整，骨面留有灼痕 16 处，长 16 厘米。秦魏家卜骨标本 M23：2（图一，4），该标本是作为随葬品而放在墓中，位于墓主人的足部附近。卜骨是被放在一高领双耳罐内，罐的腹部有一可扣合的方形口，高度与卜骨相当，卜骨可直接从腹部放进或取出，这种罕见的现象仅此一例。卜骨为羊肩胛骨，稍残，骨面有 4 个灼痕长 12.2 厘米。桥村卜骨 H4：77，为羊肩胛骨，较完整，骨面有灼痕 13 处，长 18.6 厘米。标本 H4：15，为猪肩胛骨，稍残，骨面留有较多的灼痕，共 25 处，长 13.5 厘米，最宽处 10.5 厘米。

民乐东灰山遗址仅出 1 件卜骨，属四坝文化遗存。卜骨标本 0125（图三，4）为羊肩胛骨，骨脊稍经削磨加工，一端残，骨面留有圆形灼孔。

卓尼苤儿遗址，共出土卜骨 8 件。属寺洼文化遗存。卜骨标本 H1：64（图一，2），为羊肩胛骨，较完整，卜骨正面灼痕较多，共 76 处，左右排列，较密集整齐，背面还有灼痕 14 处，这是所见灼痕最多的一件。灼孔呈圆形或椭圆形，长 16.2 厘米。标本 H1：65（图二，3、4）完整，骨臼下有刻痕 28 处，背面灼痕 23 处，灼孔呈圆形或椭圆形，长 15.6 厘米。

三

我们从已发表的考古资料，得知中国史前时期的卜骨主要分布在黄河流域及其以北地区的豫、晋、冀、鲁、辽、陕、甘及内蒙古等 8 个省区，曾在江南地区南京市北阴阳营遗址① 发现的那件卜骨，系兽类肢骨残段，骨面经削平有钻有灼，比较进步，年代较晚，属商周时期。但这占卜遗物

---

① 南京博物馆：《南京市北阴阳营第一、二次的发掘》，《考古学报》1958 年第 1 期。

的发现，在江南尚属首次。

卜骨所用的材料，主要是羊、猪、牛和鹿的肩胛骨，并以羊肩胛骨为主。次为猪和牛肩胛骨，鹿肩胛骨较少。这里值得特别提出的是，羊肩胛骨在甘肃地区占的比例特别大，据统计约占该地区卜骨总数的65%。这可能与该地区牧羊业的发达有关。同时，亦反映出羊在中国古代先民的心目中占有崇高的地位。据沈括《梦溪笔谈》（卷十八）记载："西戎用羊卜……以艾灼羊胛骨，视其兆。"说明直至宋代西北地区仍盛行羊卜习俗。

在出土卜骨的41处遗址中，其文化性质与绝对年代各不相同。内蒙古自治区巴林左旗富河沟门遗址发现的卜骨，属于富河文化，其绝对年代经碳-14测定，为公元前3510～前3107年（本文采用的碳-14年代数据均见《中国考古学中碳十四年代数据集》）[1]。内蒙古赤峰药王庙、夏家店、范仗子、大甸子、宁城小榆树林子与辽宁省建平水泉等遗址均属夏家店下层文化，其绝对年代为公元前2000～前1500年。陕西省长安客省庄、商城紫荆、岐山双庵、临潼康家等遗址均属客省庄二期文化，其绝对年代为公元前2300～前2000年。甘肃武威皇娘娘台、永靖大何庄、秦魏家、灵台县桥村等遗址均属齐家文化，其绝对年代为公元前2100～前1900年。民乐东灰山遗址属四坝文化，其绝对年代为公元前1800～前1400年。卓尼苫儿遗址属寺洼文化，其绝对年代为公元前1400～前1000年。武山傅家门遗址属马家窑文化石岭下类型，其绝对年代为公元前3980～前3640年。河南渑池仰韶村、山西省襄汾县陶寺与山东省历城县城子崖等25处遗址，部分属于不同地区的龙山文化系统，其绝对年代为公元前2900～前2000年。从上述碳-14测定数据清楚表明石岭下类型的年代为最早，比富河文化早几百年，比龙山文化与齐家文化要早千余年。

关于卜骨习俗的起源问题，曾在学术界存在不同的看法：有的较早提出卜骨习俗的原始，是在龙山文化时代[2]；有的认为卜骨年代最早的是内蒙

---

① 中国社会科学院考古所编：《中国考古学中碳十四年代数据集》，文物出版社，1992年。
② 李济：《中国上古史之重建工作及其问题》，载《李济考古学论文选集》，文物出版社，1990年。

古自治区巴林左旗富河沟门遗址出土的，该地应为卜骨的发源地①；有人据此更进一步推测，占卜习俗是从渤海沿岸北部西拉木伦河上游开始的，也有国外学者认为卜骨是从西伯利亚起源的②，这在80年代前卜骨源于富河文化没人提出异议，至1991年，在武山傅家门遗址新发现一组卜骨，其年代明显要比富河文化早，因此，卜骨习俗的起源的问题，就得重新考虑。李济先生早就提出："我现在想举出若干不可争辩的在中国本土以内发明及发展的……第一件，我想举出的是骨卜。骨卜的习惯，在与殷商同时或比殷商更早的文化，比如美索不达米亚、埃及以及较晚的希腊罗马，都是绝对没有的。"③从现有的考古资料可以说，盛行于殷商时代的卜骨习俗，不仅是在中国本土内发明的，而且起源很早，至迟在公元前3980年的马家窑文化石岭下类型时期即已开始了。当然，随着考古发掘的日益扩大，今后有可能发现更早的卜骨。

  关于占卜习俗除考古学资料可论证外，还有民族学的资料作佐证。卜骨是整个古代东方民族用于宗教信仰的一种占卜工具，为东方民族崇尚占卜的见证。占卜习俗流行的地域相当广泛，除我国黄河流域及其以北广大地区外，在我国邻邦朝鲜的北部与日本中西部等地区也普遍存在。至今，在我国西南少数民族地区，如彝、羌、纳西族也普遍用动物的肩胛骨进行占卜，并多用羊的肩胛骨，故又称为"羊骨卜"④。占卜在人们的意识形态、精神生活中有非常重要的地位。他们卜问的范围几乎涉及生产活动、社会宗教活动与日常生活的一切领域，包括婚、丧、衣、食、住、行等方面。任何事情在行动前都要事先占卜以问吉凶。吉则行，凶则止。烧灼所用的火种是艾叶或火草，用时把它搓成颗粒状，采用击石取火的方法引火。问卜时，即将这种火草点燃后置诸肩胛骨面上，直至呈现出灼痕或兆

---

① 中国社会科学院考古所内蒙古工作队：《内蒙古巴林左旗富河沟门遗址发掘简报》，《考古》1964年第1期。
② 李亨求：《渤海沿岸古代文化与韩国古代文化之关系》，载《环渤海考古国际讨论会论文集》，知识出版社，1990年。
③ 李济：《中国上古史之重建工作及其问题》，载《李济考古学论文选集》，文物出版社，1990年。
④ 林声：《记彝、羌、纳西族的"羊骨卜"》，《考古》1963年第3期。

裂纹为止。卜骨用后，要及时进行处理，但方法不一。纳西族是把卜骨用后送往山脚下掩埋或焚烧。有的是放在陶容器内保存起来。1960年，我们曾在永靖魏家墓地第23号墓内发现1件卜骨是放在高领双耳陶罐内，当时人们认为卜骨是神圣之物，如乱丢将有祸事发生，所以不能随意抛弃。据此推测该墓主人生前是巫师或此卜骨所卜事件与墓主人有着密不可分的关系。

中国史前卜骨登记表

序号	遗址名称	羊肩胛骨	猪肩胛骨	牛肩胛骨	鹿肩胛骨	种属不明者	小计	文化性质	资料出处
1	安阳南岗		4	2		2	8	龙山文化	《安阳大寒村南岗遗址》，《考古学报》1990年第1期
2	汤阴白营		2	8			10	龙山文化	《汤阴白营河南龙山文化村落遗址发掘报告》，《考古学集刊》第3辑
3	济源苗店					5	5	龙山文化	《河南济源苗店遗址发掘简报》，《考古与文物》1990年第6期
4	孟津小潘沟				1		1	龙山文化	《孟津小潘沟遗址试掘简报》，《考古》1978年第4期
5	淅川下王岗	2	1				3	龙山文化	《淅川下王岗》，文物出版社，1989年
6	渑池仰韶村				1		1	龙山文化	《渑池仰韶遗址1980—1981年发掘报告》，《史前研究》1983年第3期
7	濬县大赉店				1		1	龙山文化	《河南濬县大赉店史前遗址》，《田野考古报告》第1期
8	郾城郝家台		1				1	龙山文化	《郾城郝家台遗址的发掘》，《华夏考古》1992年第3期
9	襄汾陶寺		1				1	龙山文化	《山西襄汾县陶寺遗址发掘简报》，《考古》1980年第1期

续表

序号	遗址名称	羊肩胛骨	猪肩胛骨	牛肩胛骨	鹿肩胛骨	种属不明者	小计	文化性质	资料出处
10	夏县东下冯	1					1	龙山文化	《山西夏县东下冯龙山文化遗址》,《考古学报》1983年第1期
11	忻州游邀	1	1				2	龙山文化	《山西忻州市游邀遗址发掘简报》,《考古》1989年第4期
12	历城城子崖			4	1	1	6	龙山文化	《城子崖》,中国考古报告集之一,1934年。
13	茌平尚庄	3		2			5	龙山文化	《茌平尚庄新石器时代遗址》,《考古学报》1985年第4期
14	曹县莘冢集			1			1	龙山文化	《山东曹县莘冢集遗址试掘简报》,《考古》1980年第5期
15	唐山大城山			3	1		4	龙山文化	《河北唐山市大城山遗址发掘报告》,《考古学报》1959年第3期
16	磁县下潘汪				1		1	龙山文化	《磁县下潘汪遗址发掘报告》,《考古学报》1975年第1期
17	永年台口村			1			1	龙山文化	《河北永年县台口村遗址发掘简报》,《考古》1962年第12期
18	张家口贾家营					2	2	龙山文化	《河北张家口市考古调查简报》,《考古与文物》1985年第6期
19	锦州山河营子				4		4	龙山文化	《锦州山河营子遗址发掘报告》,《考古》1986年第10期
20	任丘哑叭庄	1		1		2	4	龙山文化	《河北省任丘市哑叭庄遗址发掘报告》,《文物春秋》1992年增刊

续表

序号	遗址名称	羊肩胛骨	猪肩胛骨	牛肩胛骨	鹿肩胛骨	种属不明者	小计	文化性质	资料出处
21	蔚县筛子绫罗	1		1			2	龙山文化	《1979年蔚县新石器时代考古的主要收获》,《考古》1981年第2期
22	邯郸涧沟					1	1	龙山文化	《1957年邯郸发掘简报》,《考古》1959年第10期
23	建平水泉	1	1	1			3	龙山文化	《建平水泉遗址发掘简报》,《辽海文物学刊》1986年第2期
24	赤峰富河沟门				1		1	富河文化	《内蒙古巴林左旗富河沟门遗址发掘简报》,《考古》1964年第1期
25	赤峰药王庙		1				1	夏家店下层文化	《赤峰药王庙、夏家店遗址试掘报告》,《考古学报》1974年第1期
26	赤峰夏家店				1		1	夏家店下层文化	《赤峰药王庙、夏家店遗址试掘报告》,《考古学报》1974年第1期
27	赤峰范仗子				1		1	夏家店下层文化	《敖汉旗范仗子古墓群发掘简报》,《内蒙古文物考古》1984年第3期
28	赤峰大甸子				4		4	夏家店下层文化	《大甸子》,科学出版社,1996年
29	宁城小榆树林子				2		2	夏家店下层文化	《内蒙古宁城县小榆树林子遗址试掘简报》,《考古》1965年第12期
30	伊克昭盟朱开沟	1		1			2	龙山文化	《内蒙古朱开沟遗址》,《考古学报》1988年第3期
31	长安客省庄	6					6	客省庄二期文化	《沣西发掘报告》,文物出版社,1962年

续表

序号	遗址名称	羊肩胛骨	猪肩胛骨	牛肩胛骨	鹿肩胛骨	种属不明者	小计	文化性质	资料出处
32	临潼康家					19	19	客省庄二期文化	《陕西省临潼县康家遗址1987年发掘简报》,《考古与文物》1992年第4期
33	岐山双庵	6					6	客省庄二期文化	《陕西岐山双庵新石器时代遗址》,《考古学集刊》第3辑
34	商县紫荆					2	2	客省庄二期文化	《陕西商县紫荆遗址发掘简报》,《考古与文物》1981年第3期
35	武威皇娘娘台	30	8	1		10	49	齐家文化	《甘肃武威皇娘娘台遗址发掘报告》,《考古学报》1960年第2期
36	永靖大何庄	14					14	齐家文化	《甘肃永靖大何庄遗址发掘报告》,《考古学报》1974年第2期
37	永靖秦魏家	3					3	齐家文化	《甘肃永靖秦魏家齐家文化墓地》,《考古学报》1975年第2期
38	灵台桥村	6	11				17	齐家文化	《甘肃吴台桥村齐家文化遗址试掘简报》,《考古与文物》1980年第3期
39	卓尼苍儿	7		1			8	寺洼文化	《甘肃卓尼苍儿遗址试掘简报》,《考古》1994年第1期
40	武山傅家门	3	1	1			5	马家窑文化	《甘肃武山傅家门史前文化遗址发掘简报》,《考古》1995年第4期
41	民乐东灰山	1					1	四坝文化	《甘肃民乐县东灰山遗址发掘纪要》,《考古》1995年第12期

续表

序号	遗址名称	羊肩胛骨	猪肩胛骨	牛肩胛骨	鹿肩胛骨	种属不明者	小计	文化性质	资料出处
42	娄烦何家庄					1	1	龙山文化	《山西娄烦、离石、柳林三县考古调查》,《文物》1989年第4期
43	离石乔家沟					1	1	龙山文化	《山西娄烦、离石、柳林三县考古调查》,《文物》1989年第4期
合计		87	32	29	4	60	212		

（本文原载《史前研究——西安半坡博物馆成立四十周年纪念文集》1998年）

试论我国早期土洞墓

一

我国古代墓葬是考古调查与发掘的主要对象，也是考古研究中的一个重要课题。墓葬的形制结构是研究古代墓葬制度的基本内容之一。众所周知，在考古发掘中，最常见的是长方形竖穴土坑墓，其次为洞室墓。

洞室墓结构是多种多样的。本文所讨论的是其中一种较有特色的土洞墓。它的建造方法，是从地表往下先挖一长方形竖穴坑作为墓道，然后在墓道的一端或长的一侧横穿掏洞作为墓室。这种带有竖穴墓道的土洞墓比秦汉时期的土洞墓在时间上要早，结构上显得原始，我们暂名其为"早期土洞墓"。

早期土洞墓过去虽然也发现过，但由于地域性的限制，加上发掘工作较少，可计的墓葬数量屈指可数。近年来，随着田野考古发掘工作的蓬勃发展，新发现了不少这类土洞墓，并且在我国西北地区积累了一批相当可观的新资料。因此，它给我们增加了许多新的知识，也启发我们去思考研究这种土洞墓的有关问题。

本文拟根据已发表的资料，对我国早期土洞墓进行初步综合论述。对其形制结构、类型划分、文化性质及其渊源等方面的问题进行探讨，提出一些不成熟的意见，与同行们共同研究。

二

据目前所知，我国早期土洞墓的分布范围限于黄河中上游及河西走廊等西北地区。但其分布中心是青海与甘肃地区。据不完全统计，自新石器时代至周代，迄今共发现土洞墓共八百余座（实际不止此数，因有的墓地未报道具体墓数，未予统计），其文化性质包括马家窑文化半山类型、马厂类型、齐家文化、火烧沟文化、卡约文化、辛店文化、沙井文化、先周及西周文化等。上述诸文化类型出土的土洞墓数量不等，时间有早晚，分布的地区亦有差异。因此有必要首先分别予以介绍。

1. 马马窑文化半山类型

半山类型土洞墓经正式发掘的有兰州土谷台[①]、焦家庄与十里店[②]以及青海循化苏乎撒村[③]等墓地，共30余座[④]。其中土谷台的土洞墓数量较多，保存较好，材料比较重要。其分布范围目前所知只限于黄河上游地区。

2. 马家窑文化马厂类型

马厂类型土洞墓发现的较多，见于有关发掘报告并有明确墓葬数的共有435座。其中，青海柳湾发现的最多，共387座[⑤]。甘肃皋兰石洞区糜地岘清理了20座[⑥]，兰州土谷台28座[⑦]。此外，还有青海民和核桃庄马牌与永昌鸳鸯池[⑧]等墓地，发掘的这类墓葬，未有统计数字。其分布情况与半山类型大体相同。

---

① 甘肃省博物馆、兰州文化馆：《兰州土谷台半山—马厂文化墓地》，《考古学报》1983年第2期。
② 甘肃省文物工作队：《甘肃兰州焦家庄和十里店的半山陶器》，《考古》1980年第1期。
③ 柳春城：《循化县东风公社苏乎撒墓葬发掘简讯》，《青海考古学会会刊》1982年第4辑。
④ 甘肃省博物馆、兰州文化馆：《兰州土谷台半山—马厂文化墓地》，《考古学报》1983年第2期。土谷台共发现59座土洞墓，发掘者把它分为早、中、晚三期，其中，早期墓31座，主要属于半山类型，也有的属于半山晚期至马厂早期，本文暂列入半山类型予以统计。
⑤ 青海省文物处考古队、中国社会科学院考古所：《青海柳湾》，文物出版社，1984年。
⑥ 陈贤儒、郭德勇：《甘肃皋兰糜地岘新石器时代墓葬清理记》，《考古通讯》1957年第6期。
⑦ 甘肃省博物馆、兰州文化馆：《兰州土谷台半山—马厂文化墓地》，《考古学报》1983年第2期。
⑧ 甘肃省文物工作队：《永昌鸳鸯池新石器时代墓地的发掘》，《考古》1974年第5期。

3. 齐家文化

齐家文化的墓地已发掘多处，但其墓葬结构属于土洞墓的形制，仅限于青海柳湾墓地一处，该墓地共发掘齐家文化墓葬共 366 座，其中土洞墓共 48 座①，约占总墓数的百分之十三。

4. 火烧沟文化

这是近年来在河西走廊地区新发现的一支青铜器时代文化遗存。也有的同志把它列入四坝文化系统内。玉门火烧沟墓地的发掘报告正在整理中，但其主要内容在《文物考古工作三十年》一书中已做简要介绍，共发现 312 座墓葬，其墓葬形制除少数为竖穴土坑墓外，大多数为土洞墓（发掘者称为竖井带台的侧穴墓）②。这个墓地土洞墓数量多，并且比较集中，材料至为重要。

5. 卡约文化

近年来，卡约文化的土洞墓在青海境内发现不少，但由于各墓地发掘报告多未刊出，仅在一些综合性文章与有关报道中提及，大多没有墓葬的具体数字。经过较大规模发掘的有青海大通上孙家寨③、贵德山坪台④、湟中李家山潘家梁⑤等墓地。上孙家寨墓地发现一批土洞墓，文化性质多属卡约文化，也有一部分是属辛店文化上孙家类型。在潘家梁墓地也发现一些土洞墓（发掘者称为横穴室墓），在贵德山坪台共发现 90 座墓葬，其中有两座为土洞墓（发掘者称为龛洞土坑墓），葬制较为特殊。

6. 辛店文化

辛店文化土洞墓，已知的只有两处：一是青海互助土族自治县总寨墓

---

① 青海省文物处考古队、中国社会科学院考古所：《青海柳湾》，文物出版社，1984 年。
② 甘肃省博物馆：《甘肃省文物考古工作三十年》，《文物考古工作三十年》，文物出版社，1979 年。
③ 青海省文物处考古队：《青海省文物考古工作三十年》，《文物考古工作三十年》，文物出版社，1979。
④ 青海省文物考古队、海南藏族自治州群众艺术馆：《青海贵德山坪台卡约文化墓地》，《考古学报》1987 年第 2 期。
⑤ 和正雅：《从潘家梁墓地的发掘试谈对卡约文化的认识》，《青海考古学会会刊》1981 年第 3 期。

地，仅发现一座土洞墓，保存较好①；另一处就是上述的上孙家寨墓地。具体墓数不明。

7. 沙井文化

沙井文化分布在永昌、古浪、民勤、张掖等地，其中发现土洞墓的仅一处。即在《甘肃永登榆树沟的沙井墓葬》一文中提到的永昌双湾三角城遗址，据介绍，此遗址不仅有城址，而且还发掘一大批土洞墓。该墓葬文化性质较单纯，皆属沙井文化②。

8. 先周与西周文化

先周与西周文化土洞墓皆发现在陕西境内。1981年在扶风县刘家村发现15座土洞墓。发掘者认为，刘家村土洞墓葬的形制、埋葬习俗具有鲜明的自身特点，有必要划出一种新的文化类型，命名它为刘家文化③。同时，在长武县碾子坡也发现一批属先周文化的土洞墓④。1984年在长安县沣西大原村发掘一座土洞墓。并在其附近张家坡也发现，年代均属西周⑤。这是新发现的西周时期的一种葬制。由于它的重要性，引起了人们的关注。

从上述可知，土洞墓的分布特点是东西向呈长条形发展的。截至目前，它是西起河西走廊的玉门一带，东至关中陕西长安县附近。而青海东部和甘肃中、西部是早期土洞墓最流行最发达的地区，尤其是该地区的马家窑文化与火烧沟文化等表现最为突出。举例来说，兰州土谷台半山类型墓葬共34座，而土洞墓即有31座，约占墓葬总数的91%。土谷台马厂类型墓葬共50座，其中土洞墓28座，约占墓葬总数的56%。柳湾马厂类型墓葬共872座，其中土洞墓共387座，约占墓葬总数之44%。玉门火烧沟共发掘312座墓葬，其中土洞墓比例占绝大多数。半山与马厂类型的土洞墓占的比例最大，它应是该文化类型的主要葬制之一。并且，半山类型年

---

① 青海省文物考古队：《青海互助土族自治县总寨马厂、齐家、辛店文化墓葬》，《考古》1986年第4期。

② 甘肃省文物工作队：《甘肃永登榆树沟的沙井墓葬》，《考古与文物》1981年第4期。

③ 陕西周原考古队：《扶风刘家姜戎墓葬发掘简报》，《文物》1984年第7期。

④ 胡谦盈：《试论先周文化及相关问题》，《中国考古学研究》，科学出版社，1986年。

⑤ 中国社会科学院考古所沣西工作队：《1984年沣西大原村西周墓地发掘简报》，《考古》1986年第11期。

代较早,据碳-14年代测定为公元前2500～前2300年,因此,可以说它的土洞墓是迄今已知的最早的墓例。这为研究我国早期土洞墓提供了一份极为重要的实物资料。

三

本文论述的早期土洞墓可分为带梯形墓道的洞室墓与长方形墓道的偏洞墓两大类,这里按墓底结构的形状简称为凸字形墓与曰字形墓。在过去的报道和论述中,凸字形墓也称为甲字形墓。曰字形墓形制较特殊,称谓不一,既有称偏洞墓、偏洞室墓或偏洞式墓,也有称为横穴洞室墓与竖井侧穴墓等等。

1. 凸字形墓

这种形制的墓葬主要分布在黄河上游的甘、青地区。并且限于在马家窑文化半山类型、马厂类型与齐家文化系统中发现。

墓葬的形制特点是:墓底平面呈凸字形。分墓道与墓室两部分。墓道长短不一,平面多是一头大一头小呈梯形,也有作长方形的。墓室多系横掏式土洞,其平面一般呈圆角长方形或椭圆形,墓室周壁平整,往往往上内收成穹隆顶或弧形顶。在墓道与墓室之间插堵成排的木棍或木板,也有竖立石块或石板的,起着墓室口封门的作用。在柳湾发现的木棍或木板,粗细宽窄不一,大者木板长1.5米、宽0.2米,木板排列整齐,每排约有十根,总宽约1米。这种木棍或木板多数作横列一排,但也有分前后两排;最多达三排依次插立的①。不难想象当时洞室口封闭得还是比较严密。这种墓室口用木料为主封堵的结构形式是凸字形墓的一个特点。

洞室内一般都发现有木棺等葬具。据柳湾发现的葬具分类,其结构可分为长方形木棺、吊头木棺、独木棺与垫板等,其中长方形木棺的结构较特殊,即在长方形木棺外还加用二至三道木框架加固,使木棺牢固稳定,又便于搬运。葬法有单人葬和合葬两种。葬式有仰身直肢、二次葬、屈肢

---

① 青海省文物处考古队、中国社会科学院考古所:《青海柳湾》,文物出版社,1984年。

葬等，其中屈肢葬占一定的比例。合葬墓人数从二人至六人不等，并以二人合葬较为常见。一般都有随葬品，随葬有陶器与石、骨器等器物。并且随葬品的多寡往往与墓葬规模的大小是成正比的。

为了更具体地了解凸字形土洞墓形制的特点，选用一些典型墓例，亦按不同文化类型的时间先后依次予以论述。

半山类型凸字形墓保存较好的有兰州土谷台M33，墓室平面略呈圆形，径1.6～1.8米，墓道已残。墓门堵立两块石板，该石板较宽大，两块石板相当于墓门的宽度。单人侧身屈肢葬式（图一，1）[①]。

马厂类型凸字形墓保存好的墓例较多，如兰州土谷台的M13、M14、M16、M84[②]与乐都柳湾的M408、M1250等[③]。土谷台发现的凸字形墓，其洞室多呈圆形或椭圆形，一般面积较小，墓道多呈长方形，各墓门封堵所用的材料不尽相同。如M13，墓室呈椭圆形，墓门插立一排木棍，单人侧身屈肢葬式（图一，2）。M14，墓室略呈圆形，径1.4～1.6米，墓室口堵立一块大石板，系三儿童屈肢合葬（图一，3）。M16，封门木棍插立在墓道的中央，其位置异于其他墓。M84，墓室作纵向椭圆形，径1.6～1.7米，墓门先平放一石板，然后再竖立一石板，一横一竖剖面呈丁字形叠砌（图一，4）。

柳湾马厂类型凸字形墓的形制与土谷台比较略有差异，即这里的凸字形墓规模较大，墓道亦较长，墓门多以木棍或木板封堵。如M408，墓葬总长5.28米，墓室呈圆角方形，长宽各2.5米，墓道呈长梯形，长2.78米、宽0.8～1米。墓门插立一排木棍。M1250，墓葬总长2.65米，墓室呈圆角长方形，长1.65米、宽2.45米，墓道呈梯形，长1米、宽0.5～0.9米，墓门堵立一排木棍，墓室内有一垫板作为葬具。这是凸字形墓中形制结构保存比较完整的实例（图一，5）。

齐家文化凸字形墓保存较好的有柳湾M990与M972等[④]。M990墓总

[①] 甘肃省博物馆、兰州文化馆：《兰州土谷台半山—马厂文化墓地》，《考古学报》1983年第2期。
[②] 同上。
[③] 青海省文物处考古队、中国社会科学院考古所：《青海柳湾》，文物出版社，1984年。
[④] 同上。

长 3.4 米，墓室呈圆角长方形，长 2.7 米、宽 1.9 米。墓道前端窄后端宽呈梯形，墓门插立一排木板，墓室内置一长方形木棺（图一，6）。M972，在墓道中部封堵木棍与石块各一排，洞室内置一独木棺为葬具。

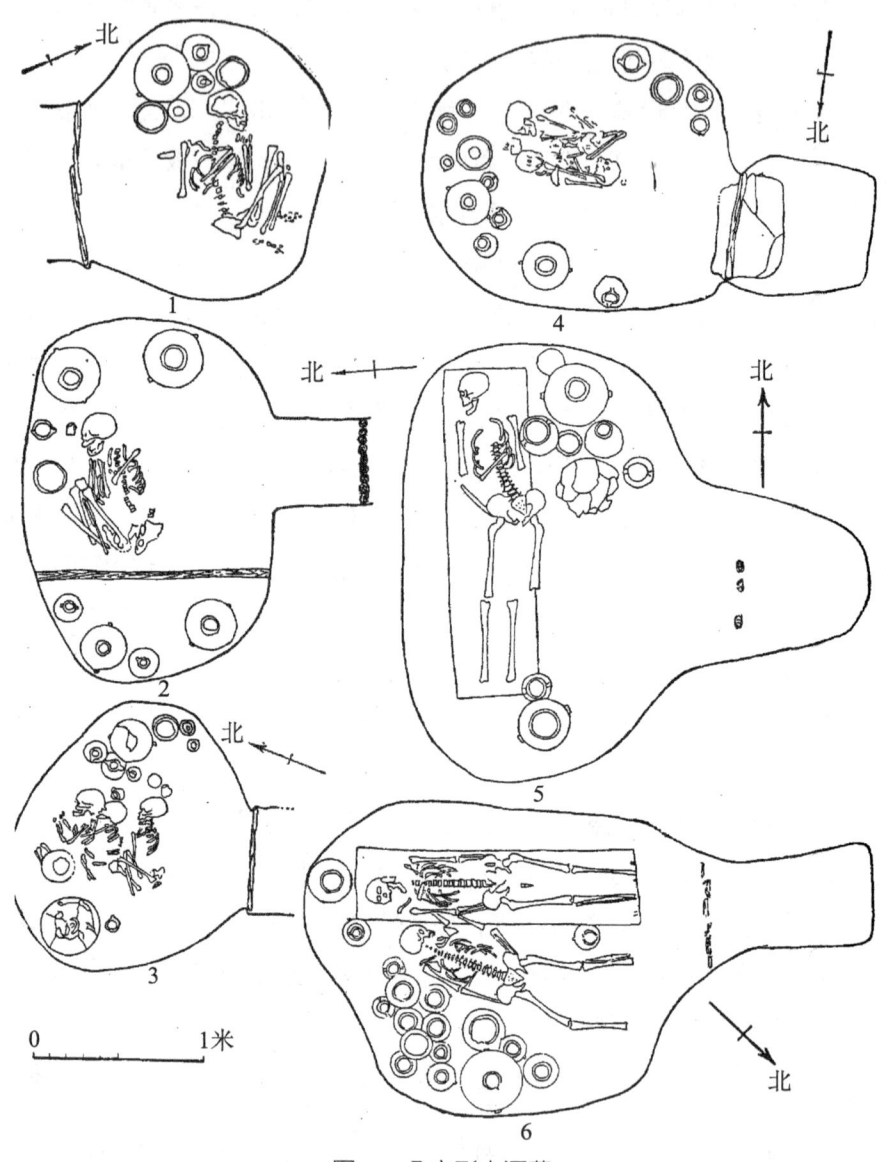

图一　凸字形土洞墓

1-4. 兰州土谷台（M33、13、14、84）　5-6. 青海柳湾（M1250、990）

2. 曰字形墓

曰字形墓除在甘肃青海地区较多见外，近年在陕西扶风与长安等地也有发现。经发掘的墓地有兰州土谷台、大通上孙家寨、互助总寨、扶风刘家、长安大原村与长武碾子坡等。其文化性质除马家窑文化外，还有火烧沟文化、卡约文化、辛店文化、沙井文化、先周与西周文化等。

这种墓葬建造的特点是，先从地表往下挖一长方形竖穴墓道，然后在墓道长边的一侧横掏一与墓道平行的偏洞作为墓室。墓室与墓道的长度相等或接近相等。墓室平面呈圆形，椭圆形、长方形或圆角长方形等。洞室里壁从下往上收拢成弧形拱顶。墓道与墓室底部多处于同一平面上，也有少数是高低不平的。墓室一般较小，长1.2～1.8米。墓门多用石板封堵，由于墓口宽窄与石板大小不同，各墓竖立的石板一至四块不等。葬具有长方形或吊头木棺，均以圆木为材料，有四壁和棺盖，但不见有棺底。葬式有侧身屈肢、仰身直肢、二次葬等，并以侧身屈肢葬为主。随葬品有陶器与石器等器物。

曰字形墓除齐家文化外，其余在甘青地区诸原始文化及陕西先周、西周文化等都有发现，并有保存较好的典型墓例。如半山类型土谷台M49、M57等①。M49，墓室呈圆角长方形，长1.7米、宽1.1米。墓口堵立三块石板（图二，2）。M57，墓道呈方形，墓室呈圆形，其底部低于墓道底0.1米。墓口堵立两块石板（图二，1）。辛店文化曰字形墓较重要的有互助总寨M32，洞室呈长方形，墓道呈圆角长方形。墓室长1.9米、宽1.73米②。卡约文化在贵德山坪台发现的两座土洞墓，形制有异于上述各墓。其洞室较小，颇似龛洞。在洞内放置的是瓮棺，而不是木棺。如山坪台M65，墓坑呈椭圆形，径0.6～1.25米，在坑的一端掏有进深0.35米、高0.9米的龛洞，洞内放置用陶瓮与双耳彩陶罐组成的瓮棺，约作30°角倾斜放置。M66，椭圆形坑，径0.7～1.2米，坑的一端掏有进深0.35米、高0.8米的龛洞。由大小相似的两个陶瓮对扣组成瓮棺。约作20°角倾斜放

---

① 甘肃省博物馆、兰州文化馆：《兰州土谷台半山—马厂文化墓地》，《考古学报》1983年第2期。

② 青海省文物考古队：《青海互助土族自治县总寨马厂、齐家、辛店文化墓葬》，《考古》1986年第4期。

置（图二，3）①。这种土龛洞在青海早期土洞墓中还是首次发现。

在陕西扶风刘家、长武碾子坡与长安沣西大原村等墓地中发现的曰字形墓，其形制结构与甘青地区发现的曰字形墓基本类似，但又有其本身特色，如刘家发现的曰字形墓，墓室与墓道均作长方形，在竖穴墓道的一边或两边留有生土台阶，台阶高 0.4～0.75 米、宽 0.2～0.8 米。同时墓室的一端比墓道稍扩出 0.5～0.7 米。并且墓室底稍低于墓道。墓室长 2.4～3.28 米，墓口一般宽 0.8～1.6 米，用不规整的土块垒砌，起封门作用。洞室内壁多经修整加工，比较讲究的还抹一层薄的白灰面。有长方形木棺等葬具。葬式以仰身直肢葬为主，也有侧身屈肢葬②。保存较好的有刘家 M11、M46、M49 等③。M11 墓室呈长方形，长 2.4 米、宽 1.2 米，墓底留有生土台阶（图二，4）。M46，墓室低于墓道约 0.23 米，在墓室与墓道之间作斜坡状，葬式系侧身屈肢葬（图二，5）。M49，则在墓坑的一端设有壁龛，深 0.41 米、宽 1.07 米、高 0.6 米，龛底与二层台面齐平，龛内放陶器两件。沣西大原村 M309，形制与上述的稍异，墓道为口小底大的长方形竖穴，底长 3.25 米、宽 2.24 米。墓室平面呈梯形，近墓道一侧较窄，长 2.86～3.36 米、宽 1.42 米。洞室底比墓道低 0.16 米，顶部呈拱形（图二，6）④。先周与西周文化墓葬内多有葬具，并流行长方形木棺，有的在木棺的上下还用席子铺盖。

归纳上述，土洞墓是甘、青地区诸原始文化与关中地区先周及西周文化共有的文化因素，但它们之间在葬制的类别上有差异，出现的时间有早晚。马家窑文化半山、马厂类型既有凸字形墓，又有曰字形墓，并以前者为主。齐家文化仅凸字形墓一种。从火烧沟文化、卡约文化、辛店文化、沙井文化直至西周文化，皆见曰字形墓，不见凸字形墓。从现有发掘资料，可以说这两种土洞墓都开始于马家窑文化，但其发展延续的时间不同。凸字形墓是发

---

① 青海省文物考古队、海南藏族自治州群众艺术馆：《青海贵德山坪台卡约文化墓地》，《考古学报》1987 年第 2 期。
② 陕西周原考古队：《扶风刘家姜戎墓葬发掘简报》，《文物》1984 年第 7 期。
③ 同上。
④ 中国社会科学院考古所沣西工作队：《1984 年沣西大原村西周墓地发掘简报》，《考古》1986 年第 11 期。

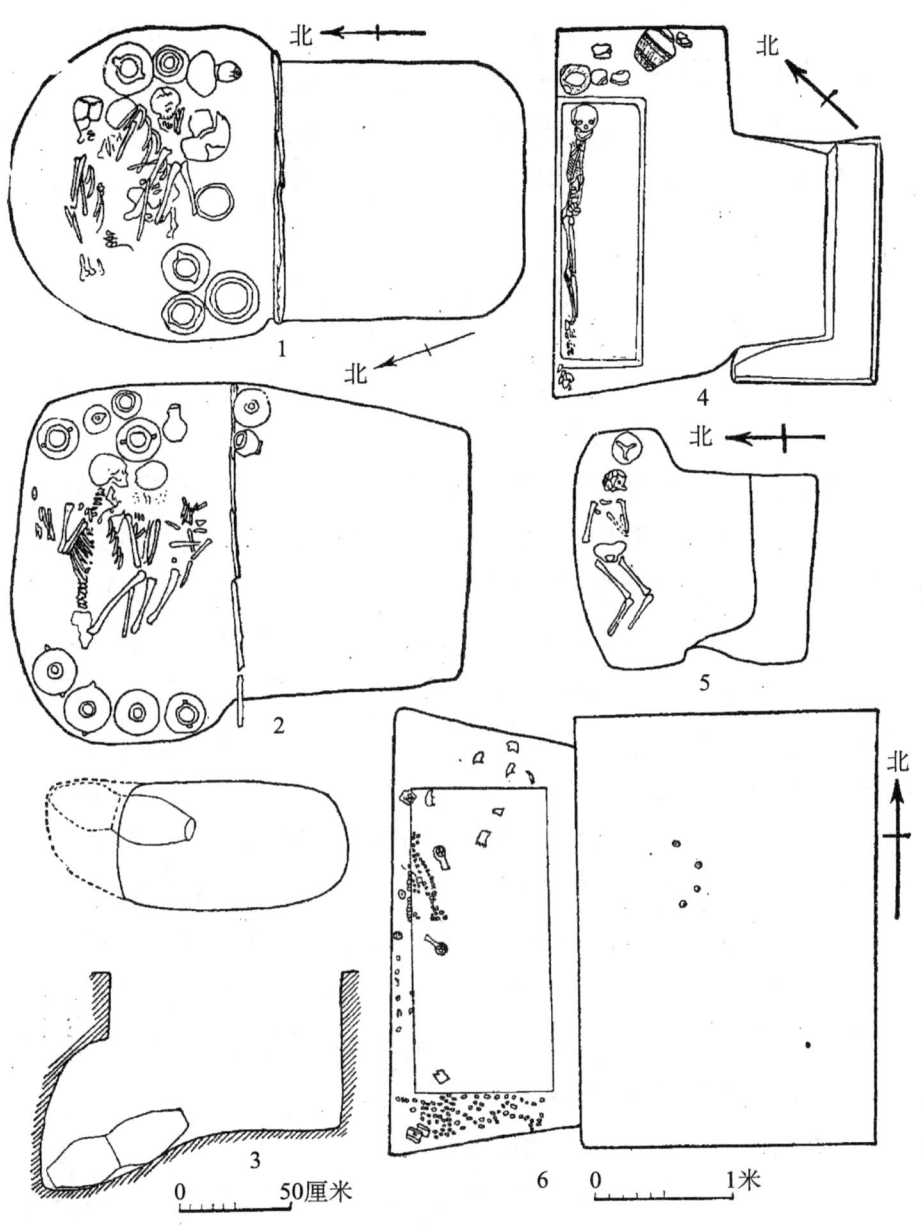

图二 曰字形土洞墓
1～2.兰州土谷台（M57、49） 3.贵德山坪台（M66）
4～5.扶风刘家（M11、M46） 6.长安大原村（M309）

生在马家窑文化半山类型，延续发展的时间较短，仅延至齐家文化为止。而曰字形墓的发生与凸字形墓大体同时，但发达的时期是在火烧沟文化、卡约文化、沙井文化等时期，延续的时间较长，直至西周或更晚时期。

从年代序列的排比与土洞墓的分布情况，我们认为，我国土洞墓最早是在黄河上游及其支流湟水等地区首先发源的，然后再往其他地区发展。

四

土洞墓是怎样起源发生的，现在还不能做出确切的结论。但是根据新发现的考古资料分析，还是可以做些合理的推测。从地理环境、自然条件与建筑形制等方面的综合研究，我们认为土洞墓与窑洞式居室有关。土洞墓的分布范围，主要是在黄河流域中、上游及河西走廊等西北地区。该地区在地质构造上属黄土高原地带，这对建造洞室墓具备了许多优越的自然条件。据建筑学家刘敦桢先生研究认为："黄河流域大部分土地覆盖着肥沃而深厚的黄土层，它的厚度自十公尺至三四百公尺不等。所谓黄土是极细的矿物质砂粒，一般含有若干石灰质，适于筑造墙壁之用。此外具有垂直节理的黄土层，无论受气候侵蚀或人工开凿为壁立状态都比较不易崩溃。"[①] 这表明石灰质黄土层是最适于掏洞建造窑洞式居室与墓室的。同时，黄河中、上游地区气候干燥、雨量较少，在窑洞居室或墓室内不会出现积水现象。并且洞室一般高出河流的洪水线，近水而可避免洪水泛滥等水害，这都利于洞室的建造和维护。由于具备这些优点，所以在黄河中、上游地区能使洞室建筑得到发展。并且延续的时间很长，直至今天，在陕西、甘肃等地的居民还建造窑洞作为居室。窑洞还具有冬暖夏凉的优点，因此，它是深受广大居民欢迎的建筑形式。

从墓葬的形制结构观察，它与窑洞式居室是基本相同的，可以说它是模仿现实生活中的房屋，所以有的同志说，古代土洞墓是地上居民生活的缩影，是很有道理的。

---

① 刘敦桢：《中国住宅概说》，建筑工程出版社，1957年。

现在，我们要往上追溯比土洞墓年代早或同时的有关古文化中有哪些与之类似的建筑遗存？据发掘得知，迄今发现的土洞墓年代最早的是马家窑文化半山类型。嗣后有马家窑文化马厂类型、齐家文化、卡约文化、辛店文化等等。马家窑文化诸类型的考古发现与发掘，近年来侧重于墓葬，发掘的墓地规模较大，资料比较丰富，而对聚落遗址的揭露面积比较小，房屋建筑资料就显得不足，因此，至今未发现可以肯定的窑洞式居室。不过在马家窑、半山、马厂诸类型的遗址中所揭露的30多座房子中，绝大多数都是作凸字形的居室，即是其平面形状与凸字形土洞墓极为酷似。1977年在东乡林家遗址发现一批马家窑类型房子，就是此类建筑遗存。如F9，保存较好，由门道与居室组成，居室略呈圆角方形，面积为16.81平方米。年代据碳-14测定为公元前3208年（图三，3）[①]。在兰州青岗岔遗址发现一座半山类型房子，房基平面呈凸字形，长7.4米、宽6.5米，面积为48平方米，在门道与灶之间还竖立一石块[②]。在永靖马家湾遗址发现七座马厂类型房子，其中有四座房址平面也是作凸字形建筑[③]。

在时间上与早期土洞墓相近的，还有在山西石楼岔沟与夏县东下冯等地区也发现有窑洞式房子。近年在石楼岔沟遗址共发现19座龙山文化房子，都是窑洞式建筑。如F3，这是岔沟遗址发掘中最完整的一座房子，平面呈凸字形，居室作圆角长方形，长4.15米、宽3.1米，在其南面有一凸出门道，屋中央有一灶址。墙壁为生土壁，保存最高者约1.55米，墙壁及居住面先涂一层草泥土，再抹一层白灰皮。门与门道之间横放一块石块，作为门限。据此可复原成穹隆顶的洞穴房屋，即较典型的窑洞式居室（图三，1）。F5，平面亦呈凸字形，居住面长5.25米、宽4.3米，壁高达2.2米。可复原为圆角长方形的窑洞式居室（图三，2、4）。年代经碳-14测定为公元前2500～前2300年[④]。与马家窑文化半山类型的年代相当。另

---

① 甘肃省文物工作队等：《甘肃东乡林家遗址发掘报告》，《考古学集刊》第4辑。
② 甘肃省博物馆：《甘肃兰州青岗岔遗址试掘简报》，《考古》1972年第3期。
③ 中国科学院考古所甘肃工作队：《甘肃永靖马家湾新石器时代遗址的发掘》，《考古》1975年第2期。
④ 中国社会科学院考古所山西工作队：《山西石楼岔沟原始文化遗存》，《考古学报》1985年第2期。

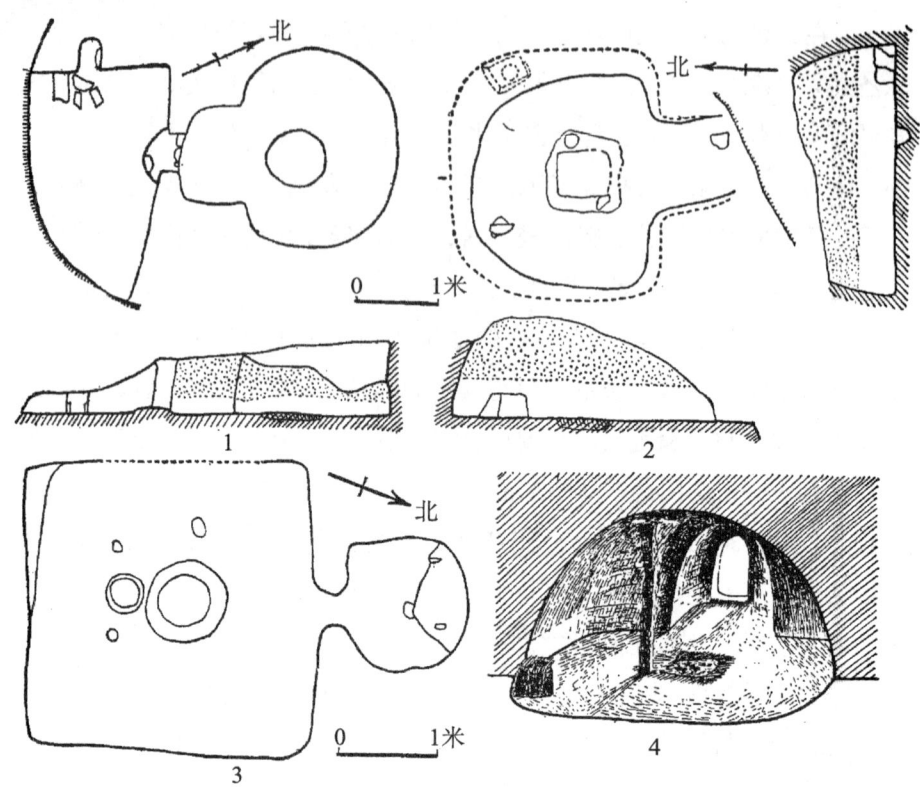

图三 窑洞式房子
1~2.石楼岔沟（F3、F5） 3.东乡林家（F9） 4.石楼岔沟 F5 透视剖面图

在夏县东下冯遗址亦发现 30 余座窑洞式房子，均属龙山文化时期。房址平面有圆形、椭圆形与圆角方形几种，面积一般为 4 平方米，房顶作穹隆状。有的居室的北部还设有小土龛①。

从上面的分析比较中，清楚地说明了在公元前两三千年的西北地区出现土洞墓不是偶然的事。土洞墓与窑洞居室在时间与构筑形式、规模大小等方面基本上是相同的，因此，我们推断土洞墓是仿自人们居住的窑洞形式而建造的。

（本文原载《考古》1987 年第 12 期）

---

① 中国社会科学院考古所东下冯考古队：《山西夏县东下冯遗址东区、中区发掘简报》，《考古》1980 年第 2 期。

黄河上游地区史前考古的回顾和展望

黄河上游地区包括甘肃、青海、宁夏三个省区。这三个省区的史前考古工作，若从1920年在甘肃庆阳首次发现旧石器时代的石器算起[①]，至今已有80年的历史了，从1949年至现在也整整走过了五十个春秋。本文论述的范围主要是近半个世纪以来的史前考古工作的重要发现与研究成果，对过去的考古工作做一总结回顾，并提出今后考古工作的一些设想。以此来纪念甘肃省博物馆建馆六十周年。

中华人民共和国成立以来，我国的文物考古事业取得了巨大的发展。黄河上游地区也不例外，在考古发现和学术研究方面都取得了令人瞩目的成绩，对中国考古事业的发展做出了重要的贡献。

半个世纪以来，黄河上游地区发现的史前文化遗址据已发表的资料统计，共有3200多处，其中经过试掘或正式发掘的有80处，发表的调查发掘简报、正式报告与论文有350多篇，专刊或专著有30余部。资料涉及史前时期不同时代、不同文化类型的遗存。其中发掘规模大，出土遗物丰富的，遗址如甘肃秦安大地湾，揭露面积共13700平方米[②]；墓地如青海乐都柳湾，发掘墓葬达1714座，出土器物30000余

---

① 裴文中：《中国史前时期之研究》，商务印书馆，1948年。
② 甘肃省博物馆文物工作队：《甘肃秦安大地湾遗址1978至1982年发掘的主要收获》，《文物》1983年第11期。

件①，是迄今所知发掘规模最大、出土物最丰富的一处氏族公共墓地，在全国也是首屈一指。在积累大量发掘资料的同时，学术课题的研究也取得了重要的成果，有的还有所突破。现从学术成果概括，可归纳为以下几项：

（一）初步建立起史前时期考古学文化的序列与编年，探明了黄河上游地区的考古学文化谱系；

（二）填补了考古学文化序列中的诸多空白，如，大地湾一期文化、师赵村一期文化、马家窑文化石岭下类型、小坪子类型、四坝文化、卡约文化上孙家类型、阿哈特拉类型、辛店文化张家咀类型、姬家川类型、山家头类型、寺洼文化安国类型以及诺木洪文化等，都是中华人民共和国建立后新发现和确认的。

（三）通过对齐家文化发掘资料的研究，进而对原始氏族公社解体和阶级产生这个社会急剧变化时期诸多理论问题，如社会形态、经济生活、婚姻制度、宗教信仰都进行探讨，取得了可喜的成果。

（四）对卡约文化、辛店文化、寺洼文化等居民的体质特征和族属问题等都做了不同程度的研究，一般认为这些文化遗存与古代的氐、羌族有密切的关系。

（五）彩陶及其工艺美术的研究成果显著，撰写有较多的著作。

（六）在甘肃地区史前时期的文化遗存中出土了较多的红铜器和青铜器，结合这些珍贵遗物开展了对冶金技术的出现及其发展等问题的探讨，这对中国古代冶金史的研究具有重要的意义。

回顾我们走过的半个世纪的道路，既有宽阔的阳光大道，也有崎岖不平坦的弯弯小路。总结这五十年甘、宁、青地区文物考古的历程，大约可分为五个时期：

第一时期　1949 年至 1955 年，考古工作的起步时期

1949 年，中华人民共和国的成立，揭开了中国历史的新篇章，也翻开了中国考古学史上新的一页。

这时期我国正处于百废待兴、百业待举的欣欣向荣阶段，文物考古事

---

① 青海省文物管理处考古队、中国社会科学院考古研究所：《青海柳湾》，文物出版社，1984 年。

业也是这样。做了大量工作，主要的业绩有：（一）建立机构，培养专业人才。在中央人民政府的关怀下，相继成立文物管理机构，1951年成立了甘肃省文物管理委员会和青海省文物管理委员会；1953～1956年筹建成立了甘肃省博物馆。1952～1955年文化部、中国科学院、北京大学联合举办四期考古工作人员训练班，为适应基本建设的需要，培养考古工作干部。甘肃、青海文物管理委员会都派出精干人员参加，他们后来都成为各单位的骨干力量。

（二）配合国家各项基本建设工程进行考古调查和发掘工作。中央人民政府于1950年5月24日颁发了文物法规：《古文化遗址及古墓葬之调查发掘暂行办法》。暂行办法中明确规定，凡因浚河、筑路及进行其他建筑工程而发现有古文化遗址、古墓葬或古物时，应立即报告当地人民政府转报中央人民政府文化部请示，及时做好清理保护工作[①]。这为文物考古工作提供了保证，给文物考古工作者以极大的鼓舞。这时期主要是配合兰新铁路和包兰铁路的工程建设。1953～1954年甘肃省文管会等单位组成的兰新铁路文物清理组在铁路沿线一方面进行文物勘察工作，一方面向广大群众宣传保护文物政策。在铁路沿线的甘谷、永登、古浪、天祝、永昌、武威等县进行文物调查的同时，又开展了抢救性的发掘工作。这次共发现20多处史前文化的遗址[②]。其中比较重要的有古浪黑松驿和永登教场沙沟口遗址，均为新石器时代遗址。前者发现房址1处，房内设有灶炕和四根木柱，虽然保存欠佳，但却是新发现。后者清理两座墓葬，发现完整彩陶等遗物20多件，这在当时来说却是难得的文物。在配合包兰铁路工程建设中，在兰州黄河北岸白道沟坪与皋兰石洞区蔡家河等地均发现有新石器时代遗址和墓葬。白道沟坪遗址还进行了发掘，发现一批墓葬和窑址，出土完整石、陶器260多件[③]。这里发现的陶窑址是我国新石器时代遗址中迄今所知最大的一处制陶窑场，对探讨中国古代制陶工艺具有重要的学术

---

① 国家文物事业管理局：《新中国文物法规选编》，文物出版社，1987年。
② 兰新铁路文物清理组：《兰新铁路沿线工程地区半年的文物勘查清理工作》，《文物参考资料》1954年第10期。
③ 甘肃省文物管理委员会：《兰州新石器时代的文化遗存》《考古学报》1957年第1期。

价值。在配合兴修水利或修建民房中，清理史前文化遗址多处，如：1952年在乐都汉庄子修建民房时，发现新石器时代陶、石、骨器共 30 余件[①]；1953 年，在湟中县兴修水利时发现一批新石器时代文物，在朱家寨北山根清理了卡约文化墓葬，还出有罕见的铜戈等遗物[②]。这时期，在兰州附近和西汉水上游地区的西和、礼县等地也都进行了考古调查工作，发现不少史前文化遗迹和遗物，对该地区的古文化分布和文化特征都有了较多的认识。

第二时期　1956～1965 年，考古工作的发展时期

这时期我国的经济建设蓬勃开展，考古事业也随之进入了前所未有的发展时期。考古界提出要建立马克思主义考古学体系，强调提高马克思主义的理论水平。田野考古工作取得了很大的成绩。甘、青、宁三省的考古工作也是成果辉煌。（一）为配合黄河水利综合建设工程，中华人民共和国文化部和中国科学院联合组成黄河水库考古工作队，由中国科学院考古研究所夏鼐任队长，开展对各水库区的考古调查和发掘工作。除在三门峡水库区开展大规模的调查和发掘外，在甘肃和宁夏也做了大量的考古工作。1956 年，在甘肃刘家峡水库区内永靖县进行全面的调查，发现史前文化遗址 176 处，其中马家窑文化（甘肃仰韶文化）47 处，齐家文化 65 处，辛店文化 80 处，卡约文化 2 处，寺洼文化 1 处（有的遗址包含两个或两个以上文化遗存）。通过该地区的调查，有的学者认为东乡唐汪川山神辛店文化遗址中发现的陶器很有特点，过去把这类陶器归入马厂类型是不妥的，应单独提出来，命名为"唐汪文化"或"唐汪式陶器"，但迄今在学术界还未获得共识。卡约文化以往划入寺洼文化中，从发现的卡约文化资料可观察到它与寺洼文化有明显的不同，所以当时就提出了卡约文化的命名，这对卡约文化的研究有着深刻的意义[③]。1959 年，在甘肃盐锅峡、八盘峡、寺沟峡水库区内永靖、永登、临夏县普查，共发现史前文化遗址 35 处，其中马家窑文化 20 处、齐家文化 12 处、辛店文化 9 处（有的遗

---

① 《青海乐都发现大量的彩陶和古代遗物》，《文物参考资料》1954 年第 8 期。
② 赵生琛：《青海省文物考古工作大事记略》，《青海考古学会会刊》1984 年第 6 期。
③ 安志敏：《甘肃远古文化及其有关的几个问题》，《考古通讯》1956 年第 6 期。

址包含有两个或两个以上文化遗址）①。同年，在宁夏青铜峡水库区内青铜峡、吴忠、广武、中宁、中卫诸市县的调查，有许多重要的收获，在广武新田北发现了细石器等文物很有学术价值②。上述调查的主要收获是填补了该地区的考古空白点，并对该地区的史前文化分布和文化面貌有了初步的了解。在调查的基础上，我们还选择了比较重要的遗址进行了发掘。经发掘的遗址有：永靖张家咀（1958～1959年）③、韩家咀（1958年）④、大何庄（1959～1960年）⑤、秦魏家（1959～1960年）⑥、范家村（1959年）⑦、刘魏家（1959年）、莲花台（1959年）⑧、马家湾（1960年）⑨、姬家川（1960年）⑩等9处遗址。马家湾、范家村与刘魏家3处均为马家窑文化遗存。马家湾遗址首次发现马厂类型较完整的聚落遗址，纠正了过去马厂类型无住地的错误。大何庄与秦魏家均有齐家文化的住地和墓地，出土的遗迹和遗物都极为丰富，为探讨齐家文化的经济生活、社会制度、婚姻形态等诸多问题提供了实物资料。秦魏家的合葬墓资料发表后在考古界有很大的反响，并引起了郭沫若先生的兴趣，还撰文阐述了他对墓中女子自愿殉葬的观点⑪。张家咀、韩家咀、莲花台和姬家川4处遗址均属辛店文化遗存，张家咀和姬家川遗址分别为辛店文化张家咀类型和姬家川类型的命名

---

① 黄河水库考古队甘肃分队：《黄河上游盐锅峡与八盘峡考古调查记》，《考古》1965年第7期；甘肃省博物馆：《黄河寺沟峡水库新石器时代遗址调查简报》，《考古》1960年第3期。
② 宁夏地志博物馆：《宁夏青铜峡市广武新田北的细石器文化遗址》，《考古》1962年第4期。
③ 中国社会科学院考古研究所甘肃工作队：《甘肃永靖张家咀与姬家川遗址的发掘》，《考古学报》1980年第2期。
④ 中国社会科学院考古研究所甘肃工作队内部资料。
⑤ 中国科学院考古研究所甘肃工作队：《甘肃永靖大何庄遗址发掘报告》，《考古学报》1974年第2期。
⑥ 中国科学院考古研究所甘肃工作队：《甘肃永靖秦魏家齐家文化墓地》，《考古学报》1975年第2期。
⑦ 黄河水库考古工作队甘肃分队：《临夏范家村马家窑文化遗址试掘》，《考古》1961年第5期。
⑧ 中国社会科学院考古研究所甘肃工作队：《甘肃永靖莲花台辛店文化遗址》，《考古》1980年第4期。
⑨ 中国科学院考古研究所甘肃工作队：《甘肃永靖马家湾新石器时代遗址的发掘》，《考古》1975年第2期。
⑩ 中国社会科学院考古研究所甘肃工作队：《甘肃永靖张家咀与姬家川遗址的发掘》，《考古学报》1980年第2期。
⑪ 郭沫若：《对临夏遗迹合葬墓的一点说明》，《考古》1964年第8期。

地，为辛店文化的研究开拓了新的领域。

（二）配合铁路等项工程建设，开展了较大范围的文物普查工作。1956年，在渭河上游天水、甘谷两县调查发现史前文化遗址78处，其中马家窑文化37处，齐家文化37处①。1957年，配合包兰铁路建设在宁夏中卫县调查发现史前文化遗址8处②。同年，在渭河上游的渭源、陇西、武山等县发现史前文化遗址79处，其中马家窑文化22处，齐家文化52处、寺洼文化1处③。在洮河流域的临洮、临夏两县调查发现史前文化遗址35处，其中马家窑文化12处，齐家文化18处、辛店文化2处、寺洼文化6处④。1958年，在西汉水流域调查发现史前文化遗址29处，其中马家窑文化17处，齐家文化12处⑤。同年，在湟水流域的民和、乐都、西宁、湟中、海宴等地调查发现史前文化遗址30多处，民和马营乡阳洼坡遗址首次发现具有庙底沟类型文化特点（即今所称的马家窑文化石岭下类型）的文化遗存⑥。在民和山城遗址还发现齐家文化在上，马家窑文化在下的地层叠压关系，为两者的相对年代提供了地层依据。1959年，在青海省的循化、化隆等县，调查发现了一批新石器时代至青铜时代遗址共26处，采集有完整的彩陶器和石器等遗物⑦。通过几年来大规模的文物普查工作，对甘、青境内的主要河流，包括黄河上游及其支流渭河、洮河、大夏河、湟水和西汉水上游等流域的史前文化分布情况、文化内涵有了较全面的了解。

（三）几处重要遗址的发现与发掘。（1）1957年，中国科学院地质研究所赵宗溥在青海唐古拉山的托托河、霍霍西里发现一批打制石器，揭开了青海高原旧石器时代研究的序幕⑧。（2）1957～1959年发掘甘肃武威皇

---

① 甘肃省文物管理委员会：《渭水上游天水、甘谷两县考古调查简报》，《考古通讯》1958年第5期。
② 宁笃学：《宁夏回族自治区中卫县古遗址及墓葬调查》，《考古》1959年第7期。
③ 甘肃省文物管理委员会：《甘肃渭河上游渭源、陇西、武山三县考古调查》，《考古通讯》1958年第7期；甘肃省博物馆：《甘肃省渭河支流南河、榜沙河、漳河考古调查》，《考古》1959年第7期。
④ 甘肃省文物管理委员会：《甘肃临洮、临夏两县考古调查简报》，《考古通讯》1958年第9期。
⑤ 甘肃省博物馆：《甘肃西汉水流域考古调查简报》，《考古》1959年第3期。
⑥ 李恒年：《民和县阳洼坡发现了仰韶文化遗址》，《文物》1959年第2期。
⑦ 沈有仓：《化隆、循化两县的黄河沿岸考古调查》，《文物》1959年第4期。
⑧ 邱中郎：《青藏高原旧石器的发现》，《古脊椎动物学报》1958年2卷第2、3合期。

娘娘台遗址，最早在齐家文化地层中发现了一批红铜器，为研究中国冶金史提供了极其珍贵的资料①。（3）1958年，在甘肃平凉安国发掘的墓中出土了一组寺洼文化的陶器，由于它独有的特征，因此提出了安国式陶器的名称②。这为寺洼文化的研究增添新的内容。（4）1959年，在青海都兰县发掘了诺木洪搭里他里哈遗址，以它的文化面貌特征命名为诺木洪文化③。（5）1962年，在甘肃武山石岭下遗址发掘中，发现在马家窑类型文化层和庙底沟类型文化层中间夹有一层另有文化特色的遗存，将此层文化命名为石岭下类型④。（6）1963年发掘兰州青岗岔遗址，发现一座保存相当完整的半山类型房屋⑤，否定了过去认为半山类型只是墓地的说法。（7）1963年，在宁夏灵武县水洞沟遗址发现一批打制石器，属于旧石器时代晚期文化遗存，被命名为水洞沟文化⑥，纠正了过去对该遗址年代和文化性质的模糊认识。

第三时期　1966～1973年，考古工作基本停滞时期

这时适逢"文化大革命"时期，我们国家的各项工作、社会正常秩序受到巨大的破坏，文物考古事业也不例外，无法开展正常的工作，有的文物单位还遭到严重的破坏。1967年5月14日，中共中央颁发的《关于在无产阶级文化大革命中保护文物图书的几点意见》⑦中明确规定：各地重要的有典型性的古建筑、石窟寺、古文化遗址、古墓葬等，都是国家的财产，在"文化大革命"中应当加强保护和管理工作。甘、青、宁地区的文博等单位不折不扣地贯彻中央精神，并且还主动地力所能及地做些文物调查与考古发掘工作。如：1966年青海省文物管理委员会在尖扎县马克唐清

---

① 甘肃省博物馆：《武威皇娘娘台遗址发掘报告》，《考古学报》1960年第2期。
② 甘肃省博物馆：《甘肃省古文化遗存》，《考古学报》1960年第2期。
③ 青海省文物管理委员会、中国科学院考古研究所：《青海都兰县诺木洪搭里他里哈遗址调查与试掘》，《考古学报》1963年第1期。
④ 甘肃省博物馆等：《从马家窑类型驳瓦西里耶夫的"中国文化西来说"》，《文物》1976年第3期；谢端琚：《论石岭下类型的文化性质》《文物》1981年第4期。
⑤ 甘肃省博物馆：《甘肃兰州青岗岔遗址试掘简报》，《考古》1972年第3期。
⑥ 宁夏博物馆等：《1980年水洞沟遗址发掘报告》，《考古学报》1987年第4期。
⑦ 兰新铁路文物清理组：《兰新铁路沿线工程地区半年的文物勘查清理工作》，《文物参考资料》1954年第10期。

理了卡约文化瓮棺葬墓5座①。1971年甘肃省博物馆发掘了兰州曹家咀遗址，发现马家窑文化陶窑和石、陶器等文物②。同年，在宁夏固原河川地区调查，发现古文化遗址10余处，采集完整陶器等文物100余件③，对该地区的史前文化分布和文化内涵有了较全面的了解。1973年，甘肃省博物馆发掘广河地巴坪墓地，发现半山类型墓葬66座④，这是一处单纯的半山类型的氏族公共墓地，是研究半山类型埋葬习俗的珍贵资料。同年，在永昌鸳鸯池墓地发掘，发现了马厂类型墓M44打破半山类型墓M72的关系。⑤这从地层上解决了两者的相对年代，即半山类型早于马厂类型。1973年，青海省文物处考古队在大通上孙家寨墓地发掘了千余座史前时期的墓葬，发现了前所未见的马家窑文化舞蹈纹彩陶盆，引起国内外学者的瞩目。⑥

第四时期，1977～1988年，考古工作的大发展时期

在"文化大革命"后，国民经济得到了恢复和发展，各方面的工作也都逐步转入正轨，考古工作也全面铺开。考古学界在几十年积累资料的基础上，一方面配合基本建设进行发掘，另一方面提出学术课题，有意识有目的地进行发掘和研究。因此，这时期的发掘地域扩大，发掘的地点增加，出土遗迹遗物丰富，研究成果显著。

（一）开展大规模的考古发掘工作。据粗略统计，经发掘的遗址（包括墓地）有50多处。

（1）甘肃省　经发掘的遗址有永登连城蒋家坪（1974～1975年）⑦、景泰张家台（1975年）⑧、康乐边家林（1975年）⑨、广河齐家坪（1975

---

① 赵生琛：《青海省文物考古工作大事记略》，《青海考古学会会刊》1984年第6期。
② 甘肃省博物馆：《兰州曹家嘴遗址的发掘》，《考古》1973年第3期。
③ 宁夏文物考古研究所：《宁夏考古文集》，宁夏人民出版社，1996年。
④ 甘肃省博物馆文物工作队：《广河地巴坪"半山类型"墓地》，《考古学报》1978年第2期。
⑤ 甘肃省博物馆文物工作队：《甘肃永昌鸳鸯池新石器时代墓地》，《考古学报》1982年第2期。
⑥ 青海省文物处考古队：《青海大通县上孙家寨出土的舞蹈纹彩陶盆》，《文物》1979年第3期。
⑦ 张学正等：《谈马家窑、半山、马厂类型的分期和相互关系》，《中国考古学会第一次年会论文集》，文物出版社，1979年。
⑧ 甘肃省博物馆：《甘肃景泰张家台新石器时代的墓葬》，《考古》1976年第3期。
⑨ 临夏回族自治州博物馆：《甘肃康乐县边家林新石器时代墓地清理简报》，《文物》1992年第4期。

年）①、武威皇娘娘台（1975年第四次发掘）②、玉门火烧沟（1976年）③、兰州花寨子（1977年）④、兰州土谷台（1977年）⑤、东乡林家（1977～1978年）⑥、灵台桥村（1978年）⑦、秦安大地湾（1978～1984年）、镇原黑土梁（1978年）⑧、镇原常山（1979年）⑨、庄浪徐家碾（1980年）⑩、古浪高家滩（1980年）⑪、古浪老城⑫、永登榆树沟（1980年）⑬、秦安王家阴洼（1981年）⑭、宁县阳坬（1981年）⑮、天水董家坪（1981～1983年）⑯、天水师赵村、西山坪（1981～1990年）⑰、西和栏桥（1982年）⑱、甘谷毛家坪（1982～1983年）⑲、合水九站⑳、酒泉干骨崖（1986年）㉑、民乐

---

① 张学正等：《谈马家窑、半山、马厂类型的分期和相互关系》，《中国考古学会第一次年会论文集》，文物出版社，1979年。

② 甘肃省博物馆：《武威皇娘娘台第四次发掘》，《考古学报》1978年第4期。

③ 甘肃省博物馆：《甘肃省文物考古工作三十年》，《文物考古工作三十年》，文物出版社，1979年。

④ 甘肃省博物馆：《兰州花寨子"半山类型"墓葬》，《考古学报》1980年第2期。

⑤ 甘肃省博物馆：《兰州土谷台半山—马厂文化墓地》，《考古学报》1983年第2期。

⑥ 甘肃省文物工作队等：《甘肃东乡林家遗址发掘报告》，《考古学集刊》第4辑。1984年。

⑦ 甘肃省博物馆考古队：《甘肃灵台桥村齐家文化遗址试掘简报》，《考古与文物》1980年第3期。

⑧ 甘肃省博物馆等：《甘肃镇原黑土梁发现的晚期旧石器》，《考古》1983年第2期。

⑨ 中国社会科学院考古研究所泾渭工作队：《陇东镇原常山遗址发掘简报》，《考古》1981年第3期。

⑩ 中国社会科学院考古研究所泾渭工作队：《甘肃庄浪县徐家碾寺洼文化墓葬发掘纪要》，《考古》1982年第6期。

⑪ 武威地区博物馆：《古浪县高家滩新石器时代遗址试掘简报》，《考古与文物》1983年第3期。

⑫ 武威地区博物馆：《古浪县老城新石器时代遗址试掘简报》，《考古与文物》1983年第3期。

⑬ 甘肃省博物馆文物工作队：《甘肃永登榆树沟的沙井墓葬》，《考古与文物》1981年第4期。

⑭ 甘肃省博物馆大地湾发掘小组：《甘肃秦安县王家阴洼仰韶文化遗址的发掘》，《考古与文物》1984年第2期。

⑮ 庆阳地区博物馆：《甘肃宁县阳坬遗址试掘简报》，《考古》1983年第10期。

⑯ 北京大学考古学系：《北京大学考古学系四十五年》，1998年。

⑰ 中国社会科学院考古研究所甘青工作队：《甘肃天水师赵村史前文化遗址发掘》，《考古》1990年第7期；同上：《甘肃天水市西山坪早期新石器时代遗址发掘简报》，《考古》1988年第5期。

⑱ 甘肃省文物工作队：《甘肃西和栏桥寺洼文化墓葬》，《考古》1987年第8期。

⑲ 北京大学考古学系等：《甘肃甘谷毛家坪遗址发掘报告》，《考古学报》1987年第3期。

⑳ 王占奎、水涛：《合水县九站先周遗址》，《中国考古学年鉴（1985）》，文物出版社，1985年。

㉑ 李水城、水涛：《酒泉县丰乐乡干骨崖遗址》，《中国考古学年鉴（1987）》文物出版社，1988年。

东灰山（1987年）①、兰州徐家山东大梁（1987年）②等30多处遗址。黑土梁属旧石器时代文化遗存。蒋家坪、张家台、边家林、花寨子、土谷台、高家滩、老城、东大梁等遗址均属马家窑文化不同类型的文化遗存。齐家坪、桥村、董家坪等属齐家文化遗存。王家阴洼、阳坬、常山等为新石器时代不同类型的文化遗存。栏桥、徐家碾、九站等属寺洼文化不同类型的文化遗存。毛家坪包括石岭下类型和东周文化遗存。

上述遗址中，发掘规模最大，收获最为丰富的是秦安大地湾遗址。该遗址揭露面积计13700平方米，发现房址226座，窖穴328个，墓葬76座，陶窑址33座，出土物7700余件。大地湾一期遗存和大房子建筑、地画等都是新发现。林家遗址是典型的马家窑类型的聚落遗址，发现27座房址，窖穴98个，出土物丰富，而且文化性质单纯，为研究马家窑类型的特征、分期和聚落形态提供了宝贵的实物资料。在师赵村遗址的发掘中，发现了从师赵村一期文化至七期文化前后相连续的地层叠压关系，为建立甘肃东部史前文化的发展谱系提供了地层依据。师赵村一期和六期文化为新发现的文化遗存，填补了该地史前文化发展序列中的缺环。玉门火烧沟是一处四坝文化墓地，发现312座墓葬，随葬品除大量的陶器外，还有较多的金、银、铜器以及狗、猪、牛、马、羊等动物。铜器随葬比较普遍，是史前文化遗址和墓地中发现铜器最多的地点。金器中有罕见的鼻饮和耳环，是当地史前民族有特色的器物。出土陶埙20多件，皆有一个吹孔和三个音孔，据测定能吹出1、2、3、6四个完全音，可以演奏《在北京的金山上》乐曲的第一句，它的发现对探讨中国古代音乐史具有重要的价值。

（2）青海省 经发掘的遗址（包括墓地）有：乐都柳湾（1974～1980年）、贵南尕马台（1977年）③、贵南加土呼（1977年）④、民和核桃庄

---

① 甘肃省文物考古研究所：《甘肃民乐县东灰山遗址发掘纪要》，《考古》1995年第2期。
② 甘肃省文物考古研究所：《兰州市徐家山东大梁马厂类型墓葬》，《考古与文物》1995年第3期。
③ 《我省考古工作的一项重大发现》，《青海日报》1978年2月18日。
④ 吴平：《海南藏族自治州境内发现晚期墓》，《青海文物》1987年第3期。

（1978～1980年）①、乐都脑庄（1979年）②、互助总寨（1979～1980年）③、民和马牌（1979、1987年）④、民和阳洼坡（1980年）⑤、贵南拉乙亥（1980年）⑥、贵南合洛寺（1980年）⑦、民和阳山（1980年）⑧、循化阿哈特拉（1980年）⑨、循化苏只苹果园（1981年）⑩、贵德山坪台（1981年）⑪、湟中潘家梁（1981～1982年）⑫、湟中中庄（1982年）⑬、循化苏呼撒村（1983年）⑭、大通黄家寨（1985年）⑮、湟源莫布拉（1987年）⑯等共20多处。柳湾墓地共发掘1714座墓葬，包括马家窑文化半山类型、马厂类型、齐家文化、辛店文化等不同时期文化遗存，随葬品丰富，共获3万多件，是迄今所知发掘规模最大、出土物最多的一处氏族公共墓地，在史前文化研究中占有重要的地位。需要提出的是柳湾发现的人像彩陶壶自1976年发表后，引起考古界的极大兴趣，对此造型奇异、形象生动的彩塑人像的性别问题，议论纷纷，各抒己见，并由此而引起了对马家窑文化马厂类型时期社会性质问题的讨论。阳山墓地发掘出半山类型墓葬218座，祭祀坑12个，各类文物2500多件，文化性质比较单纯，为研究半山类型的诸多学术问题提供了极为难得的资料。拉乙亥遗址发现灶坑30个，石器

---

① 青海省考古队：《青海民和核桃庄马家窑类型一号墓葬》，《文物》1979年第9期；格桑本、陈洪海：《青海民和核桃庄山家头墓地发掘简报》，《青海文物》1990年第5期。
② 青海省文物考古队：《青海乐都县脑庄发现马家窑类型墓》，《考古》1981年第6期。
③ 青海省文物工作队：《青海互助土族自治县总寨马厂、齐家、辛店文化墓葬》，《考古》1986年第4期。
④ 青海省文物管理处：《民和马牌马厂类型墓葬发掘的主要收获》，《青海文物》1991年第6期。
⑤ 青海省文物考古队：《青海民和阳洼坡遗址试掘简报》，《考古》1984年第1期。
⑥ 盖培等：《黄河上游拉乙亥中石器时代遗址发掘报告》，《人类学学报》1983年2卷1期。
⑦ 吴平：《海南藏族自治州境内发现晚期墓》，《青海文物》1987年第3期。
⑧ 青海省文物考古研究所：《民和阳山》，文物出版社，1990年。
⑨ 许兴国：《试论卡约文化的类型与分期》，《青海文物》1988年第1期。
⑩ 同上。
⑪ 青海省文物考古队：《青海贵德山坪台卡约文化墓地》，《考古学报》1987年第2期。
⑫ 和正雅：《从潘家梁墓地的发掘试谈对卡约文化的认识》，《青海考古学会会刊》1981年第3期。
⑬ 青海省湟源县博物馆等：《青海湟源县大华中庄卡约文化墓地试掘简报》，《考古与文物》1985年第5期。
⑭ 青海省考古研究所：《青海循化苏呼撒墓地》，《考古学报》1994年第4期。
⑮ 马兰等：《大通县黄家寨杨家湾墓地发掘简报》，《青海文物》1989年第2期。
⑯ 高东陆等：《青海湟源莫布拉卡约文化遗址发掘简报》，《考古》1990年第11期。

1489件，未见陶器。这是青海境内首次发现的中石器时代遗存，填补了该地区史前文化发展序列中的空白。尕马台遗址为马家窑文化和齐家文化墓地，其中第25号墓中出土一面铜镜，为迄今所知年代最早的铜镜，具有重要的学术价值。阿哈特拉、苏只苹果园、山坪台、潘家梁、莫布拉、合洛寺和中庄等都是卡约文化墓地，共发现墓葬约千座，出土物达万余件，包括陶、石、骨、铜器等文物，为探讨卡约文化的有关问题提供了其他地区所不能比拟的宝贵而丰富的资料。

（3）宁夏回族自治区　经发掘的遗址有：海原菜园村（1985～1988年）[①]、海原曹洼（1986年）[②]、和隆德页河子（1986年）[③]等遗址。其中，菜园村遗址包括寨子梁、二林子湾、切刀把、瓦罐嘴墓地和林子梁住址等。该遗址发掘时间长、规模大、收获丰富。共发现墓葬120余座，房址13座，窖穴70多个，陶窑1座，出土各类遗物4000余件。其年代为公元前2600～前2200年。文化面貌既有马家窑文化半山类型的因素，又有较多的齐家文化成分，同时还有不同于其他文化的自身特点。为了便于与邻近地区史前文化进行分析比较，可暂名为菜园村文化。这是近年来宁夏考古发掘中的一项重要成果。

（二）开展大范围的文物普查工作。主要是为配合青海境内黄河水库龙羊峡与李家峡等水电工程建设而展开的。1977～1978年在龙羊峡水库区普查发现史前文化遗址30处。1982、1987年，在李家峡水库区内的西宁、大通、乐都、民和、平安、湟中、化隆、尖扎、贵德、贵南、共和、兴海、同仁、同德、循化、玉树和果洛等市、县调查发现古遗址或文物点共1500余处[④]。

在宁夏、甘肃也进行了广泛的考古调查。1983年，宁夏的普查成绩

[①] 宁夏文物考古研究所、中国历史博物馆考古部：《宁夏海原菜园村遗址、墓地发掘简报》，《文物》1988年第9期；同上：《宁夏海原县菜园村遗址切刀把墓地》，《考古学报》1989年第4期。

[②] 北京大学考古实习队等：《宁夏海原曹洼遗址发掘简报》，《考古》1990年第3期。

[③] 北京大学考古实习队等：《宁夏隆德县页河子新石器时代遗址发掘简报》，《考古》1990年第4期。

[④] 赵生琛：《青海省文物考古工作大事记略》，《青海考古学会会刊》1984年第6期。

斐然，共发现古文化遗址700多处，征集文物7000余件[①]，对自治区内的古文化分布及其文化面貌有了较全面的了解。1974年，在甘肃盐场征集一批辛店文化陶器，多为完整或可复原的器物，共200多件[②]。这批器物包括有山家头类型、张家咀类型和姬家川类型，是研究辛店文化的难得标本。1983～1985年，在武威海藏公园出土300多件新石器时代晚期的玉石器。玉器有璧、镯、锛、凿、斧、刀等，还有数量可观的边角料、半成品、毛坯、原材等[③]。从玉石器成品、半成品、毛坯和切锯加工痕迹分析，玉石器的形制多与武威皇娘娘台出土的相似，可推定它是属于齐家文化的一处玉石器加工作坊遗址。它的发现对探讨齐家文化玉石器的制作工艺具有重要的学术价值。1986年，在永登乐山坪出土马家窑文化马厂类型陶器1000多件，数量可观，其中7件彩陶鼓，造型新颖别致，是史前时期极为罕见的一种打击乐器。[④]

（三）举办学术研讨会与出土文物展览等活动。这时期由于田野考古工作的蓬勃开展，创造了学术研究的良好氛围。考古界思想活跃，百家争鸣，在考古刊物上学术讨论异常热烈，全国纷纷举办各类学术讨论会，将学术研究推向深入。1986年8月甘肃省博物馆在兰州也举办了"大地湾学术座谈会"，与会的考古学家、专家40余人，来自北京、青海、内蒙古、陕西与甘肃等地。大家就大地湾遗址考古的有关学术问题展开了自由而广泛的讨论，畅所欲言，各抒己见，深化了该地区史前文化的研究工作。

为贯彻"古为今用"的方针，为配合探讨我国原始社会发展和解体的过程、私有制与国家的起源等的研究，1975年，甘肃、青海两省文博单位发起举办"阶级起源展览"，展品由两省提供，内容丰富。1977年，中国社会科学院考古研究所与中国历史博物馆联合举办"考古发掘展览"。青

[①] 宁夏文物考古所：《宁夏考古文集》，宁夏人民出版社，1996年。
[②] 甘肃省文物考古研究所、甘肃省博物馆历史部：《甘肃临夏盐场遗址发现的辛店文化陶器》，《考古与文物》1994年第3期。
[③] 梁晓英、刘茂德：《武威新石器时代晚期玉石器作坊遗址》，《中国文物报》1993年5月30日。
[④] 马德璞等：《永登乐山坪出土一批石器时代的陶器》《史前研究》1988年辑刊。

海省提供的展品是乐都柳湾原始社会墓地的发掘资料。

第五时期　1989年至今，考古工作的巩固提高时期

这个时期我国处于整顿、改革开放时期。考古事业也步入了巩固提高的阶段。考古工作主要有以下几项：

（一）继续开展田野发掘工作。经发掘的主要遗址有：甘肃武山傅家门（1991～1993年）[1]、平凉侯家台（1992年）[2]、武威塔儿湾（1992年）[3]、青海刚察沙柳河（1989年）[4]、化隆沙柳湾（1990年）[5]、化隆西北村（1990年）[6]、化隆半主洼（1990年）[7]、尖扎鲍家藏村（1991年）[8]、西宁沈那（1991～1992年）[9]、乐都双二东坪（1992年）[10]、尖扎砂料场（1992年）[11]、同德宗日（1994～1995年）[12]、宁夏固原苋麻湾（1992年）[13]等遗址。其中，傅家门遗址发掘规模较大，遗迹和遗物亦较丰富，发现房址11座、窖穴14个、墓葬2座、祭祀坑1座和石、骨、陶器等遗物1000多件。它是以马家窑文化石岭下类型为主要内涵的文化遗址，因此对探讨石岭下类型的有关问题具有重要的学术价值。尤其是出土一批带有刻划符号的卜骨，更引人注目，年代为公元前3800年。它是迄今所知我国年代最早的卜骨，为探求我国卜骨的起源提供了新的线索。塔儿湾为马

---

[1] 中国社会科学院考古研究所甘青工作队：《甘肃武山傅家门史前文化遗址发掘简报》，《考古》1995年第4期。

[2] 王辉：《平凉市侯家台新石器时代遗址》，《中国考古学年鉴（1992）》，文物出版社，1994年。

[3] 王辉：《武威市塔儿湾马家窑文化和西夏遗址》，《中国考古学年鉴（1993）》，文物出版社，1995年。

[4] 王武：《刚察县城郊卡约文化墓地》，《中国考古学年鉴（1990）》，文物出版社，1991年。

[5] 王国道：《化隆县沙柳湾马家窑文化遗址》，《中国考古学年鉴（1991）》，文物出版社，1992年。

[6] 王国道：《化隆县西北村卡约文化墓地》，《中国考古学年鉴（1991）》。

[7] 青海省文物考古所等：《青海化隆县半主洼卡约文化墓葬发掘简报》，《考古》1996年第8期。

[8] 吴平：《李家峡水电站工程砂料区卡约文化遗址》，《中国考古学年鉴（1992）》。

[9] 吴平：《西宁市沈那遗址》，《中国考古学年鉴（1994）》，文物出版社，1997年。

[10] 王国道：《乐都县双二东坪马家窑文化墓葬》，《中国考古学年鉴（1993）》。

[11] 陈维清：《李家湾砂料场新石器时代和青铜时代遗址》，《中国考古学年鉴（1993）》。

[12] 青海省文物管理处等：《青海同德县宗日遗址发掘简报》，《考古》1998年第5期。

[13] 余军等：《固原县苋麻湾新石器时代遗址》，《中国考古学年鉴（1993）》。

家窑文化遗址。双二东坪为马厂类型墓地，发掘了34座墓葬，出土的一件木胎漆盘为新发现。沈那遗址在一窖穴内出土一大铜矛，长62厘米，制造精美，堪称珍品。该遗址保存较好，是研究齐家文化聚落形态最具代表性的遗址。半主洼、西北村、沙柳河、砂料场、鲍家藏村等遗址都是以卡约文化墓地为主的遗存，充实了卡约文化研究的内容。苋麻湾遗址发现齐家文化窑洞式房址，是探讨陇东地区窑洞式房子起源的极好资料。宗日遗址是近年来发掘工作中收获最为丰富的一处新石器时代遗址。该遗址位于同德县城西北约40公里的黄土台地上，海拔高度达2800~3000米，揭露面积约9800平方米，清理墓葬222座，窖穴18个，获得一大批陶、石、骨器等极为宝贵的实物资料。其文化内涵包括马家窑类型、半山类型和齐家文化等。同时又出土一批具有地方特色的新器物，与相邻的古文化截然不同，据此，发掘者把它命名为宗日文化，以便与其他新石器时代文化遗存进行分析比较。该遗址中还发现舞蹈纹彩陶盆、两人抬物纹彩陶盆和骨叉等珍贵文物。舞蹈纹彩陶盆（M157:1）高12.3厘米、口径26.4厘米，在盆内壁彩绘两组舞蹈人像，每组分别为11人和13人，列队在二平行线上，步调整齐一致。两人抬物纹彩陶盆（M192:2）高11.3、口径24.5厘米，内壁彩绘四组两人抬一圆形物的图案，为前所未见。骨叉系动物肢骨切磨成，前端刻有三齿，长25.8厘米。这几件器物对探讨史前时期宗教、艺术以及人们的生活方式等方面很有意义。

（二）配合各项基本建设而开展的考古调查工作。1989年，宁夏文物考古所为配合宝（鸡）中（卫）电气化铁路工程进行普查，发现古文化遗存90多处，其中属于新石器时代的遗址和墓地40多处[1]。1990年，配合宁夏灵武铁路支线及灵新矿区建设的调查中，发现不同时代遗址10多处[2]。同年，在青铜峡市鸽子山北"卧牛泉"东北部广袤500米范围内采集到500余件打制石器和细石器制品，这些石器具有华北旧石器晚期文化的特征[3]。

---

[1] 钟侃等：《宝中铁路沿线新石器时代至宋之遗存》，《中国考古学年鉴（1991）》。
[2] 杜玉米：《灵武县铁路支线及新矿区古遗址》，《中国考古学年鉴（1991）》。
[3] 王惠民等：《青铜峡鸽子山石器》，《中国考古学年鉴（1991）》。

（三）零星发现的彩陶珍品。1991年在武威磨咀子发现一彩陶盆，口径29.5、高14厘米。盆内壁彩绘两组舞蹈人像，每组九人①。盆的形制和舞蹈人形象同青海上孙家寨出土舞蹈纹彩陶盆相似。1989年，在乐都柳湾墓地东部发现一件罕见的彩陶靴，高11.5，长14.3厘米。靴面饰有黑彩回纹和双线三角纹，其用途不明，然不失为辛店文化特出的艺术品②。

（四）开展环境考古工作。1990年，北京大学考古学系、城市与环境学系对甘肃葫芦河水系进行一次考古学与地理学的综合考察，拟通过古遗址的分布、位置、海拔、埋藏厚度和土壤的矿物成分、化学成分的检验，来探索葫芦河流域古文化孕育、产生和发展的环境变迁和气候的变化，进而讨论该地区中全新世环境演化对人类活动的影响③。这是一件很有意义的工作，它不仅拓宽了考古研究的领域，而且通过多学科合作，有利于深化研究，提高学术水平。

（五）举办国际学术讨论会，开展中西文化交流。从1993年开始，宁夏与美国学者组成中美联合考古队，考察宁夏灵武县水洞沟、青铜峡市鸽子山和中卫县长流水等遗址④。之后，还对鸽子山遗址进行发掘，发现大量的石器，器类包括大型打制石器和各种小型石核、石叶、刮削器、尖状器等。据测定，其年代早则距今12700年，晚则距今约10060年，处于旧石器时代晚期。田野工作结束后，在宁夏银川市举办了学术讨论会，中心议题为探讨中美两国西部地区远古文化面貌的特点及其相似性。通过共同考察和讨论，进行了学术交流，增进了彼此的了解，可期把史前文化的研究引向更高的阶段。

黄河上游地区史前考古发展到今天，已积累了大量的资料，获得了丰硕的科研成果，这为进一步探索该地区的有关学术问题和复原原始社会的生活图景，奠定了坚实的基础。但我们要看到史前文化，特别是多民族地区考古是比较复杂的，涉及面很广，需要多学科配合，合作研究，共同努

---

① 孙寿岭：《舞蹈纹彩陶盆》，《中国文物报》1993年5月30日。
② 陈海清：《乐都县柳湾辛店文化彩陶靴》，《中国考古学年鉴（1990）》。
③ 李水城等：《甘肃葫芦河流域中全新世环境演化及其对人类活动的影响》，《地理学报》第五卷1期，1996年。
④ 宁夏文物考古所：《宁夏考古文集》，宁夏人民出版社，1996年。

力，才能把它的研究引向深入。目前，有待探索的学术课题很多，最主要的有以下几个方面：

（一）关于新石器时代早期文化的渊源问题。换言之，本地区的大地湾文化的前身是什么？目前仍缺乏明确资料，尚有待新的考古发现来寻找早于大地湾文化的遗存。

（二）关于马家窑文化诸类型的关系问题。即它们是先后发展继承的关系呢，抑或是可以再另立别的文化系统？

（三）探讨齐家文化的产生和发展去向问题。具体地说，齐家文化上与马家窑文化马厂类型，下跟四坝文化、辛店文化、卡约文化等存在着什么样的关系？

（四）开展原始聚落群的研究。由于过去发现较完整的聚落遗址较少，致使对该课题的研究较薄弱。近年来，聚落遗址发掘渐渐增多，为研究原始聚落的生态环境、社会结构与经济形态等课题创造了条件。

（五）开展对史前文化居民的体质特征与族属的研究。考古学界曾就此问题发表过不少专文论述，特别是对辛店文化、卡约文化与羌戎的关系，均以考古资料为基础，结合古文献印证，做出较合理的推断，但还不能说就是结论，尚有待更多更能说明问题的实物资料作佐证。

（六）开展史前时期中西文化交流的研究。在古代，我国西北地区与中亚地区曾存在过广泛的文化交流，表现在一些彩陶和粗陶器上两地有着共同性。裴文中先生早在1948年调查甘肃河西走廊和青海地区后就提出："我们相信在张骞之前，东西方的联系是必然存在的。"这是非常有见地的。今后，我们应把早期中西文化交流问题作为一项国际性的重要课题来研究。

（七）要更加积极地应用现代科学技术，提高考古学研究水平。史前文化的研究，年代学是至关重要的。现在，测定年代的方法手段是日见增多和更趋先进，除常用的碳-14测定法外，还有热释光法、加速器质谱法、钾—氩法、裂变径迹法、树木年轮断代法、骨化石含氟量断代法、电子自旋共振法等。只要充分应用这些方法，我们便能更加准确地复原中国史前史。

回顾过去几十年考古工作，成绩令人欣慰，但有不足之感。展望未来，充满希望，然任重而道远。我们要在前人研究的基础上继续努力，不断提高研究水平，为中国考古事业做出新的贡献。

（本文原载《陇右文博》2001年第1期）

黄河上游原始文化居住建筑略说

地处黄河上游的青海、甘肃、宁夏三个省区，曾是我国原始居民的聚落区，占地面积一百一十多万平方米。这里不论在地上还是地下都保存了很多古代建筑遗迹，在我国古代建筑史上占据着重要的地位。从建筑结构上看，它既与中原地区存在着共同的建筑体系，同时又具有地区性的特点，呈现出丰彩多姿的面貌。

黄河上游地属黄土高原区，一般海拔都在1000米以上，最高者达6621米[①]。同时，气候干燥，雨量稀少，甘肃年降雨量在30～860毫米之间，青海年降雨量在50～700毫米之间，并且年温差、日温差都很大。这些自然地理条件的特点直接影响居住建筑的结构形式，从而形成了该地区在建筑上的若干特殊风格。

近年来，在建筑学界，对古代建筑史的研究成绩卓著[②]。可惜的是，由于他们对考古界关于建筑遗存新发现的情况了解得不够充分，考古材料运用得很少，对原始文化的建筑研究显得更单薄，尤其是西北地区的建筑资料。多学科进行综合研究，将有助于推动科学事业的发展。于此，我们拟通过黄河上游地区考古发现的新资料，对该地区原始文化居住建筑作一系统而概括的归纳，这样不仅为编写中国古代建筑史增添考古新资料，而且为开发祖国西北、研究与保护西北地区的古代文化遗产，也具有重要的现

---

① 地图出版社编制：《中华人民共和国分省地图集》，1974年初版，1984年第五次印刷。
② 刘敦桢主编：《中国古代建筑史》，中国建筑工业出版社，1984年第二版。

实意义。

本文论述的时间范围，从新石器时代早期至青铜器时代晚期，从公元前7000年至公元前600年，其间经历了六千多年。若从考古学划分，包括秦安大地湾一至四期文化、马家窑文化、齐家文化、辛店文化、诺木洪文化等不同文化系统。

一、居住建筑结构

三十多年来，在甘肃省博物馆、宁夏回族自治区博物馆、青海省文物处与中国社会科学院考古研究所等单位的文物考古工作者的共同努力下，对黄河上游地区进行了大量的考古调查与发掘工作，共清理了该地区远古文化居住建筑遗存三百三十九座，其中，大地湾遗址（包括大地湾一至四期文化）二百二十六座[1]，马家窑文化石岭下类型五座[2]，马家窑类型二十七座[3]，半山类型四座[4]，马厂类型七座[5]，齐家文化四十九座[6]，辛店文化二座[7]，诺木洪文化十座[8]（参看黄河上游地区原始文化居住建筑一览表）。

现在按不同文化类型与时间早晚的顺序论述如下：

---

[1] 甘肃省博物馆文物工作队：《甘肃秦安大地湾遗址1973—1932年发掘的主要收获》，《文物》1983年第11期。
[2] 青海省文物考古队：《青海民和阳洼坡遗址试掘简报》，《考古》1984年第1期。
[3] 甘肃省文物工作队等：《甘肃东乡林家遗址发掘报告》，《考古学集刊》（4）1984年。
[4] 甘肃省博物馆：《甘肃兰州青岗岔遗址试掘简报》，《考古》1972年第3期；《甘肃兰州青岗岔半山遗址第二次发掘》，《考古学集刊》（2），1982年。
[5] 中国科学院考古所甘肃队：《甘肃永靖马家湾新石器时代遗址的发掘》，《考古》1975年第2期。
[6] 任步云《甘肃省秦安县新石器时代居住遗址》，《考古通讯》1958年第5期；甘肃省博物馆：《武威皇娘娘台遗址第四次发掘》，《考古学报》1978年第4期；谢端琚、赵信：《天水师赵村遗址》，《中国考古学年鉴》1984年；《甘肃永靖大何庄遗址发掘报告》，《考古学报》1974年第2期。
[7] 中国社会科学院考古所甘肃队：《甘肃永靖县张家咀与姬家川遗址的发掘》，《考古学报》1980年第2期；《甘肃永靖县莲花台辛店文化遗址》，《考古》1980年第4期。
[8] 中国科学院考古所青海队：《青海都兰县诺木洪搭里他里哈遗址调查与试掘》，《考古学报》1963年第1期。

（一）大地湾遗址房屋

1. 大地湾一期文化

仅在秦安大地湾遗址发现，共三座，为圆形半地穴式建筑，口部直径2.5～2.7米。房屋底部欠平整，居住面经过长期践踏后形成一层较硬的地面，面积约6.7平方米。门道呈斜坡状，周壁上部发现了向室内倾斜的柱洞。据此，推测它为圆锥攒尖式房屋[①]。

2. 大地湾二期文化

这个时期的房屋多为方形或长方形半地穴式建筑。结构可以分门道和住室两部分，门道多呈斜坡式或阶梯状。居住面范围一般在20平方米左右，底面涂抹多层草筋泥，墙壁亦抹草筋泥，使之光滑平整。居住面中部多设有瓢状灶坑，灶坑内往往置入一个火种罐，一般都正对门道，所发现的柱洞一般都排列在居住面上。现举例加以叙述：F5房屋为圆角长方形半地穴式建筑，方向东南。门道为斜坡阶梯式，宽0.74米。住室长4.8米、宽4米、高0.56～0.76米。居住面是由黄色草筋泥抹平，质地坚硬，厚0.4～0.5厘米。进门即是瓢形灶坑，口径1、深0.35米。灶内置夹砂陶罐一件。除在居住面中部发现四个柱洞外，沿东、北、西三壁的居住面上，还发现口径不一的柱洞十三个[②]。

3. 大地湾三期文化

这时期的房屋共发现一百多座。亦为方形或长方形半地穴式建筑，但此时房屋的面积加大，面积可达60多平方米。分门道和住室两部分。门道在住室之一侧，在其两侧往往发现相对称的两个小洞，推测为栽入木棍堵门之用。居住面多为草筋泥地表，但也有个别的房屋，在草筋泥地表上铺垫一层坚实的料姜石粉末，地表或墙壁都经过人为的烘烤，因此既坚固又起到防潮作用。房屋居住面上的灶坑呈圆形筒状，坑穴较深，在门道和灶坑之间有一个与灶坑相通的风洞。二个或四个相对称的大柱洞在灶坑周围。有的房基上都增添了木骨泥墙的结构，这样扩大了室内空间的使用范

[①] 甘肃省博物馆文物工作队：《甘肃秦安大地湾遗址1978至1982年发掘的主要收获》，《文物》1983年第11期。

[②] 同上。

围。如F337为长方圆角半地穴式建筑,方向西北。门道在住室之西北侧,呈斜坡式,仅靠近住室门口处有一层阶梯。门道长2.6米、宽0.62米。其两壁抹一层草筋泥,壁下各有柱洞一。门外有路土痕迹。住室东西5.8米、南北5.4米、残高0.4米。居住面和墙壁都抹成厚0.6～0.8厘米的一层草筋泥,坚硬光滑,地面设圆形筒状灶坑一个,口径1.2米、深0.55米。火种洞面向门道,而门道与灶坑之间有风洞口,口径0.3米。灶坑周围有彼此对称的柱洞四个,坑壁周围还排列着均匀的小柱洞三十一个,可能是木骨泥墙留下的遗迹[①]。

4. 大地湾四期文化

属于大地湾四期文化的房屋共发现二十五座,按平面形状可分为方形与"凸"字形两种,现分别加以叙述。

(1) 方形房屋

这类房屋最有代表性的是大地湾F405,保存较好,规范较大。F405是一座长方形地面式建筑,长13.8～1.40米、宽4.2米。墙壁成残存西壁和南壁西段,高矮宽窄不一,高0.1～0.9米、宽0.62～0.7米。有三个门,北墙居中一个,宽约1.25米;东西墙壁中部各一个,宽约1.25米。如以北门为准,房屋的方向是北偏东。室内白灰面的居住面,从西门口延伸到门外,厚0.5～0.7厘米。白灰面是以料姜石粉末涂敷而成,其下再用厚约2厘米的料姜石粉末加砂石混合泥土衬底,以起到防潮作用。居住面偏北正对门口处,有一用草筋泥土堆积而成的蘑菇状灶台,形制较为特殊。灶台上部呈椭圆形,下部如盘状,外表抹一层姜石白灰面,顶中部为火塘,深约0.35米。灶台最大径2.34米、通高0.6米。

根据墙柱和第十一号扶墙柱的解剖推知:房屋居住面四边有凹入地下的槽坑,上宽下窄,长1.1～2.1米、深1.9～2.2米。木质墙柱下端插入槽坑内,东墙插入二十七根,西墙二十八根,南墙二十八根,北墙三十三根。木柱与木柱之间,在坑内从下往上共垫十二层夯土,最上一层夯土为地基。基面上槽坑内暴露的木柱与木柱之间用草泥土垛填充实,而暴露在

[①] 甘肃省博物馆文物工作队:《甘肃秦安大地湾遗址1978至1982年发掘的主要收获》,《文物》1983年第11期。

地表上的木柱内外表面则抹上十层草筋泥，这样就构成了以木柱为骨的泥墙，再在泥墙内壁涂敷一层姜石白灰面。扶墙柱是一半嵌在墙壁内，另一半露在室内。这种扶墙柱共二十四根，每壁立六根。居住面有两个大木柱位于房屋偏南的东西两侧。室外东西两侧有散水痕迹，散水檐柱尚存，西侧檐分两排：一排柱洞六个，排列在一直线上；二排柱洞八个，与前者相对，但排列不甚规整。东侧檐柱仅存东北角三个，南北排。室内堆积中出有残石器和陶片等遗物①（图一，上左）。

（2）"凸"字形房屋

大地湾 F820 保存较好，为地面建筑，东北角被 H856 和 H867 打破，方向东北。门道长 2.4 米、前宽后窄 0.42～0.54 米。门前设门斗，呈长方形，长 1 米、宽 0.52 米。门后近灶址旁发现三个小圆土窝。门道与门斗的地表低于住室的居住面约 0.1 米。

住室的墙壁是用泥巴垛起来的，宽 0.4 米、残高 0.3～0.6 米。居住面是先垫一层厚约 0.12 米的黄褐色土，然后在这层土上用细砂和料姜石渣混合筑成坚硬的地面，非常平整。墙壁与居住面呈弧形抹角相接。居住面中部偏后正对门道外设置灶址两个，灶址是前大后小，彼此相通的圆形灶坑，大者径 0.85 米，小者径 0.35 米、均深 0.6 米。大灶周围筑起一周厚约 0.1 米的灶陇，灶底北侧斜置一件火种罐，灶之左侧有一不规则的小坑，内置一件夹砂陶罐。居住面上共发现圆形或椭圆形的柱洞八个，彼此之间排列有序。房内发现石、骨、陶、蚌制的生产工具和生活用具等②（图一，上右）。

（二）马家窑文化房屋

1. 石岭下类型

以石岭下命名的房屋遗存，迄今只见青海民和阳洼坡一处。共发现五座，仅有两座保存较完整。均为半地穴式房屋，居住面下部垫一层纯净的黄褐色土，厚约 0.1～0.2 米。有灶和门道遗存，可分圆形和方形两类，举例如下：

---

① 甘肃省博物馆文物工作队：《甘肃秦安大地湾第九区发掘简报》，《文物》1983 年第 11 期。
② 同上。

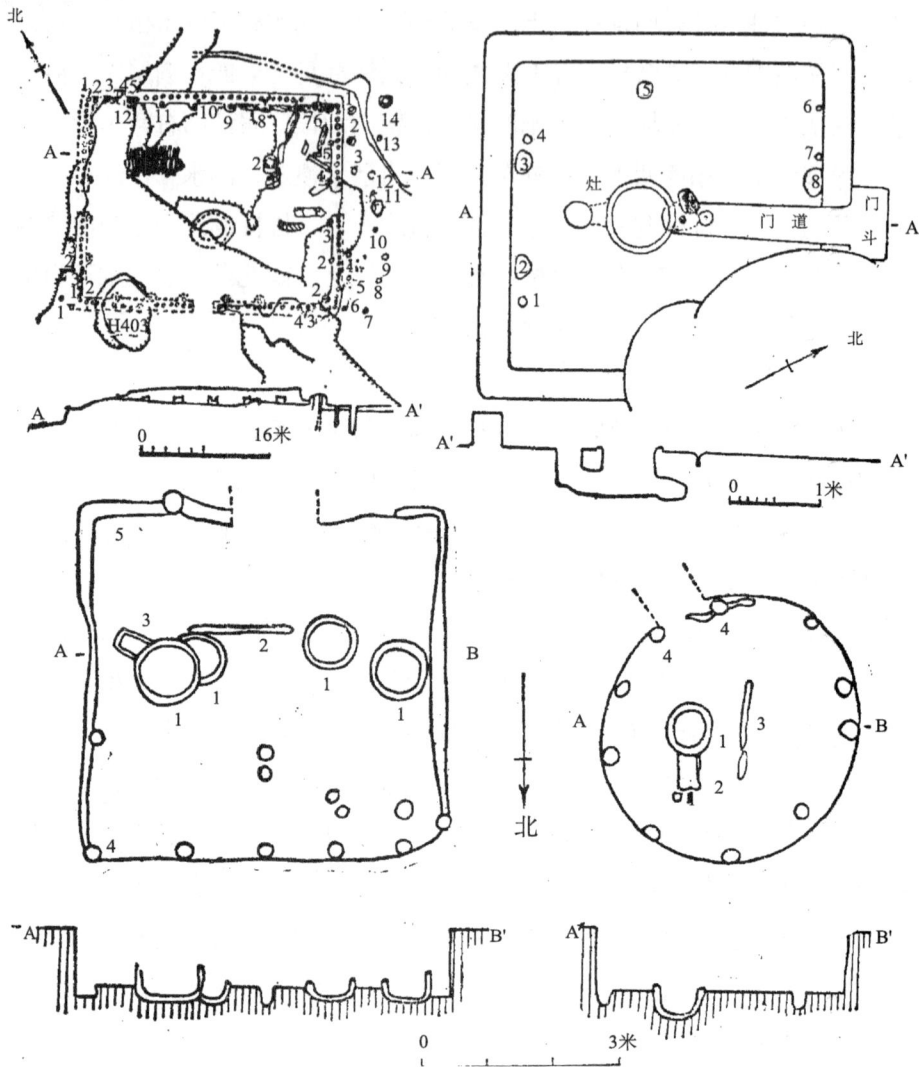

图一 秦安大地湾与民和阳洼坡遗址房屋平、剖面图
上左．大地湾 F405 上右．大地湾 F820 下左．阳洼坡 F3 下右．阳洼坡 F4

（1）圆形房屋

F4 为半地穴式建筑，门道在住室的东南方向。圆形住室直径 4.6 米。房住面为一层较硬的黄褐色土，厚约 0.04 米。室内偏东有一圆形灶坑，径 0.8 米、深 0.3 米。灶北置陶缸一件。居住面周围有柱洞十个，彼此之间排列距离相差无几（图一，下右）。

（2）方形房屋

F3亦为半地穴式建筑，住室东西6米、南北6.1米、深1米。居住面中部偏南，有一堵东西向的土墙，宽0.1～0.15米，将住室分前后两个半间，门道可能在前半间的南壁上。在北半间东西两边各设灶坑一处。东边的一个灶坑是在原来的一个废弃的灶坑的基础上建立起来的。由于多次改进和使用，灶口突出于地表，灶旁还发现长方形储藏坑一个。西部有灶坑两个，灶口与居住面平齐。这三个灶坑的口径是一样的，均0.8米，唯深度不同，0.3～0.4米。室内共发现柱洞八个，靠近东南二壁各一个，北壁六个，独西壁未见。此外，在东西壁两侧都发现了倒塌的草筋泥块堆积，说明该房屋的墙壁曾使用了草筋泥加湿土，用以垒垛成墙的技术[①]（图一，下左）。

2. 马家窑类型

马家窑类型的房屋在甘肃永登蒋家坪和东乡林家遗址均有发现，两个地点的房屋合在一起共有三十多座。但迄今具体材料见于公开发表的也只有东乡林家二十七座房屋。按房址平面形状可分为圆形，方形、"凸"字形三大类。今择其完整者分别加以叙述。

（1）圆形房屋

圆形房屋在林家遗址发现四座，为椭圆形半地穴式建筑。这些房址的坑壁修饰得比较整齐，坑底面也比较平坦，并有一层经脚踏后形成的硬面。同时在坑壁的一侧设有台阶式或斜坡式出入门道，但无灶址。F54为窖穴式建筑，平面呈椭圆形，直径3.8～6.1米、深1.9米。南壁上设有台阶四级，坑内出有石器、骨器等遗物六十多件。这类建筑可能是属棚房一类的简易房屋[②]（图二，上）。

（2）方形房屋

在林家遗址仅发现一编号为F6，地面式建筑，方向东南。住室平面呈长方形，南北长5.46米、东西宽5米、面积27平方米。居住面是用灰褐色黏土和黄土混合而成，共抹十层，最上一层是用单纯的红黏土草筋泥抹成的，其下还衬两层夯土和一层灰褐色黏土，以起到防潮作用。四壁墙基是用

---

① 青海省文物考古队：《青海民和阳洼坡遗址试掘简报》，《考古》1984年第1期。
② 甘肃省文物工作队等：《甘肃东乡林家遗址发掘报告》，《考古学集刊》（4）1984年。

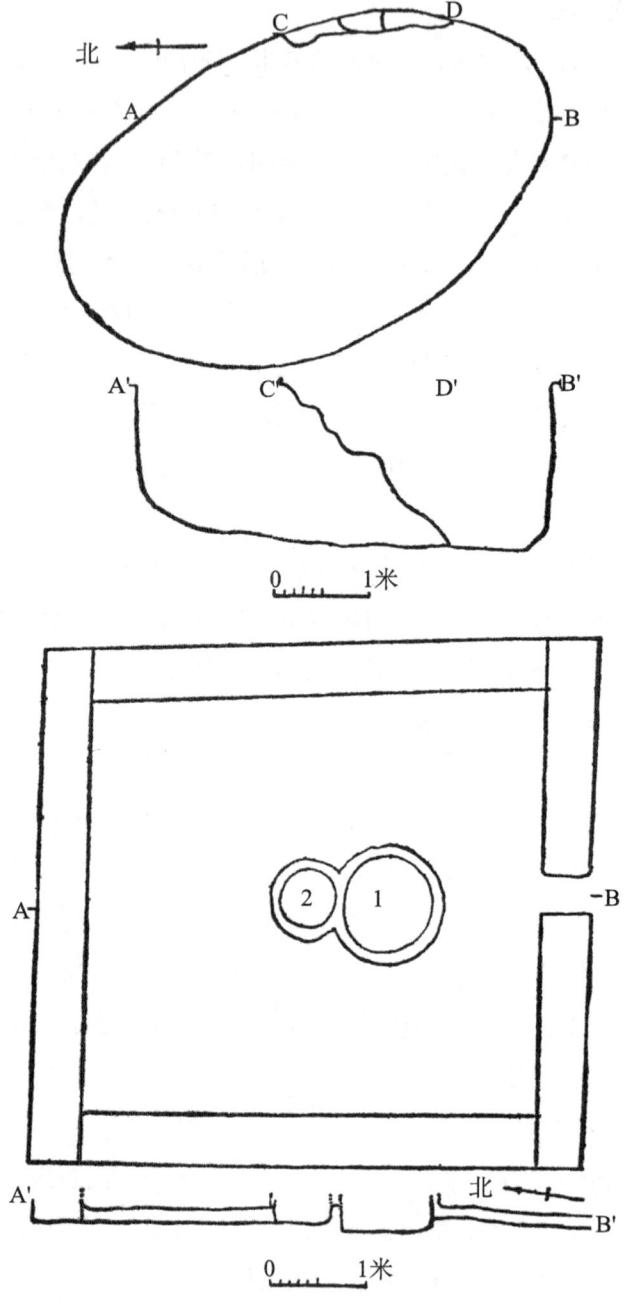

图二 东乡林家遗址房屋平、剖面图
上.F54 下.F6

黄土加少量灰土夯筑面成，宽约 0.6 米。居住面中央偏南有圆形双连灶坑一对。前灶较大，口径 1.14 米、深 0.29 米；后灶略小，口径 1 米、深 0.13 米。灶口均垒筑一圈灶陉，灶壁用草筋泥垛起，底部铺设夹砂粗陶片，其上涂敷三层草筋泥。灶塘下夯土中出土猪、羊骨骼。灶北一米处发现大口粗陶瓮一件。不见房屋柱洞，屋门开在南壁中间，宽 0.45 米[1]（图二，下）。

（3）"凸"字形房屋

呈"凸"字形的房屋，由门斗、过道、主室三部分组成。这种建筑形式在林家马家窑类型中占主要地位。

F19 保存较好，"凸"字形半地穴式建筑，由门斗、过道、主室三部分组成。房屋方向北偏西，门斗呈正方形，边长 1.5 米、深 0.38 米。北壁有门，宽 0.75 米。四壁和地面涂抹一层草筋泥，非常平整。门斗西侧有长 1.08 米、宽 0.14 米、深 0.22 米的方形灶坑一个，灶口周围有半圆形泥陉一周，灶内壁涂抹草筋泥。灶底置陶罐一件。门斗的东西两壁下各发现柱洞一个。住室平面亦为圆角正方形，边长 4.8 米、残高 0.4～0.8 米。四壁和地表均用厚约 1 厘米黄土泥或草筋泥涂敷。室内有大小不一的灶炕两个。大灶在小灶的北面，正对门道，圆形筒状，口径 1.2 米、深 0.8 米，灶内未抹草筋泥。小灶南距大灶 0.7 米，口径 0.48 米、深 0.25 米。

室内共发现柱洞十个，柱础一个。柱洞除南北两壁下各四个外，大灶后面还有两个，柱础在西壁下。门斗与主室之间以过道相连接，过道宽 0.66、深 0.48 米。门道内出土石刀三件，砺石一件，彩陶瓶一件。主室内出土夹砂粗陶大口罐及彩陶带流钵形器各一件（图三，右）。

F15 为"凸"字形半地穴式建筑，分门斗、主室两部分。方向正西。门斗平面呈长方形，南北长 1.7 米、东西宽 1.06 米。主室略呈正方形，南北 4.02 米、东西 3.83 米、高 0.10 米。四壁涂敷红泥土草筋泥。居住面用黄土和红黏土分成两层铺抹面成。居住面中央偏后有圆形平底灶坑一个，径约 0.53 米、深 0.1 米。灶壁用草筋泥筑成。灶底是先抹草筋泥后，其上平铺夹砂粗陶片一层，然后再用红黏土草筋泥抹成平面，灶口围筑灶陉一

---

① 甘肃省文物工作队等：《甘肃东乡林家遗址发掘报告》，《考古学集刊》（4）1984年。

周。门斗与主室之间，以过道相连，宽 0.42 米、高 0.68 米[①]（图三，左）。

3. 半山类型

半山类型的房屋公开发表的只有甘肃兰州青岗岔遗址一处，共三座，编号 F3、F4、F5，其中 F3 破坏较甚，四壁无存，只见灶址。F4、F5 保存较好，为方形和长方形半地穴式建筑。房屋内设有灶址，而灶址都是连灶，未发现单灶。墙壁和居住面都经过人工加火供烤，因此非常结实。房屋内都有大柱洞，柱洞本身都经过加工。根据柱洞排列位置，可复原平顶式或中间平两面坡檐式建筑。今举例述之：

F4 为方形半地穴式建筑，南北长 4 米、东西长 3.95～4.1 米、深 0.63～1.13 米。房门开在东墙壁上，方向东南。居住面是用 20 厘米厚的黄生土夯筑而成，其上再加火烘烤，故形成了厚 2 至 3 厘米的红烧土硬面。四面墙壁除东壁被破坏外，西、南、北三壁保存完整，表面亦用火烘烤，致使墙内壁形成了一层坚硬的表皮，厚薄一致，颜色均匀。房屋的东部有圆形筒状连灶三个，各灶尺寸相同，直径均 0.7 米、深 0.15 米。灶口有草筋泥灶陉。房屋南、北、西三壁各发现圆形的对称的柱洞两个，洞径约 0.15 米。这些柱洞除北壁外，其余三壁柱洞都掏在墙壁内。柱洞多为尖底，底上面多垫陶片或夯土。近灶坑旁出土陶纺轮和彩陶壶各一件。若将 F4 复原，为平顶式房屋（图四，左上、左下）。

F5 为长方形半地穴式建筑，东西长约 7.5 米、南北宽约 6 米，深 0.4～1 米，面积 45 平方米。门开在东壁，房屋方向东南。

室内居住面东高西低，呈斜坡状。地表是一层厚约 10 厘米的夯土，并经人工用火烘烤，表面显出三层红烧土硬面，说明房屋几次经过修缮和长期使用。四面墙壁中，西壁保存完好，壁面非常光滑平直。房屋东侧，发现有灶址遗存，其结构是在地表下挖出相连的两个土坑，深 20～30 厘米，坑内填满夯实的黄土，夯土面上再抹草煞泥，灶的周围用草筋泥筑起泥陉，故形成了大小不一的、底部与居住面齐平的双连灶两个。大灶在小灶的西面，直径约 1 米。小灶直径约 0.9 米。

[①] 甘肃省文物工作队等：《甘肃东乡林家遗址发掘报告》，《考古学集刊》（4）1984 年。

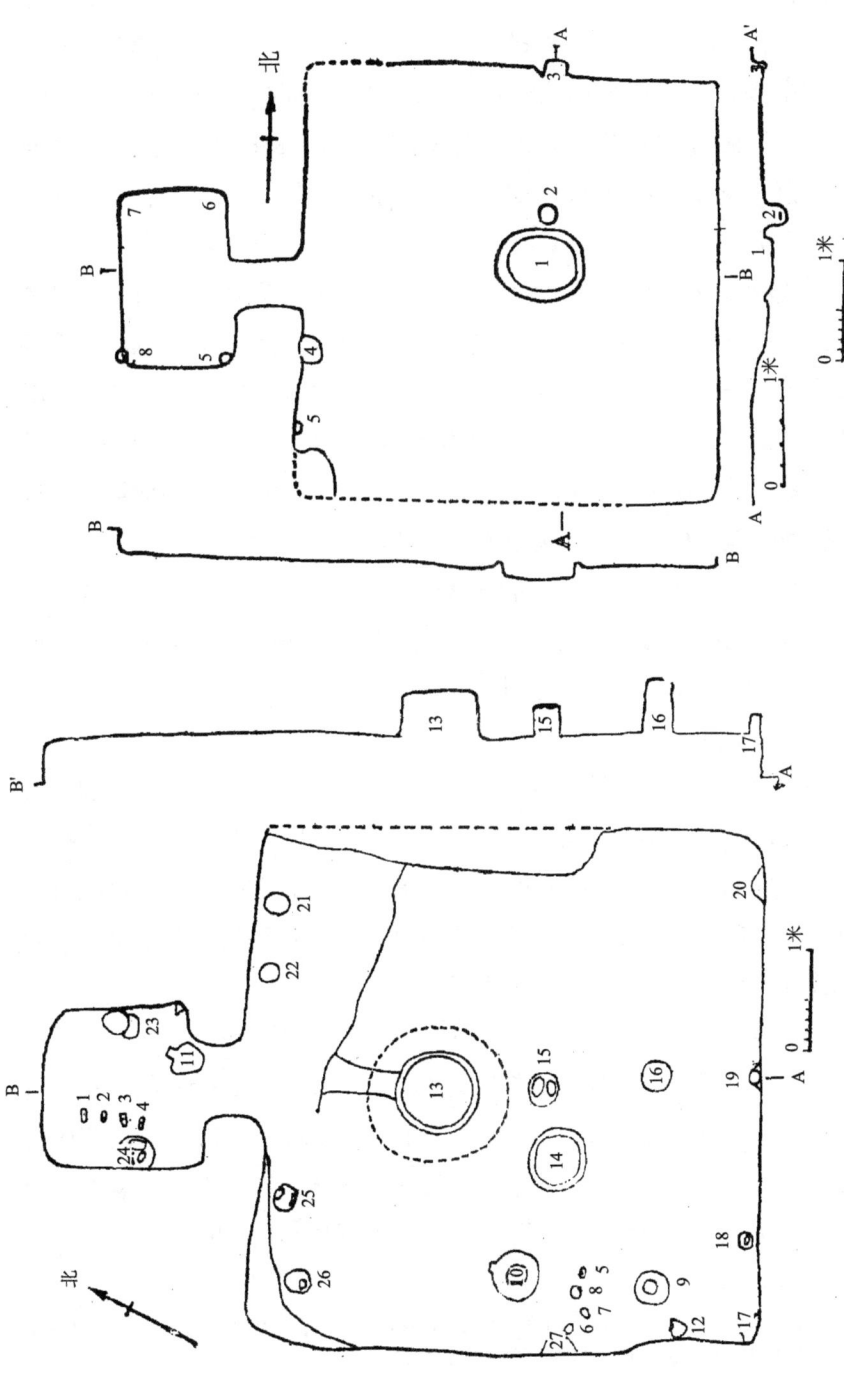

图三 东乡林家遗址房屋平、剖面图
左．F15 右．F19

房屋底部发现大木柱洞六个，坑壁口沿北侧发现小柱洞六个，西部口沿北端发现一个。前者柱洞东西向排列两行，彼此相对。其中房屋西侧两个柱洞，一半掏在墙壁内，一半露在屋内，其余四个均排列在灶址的周围。室内西北与西南角发现有灰烬，灰烬中出土有兽骨和陶片。根据柱洞的排列位置推测，该房屋可复原成中部平顶、东西两面坡式屋檐建筑[①]（图四，右上、右下）。

4. 马厂类型

马厂类型的房屋只有甘肃永登蒋家坪和永靖马家湾两处遗址保存得比较好，共计发现房屋十四座。其中见于正式报道的也只有马家湾一个地点，计七座。分圆形（编号F2、F4、F6）和方形（编号F1、F3、F5、F7）半地穴式两种。前者计三座，后者计四座，它们的共同特点是：半地穴式的房屋，都有阶梯形门道一级，居住面是用红胶泥和草筋泥混合而成的一层硬面，地面相当平整。除房屋中间有一大柱洞外，而在其四隅还各有一对称的柱洞。居住面中央设有一圆形灶址，屋内及其附近挖有袋状窖藏。根据房址的结构可复原为尖锥顶和四角攒尖式房屋。现根据房屋平面形状不同，按圆形和方形两种分别加以叙述：

（1）圆形房屋

以F6为例，房屋为圆形半地穴式建筑，保存比较完整，高0.25米，面积也比较大，约24.6平方米。居住面由于人工用火烘烤，表面呈黄褐或红褐色，厚约6厘米。居住面中央有一个高出地表5厘米左右的圆形灶台。其中间偏东除有一个大柱洞外，而且周围还有对称排列的柱洞四个。门向东，门道内置长方形扁平石板一块（图五，上）。

（2）方形房屋

马家湾F7保存完整。方形半地穴式建筑。长3.8～4.18米、宽3.17～4.18米。壁高0.2米。门朝南，门道长0.6米、宽0.74米。在房内居住面中部有一葫芦形灶台，稍高出居住面约0.02米。在灶的南边有一块长方形石板，在门里侧东隅放置小口双耳罐一件[②]（图五，下）。

---

① 甘肃省博物馆：《甘肃兰州青岗岔遗址试掘简报》，《考古》1972年第3期；《甘肃兰州青岗岔半山遗址第二次发掘》，《考古学集刊》(2)，1982年。

② 中国科学院考古所甘肃队：《甘肃永靖马家湾新石器时代遗址的发掘》，《考古》1975年第2期。

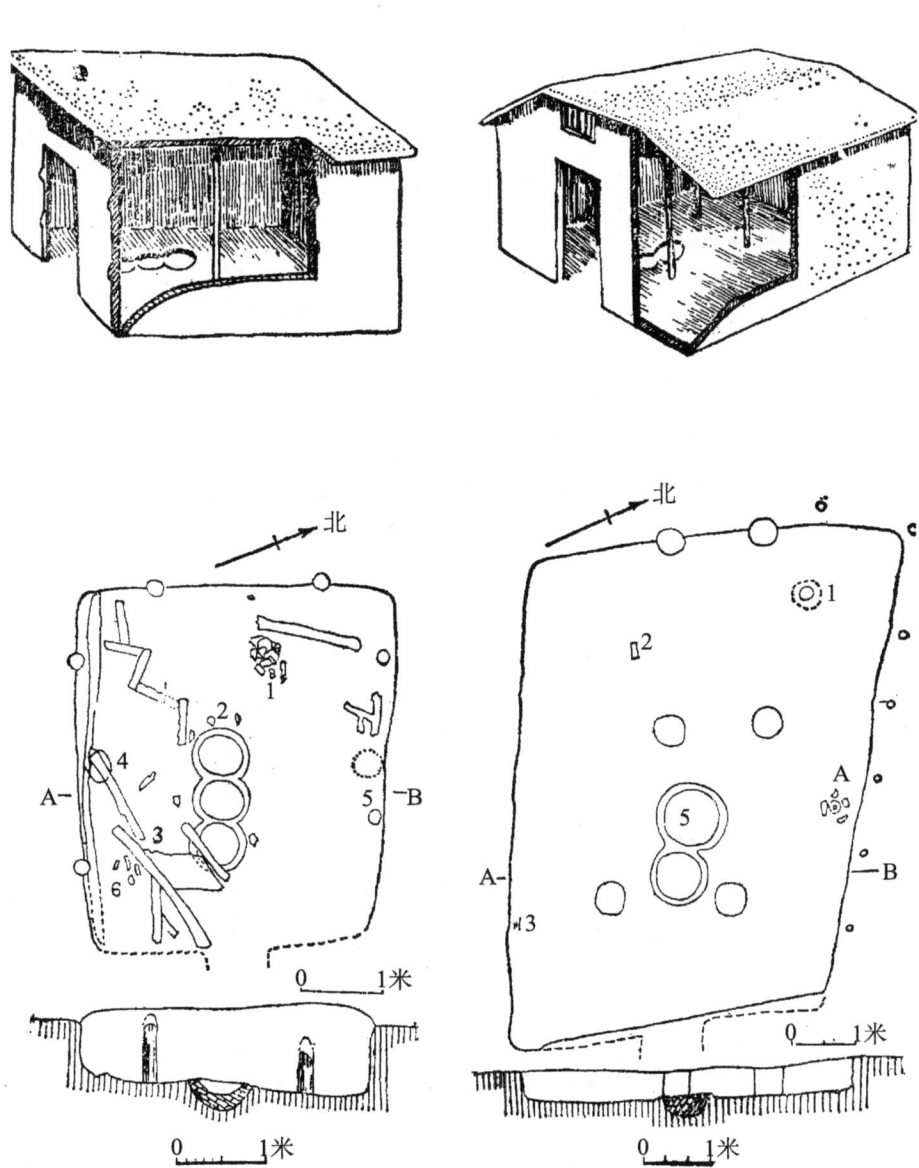

图四 兰州青岗岔遗址房屋平、剖面图及复原图
左. F4 右. F5

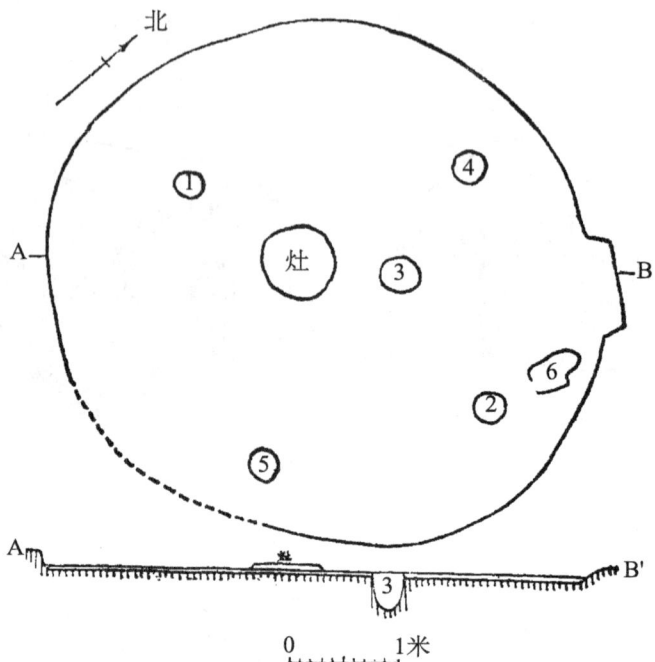

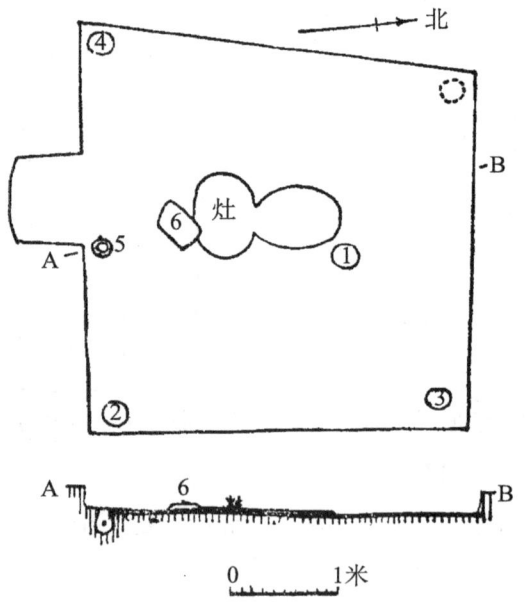

图五 永靖马家湾遗址房屋平、剖面图
上.F6 下.F7

（三）齐家文化房屋

齐家文化房屋在甘青地区发现不少，经发掘清理的共五十七座。

齐家文化房屋的主要形式是方形或长方形。房屋除少数外，一般都不太大，面积以10～15平方米的居多，都是半地穴式结构，平面呈圆角方形或长方形，门道多朝南，也有朝东或其他方向的。天水师赵村发现的房屋保存较好。如F1，半地穴式结构，方形，长3.5米、宽3米、残高0.3～0.42米，居住面及四壁都抹有一层白灰面，门朝南，在房屋中间有一浅盘形灶坑，在房壁上有一周柱洞。在房内地面上，出有齐家文化的石器与陶器等器物[1]。

永靖大何庄发现的F7，其结构较为特殊，中间挖成深30厘米的竖穴坑，方形，直径3.94～4.2米，西南面有向外凸出的出入口，宽1.2～1.4米。居住面及四壁先涂一层草筋泥，然后再抹一层白灰，整个居住面中部稍高起，四角略低，各有柱洞一个，房中央有一个高出居住面的圆形灶台，直径1.2米。房屋周围共发现柱洞十个，排列有序，距四壁1～1.4米，这段地面不涂白灰面，但很平整硬实，显然是经过加工和长期的居住踩踏所形成[2]。

根据残存的房屋遗迹，可做如下复原：房屋主要靠竖穴四隅的四根木柱支撑着屋顶，周围的木柱除了从旁支撑外，还兼作墙壁的骨架之用。至于屋顶的形式，从房址中间草拌泥堆积的厚薄大体相等以及柱洞的相对位置，再结合当地现代的住房特点来看，屋顶中间部分可能是方形平顶，四边向下略呈斜坡状。屋顶在架好梁和椽之后，衔接处用麻绳将其捆扎结实，再铺以树枝与茅草，然后再抹一层草拌泥，使其平整坚固（图六）。

还有一种房屋，呈长方形，面积较小。中间有烧灶，周围有柱洞。如大何庄F2保存较好，长4.15米、宽3.1米。门朝南，周围布有排列整齐的十个柱洞。这种房屋面积都不大，建造也比较简单，可能是一种平顶的小房屋[3]（图七）。

（四）辛店文化房屋

辛店文化房屋只在甘肃永靖姬家川和永靖莲花台遗址各发现一座，均

---

[1] 谢端琚、赵信：《天水师赵村遗址》，《中国考古学年鉴》，1984年，文物出版社。
[2] 中国科学院考古所甘肃队：《甘肃永靖大何庄遗址发掘报告》，《考古学报》1974年第2期。
[3] 同上。

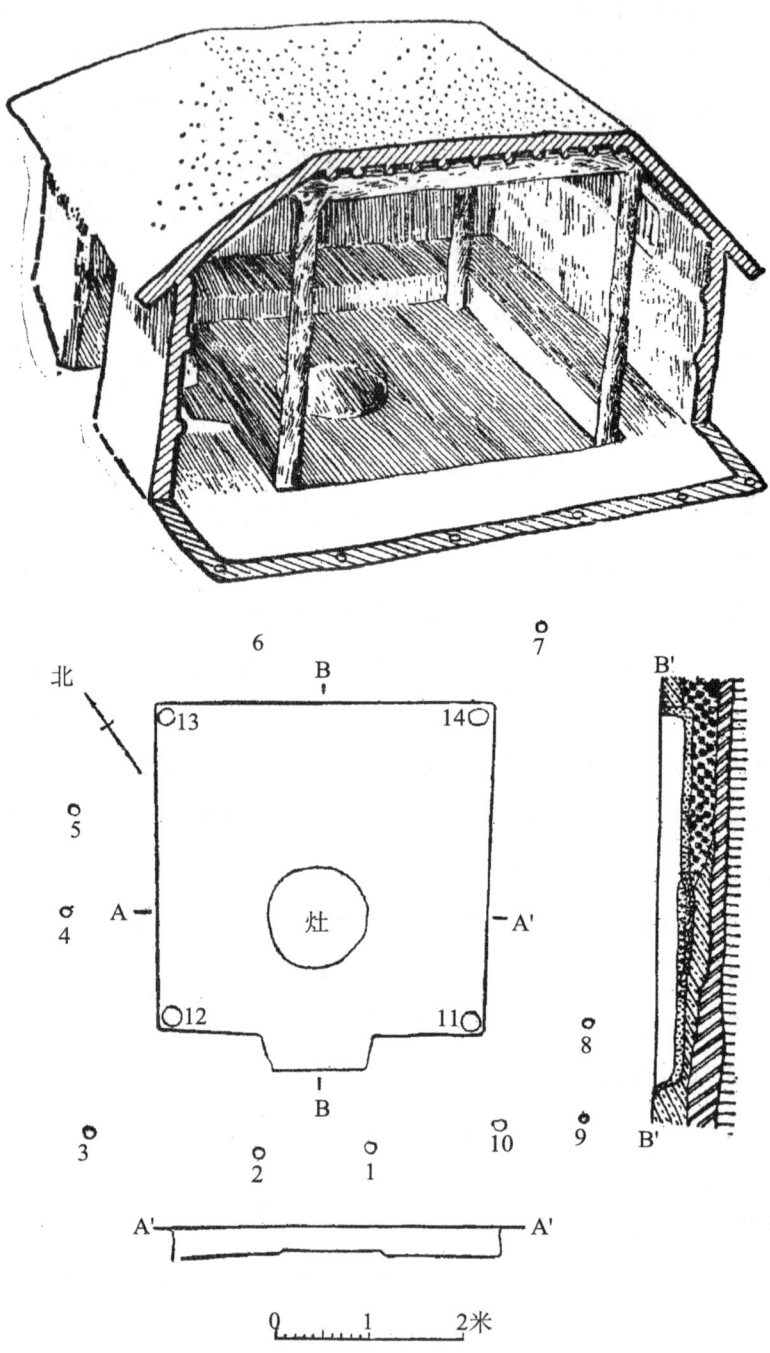

图六 永靖大何庄遗址 F7 平、剖面图及复原图

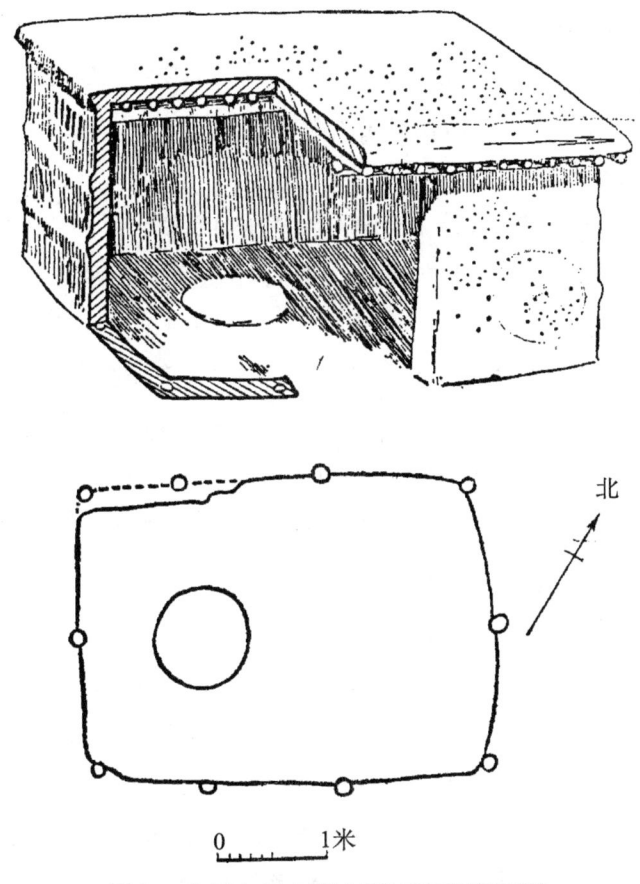

图七 永靖大何庄遗址 F2 平面及复原图

为长方形半地穴式建筑。分门道和住室两部分，住室内有灶址。现根据每座房屋结构细部的不同举例分述之：

姬家川 F2 保存比较完整，圆角长方形半地穴式建筑，长 4.6～5 米、宽 3.3～3.5 米、深 0.2 米。门道向西南，呈斜坡式，门宽 0.9 米。房屋中间偏后有灶坑一个，锅形，直径 1 米、深 0.2 米，灶内土炭渣和陶片等。屋内发现陶纺轮和彩陶片等遗物（图八，上）。

莲花台 F1 圆角长方形半地穴式建筑，其西北部被破坏，但居住面保存完整，方向正南北，东西长 8.25 米、南北宽 5.5 米。房屋中间偏东有一锅形灶坑，口径 10.5 厘米。

坑内遗留有狗骨残骸，灶旁有口径 0.16～0.25 米的三个圆形小土坑，推测是放置陶器器皿之用。在房内发现圆形柱洞十个，北侧六个，南侧四个，排列整齐有序，屋内出土石、骨、陶器等遗物。这座房屋结构与前一例基本相同，均属于辛店文化姬家川类型[①]。

（五）诺木洪文化

诺木洪文化房屋，共计十一座。除两座建筑在土坯围墙内以外，其余皆无围墙建筑。从房屋的形制来看，可以分圆形和方形两种：

1. 圆形房屋

这类房屋以诺木洪 F3 为例加以叙述。F3 位于 F4 的南部，为圆形半地穴式建筑，由于人为或自然的破坏，只残存部分东壁，穴壁深 0.30 米。居住面是用黄土、细砂和白灰混合制成，其下垫一层厚约 0.04 米的黄土和砂子混合土，地表似经火烤，颜色发红。房屋北部发现大小不一的横木三根，为房屋木构附件。房内出土铜钉一个。

2. 方形房屋

诺木洪 F9 是保存最好的一座，为方形地面式建筑，分门道和住室两部分。门道开在住室的西南墙角，宽约 1 米。住室长方形，长 4.18 米、宽 3.77～4.06 米。房屋墙壁是用土坯垒砌而成，墙壁表面涂抹一层黄色泥土，光滑平整。墙高 0.25～0.30 米、宽 0.58～0.60 米。居住面是用黄土细砂和白灰面混合而成，用火烘烤，地面呈红色，硬面厚约 0.04 米。住室西北角辟有小套间。小间地表用土坯铺砌。居住面中间偏东有一圆形灶坑，直径 0.75 米、深 0.11 米。灶坑西侧有一长方形土台，长 1.5 米、宽 0.7 米，台内有八个椭圆形洞。此外，在灶坑的西北面还发现三个圆形筒状土坑。全屋残存木柱三十根，计：东隔墙九根，西墙六根，南墙二根，北墙五根，门道外残存三根，室内居住面上两根，小套间墙上三根。这些木柱剖面有方形和椭圆形两种。柱洞多呈口大底小的圆筒形，口径 0.15～0.2 米、深 0.8 米，柱洞壁显得很光滑[②]（图八，下）。

[①] 中国社会科学院考古所甘肃队：《甘肃永靖县张家咀与姬家川遗址的发掘》，《考古学报》1980 年第 2 期；《甘肃永靖县莲花台辛店文化遗址》，《考古》1980 年第 4 期。

[②] 中国科学院考古所青海队：《青海都兰县诺木洪搭里他里哈遗址调查与试掘》，《考古学报》1963 年第 1 期。

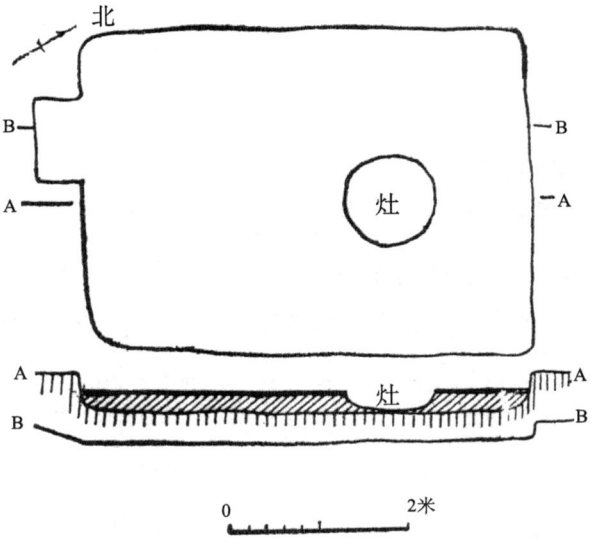

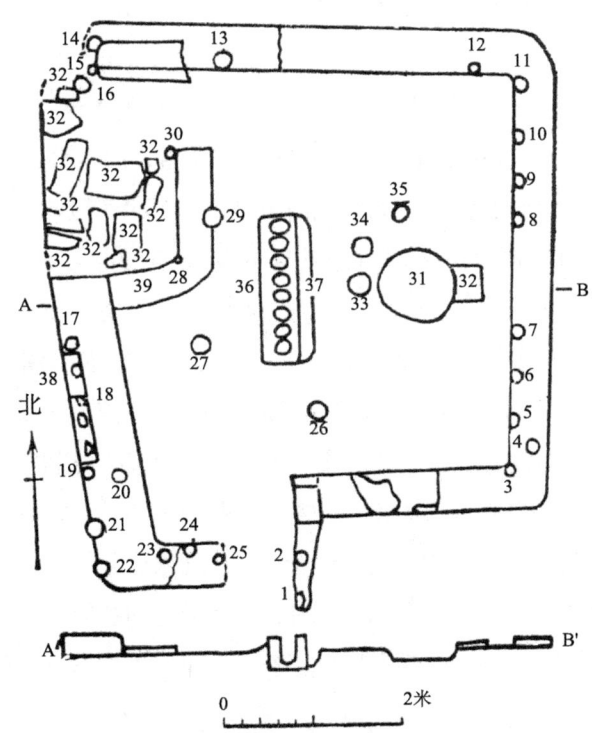

图八 永靖姬家川与青海诺木洪遗址房屋平、剖面图
上．姬家川 F2　下．诺木洪 F9

二、结语

(一) 居住建筑的特点

黄河流域远古居民建造房屋的特点是，多位于河流两岸与两河交汇处的阶梯状台地上，并多选在高亢平坦的地方。黄河上游及其支流为黄土高原地带，黄土质地细密，并含有一定的石灰质，土壤结构呈垂直节理，易于壁立，不易塌陷，很自然地使穴居或半穴居结构的房屋成为该地区远古居民主要的建筑形式[①]。

黄河上游地区原始文化居住建筑的结构，根据房屋剖面形状可分为竖穴袋状式、半地穴式、地面式几种；按房基平面形状可分为圆形（包括椭圆形）、方形（包括长方形）与"凸"字形等，以方形为主，凸字形较特殊。"凸"字形房屋在秦安大地湾与东乡林家马家窑文化遗址均有发现，前后大小不同的二室相连呈"凸"字形布局；方形或长方形的，中间则连一狭窄的过道。小室多作方形，面积约1平方米，主室较大，面积15～27平方米。小室起着挡风沙与保暖的作用，故也称为"门斗"。

地面式建筑一般较大，如大地湾发现的F405房屋地面达150平方米。这种面积较大的建筑体形，为我国尔后的大建筑物所仿效。

房屋的柱洞呈圆形或椭圆形，其结构有多种形式：一是挖坑栽柱，原土回填砸实，二是柱基掺加小碎石、料姜石碴、骨料和碎陶片等，以增加柱脚的固定性；三是柱基下置扁平砾石或大石头作柱础，或铺设一段圆木做柱础；四是在柱洞内壁与底部抹一层白灰面等。另外柱基构筑法较为特殊者，还有几例：如大地湾F405房屋第11号墙柱，立柱前先挖基槽，然后在槽内排立木柱，在木柱周围夯筑多层土，最多者夯土达十二层。林家房屋的柱洞，在洞口筑一周泥圈。诺木洪房屋内还保存较好的木柱，除圆形与椭圆形之外，还有方形与长方形的，前者尚裹有树皮，后者是去皮再加工制成的，实属难得的标本。

房屋墙体的结构可分为土墙、草筋泥墙、白灰皮墙、土坯墙等几种。

---

① 杨鸿勋：《中国早期建筑的发展》，《建筑历史与理论》，第一辑，1980年，江苏人民出版社。

土墙大多用黄土垒筑成。草筋泥墙即在土壁或木骨泥墙上抹一层或多层草筋泥。白灰皮墙即在墙壁的外表抹一层白灰面。土坯墙仅在诺木洪发现，其房屋四壁均用土坯砌筑而成，采用两行平列的"卧砌法"垒筑，其所用的材料及砌筑技术较为进步。

门向多朝南，但也有朝东或其他方向的。有的遗址门向比较一致，如林家发现的房屋多朝南，不见朝北的。门的过道多呈斜坡状或台阶式。

（二）建筑材料与工艺

房屋的居住面一般用细泥土、草筋泥、白灰等材料，分层夯实，形成整齐平坦的地面。有的单用细泥土铺平压实或夯打砸实，再经火烘烤，使地坪呈青灰色或鲜褐色。大地湾房屋的居住面多铺有一层料姜石混合土，在其上再抹一层或多层的白灰面，最多者白灰面达六层。其中保存较好的有大地湾F901的居住面，其堆积可分为四层：一层为原浆磨面；二层为混凝土；三层为红烧土；四层为夯土①。东乡房屋的居住面是用黄土泥、灰黏土与草筋泥相间分层铺筑而成的，最多者达十余层。诺木洪房屋的居住面则用土坯铺砌。

在居住面筑造技术中，最值得注意的是白灰面，这在齐家文化房屋中发现最多，也最普遍。白灰面是用石灰质做成的坚硬光滑的平面，厚薄不一，薄者仅0.1厘米，厚者达0.6厘米，表面坚固光滑，清洁美观，起防潮作用。铺有白灰面的房屋是古代建筑史上的一个重要成就，也是我国古代劳动人民的一项杰出创造。

白灰面房屋除少数外，大多数房内范围较小，一般面积10～15平方米，平面以方形圆角的为主，中间有一圆形灶。房基平面规整，左右对称。这种较小的房屋，是与父系氏族公社一夫一妻制家庭相适应的。同时，也说明齐家文化居民已过着一夫一妻的家庭生活了。

房屋内一般都设置有烧灶，形状有圆盘形、锅形、葫芦形、双连灶与三连灶等，其中以圆盘形的为主。灶多位于居住面中部正对门道处，有的灶坑内还置入一个火种罐。灶的位置接近门口，可使流入的冷空气得到加热。结构比较特殊的有大地湾F405的灶台，蘑菇形，底部椭圆形，灶面

---

① 李最雄：《我国古代建筑史上的奇迹——关于秦安大地湾仰韶文化房屋地面建筑材料及其工艺的研究》，《考古》1985年第8期。

圆盘形，台高 0.2 米，台面直径 2 米。这种灶是用草筋泥逐层堆砌而成，外抹一层白灰面。林家 F18 的灶底铺一层砾石，排列整齐，呈一完整的圆形砾石面，径 0.84 米；F11 房屋内设有三个灶，一字形排列，较为罕见[①]。青岗岔 F5 的灶为葫芦形，灶口有一周用草筋泥围成的灶陉。从数量上看，房屋中以一个灶为最常见，二连灶与三连灶均属少数。

这里应该特别提到的是：关于大地湾 F405 与 F901 建筑材料及其工艺水平问题。这两座房屋在建造地面时，大量应用轻混凝土。轻混凝土是以黏土陶粒作轻骨料和以料姜石烧制的水泥为胶结材料混成，厚达 0.15～0.20 米。这种轻混凝土经物理力学性能试验，证明它有较高的抗折、抗压强度。说明这种居住面既不是用生料姜石做胶结材料，也不是用单一的烧石灰做胶结材料，而是用近似现代水泥的煅烧料姜石做胶结材料，这种人工烧制的黏土陶粒轻骨料，是我国古代劳动人民在建筑科学史上的一项重要发明和创造。

这种轻混凝土不但有良好的防潮性，而且也具有较好的保温性。它是用大地湾出产的料姜石经煅烧后粉碎，再加水调制而成的。这种人造黏土陶粒轻骨料在古建筑中的应用，还未曾有过报道，可算是首次发现[②]。在五千年前，我国黄河上游地区即出现这种高水平的建筑材料和工艺，不仅为考古研究增添新的课题，而且对研究我国古代建筑史也具有重要的学术价值。

（三）平顶房屋探源

关于屋顶的结构情况，据部分房屋复原的实例，大体可分为圆锥形、人字坡形、平顶形等几种，其中，最具有地区性特点的是平顶房屋。这种平顶房已进行复原的有青岗岔的 F2 与 F4，大何庄的 F2 与 F7 等房屋。平面多呈方形或长方形。顶面多抹有一层或数层草筋泥，压平磨光，形成平坦整洁的顶面，既可晒粮食，又可堆放其他杂物。平顶房屋在四川、青海、甘肃、新疆、西藏等地至今尚普遍存在。

1978～1979 年，西藏自治区文管会在西藏昌都卡若遗址发掘了二十八座房屋，其中、F22、F29、F9、F5、F12、F30 等都是属于平顶

[①] 甘肃省文物工作队等：《甘肃东乡林家遗址发掘报告》，《考古学集刊》（4）1984 年。

[②] 李最雄：《我国古代建筑史上的奇迹——关于秦安大地湾仰韶文化房屋地面建筑材料及其工艺的研究》，《考古》1985 年第 8 期。

房，并且有的房屋已经作了复原，如 F9 房屋保存较好，平面呈正方形，长 2.3 米，面积约 5.0 平方米，可将其复原成"井杆式"的平顶房。屋顶抹一层草筋泥，顶面平坦整洁①（图九）。现在西藏地区有的平顶房与上述房屋酷似，主要居室皆朝南，所不同的是房屋墙壁都很厚，而且门窗也小。

这种平顶房在古代史籍中是有记载的，如《旧唐书·吐蕃传》云："屋皆平头，高者至数十尺"②，说明当时人民也是喜爱用这种平顶房的建筑形式。

在新疆的南疆喀什与和田等地也保存不少平顶房屋③。在少数民族中维吾尔族与乌孜别克族，其民族建筑形式亦为方形平顶土房，并开天窗。他们利用平顶地面晾晒瓜果和粮食，同时也是夏天纳凉的好地方④。在甘肃的临夏与永靖等地，居民住的房屋大部分也都是平顶的。可见平顶房结构形式在这地区乃至西北地区是带有普遍性的。

这里给我们提出一个重要课题，即这种平顶房起源于何处？据已发表的考古资料，时代最早的是新石器时代马家窑文化，如兰州青岗岔发现的两座可复原的房屋，其年代据碳 −14 测定为公元前 2600～前 2300 年。因此，我们推测这种平顶房的起源地可能即在上述地区内。

（四）土木结构的悠久历史

土和木是中国古代建筑采用的重要材料，据有关专家研究，黄河流域包括黄河上游地区，在古代有着茂密的森林，有取之不尽的木材，而黄土的本质又适宜于建造房屋，也是建房必不可少的材料，这两种材料之共用对于中国建筑在材料、技术、形式之形成，具有重要影响⑤。况且我国几千年光辉灿烂的古文化，就是从这里萌芽而发扬壮大起来的。

黄河上游地区从新石器时代早期文化开始，一直到青铜器时代，在居住建筑上始终都是以木构架建筑为主要结构形式，它是我国古代建筑宝库中的一份珍贵的遗产。

---

① 西藏自治区文管会等:《昌都卡若》，文物出版社，1985 年。
② 《旧唐书》一百九十六卷上《吐蕃传》。
③ 建筑科学研究院建筑史编委会编:《中国古代建筑史》第二版，中国建筑工业出版社，1964 年。
④ 海辑:《我国少数民族住房种种》,《民族文化》1985 年第 6 期。
⑤ 刘敦桢:《中国住宅概说》，建筑工程出版社，1957 年。

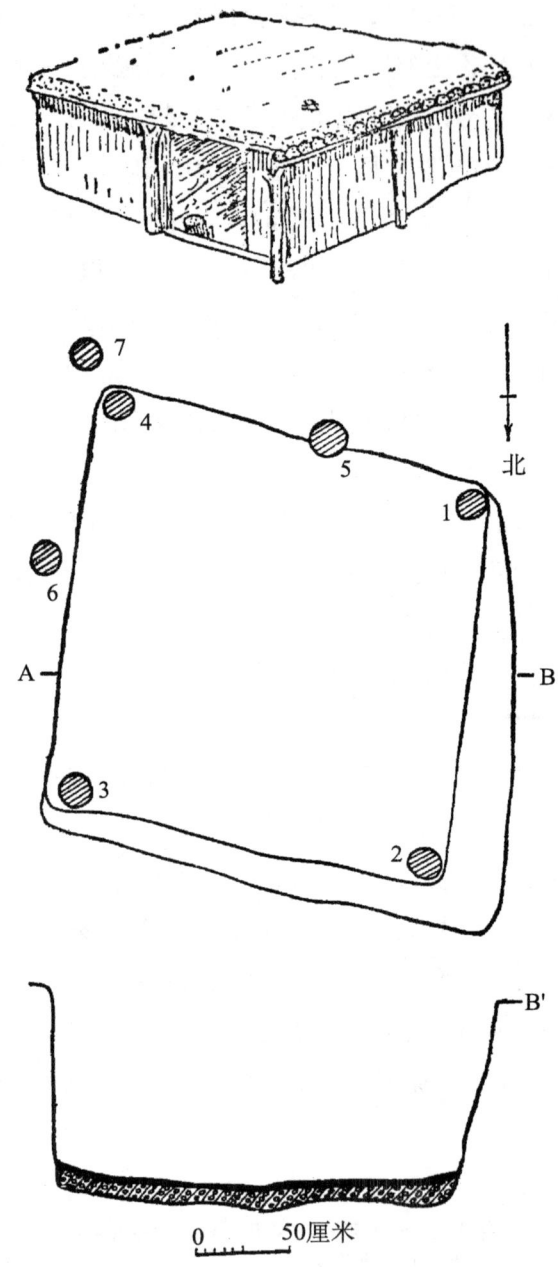

图九 昌都卡若 F9 平、剖面图及复原图

黄河上游地区原始文化居住建筑一览表

单位：米

顺序号	编号	文化性质	房屋类型	大小 长(径)×宽—深(高)	房屋结构 方向	门道 长	门道 宽	门道 位置	灶 形状	灶 口径	灶 深(高)	柱洞 数目	柱洞 口径	柱洞 深
1		大地湾一期文化	圆形	径2.5—2.7										
2	F5	大地湾二期文化	长方形	4.8×4—0.5—0.76	东南	2.6	0.74	近门口	瓢形	1	0.35	17	口=0.4—0.7 底=0.25—0.3	0.45—0.60
3	F337	大地湾三期文化	同上	5.8×5.4—0.4	西北	2.6	0.62	近门口	圆形	1.2	0.55	35	0.08—0.37	0.18—0.53
4	F820	大地湾四期文化	吕字形	4.2×0.3—0.6	东北	2.4	0.42—0.5	中部2	圆形	大:0.85 小:0.35	0.6	8		
5	F405	同上	长方形	3.8—14×11.2—3	东北	北壁开一正门，东西两壁各有一侧门	西门宽1.25	中部偏北	蘑菇状	2.34	0.6	墙内木柱总数100多根，室外内扶墙柱24根，扶推测西侧檐柱中间房柱28根，中间圆柱2根	中间柱直径达0.75～0.81米，扶墙柱直径达0.4～0.52米	

续表

顺序号	编号	文化性质	房屋类型	房屋结构 大小 长(径)×宽—深(高)	方向	门道 长	门道 宽	灶 位置	灶 形状	灶 口径	灶 深(高)	柱洞 数目	柱洞 口径	柱洞 深
6	F4	马家窑文化石岭下类型	圆形	4.6	东南			中部偏东	圆形	0.8	0.3	10		
7	F3		凸字形	6×6—1.1	南向			东西各1	圆形	0.8	0.3—0.4	8		
8	F9	马家窑文化马家窑类型	同上	4.1×4.1—0.2—0.6	西北	1.70	1.80	中部偏后2	圆形	大:0.74 小:0.48	0.34 0.20	小灶东西各有一柱洞,地面泥皮下有15个柱洞	东0.18 西0.17 下0.07—0.30	0.3—4.2 0.14—0.3
9	F19	同上	同上	4.8×4.8—0.4—0.8	西北	1.50	1.50	门道1 西1 室内2	长方形 圆形	长1.08 宽0.14—0.32 大1.2 小0.48	0.22 0.80 0.25	门道东西两壁柱洞各1个 室内柱洞11个		
10	F24	同上	同上	4.7×4.7—0.8	西	1.70	1.70	中部	圆形	大0.84 小0.60	0.40 0.20	8	0.15—0.28	0.17—0.3
11	F26	同上	同上	4.84×5.54—0.2—0.5	东南	1.04	1.12	中部2	圆形	大0.62	0.52 0.24	11	0.16—0.32	0.14—0.4
12	F18	同上	同上	4.92×3.88—0.44	西北	1.20	0.80	中部偏东	圆形	0.84	0.24	16	0.10—0.30	0.12—0.4

续表

顺序号	编号	文化性质	房屋类型	大小 长(径)×宽—深(高)	门道 方向	门道 长	门道 宽	门道 位置	房屋结构 形状	灶 口径	灶 深(高)	柱洞 数目	柱洞 口径	柱洞 深
13	F15	同上	同上	4.02×3.83—0.10	西	1.70	1.06	中部靠后	圆形	0.53	0.10	8	0.12—0.20	0.12—0.18
14	F11	同上	同上	5.5×5.0				中部 3	圆形	南0.62 中0.44 北0.60	0.12 0.10 0.14	5	0.10—0.24	
15	F16	同上	同上	5.5×3.5—0.3	东	1.70		连门1 主室偏东1	圆形	0.84 0.84	高0.34	2	0.3	
16	F6	同上	长方形	5.46×5	东南		0.45	中部偏南2	圆形	大1.14 小1.00	0.29 0.13			
17	H14	同上	圆形	3—0.78			0.80							
18	H20	同上	椭圆形	5.1×2.7—1.96										
19	H54	同上	同上	6.1×3.8—1.90										
20	H92	同上	同上	5.1×3.3—2.60										
21	F4	马家窑文化半山类型	方形	4.1×4.0—0.3—1.13	东			中部偏东3	圆形	均0.7	0.15	6.0	0.15	0.2—0.34

续表

顺序号	编号	文化性质	房屋类型	房屋结构 大 长(径)×宽—深(高)	小	方向	门道 长	门道 宽	位置	形状	灶 口径	灶 深(高)	柱洞 数目	柱洞 口径	柱洞 深
22	F5	同上	长方形	7.5×6—0.4—1.0		东			中部偏东	葫芦形	0.9—1.0	高0.1—0.2	大6 小6	0.38—0.42	0.24—0.4 0.03—0.04
23	F1	同上	同上	7.4×6—0.5—1.0		东南			近门口	圆形灶台	0.78—0.85	高0.1—0.2	8.0	0.85	0.48
24	F1	马家窑文化马厂类型	同上	3.9×3.6—0.65—0.75		东	0.2	0.72	中部偏西	圆形	1.4		5.0	0.2—0.32	0.26—0.46
25	F2	同上	同上	3.35×4.25					中部偏东	同上	1.05—1.15		5	0.18—0.25	0.16—0.28
26	F3	同上	同上	4.2×4.06—0.8—0.9		西南	0.6—0.65	1—1.1	中部偏西	同上	0.8		5	0.2—0.27	0.2—0.3
27	F4	同上	方形	4.0×4.0—0.3		东	0.1	0.9	中部	同上	0.75		5	0.15—0.35	0.2—0.6
28	F5	同上	长方形	4.16—4.32×3.68—3.72—0.57		西南	0.—0.45	0.75—0.98	中部	椭圆形	1.08—1.98		5	0.18—0.25	0.25—0.38
29	F6	同上	长方形	5.6—0.25		东北	0.2—0.3	0.9	中部	圆形	0.8		5	0.2—0.40	0.25—0.3
30	F7	同上	长方形	3.8—4.18×3.17—4.18—0.2		南	0.6	0.74	中部	葫芦形	长1.3 宽0.5—0.6		5	0.18—0.27	0.3—0.4
31	F1	齐家文化	同上	3.3×2.96		南			同上	锅形	0.89	0.07			

续表

顺序号	编号	文化性质	房屋类型	大小 长(径)×宽-深(高)	方向	门道长	门道宽	灶位置	灶形状	灶口径	灶深(高)	柱洞数目	柱洞口径	柱洞深
32	F2	同上	同上	4.1×3.6—1.78	南				圆形	1.44		一排柱		
33	F6	同上	同上	4.1×2.9	南		0.89	同上	同上	0.98		2	0.34	0.35
34	F1	同上	同上	3.5×3—0.3—0.42	南			同上	同上			一周柱洞		
35	F7	同上	同上	3.94—4.2×4	西南	0.4	1.2—1.4	中部偏南	同上	1.7		14	0.1—0.25	0.14—0.78
36	F2	同上	同上	4.15×3.1	南			同上	同上	1	高0.25	10	0.15	0.13—0.2
37	F1	同上	方形	3.6×3.6—0.15				同上	同上	1.1	高0.05			
38	F8	同上	长方形	3.5×3.3	西南		0.7	同上	葫芦形					
39	F7	同上	方形	5×5—0.35								1	0.2	0.52
40	F1	同上	方形	4.1×4.1—0.8	东			同上	圆形	1				
41	F2	同上	长方形	2.5×2.1—0.07	南			同上	同上	1.14				
42		同上	同上	4.1×3.5	南			同上	同上	1.14				
43		同上	同上	3.0×3.1	北				圆形	1.05				
44	F1	辛店文化	同上	8.25×5.5				同上	圆形	1.0	0.2	10	0.16—0.2	0.82—0.6
45	F2	同上	同上	4.6—5.0×3.3—3.5—0.2	西南		0.9		锅形					

续表

顺序号	编号	文化性质	房屋类型	房屋结构								
				大小	门道		灶			柱洞		
				长(径)×宽一深(高)	方向	长	宽	位置	形状	口径	深(高)	数目	口径	深
46	F6	诺木洪文化	同上	2.28—2.82				西部偏北	圆形	0.8	0.12	3	0.08—0.15	
47	F9	同上	长方形	4.18×3.77—4.06	南			中部偏东	圆形	0.75	0.11	30	0.15—0.2	0.8
48	F4	同上	圆形	2.78								3	0.08—0.1	0.09—0.12

注:(一)出土地点,顺序号:1～5.秦安大地湾 6～7.民和阳洼坡 8～20.东乡林家 21～23.兰州青岗岔 24～30.永靖马家湾 31～33.秦安寺嘴坪 34.天水师赵村 35～36.永靖大何庄 37.永靖姬家川 38～41.武威皇娘娘台 42、43.中川旱台 44.永靖莲花台 45.永靖姬家川 46～48.都兰诺木洪。

(二)资料出处,顺序号:1～3.《甘肃秦安大地湾遗址1978至1982年发掘的主要收获》,《文物》1983年第11期。 4.5.《秦安大地湾405号新石器时代房屋遗址发掘报告》,《考古学集刊》(2)1982年。 6～7.《青海民和阳洼坡遗址试掘简报》,《考古》1984年第1期。 8～20.《甘肃东乡林家遗址发掘报告》,《考古学集刊》(4)1984年。 21～22.《甘肃兰州青岗岔新石器时代遗址的发掘》,《考古学报》1975年第2期。 23.《甘肃兰州青岗岔遗址第二次发掘》,《考古》1972年第5期。 24～30.《甘肃永靖马家湾遗址》,《中国考古年鉴》1984年。 31～33.《甘肃秦安县新石器时代居住遗址》,《考古通讯》1958年第2期。 34.《天水师赵村遗址发掘简报》,《考古》1962年第2期。 35、36.《武威皇娘娘台遗址》,《考古学报》1974年第4期。 37、45.《甘肃临夏姬家川遗址发掘报告》,《考古学报》1960年第2期。 38、39.《民和县旱台、中川古文化遗址调查》,《考古与文物》1982年第4期。 40、41.《甘肃武威皇娘娘台遗址第四次发掘》,《考古学报》1978年第4期。 42、43.《中川旱台齐家文化遗址》,《考古》1980年第4期。 44.《甘肃永靖莲花台辛店文化遗址》,《考古学报》1980年第4期。 46～48.《青海都兰诺木洪搭里他里哈遗址调查与试掘》,《考古学报》1963年第1期。

(三)本表取材仅限有形状与尺寸大小的房屋,残破者未列入。

(本文原载《中国原始文化论集——纪念尹达八十诞辰》,与赵信合著,1989年)

黄河上游史前文化玉器研究

中国是世界上用玉最早的国家之一。勤劳的祖先又给我们遗留了丰富的玉器文物，这些玉器文物是中华民族传统文化宝库中珍贵的瑰宝，也是我们取之研究不尽的源泉。

黄河上游地区包括今甘肃、宁夏、青海三省区。这里的史前文化是中华民族传统文化重要的组成部分，在中华古文化发展的洪流中，彼此的交融、兼容共性是明显的。但亦由于这里地理环境与自然形态的独特性，致使该地区史前文化呈现出丰富多彩的多样性，在中华古文化的共性中又富有了地区的特异性。作为文化内涵之一部分的玉器亦是这样，除共性外有其独特的风貌。因此，在探讨中国玉器发展史中有它重要的不可或缺的一席之地。

近年来，黄河上游地区随着大规模考古工作的开展，玉器和陶器等文物不断出土，日积月累，实物资料渐趋丰富，使我们有条件对该地区的玉器进行专题研究。特别是齐家文化的玉器发现较多，研究的论著也颇可观，成果显著。然而对于比齐家文化年代早的仰韶文化、马家窑文化、宗日文化与菜园文化等的玉器却尚未涉及或涉及的很少，更未有人做过专题研究。本文拟对上述诸文化亦包括齐家文化的玉器进行综合探讨，以求上溯该地区玉器之初始与它的发展脉络。为使读者对该地区现有的史前文化玉器有较全面的了解，将首先简述自上世纪来玉器发现和发掘出土的情况，然后纳入各属的文化中，依史前考古学文化的年代序列关系，分别给予介绍，并论述各文化的玉器内涵、特征、年代诸问题，以阐明黄河上游地区玉器的独特性及其在中国玉器史上的重要地位。抛砖引玉，希望能引起学术界对中国区域性玉器更多的关注与更深层的研究。

一、发现与发掘简述

黄河上游地区史前文化的玉器发现较早，确切可知见于古文献并有图像记载的有清末金石学家吴大澂著《古玉图考》①。该书收录了不少玉璧、琮等玉器，其中有部分玉器应属于齐家文化的。据报道，上海博物馆收藏吴大澂的藏品中，属齐家文化的玉器有璧4件、琮2件、刀3件和铲1件②。

该地区从考古调查与发掘出土的玉器，最早是1923～1924年瑞典学者安特生（J. G. Andersson）于青海西宁朱家寨和甘肃广河（原宁定县）半山瓦罐嘴等地发现一批史前文化玉器，包括璧、环、铲、斧、凿、璜、玦和绿松石饰等多种③。

从20世纪50年代以来，中国科学院考古研究所（现属中国社会科学院）、北京大学等学术机构与甘、青、宁三省区文博部门的文物考古工作者在黄河上游地区做了大量的考古调查和发掘工作，发现史前文化遗址5000多处，清理史前文化墓葬1万余座。在许多遗址和墓葬中，都发现有数量不等的玉器。如：

1956～1958年，在渭河及其支流南河、榜沙河、漳河等流域，包括甘肃天水、甘谷、武山、渭源、陇西等县市进行考古调查，发现有史前文化玉环、璧、璜等多件④。

1957～1975年，对甘肃武威皇娘娘台遗址进行4次发掘，发现齐家

---

① 吴大澂：《古玉图考》（上海同文书局，1989年）。

② 黄宣佩：《齐家文化玉礼器》，邓聪主编：《东亚玉器（Ⅰ）》，香港中文大学中国考古艺术研究中心，1998年，第184-194页。

③ J.G.Andersson, *Researches into the prehistory of the Chinese*, B.M.F.E.A, NO15, PP.125-126, 265.

④ 甘肃省文物管理委员会：《渭水上游天水、甘谷两县考古调查简报》，《考古通讯》1958年第5期；《甘肃渭河上游渭源、陇西、武山三县考古调查》，《考古通讯》1958年第7期；甘肃省博物馆，《甘肃渭河支流南河、榜沙河、漳河考古调查》，《考古》1959年第7期。

文化玉石璧264件、璜5件、铲2件、锛2件、玉石芯15件、绿松石珠32件，共319件，是目前考古发掘出土玉石器最多的一处遗址①。

1959～1960年，发掘甘肃永靖大何庄和秦魏家两处齐家文化遗址。大何庄出土玛瑙珠2件、绿松石珠20件②。秦魏家遗址发现玉石璧5件、绿松石珠46件③。

1963、1976年，发掘甘肃兰州青岗岔遗址，先后发现在齐家文化第3号墓内随葬有绿松石10件④，半山类型第4号墓内随葬绿松石饰1件、碧绿色玉片1件⑤。

1965年，在宁夏固原店河遗址清理菜园文化墓葬6座，其中第2号墓内发现在1件陶豆形器的口上粘贴一周计17枚绿松石片，作为装饰⑥。

1966～1971年，在兰州王保保城和红古山遗址清理几座墓葬，墓内分别发现有马家窑和马厂类型的绿松石珠⑦。

1973年，发掘甘肃广河地巴坪墓地，在第8号、42号墓内出土有半山类型的绿松石饰⑧。同年发掘永昌鸳鸯池墓地，出土马厂类型石雕人面像和绿松石饰29件⑨。同年，在青海大通上孙家寨墓地发现精美的齐家文化四孔玉刀1件⑩。

---

① 甘肃省博物馆：《武威皇娘娘台遗址发掘报告》，《考古学报》1960年第2期；《武威皇娘娘台遗址第四次发掘》，《考古学报》1978年第4期。
② 中国科学院考古研究所甘肃工作队：《甘肃永靖大何庄遗址发掘报告》，《考古学报》1974年第2期。
③ 中国科学院考古研究所甘肃工作队：《甘肃永靖秦魏家齐家文化墓地》，《考古学报》1975年第2期。
④ 甘肃省博物馆：《甘肃兰州青岗岔遗址试掘简报》，《考古》1972年第3期。
⑤ 甘肃省博物馆文物工作队：《甘肃兰州青岗岔半山遗址第二次发掘》，《考古学集刊》第2集（北京：中国社会科学出版社，1982），第13页。
⑥ 宁夏文物考古研究所：《宁夏固原店河齐家文化墓葬清理简报》，《考古》1987年第8期。
⑦ 甘肃省博物馆文物工作队：《兰州马家窑和马厂类型墓葬清理简报》，《文物》1975年第6期。
⑧ 甘肃省博物馆文物工作队：《广河地巴坪"半山类型"墓地》，《考古学报》1978年第2期。
⑨ 甘肃省博物馆文物工作队、武威地区文物普查队：《甘肃永昌鸳鸯池新石器时代墓地》，《考古学报》1982年第2期；《永昌鸳鸯池新石器时代墓地的发掘》，《考古》1974年第5期。
⑩ 青海省文物处、青海省考古研究所：《青海文物》图版47，（文物出版社，1994年）。

1974～1980年，对青海乐都柳湾墓地进行大规模发掘，发现史前文化的墓葬1700多座，出土了较多的玉器。其中，属半山类型有锛1件、绿松石饰40件；马厂类型有斧2件、锛5件、珠2件、绿松石饰204件；齐家文化有璧1件、斧1件、锛1件、凿2件、纺轮3件、璧芯1件、绿松石饰34件，共297件[①]。

1975年，发掘广河齐家坪遗址，发现有齐家文化的璧、琮等玉器[②]。同年，发掘甘肃景泰张家台墓地，在半山类型第2号墓内出土绿松石耳坠2件[③]。同年，在甘肃岷县山那遗址调查，采集有较完整的马家窑类型的玉铲和玉斧各1件[④]。

1977年，发掘兰州花寨子和土谷台两处半山类型墓地。花寨子第14、43号墓[⑤]、土谷台第58号墓均随葬有绿松石珠等饰品[⑥]。同年，发掘青海贵南尕马台遗址，发现齐家文化绿松石饰31件[⑦]。同年，发掘甘肃东乡林家遗址，发现马家窑类型玉斧1件、锛3件和绿松石饰2件[⑧]。

1978年，发掘甘肃灵台桥村遗址，发现齐家文化玉锛1件[⑨]。同年，发掘青海民和核桃庄马家窑类型第1号墓，墓内不仅随葬有一批精美的彩陶，还有绿松石饰10件[⑩]。

1978～1984年，发掘甘肃秦安大地湾遗址，发现一批仰韶文化玉器[⑪]，

---

① 青海省文物管理处考古队、中国社会科学院考古研究所：《青海柳湾——乐都柳湾原始社会墓地》，文物出版社，1984年。
② 甘肃省博物馆：《甘肃省文物考古工作三十年》，《文物考古工作三十年》，文物出版社，1979年，第142～143页。
③ 甘肃省博物馆：《甘肃景泰张家台新石器时代的墓葬》，《考古》1976年第3期。
④ 杨益民：《甘肃岷县山那新石器时代遗址调查简报》，《考古与文物》1983年第5期。
⑤ 甘肃省博物馆等：《兰州花寨子"半山类型"墓葬》，《考古学报》1980年第2期。
⑥ 甘肃省博物馆等：《兰州土谷台半山—马厂文化墓地》，《考古学报》1983年第2期。
⑦ 《我省考古工作的一项重大发现》，《青海日报》1978年2月18日。
⑧ 甘肃省文物工作队等：《甘肃东乡林家遗址发掘报告》，《考古学集刊》第4集，中国社会科学出版社，1984年，第111～161页。
⑨ 甘肃省博物馆考古队：《甘肃灵台桥村齐家文化遗址试掘简报》，《考古与文物》1980年第3期。
⑩ 青海省考古队：《青海民和核桃庄马家窑类型第一号墓葬》，《文物》1979年第9期。
⑪ 甘肃省博物馆文物工作队：《甘肃秦安大地湾第九区发掘简报》，《文物》1983年第11期；《秦安大地湾405号新石器时代房屋遗址》，《文物》1983年第11期。

计有15件，为锛、凿、笄、镯、坠饰之属①。

1979～1980年，发掘青海互助总寨遗址，发现马厂类型绿松石珠与齐家文化玉斧1件、玛瑙珠5件、绿松石珠3件②。1979～1987年，发掘青海民和马牌墓地，出土马厂类型绿松石饰8件③。1980年，在民和中川旱台遗址清理齐家文化墓葬1座，出土玉璧1件④。

1981～1989年，对天水师赵村遗址进行较大规模的发掘，出土了一批齐家文化玉器，计有琮1件、璧1件、璜9件、环2件，共13件⑤。1981年，发掘甘肃康乐边家林墓地，发现半山类型墓内随葬有绿松石珠和玉片等玉器⑥。1982～1983年，发掘青海循化苏呼撒墓地，半山类型墓出土随葬绿松石饰4件⑦。

1983～1985年，在武威海藏寺公园修建人工湖时，在湖底层发现一批齐家文化玉器，包括玉璧37件、镯1件、斧、锛、凿、刀等8件，以及玉器半成品、原玉材161件。在1块玉板上留有清晰的锯剖痕迹。另出土有石璧46件及其他石器。依据玉石器出土情况，推测该出土地为一处齐家文化玉石器加工作坊遗址。⑧

1984年，在宁夏的考古调查中，于固原河川乡采集绿玉圭1件，海原山门采集玉璧和玉琮各1件⑨。1985～1987年，发掘海原菜园村遗址，在瓦罐嘴第34号墓内出有玉斧1件和凿1件⑩。1986年发掘隆德页河子遗

---

① 杨伯达：《甘肃齐家文化初探》，《陇石文博》1997年第1期。
② 青海省文物考古队：《青海互助土族自治县总寨马厂、齐家、辛店文化墓葬》，《考古》1986年第4期。
③ 青海省文物管理处：《民和马牌马厂类型墓葬发掘的主要收获》，《青海文物》1991年第6期。
④ 刘小河、刘杏改、高东陆：《民和县官亭、中川古代文化遗址调查》，《青海考古学会会刊》1982年第4期。
⑤ 中国社会科学院考古研究所：《师赵村与西山坪》，中国大百科全书出版社，1999年，第174～175页、第212～214页。
⑥ 临夏回族自治州博物馆：《甘肃康乐县边家林新石器时代墓地清理简报》，《文物》1992年第4期。
⑦ 青海省考古研究所：《青海循化苏呼撒墓地》，《考古学报》1994年第4期。
⑧ 梁晓英、刘茂德：《武威新石器时代晚期玉石器作坊遗址》，《中国文物报》1993年5月30日，第4版。
⑨ 宁夏回族自治区文化厅、文管会编印：《文物普查资料汇编》（内部资料，1986）。
⑩ 宁夏文物考古研究所、中国历史博物馆考古部：《宁夏海原县菜园村遗址、墓地发掘报告》，《文物》1988年第9期。

址，发现玉璧2件、锛1件、佩饰1件①。同年，在隆德沙塘采集有"玉围圈"散片②。以上均属菜园文化遗存。

1989年，在甘肃积石山新庄坪遗址调查，发现齐家文化玉石璧9件、绿松石饰169件③。1990年，在甘肃永登团庄遗址调查时，发现马厂类型绿松石饰等物④。

1991年，发掘青海平安东村墓地，在齐家文化第2号墓内出土玉璧3件、凿形器1件和绿松石珠1件⑤。1991～1992年，发掘甘肃武山傅家门遗址，发现齐家文化玉石璧2件⑥。同年，发掘青海尖扎直岗拉卡乡砂石料厂遗址，发现半山类型绿松石饰、臂饰及齐家文化玉石璧1件、绿松石10件⑦。

1992～1993年，发掘西宁沈那遗址，发现一批齐家文化玉器，有璧、环、锛、凿形器、璧芯和绿松石饰等多件⑧。

1994～1996年，发掘青海同德宗日遗址，发现一批宗日文化玉器，有璧、刀、凿形器、水晶坠、玛瑙珠和绿松石珠等共281件⑨。

黄河上游地区发现的史前文化玉器，除上述有著录报道可查者外，尚有一批玉器是藏放在博物院、馆等文博单位，如北京故宫博物院、台北"国立"故宫博物院、甘肃、青海、宁夏等省、区博物馆及所辖的市、县博物馆，都分别收藏有数量不等的玉器。还有部分玉器流散在海外。亦有

---

① 北京大学考古实习队、固原博物馆：《隆德页河子新石器时代遗址发掘报告》，《考古学研究（三）》（北京，科学出版社，1999年），第187～189页。
② 杨美莉：《齐家文化玉器的性质与特色》，《淡江史学》2000年第11期；《齐家文化的玉围圈》，《故宫文物月刊》2000年第18卷第3期。
③ 甘肃省博物馆：《甘肃积石山县新庄坪齐家文化遗址调查》，《考古》1996年第11期。
④ 苏裕民：《永登团庄、长阳山出土的一批新石器时代器物》，《考古与文物》1993年第2期。
⑤ 任晓燕：《平安县东村古墓葬及窑址发掘简报》，《青海文物》1994年第8期。
⑥ 中国社会科学院考古研究所甘青工作队：《甘肃武山傅家门史前文化遗址发掘简报》，《考古》1995年第4期。
⑦ 胡晓军：《尖扎县直岗拉卡乡齐家文化遗址发掘简报》，《青海文物》1996年第10期。
⑧ 王武：《西宁小桥沈那齐家文化遗址》，《中国考古学年鉴1992》；吴平：《西宁沈那遗址》，《中国考古学年鉴1994》。
⑨ 青海文物管理处、海南州民族博物馆：《青海同德县宗日遗址发掘简报》，《考古》1998年第5期；格桑本、陈洪海主编：《宗日遗址——文物精粹论述选集》（四川科学技术出版社，1999年）。

不少玉器藏品尚未发表，不便引用。迄今据发表的玉器资料统计，可知黄河上游地区发现有史前文化玉器的遗址或地点共50余处，玉器数量有1600多件（实际不止此数，因有些发掘报告未写明玉器数量）。

二、文化属性与内涵

黄河上游地区史前文化复杂多样，其文化种类与类型之多为其他地区所罕见。按其古文化类别有大地湾一期文化、师赵村一期文化、仰韶文化、马家窑文化、宗日文化、菜园文化、齐家文化、四坝文化、卡约文化、辛店文化、寺洼文化、沙井文化等，有些文化又分为不同类型，如马家窑文化又分为石岭下、马家窑、半山、马厂等四个类型。上述诸文化中，除较早的大地湾一期文化、师赵村一期文化，与石岭下类型未见玉器，四坝文化、卡约文化、辛店文化、寺洼文化、沙井文化目前亦甚少有玉器出土，本文故暂不作收录。其余诸文化都发现了数量不等的玉器，现依史前文化发展的早晚顺序，分别予以论述。

（一）仰韶文化

仰韶文化是1921年发现于河南省渑池县仰韶村遗址而得名。它主要分布于黄河中、上游及其支流洛河、汾河、渭河和泾水流域，河南、陕西、山西西南部、甘肃东部是其中心地域。碳－14年代为公元前4800～前3000年。

在甘肃境内经过大规模发掘并出有仰韶文化玉器的首推秦安县大地湾遗址。该遗址出土的玉器有斧、锛、凿、环、笄、镯、杖端饰、斧形佩、坠饰和绿松石饰等[①]。这批玉器的时代早，均系发掘出土，有很重要的学术价值。由于发掘报告未正式发表，玉器的数量不明，经披露的有15件，其中锛、凿计9件。现据已知资料介绍于下：

斧1件（图一，6），平面呈长方形，平刃，造型规整。

锛（图一，2、3），平面呈梯形，顶窄刃宽，有大小两种。

---

① 阎亚林：《甘青宁地区史前玉器初步研究》，北京大学考古系硕士研究生学位论文，1999年。

凿分两型，Ⅰ型平面呈长条形，器身较细长，弧刃（图一，4）。Ⅱ型较特殊，顶端两侧边切成斜直面（图一，5）。

杖端饰1件，略呈圆筒形，原简报称之为"玉石饰物"。标本F405：12（图一，8）汉白玉质，中间圆孔，上大下小，在孔沿周围绘一周红彩，制造精致，通体磨光。通高4.2、上径7、下径5.1、最大腹径10.3厘米。[①]

笄1件（图一，1），呈丁字形，顶端有椭圆形帽，横剖面亦呈椭圆形，尖端已残，长度不明。

坠饰2件，分两型。Ⅰ型为上细下粗呈陀螺形，近底处有一周凹槽，并穿一孔。标本H805：1，高2.1厘米、径1厘米、孔径0.3厘米。Ⅱ型呈椭圆形，一端钻孔，孔由两面钻成，呈绿色。标本T807（3）：47，径1厘米、厚0.6厘米、孔径0.3厘米[②]。

绿松石饰1件，略呈半圆形。标本T802（3）：6（图一，7），中间钻一孔。径3.3厘米、厚0.15厘米、孔径0.2厘米[③]。

上述玉器的年代最早可到仰韶文化半坡类型时期。据碳-14年代测定，其绝对年代为公元前4700年[④]。这是甘肃境内迄今所知年代最早的一批玉器。

（二）马家窑文化

马家窑文化是1924年首先发现于甘肃临洮县马家窑遗址而得名。其分布范围较广泛，在黄河上游及其支流泾水、渭河、洮河、湟水和西汉水、白龙江等流域都发现有该文化的遗址，但以河湟地区最为稠密，甘肃与青海东部是其中心地域。其年代经碳-14年代测定为公元前3900～前2000年。现按马家窑、半山、马厂三类型分别叙述。

1. 马家窑类型

马家窑类型的遗址发现较多，共有千余处，但出土玉器的并不多。已

[①] 甘肃省博物馆文物工作队：《秦安大地湾405号新石器时代房屋遗址》，《文物》1983年第11期。
[②] 甘肃省博物馆文物工作队：《甘肃秦安大地湾第九区发掘简报》，《文物》1983年第11期。
[③] 同上。
[④] 中国社会科学院考古研究所：《中国考古学中碳十四年代数据集（1965～1991）》，文物出版社，1991年，第274～284页。

知的只有东乡林家、岷县山那、兰州王保保城和民和核桃庄数处。玉器的种类有斧、铲、锛、凿、笄和绿松石珠等。

斧在山那和林家遗址各发现1件，分两型。Ⅰ型呈长方形，规整，平顶弧刃，器身较细长。标本山那131（图二，5），通长31厘米、刃宽6厘米、宽2.4厘米。Ⅱ型呈梯形，两侧中部有一道凹槽。标本林家F16∶17（图二，6），顶端已残，残长14.7、宽5厘米。

铲在山那遗址发现1件，呈舌形，圆弧刃，中间钻孔，由两面钻成。通体磨光，顶端一侧略残，长10.2厘米、宽10厘米、厚1.5厘米、孔径1.6厘米（图二，4）。

锛在林家遗址出土3件，分两型。Ⅰ型呈长方形，器体扁平。标本F16∶9（图二，1），通体磨光。长7.3厘米、宽3.3厘米。标本H90∶50（图二，2），器身两侧留有截锯的痕迹，磨光。长6.5厘米、宽2.9厘米。Ⅱ型呈梯形，标本T14（4）∶30（图二，3），通体抛磨光滑，器体较小。长3.9厘米、宽2.1厘米。

凿系青海省博物馆藏品，呈长条形，钝刃。浅绿色，制造精致。长11.5厘米、宽2.4厘米、厚1.4厘米[1]。

绿松石饰为比较常见的装饰品，在林家、王保保城、核桃庄等遗址均有出土。形式可分为圆形、椭圆形、梯形、管状等多种。标本林家T35（4）∶29，呈梯形，上端钻一孔，应为坠饰。长1.3厘米、宽1厘米。标本林家T54（3）∶28，管状，完整。长1厘米[2]。

2. 半山类型

半山类型是1924年首先发现于甘肃省广河县（原宁定县）半山遗址而得名。该类型遗址发现玉器的有广河半山瓦罐嘴、地巴坪、兰州青岗岔、土谷台、花寨子、康乐边家林、景泰张家台、天水师赵村和乐都柳湾、循化苏呼撒、西宁朱家寨、尖扎直岗拉卡砂料场等10余处。玉器的

---

[1] 中国玉器全集编辑委员会编：《中国玉器全集·Ⅰ·原始社会》，河北美术出版社，1993年，图版295，第23～36页。

[2] 甘肃省文物工作队等：《甘肃东乡林家遗址发掘报告》，《考古学集刊》第4集，中国社会科学出版社，1984年，第111～161页。

种类有斧、锛、琮、璧、璜、笄、坠饰、臂饰、玛瑙珠、绿松石珠等。这里需要说明的是,半山瓦罐嘴墓地属于单纯的半山类型,发现的玉器中有些出于墓内,有些是从当地村民手中购买的。但基本上可以认定凡出之于瓦罐嘴墓地的玉器都应属于半山类型。

锛在柳湾墓地中发现1件。标本M459∶6(图三,14),器身呈梯形,刃部平齐,制造精致,通体抛磨光滑。长6.5厘米、刃宽4厘米。

璜两端各钻一孔。安特生在半山瓦罐嘴老人手中曾购得3件璜,此三璜恰好联成一璧。大理石质,肉径12.8厘米、好径5.6厘米、厚0.45厘米。

在瓦罐嘴还采集1件琮,有人称之为环或璧。从发表的插图和照片观察,器似作矮筒形,外周作圆角方形,没有明显的射,中为一大孔,孔单面钻成,上口大于底口。器径6.7厘米[①]。

臂饰在乐都柳湾和民和阳山均有发现,共19件(柳湾14件,阳山5件)[②]。呈圆环形,横断面呈扁圆形、方形或长方形等种形式,大小亦不一。标本柳湾M606∶8(图三,17)横断面呈方形。径8厘米、高7.5厘米。标本柳湾M580∶4(图三,18),横断面呈扁圆形。径10厘米、高3厘米。标本柳湾M692∶2(图三,19),横断面呈长方形,器体较矮。径11厘米、高仅1厘米。

绿松石饰发现的数量较多,仅柳湾一处该类型墓就有26座出土数量不等的绿松石饰,共计40件(图三,1~13、15、16)。按其形制可分为圆形、椭圆形、三角形、梯形、长方形、管状、仿斧形等多种形式。大小不一,小者长仅0.7厘米,大者长达5.8厘米,以长1厘米~2厘米的居多。大多数钻单孔,少数钻双孔或三孔。出土时,绿松石饰或三五枚成串联在一起,多位于墓主人的头、颈部或腰部,显然是用作耳坠、项链,或挂于腰部的佩饰。如柳湾第607号墓随葬的绿松石饰是分出在墓主人的头部和腰部的。张家台第1号墓随葬绿松石坠2件,分别出于头部两侧耳朵

[①] J.G.Andersson, *Researches into the prehistory of the Chinese*, B.M.F.E.A, NO15, pp.125-126, 265, pp.265.Fig.113a.

[②] 青海省文物考古研究所:《民和阳山》,文物出版社,1990年,第64页;"甘肃康乐县边家林新石器时代墓地清理简报"。

部位。又如边家林墓地的1座墓中，绿松石坠出在墓主人头部的耳侧。绿松石坠呈长方形，钻单孔，长2.3厘米、宽1.2厘米、厚0.2厘米[①]。

3. 马厂类型

马厂类型是1923年首先发现于青海省民和县（原碾伯县）马厂而得名。在马厂类型遗址中，发现有玉器的有兰州土谷台、红古山、永登团庄、永昌鸳鸯池和乐都柳湾、民和马牌、互助总寨等多处。玉石器种类有斧、锛、凿、刀、珠、臂饰、坠饰、绿松石饰等。

斧出自柳湾墓内2件，均呈刃宽顶窄的梯形，平刃或斜刃。标本M561：12（图四，1）器形规整，横剖面作长方形。长12.3厘米、刃宽5厘米。

锛在柳湾墓内出土5件，均较完整，横剖面乍呈长方形，按平面形状分两型。Ⅰ型呈长方形。标本M1293：19（图四，4），器身扁平，顶端平齐，刃锋斜直长8.4厘米、刃宽4.2厘米。Ⅱ型呈梯形。标本M567：25（图四，2），为铁碧玉，锋平直，顶端弧曲，器身一面留有一道纵行的凹槽。长7厘米、刃宽3厘米。

凿1件，出在柳湾墓内。标本M1090：29（图四，3），呈长条形，窄弧刃横剖面呈椭圆形。长8厘米、宽0.4厘米。

刀1件，出于柳湾墓内。标本M795：1，呈长方形，单孔，两面钻成，在圆孔下侧有一道凹槽。长11厘米、宽3.5厘米。

珠1件，出于柳湾墓内。标本M149：49（图五，21），圆管状，中间钻孔由两面钻成，横断面呈椭圆形，光滑晶莹。长2厘米、径1厘米。

臂饰10件，出于柳湾墓8件、鸳鸯池墓2件。器呈圆筒形，多由大理石制成。制造精致，抛磨光滑。鸳鸯池标本之一出于M127，出土时套在墓主人右上臂骨上。该臂饰上有裂缝，在缝的两侧钻有对称锔孔10个，可见使用时间较长，也说明墓主人对它的珍惜，有了裂缝修补后仍继续使用。其通长16厘米、直径8.7厘米。标本柳湾M619：16（图四，5），器形规整。长10厘米、径6厘米。标本柳湾M619：11（图四，7），器身比前者略短。长6厘米、径7.4厘米。

[①] 临夏回族自治州博物馆：《甘肃康乐县边家林新石器时代墓地清理简报》，《文物》1992年第4期。

绿松石饰发现的数量相当可观。据统计柳湾出土 204 件（图五，1～20），鸳鸯池 24 件，马牌 8 件，共 231 件。此外，土谷台、团庄、红古山等地亦出有绿松石饰，但未报道数量，无法统计。

绿松石饰形状各异，有圆形、椭圆形、管状、三角形、长方形和不规则形等多种，以管状较为常见。大小不一，小者径仅 1 厘米，大者径达 5 厘米。一般都钻有孔，单孔占大多数，少数为双孔或四孔（图五，8、14）。

石雕人面像在鸳鸯池第 51 号墓出（图四，6），置于墓主人左上臂。系白云石制成。人面作椭圆形，再用黑色胶质物把白色骨珠粘贴在人面上，以表现口、鼻和双眼等器官，在额顶钻一孔，可佩挂。通高 3.8 厘米、宽 2.5 厘米。出土石雕人面像的墓，墓主人是中年男性，推测它是被作为偶像崇拜物或是巫师的灵物而埋入墓内的。

（三）宗日文化

宗日文化是 1994～1995 年在青海省同德县巴沟乡宗日发现而得名。这是近年来新发现的一支新石器时代文化遗存。主要分布在青海境内的同德、兴海、贵德等县的黄河沿岸区域。其文化内涵具有独自的特征，明显表现在陶器、骨器的风格与葬俗等方面，如变形鸟纹陶壶和两人抬物纹彩陶盆等，都是独一无二的，不见于其他文化中。为了便于比较研究，把它从马家窑文化中分出来作为一个新的考古学文化，还是有必要的。它的时间跨度为公元前 3500～前 2200 年。

宗日遗址出土的玉器有穿孔刀 3 件、凿（半成品）1 件、璧 1 件、水晶坠 4 件、玛瑙珠 47 件、绿松石珠 146 件、绿松石片或块 79 件，共 281 件[①]。

刀有单孔刀、双孔刀、三孔刀各 1 件。单孔刀为浅绿色。呈长方形，器身较长，双面刃，一端略残，一端钻孔。标本 M200：3（图六，1）通长 28.5 厘米、宽 4.6 厘米～5.5 厘米、厚 0.5 厘米、孔径 0.7 厘米。双孔刀略呈长方形，单面刃，刃锋作内弧形，一端钻双孔，均由一面钻成，磨制精致。标本 M200：4（图六，2）长 23.4 厘米、宽 4.4 厘米～6 厘米、

---

① 青海文物管理处、海南州民族博物馆：《青海同德县宗日遗址发掘简报》，《考古》1998 年第 5 期；格桑本、陈洪海主编：《宗日遗址——文物精粹论述选集》，四川科学技术出版社，1999 年。

厚 0.5 厘米、孔径 0.6 厘米～0.8 厘米。三孔刀呈梯形，长边和一侧边均磨成刃，刃锋由两面磨制成，稍内弧。器身钻三孔，均由一面钻成。标本 M200：2（图六，3）长 18.7 厘米、宽度不等，宽端 5.6 厘米、窄端 3.7 厘米、厚 0.5 厘米、孔径分别为 0.5 厘米、0.9 厘米、1 厘米。

凿系半成品，浅绿色。呈长条形，器身留有切割加工的痕迹。标本 M200：1（图六，9）长 26.8 厘米、宽 3.6 厘米、厚 1.6 厘米。

璧呈绿色，圆形，外缘规整，孔由一面钻成，璧内满饰藻丝团纹，通体抛光。标本 M200：5（图六，5）肉径 15.6 厘米、好径 7.6 厘米、厚 0.4 厘米～0.8 厘米。

上述 5 件玉器均出土在一个长 360 厘米、宽 160 厘米的圆角长方坑内，皆堆放在坑的一端，不见陶器等其他器物。该坑是墓葬坑或是祭祀坑，尚不能完全确定。不过从墓地散见有 18 个祭祀坑，同时这批置放在一起的玉器都很精美，判断其为祭祀坑可能比较合适。

水晶坠皆呈圆角梯形，一端钻孔，由两面钻成。标本 M140：3（图六，6）呈橙黄色透明体，长 2.3 厘米、宽 1.2 厘米、厚 0.6 厘米。标本 M216 为绿色半透明体。长 1.5 厘米、宽 1.1 厘米、厚 0.4 厘米。

玛瑙珠呈圆形，孔由两面钻成。标本 M134：4（图六，8），径 0.7 厘米、孔径 0.1 厘米。

绿松石饰分珠和饰件两种。

绿松石珠多呈管状，有的与骨珠相间串连成链饰。标本 M216：1（图六，7），通体磨光。长 1.5 厘米、径 0.8 厘米、孔径 0.25 厘米。标本 M130：1 约有 20 枚绿松石珠和骨珠串在一起，组成一串完整的项链，珠大小不一，长者 2.6 厘米，短者 0.7 厘米；径大者 0.8 厘米，小者 0.4 厘米。

绿松石饰件器形不甚规整。标本 M130：5（图六，4）略呈长方形，由绿松石和灰色板岩粘贴一起，粘贴处尚留有三对铜孔。通长 17.5 厘米、宽 6.5 厘米、厚 1.05 厘米。标本 M82：4 呈长方形，亦是绿松石片粘贴于板岩上，钻双孔，由两面钻成。长 10.5 厘米、宽 6.3 厘米、厚 1.2 厘米。

（四）菜园文化

菜园文化是 1985 年在宁夏海原县菜园村首先发现而命名。从该文化的墓葬形制和彩陶等随葬品方面分析，其时代与半山、马厂类型相当，有的彩陶器与半山类型同类器极为酷似。同时也有部分陶器与天水师赵村齐家文化相同，但多数的器物具有浓厚的地方特色。从宏观上观察，该文化遗存既有半山、马厂类型因素，又有齐家文化的成分，同时又包含了浓厚的本土文化特征，文化面貌比较复杂，确切的文化属性尚有待该遗址的发掘资料全部发表后再探讨。碳－14年代为公元前2800～前2200年。再则考虑到，目前在宁夏地区尚未发现单一典型的半山、马厂或齐家文化的遗址，权且把宁夏地区出土的史前时期玉器暂放在本节中一并叙述。

宁夏地区发现的玉器，除部分为发掘品外，多数是各市、县博物馆历年调查、征集的收藏品。发现玉器的遗址或地点有：海原县菜园村、山门村、固原县店河、红圈子、上台村、隆德县页河子、沙塘、奠安、凤岭、西吉县白崖乡等10余处。玉器类有斧、锛、凿、璧、琮、镯、笄、圭、围圈片和绿松石饰等多种。

斧1件出自菜园村瓦罐嘴墓地。标本M34∶02（图七，1）呈长方形，平刃，横剖面作长方形，四边棱角分明，器形较规整。

锛在页河子和菜园村遗址各发现1件，均呈长方形。标本页河子T103（6）∶3（图七，4）墨绿色。顶端略残，体扁平。长6.7厘米、宽3厘米、厚1.1厘米。标本菜园村瓦罐嘴M34∶05（图七，3），器身较小巧，长3.8厘米、刃宽2厘米。

凿1件，出自菜园村塞子梁遗址（图七，2），顶宽刃窄呈倒梯形，弧形刃，顶端有敲击加工的痕迹，通体磨光。长8厘米、刃宽1.3厘米、顶宽2厘米、厚1.7厘米。

璧2件，在页河子和山门村遗址发现。页河子为发掘出土，标本页河子T153∶11（图七，8）已残，绿色，好径5厘米。山门村采集1件，较完整，通体磨光。肉径25.6厘米、好径5.3厘米、厚0.8厘米[①]。

琮采集或征集自山门村、沙塘、奠定、白崖乡，计4件。山门村征集的琮墨绿色，呈正方形，圆孔，造型规整。高11.9厘米、宽10厘米[②]。沙

[①] 宁夏回族自治区文化厅、文管会编印：《文物普查资料汇编》（内部资料，1986年）。
[②] 同上。

塘的琮保存完好，器身较高。高19.7厘米、宽8.1厘米、射高3～3.2厘米[①]。奠安的琮器身较矮小，但器形完整，孔径较大[②]。白崖乡的琮系征集，乳黄色，内沁有黑色斑纹。形制较特殊，呈八角形，中部作正方体，一面阴线刻划一凤凰纹。高11.8厘米、宽7厘米、孔径3.5厘米[③]。据观察，琮上的凤凰纹，当为后人所刻划。在页河子还采集了1件琮芯、青玉质，在芯两端留有清晰的旋转痕迹。

镯在菜园村寨子梁发现1件（图七，9），乳白色。已残。横断面作圆形，径1厘米。

笄系宁夏回族自治区博物馆藏品，是从隆德凤岭征集来的。器顶端略粗，笄身较修长，通体磨光[④]。

圭为上台村采集品（图七，5），墨绿色。器身细长，一端钻孔，由两面钻成。长30厘米、宽3.4厘米～4.3厘米、厚0.5厘米～0.7厘米[⑤]。

绿松石饰在店内、红圈子、页河子等地均有发现。红圈子的绿松石饰为绿色，呈长方形，两端各钻一孔。长5.3厘米、宽2厘米、厚0.4厘米。店河第2号墓出土1件豆形陶器的口上粘贴一周绿松石片，计17片（图七，6）。这种将绿松石片贴在陶器上作为装饰，甚为罕见。

"围圈片"系固原博物馆藏品，是从隆德沙塘采集来的（图七，7）。墨绿色。器作半环形，边缘不规整，厚度不匀，四角各钻一孔，器身较大，长25.1厘米、宽17.5厘米。"玉围圈片"的定名是由杨美莉女士提出的，是指由一些形状类似但并不规整的玉片围成一圈的组合，而固原博物馆所藏的系"玉围圈"组合中的一片，若"玉围圈"与石围圈祭祀遗迹有密切的关系，亦应用于祭祀[⑥]。

[①] 杨美莉：《齐家文化玉器的性质与特色》，《淡江史学》第十一期（2000）；《齐家文化的玉围圈》，《故宫文物月刊》18卷第3期（2000）。
[②] 阎亚林：《甘青宁地区史前玉器初步研究》，北京大学考古系硕士研究生学位论文，1999年。
[③] 宁夏回族自治区文化厅、文管会编印：《文物普查资料汇编》（内部资料，1986年）。
[④] 钟侃：《宁夏古代文物》（内部刊物）。
[⑤] 宁夏回族自治区文化厅、文管会编印：《文物普查资料汇编》（内部资料，1986年）。
[⑥] 杨美莉：《齐家文化玉器的性质与特色》，《淡江史学》第十一期（2000）；《齐家文化的玉围圈》，《故宫文物月刊》18卷第3期（2000）。

（五）齐家文化

齐家文化是 1924 年在甘肃省广河县（旧称宁定县）齐家坪遗址首先发现而得名。齐家文化分布范围甚广，在黄河上游及其支流渭河、洮河、大夏河、湟水和西汉水等流域都有遗址分布，并以渭河上游、洮河中游和湟水中下游地区为密集，甘肃、青海东部是其中心地域。年代与夏代纪年相当，经碳 -14 年代测定，为公元前 2100～前 1600 年。

由于对齐家文化的考古调查与发掘工作做得较多，齐家文化的玉器资料的积累也较丰富。迄今所知发现齐家文化玉器的地点或遗址有：甘肃武威皇娘娘台、海藏寺、永靖大何庄、秦魏家、王家坡根、天水师赵村、广河齐家坪、互助总寨、积山新庄坪、兰州青岗岔、灵台桥村、漳县张家坪、静宁治平乡后柳河村与青海乐柳湾、大通上孙家寨、西宁沈那、贵南尕马台、平安东村、尖扎直岗拉卡、民和红崖村、下喇家、旱台等 20 余处。发现的玉器据不完全统计，1000 余件。玉器形制复杂，种类繁多，应用广泛，含有多种社会功能。

玉器的器类有：斧、锛、铲、凿、刀、钺、纺轮、璧、琮、璜、圭、凿形器、牙璋形器、镯、环、玦、珠、坠、管、水晶饰、玛瑙饰和绿松石饰等共 20 多件。它们分别属于工具、武器、礼器和装饰品等不同的类型。

斧共 6 件，顶端往往穿有圆孔。在柳湾、皇娘娘台和总寨等遗址均有出土，可分两型。Ⅰ 型平面呈长方形，标本皇娘娘台 H12（图八，8）顶端略残，单孔，器体一侧留有截锯痕。总寨 M17：13（图八，9）顶端钻双孔，刃部平齐锋利。长 11.3 厘米、宽 3.6 厘米。Ⅱ 型平面呈梯形。标本柳湾 M1128：15（图八，1）乳白色。单孔，两面钻成，器形规整，通体磨光。长 8 厘米、刃宽 3.7 厘米。

铲在皇娘娘台发现两件比较完整的标本。M85：11（图八，6）乳白色。保存完好，器形较规整，呈长方形，顶端钻一孔。长 10 厘米、刃宽 4.3 厘米。另 1 件标本（图八，7）系采集品，呈碧绿色，器形和前者近似，器体较长，刃部锋利，长 18.5 厘米、刃宽 5 厘米。

锛在柳湾和皇娘娘台等遗址发现 7 件，分三型。Ⅰ 型平面呈长方形。标本为页河子出土的 1 件，顶部已残，刃部平齐。Ⅱ 型平面呈梯形。标本柳湾 M1325：9（图八，2）软玉，暗绿色，一面平齐，另一面略鼓。长 8.1 厘米、刃宽 3.3 厘米。柳湾 M745：13（图八，5），顶部两侧略残，刃部较宽。长 7.2 厘米、刃宽 5.4 厘米。Ⅲ型器形不规整。标本皇娘娘台 2232（图八，10），一侧稍内凹，斜刃。

凿在柳湾和皇娘娘台等遗址发现 5 件，保存较完整的 2 件，可分两型。Ⅰ型为窄长方形，横剖面呈长方形，平顶窄刃。标本柳湾 M264：6（图八，3）铁碧玉，长 8 厘米、刃宽 1.4 厘米。Ⅱ型呈长条形，靠近顶端钻一孔，平顶平刃。标本柳湾 M1108：13（图八，4）通体磨光。长 18.6 厘米、刃宽 1.7 厘米。

凿形器因造型似凿，暂名。共出土 4 件①。均作长条形，一端作斜锐角形似刃，一端平齐，横剖面呈方形。标本东村 M2：8（图八，12）软玉，青绿色。器身较小，但一端略宽，长 6.3 厘米。皇娘娘台的 1 件（图八，13），磨制精致。沈那 T53（3）（图八，14）2 件，形制规整，器身细长。

刀在上孙家寨、下喇家、海藏寺等遗址均有发现，上海博物馆有藏品，共计 8 件。呈长方形，有的作横梯形，在靠近刀的背部穿有一至四孔。上孙家寨出土四孔刀 1 件（图九，1），呈不对称长方形，两面磨刃。长 54 厘米、宽 10.3 厘米②。在民和下喇家征集的四孔刀（图九，2），保存完好，近背缘钻三孔，作等距排列，在窄端又钻一孔，凹弧刃。长 41.2 厘米，两短边宽窄不一，宽端宽 8.1 厘米、窄端宽 6.4 厘米、厚 0.8 厘米③。

钺系甘肃博物馆藏品。标本 7856（图九，4）青绿色。呈梯形，器身扁平，凸弧刃，顶端钻一孔，器身规整④。

纺轮 4 件，出于柳湾墓中。软玉。标本 M1013：7（图十二，21），灰黄色。器形完整，径 5.6 厘米、厚 0.5 厘米。标本 M396：4（图十二，22），乳白色，通体磨光。径 6 厘米、厚 1 厘米。标本 M1325：14（图

---

① 阎亚林：《甘青宁地区史前玉器初步研究》，北京大学考古系硕士研究生学位论文，1999 年。
② 青海省文物处、青海省考古研究所编著：《青海文物》照片 47，文物出版社，1994 年。
③ 佟柱臣：《中国新石器研究》（下），巴蜀书社，1993 年，第 1250 页。
④ 阎亚林：《甘青宁地区史前玉器初步研究》，北京大学考古系硕士研究生学位论文，1999 年。

十二，23），暗绿色，在一面钻两个圆窝，器体较小。径3.3厘米、厚0.7厘米。

琮在师赵村、齐家坪、后柳河村和红崖村、王家坡根等遗址均有发现，北京故宫博物院和上海博物馆亦有藏品，共计13件。琮的造型均为外方内圆，呈立方体。标本师赵村M8：1（图十，11）系发掘出土。质地为透闪石，呈浅绿色，中间圆孔由两面钻成，射口作倾斜状，一侧留有切割痕，高3.2厘米～3.9厘米、宽5.2厘米～5.5厘米、射高0.4厘米～0.8厘米，重138克。北京故宫博物院收藏的1件琮，呈暗灰绿色。高4.7厘米、宽7.3厘米。[1]

在后柳河村发现的两件琮，上有纹饰，制作精致。标本Y0012（图九，3），绿色，器表饰阴刻瓦垄纹13道，排列整齐，在每一转角处琢平凸长带。标本Y0013，呈绿色，圆角方柱体，器表分三节，每节阴刻6～7道粗线纹，各侧面正中琢一竖行凹槽[2]。齐家文化玉琮一般皆光素无纹，这两件琢刻纹饰，颇引研究者的兴趣。在红崖村发现的琮为青绿色，器身较矮，射口呈正圆形。器宽4.8厘米、孔径4.4厘米。标本王家坡根YS28-42，青色，圆孔内留有加工错位的旋痕，似是管钻旋转所致[3]。除上述者外，淡江大学历史系黄建淳先生也收藏1件琮，保存较好。高9.2厘米、宽5.1厘米、孔径4.48厘米，重390克[4]。

璧在齐家文化的礼器中数量最多。皇娘娘台出土玉石璧264件，海藏寺有玉璧37件、石璧46件，新庄坪玉璧9件，再加上师赵村、秦魏家、柳湾、东村、沈那等地出土玉璧，共计384件。

璧的造型扁平，钻孔一般以单面钻为主。大小不一，大者如民和下喇家发现者，径达28厘米；小者如标本秦魏家M980：6，径仅7.4厘米。

---

[1] 周南泉：《玉器·故宫博物院藏文物珍品全集（上）》，商务印书馆有限公司，1995年，图版78。

[2] 杨伯达：《甘肃齐家文化初探》，《陇石文博》1997年第1期。

[3] 阎亚林：《甘青宁地区史前玉器初步研究》，北京大学考古系硕士研究生学位论文，1999年。

[4] 杨美莉：《齐家文化玉器的性质与特色》，《淡江史学》第11期（2000）；《齐家文化的玉围圈》，《故宫文物月刊》18卷第3期（2000）。

分两型，Ⅰ型为圆角方形璧，保存较好的有三例：标本秦魏家T6：1（图十，1）器形规整，边长14厘米；标本皇娘娘台M66：2，造型不甚规整，一面留有截锯的疤痕，边长27厘米；新庄坪的1件（图十，3），略呈方形，周缘不整齐，一面留有明显的切锯痕迹，呈一道台阶，器身略有弧曲，很不平直，似尚未加工完毕的半成品，边长22厘米。

Ⅱ型为圆形璧，呈圆形或椭圆形。标本师赵村M8：2（图十，5；彩照），透闪石制成，墨绿色。为圆形，一面留有切割锯痕，周缘有一段长3.5厘米的直边；另一面施赭红色几何形纹样。肉径18.4厘米～18.6厘米、好径4.8厘米～5.1厘米、厚0.4厘米～0.5厘米，重474克。标本柳湾M980：6（图九，4），软玉，青绿色。圆形，一侧残，圆孔内沿遗有旋痕。肉径7.4厘米、好径2.1厘米、厚0.6厘米。新庄坪出土的1件（图十，2）呈圆形，肉径19厘米、厚0.4厘米。标本秦魏家M75：1（图十，8）呈椭圆形，周缘不规整，器体较小。肉径7.5厘米～8厘米。标本皇娘娘台8825（图十，10），亦作椭圆形，一面遗有一道切割痕。

璧芯在皇娘娘台出土15件，柳湾出土1件，沈那亦有发现。标本柳湾M992：14（图十，9）浅绿色，半透明体。圆形无孔，通体磨光，经过精细加工，可能另有用途。径5.5厘米、厚0.7厘米。

璜在师赵村出土9件，皇娘娘台5件，康乐县苏集乡、积石山县银川乡等地征集9件，总共23件。质地多为透闪石，呈浅绿色或墨绿色。其形制和规格多数为三分之一璧面，即三璜可联成一璧。璜的两端钻孔，均单面钻透，孔壁斜直似尖锥状，做工精细，通体磨光。

师赵村出土的璜可分为淡绿色和墨绿色玉两组，淡绿色璜5件，墨绿色璜4件。淡绿色璜标本T403（2）：8（图十一，5；彩照3）这批璜中最薄的一件，形制规整。长8.2厘米、宽2.4厘米，厚仅0.15厘米，重12克。标本T403（2）：16（图十一，1）器体较长，为10厘米，宽2.4厘米～2.5厘米、厚0.3厘米～0.4厘米，重30.5克。标本T403（2）：15（图十一，2）器体厚薄不匀，孔径大小不一。长7.3厘米、宽2.5厘米～2.6厘米、孔径0.2厘米～0.4厘米，重18克，是这批玉璜中最小者。墨绿色玉璜有：标本T403（2）：11（图十一，6）质地细润，形制规整。长9.8厘米、宽 2.8 厘米，重 40 克，是这批璜中玉质最佳者。标本 T403（2）：10（图十一，3；彩照 4）长 9.9 厘米、宽 2.6 厘米～2.7 厘米，重 42.2 克。标本 T403（2）：17（图十一，4；彩照 2），形制不甚规整，器体较宽大，一角稍残。长 10.2 厘米、宽 4.3 厘米～4.5 厘米，重 47.7 克，是这批玉璜中最长最重者。

"围圈片"在民和转导乡后沟采集 1 件（图十，6），呈扇面形，两端各钻一孔，其后又在一端加钻两孔。片面较宽，长约 10.5 厘米、宽约 6 厘米[①]。

环在师赵村、东村、下喇家、新庄坪、皇娘娘台、海藏寺、直岗拉卡、沈那等地均有发现，共约 13 件。如师赵村出土 2 件，标本 M403（2）：7（图十一，8）为透闪石制成，呈棕褐色。边缘留有一段切割痕。肉径 9.5 厘米～9.7 厘米、好径 5.5 厘米、厚 0.6 厘米，重 92.2 克。标本 T382（2）（图十一，7）制作精美，通体磨光。肉径 8.6 厘米、好径 5.9 厘米、厚 0.6 厘米。

玦在海藏寺发现 1 件，标本 1819（370）（图十，7）青玉，局部沁糖红色[②]。

圭在皇娘娘台等地共发现 4 件，多呈长条形。标本皇娘娘台 M142，器形规整，一端刻有两道划纹，器身较长，达 25.7 厘米。民和采集品（图十二，24）器身较短，一端钻孔，另端有刃。标本定西 422-21（图十二，25）呈青色，两端宽窄不一，窄端呈弧形，宽端有刃，钻一孔。青海省博物馆藏品（图十二，26）墨绿色，一端钻一孔，器身窄长，造型较规整，此形制的圭未见于其他地区史前文化遗存中[③]。

牙璋形器仅在积石山银川乡发现 1 件（图八，11），整体呈凸字形，两侧稍内凹，柄端钻双孔，宽端留有敲击的痕迹[④]。

臂饰 1 件出自柳湾墓中。标本 M1366：11（图十二，20）呈乳白色。

---

① 阎亚林：《甘青宁地区史前玉器初步研究》，北京大学考古系硕士研究生学位论文，1999 年。

② 同上。

③ 同上。

④ 同上。

圆筒形，中腰稍内弧，并刻划一道凹槽，高5.5厘米、径7.5厘米。

玛瑙珠在大何庄出土2件，互助总寨发现5件。标本大何庄M69：4，横剖面作椭圆形，径0.7厘米。总寨的玛瑙珠略呈椭圆形（图十二，17、18），径0.7厘米～0.8厘米。

绿松石饰发现较多，在新庄坪发现169件、秦魏家46件、柳湾34件（图十二，1～16），尕马台31件、皇娘娘台32件、大何庄20件、总寨2件（图十二，19）加上青岗岔、沈那、东村、直岗拉卡等地发现的共351件。绿松石饰最常见的形式是管形，其次是圆形、椭圆形、仿斧形、算珠形和不规则形等多种。按其功能可分为含在死者口内的葬玉和佩戴在颈部、腕部的装饰玉。前者较少，后者较为常见。一般都钻孔，多为单孔，少数为多孔。在皇娘娘台和柳湾均发现有含玉的实例。如皇娘娘台第38号墓为成年男女合葬墓，男女口内均有绿松石珠各3枚。第42号墓为小孩墓，口内也含有绿松石珠。上述例子说明当时不论男女或年龄差别都有含玉的习俗。柳湾第972号墓的5枚绿松石发现于手腕部位，新庄坪的绿松石珠是成串出现的，可见它们是用作于腕饰和头饰。

三、独具的文化特征

从现有的考古资料知，黄河上游地区的史前玉器最早见于大地湾遗址仰韶文化时期，发掘出土的玉器种类有斧、锛、凿、镯、笄、坠饰、绿松石饰等。而这时期黄河中游的中原大地上的仰韶文化遗址中亦有少量的玉器出土，如陕西南郑县龙岗寺遗址出土了斧、铲、锛、凿等24件[①]，临潼姜寨、西安半坡出土了坠饰和绿松石饰[②]，所见的器类与甘肃的大体相同，说明约在公元前五千年甘肃东部与中原地区不仅在文化发展上，而且在玉器发展上都是同步的。仰韶文化的玉器数量不是很多，种类亦不复杂，虽

---

① 陕西省考古研究所：《龙岗寺——新石器时代遗址发掘报告》，文物出版社，1990年，第96～98页。

② 杨亚长：《陕西史前玉器的发现与初步研究》，邓聪主编：《东亚玉器（Ⅰ）》，香港中文大学中国考古艺术研究中心，1998年。半坡博物馆等：《姜寨——新石器时代遗址发掘报告》，文物出版社，1988年，第147页。

然不能说它是该地区玉器的始祖，比它要早、要原始的玉器在来日的考古发掘中极有可能会出现，然而可以说，仰韶文化的玉器在发展史上是处于初始阶段。主要的器类玉斧、铲、锛、凿等在同出的石器中都能找到，而且是大量的。这似乎告诉我们，这时的玉器并未从石器中分离出来成为独立的门类，这些斧、铲、锛、凿也未成为礼器而仍作为工具和武器被人们所使用。玉镯、笄、坠饰也脱胎自石、骨、陶质的同类器而且同时存在。但不可否认，玉的晶莹细腻之美质已被人们所认识，采之制作成工具、武器乃至装饰品，绿松石更以其绝丽为人们所喜爱加工成装扮自己的饰品。

黄河上游地区由于它独特的地理生态环境与自然风貌的影响，史前文化自仰韶文化以后，走了一条自己独立发展的道路。它经历马家窑文化、宗日文化、菜园文化、齐家文化诸文化。而玉器亦相同，由初始到发展走了一条与中原既有相系又相对独立的道路。

（一）在器类和造型上具有鲜明的发展独特性。斧、锛、铲、凿等生产工具型玉器从仰韶文化直至齐家文化历三千年始终未衰，是其主要的传统玉器。在马家窑文化半山类型、宗日文化、齐家文化时期增添了刀和多孔刀。齐家文化时又出现了钺。这些生产工具型玉器有的可能在发展中转化了它的使用功能，如铲、钺、多孔刀，已由工具成为礼器。作为装饰用的镯、笄、坠饰、珠也一直存在，马家窑文化半山类型、马厂类型、齐家文化中有了臂饰，齐家文化出现了玦，自半山类型始，珠和坠饰等除绿松石和玉质外又采用了玛瑙和水晶，玉材的使用范围进一步地扩大。璧、璜、琮类玉礼器的出现是在半山类型中，宗日文化、菜园文化都有这类礼器，至齐家文化时玉礼器的比重大为增加。齐家文化仅璧一项即发现384件，皇娘娘台遗址出土玉石璧达264件，约有三分之一的墓随葬有璧，其中第48号墓随葬83件璧，璧不仅是具有特殊社会功能的礼器，而且也成了墓主生前社会地位和财富的象征。离皇娘娘台遗址约1.5公里的海藏寺遗址出土玉璧37件、石璧46件，同时伴出有玉斧、锛、凿、刀、石斧、锛、刀，以及161件玉器的边角料、半成品、毛坯和原材，发掘者推定该处是玉石器加工作坊遗址，而且与皇娘娘台遗址有密切的关系，应是皇娘娘台遗址的一部分。也就是说，齐家文化聚落中已有一定规模的玉石器加工作坊，生产璧等的礼器为其居民服务了。齐家文化的礼器除传统的璧、琮、璜外，新增了圭、牙璋形器等。

黄河上游地区的史前玉器器类不很复杂，而且无论工具武器类、礼器类或装饰品类，无一不是呈几何形，未见动物形的造型。这与其他地区史前玉器有明显的不同。如辽西地区红山文化玉器，在辽宁凌源牛河梁等遗址中出土有钺、璧、璜、镯、环、珠、棒形器、箍形器、勾云形器、猪龙形器、兽面牌饰、鸟、鸮、鹰、蚕、蝉、鱼、蝌蚪、龟、蛙、猪、绿松石鸟、绿松石鱼动物形玉饰等。璧的形制变多样，有圆璧、方璧、双联璧、三联璧，璜有双龙首璜。以动物形饰玉是其明显的特点，目前尚未见到琮[①]。山东大汶口文化、龙山文化的玉器，在宁阳大汶口、胶县三里河等遗址出土有钺、锛、镞、锥形器、璧、璜、环、镯、管、笄、浮雕人面像笄、坠饰、马鞍形饰、鸟形饰、绿松石饰等，双孔钺、齿刃钺、牙璧、锥形器有它鲜明的特点[②]。长江下游地区良渚文化玉器，在浙江余姚反山、瑶山等遗址中出土有斧、钺、璧、琮、璜、瑗、环、镯、纺轮、柱状饰、杖端饰、冠状饰、三叉形器、锥形饰、龙首圆牌饰、带钩、鸟、龟、鱼、蝉动物形玉饰、花瓣形饰、坠饰、管、珠、臂饰等，以琮、冠形饰、三叉形器、锥形饰为它最具特色的玉器[③]。

山西龙山文化的玉器，在襄汾陶寺遗址出土有钺、钺形器、刀、戈、琮、璧、复合璧、璜、环、圭、梳、笄、绿松石饰等。尖首圭、戈、嵌绿松石和玉片的骨笄不见于他地[④]。陕西龙山文物的玉器，在神木石峁等遗址出土有斧、铲、锛、凿、刀、纺轮、戈、钺、戚、琮、璧、牙璋、圭、环、镯、笄、坠、管、人头像、蚕、虎头、蝗、螳螂动物形玉饰等。以牙

---

① 辽宁省文物考古研究所：《辽宁牛河梁红山文化"女神庙"与积石冢群发掘简报》，《文物》1986年第8期。

② 中国社会科学院考古研究所：《胶县三里河》，文物出版社，1988年，第42～44页、第88～89页。

③ 浙江省文物考古研究所反山考古队：《浙江余杭反山良渚墓地发掘简报》，《文物》1988年第1期；浙江省文物考古研究所：《余杭瑶山良渚文化祭坛遗址发掘简报》，《文物》1988年第1期。

④ 高炜：《陶寺文化玉器及相关问题》，邓聪主编：《东亚玉器（Ⅰ）》，香港中文大学中国考古艺术研究中心，1998年，第192～200页。

璋、圭、刀为其典型的器物①。

各地区史前玉器与史前文化一样，呈现出繁荣、发达而且五彩缤纷、各具特色的多元局面。它们之间有着某种内在的联系但又各具自己的特点。若将黄河上游地区史前玉器置于全国的全局中观察，它的独特性亦是明显而且是自然的了。

（二）黄河上游地区的史前玉器不仅造型均作几何形，而且很少施加纹饰予以装饰，显得朴实无华。至今见有装饰纹样的仅两例，即甘肃静宁后柳河村发现的两件玉琮（Y0012、Y0013），也只是在琮上阴刻瓦垄纹，凝重简洁，完全不同于其他地区在动物的造型上琢刻流动变幻的线条，使之动物造型栩栩如生充满活力。尤其是良渚文化玉器，在琮、璜、钺、冠状饰、三叉形器等器上雕刻线条繁密纤细的兽面纹或神人兽面纹之类的复杂花纹图案作为神徽，其工艺之高令人叹为观止。这与黄河上游地区的玉器风格形成了极大的反差。

（三）黄河上游地区的史前玉器在制作技术上，普遍采用锯切法。经观察，在一些玉器上两面相向锯切相接处往往错位，因此留有锯切痕，错位严重的还形成一台阶状崩断面。这在玉璧上反映得最为明显。如师赵村出土的璧（M8∶2），在璧的表面留有一道清晰的钻切痕。这种在器面上留有截锯疤痕，不予整治，是这一地区史前玉器的特点，亦是有别于其他地区玉器之处。制作上有一特点也引人思考。即出土的某些玉刀，形略呈横梯形，在窄端的上方、背部的一端开一浅长缺口。这在青海的上孙家寨、宗日、下喇家等遗址中出土的穿孔玉刀上都有此现象。据有的学者研究，该缺口是因作为随葬品而采取的特殊处理。但也不能排除该器因捆绑需要而设此缺口的。

综上所述，黄河上游的史前玉器器类实用性强，造型简洁，装饰朴素无华，制作不求精雕细琢，显示出它的粗犷和豪气，在全国的原始玉器中是独树一帜的。这种风格应与当地居民的传统习俗紧密有关，而且影响深远。

---

① 戴应新：《神木石峁龙山文化玉器》，《考古与文物》1988 年第 5、6 期。

四、余论

（一）关于黄河上游史前玉器的玉材产地问题

根据地质部门调查，在该地区出产鸳鸯玉、布丁玉（Pudding Stone）、祁连玉、山丹玉、酒泉玉、乐都玉、乌兰玉等，玉材品种比较丰富。在洮河支流大碧河的马衔山沟和祁连沟中都发现有玉，推测马家窑文化与齐家文化的玉器的玉材即采自临洮[①]。大地湾遗址出土的仰韶文化玉锛[T609（2）:3]，经测试属于矽线石（Sillimaunite），不见于以往认识的玉种。大地湾遗址出土的仰韶文化玉器（F824:1、T703（4）:8）为蛇纹石玉——鸳鸯玉，该文化年代距今6500～6000年，是发现最早的鸳鸯玉。鸳鸯玉因产于甘肃武山县鸳鸯镇而得名，其玉质有明显的独特性，为其他地区所未见[②]。这些玉材均来自本地区，应是史前玉器玉材的主流。

在齐家文化的玉器中，经观察有部分玉材属于和田玉。它当是经过河西走廊输入甘肃的。这对探讨古代甘肃与新疆地区的交往路线及交往历史有一定的参考价值。

在该地区史前文化中发现有较多的绿松石。据统计，出土有绿松石饰的遗址30余处1000多件。比较集中的如柳湾出土278件，新庄坪169件，宗日225件。这说明该地区有丰富的绿松石材料，而且先民喜爱绿松石的鲜艳色彩并用它来装饰打扮。此习俗还一直延续至青铜时代的卡约文化、辛店文化和寺洼文化时期。这种现象在其他地区比较少见，如良渚文化中尽管出土有不少的玉饰件管、珠、坠之类，但很少见绿松石制品。

（二）关于璧、琮等玉礼器的渊源、功能诸问题

黄河上游地区自马家窑文化半山类型之时出现了璧、琮、璜诸礼器，在时间上比红山文化、大汶口文化和良渚文化要晚，而与龙山文化早期的

[①] 闻广：《中国大陆史前古玉器若干特征》，邓聪主编：《东亚玉器（Ⅱ）》，香港中文大学中国考古艺术研究中心，1998年，第217页。

[②] 杨伯达：《甘肃齐家文化初探》，《陇石文博》1997年第1期。

同时。作为同类器而且是用途特殊的同类器先后出现于我国诸原始文化的社会中，它们之间有无传播、影响的关系，或各是独立产生和发展的，实是一个值得深思和探讨的问题。如果起源是单元的，那么璧、琮等的渊源会比较简单，如果起源是多元的，那么它们也可能各有其渊源了，增加了问题的复杂性。长期以来学术界对此问题非常关注，进行了不少的研究，意见纷纭。林巳奈夫先生曾就此做过归纳，认为琮、璧的渊源主要有"环状石斧"说、"手镯"说、"腕饰"说、"女性神象征"说、"屋顶烟筒"说、"纺轮"说等[1]。近年来又有新观点，认为璧、琮的形制来自圆形和方形的房子，外方内圆的琮是方形和圆形房子的体现，璧是圆形房子平面图形的模写[2]。也有认为琮仿自图腾柱，是图腾信仰的产物[3]。此外还有"天圆地方"说等。以上诸多意见对探讨该主题无疑是有益的，可使我们开阔视野，在更大的空间中寻觅和追溯它的踪迹。

从考古资料观察，笔者赞同琮、璧的形制雏形可能分别来源于臂饰和纺轮的说法。柳湾墓地的半山类型、马厂类型和齐家文化的墓中都出土有玉石臂饰。臂饰有矮体型，高体型和器表刻有凹槽的圆筒形，横剖面呈环形，其形制与琮甚为肖似。由于琮是原始的礼器，它的含义我们不能完全明白，但它的外形由脱胎自臂饰的近似圆形、圆角方形至方形，其演变轨迹是清楚的。纺轮在史前文化中最是常见，它有石质、玉质、陶质多种。据甘青地区的林家、柳湾、阳山、师赵村、西山坪、皇娘娘台、花寨子、土谷台8处遗址统计，历年来共发掘出土纺轮608件，其中仰韶文化4件、马家窑类型101件、半山类型176件、马厂类型222件、齐家文化105件。纺轮作圆孔圆形平片状，与璧的形制并无二致。史前先民在众多的器形中采用纺轮的圆孔圆形作为礼器璧的形制自有它的含义和道理在。圆璧方琮可能反映了先民们已朦胧产生天圆地方的原始宇宙观念。

---

[1] 林巳奈夫著，杨美莉译：《中国古玉研究》，台北，艺术图书公司印行，1997年，第81～83页、第163～164页。

[2] 戴应新：《从上泉玉琮说起》，《文博》增刊2号（《玉器研究专刊》，1993年）。

[3] 刘斌：《良渚文化玉琮初探》，《文物》1990年第2期。

璧、琮在中国古代是特殊的器物，富有特殊的意义。在原始社会它作为礼器郑重地用于祭祀礼神和丧葬，在阶级社会它除原有功能外还被贵族阶级用作聘礼、贡献、馈赠和赏赐，同时它又是权力、地位和身份的象征。原始社会的功能我们无文献可征可考。至于周代，据《周礼·大宗伯》云："以玉作六器（按：指璧、琮、圭、璋、琥、璜），以祀天地四方。以苍璧礼天，以黄琮礼地……"郑玄注："礼神者，必象其类，璧圜象天，琮八方象地……"有学者怀疑《周礼》这段记载的可靠性，认为将璧琮和天地联系大概是成书时受天圆地方学说的影响。当然《周礼》记载的理想化是存在的，但《周礼》成书的战国时期，璧琮仍在使用，它的内涵意义应为时人所知。汉代琮虽已不见，而璧却仍然较多地随葬于墓葬中，而且大学问家郑玄注《周礼》，其可信度是很高的。因此《周礼》和郑玄注比起两千余年之后我们对它的解释探索，应更接近于真实，值得我们重视。

《周礼·典瑞》："疏璧琮以敛尸。"郑玄注："……璧在背，琮在腹，盖取象方明神之也，疏璧琮者通于天地。"在考古发掘中，齐家文化和良渚文化的墓中都曾出土许多璧及琮。在皇娘娘台遗址发掘的齐家文化墓约有三分之一墓随葬璧，少者1件，多者如M38为5件，M32、M46为6件，M85为10件，M66为15件，M52为20件，M48达83件。M48还伴出玉璜1件。M38、52、66、85为双人合葬墓，M48为三人合葬墓。璧都出土于墓主人的身上和周围，璜出于胸部，凡合葬墓多出在男性骨架上。齐家文化资料证明当时已有以璧敛尸的丧葬习俗。

玉器被作为礼器是我国文明起源的重要文化因素。它的出现，标志着当时社会已迈进了文明的门槛。

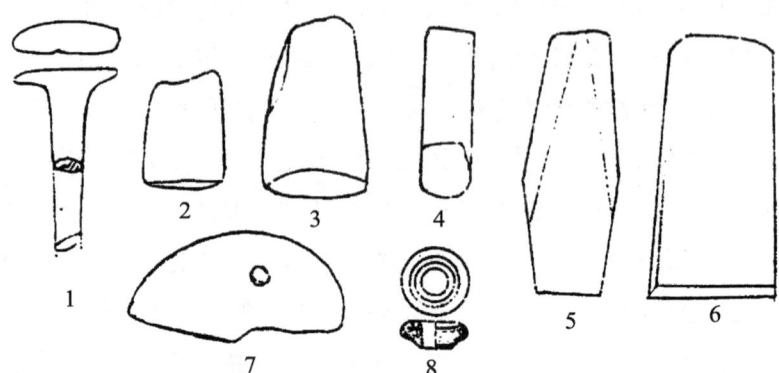

图一 大地湾仰韶文化玉器

1.笄 2-3.锛 4.Ⅰ型凿 5.Ⅱ凿 6.斧 7.绿松石饰 T802（3）：6 8.杖头饰 T405：12
1-6 摘自《甘青宁地区史前玉器初步研究》十三，18-23 7.《甘肃秦安大地湾第九区掘简报》图十七，3 8.《秦安地湾405号新石器时代房屋遗址》图六，4。

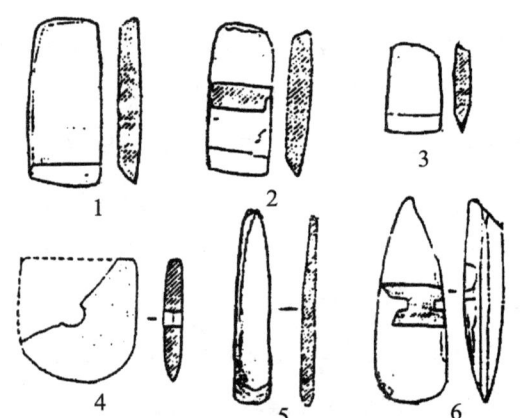

图二 马家窑类型玉器

1-2.Ⅰ型锛 林家F16：9、H90：50 3.Ⅱ锛 林家T14（4）：30 4.铲 山那 5.Ⅰ型斧 131 6.Ⅱ型斧 林家F16：17。
1-3、6.摘自《甘肃东乡林家遗址发掘报告》图十七，5、2、6；图十六，9、4、5.《甘肃岷县新石器时代遗址调查简报》图二，9、12。

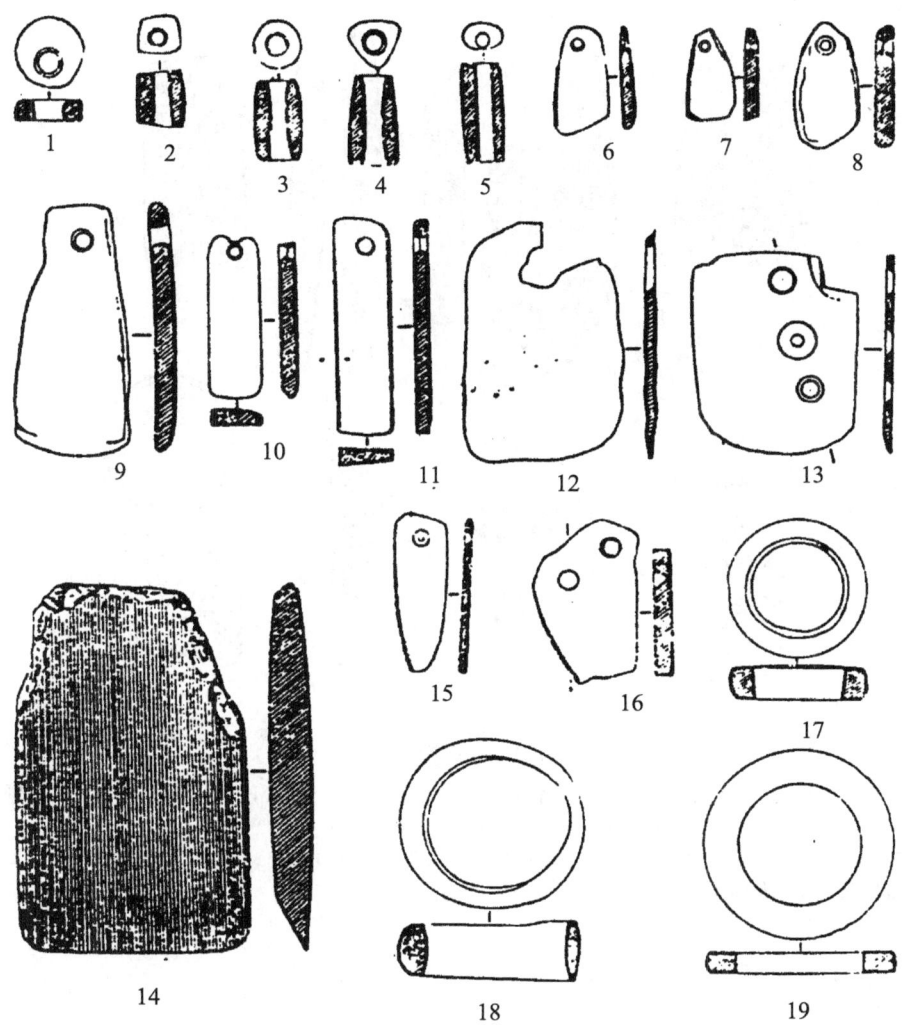

图三 半山类型玉器

1-13、15、16.绿松石饰 柳湾M606：4、M615：2、M493：1、M693：1、M653：1、M606：10、M515：2、M693：10、M689：1、M421：4、M607：3、M474：1、M678：1、M519：4、M685：4 14.锛 柳湾M459：6 17-19.臂饰 柳湾M606：8、M580：4、M692：2均摘自《青海柳湾》图三六，1-13、15-16；图三七，1-3；图二三，2。

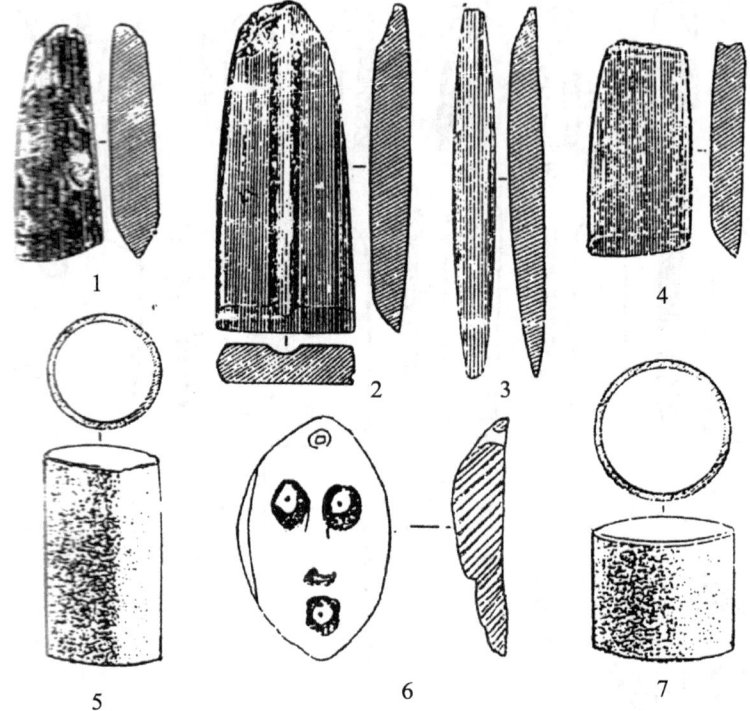

图四 马厂类型玉器

1.斧 柳湾 M516：12 2.Ⅱ型锛 柳湾 M567：25 3.凿 柳湾 M1090：29 4.Ⅰ型锛 柳湾 M1293：19 5、7.臂饰 柳湾 M619：16、11 6.石雕人面像 鸳鸯池 M51。

1-5、7.摘自《青海柳湾》图六七，4；六八，6、3、8；图九七，1、2 6.《永昌鸳鸯池新石器时代墓地的发掘》图十三，右。

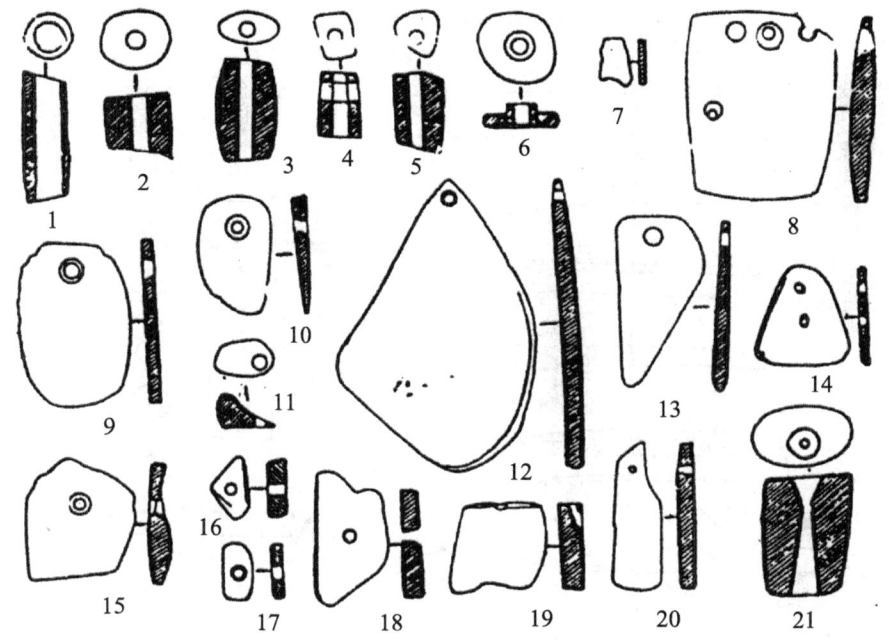

图五 马厂类型玉器

1-20.绿松石饰 柳湾 M809∶1，303∶5，M1144∶46，M898∶45，M449∶12，M1086∶13，M4106∶8，M648∶3，M120∶35，M779∶16，M1060∶41，M776∶14，M34∶2，M888∶13，M389∶21，M389∶23，M765∶3，M506∶26，M1360∶15 21.玉珠 柳湾 M149∶49均摘自《青海柳湾》图九六，1-20、25。

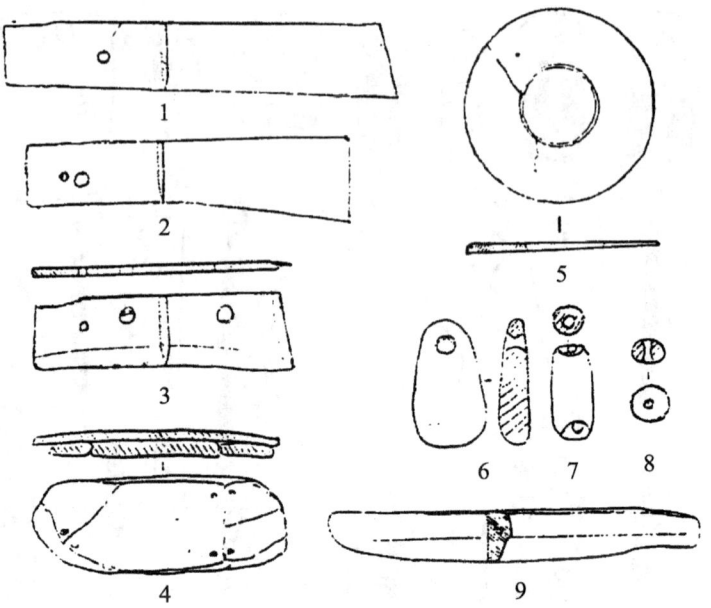

图六 宗日文化玉器

1-3.刀 M200:3、4、2 4.绿松石饰 M130:5 5.璧 M200:5 6.水晶坠 M140:3 7.绿松石珠 M216:1 8.玛瑙珠 M134:1 9.凿 M200:1。

1-3、5、9.摘自《宗日遗址——文物精粹论述选集》图7,1-5 4、6-8.《青海同德县宗日遗址发掘简报》图三,5;图三十,4-6。

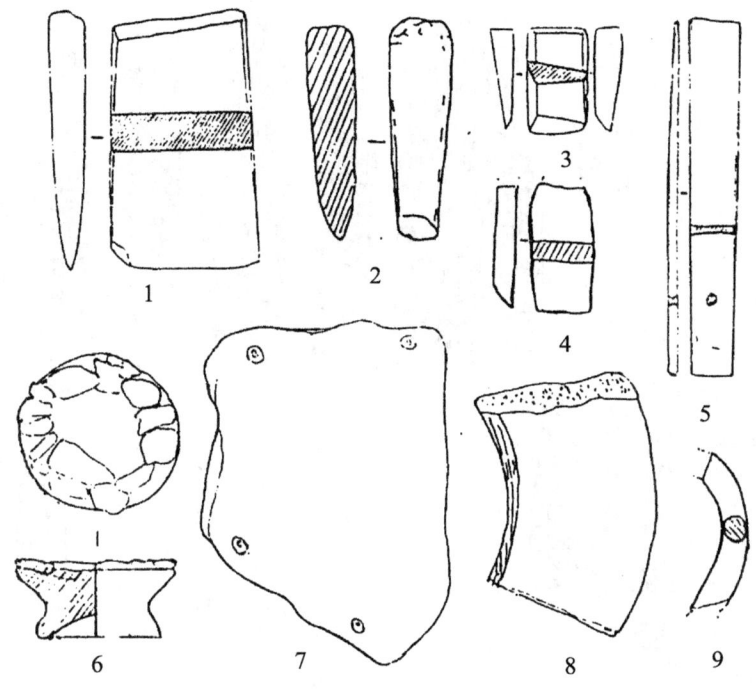

图七 菜园文化玉器

1.斧 瓦罐嘴 WM34∶02 2.凿 寨子梁 3.锛 瓦罐嘴 WM34∶05 4.锛 页河子 T103（6）∶3 5.圭 河川乡上台村 6.粘贴绿松石陶器 店河 M1∶10 7.围圈片 沙塘 8.璧 页河子 T153∶11 9.镯 寨子梁。

1、3.摘自《宁夏海原县菜园村遗址墓地发掘简报》图三，1、4 2、5、7、9.《甘青宁地区史前玉器初步研究》图九，3；图七，2；图十七，2；图五，7 4、8.《隆德页河子新石器时代遗址发掘报告》图三一，8；图二三 10 6.《宁夏固原店河齐家文化墓葬清理简报》图八，7。

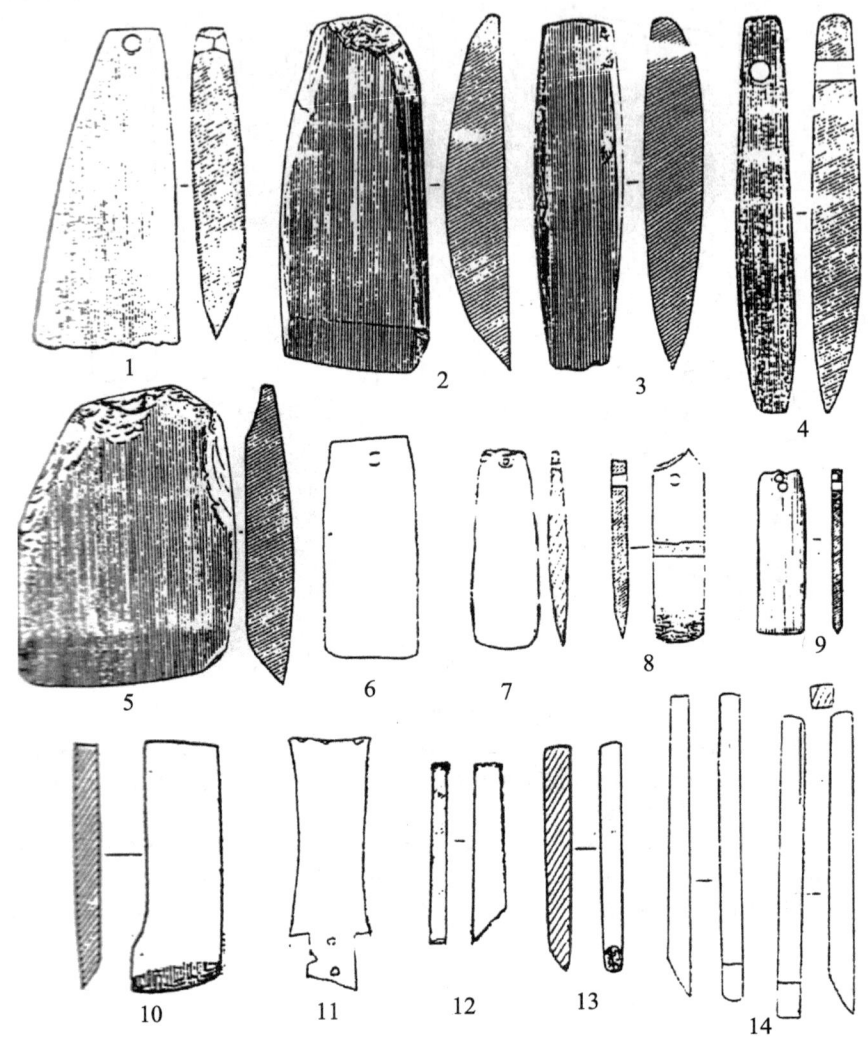

图八 齐家文化玉器

1. Ⅱ型斧 柳湾 M1128：15 2、5. Ⅱ型锛 柳湾 M1325：9、M745：13 3、4. 凿 柳湾 Ⅰ型 M264：6、Ⅰ型 M1108：13 6、7. 铲 皇娘娘台 M15：11 8、9. Ⅰ型斧 皇娘娘台 H12、总寨 M7：13 10. Ⅲ型锛 皇娘娘台 2232 11. 牙璋形器 新庄坪 12-14. 凿形器 东村 M2：8L 皇娘娘台、沈那 1-5. 摘自《青海柳湾》图一一七，4；图一一八，2；图一一九，2-4；图一一八，169-8、11、13、14.《甘青宁地区史前玉器初步研究》图七，6-8；图九，9、8 9.《青海互助土族自治县总寨马厂、齐家、辛店文化墓葬》图九，4 10.《武威皇娘娘台遗址发掘报告》图五，3 12.《平安东村古墓葬及窑址发掘简报》图二，3。

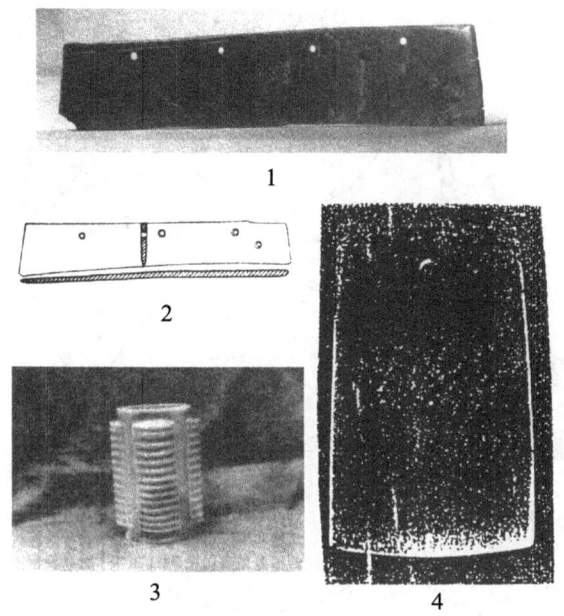

图九 齐家文化玉刀、琮、钺

1.刀 上孙家寨 2.刀 下喇家 3.琮 静宁Y0013 4.钺 甘肃博物馆藏品7856
1.摘自《青海文物》图版47 2.《中国新石器研究》页1250 3.《甘肃齐家文化初探》照片三 4.《甘青宁地区史前玉器初步研究》图九 10

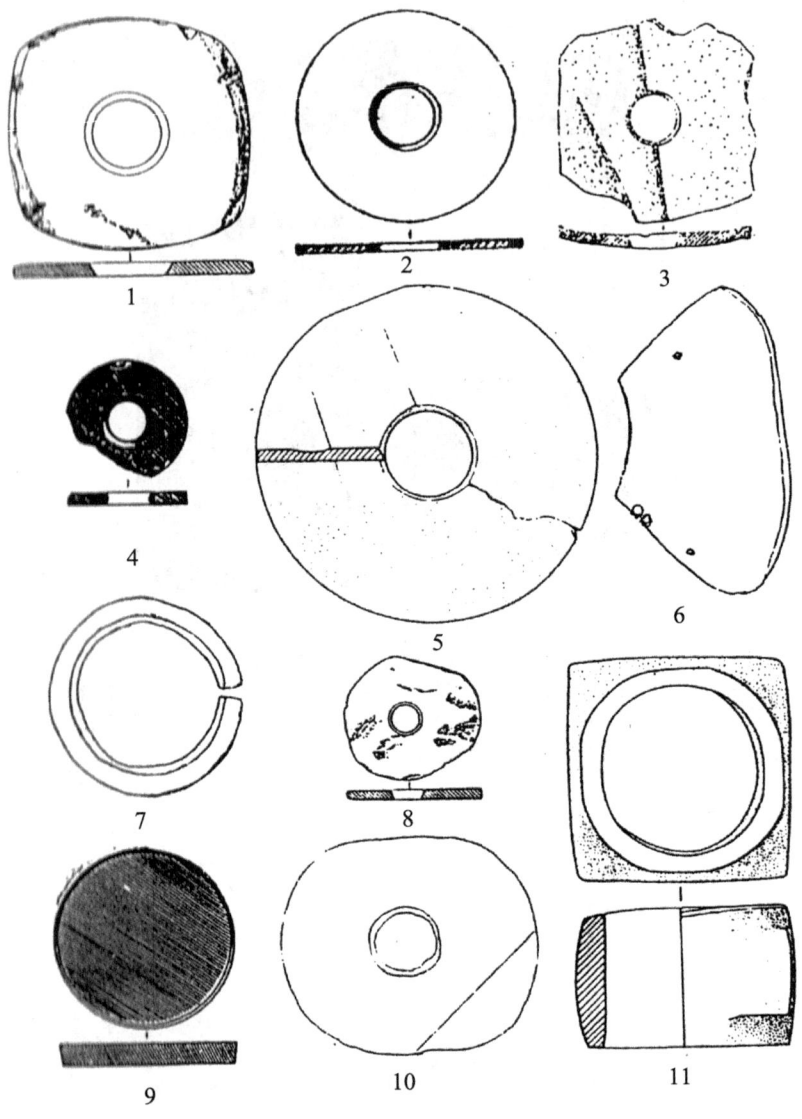

图十 齐家文化玉器

1. Ⅰ型璧 秦魏家 T6∶1 2. Ⅱ型璧 新庄坪 3. Ⅰ型璧 新庄坪 4. Ⅱ型璧 柳湾 M980∶6 5. Ⅱ型璧 师赵村 M8∶2 6. 围圈片 后沟 7. 玦 海藏寺 1819 8. Ⅱ型璧秦魏家 M75∶1 9. 璧芯 柳湾 M992∶14 10. Ⅱ型璧 皇娘娘台 11. 琮 师赵村 M8∶1

1、8摘自《甘肃永靖秦魏家齐家文化墓地》图二二，1、2 2、3.《甘肃积石山县新庄坪齐家文化遗址调查》图三，9、12 4、9.《青海柳湾》图一四一，4、1 5、11.《师赵村与西山坪》图140，2；图141，4 6、7、10.《甘青宁地区史前玉器初步研究》图一七，4；图一一，14；图九，10。

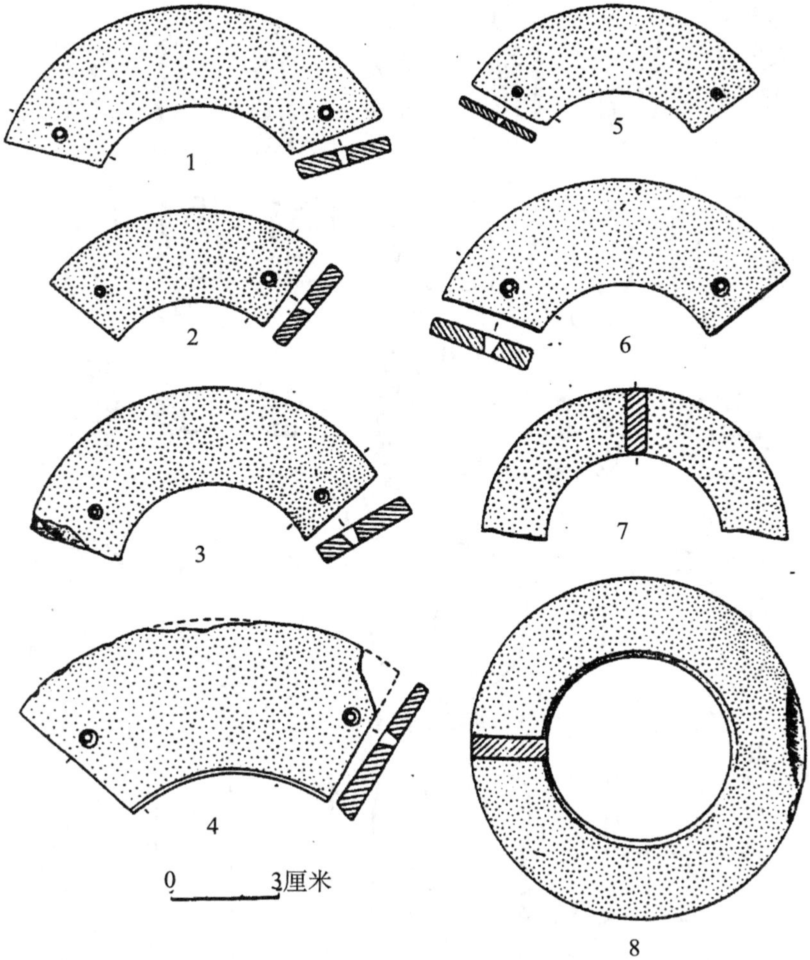

图十一　师赵村齐家文化玉璜、玉环

1-6. 璜　T403（2）:16、15、10、17、8、11　7-8. 环　T382（2）:12、T403（2）:7
均摘自《师赵村与西山坪》图162，1、3、6、7、9-11。

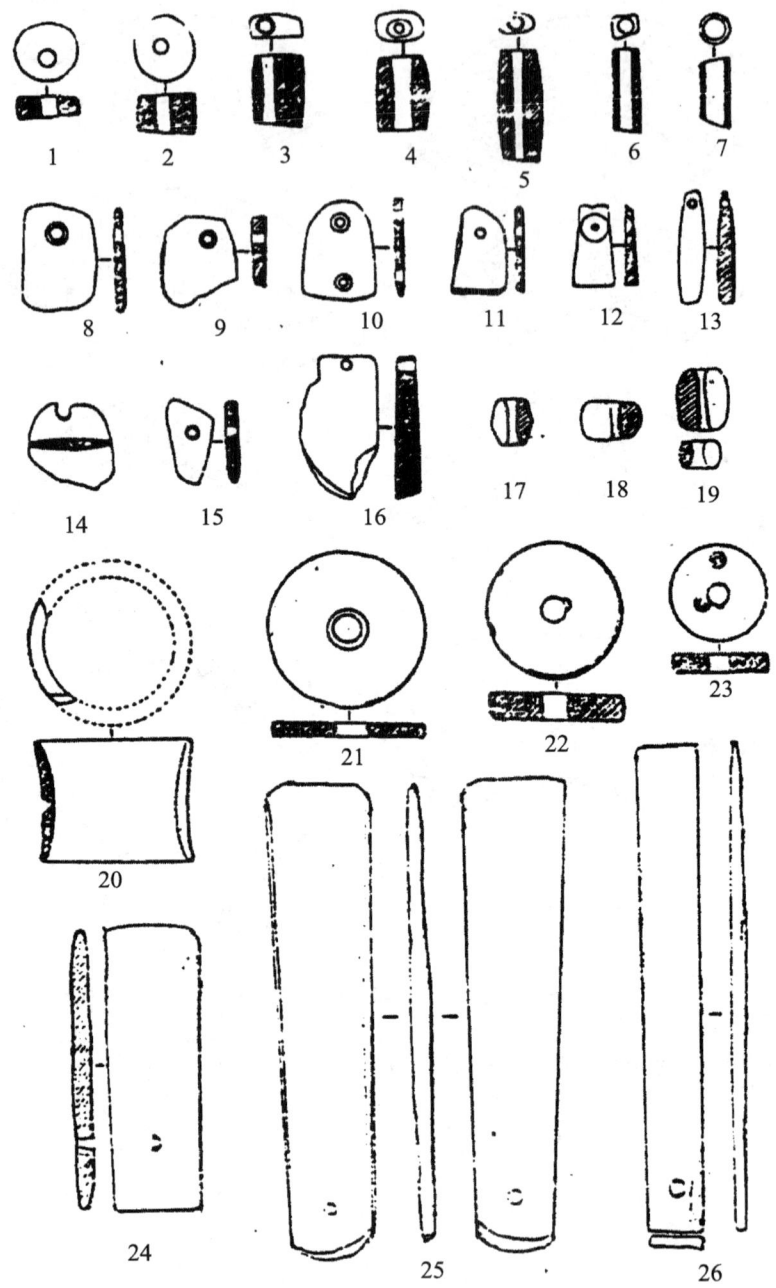

图十二 齐家文化玉器

1-16.绿松石饰 柳湾 M1129：3、M1138：6、M1337：11、M1129：4、M265：4、M1017：21、M1156：35、M776：13、M1151：2、M1103：30、M708：14、M557：1、M1051：6、M270：1、M708：13、M697：5 17、18.玛瑙珠 总寨 19.绿松石珠 总寨 20.臂饰 柳湾 M1366：11 21-23纺轮 柳湾 M1013：7、M396：4、M1325：14 24-26.圭 民和、

定西、青海博物馆藏品。

1-16、20-23.摘自《青海柳湾》图一四〇、1-16；图一四一，3；图一二一，1-3　17-19.《青海互助土族自治县总寨马厂、齐家、辛店文化墓葬》图八，13、14　24-26.《甘青宁地区史前玉器初步研究》图七，5、4、3。

（本文原载《故宫学术季刊》第19卷第2期，2001年）

黄河上游史前陶器符号与图像研究

陶器是我国史前文化的重要组成部分，她深深植根于原始社会的沃土中，蕴含着丰富的历史信息，有待我们去开发，去认识，去研究。多年来，学术界不遗余力研究了彩陶纹饰、彩陶造型等方面的课题，获得丰硕成果。陶器也是原始符号和图像的载体。原始符号是刻划或彩绘于陶器上，图像则是在陶器上采用雕塑和彩绘方法而成的。它们的内涵深刻，耐人寻味，所以一旦发现，公之于世，就引起学者探索的兴趣。20 世纪 50 年代，西安半坡遗址最早发掘出土了一批带有刻划符号的陶器，在发掘报告中予以详尽地报道，并阐述了它的重要意义：在原始氏族社会阶段没有出现真正的文字，刻划符号是"用以标记他们对一定的客观事物的意义，与我国文字有密切关系，也很可能是我国古代文字原始形态之一"。[①] 郭沫若、于省吾诸先生敏锐地觉察到它的重要性，随后撰文给予肯定[②]。半坡遗址刻划符号的发现和古文字学大家的研究开启了考古学界追溯汉字起源的大门。至于陶器上的图像，内涵更是深奥和复杂，学者的研究乃是仁者见仁，智者见智，莫衷一是。

黄河上游地区史前陶器出土甚多，尤其是彩陶著称于全国，彩陶符号和图像的资料也很丰富。出之于秦安大地湾遗址的彩绘符号和天水西山坪

---

① 中国科学院考古研究所、陕西省西安半坡博物馆编著：《西安半坡——原始氏族公社聚落遗址》，文物出版社，1963 年，第 198 页。
② a. 郭沫若：《古代文字之辩证的发展》，《考古》1972 年第 3 期。
　　b. 于省吾：《关于古文字研究的若干问题》，《文物》1973 年第 2 期。

遗址的刻划和彩绘符号是目前所知年代最早者，发现于秦安王家阴洼遗址的图像属仰韶文化半坡类型，与半坡遗址的人面鱼纹同是年代之最古。而且它们存在的时间延续很长，可达七八千年之多。因此全面认识和了解该地区出土的陶器符号和图像是很有意义的。我们拟在已有的研究基础上汇集该地区的有关资料，进行认真的梳理和归纳，提出粗浅看法，抛砖引玉，并以此就正于读者。

一、文化属性与内涵

黄河上游地区包括甘肃、宁夏、青海三省区。这里的史前文化复杂多样，文化和类型之多，为其他地区所罕见。按其文化类别有大地湾、仰韶、马家窑、宗日、菜园、齐家、四坝、辛店、卡约、诺木洪、寺洼、沙井文化等多种。有些文化又分为不同类型，如马家窑文化又分为石岭下、马家窑、半山、马厂四个类型；辛店文化又分为张家咀和姬家川类型。在上述诸文化（除卡约文化和诺木洪文化外）遗存中均分别发现了数量不等的陶器符号或图像。现依史前文化发展的早晚顺序，遂次予以论述。

（一）大地湾文化

大地湾文化亦称大地湾一期文化，它分布在甘肃境内仅限于甘肃东部地区，其年代上限可早到公元前6200年，距今约8200年。发现有陶器符号的有大地湾和西山坪两处遗址。

在大地湾遗址发掘中出土了一批陶器符号。该遗址的正式发掘报告尚未发表，不知出土陶器符号的具体情况，但据发掘简报和有关图谱介绍，大地湾遗址出土的彩陶钵，在其口沿外侧均涂有一周红色宽彩带，部分彩陶钵内壁用红彩绘有符号，主要有"｜""‖""↑""+""十""〜"等十多种不同形式（图一-4～7）[①]。红彩宽带纹和红彩绘符号是该文化的特点。

[①] a.甘肃省博物馆等：《甘肃秦安县大地湾新石器时代早期遗存》，《文物》1981年第4期。
b.张朋川：《中国彩陶图谱》，文物出版社，1990年，第46页。
c.甘肃省博物馆文物工作队：《甘肃秦安大地湾遗址1978至1982年发掘的主要收获》，《文物》1983年第11期。

在西山坪遗址的大地湾文化层中出有陶器符号的完整标本多件。如T18④：35彩陶圜底钵，在器内壁用红彩绘一"山"字形符号（图一–1）；T18④：15彩陶钵，在其外壁拍印的交错绳纹上，刻划一道曲线形"ƨ"符号（图一–2）；筒形罐（T18④：7），在腹上部刻有两道呈"="形符号（图一–3）①。

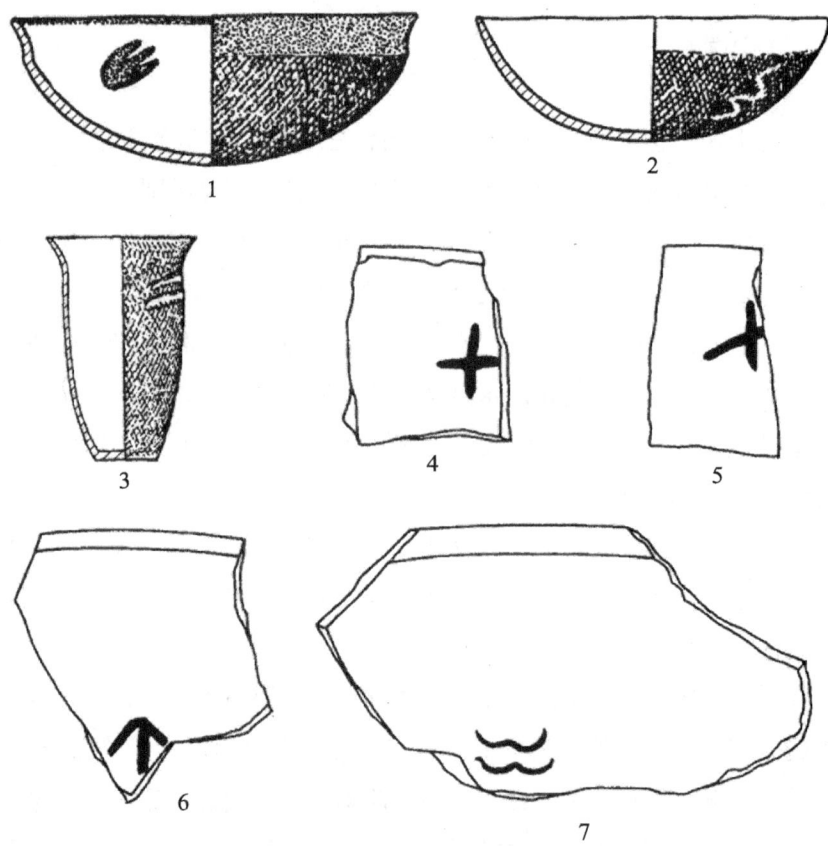

图一　大地湾文化陶器符号

1、2.陶钵（西山坪–"ⴗ""ƨ"形符号）　3.陶罐（西山坪–"="形符号）

4～7.陶器残片（大地湾–"+""T""↑""〰"形符号）

---

① 中国社会科学院考古研究所：《师赵村与西山坪》，中国大百科全书出版社，1999年，第233～237页。

（二）仰韶文化

仰韶文化在黄河上游地区主要分布于甘肃东部。在该地区发现有陶器符号和图像的有秦安大地湾和王家阴洼等遗址，其文化性质属于半坡类型，年代为公元前4800～前3800年。

大地湾遗址半坡类型的文化遗存较为丰富，出土有大量的陶器，在陶器中不乏陶器符号和图像等资料。彩陶钵的口沿外侧饰有一周黑彩宽带纹，刻划符号皆刻在宽彩带上，与大地湾文化用彩绘的风格不同。共发现有十多种形式，在陶钵上有"十"字形和陶器残片上的"↓""↓""↓""｜""〇""↑""P""水"等（图二-1～8）。在彩陶盆的外壁上腹部往往彩绘有形象生动的鱼纹或变体鱼纹，如Y300、H232：1彩陶盆，不仅器形完整而且鱼的图像非常完美（图二-10、11）①。

王家阴洼遗址是一处比较单纯的半坡类型文化遗存。在出土的陶器中彩陶比例较大，约占全部陶器的三分之一。彩陶器上有为数较多的刻划符号。据统计，带有刻划符号的彩陶钵共10件，出于5座墓中，符号计5种，作"｜"形的5件，"↓"形的2件，"ㄋ""ㄐ""ㄱ"形者各1件。这些符号皆刻在钵的口沿外黑彩宽带纹上，与大地湾同期的符号做法如出一辙。同时，还发现有鱼纹、变体鱼纹和兽面形等象生性图像。如M53：7细颈壶的上腹部绘有兽面纹，兽面上有横鼻，似变形猪面纹（图二-9）。在遗址的T4④出土1件葫芦瓶，虽瓶的上部已残缺，但腹下部保存完好，并在腹外壁以黑彩绘数尾鱼纹，构图巧妙，形象逼真活泼，具有较高的艺术价值（图二-12）②。

（三）马家窑文化

马家窑文化主要分布于黄河上游的甘、青地区，其年代为公元前3900～前2000年。该文化可分为前后相承袭的四个类型，即石岭下、马家窑、半山、马厂类型。

---

① 甘肃省博物馆文物工作队：《甘肃秦安大地湾遗址1978至1982年发掘的主要收获》，《文物》1983年第11期。

② 甘肃省博物馆大地湾发掘小组：《甘肃秦安王家阴洼仰韶文化遗址的发掘》《考古与文物》1984年第2期。

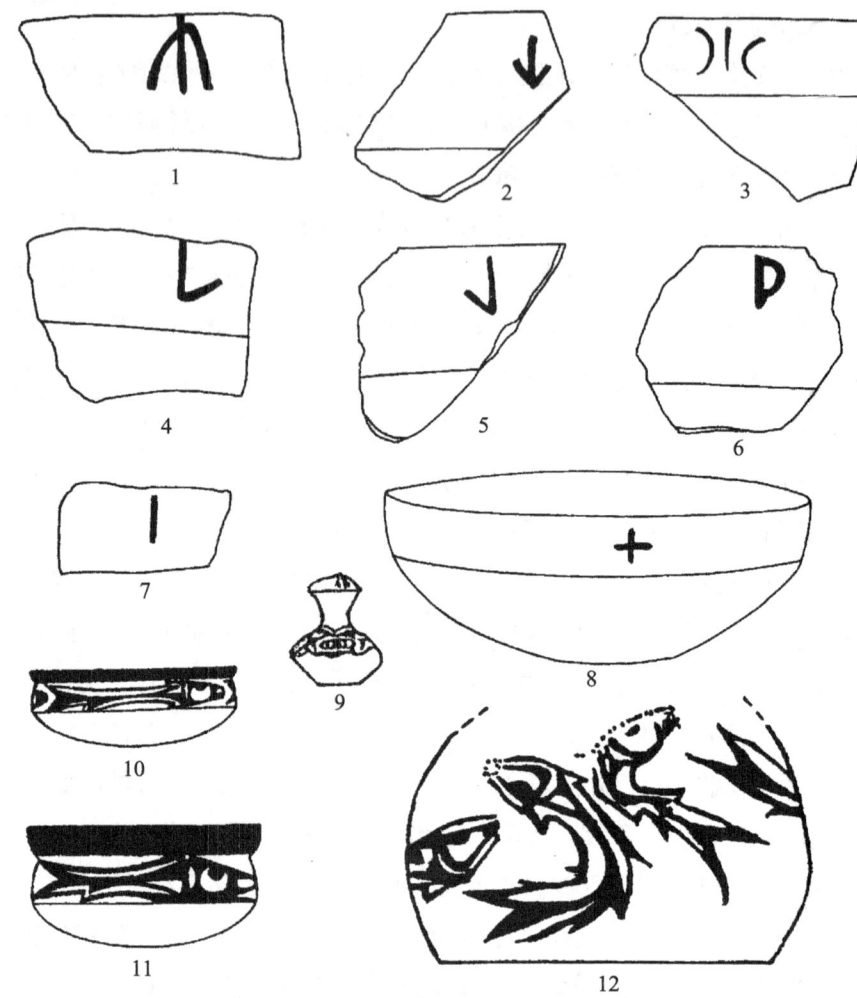

图二 半坡类型陶器符号与图像
1~7.陶器残片（大地湾－"朩""↓""氺""∟""↓""D""｜"形符号）
8.钵（大地湾－"+"形符号） 9.壶（王家阴洼－变形猪面纹）
10、11.盆（大地湾－鱼纹） 12.瓶（王家阴洼－鱼纹）

1.石岭下类型

石岭下类型的文化遗存，经发掘比较重要的遗址有甘肃秦安大地湾、武山傅家门、天水师赵村、西山坪等，均出土有数量不等的陶器符号和图像。

傅家门遗址出土有陶器符号、图像和卜骨刻符。如在T1④：27陶盆，外壁阴刻一清晰的"×"形符号（图三－8）；T6④：64人面陶瓶的口颈部残存塑绘的半个人面，鼻子隆起，彩描柳叶形眉和圆形眼（图三-4）。该遗址还出土6件卜骨，其中3件阴刻有符号。如T25H1∶25为羊的肩胛骨，一面留有灼痕，并阴刻"｜"形符号；F11∶8为牛的肩胛骨，阴刻"S"形符号；F11∶6为猪的肩胛骨，阴刻"="形符号①。这批带有刻划符号的卜骨是非常难得的新发现，年代可早至公元前3900年，是迄今所知最早者，这对探讨卜骨的起源具有重要的学术价值。

大地湾遗址发现的人头形彩陶瓶，瓶高31.8厘米，瓶口部圆雕成人头像，垂肩发式，前额似梳成"刘海"型，蒜头形鼻隆起，眼和鼻、耳均雕空成小孔，头顶部留有一圆孔，脸部的五官位置安排恰当。瓶腹以黑彩绘三横排大致相同的弧线三角纹和斜线组成的二方连续图案，造型端庄，图案优美，是不可多得的艺术品（图三-1）。又H366∶29彩陶壶腹上部绘有两兽相扑的图像，在兽下面画有一条缺头的鱼，似为两兽争鱼状（图三-7）②。人头形彩陶瓶在秦安寺嘴、天水柴家坪、礼县高寺头遗址也有出土。

傅家门遗址曾出土1件保存完整的彩陶瓶，高18厘米。瓶腹外壁用黑彩绘一鲵鱼纹图像（图三-2）。甘谷县西坪遗址也曾出1件黑彩鲵鱼纹陶瓶，高达38.4厘米（图三-3）。鱼头部似人面，身弯屈修长，上有细格纹，近人面处伸出两肢。天水杨家坪出土1件彩陶罐，罐腹外壁绘黑彩双鸟纹（图三-5）③。在秦安高家庙、山王家、天水寨子、甘谷灰地儿、王家坪、静宁威戎镇等地也都发现有变体鸟纹彩陶罐和彩陶瓶（图三-6）④。

2. 马家窑类型

马家窑类型的遗址数量多，出土的彩陶亦较丰富，出有彩绘符号和图像的遗址有甘肃临洮马家窑、寺洼山、东乡林家、永登蒋家坪、兰州华林坪、天水师赵村、武威磨嘴子、秦安焦家沟、青海贵德罗汉堂、大通上孙家寨等多处。

---

① 中国社会科学院考古研究所甘青工作队：《甘肃武山傅家门史前文化遗址发掘简报》，《考古》1995年第4期。
② 甘肃省博物馆文物工作队：《甘肃秦安大地湾遗址1978至1982年发掘的主要收获》，《文物》1983年第11期。
③ 甘肃省博物馆、甘肃省文物工作队：《甘肃彩陶》图20、15、19，文物出版社，1990年。
④ 张朋川：《中国彩陶图谱》图98、100、103、107、106、129，文物出版社，1990年。

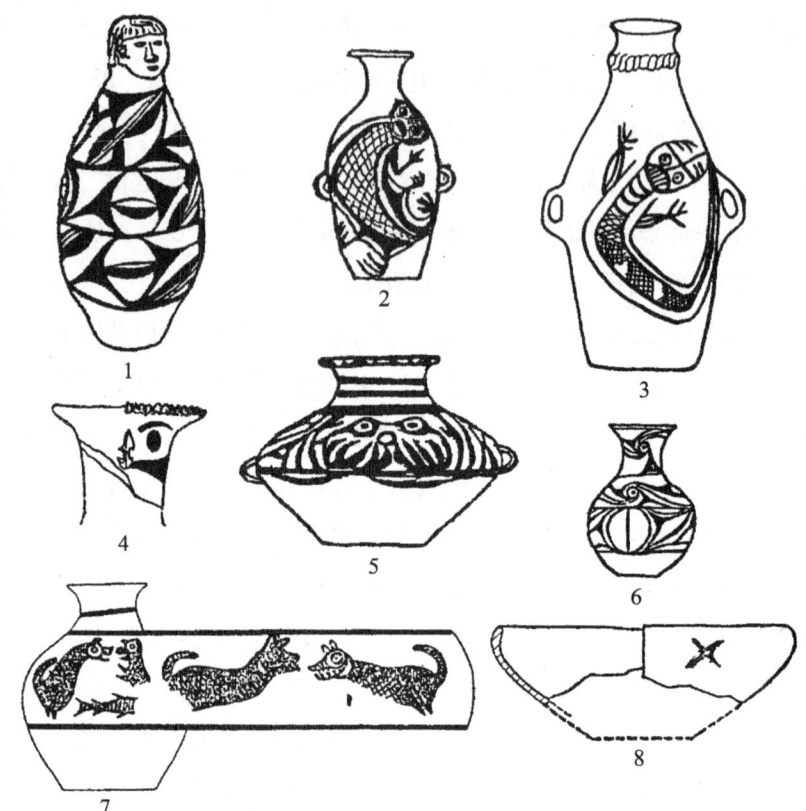

图三　石岭下类型陶器符号与图像

1~3.瓶（大地湾、傅家门、西坪－人像、鲵鱼纹）　4.瓶颈（傅家门－人面像）
5.罐（杨家坪－双鸟纹）　6.瓶（甘肃－变体鸟纹）　7.壶（大地湾－两兽争鱼纹）
8.盆（傅家门－"X"形符号）

寺洼山、马家窑、蒋家坪等遗址出土的彩陶碗或钵，内底上分别用黑彩绘"十""米"形符号和鸟的图像（图四-1~3）。在罗汉堂、林家、华林坪等遗址出有黑彩绘的人面形图像的陶片，面部两眼圆睁，鼻明显，然较抽象化（图四-4~6）。在临洮发现和林家出土的T23④:56人头形柄陶勺都是雕塑和彩绘结合的作品，人脸部的五官俱全（图四-7、8）[①]。

彩绘图像最为精美，且形神兼备的莫过于舞蹈纹彩陶盆。1973年在

---

① a.甘肃省文物工作队:《甘肃东乡林家遗址发掘报告》,《考古学集刊》第4集,1984年。
b.夏鼐:《临洮寺洼山发掘记》,《中国考古学报》第4册,1949年（又见《夏鼐文集》上册,社会科学文献出版社,2000年）。

上孙家寨墓地 M384 内出土的 1 件，盆高 14 厘米，口径 29 厘米。在盆内壁用黑彩画舞蹈人三组，五人一组，手拉手，面向一致，头侧各有一斜线，似为发辫或头饰，下身有短线斜出，舞蹈动作摆向统一，画面神态逼真，再现当年的舞蹈场面（图四 -9）。流失日本的 1 件，舞蹈场面与之相近，舞蹈人三组，每组五人，手拉手，正面站立，左边三人脸向右侧，右边两人脸向左侧（左右依人物方向），下身也有短线斜出。盆高 11.5 厘米，口径 34 厘米，盆侧有一对小钮。在磨嘴子遗址采集 1 件残陶盆，黑彩绘舞蹈人两组，每组九人，手拉手，正面站立，下身着裙，两腿间似作长尾饰。盆高 14 厘米，口径 29.5 厘米（图四 -11、12）[①]。

在师赵村遗址出土的 1 件 T244③:16 完整彩陶钵，钵内壁用黑彩绘一全蛙纹图像。钵口径 16.4 厘米，高 5 厘米。这是迄今所知保存最完整的 1 件全蛙纹图像（图四 -10）[②]。类似的全蛙纹彩陶钵在马家窑、大地湾和雁儿湾等遗址都有出土。

此外，在焦家沟还发现 1 件人面饰彩陶壶，图像是用雕塑、彩绘相结合的手法，五官俱全，甚为形象[③]。

3. 半山类型

半山类型的文化遗存中出有陶器符号和图像的有甘肃广河县半山、地巴坪、天水师赵村与青海乐都柳湾、民和阳山等遗址和墓地。

地巴坪墓地出土的彩陶器中，发现有黑彩符号。如在 M46:2、M6:1 彩陶瓮腹下部分别绘"×"形和"O"形符号（图五 -8、10）[④]。阳山墓地出土的彩陶器中，也发现一批彩绘符号，彩绘颜色既有红色，也有黑色，也有红、黑两色相间施用的。如在 M124:5 彩陶盆内底部用黑红两彩绘"卍"形符号（图五 -4）。有较多的彩陶罐耳面绘有不同形式

[①] a. 青海省文物考古队：《青海大通县上孙家寨出土的舞蹈纹彩陶盆》，《文物》1978 年第 3 期。

b. 李水城：《人物舞蹈纹盆、锅庄舞及其它》，《文物天地》1998 年第 1 期。

[②] 中国社会科学院考古研究所：《师赵村与西山坪》，中国大百科全书出版社，1999 年，第 102 页～115 页，彩版 1。

[③] 郭晨晖：《甘肃秦安县发现马家窑文化人面饰彩陶壶》，《考古与文物》1985 年第 3 期。

[④] 甘肃省博物馆文物工作队：《广河地巴坪"半山类型"墓地》，《考古学报》1978 年第 2 期。

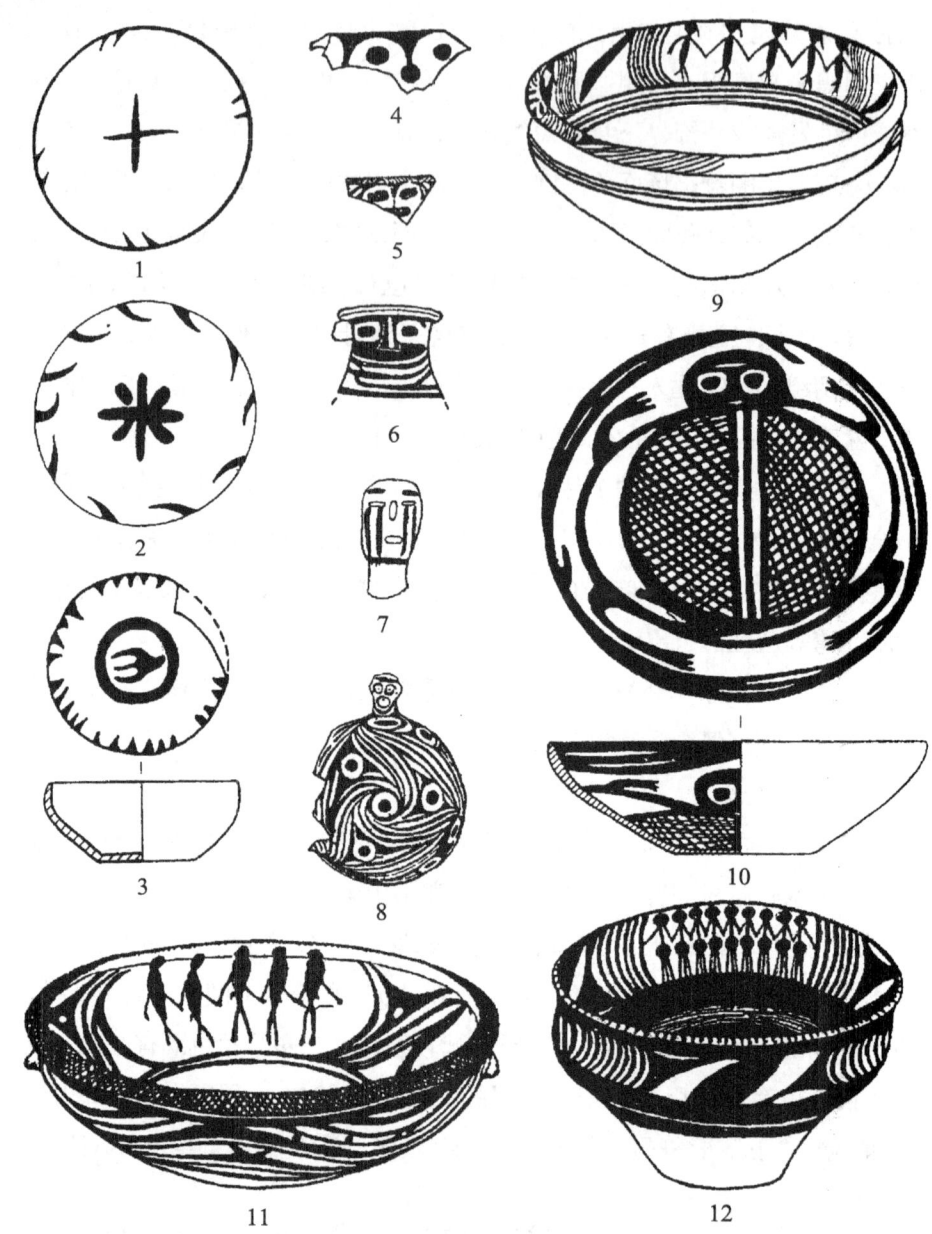

图四 马家窑类型陶器符号与图像

1.钵（寺洼山－"十"形符号） 2、3.碗（马家窑、蒋家坪－"米"形符号、鸟纹） 4~6.陶片（罗汉堂、林家、华林坪－黑彩绘人面） 7、8.勺（林家、临洮－人头形） 9.盆（上孙家寨－舞蹈纹） 10.钵（师赵村－蛙纹彩陶） 11、12.盆（流失日本、磨嘴子－舞蹈纹）

的符号，据发掘报告陶器插图统计即有 50 多件，符号有"×""V""|""‖""＝""≡""卐""⋈"等。其中以"×""X"形为最多见。如 M23:36 彩陶罐，在其耳部有红彩"X"形符号（图 5-3）①。

柳湾墓地半山类型墓随葬的陶纺轮中，有的彩绘或刻划各种符号。如标本 M527:1，彩绘"十"字符号；标本 M661:3、M448:1、M583:17 分别刻划"十""⋈"及似五角星的符号等（图五-1、2）②。此外，在兰州土谷台、花寨子、康乐张寨、会宁牛门洞等遗址也发现一些"十"字形符号③。

早在 1923～1924 年，瑞典学者安特生在甘肃地区考察时即收集有半山类型的人头形彩塑陶器盖（图五-5、7、9）④。师赵村遗址采 02 的 1 件彩塑人像罐，保存完整，器高 23 厘米。在罐的外壁彩塑一人像，人首作浮雕状，脸部轮廓清晰，眉、鼻隆起，鼻挖小孔，眼和口部镂空，额上方似作圆髻突出，中穿一孔，当为插发笄而设。胸腹部绘树枝状纹，或是衣饰，或是纹身，或象征条条肋骨。身躯左右是两手掌，下为双脚。颈两侧陶色地的圆圈内各画一"×"符号。整个图像透析出神秘的宗教色彩（图五-6）⑤。

在半山类型遗址出土的彩陶壶、瓮的肩腹部往往彩绘有变形蛙纹。

4. 马厂类型

在马厂类型的遗址和墓地中，出有陶器符号和图像的有甘肃永靖马家湾、永昌鸳鸯池、青海乐都柳湾、互助总寨等多处，其中发现最多最集中的是柳湾墓地。

柳湾墓地据发掘资料统计，该类型的陶器符号均用黑彩绘成，共有带符号的陶器 679 件，出于 226 座墓中。各墓出土数量不等，出 1 件的有 88 座，2 件的有 54 座，3 件的有 24 座，4 件的有 25 座，5 件的有 22

---

① 青海省文物考古研究所：《民和阳山》，文物出版社，1990 年，第 65～101 页。
② 青海省文物管理处考古队、中国社科院考古研究所：《青海柳湾》第 28～31 页，文物出版社，1984 年。
③ 张朋川：《中国彩陶图谱》图 703、745、402、403、344、644，文物出版社，1990 年。
④ J.G. Andersson: Reseaches into the prehistory of the chinese. BMFEA. NO.15.1943.
⑤ 中国社会科学院考古研究所：《师赵村与西山坪》，彩版 2。中国大百科全书出版社，1999 年，第 148～149 页。

图五 半山类型陶器符号与图像

1、2.陶纺轮（柳湾－"+""✕"形符号） 3.罐（阳山－"X"形符号） 4.盆（阳山－"卍"形符号） 5、7、9.器盖（半山－人头形彩塑） 6.罐（师赵村－彩塑人像） 8、10.瓮（地巴坪－"X""O"形符号）

座，出6件、8件、10件的各3座，7件的有4座，9件的有5座，多达14件的有2座，12件、15件的各有1座。以出1件～2件者占绝大多数。各墓陶器所出的符号除个别者外，均不相同。在679件陶器符号中，共有139种不同的形式。它们皆由点、横、竖、斜等笔画构成。一般是一件陶器绘一种符号，绘两种或两种以上的均属少数。笔画简单的符号数量最多，如"十"形符号竟达116件，几乎占六分之一。其次是"×""一"形等符号，笔画繁杂者甚为少见如M197：32、M893：11、M245：26、M334：10（图六-4～7；图七；图八-1～62）。

柳湾墓地所出该类型陶器图像有动物形和人形两种。动物形有犬、鸟、牛、羊等，计5件（图八-63～67）。

人形图像共有3件。如采01彩塑裸体人像壶，彩陶壶完好，器高34厘米。从器口到腹中部涂敷一层红色陶衣，在壶的颈、腹部采用雕塑和黑彩绘相结合的手法塑造一完整的裸体人像。首先捏塑出半浮雕的裸体人像，然后在人像之周围用黑彩勾勒人体轮廓。头位在壶颈部，面部五官俱全，鼻高隆，长方形口，嘴唇突起，两眼窝深凹，硕耳，描黑彩双眉，头两侧披黑发。双乳硕大，脐、阴部都袒露于外，突出两性特征（图六-2）。M216：1人头形彩陶壶，器高22厘米。在口颈部黑彩绘和雕塑一人面像，半圆形两耳外突，镂穿双耳孔，黑眉，两细长眼窝，长睫毛下垂，鼻高隆，双鼻孔，大嘴微张，黑额发下披（图六-1）。M242：21人头形彩陶壶，在壶口颈部黑彩绘塑一人面象，五官轮廓等线条比较抽象（图六-3）①。

在鸳鸯池墓地发现2件人头形圆钮杯（亦称罐）。杯下腹部侧出一人头形圆钮，钮的正面雕成人面，鼻脊突起，深刻双眼、鼻孔和小口。其一M99面部绘黑色竖道纹，杯高24.6厘米。其二M87鼻下有八字胡须，杯高18.4厘米（图六-9、8）②。在马厂类型遗址出土的彩陶壶、瓮的肩腹部普遍有黑彩绘变形蛙纹图像。

---

① 青海省文物管理处考古队、中国社科院考古研究所：《青海柳湾》，彩版二，图版一二一，1. 文物出版社，1984年，第159～165页。
② 甘肃省博物馆文物工作队等：《永昌鸳鸯池新石器时代墓地的发掘》，《考古》1974年第5期。

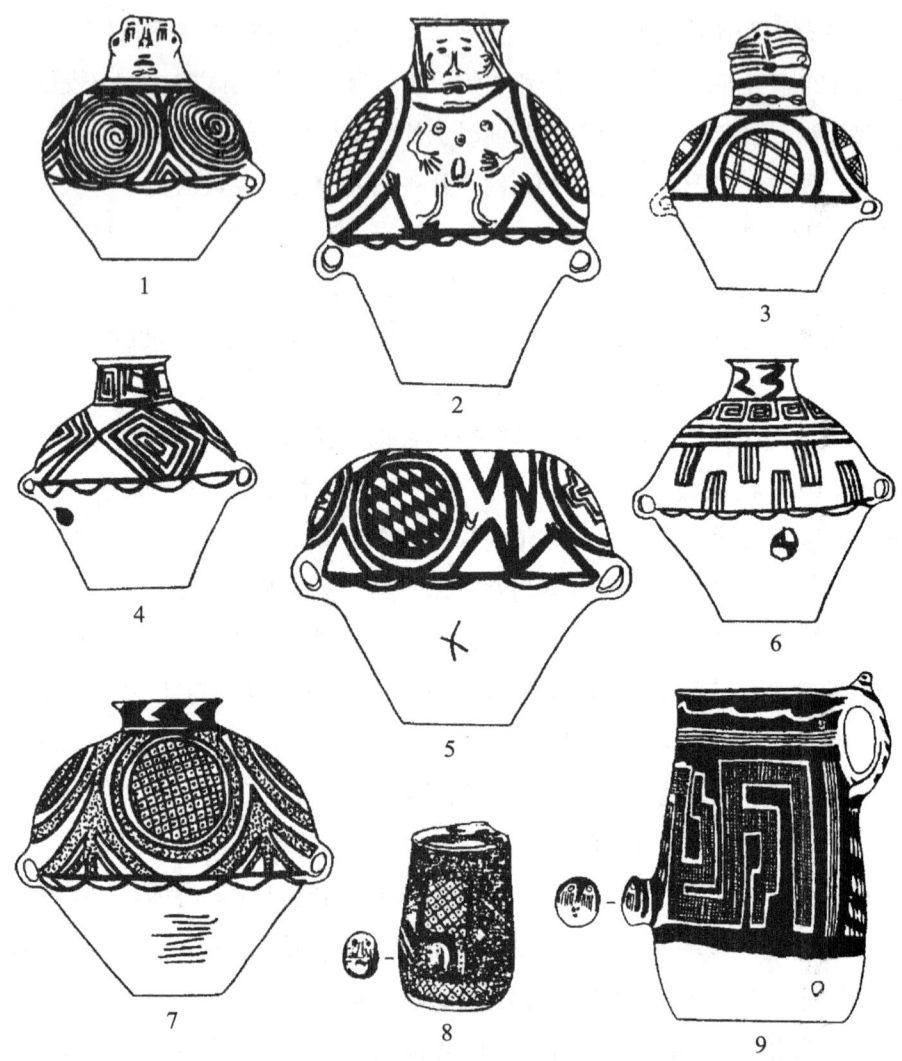

图六 马厂类型陶器符号与图像

1～3.壶（柳湾－彩塑） 4-7.壶、瓮（柳湾－"●""X""⊗""≡"形符号）
8、9.耳杯（鸳鸯池－彩塑）

图七 彩绘符号（柳湾）

1.1085：19　2.1070：3　3.197：32　4.912：12　5.236：6　6.205：21　7.45：8
8.41：5　9.6：20　10.149：14　11.64：14　12.334：10　13.66：20　14.236：6
15.316：42　16.899：11　17.79：31　18.1095：9　19.381：9　20.1454：8　21.564：37
22.564：46　23.201：6　24.211：17　25.343：15　26.211：7　27.211：44　28.252：12
29.898：3　30.794：18　31.893：11　32.1091：5　33.374：4　34.935：14　35.343：14
36.1076：10　37.898：52　38.1280：30　39.236：3　40.211：27　41.89：2　42.394：3
43.15：9　44.191：3　45.6：29　46.316：27　47.6：30　48.394：34　49.1292：33
50.898：3　51.69：9　52.192：15　53.1454：26　54.778：25　55.104：14　56.62：18
57.201：20　58.30：12　59.1080：10　60.6：31　61.149：21　62.199：22　63.1490：28
64.1330：10　65.1471：17　66.1099：13　67.615：20　68.119：22　69.764：22
70.43：1　71.1246：4　72.205：28

图八　彩绘符号（柳湾）

1.6：4　2.815：24　3.1416：25　4.88：27　5.6：13　6.6：11　7.899：18　8.1085：24　9.195：21　10.1416：23　11.907：8　12.236：8　13.923：12　14.41：4　15.30：12　16.198：28　17.551：11　18.1491：34　19.212：25　20.1075：25　21.245：12　22.1485：28　23.66：3　24.60：20　25.6：5　26.195：7　27.149：4　28.88：16　29.344：30　30.149：18　31.146：22　32.62：9　33.58：5　34.890：21　35.83：13　36.548：8　37.237：13　38.89：21　39.245：26　40.923：29　41.204：5　42.123：17　43.15：19　44.1486：10　45.245：26　46.146：11　47.79：24　48.245：31　49.69：25　50.779：41　51.237：19　52.6：25　53.149：11　54.212：25　55.210：12　56.66：3　57.197：23　58.231：3　59.245：31　60.64：23　61.1292：16　62.984：8　63.1246：16　64.1426：25　65.1490：12　66.545：21　67.1348：9

(四)宗日文化

宗日文化是因 1994～1995 年青海同德县巴沟乡宗日遗址的发现而得名。这是近年来新发现的一支新石器时代文化遗存。主要分布在青海境内的同德、兴海、贵德等县的黄河沿岸。其文化内涵虽有马家窑类型的因素，但具有自身的特征，明显表现在陶器风格与葬俗等方面，年代为公元前 3500～前 2200 年。

在宗日遗址发掘出土的随葬品中，完整或可复原的陶器共 542 件，其中泥质陶 84 件，夹砂陶 458 件，彩陶占多数。在有的彩陶器内壁或外壁用紫红彩绘制符号和图像。彩绘符号有 "+" "↓" "卐" "⊗" "豢" "ᄾ" "卌" "❁" 等多种形式。例如在 M23：4 彩陶碗的内底绘 "❁" 形符号；M158：1 彩陶碗内底绘 "卌" 形符号；彩陶匜（简报称 "碗"，M72：4）内底绘 "卐" 形符号；M33：5 单耳罐耳面上绘 "⺤" 符号（图九-1～3、7）。图像则有在 M241：4 腹耳壶的腹上部绘一周变形鸟纹；M69：3 单耳罐除在腹上部绘一周鸟纹外，并在耳面上画树枝状 "豢" 符号；M163：10 单耳碗的耳上捏塑成人面形图像，鼻梁高隆，绘双眼和头发（图九-4～6）。

宗日遗址出土的舞蹈纹彩陶盆和两人抬物纹彩陶盆是最令人瞩目。M157：1 舞蹈纹彩陶盆高 12.3 厘米，口径 26.4 厘米。盆内上部绘两组舞蹈人像，分别为 11 人和 13 人，舞人脚踩一道象征地面的粗线。两组舞人间以斜线和圆点相间隔（图九-9）。M192：2 两人抬物纹彩陶盆高 11.3 厘米，口径 24.5 厘米。盆内上部绘四组两人侧身相向双手共抬一球形物的图像，抬物人的脚下踩一道象征地面的粗线，四组人物之间用成组的竖线和横线纹间隔，如此生动的画面为前所未见，实是难得的珍品（图九-8）[①]。

(五)菜园文化

菜园文化是 1985 年首先发现于宁夏海原县菜园村遗址，该文化主要分布在宁夏南部海原和固原等县。从该文化的墓葬形制和彩陶等方面分析，部分特征与半山类型有相似之处，但多数器物具有浓厚的地方特色。

---

① 青海省文物管理处等：《青海同德县宗日遗址发掘简报》，《考古》1998 年第 5 期。

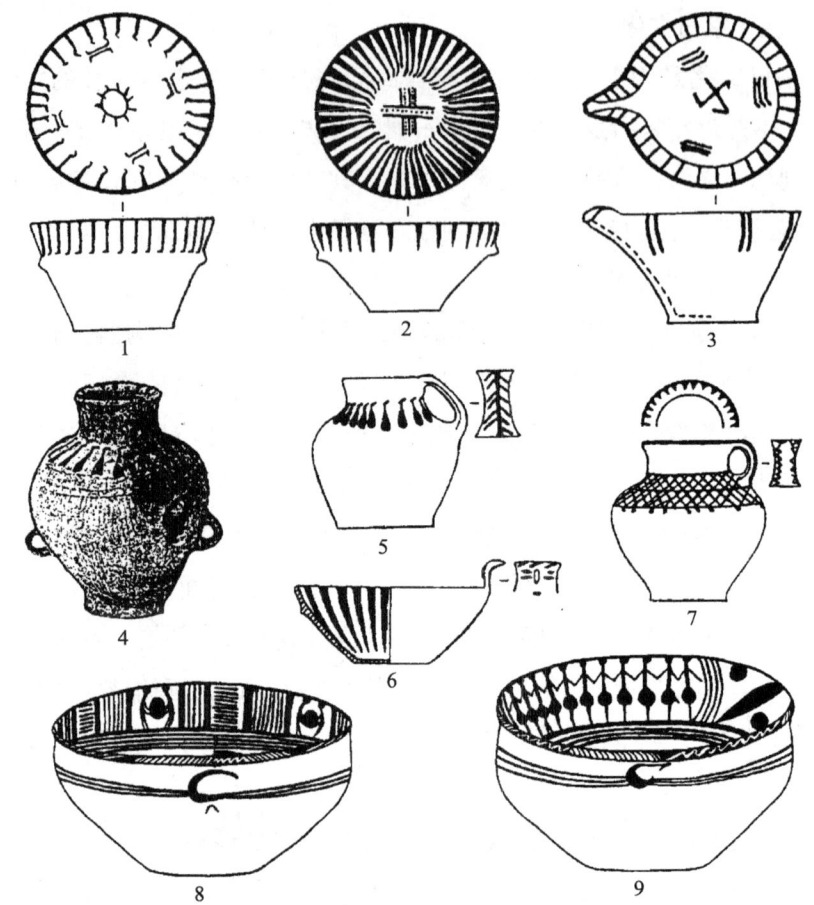

图九 宗日文化陶器符号与图像
1、2.碗（"☀""艹"形符号） 3.匜（"卐"形符号） 4.壶（变形鸟纹） 5、7.单耳罐
（"form""form"形符号） 6.单耳碗（人面形） 8.盆（二人抬物） 9.盆（舞蹈纹）

其年代为公元前2800～前2200年。

菜园村遗址包括切刀把、瓦罐嘴、寨子梁、二林子湾墓地和林子梁、马樱子梁居址，其中出有彩绘符号和刻划符号的有切刀把、林子梁和瓦罐嘴等处。如切刀把M23∶4双耳彩陶罐的耳面上黑彩绘"|"形符号；瓦罐嘴出土的双耳罐有的在耳面上刻划4道竖直线形符号[①]。

固原县红圈子墓地发现了较多的陶器符号标本。陶器符号都绘在器的

---

① 宁夏文物考古研究所等：《宁夏海原菜园村遗址、墓地发掘简报》，《文物》1988年第9期。

内壁、底部和耳面上,彩绘以红彩为主,绘黑彩者仅属少数。比较清晰的如 M88:134、129、138、192、111 单耳罐,在耳面上画"キ""))""Ⅲ""丨""‖"等符号(图10-1、4、7、2、5);M88:133 彩陶钵的器底画一"火"字形符号;M88:10 彩陶碗的内底正中画一"#"字形符号;M88:123 彩陶钵的内壁和底部绘有错位的"彗"字形等符号;M88:122 彩陶碗的底部绘一很规范的"十"字形符号(图十-8、3、6、9)[①]。

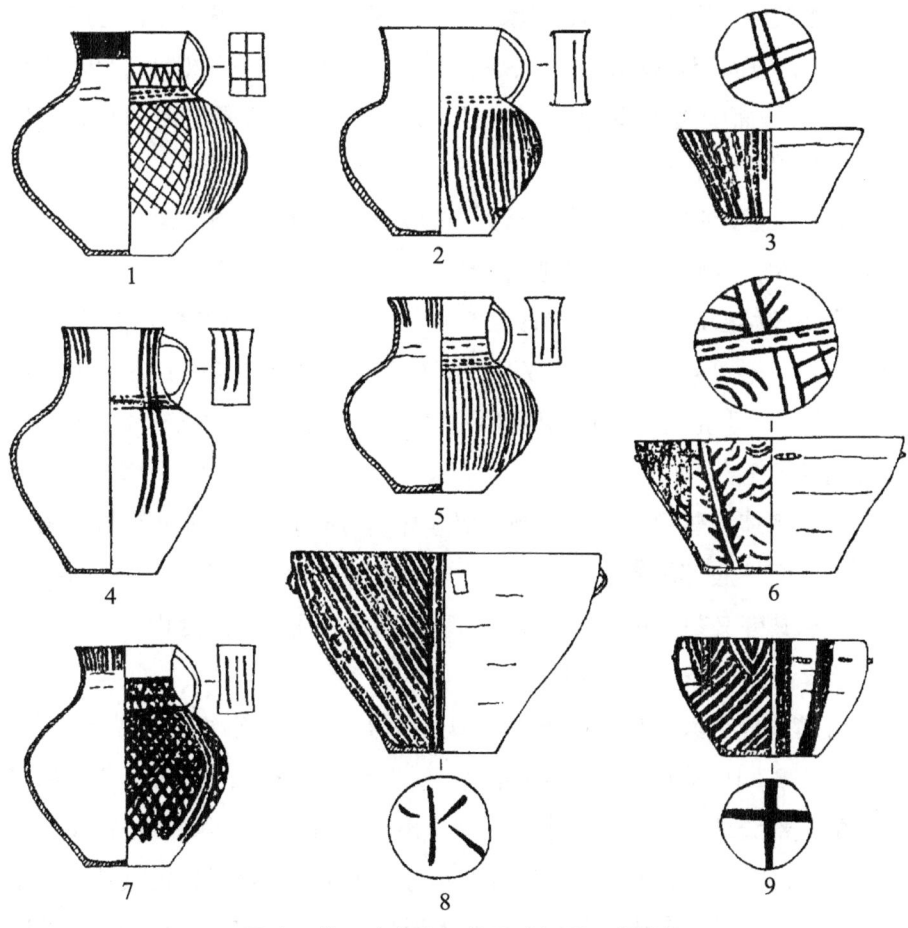

图十　菜园文化陶器符号(红圈子墓地)

1、2、4、5、7. 单耳罐("キ""丨"")""‖""Ⅲ"符号)

3、9. 碗("#""+"形符号) 6、8. 钵("彗""火"形符号)

---

① 固原县文管所、中国历史博物馆考古部:《宁夏固原县红圈子新石器时代墓地调查简报》,《考古》1993 年第 2 期。

（六）齐家文化

齐家文化分布在黄河上游地区，其范围包括甘肃全境、宁夏南部和青海东部，年代为公元前 2100～前 1600 年。

齐家文化经发掘的遗址较多，积累的陶器资料甚是丰富。由于齐家文化彩陶比例较少，故绘有符号和图像的陶器也相对地少，但也有一些刻划的符号和图像。现在所知出有带符号或图像的陶器有甘肃永靖秦魏家、大何庄、武威皇娘娘台、临洮寺洼山、冯家坪、漳县晋家坪、青海乐都柳湾等遗址。

秦魏家遗址不见彩陶器，只是在泥质素陶器上有一些刻划符号。如在 M107∶4 陶瓶的腹上部刻划一"w"形符号；M8∶2 单耳罐的耳面阴刻"⋊"形符号（图十一-4、3）[①]。

大何庄遗址出有人首形、鸟形、羊形等陶塑标本共 8 件，前两者应是陶器的附件，羊塑残存长 7.8 厘米[②]。

在皇娘娘台遗址发现有黑彩绘符号，如在 M30∶2 彩陶双耳罐的耳面上绘"血"形符号；M31∶1 双耳罐的耳面上绘"×"符号；彩陶横耳罐的腹部绘"×"形符号和蝶形图像；M47∶10 陶豆的盘内绘有 4 个变体蛙纹的图像（图十一-1、6）[③]。

冯家坪遗址曾出土 1 件陶制"双连杯"。所谓双连杯即两个陶杯相连在一起，两杯腹部间有一小孔相通。器表刻划有对称的两个"人首蛇身"图像，于其旁又刻一对作倾斜姿势的动物图像。器后相连处设一交叉形十字把手，上刻一个"×"形符号（图十一-5）[④]。

柳湾墓地齐家文化墓中出土有陶器符号、图像和动物形雕塑实用器。如在 M713∶10 彩陶罐腹部正中黑彩绘"◇"形符号；M963∶3 彩陶双耳罐的腹部绘蝶形图像（图十一-2）。出土 10 件鸮面粗陶罐是它文化所罕见。它是在单耳罐的口部，设耳的对方加盖半圆形泥板，泥板弧起，于其上用泥片或泥条雕塑成鸮面形，甚为形象。如 M1017∶5 在罐的腹部还

[①] 中国科学院考古研究所：《甘肃永靖秦魏家齐家文化墓地》，《考古学报》1975 年第 2 期。
[②] 中国科学院考古研究所：《甘肃永靖大何庄遗址发掘报告》，《考古学报》1974 年第 2 期。
[③] 甘肃省博物馆：《武威皇娘娘台遗址第四次发掘》，《考古学报》1978 年第 4 期。
[④] 李仰松：《试谈我国新石器时代出土的"双连杯"和"三耳杯"及其有关问题》，《河南文博通讯》1980 年第 4 期。

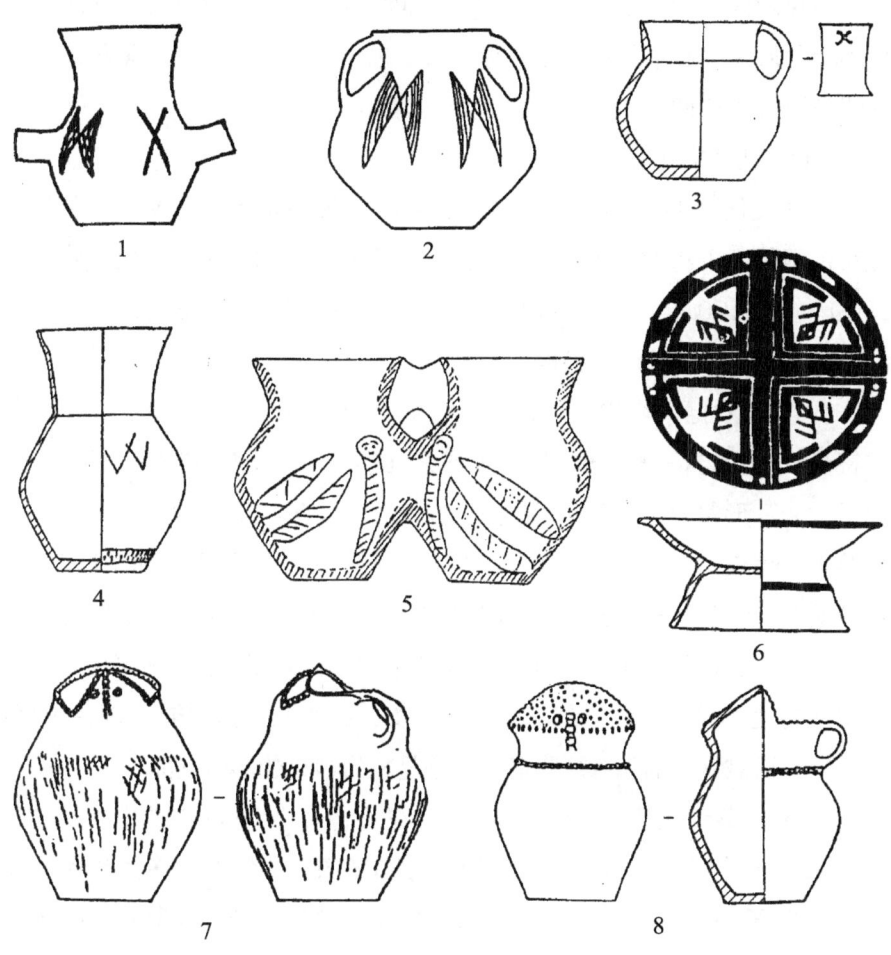

图十一 齐家文化陶器符号与图像

1. 横耳罐（皇娘娘台－"×"形符号） 2. 双耳罐（柳湾－蝶形纹） 3. 单耳罐（秦魏家－"X"形符号） 4. 瓶（秦魏家－"W"形符号） 5. 双联杯（冯家坪－"人首蛇身"像） 6. 豆（皇娘娘台－变体蛙纹） 7、8. 单耳鸮面罐（柳湾－鸮面）

饰纹似鸮的羽毛；M1103：26用泥条捏成长鼻，挖两小孔作眼睛，似透着炯炯目光，整个面部遍戳锥刺纹，颇像满脸羽毛（图十一-7、8）[①]。

晋家坪遗址发现的彩陶单耳壶，在腹部绘有"井"字符号。寺洼山遗址出土的彩陶壶腹部绘有"卍"形符号。前者用红彩，后者用黑彩，符号的线条均鲜明清晰[②]。

（七）四坝文化

四坝文化因1956年在甘肃省民乐县四坝滩遗址首先发现而得名。其分布范围仅限于河西走廊的民乐、民勤、酒泉、玉门一带。年代为公元前1900～前1400年。发现有陶器符号和图像的有玉门火烧沟、民乐东灰山、酒泉干骨崖等遗址和墓地。

1976年发掘火烧沟墓地，出土大量陶器等随葬品，彩陶器中不乏陶器符号和图像，符号和图像用黑彩或紫红彩绘就。例如在陶埙上绘"十"形或"×"形符号；M8单耳钵内壁绘八个手掌形符号；M197双耳罐腹部绘上下相连、首尾相接的变体蛙纹（原称蜥蜴纹，下同）；M72陶豆盘内绘变体蛙纹和"S"形纹等；M133陶盘盘内绘两只蛙纹；M121陶豆豆座上绘一周首尾相随的羊，作列队奔跑状；M260双耳罐的颈部绘三只上下相连的变体蛙纹（图十二-6、1、4、5、2、3）。另有羊头形把手的陶杯、三犬钮盖陶方鼎和鹰形陶壶等，都是较为罕见的彩塑制品[③]。

东灰山墓地出土的陶器有一部分在耳部和腹部刻划"Z""=""S"形和三角形等符号，同时亦有彩绘符号和图像。彩绘符号多用黑色，除"=""S"形外，尚有"×""N""V""一""二""囧"等形式。图像主要是变体蛙纹（发掘报告称"象形蜥蜴纹"和"变体蜥蜴纹"），据报告插图统计已有20多件，可见是四坝文化中最具有特征的图像[④]。

[①] 青海省文物管理处考古队、中国社科院考古研究所：《青海柳湾》，图版二〇二～二〇五。文物出版社，1984年，第229～230页。

[②] 张朋川：《中国彩陶图谱》图1205、1215，文物出版社，1990年。

[③] 张朋川：《中国彩陶图谱》图1319、1315、1264、1310、1302、1308、1320、1335、1334，文物出版社，1990年。

[④] 甘肃省文物考古研究所、吉林大学北方考古研究室：《民乐东灰山考古——四坝文化墓地的揭示与研究》，科学出版社，1998年。

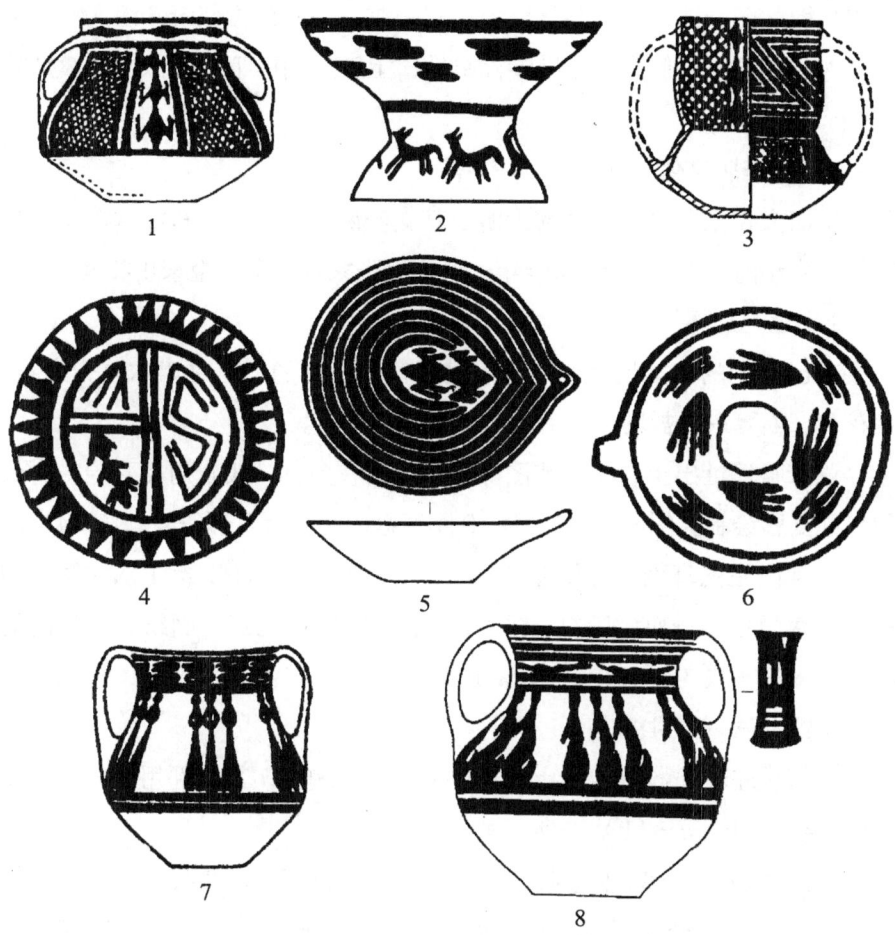

图十二 四坝文化陶器图像

1.双耳罐（火烧沟－变体蛙纹） 2、4.豆（火烧沟－羊纹、变体蛙纹） 3.双大耳罐（火烧沟－变体蛙纹） 5.盘（火烧沟－变体蛙纹） 6.单耳钵（火烧沟－手掌形符号） 7.双耳罐（干骨崖－舞蹈纹） 8.双耳罐（干骨崖－跪拜纹）

干骨崖遗址出土有以黑彩绘为主的舞蹈纹和跪拜纹彩陶罐。舞蹈纹绘于双耳罐上腹部，共计 6 组舞人，每组 3 人，舞列整齐划一，舞人纤腰，长裙及地（图十二 -7）。跪拜纹原称舞蹈纹，是在罐腹部绘 6 组人物，每组 3 人，作同方向侧身，下肢卷曲跪地，上肢伸向前下方，似虔诚膜拜状（图十二 -8）[①]。

（八）辛店文化

辛店文化主要分布在黄河上游及其支流洮河、大夏河和湟水流域。其年代为公元前 1400～前 1000 年。可分为张家咀类型与姬家川类型。

1. 张家咀类型

在已发掘的该类型遗址中出有陶器符号和图像的有甘肃永靖张家咀、莲花台、临夏东乡盐场、青海民和核桃庄等遗址。

张家咀遗址出土有符号或图像的彩陶器较多，一般施用黑彩绘，少数用黑红复彩绘制。例如在 H121：10 陶豆盘内绘"×"形符号；H144：7、H130：4 陶豆的耳面上分别绘"义""卅"形符号；H118：1 双大耳罐的腹上部两面各绘一对太阳纹；采 01 双肩耳罐的腹上部一面绘一对相向的羊（图十三 -1、9、10，7、5）。还有 T21：1、T19：2 绘龟、鱼纹等的陶片（图十三 -2、4）[②]。

在核桃庄小旱地墓地出土的 1 件 M326 彩陶瓮，其肩部用黑彩绘一周变体鸟纹（图十三 -11）[③]。

在盐场遗址发现 1 件 74KG15：201 彩陶腹耳壶，在腹上部的黑彩绘纹带上一面绘两个太阳纹，腹下部画一兽纹。器耳面上作"十"字形符号。此壶形体硕大，高达 32.4 厘米（图十三 -8）[④]。

莲花台瓦渣咀遗址出土的彩陶片上发现有黑彩绘 H90：1、T26：14

[①] 李水城：《三下河西——河西史前考古调查发掘记》，《文物天地》1990 年第 6 期。
[②] 中国社会科学院考古研究所甘青工作队：《甘肃永靖县张家咀与姬家川遗址的发掘》，《考古学报》1980 年第 2 期。
[③] 青海省文物管理处：《青海民和核桃庄小旱地墓地发掘简报》，《考古与文物》1995 年第 2 期。
[④] 甘肃省文物考古研究所等：《甘肃临夏盐场遗址发现的辛店文化陶器》，《考古与文物》1994 年第 3 期。

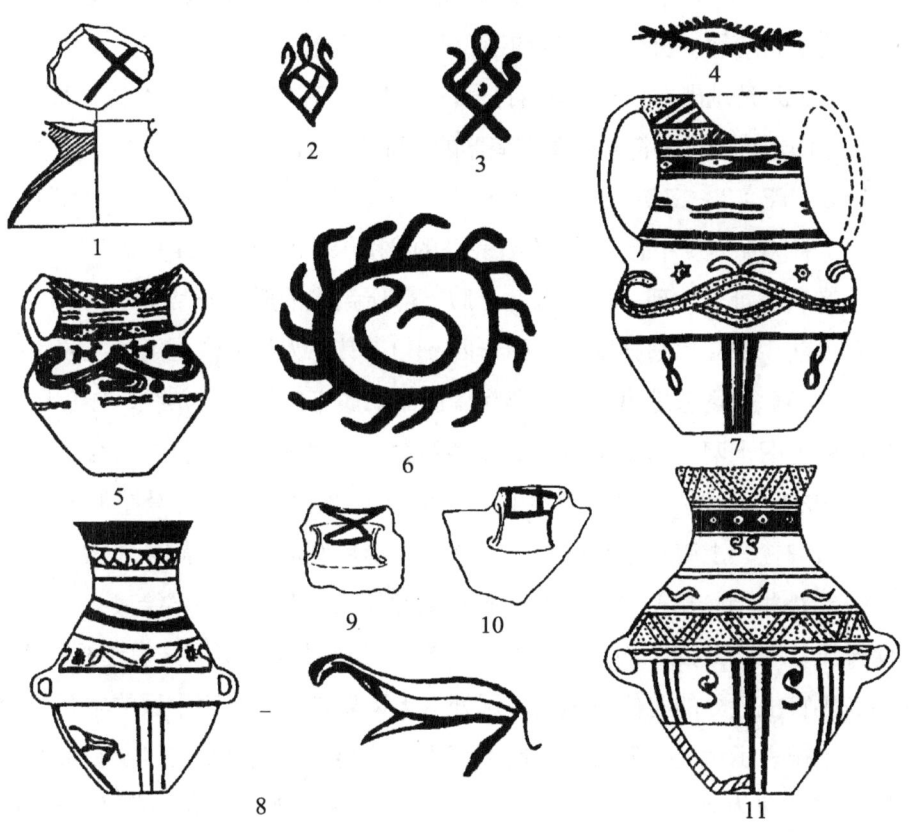

图十三　张家咀类型陶器符号与图像

1、9、10.豆（张家咀－"X""⊠""壮"形符号）　2、4.陶器残片（张家咀－鼋纹、鱼纹）　3、6.陶器残片（瓦渣咀－鼋纹、蟹形纹）　5、7.罐（张家咀－羊纹、太阳纹）　8.壶（盐场－太阳纹、兽纹）　11.瓮（小旱地－变体鸟纹）

的龟形和蟹形或太阳形等图像（图十三-3、6），图形比较罕见[①]。

2. 姬家川类型

姬家川类型遗址出土有陶器符号和图像的有甘肃永靖姬家川、莲花台黑头咀、马路塬、三塬、东乡盐场、崔家坪、临洮辛店、青海民和核桃庄、边墙村等地。符号和图像均系黑彩绘制而成。

姬家川遗址出土较多的陶器符号，如"|""T""↑""×""⊠"等计十多种不同形式。这些符号均绘在陶器的耳面上如H35∶4、H7∶2、H16∶5、H6∶5、T8∶3、T10∶2、T11∶5、H7∶7（图十四-6～13）。同时在1件H8∶1彩陶瓮的残片上，还见有一完整的犬图像（图十四-14）[②]。

辛店遗址曾发现2件彩陶瓮，腹上部所绘犬的形象非常生动。其一表现两犬前后呼应相随奔跑状（图十四-5）。其二为两犬作上下站立姿（图十四-3）。盐场遗址出土1件彩陶扁腹罐，腹下部绘一周羊纹，作首尾相接排列（图十四-1）。又出土1件彩陶瓮，在肩腹绘一对兽首人身像，分立于左右，手持物，似神话中的神人（图十四-16、17）。马路源遗址出土的彩陶瓮，上腹部绘有一对羊，亦是作前后呼应相随奔跑状（图十四-4）。边墙村遗址出一彩陶壶，颈腹部图像作三层布局，上层绘犬，中层绘两排羊，下层绘鹿，均列队向同一方向。绘画技法上已显露有透视观念，如在感官上近处的鹿体型硕大，远处的犬体型较小，甚至中层的羊下排体大而上排表示远处体型较小。这幅画生动地展现了成群动物漫游旷野的原始风光，殊为难得（图十四-2）。三塬、崔家坪等遗址都发现有饰一对太阳纹的彩陶瓮（壶）。核桃庄墓地出土1件彩陶瓮，在瓮的肩部饰一周鸟纹，画面很形象[③]。黑头咀遗址出土的H217∶2彩陶片上绘一蛙形图像，形态已趋抽象化（图十四-15）[④]。

---

① 中国社会科学院考古研究所甘肃工作队：《甘肃永靖莲花台辛店文化遗址》，《考古》1980年第4期。

② 中国社会科学院考古研究所甘青工作队：《甘肃永靖县张家咀与姬家川遗址的发掘》，《考古学报》1980年第2期。

③ 张朋川：《中国彩陶图谱》图1425、1355、1357、1457、1358、1360、1385，文物出版社，1990年。

④ 中国社会科学院考古研究所甘肃工作队：《甘肃永靖莲花台辛店文化遗址》，《考古》1980年第4期。

图十四 姬家川类型陶器符号与图像

1. 罐（盐场－羊纹） 2. 壶（边墙村－犬、羊、鹿纹） 3～5. 瓮（辛店、马路塬－犬纹）
6～13. 器耳（姬家川－"|""T""↑""X""⊠""冂""ㄅ"形符号） 14. 陶器残片（姬家川－犬纹） 15. 陶器残片（黑头咀－蛙纹） 16、17. 瓮肩部（盐场－兽首人身像）

辛店文化遗址出土的彩陶罐、瓮、壶，大多数在上腹部主要部位绘羊角纹，往往在羊角的勾抱中填太阳、犬、羊等花纹。这构成了辛店文化的主体纹饰（图十三 -5、7；十四 -4、5）。

（九）寺洼文化

寺洼文化主要分布于甘肃境内的泾水、渭河、西汉水和洮河流域。年代为公元前 1400～前 700 年。

寺洼文化遗存中发现有陶器符号则见于西和栏桥和庄浪徐家碾两处墓地。

栏桥墓地出土了较多的陶器符号。符号皆刻划而成，据统计共有 42 件器物上刻有 21 种不同形式，如"❽""S""✕""木""↑""✕""卐""◇""#""⌡""W"等，有的符号甚是复杂，笔道很多，可多达 20 道左右（图十五）。这些符号多见于陶豆、双马鞍口双耳罐和其他罐类器上，比较常见的有刻在豆盘及豆座的内外壁或口沿上，有的刻于罐的腹部和耳面上。刻符中最多的是"❽"和"S"形，两者见于 13 件器物上①。

徐家碾墓地出土的陶器中带有"⊠""十""↑""≋"等形式的刻划符号。这些符号多刻在陶器的外壁上，每件陶器均只刻一种符号②。

（十）沙井文化

沙井文化主要分布在河西走廊自永登至张掖一带，民勤沙井至金昌三角城是其分布中心。年代为公元前 900～前 409 年，相当于中原地区西周至春秋晚期。

沙井文化遗址经发掘的地点不多，1980～1981 年对永昌三角城的西岗和柴湾两处墓地进行了较大规模的发掘，共发掘墓葬 560 座，惜至今未见正式报告。目前仅知在沙井东墓地、民勤三角城、金昌三角城等处发现有陶器图像，其中有的系采集品。图像多绘在陶器的腹部或耳面上，

---

① 甘肃省文物工作队、北京大学考古学系等：《甘肃西和栏桥寺洼文化墓葬》，《考古》1987 年第 8 期。

② 中国社会科学院考古研究所泾渭工作队：《甘肃庄浪县徐家碾寺洼文化墓葬发掘纪要》，《考古》1982 年第 6 期。

器物名称	器物名	刻划部位	墓文		编号
陶豆	M7:8	口沿上	1	2	1
双马鞍形口罐	M7:23	耳下侧腹部			2 
陶豆	M1:3	柄部	3 	4	3
陶豆	M4:19 M6:50	豆柄部、双马鞍口罐耳外侧			4 
陶豆	M4:17	底座内侧	5	6	5
双耳罐	M4:8	腹部			6
单耳罐	M4:6	耳下侧腹部	7 	8	7
单耳罐	M4:2	耳下侧腹部			8
双马鞍形口罐	M3:2	耳外侧	9 	10	9
陶豆	M3:6	柄部			10
陶豆	M5:7	盘腹外侧	11 	12	11
双马鞍形口罐	M6:32	各型陶罐腹部、豆柄部			12 
陶豆	M6:27	柄部	13 	14	13
双马鞍形口罐	M6:17	耳外侧			14
双马鞍形口罐	M6:17	耳外侧	15	16	15
陶豆	M6:14	柄部			16
双马鞍形口罐	M6:10	耳外侧	17	18	17
双马鞍形口罐	M6:9 M2:12	罐腹部及豆盘内			18 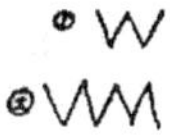
单耳罐	M6:3	耳外侧	19 20	21	19
陶豆	M5:8	各型罐腹部、豆柄部			20 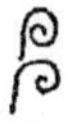
双马鞍形口罐	M5:15	耳外侧			21

图十五 寺洼文化陶器刻划符号

系采用红彩或黑彩绘就，内容除一件为人像外，大都表现不同姿态的禽鸟。禽鸟或站立地上或遨游水面，或垂首小憩或引颈长鸣，形象逼真，见 K5598、K5602、K2349：151、K5591（图十六 -1、3～7）。据鉴定，禽鸟的类属有天鹅、鹤、鹳、大雁和野鸭等。人像绘于陶耳面上，头部残缺，上下身躯用大小两个三角形正倒放置（两顶角相接）表示，四肢清晰，整体形象较抽象如 K3209（图十六 -2）[①]。

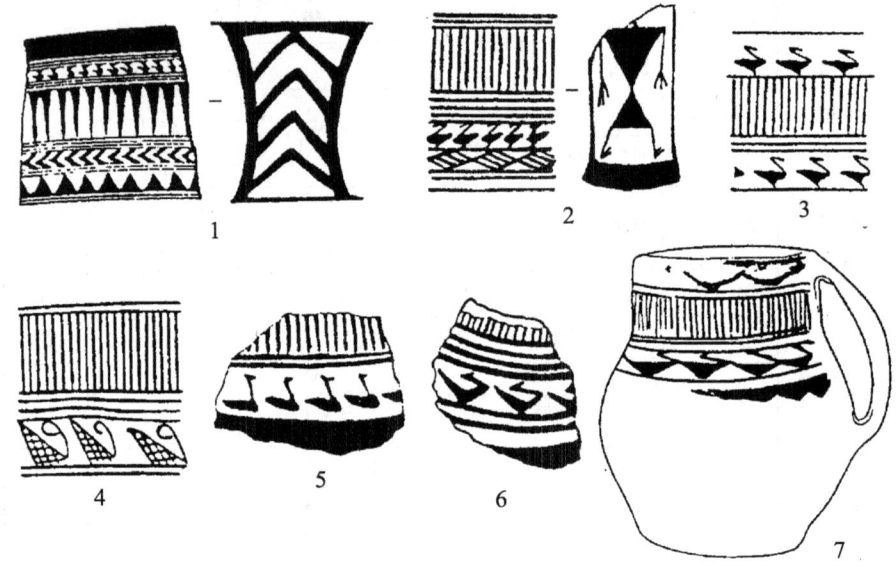

图十六　沙井文化陶器图像
1.双耳圜底罐（甘肃－禽鸟纹）　2～4.单耳罐残片（甘肃－人像、禽鸟纹）
5、6.彩陶片（沙井－禽鸟纹）　7.单耳罐（甘肃－禽鸟纹）

二、符号分类与含义

黄河上游地区史前文化遗址与墓地经发掘出土的陶器已达数万件之多，其中不乏带有符号的陶器。但由于种种原因，除少数陶器符号见之于报道外，尤其对其出土的数量未给予披露，因此很难知道它的准确数字。

---

① a.蒲朝绂：《试论沙井文化》，《西北史地》1989 年第 4 期。
　b.李水城：《沙井文化研究》，《国学研究》第二卷，北京大学出版社，1994 年。

现在我们只能根据已发表的报告包括插图、图版等作很不完全的统计，有近千件之数，其中彩绘符号近900件，刻划符号约有100件。除重复者外，有160多种不同形式。各种符号数量多寡不等，据柳湾马厂类型墓葬所出679件陶器符号统计，"十"字形符号数量最多，共116件，约占符号总数的17%，其次为"×"形符号共52件，约占7.6%，"8"形共30件，"∧"形共27件，"卐"形共26件，"△"形共14件，"⊠"字形共10件，其余均在10件以下，绝大多数仅有1件或2件，均属少数。

从各文化类型所拥有的符号考察，"十"形符号是分布面最广的，从大地湾、半坡、马家窑、半山、马厂、宗日、菜园、姬家川、寺洼等共有9种文化、类型都有这种符号。"丨"形符号有大地湾、半坡、石岭下、半山、马厂、菜园、张家咀、姬家川等8种文化、类型均有。"="和"×"形符号，各为石岭下、半山、马厂、四坝、姬家川等7种文化、类型所有。"⊠"和"卍"形符号，各为半山、马厂、寺洼等5种文化、类型所有。其余都在5种文化、类型以下，见表（黄河上游史前文化陶器符号参考表）。

黄河上游史前文化陶器符号参考表（据不完全统计）

文化类型	彩绘符号		刻划符号		合计	备注
	符号形式	小计	符号形式	小计		
大地湾文化	丨、∥、十、T、↑、〰、⌣	14	=、∽	2	16	
半坡类型			丨、=、十、○、↑、⊥、水	20	20	
石岭下类型			丨、=、S、×、一	5	5	
马家窑类型	十、×、米	5			5	
半山类型	丨、∥、=、≡、三、十、×、○、井、卐、⊠	62	十、米、⊠、☆	7	69	
马厂类型	丨、∥、f、一、=、三、⊠、×、十、○、▲、△、∧、卄、卍、8	679			679	详见图六十八

续表

文化类型	彩绘符号		刻划符号		合计	备注
	符号形式	小计	符号形式	小计		
宗日文化	十、‖、↓、禾、卐、☼、人	13			13	
菜园文化	∣、‖、十、井、火	6	∣、‖、川、丰	30	36	
齐家文化	井、×、卐、⊖	6	×、W	2	8	
四坝文化	一、=、×、S、V、N	15	=、×、S、Z	7	22	
张家咀类型	∣、井、⊠、☼	18			18	
姬家川类型	∣、一、=、×、∧、O、S、V、W、⊠、☼、⊕	53			53	
寺洼文化			十、⊠、↑、井、W、S、卐	26	26	详见图十五
合计		871		99	970	

这些陶器符号随文化不同，施作位置有些差异。如大地湾文化的符号多位于陶钵的内壁，仰韶文化半坡类型多作于陶钵口沿的外侧上，马家窑文化马厂类型一般在陶壶、瓮的腹下部，辛店文化大多在陶罐、瓮的肩部和耳把上。这种现象还是比较明显的。

各文化、类型所拥有的符号件数是与考古发掘的遗址数密切相关的，但似乎与彩陶器的兴衰也成正比，因为彩陶器在史前时期是符号的主要载体，尤其是在陶器符号中占最大额的彩绘符号更为明显。如处于彩陶刚萌发期的大地湾文化时期，彩绘符号约14件，而刻划符号有2件。彩绘符号与刻划符号是同时出现的。半坡、石岭下两种类型现还只见刻划符号，而未发现彩绘符号。马家窑文化的马厂类型是彩陶发展的繁荣时期，遗址的发掘规模也较大，因此出土彩绘符号的数量很多，可达679件，占该地区已知史前文化陶器符号总数的三分之二强，其后青铜时代的齐家、四坝、辛店诸文化，陶器符号的数量都渐见减少。马厂类型不仅陶器符号数量多，而且符号的种类也是列于前茅的。可以说，马厂类型是黄河上游地区史前文化中彩陶最繁荣的时期，亦是陶器符号最为发达的时期。

陶器符号按其形式，可分为数字类、单字类与象形类三种。

数字类 即指类似数码的陶器符号，如："一""=""≡""≣""｜""‖""Ⅲ""ⅠⅠⅠⅠ""×""⊠""∧""十""卄"等符号，这些符号分别在大地湾、马家窑、齐家、辛店文化等遗址中有出土。

单字类 指不属于数目字的单个符号，属于这类数量很多，其中，符号较规正的有："丰""王""中""口""田""工""大""土""日""井""厂""火""水""米""巾""U""S""B""W""V""T""O""△""↑""伞""卍""木""⑧""B""十""&""回""W""J""米""⊠""↓"等约有百余种符号，这些符号都分别在大地湾文化、仰韶文化半坡类型、马家窑文化诸类型、四坝、辛店、寺洼文化等有关遗址中均可见到。

象形类 指自然景物或某些物体形状的模仿，如"☼""D""☉""〰""〰""～""☽""♠""ϯ""※"等符号，分别象征天上的太阳、月亮、云彩、地上的山川、丘陵、河流波涛、树木、草叶等自然界景物。这些符号分别在四坝、辛店、寺洼文化有关遗址或墓地中出土。

这些陶器符号或彩绘或刻划而成，前者是用毛笔一类工具蘸彩料在陶器上描绘，与彩绘花纹者相同，后者则是用石、骨等为原料制成尖刃、平刃的刻刀、刮刀之类工具，在陶器上刻划做成，个别也有用手指或指甲戳上的。无论彩绘或刻划符号一般是在陶器入窑前制就，少量的刻划符号是在陶器烧成后所为。凡陶器入窑前刻划的符号，刻道较整齐均匀，而陶器烧成后所做的符号，刻道多粗细不匀，并欠规整，有的尚出重笔和断续现象。

彩绘符号的用色在不同区域或不同文化遗存有所差异，如大地湾文化均用红彩，半坡类型则多用黑彩，半山类型是红、黑两彩兼用，马厂类型和齐家文化、辛店文化均以黑彩为主要色调。

关于陶器符号的含义问题，不少专家做过探讨，给我们很大的启迪。他们将陶器符号与已知的我国最早文字——商代甲骨文及周代金文进行对照，有很精辟的诠释。就黄河上游地区所发现的史前文化陶器符号而言，可以借鉴的有：最为常见的"十"形，汉字应作"七"字解，"×"形解作"五"字，"丨"形解作"十"字，"‖"形解作"二十"字，"T"形解作"示"字，"丰"形解作"玉"字①。"一"形解作"一"字，"丨"形亦可解作"一"，"‖"形解作"二"，"口"形解作"丁"字，"中""巾""田""井""工"分别解作"中""巾""田""井"和"工"字，"㘫"形解作"垣"字，"⅋"形解作"串"字，"↑"形解作"镞"字，"氺"形解作"水"字，"⅋"形解作"齐"字，"↓""B""D""U""△"等形在甲骨文中有相似的字形②。"丨""‖"形与前者解释有歧义。此外，我们对照高明先生所著《古文字类编》一书，发现"艹"形可解作"巫"字，"亻"形可解作"卜"字，"土"可解作"午"字，"⊙"形可解作"日"字，"⋈"形可解作"网"字，"ᄉ"形可解作"大"字，"朩"形可解作"木"字，"⅋"形可解作"吕"字，"∧"形可解作"入"字，"十"字也可解为"甲"字③。"十"形在解释中亦有异义，"十"有释作"七"，或释作"甲"。张政烺先生在《试释周初青铜器铭文中的易卦》中将"一""×""∧"形隶定为"一""五""六"字，同时也提到"=""≡""三"形为"二""三""四"字④。顺便提一句"十"形在汉代铭文中，中间竖笔短者为"七"字，竖笔拉长者为"十"字，在周初易卦铭中"七"字也已表现为中间竖笔短的了。从以上诠释可知，黄河上游地区史前陶器符号中除不少单字外，数字中一至十数仅七、八、九未见，其他各数都已可能使用了。

至于"☼""D""〰""ε"等象形类的符号可能即是这些象形文字的初始形态。

关于陶器符号与古文字的渊源关系，在学术界有不同的意见。大多数学者认为陶器符号与古文字有密切的关系，很可能是我国古代文字的一种原始形态，或说这就是中国文字的起源，和商周甲骨文、金文属于一个系

---

① 于省吾：《关于古文字研究的若干问题》，《文物》1973年第2期。
② 徐锡台：《汉字探源》，三秦出版社，1994年，第235～244页。
③ 高明：《古文字类编》，中华书局，1980年，第23页、28页、122页、178页、186页、277页、373页、380页、428页、450页。
④ 张政烺：《试译周初青铜器铭文中的易卦》，《考古学报》1980年第4期。

统①。但亦有学者反对这种提法，认为这些符号只不过是一种记号，本身绝不是文字②。

迄今所知，陶器符号年代最早的可追溯至大地湾文化，距今约8200年。在彩陶钵上刻划或彩绘有"丨""‖""十""↑""T"等10多种符号，它是我国最早的陶器符号，可说是具有划时代的学术意义。仰韶文化时期的符号见之于西安半坡、临潼姜寨、宝鸡北首岭等遗址的统计，共发现270多件陶钵上刻划有50多种不同的符号。马家窑文化时期的陶器符号，仅乐都柳湾一处墓地即出土了679件彩绘有139种不同符号的彩陶器。由此可见，这些符号是随着历史的发展而逐渐增加，逐渐丰富的。前面已经说过，陶器符号中的刻划符号和彩绘符号是同时出现的，基本上是相伴相随在各文化时期。可以想象，在完整而光洁的彩陶器上"破相"刻上几刀，如在半坡类型彩陶钵的宽带纹上、陶器的最显要部位刻划符号，若这些符号没有特殊的含义、没有特殊的功能是难能理解的。半山类型和辛店文化的符号大多作于器耳上，马厂类型的符号施在彩陶器的下腹部，也都是能看得见的地方。再从陶器符号出现早晚的轨迹分析，自大地湾文化至菜园文化即黄河上游新石器时代各文化类型中，"丨""‖""‖""↑""一""=""≡""O""×""⊠""十""S"等符号都已出现，而"丨""‖""=""×""十"等符号出现的频率还很高，其他符号也有不止一次出现的，这似乎告诉我们，这些符号在使用上已约定俗成，具有一定的含义，也就是说，已具有最原始、最初步的指事功能。商代文字因甲骨文的发现展示给了世人，甲骨文有单字2000多个，已具"六书"的文字结构，是颇有严密规律的文字系统。显然它不是一朝一夕所能形成的，在它之前应已走过了一段漫长的发生、演变的时期。在这些史前陶器的符号中有的和甲骨文字很相似，它与甲骨文似有一脉相承的关系。因此，如果要追溯甲骨文的源头的话，陶器符号可能就是它的源头，换句话说，中国文字的起源应就在这里。

---

① a. 郭沫若：《古代文字之辩证的发展》，《考古》1972年第3期。
  b. 于省吾：《关于古文字研究的若干问题》，《文物》1973年第2期。
② 裘锡圭：《汉字形成问题的初步探索》，《中国语文》1978年第3期。

三、图像分类与含义

本文图像是指在陶器上采用彩绘、素塑和彩塑技法以表现人和动物的形象。据不完全统计，发现或出土的陶器图像共252件，其中鱼或变体鱼纹24件，约占图像总数9.5%；鸟或变体鸟纹84件，占总数的33%强；蛙或变体蛙纹73件，约占总数的29%；羊纹9件（大量的羊角双钩纹未统计在内）；犬纹10件；牛、鹿、龟等少量；人面像、人头像和人像36件。其主要图像的表现形式与文化内涵大致如下：

（一）动物形图像

主要有鱼纹、鸟纹、蛙纹、羊纹、犬纹等。

鱼纹 指一般的鱼纹与鲵鱼纹。前者包括形象生动的鱼纹和变体鱼纹。在该地区仅见于大地湾遗址的仰韶文化半坡类型中。鱼纹一般都彩绘于彩陶盆、钵、碗上腹部的宽纹带上，单列鱼或变体鱼首尾紧密相接，也有绘作上下相叠、首尾相接的。个别有将鱼纹绘于彩陶瓶的腹部，如见一彩陶瓶上有四条鱼，扭曲鱼身左右拨水，非常生动活泼。

鲵鱼纹仅见于石岭下类型中。鲵鱼纹多绘在彩陶瓶上，鱼首似人面，在修长的身躯两侧可见伸出的肢体。鲵鱼也俗称娃娃鱼。近年有学者称此纹为"人面蛇身纹"。

鸟纹 包括形象生动的鸟纹和变体鸟纹，可辨的鸟种类有雁、鹤、鹳、鹗、鹅、鸭等，分别见之于石岭下、马家窑、马厂、宗日、齐家、辛店、沙井诸文化和类型中，可以说是史前文化中较为普遍的图像题材。这也许因史前人类对鸟能翱翔天空，来去倏忽具有神秘感，认为鸟是上天所造的精灵，成为人们喜爱和崇拜的对象。石岭下类型的鸟纹应该是从仰韶文化庙底沟类型的鸟纹演化而来，它多表现鸟的头部及颈部的形态，呈简化趋势，与写实的鸟纹有别。崇日文化的鸟纹多作于夹砂彩陶壶或罐的颈肩部，列队一周，鸟长颈（或长曲颈）向上，硕身，其下或画出宽尾和两肢。其形态不禁使人想起唐代骆宾王："鹅、鹅、鹅，曲项向天歌"的名句来，非常可爱。推测此鸟纹可能是天鹅或鹤、鹳之类长颈长喙鸟的写照和写意。它在宗日文化的夹砂彩陶壶上最为多见，而且很有特点。齐家文化中鸮面粗陶罐的器盖上鸮的形象也是很独特和有特色的，不能不予提及。沙井文化彩陶器上绘有多种类的写实鸟纹，姿态百出，形象逼真，犹如幅幅鸟趣图。

  蛙纹 包括写实的蛙纹和写意的蛙纹。它见之于马家窑文化的马家窑、半山、马厂诸类型和四坝文化中。蛙纹在马家窑文化诸类型中一脉相承，有一个清晰的演变过程。马家窑类型的蛙纹是全蛙纹，头、身躯、四肢俱全，非常形象和写实。半山类型的蛙纹有头和四肢，但身躯仅存一条脊椎来代替。马厂类型的蛙纹有的仍袭半山类型，而有的连头也省去，只剩下脊椎和四肢，表现更为简洁和写意。马家窑文化的蛙纹不仅延续时间长而且常见，是该文化有特色的纹饰之一。蛙喜鸣，似有在宁静的夜晚，"听取蛙声一片"（辛弃疾词句）的田园景色。

  四坝文化的蛙纹以往称之为蜥蜴纹。该纹为尖头，短硕身躯，尖尾，身躯略呈长四菱形，身侧出有屈肢。蜥蜴和蛙都是我们习见的小动物，外观上前者身躯和尾巴均较修长，后者身躯粗短。据《辞源》云："蜥蜴，爬虫类，长六七寸，头扁，有四肢似壁虎；俗名四脚蛇……尾易断，断后复生。""蜥蜴类，动物学名词。此类动物，其特征为体细长作圆柱状，被以细鳞，四肢短小，……如蜥蜴、守宫等是。"又"蛙，水陆两栖之脊椎动物也。体短阔，上锐下广"。因此，该图像比较接近蛙形，称为蛙纹可能较妥。四坝文化的蛙纹往往呈多只首尾相衔成串状，甚有特点。

  羊纹和犬纹 四坝文化有羊纹，羊竖耳，翘尾，作列队奔跑状，很是形象，然不多见。辛店文化羊、犬纹最为常见，而以羊为主。一般彩绘于彩陶罐、壶或瓮的肩腹部，往往是成对出现，或左右相对站立，或前后奔跑，或上下排列，形态各异。也有多只列队排列的，有一图像分上、中、下三层排列，上为犬、中为羊、下为鹿，是一幅很生动的动物群像图。辛店文化的羊、犬纹所表达的形象并不很准确，为了大概的识别，我们把垂硕尾者辨为羊，而翘尾者视为犬，其实这很不科学，因为山羊也是翘尾的，垂尾的犬也不少见。但识别辛店文化纹饰中有羊和犬的图像是不会有误的。而且辛店文化中羊角纹甚是多见，应该说是辛店文化的主体纹饰。

辛店文化盐场遗址出土 1 件黑彩绘陶瓮，两面的肩腹部饰羊角纹，在羊角纹间、双耳的上方各饰一站立的兽首人身图像，手前举，一持红彩圆形物，一持黑彩矩形物，是否象征制方圆之工具？极寓有神秘的宗教意味。

上述各种动物形图像应源自当时人们对身旁习见动物的观察和理解。值得注意的是，这些图像有的成为某文化和某类型的一个特征或因素，如鱼纹是仰韶文化半坡类型的主要题材。变形鸟纹和鲵鱼纹是石岭下类型的典型图像，尤其是鲵鱼纹为该类型所独有。蛙纹从较写实到写意，即从全蛙纹到以肢爪代意贯穿于马家窑文化的马家窑、半山、马厂诸类型的始终。另一形态的蛙纹为四坝文化所习见。宗日文化以长颈长喙的禽鸟似天鹅、鹤、鹳类为特色。鸮的形象在齐家文化中也很突出，柳湾墓地即出土了 10 件鸮面粗陶罐。羊和羊角纹是辛店文化的一大纹饰特点，已引起了学者的注意和解读兴趣。辛店文化中目前仅一见的兽首人身图像，其含义也值得我们思考。

某一动物为某一文化、某一类型的人们所独钟，反映了它为他们所喜爱、所崇拜，或者与其经济生活有密切的关联。半坡类型的鱼纹和变形鱼纹不仅施用普遍，而且常见和人面纹结合一起，颇有神秘感。学者们对其含义讨论很多，意见也纷纭，主流的观点认为鱼应该是半坡类型主人崇拜的图腾，而人面和鱼的结合具有某种巫术性质，人面表现了神话人物，也可能是巫觋的形象。

鲵鱼纹为石岭下类型所独见。在近年弘扬民族文化声中，有学者联系古史传说，称之为"人面蛇身纹"，也有的将它纳入了龙文化、龙图腾的系列中，成为原始龙中的一员。这些看法都值得思考和斟酌。称为"人面蛇身纹"是来之于古史传说中的伏羲氏。（晋）皇甫谧《帝王世纪》云："大皞帝包牺氏，风姓也，母曰华胥，燧人之世，有大人足迹出于雷泽，华胥履之，而生包牺，长于成纪，蛇身人首，有圣德，取牺牲以充庖厨，故号曰包牺氏，后世音谬，故或谓之伏牺，或谓之虙牺，一号皇雄氏。"或云：华胥"生庖牺于成纪"①。据《汉书·地理志下》载：天水郡，领县十六，成纪是其一。东汉明帝时改天水郡为汉阳郡，《后汉书·郡国志五》

---

① 徐宗元：《帝王世纪辑存·自皇古至五帝第一》，中华书局，1964 年。

载：汉阳郡，领十三城，成纪是其一。在"成纪"下，（南梁）刘昭补注引《帝王世纪》曰："庖牺氏生于成纪。"在今之天水地区有汉代的成纪，也即刘昭认定庖牺氏出生的地方。今人也因此认为天水是伏羲的故里。传说的伏羲时代应在新石器文化时期，天水地区甘谷、武山等地的石岭下类型遗存中都发现有鲵鱼纹图像，因之人们将其与伏羲相联系，称之为"人面蛇身纹"也是可以理解的。不过，据徐旭生先生《中国古史的传说时代》的研究，"在战国以后伏羲靠着〈周易·系辞〉的势力成了圣人，可是在春秋时代和以前，他的踪迹一点也没有见着。……他最早的出现大约在战国的中叶。称述他的第一部书，据我所见当为〈庄子〉。"而庄子是受到了苗族关于伏羲、女娲是其最早祖先的影响。历战国、西汉，逐渐形成了古史记载中伏羲的传说。所以，"我们今日只能承认伏羲为神帝或神皇……庖牺氏是指渔猎阶段。"[①] 再则，伏羲成为人首蛇身的神人（与女娲一起，女娲也作人首蛇身形象，两神人尾部相交，手分持规和矩）始见于汉代的画像石题材中。可能伏羲的传说成熟于战国秦汉之时，而且形成了人首蛇身的形象。这一时代距离石岭下类型存在时尚四五千年之遥远。因此，给石岭下类型的鲵鱼纹赋予了如此丰富而美好的历史内容似仍待进一步研究。诚然，在石岭下类型时期，是否已有伏羲的传说，伏羲已被视作是人首蛇身的神人为其时的人们所崇拜？战国以前伏羲的传说演化的轨迹又如何？我们都是不得而知的。石岭下类型的鲵鱼纹称作与伏羲有关的"人面蛇身纹"可备一说。

石岭下类型的鸟纹，马家窑类型、半山类型、马厂类型的蛙纹，宗日文化的天鹅或鹤、鹳类禽鸟纹，齐家文化的鸮面纹，都是该文化、类型有特色的纹饰，这些所绘、塑的动物或许是这些文化、类型的氏族图腾。

辛店文化陶器以羊为突出的图像纹饰，不仅如此，在遗址出土的动物骨骼经鉴定的也以羊为主，如永靖姬家川遗址，经鉴定有羊、牛、猪、鹿等，以羊骨数量最多，猪骨次之，其余种属的骨骼较少。在一座墓葬中发现用一只完整的羊来作随葬品[②]。辛店文化主要分布于黄河上游和洮河、大

---

① 徐旭生：《中国古史的传说时代》，文物出版社，1985年，第231～242页。
② 中国社会科学院考古研究所甘青工作队：《甘肃永靖县张家咀与姬家川遗址的发掘》，《考古学报》1980年第2期。

夏河、湟水流域，年代为公元前1400～前1000年，中原的商周时期。据文献记载，这一时期主要是羌人活动于这一地区。因此学术界在讨论辛店文化的族属时均认为是羌族。羌，牧羊人也，他们以畜牧羊群为生计。有学者认为辛店文化部落以羊为图腾或崇拜的对象，我们亦曾持此观点。近读弗洛伊德《图腾与禁忌》、摩尔根《古代社会》诸书，偶有所悟，似乎辛店文化羊图腾之说仍待思考和斟酌。

《图腾与禁忌》给图腾的定义是："图腾是什么？它多半是一种动物，也许是可食或无害的，也可能危险且可怖；较少见的图腾，可以是一种植物，或一种自然力量（雨、水），它与整个宗族有着某种奇特的关系。大抵说来，图腾总是宗族的祖先，同时也是其守护者。"弗洛伊德还引佛莱则的话来补充："一个图腾部落里的成员……往往相信他们是由图腾所繁衍而来。也正因为此种信仰，所以，他们禁止捕杀或食用图腾动物。倘若图腾并非动物时，则他们同样地禁止使用它们。"[①] 图腾动物被采用为氏族的名称。《古代社会》中说："在阿吉布洼方言中，有图腾（totem）——往往发音为do-dain——的一词，是表示一氏族的象征或徽章的；从而狼之图形，便是狼氏族之图腾。""新墨西哥的摩其（Moqui）村落印第安人，氏族中的成员声称他们是从那作为氏族名称的动物所传下来的……他们的远祖是被主宰之神将其从动物变成人形的。……有一些部落中，氏族成员不吃他们氏族名称的动物，这无疑是受了此种传说的影响的。"[②]

弗洛伊德在《图腾与禁忌》一书中也引用了反对的意见："哈单即假设说，每一个原始部落常以某种动物或植物为生（或主食），或者，以此与其他部落交换及从事贸易，在此情况下，久而久之，一个部落也就很自然地被其他部落以该动物的名称来称呼了。当然，一个部落对自己赖以为生的动物自必具有极度的熟悉和兴趣，由此而逐渐形成图腾观。"

"对于此种最'理性'化的图腾观的解释，有些专家提出反对，他们

---

① 弗洛伊德著、杨庸一译：《图腾与禁忌》，中国民间文艺出版社，1986年，第14页、134页。

② 莫尔根著、杨东莼、张栗原、冯汉骥译：《古代社会》，三联书店，1957年，第184页、91页。

强调类似此种情况并未能在原始民族中发现。原始民族大多是杂食性的，因此，如上所述的食物习惯其可能性极小。而且，由饮食习惯导致对图腾的宗教信仰，即此种由嗜食某种动植物而转变为对其绝对禁食的说法，类此戏剧性的改变实令人难以解释。"①

以弗洛伊德、莫尔根等权威学者对图腾的定义和论述，可知原始氏族的图腾是被作为氏族的祖先来崇拜的，并严禁捕杀和食用。如果说，辛店文化的族属被界定为羌人，以牧羊为业的话，纵然羊与他们的经济生活休戚相关，他们也非常崇拜和喜爱羊，以各种仪式祈求羊的繁殖，在陶器上彩绘羊的形象，但似乎羊不应该是他们的图腾动物，因为作为牧羊人屠杀和食用羊是经常要发生的事。《图腾与禁忌》也说："由于畜牧时期的来临使图腾观中断……""图腾观所导致的畜牧作用（当有动物可被豢养时）对图腾观本身是一种致命的打击。"②辛店文化畜牧业比较发达，是否还盛行图腾制度也值得斟酌。

在盐场遗址出土的一件彩陶瓮两耳上方各绘一兽首人身像，两者手分持圆形物和矩形物，推测是神人图像。弗洛伊德说："在图腾观时期以后，神常被依动物的方式来崇拜。……在有关神的传说中，神常会变成动物……"③就图像的形态，所持物，把它看成是神人应该不会大谬。

（二）人物形图像

可分为单人像和群体人像两类。

单人像图　除陶器附件如耳把、钮上所见小形人面、人头像的装饰外，人像位置显著、形象精致的目前大约有12件，仅见于马家窑文化诸类型，即石岭下类型4件人头形陶瓶，马家窑类型1件人面饰彩陶壶，半山类型3件人头形彩陶器盖（失器身）、1件彩塑人像罐，马厂类型2件人头形彩陶壶、1件彩塑裸体人像壶。这些人像大都是采用彩塑法成像。凡人体的突出部位如鼻、耳、嘴、眼、乳房、性器、手、脚，采用雕塑手法，

---

① 弗洛伊德著、杨庸一译：《图腾与禁忌》，中国民间文艺出版社，1986年，第144～145页。

② 弗洛伊德著、杨庸一译：《图腾与禁忌》，中国民间文艺出版社，1986年，第183页、171页注。

③ 弗洛伊德著、杨庸一译：《图腾与禁忌》，中国民间文艺出版社，1986年，第182页。

而其他部位如头和身的轮廓、眉毛、发式、手指等则采用彩绘勾勒，两者巧妙结合，共造一完美而生动的人像。人头形器的头像均安排在瓶或壶的器口和器盖部位，似和器身共组一个完整的人形，艺术构思也颇为独到。

群体人像图　目前所知有舞蹈纹、两人抬物纹、跪拜纹三种，出之于马家窑类型、宗日文化和四坝文化。共7件，即马家窑类型3件舞蹈纹，宗日文化1件舞蹈纹，1件两人抬物纹，四坝文化1件舞蹈纹，1件跪拜纹。除1件马家窑类型的早年流失日本外，其余均系发掘品。这些群体人像属马家窑类型和宗日文化者均是用黑彩绘于彩陶盆的器内壁，四坝文化的则是用黑彩绘于彩陶罐的肩腹上。它们都是形成一组纹带，人物以2人、3人、5人、9人、11人、13人为一单元，除抬物纹为两人偶数外，舞蹈纹、跪拜纹皆以奇数组合，多个队列整齐动作。人物的装饰打扮也很一致。在人像上、下画有直线，似人们都脚踩实地头顶天。人像队列的左右也有彩绘纹饰，使幅幅图画都很绚丽多彩。毋庸置疑，不论从绘画艺术或题材内容来评估，它们都不愧是原始文化宝库中不可多得的瑰宝。

单人像图中最引学术界兴趣的是柳湾墓地出土马厂类型的彩塑裸体人像陶壶。该壶一侧面上的人像造型奇特，高鼻梁、巨口硕耳，躯体短矮，并有意突出了性器和乳房，体征似男又似女，因此对它的性别及其内涵性质曾引发了讨论。大体上有三种看法。其一，辨识它表现的是女性，是人们为了祈求氏族的繁殖；其二，辨识它表现的是男性，说明当时已进入了父系制的氏族社会；其三，辨识它表现的是男女两性共同体，寓两性于一身，与辨识它是女性的一样，其作用是为了祈求氏族的繁殖，因此该彩陶壶可能是原始人们祝殖巫术所用的器具。第三种看法应该是比较符合人像所表现的特征和当时的社会意识。用男女同体的偶像来祈求生殖，也反映出其时的人们已认识到男女两性在生殖上的共同作用。人像同时表现男、女两性说明男、女在社会上已有同等的地位，而社会也正处于由母系氏族向父系氏族的转变过程之中。

师赵村遗址出土半山类型的彩塑人像罐，在一侧面上塑造的人像颇有神秘和恐怖的感觉。头部作浮雕式突出，胸腹部画树枝状纹。推测它可能是作为信仰的偶像或巫师行巫术时所用的灵物。大地湾遗址出土石岭下类型、安特生采集半山类型、柳湾墓地出土马厂类型的彩陶瓶、罐、壶口部、器盖上的9件人头形彩塑（含4件素塑），部位显著，和器身相配置亦成完整的人形，除为原始艺术品外，其中某些也可能具有偶像或巫师灵物的功能。原始社会是一个万物有灵的时代。弗洛伊德在《图腾与禁忌》中对此有深刻的论述："原始民族对自然界现象的臆测造成了灵魂的思想，""他们认为宇宙中充满了多数的魂魄，善良的和邪恶的；……原始民族相信每一个人都拥有一种相似的灵魂。""灵魂的观念是整个灵魂学说体系的最原始核心，它们包括了相信动物、植物及物质亦具有和人类灵魂相类似的构造等想法。"因为有了灵魂观念，由此产生了巫术和魔法。"伴随着精灵说的体系，还有一种指示如何去控制人类、野兽和物质……这些指示以'巫术'和'魔法'的形式出现。"① 在原始社会中举行各种各样的巫术是很常见的，因此逐渐产生了巫师这样一种特殊的职业，一些重大的活动如宗教活动乃至婚丧嫁娶、成年仪式等都要由巫师来主持。巫师被视作具有超凡的能力，因此有很高的地位。

  舞蹈纹亦是最令人瞩目和感兴趣的，上孙家寨墓地出土马家窑类型的舞蹈盆一经公布，就展开了热烈的讨论。现已知有舞蹈纹的彩陶计5件。这些舞蹈纹布局程式和舞人的姿势大同小异，唯舞蹈队列每组人数有多寡之分，少者3人，多者13人，舞人手拉手，独干骨崖墓地出土四坝文化的舞人作两手叉腰式。上孙家寨舞蹈盆上的舞人脑后和两腿间各有一斜线，它们各表示什么是讨论文章中的一个重点。脑后斜线应当表示是发辫或头饰。两腿间的斜线在流失日本的马家窑类型舞蹈盆上的舞人也有。对此物有人认为是尾饰，有人认为是男性生殖器，有人认为是男性生殖器官保护带。持尾饰说者认为舞人披着带尾巴的兽皮跳着狩猎舞，这不无道理。许慎《说文解字》"尾"字下有云："古人或饰系尾"，在岩画中也有这类题材的反映②。推测它是男性生殖器官或男性生殖器官的保护套也值得考

---

  ① 弗洛伊德著、杨庸一译：《图腾与禁忌》，中国民间文艺出版社，1986年，第98～100页。
  ② 盖山林：《阴山人形岩画尾饰试析》，《盖山林文集》，黑龙江教育出版社，1995年，第425～430页。

虑,细察其图像也很形象。据报道,热带地区原始社会的人们大多裸体,男子有带阴茎保护套的习俗。如住在新几内亚的美拉尼西亚的土著人,"他用装饰过的树皮腰带束得紧紧的,用卷起的树叶做成的阴茎护套从耻骨上伸下足有三英尺长"①。然而青海地区地高气爽,冬寒夏凉,裸体跳舞大概只能在夏天为之。综合分析,推测为尾饰是比较合适的。武威磨嘴子遗址采集的马家窑类型和宗日遗址出土的宗日文化彩陶盆上舞人臀腹部肥大呈圆形,或许它象征妇女穿着草裙,前者舞人两腿间的直线应即是尾饰了。如巴西中部的卡马犹拉人(属印第安人)在跳乌鲁阿舞时,"女舞伴却只在裸露的身上悬挂一根长18英寸的'扫帚式'尾巴——一束孤零零的稻草拴在屁股的上方。舞蹈沿着逆时针方向一圈又一圈地在村中持续进行"②。这一段描述似为武威的舞蹈图像作了注解。在原始社会,舞蹈伴随着唱歌是人类生活活动中重要的组成部分,大凡遇重要事件、宗教仪式都要举行舞蹈和唱歌,如丰收、结婚、成年仪式、战争胜利、狩猎归来、祭祀仪式、丧葬哀悼完毕、驱鬼治病仪式、祛灾仪式、祈雨仪式等等。舞蹈纹真实地记录了他们欢乐的生活场面和某些宗教仪式中的内容,是原始人类文化生活、精神生活的一个缩影。

跪拜纹现仅见于干骨崖遗址出土四坝文化的彩陶罐上。有人将其归之为舞蹈纹,从图像的形象直感认别,应定为跪拜纹。人物两手前伸,双腿屈跪,身略前倾,3人为一组,同向跪拜,甚是虔诚。它是四坝文化先民们举行祭祀等宗教活动的写照,也是迄今所知最早反映跪拜礼仪的画面。

抬物纹现也仅见于宗日遗址出土的彩陶盆内壁上。纹带上绘四组两人抬物纹。两人相向侧身而立,双手前伸共抬一球形物,身躯前弯,显示所抬之物很重。图像所显示的是人类生活中习见的一种行为,但彩绘于彩陶盆上似乎有深刻的涵义,它可能表达的是祭祀中的献祭活动。"献祭是古代宗教的主要仪式。"献祭的原始意义,"它不过是意指'一种神与其信仰者之间表示友谊的行为'而已"。"献祭的物品通常都是一些可食用或饮用的食物,人们将自己食用的肉类、谷类、水果、酒或油等献祭给神

---

① 胡荣编译:《当代世界原始人目击记》,中国工人出版社,1992年,第12页。
② 胡荣编译:《当代世界原始人目击记》,中国工人出版社,1992年,第34页。

明。""类似此种献祭仪式是属于全族人民的共同庆典。……任何有献祭仪式的地方必然有盛大的庆典，而任何有庆典的地方也必然有献祭的仪式。献祭庆典常常是人们狂欢情绪的最高潮，也是人与人之间、人与神之间最自然的沟通途径。"① 弗洛伊德的以上论述阐明了原始社会献祭的内容，可见献祭是古代人们重要的宗教活动，而且是经常要举行的，抬物纹反映的当是献祭活动中的一个环节。

四、余论

陶器上的图像无论是动物纹或人物纹，就其图像单元论都是构思巧妙，神形兼备，具有丰富的想象力和真实内容。它们还往往与其他的几何纹搭配一起，共组一幅幅绚丽的陶器图案。在每一组图案中又都是主次分明，风格协调，有很高的艺术表现力。不仅于此，在每一组图案中都贯穿了对称的手法，体现了当时人们已具有对称的思想。在二方连续的构图中，不论是几个图案单元的连续，都能安排得恰到好处，并且是分厘不差，可见当时人们已具有了等分的观念。已知的5件舞蹈纹和1件跪拜纹，每一组的人物都是奇数，有3人、5人、9人、11人、13人，有趣的是，宗日遗址出土的舞蹈纹舞人分为两组，一组11人，另一组却作13人，不知为什么在这里对奇数有这么严格的要求，这是值得思考的现象。应该说，在陶器图案中蕴藏着先民关于数学方面的认知信息也值得我们去发掘。

陶器上的图像和几何纹可以共组完整的美丽图案，但陶器上的符号却游离于图案之外，它明显地不属于图案的组成部分。因此，它是表达先民另类思维方法的工具，当属于汉字之源——原始文字的范畴。

（本文原载《考古学集刊》第16期，2006年，与瓯燕合著）

---

① 弗洛伊德著、杨庸一译：《图腾与禁忌》，中国民间文艺出版社，1986年，第166～168页。

略论甘肃东部史前文化

甘肃东部指天水、平凉、庆阳等地区，这里蕴藏有非常丰富的古文化遗存。20世纪50年代以来，本地区考古发掘工作较多，积累了大量的实物资料，并发表不少发掘报告和论文，许多专家学者还撰文提出各自的学术见解，使我们有条件对该地区考古学的有关问题进行探讨。

甘肃东部地区史前考古最引人注目的是：我国最早发现的旧石器时代地点就在本地区庆阳县（现属华池县）辛家沟与赵家岔；在秦安大地湾遗址发现新石器时代早期遗存——大地湾一期文化，同时，出土我国最早的彩陶和仰韶文化大型房址；在天水师赵村遗址新发现师赵村一期文化与马家窑文化半山类型等文化遗存。此外还有众所周知的天水"伏羲故里"，以伏羲文化为主体的"中华始祖文化"等古迹。上述考古发现在考古学上的重要性与本地区在古史研究上的特殊地位毋庸赘述的。因此，甘肃东部地区对中国原始社会史的研究具有重要的意义。

中华人民共和国成立60多年来，经过我国文物考古工作者的辛勤劳动，取得了丰硕的研究成果。我想借助学术界已有的工作成果，把甘东地区史前考古的发现与研究成果进行初步梳理，归纳田野考古调查和发掘工作收获，望能使读者对甘东地区史前文化有一个简要、系统的了解，同时提出一些不成熟的学术见解，与学界同仁共同讨论。

一

甘肃东部地区早在1920年即发现旧石器时代的石制品。法国天主教神甫、古生物学家桑志华（E.Licent）在庆阳县城北辛家沟与赵家岔的黄土层和黄土底部砾石层中发现石核1件、刮削器2件。这次发现，首次证实了中国境内存在有旧石器时代遗物。

50多年来，我国文物考古工作者在甘东地区发现了不少旧石器时代的遗存，据已发表的资料，有泾川县大岭上①、牛角沟②、合志沟、桃山嘴③，武山县鸳鸯镇骨头沟④、庆城县巨家塬⑤、镇原县姜家沟⑥、寺沟口、黑土梁⑦，环县楼房子、刘家岔⑧，庄浪县双尾沟、双堡子⑨等，共有10多处。其中，经过清理或发掘出土遗物较重要的地点有：泾川大岭上、牛角沟，武山骨头沟、环县刘家岔等处。

大岭子遗址位于泾川县太平乡梅家洼岭背后村，西距县城约8千米。1976年调查发现，在红色土层中清理出石制品多件。土层分上下两层：下层出土石核、石片、砍砸器、尖状器、刮削器等共23件；上层出土石核、石片、尖状器、刮削器等共18件。两者石制品既有共性，也存在各自的特点，均属于旧石器时代早期遗存。由于该遗存是甘肃境内首次发现的一处早期旧石器地点，材料较为重要，它的发现，弥补了旧石器时代考古研究中的重要一环。

---

① 刘玉林：《甘肃泾川大岭上发现的旧石器》，《史前研究》1987年第1期。
② 刘玉林、黄慰文、林一璞：《甘肃泾川发现的人类化石和旧石器》，《人类学学报》1984年第1期。
③ 张映文、谢骏义：《甘肃泾川南峪沟与桃山嘴旧石器时代遗址的发现》，《考古与文物》1981年第2期。
④ 谢骏义、张振标、杨福新：《甘肃武山发现的人类化石》，《史前研究》1987年第4期；张行：《试论泾渭河流域旧石器文化及与邻区的关系》，《文物春秋》1992年第2期。
⑤ 丁萝麟等：《甘肃庆阳更新世晚期哺乳动物化石》，《古脊椎动物与古人类》1965年第1期。
⑥ 谢骏义、张鲁章：《甘肃庆阳地区的旧石器》，《古脊椎动物与古人类》1977年第3期。
⑦ 甘肃省博物馆等：《甘肃镇原黑土梁发现的晚期旧石器》，《考古》1983年第2期。
⑧ 甘肃省博物馆：《甘肃环县刘家岔旧石器时代遗址》，《考古学报》1982年第1期。
⑨ 谢骏义：《甘肃西部和中部旧石器考古的新发现及其展望》，《人类学学报》1992年第1期。

牛角沟遗址位于泾川县泾明乡白家塬村，1976年发现一完整的人类头盖骨化石，与其同层出土的还有石核、石片、砍砸器、尖状器、刮削器等一批旧石器。据测定，该头盖骨为一个约20岁女性，被命名为"平凉人"。在人类进化系统上处于晚期智人的地位[1]。这在泾河流域是一次新发现。但有学者提出，泾川牛角沟的人类头盖骨化石还有待于研究确认[2]。

鸳鸯镇骨头沟遗址位于武山县鸳鸯镇西南大林山下的骨头沟。1984年由核工业部某地质大队发现的，获一较完整的人头盖骨化石。经鉴定为男性个体，20岁左右，其年代经碳-14年代测定距今约38000年，属于晚期智人阶段。这是渭河上游首次发现的人头盖骨化石，具有重要的学术价值，为研究中华民族体质特征的形成增添了新的资料。

刘家岔遗址位于环县龚家塬刘家岔，东距县城约35千米。1977年甘肃省博物馆在该县进行考古调查时发现，1978年进行发掘，揭露面积150平方米，出土一批脊椎动物化石和石器。脊椎动物化石有鸟类1种，哺乳类13种：披毛犀、河套大角鹿、原始牛、普氏野马、野驴、普氏羚羊、赤鹿等。石制品共1022件，其中，经第二次加工的石器487件，石料以各色石英岩砾石为主，器类有石核、石片、砍砸器、刮削器、尖状器、石球、雕刻器等，以石核、刮削器为主，打制石片主要采用锤击法，石器体型较小，加工精细。刘家岔遗址出土的石器丰富，时代为晚更新世，属于旧石器时代晚期较早阶段，它是甘肃境内发掘规模较大、收获较丰硕的一处旧石器时代遗址，具有重要的学术意义。

甘肃旧石器时代文化遗存，除甘肃中、西部的东乡王家山、北部的霍勒扎德盖两个遗址外，皆分布在甘肃东部地区。这可能是由于东部考察与发掘工作做得较多的结果，绝不能说中、西部原本就少。东部与陕西为邻，两者关系密切，故有学者提出将甘肃东部泾渭上游地区和陕西关中西部的旧石器文化遗存命名为"泾渭文化"，以区别于以丁村为代表的"汾

---

[1] 刘玉林、黄慰文、林一璞：《甘肃泾川发现的人类化石和旧石器》，《人类学学报》1984年第1期。

[2] 甘肃省文物考古研究所：《甘肃省文物考古工作五十年》，《新中国考古五十年》，文物出版社，1999年。

河文化"，水洞沟文化导源于"泾渭文化"①。也有学者提出不同意见，认为"没有可靠的根据来说明它"②。这些学术问题有待更多的发掘资料进行论证，目前还难于下结论。

二

甘肃东部地区新石器时代和青铜器时代考古调查发掘工作做得较多，积累了丰富的实物资料，发表了很多重要的研究成果。早在1947年，裴文中先生首次赴渭河上游天水、甘谷、武山等地进行考古调查，共发现古文化遗址39处。他把调查结果写成《渭河上游史前人类遗址之调查》一文③，这篇具有开创性的研究报告，拉开了甘东地区渭河流域考古研究的序幕。

50多年来，我国文物考古工作者在甘东地区做了大量的调查与发掘工作。1956年，甘肃省文物管理委员会对渭河上游天水、甘谷两县进行考古普查，发现古文化遗址90处，其中，仰韶文化、齐家文化各37处④。同年在秦安杨家沟寺咀坪遗址清理齐家文化住室6座⑤。1957年，在渭源、陇西、武山三县调查，发现古文化遗址69处，其中，仰韶文化16处，马家窑文化2处，齐家文化39处⑥。1958年，对渭河支流南河、榜沙河、漳河流域进行调查，发现古文化遗址23处，其中，仰韶文化8处，齐家文化13处、寺洼文化1处⑦。1959年，中国科学院考古研究所对天水、武山、陇西、陕西宝鸡等17个县市进行较大规模调查，共发现古文化遗址220

---

① 盖培、黄万波：《陕西长武发现的旧石器时代中期文化遗物》，《人类学学报》1982年第1期。
② 张行《试论泾渭流域旧石器文化及与邻区的关系》，《文物春秋》1991年第2期。
③ 裴文中：《裴文中史前考古学论文集》，文物出版社，1987年。
④ 甘肃省文物管理委员会：《渭河上游天水、甘谷两县考古调查简报》，《考古通讯》1958年第5期。
⑤ 任步云：《甘肃秦安县新石器时代居住遗址》，《考古通讯》1958年第5期。
⑥ 甘肃省文物管理委员会：《甘肃渭河上游渭源、陇西、武山三县考古调查》，《考古通讯》1958年第7期。
⑦ 甘肃省博物馆：《甘肃渭河支流南河、榜沙河、漳河考古调查》，《考古通讯》1959年第7期。

处，其中，仰韶文化82处，甘肃仰韶文化7处，齐家文化13处[①]。1962年，甘肃省博物馆复查武山石下遗址，发现一种介于庙底沟类型与马家窑类型之间的新文化遗存：石岭下类型。

1976年，庆阳地区博物馆成立，随即开展全区文物普查工作，发现仰韶、齐家、寺洼文化遗址147处，其中仰韶文化48处[②]。同年平凉地区也开展考古调查工作，发现新石器时代遗址355处，其中仰韶文化141处，齐家文化329处[③]。1978年，甘肃省博物馆试掘灵台桥村遗址，发现齐家文化灰坑7个，出土一批陶、石器等遗物[④]。1978～1984年，甘肃省文物工作队发掘秦安大地湾遗址，发掘规模大，收获丰硕，揭露面积13700平方米，发现房址240座，灰坑和窖穴342个，墓葬79座，窑址38座，内涵包括大地湾一期文化和仰韶文化等不同阶段的文化遗存[⑤]。1979年，中国社会科学院考古研究所发掘镇原常山遗址，发现房址8座，窖穴16个，墓葬2座，出土一批陶、石器等文物[⑥]。1980年，发掘庄浪徐家碾墓地，发现寺洼文化墓葬104座，出土各类器物2000多件[⑦]。1981年，对天水地区甘谷、武山、清水等10个县市进行调查，除复查已知的古文化遗址外，新发现清水泰山庙和天水石家坪等9处遗址[⑧]。同年甘肃省博物馆文物工作队发掘秦安王家阴洼遗址，发现仰韶文化房址3座，墓葬63座，灰坑2个，出土文物300余件[⑨]。同年，庆阳地区博物馆发掘宁县阳孤遗址，

---

① 考古研究所渭水调查发掘队：《陕西渭水流域调查简报》，《考古》1959年第11期。
② 甘肃省庆阳地区博物馆：《庆阳地区文物概况》第2集，1983年。
③ 张映文：《平凉文物》（铅印本未注发表日期）。
④ 甘肃省博物馆考古队：《甘肃灵台桥村齐家文化遗址试掘简报》，《考古与文物》1980年第3期。
⑤ 甘肃省博物馆文物考古队：《甘肃秦安大地湾遗址1978至1982年发掘的主要收获》，《文物》1983年第11期。
⑥ 中国社会科学院考古研究所泾渭工作队：《陇东镇原常山遗址发掘简报》，《考古》1981年第3期。
⑦ 中国社会科学院考古研究所泾渭工作队：《甘肃庄浪徐家碾寺洼文化墓葬发掘纪要》，《考古》1982年第6期。
⑧ 中国社会科学院考古研究所甘青工作队：《甘肃天水地区考古调查纪要》，《考古》1983年第12期。
⑨ 甘肃省博物馆大地湾发掘小组：《甘肃秦安王家阴洼仰韶文化遗址的发掘》，《考古与文物》1984年第2期。

发现仰韶文化房址33座，陶窑3座，墓葬5座，出土文物50多件[①]。

1981～1990年，中国社会科学院考古研究所发掘天水师赵村与西山坪两处遗址，发现房址39座，窖穴72个，陶窑2座，墓葬27座，出土陶、石器等文物2000余件[②]。内涵有大地湾一期、师赵村一期、仰韶、马家窑、齐家文化等多种文化遗存。1982、1983年，甘肃省文物工作队、北京大学考古学系发掘甘谷毛家坪遗址，发现石岭下类型、周秦文化遗存[③]。1983年，庆阳地区博物馆试掘宁县董庄遗址，发现仰韶文化房址3座，墓葬20余座，出土陶器等文物[④]。1984～1994年，甘肃省文物考古研究所对庆阳南佐遗址进行多次发掘，发现仰韶文化大型房址等遗迹[⑤]。1984年，庆阳地区博物馆对庆阳、正宁、宁县、合水四县进行调查，发现仰韶、齐家文化遗址共21处[⑥]。同年，北京大学考古学系（今考古文博学院）发掘合水九站村遗址，发现寺洼文化墓葬80座，出土陶、石器等文物1000余件[⑦]。1991～1993年，中国社会科学院考古研究所发掘武山傅家门遗址，发现马家窑文化石岭下类型、齐家文化房址11座，窖穴11个，墓葬2座，祭祀坑1个，出土陶、石器等近1000件[⑧]。1991年，甘肃省文物考古研究所发掘平凉侯家台遗址，发现仰韶、齐家文化房址9座，灰坑101个，出土完整陶器近100件，其他文物50余件[⑨]。据不完全统计，甘东地区已发现史前文化遗址共720余处，经不同规模发掘的遗址共10多处。

---

① 庆阳地区博物馆：《甘肃宁县阳孤遗址试掘简报》，《考古》1983年第10期。
② 中国社会科学院考古研究所：《师赵村与西山坪》，中国大百科全书出版社，1999年。
③ 甘肃省文物工作队、北京大学考古系：《甘肃甘谷毛家坪遗址发掘报告》，《考古学报》1987年第3期。
④ 甘肃庆阳地区博物馆：《甘肃宁县董庄新石器时代遗址试掘报告》，《史前研究》1987年第4期。
⑤ 赵雪野：《西峰市南佐疙瘩渠仰韶文化大型建筑址》，《中国考古学年鉴·1995》，文物出版社，1997年。
⑥ 李红雄：《甘肃庆阳地区南四县新石器时代文化遗址调查与试掘简报》，《考古与文物》1988年第3期。
⑦ 王占奎、水涛：《合水县九站先周遗址》，《中国考古学年鉴·1985》，文物出版社，1985年。
⑧ 中国社会科学院考古研究所甘青工作队：《甘肃武山傅家门史前文化遗址发掘简报》，《考古》1995年第4期。
⑨ 王辉：《平凉侯家台新石器时代遗址》，《中国考古学年鉴·1992》，文物出版社，1994年。

三

甘肃东部地区新石器时代最早的文化遗存为大地湾一期文化,学术界也有命名为前仰韶文化、老官台文化等多种不同名称。我们考虑到大地湾遗址下层的文化遗存较为丰富,出土一批特征鲜明的器物群,并有一定的分布范围,可把它命名为"大地湾一期文化"。

大地湾遗址位于秦安县北五营乡邵店村,1978~1980 年发掘,发现大地湾一期文化房址 3 座、窖穴 2 个、墓葬 11 座,出土陶、石器等 90 多件,还新发现了禾本科的黍和十字花科的油菜等炭化植物种子,这是同类植物中年代最早的标本[①]。1986 年,发掘天水西山坪遗址,也发现大地湾一期文化遗存,出土窖穴 1 个,陶、石器等遗物近 50 件。发掘的最重要收获是发现了大地湾一期文化在下、师赵村一期文化在上的层位关系,这不仅澄清了过去把两者文化内涵混为一种文化遗存的认识,而且还解决了两者的相对年代,即大地湾一期文化早于师赵村一期文化[②]。房址均为圆形半地穴式建筑,有朝北或向西门道。大地湾 F371 保存较好,口径约 2.5、底径 2.7、残高约 0.95 米。穴壁呈弧形,穴壁周围有 6 个柱洞,洞壁向内倾斜,可复原为窝棚式的房子。窖穴呈圆形或椭圆形,底部有平底与圜底两种。墓葬均为长方形竖穴土坑墓,坑壁较规整,均为单人仰身直肢葬,有陶器与石器等随葬品。石器有长方形斧、亚腰形铲、弧刃刀、磨盘等,骨器有锥、针、镞、锯、蚌镰等。陶器有彩绘圜底钵、三足钵、圈足碗和筒形罐、筒腹三足罐、小口鼓腹壶、小杯等(图一),其中,造型最具有特色的是筒腹三足罐,侈口斜直腹,下腹内收成小平底,下附三个锥形足,它是区别于其他古文化遗存最典型的器物。年代为公元前 6220~前 5360 年。

---

　　① 甘肃省博物馆秦安县文化馆大地湾发掘小组:《甘肃秦安大地湾新石器时代早期遗存》,《文物》1981 年第 4 期;《一九八〇年秦安大地湾第一期文化遗存发掘简报》,《考古与文物》1982 年第 2 期。

　　② 中国社会科学院考古研究所:《师赵村与西山坪》,中国大百科全书出版社,1999 年。

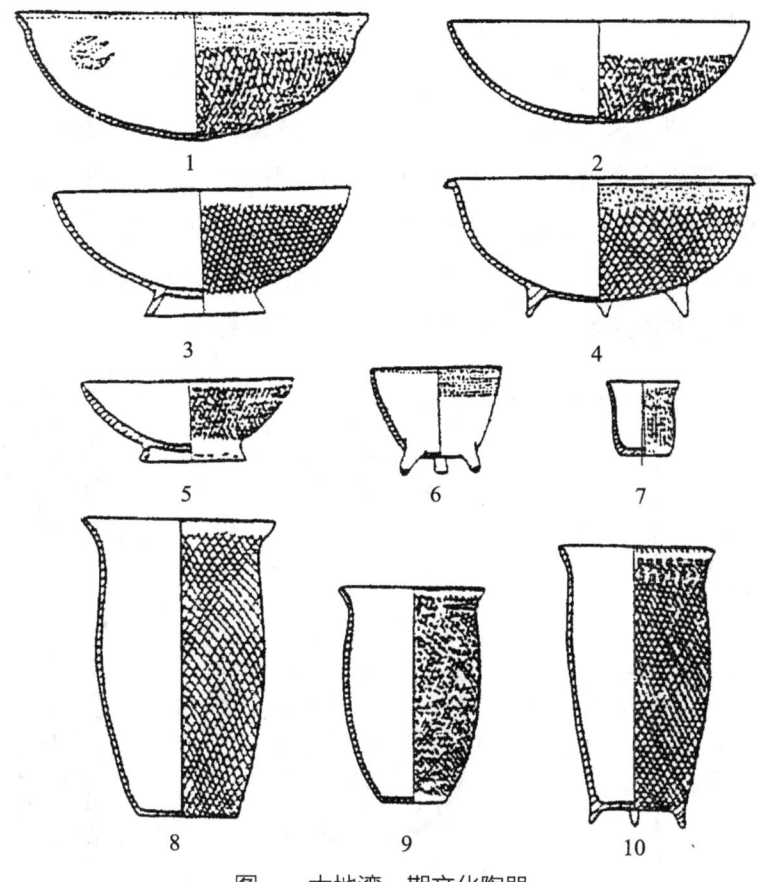

图一 大地湾一期文化陶器

1、2.圜底钵（T18④：12、T18④H2：2） 3、5.圈足碗（M209：1、T18④H2：3）
4、6.三足钵（M209：2、T18④：9） 7.陶杯（T18④：5） 8、9.筒形罐（M15：2、T18④：8） 10.筒腹三足罐（M208）
（1、2、5、6、7、9出自西山坪遗址，余出自大地湾遗址）

师赵村一期文化是甘肃新发现的文化遗存，因在天水师赵村遗址首先发现而命名。师赵村遗址位于天水市西约7千米，1981～1989年在该遗址发现史前不同时期的房址36座，窖穴50个，墓葬19座等，出土陶、石器等文物1000余件，属于师赵村一期文化的有30多件，还有一大批无法复原的陶片。在西山坪遗址发现有师赵村一期文化窖穴和陶、石器等遗物。窖穴有圆口锅形和口小底大袋状两种。石器有梯形斧、长方形斧、凹刃刀、穿孔刀、磨盘、磨棒等。陶器较为丰富，陶质以夹砂红褐陶为主，采用泥片贴筑法制成。陶表面装饰有绳纹、锥刺纹、乳钉纹、划纹、附加堆纹等，以绳纹为主，少数在器口外侧施一周红彩或黑彩。器类有圜底钵、圈足碗、平底盆、圆腹三足罐、筒腹三足罐、鹅蛋形三足罐、侈口深腹瓮等（图二），其中，鹅蛋形三足罐最具特色，腹部呈椭圆形，底附三扁足，颇似一个大鹅蛋，大小不一，小者高度不超过20厘米，大者高可达40厘米以上，它是区别于其他文化遗存的典型器物。年代为公元前5300～前4900年。大地湾一期文化与师赵村一期文化，在层位和年代上都存在着上下承袭关系，即后者是由前者发展而来的。

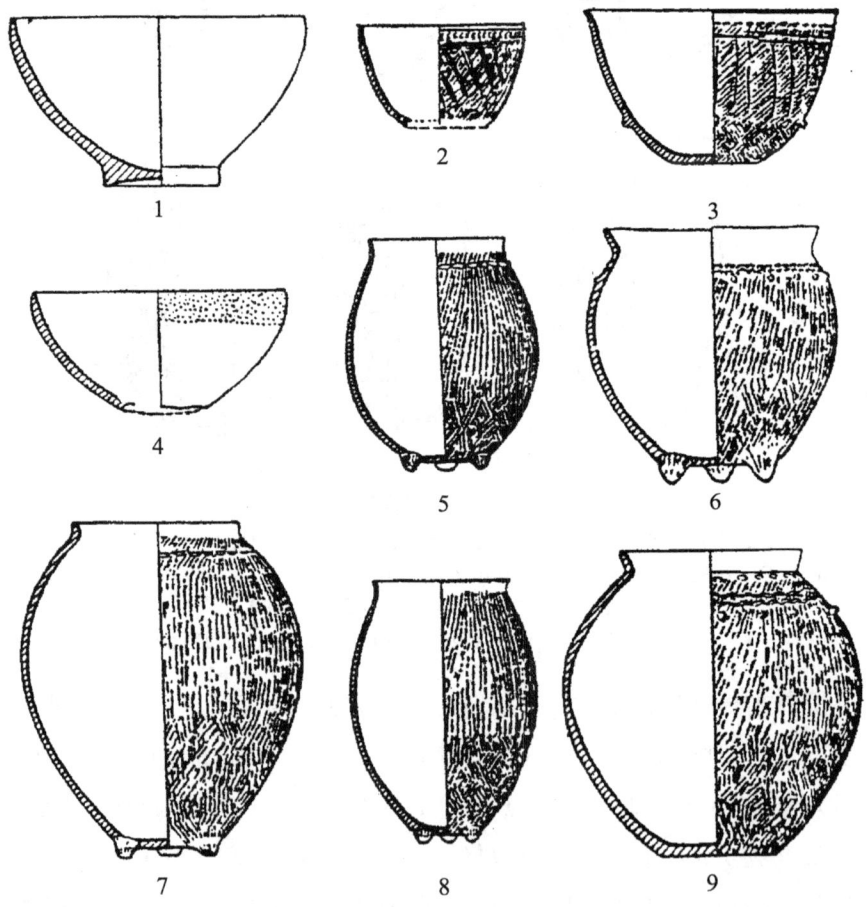

图二　师赵村一期文化陶器

1.碗（T405②：10）　2～4.钵（T42②：4、T18③：11、T314②：5）　5～8.三足罐（T18③：4、T113⑤：114、T113⑥：115、T20③：8）　9.瓮（T113⑥：118）

（2、3、5、8出自西山坪遗址，余均出自师赵村遗址）

四

仰韶文化可分为半坡、庙底沟等不同类型，现在学术界也有直称为半坡文化、庙底沟文化，也称"大地湾二期文化"或"师赵村二期文化"。半坡类型属仰韶早期文化遗存，目前发现的这类文化遗存在甘肃境内仅限于东部地区，经过发掘的遗址有大地湾、王家阴洼、师赵村、西山坪等，大地湾遗址出土有该时期的房址、窖穴、墓葬和陶、石器等遗物。王家阴洼发现房址3座、窖穴2个、墓葬63座和陶、石器等遗物300余件。师赵村出土房址2座、窖穴2个和陶、石器等遗物60余件。西山坪发现窖穴1个、墓葬1座和陶、石器等遗物20多件。房址结构多为方形、长方形、圆形的半地穴式建筑。窖穴形制多呈口小底大的袋状和口大底小的锅状。墓葬以长方形竖穴土坑墓为主，次为瓮棺葬。葬式主要是单人仰身直肢葬，次为二次葬，也有少数合葬墓。较为特殊者在王家阴洼遗址发现在墓坑左侧还挖有一个置放随葬品的椭圆形或圆角方形的土坑。出土的石器有长方形穿孔刀、梯形斧、锛、条形凿、弹丸等。陶表面饰有彩绘、绳纹、弦纹、锥刺纹、附加堆纹等，彩料为黑彩，彩绘纹样是以直线、斜线、直边三角、方块等组成的几何形花纹，还有鱼纹等象生性动物纹，鱼纹有单体、多体，还有五尾单体绘在陶瓶外壁的，鱼纹写实，栩栩如生。在彩陶钵上还有刻划符号，划痕清晰。器类有圜底钵、平底盆、细颈壶、小口尖底瓶、鼓腹平底罐、葫芦形瓶等。年代为公元前4899～前3819年。从层位、年代、器物类型学等综合研究，半坡类型是由师赵村一期文化发展来的。

仰韶文化庙底沟类型在甘东地区称为"大地湾三期文化"或"师赵村三期文化"。这类文化遗存经发掘的遗址有大地湾、师赵村、西山坪等。大地湾发现这时期的遗存有房址100多座和大量的陶、石器等遗物。师赵村遗址出土房址2座、陶窑1座、窖穴1个和陶、石器等遗物，共130余件。西山坪遗址也出土一批这个时期的陶器等遗物。这个时期的房址多为方形或长方形半地穴式，属木骨泥墙建筑，房内设有圆形灶坑，有的住室门口还设有台阶，便于人们出入。窖穴仍是袋状和锅状为主，但筑造较为讲究。出土的石器有长方形斧、锛、凿、两侧带缺口刀和长方形穿孔刀等。骨器有镞、锥、笄等。陶器数量多，有制造精致、装饰华美的彩陶，纹样独具风格，构图是以圆点、曲线、弧边三角形、月牙形等元素组成二方或四方连续的几何形图案，还有鸟、蛙形等象生性花纹，突出的特点是以曲线为主旋律，线条圆润流畅，与半坡类型以直线为主旋律的风格迥然不同。器类有曲腹碗、钵、卷沿盆、双唇尖底瓶、深腹瓮、盆形甑和带火门的灶等，其中，双耳圜底钵、小口平底瓶、大口小底罐和轨状口深腹瓮等是甘东地区最有特色的器物。年代为公元前3900～前3500年。需要特别提出的是，这里彩陶以曲线为主旋律的风格，对马家窑文化的彩陶工艺影响很深，可以说，马家窑文化的制陶工艺就是仰韶文化庙底沟类型的继续与发展。

大地湾遗址发掘的第901号（F901）房址，是甘东地区史前考古的重大发现，引人注目。房址平面呈长方形，东西长16、南北宽8、墙残高1米，占地面积达420平方米，系平地起建的土木结构，包括主室、侧室、后室、和房前的附属建筑，门朝南。主室居住面由沙粒、小石子和非天然材料组成的人造轻骨料层，坚硬平整。主室中部设有圆形灶台，高0.5米。南墙设正门1个，旁门2个，东、西侧墙各开1个门，共5个门。室内有大木柱2个，附壁柱16个，左右对称排列有序，室内及填土中出土陶、石器等遗物30件，其中，四足鼎、敛口小平底釜、条形盘和带环形把手的异形器（形似簸箕）等[①]，造型奇特，甚为罕见。年代为公元前3510～前2915年。这座大型建筑显然不是一般居室，而是一座具有多功能的建筑物，应是氏族或部落成员的公共活动场所，主要用于较大规模的集会或举行某种宗教仪式等方面的活动。

五

马家窑文化遗存在甘东地区经过发掘的有天水师赵村、西山坪、罗家

---

① 甘肃省文物工作队：《甘肃秦安大地湾901号房址发掘简报》，《文物》1986年第2期。

沟、武山傅家门、甘谷毛家坪等遗址。按其文化内涵可分为石岭下、马家窑、半山、马厂等不同类型。

石岭下类型主要分布在天水地区，在师赵村遗址发现有这个时期的房址2座，陶窑1座，窖穴2个，墓葬5座和陶、石器等遗物182件。西山坪遗址也发现窖穴1座和一批陶、石器等遗物。傅家门出土房址3座，窖穴11个，墓葬1座，祭祀坑1个和陶、石器等遗物200余件。毛家坪发现房址2座，窖穴2个和一批陶、石器等遗物。房址为方形、长方形、圆形的半地穴式建筑，房内设有圆形或双联式灶坑。窖穴呈圆形或椭圆形，大小不一，大者口径可达3米。陶窑为横穴窑，由火膛、窑室、窑箅和火道组成，窑室底部有环形和条形火道，与火膛后壁相通。墓葬在师赵村遗址发现5座，皆为长方形竖穴土坑墓，葬式以二次葬为主，仅1座为双人合葬墓，未见木质葬具，但在各墓室底部四周摆放有数量不等的河卵石，排列有序，可能是棺或椁的象征物，有彩陶、石锛、石球等随葬品。陶器较多，陶色多呈橙黄色或砖红色，纹饰有彩绘、绳纹、划纹、锥刺纹和附加堆纹等，彩绘以黑彩为主，也有白彩和朱红彩，纹样有几何形纹和象生性动物纹，几何形纹有弧线纹、弧边三角纹、网格纹、圆圈纹等，动物纹最具代表的是变体鸟纹，突出表现鸟的头部与颈部的形象，还有鲍鱼纹，姿态生动。陶器类有钵、碗、盆、尊、鸟形壶、双腹盆、小口细颈瓶、尖底瓶、彩陶罐和钵形甑等（图三），在西山坪遗址发现的彩陶罐（T37H13∶1）和彩陶盆（T31①∶1）均为发掘出土，器形完整，在器肩部、口沿分别饰有变形鸟纹等纹样（图三，2、7），这是石岭下类型具有代表性的器物。还有在甘谷灰地儿遗址发现的陶屋模型，很完整，呈方形，上为尖屋顶，下开长方形门（图三，8），它的发现，为复原史前时期建筑形式提供了重要的实物资料。在傅家门遗址发现带有阴刻符号卜骨6件，为羊、猪和牛的肩胛骨，在其骨面分别刻划有"二""S""1"字形等符号（图四），为研究占卜习俗增添了新资料。年代为公元前3800～前3200年。

马家窑类型的文化遗存分布广泛，遍及甘肃全省和青海东部地区，但在甘东地区经过发掘的遗址却屈指可数，并且皆在天水地区的师赵村、西

图三 石岭下类型陶器

1.陶瓶（甘谷西坪） 2.彩陶罐（西山坪 T37H13：1） 3.彩陶瓶（甘肃）
4.陶瓶（武山傅家门） 5.彩陶罐（师赵村） 6.鸟形壶（天水）
7.彩陶盆（西山坪 T3①：1） 8.陶屋（甘谷灰地儿）

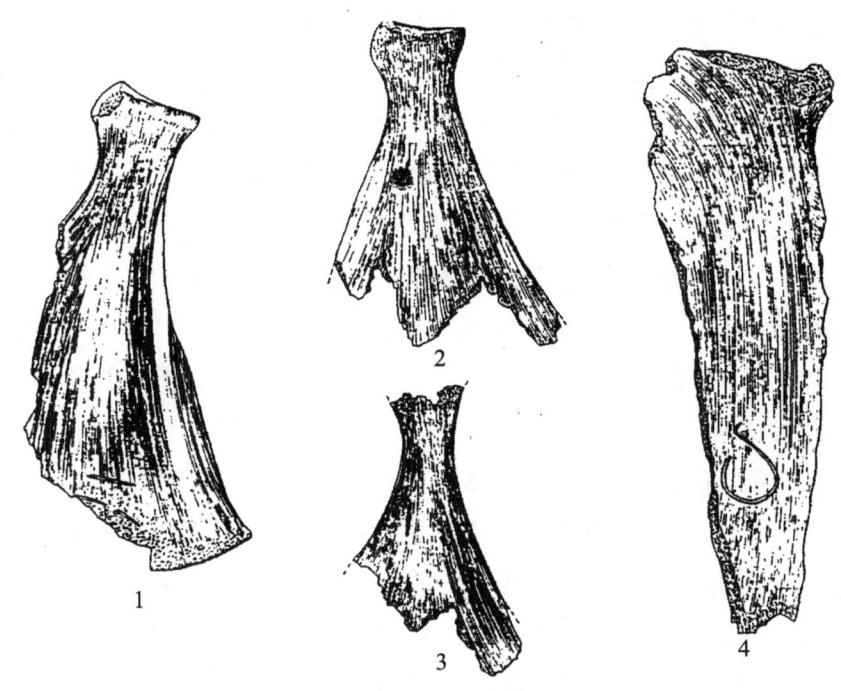

图四 傅家门遗址出土的卜骨

1、3、4.符号卜骨（92KWF11：6、F11：12、F11：8） 2.灼痕卜骨（F25H1：25）

山坪、罗家沟等遗址。师赵村遗址发现房址4座，陶窑1座，窖穴13个，祭祀遗迹1处和陶、石器等遗物748件。西山坪遗址出土窖穴9个和陶、石器等遗物107件。房址既有半地穴式，也有平地起建的木骨泥墙建筑。师赵村遗址出土的房址分圆形、方形和"吕"字形三种，其中"吕"字形房址（F29）是由两个长方形居室组成，中间有一过道相连成双室房子，房内设有椭圆形灶面，门朝西南，较为罕见。窖穴和陶窑的形制与石岭下类型相似。但出土的石、骨器数量、种类均比石岭下类型多，除常见的石斧、锛、凿、刀和骨锥外，还有石臼、骨铲、镞等。同时还出土一批陶、石、骨笄，有的笄端附有圆形或椭圆形笄顶帽，它既是束发器，又是头上的一种装饰品。

出土遗物中，以陶器为大宗，陶器在质地、色泽和制法方面，基本上均继承了石岭下类型的制陶工艺，但在纹饰和器形方面却有明显的变化和发展。纹饰较复杂多样，器类骤然增多，如彩陶器的外表有的通体饰满彩纹，显得精美华丽。附加堆纹既有作条带式和波浪式，又有呈绳索状或锯齿状，多作横向排列，纹道数目不等，多者达 10 道密布在同一陶器外表面。彩陶内彩发达，既有几何形纹，也有生动的动物形象，特别蛙纹表现得很真实。如师赵村遗址出土的陶钵内壁即画了一个完整的蛙纹，大眼睛，扁嘴巴，弯曲的四肢，犹如一只在爬行的青蛙，钵保存完好，口径 17、高 6 厘米，是一件极为难得的彩陶珍品（图五，1）。陶器类除常见的彩陶钵、盆外，还有壶、罐、喇叭口尖底瓶、小口细颈瓶、缸、瓮和陶人面、陶蜥蜴、陶筐等工艺品（图五，2～4），造型别致，形态逼真，年代为公元前 3400～前 2700 年。

半山类型的文化遗存分布，过去由于资料的限制，一般认为半山类型不越过陇西县，但跨入 20 世纪 80 年代以来，由于不断有考古新发现，扩大了它在甘东地区的分布范围，迄今已知的有师赵村、西山坪、武山滩歌、渭源上坪、庄浪李家碾水泉沟、堡子坪、南湖汪家等遗址[①]。还有宁夏菜园[②]和陕西陇县磨儿原村[③]等遗址，其东边分布之广泛，大大超过马家窑文化的其他类型。经较大规模发掘的有师赵村和西山坪两处，师赵村遗址出土有这个时期的窖穴 14 个、墓葬 6 座和陶、石器等遗物 132 件。西山坪遗址也发现墓葬和一批陶石器等遗物。窖穴可分为圆形或椭圆形筒状、袋状、盆状三种，以袋状穴为主，形制规整，体积较大，有的底径可达 3 米。墓葬均为长方形竖穴土坑墓，四壁垂直规整，墓向朝东或向南，大小不一，小者墓坑长 1.7 米、宽 0.8 米，大者长达 2.5 米、宽 1.2 米，葬式有侧身屈肢葬和二次葬。师赵村遗址发现的 1 号（M1）墓，保存较好，侧身屈肢葬，头东脚西，左手弯曲在胸前，下肢弯曲特甚，作蹲踞状，随葬有石锛、凿、绿松石饰和陶盆、罐、壶等 7 件器物，墓主人经鉴定为男性，年龄 13～14 岁。出土的石器有斧、锛、凿、刀、镞等。陶器较多，纹饰有彩绘、绳纹和附加堆纹等，彩陶纹饰是用黑彩或红、黑彩相间组成的几

[①] 丁广学：《庄浪出土的彩陶器》，《平凉文博》1984 年第 1 期。
[②] 宁夏文物考古研究所、中国历史博物馆考古部：《宁夏菜园——新石器时代遗址、墓葬发掘报告》，科学出版社，2003 年。
[③] 肖琦：《陕西陇县出土马家窑文化彩陶罐》，《考古与文物》1990 年第 5 期。

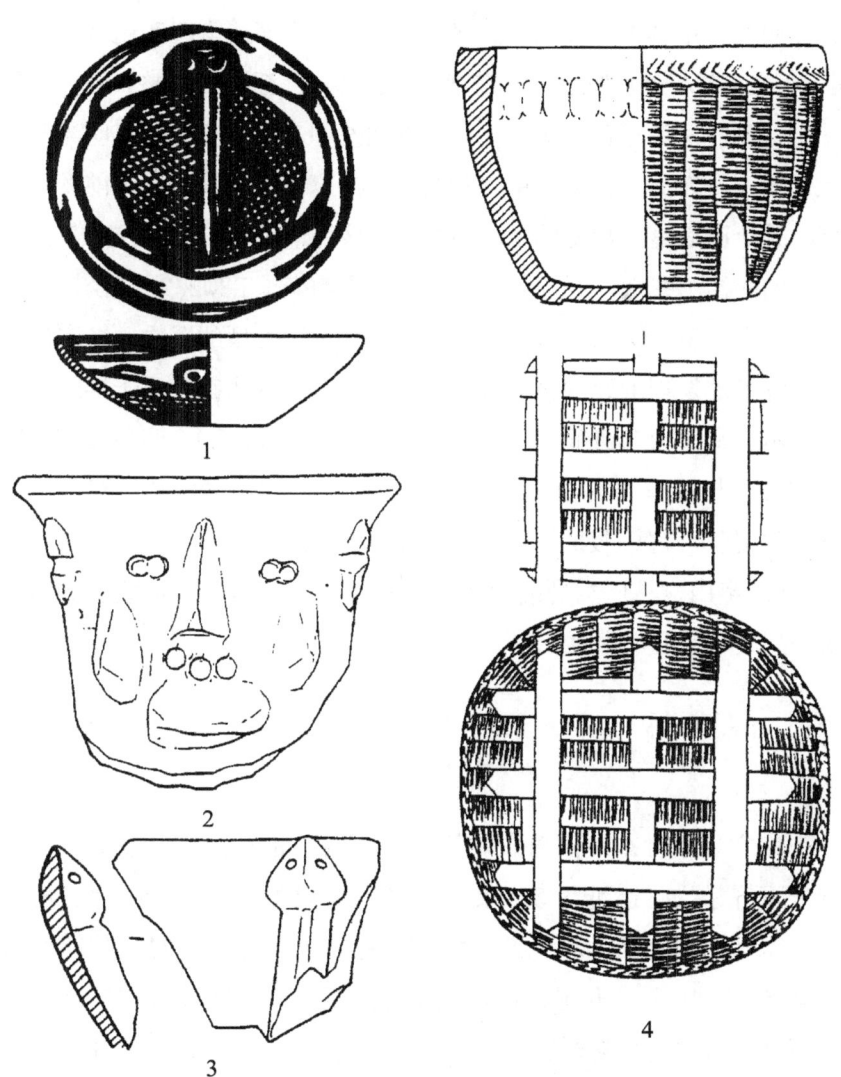

图五 马家窑类型陶器
1.蛙纹彩陶钵（T244③：16） 2.陶人面（T203②：2） 3.陶蜥蜴（T206③：15）
4.陶筐（T205①：129）

何形花纹，常见的有齿带纹、四圆圈纹、波浪纹、平行条纹等，附加堆纹可分波浪式、三角形和联珠形等多种纹样。器类有彩陶壶、彩陶钵、圈足碗、深腹盆、单耳罐、长颈壶、双耳彩陶罐、人像彩陶罐和粗陶侈口罐等（图六），其中人像彩陶罐，为完整器，在其肩部浮塑一完整人首，雕塑出眼、口、鼻、耳等器官，头顶上有圆锥状发髻，中间穿孔，表明当时人们头上是插有发笄的，在罐体用黑彩绘出人的躯体和四肢，两手前臂还画出手指，整个画面富有神秘的宗教色彩，人像可能是具有某种特殊身份如巫师一类的人物（图六，5）。师赵村出土的彩陶壶（T302②：1）与青海柳湾所出的彩陶壶（M528：1）相同，同属于半山类型的器物。在庄浪李家碾堡子坪等地发现的彩陶壶、长颈彩陶壶等多件器物都是属于半山类型的典型标本。在泰山庙遗址发现的双耳彩陶罐（图六，6），明显具有马厂类型的特征，与柳湾同类器（M564：13）相似，均是侈口圆腹双耳罐，颈部附一双对称环耳，腹部饰二方连续的回形纹。年代为公元前2500～前2000年。半山、马厂类型的遗迹和遗物发现，对建立甘东地区史前文化发展序列具有重要学术意义。

六

齐家文化在甘东地区分布广泛，田野调查和发掘工作较多，迄今已调查发现齐家文化遗址约300处。其中经发掘的有秦安寺咀坪、灵台桥村、天水师赵村、西山坪和武山傅家门等。寺咀坪遗址发掘清理齐家文化墓葬6座，出土一批陶、石器等遗物。桥村遗址发现窖穴7个和一批陶、石器等遗物。师赵村遗址发现齐家文化房址26座，陶窑3座，窖穴17个，墓葬3座，祭祀遗迹1处，出土陶、石、骨器等共522件。西山坪遗址也发现房址3座，窖穴9个，陶石器等共137件。傅家门遗址发现房址7座，窖穴1个，墓葬1座和陶石器等遗物。齐家文化发掘资料比较丰富，应进行分区研究，可分为东、中、西三个区，各区又可分不同类型，这里仅论述东部地区，据现有材料可分为师赵村、七里墩两个类型。

图六 半山、马厂类型陶器

1、2.彩陶壶（庄浪汪家、堡子坪） 3.长颈壶（庄浪水泉沟） 4.彩陶壶（师赵村 T302②：1）
5.人像彩陶罐（师赵村） 6.双耳彩陶罐（清水泰山庙） 7.彩陶钵（师赵村）
8.彩陶壶（陕西陇县磨儿原村）

　　师赵村遗址出土的遗迹和遗物均较完整，文化内涵丰富，并具有明显的地区特色，为了与其他类型相区别，称为"师赵村类型"或"师赵村七期文化"。师赵村遗址发现 26 座房址，为迄今所知保存较完整的一处齐家文化聚落遗址。房址结构可分为圆形、椭圆形、方形、长方形和多边形等多种，以长方形的为主，房内设有灶坑，居住面多抹有一层白灰面，平整光洁，房址面积一般五六平方米。在房址周边设有袋状和筒状窖穴。墓葬都是长方形竖穴土坑墓，葬式均为二次葬，多数有陶、石器等随葬品。石器有刀、斧、铲、臼、杵等。值得提出的是，这里出土 10 多件制造精美的玉器，有琮、璧、璜、环等多种，均是发掘出土，珍贵难得。陶器多呈橙黄色或灰褐色，纹饰有绳纹、篮纹、弦纹、划纹和附加堆纹等，以绳纹为主，器类有常见的碗、盆、尊、罐、瓮等平底器外，还有鬲等三足器，其中罐类的型式特别多，可分为侈口罐、单耳罐、双耳罐、三耳罐、双大耳罐、圈足罐和高领双耳罐等多种（图七）。年代为公元前2100～前1900年。

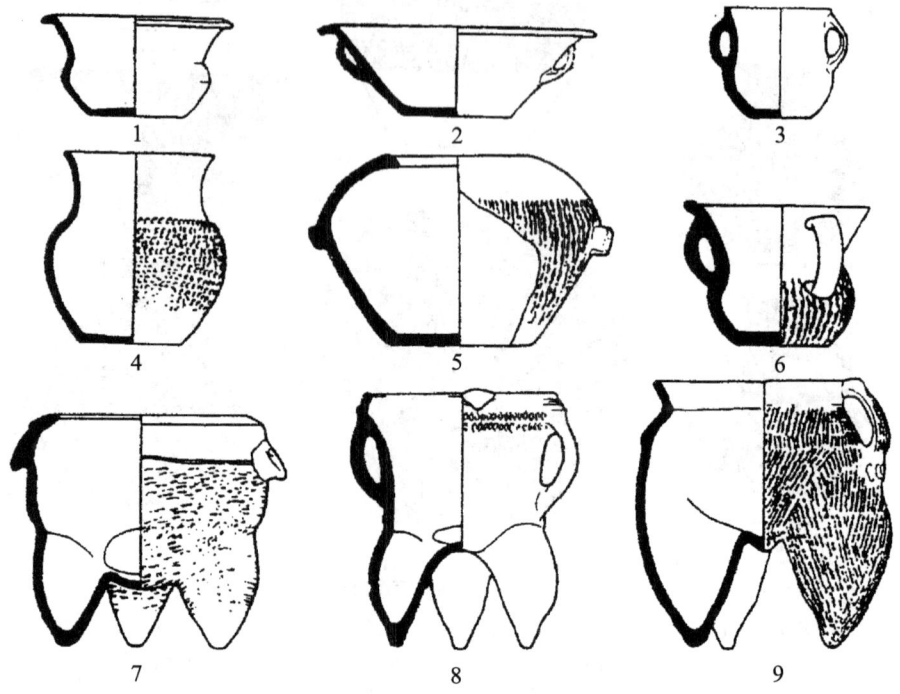

图七　师赵村类型陶器
1. 尊（T335③：7）　2. 盆（T390H1：1）　3. 双大耳罐（T308②：10）　4. 侈口罐（T406F26：1）　5. 瓮（T308④：15）　6. 三耳罐（T320F9：1）
7、8. 斝（T403F25：1、T403F24：2）　9. 鬲（T317②：1）
（均出自天水师赵村遗址）

七里墩类型因首先在天水花牛乡七里墩遗址发现而得名，早在1947年裴文中先生亲赴该遗址调查，发现有房址、墓葬和陶、石器等遗物。后经甘肃省博物馆复查，确定该遗址范围为3640平方米。并曾清理了一座墓葬，出土一批保存较完整的陶器，包括高领双耳罐、单耳罐、双大耳罐、侈口粗陶罐、鬲、甗等（图八），都是齐家文化具有代表性的器物。陶器特点为：器体较瘦长，纹饰中篮纹和绳纹均以竖行的为主，纹道较整齐。双大耳罐的领部较高，双耳较长。高领双耳罐器体较高大，大者高达61厘米，肩腹间折棱明显。陶甗颈侧附一对称环形耳，器底有密集的箅孔，较为罕见，这组陶器明显的与师赵村类型有别。还有在庄浪刘堡、南坪、天水佐李村等遗址也发现有七里墩类型的陶器等遗物。

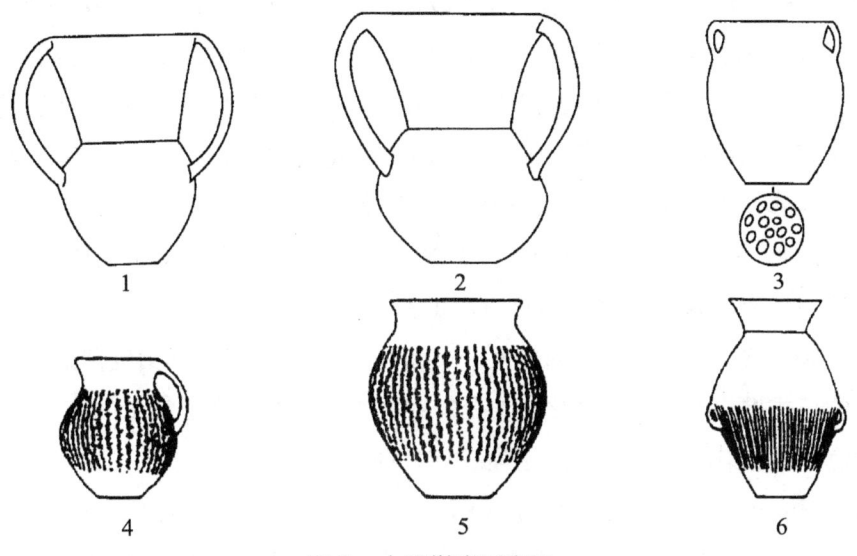

图八　七里墩类型陶器

1、2.双大耳罐　3.陶甑　4.单耳罐　5.侈口罐　6.高领双耳罐
（1.出自庄浪南坪；2.出自天水佐李村；余均出自天水七里墩遗址）

七

在甘东地区的天水师赵村、庄浪徐家碾狮子洼、李家咀等遗址皆发现有属于辛店文化的陶器等遗物。师赵村遗址发现陶器3件，陶质均为夹砂红褐陶，陶胎较粗，内夹有碎陶末、石英、云母等羼和料，陶表面饰有绳纹、弦纹、戳印纹和附加堆纹等，器类有高领圜底罐、单耳杯、单耳圜底罐和高领双耳罐等。单耳杯为高领圆腹圜底，颈侧附一环耳，器体小，口径仅5.5厘米、高10厘米。高领圜罐为直领圆腹圜底，陶器表饰竖绳纹，口径6.7厘米、高14.6厘米。单耳圜底罐肩部附一环形耳，口沿外侧施绳索状附加堆纹，颈部饰一周凹弦纹，耳把上饰有锥刺纹，器表遍饰竖绳纹，口径7.5厘米、高17厘米（图九，4~6）。狮子洼遗址位于庄浪县北5千米，曾调查发现有彩陶双耳罐2件，标本一（79徐33）器形完

整，颈侧附一对环耳，凹底，器表彩绘黑红彩相间组成平行条纹、三角纹、竖条纹等图案，口径7厘米、高11.5厘米（图九，2）。标本二（79徐3）双耳较长，施黑红彩相间组成的双勾纹、波折纹、条带纹等花纹，口径9厘米、高14.5厘米（图九，1）。李家咀遗址也发现1件彩陶双耳罐（72陶6），器形与前者相似，底内凹，表面施黑彩，有平行条纹、波折纹等几何形花纹，口径7厘米、高12厘米[①]（图九，3）。狮子峃发现的双勾纹彩陶双耳罐为辛店文化代表性器物，类似或相同的标本曾在洮河流域广河齐家坪等遗址发现，因此把这类陶器归入辛店文化范畴是比较合适的，年代为公元前1400～前700年。

寺洼文化的命名是夏鼐先生于1949年发表《临洮寺洼山发掘记》[②] 一文中正式提出的，寺洼文化主要分布在甘肃省境内，在甘肃东部的有天水师赵村、武山盐井乡阴洼、庄浪川口柳家村、徐家碾、狮子峃、朱家大湾、三合东台、李家咀、水洛贺子沟、盘安王官、平凉安国镇、东沟黑茨呱、庆阳石桥村、合水蒿嘴铺乡九站村等10余处，其中经过较大规模发掘的有徐家碾和九站村两遗址。徐家碾遗址发现寺洼文化墓葬104座，出土陶、石器等遗物2000余件。九站村遗址发现寺洼文化墓葬80座，出土陶器700多件，铜、石、骨器等300余件。发掘出土的主要是墓葬，房址少见。墓葬形制为长方形竖穴土坑墓，方向多为南北向，有的墓坑内设有二层台和壁龛，用木椁或木棺作葬具，葬式主要为仰身直肢葬和二次葬，一般都有以陶器为主的随葬品，数量不等，少者1件，多者达70余件。石器有斧、锛、刀等，铜器有戈、矛、刀、镞、戣、剑、钏、铃、泡、镯等。陶器多为夹砂红褐陶，少量为泥质灰陶，器形有马鞍口双耳罐、侈口罐、鬲、豆、簋、单耳罐、双耳罐、腹耳罐、杯、钵、双连鬲和单座五连杯等多种（图十）。其中马鞍口双耳罐是最常见最有特征的器物，双连鬲系两个相同的鬲连接在一起，口沿外侧往往附加一周带状泥条。单座五连杯系在一圆形座上黏接五个依次排列成一圈的圆形深腹圜底杯，陶杯器形无异，但大小不同，口沿外饰堆纹，造型新颖，堪称珍品。

---

① 丁广学：《庄浪出土的彩陶器》，《平凉文博》1984年第1期。
② 夏鼐：《临洮寺洼山发掘记》，《中国田野考古学报》第四册，1949年。

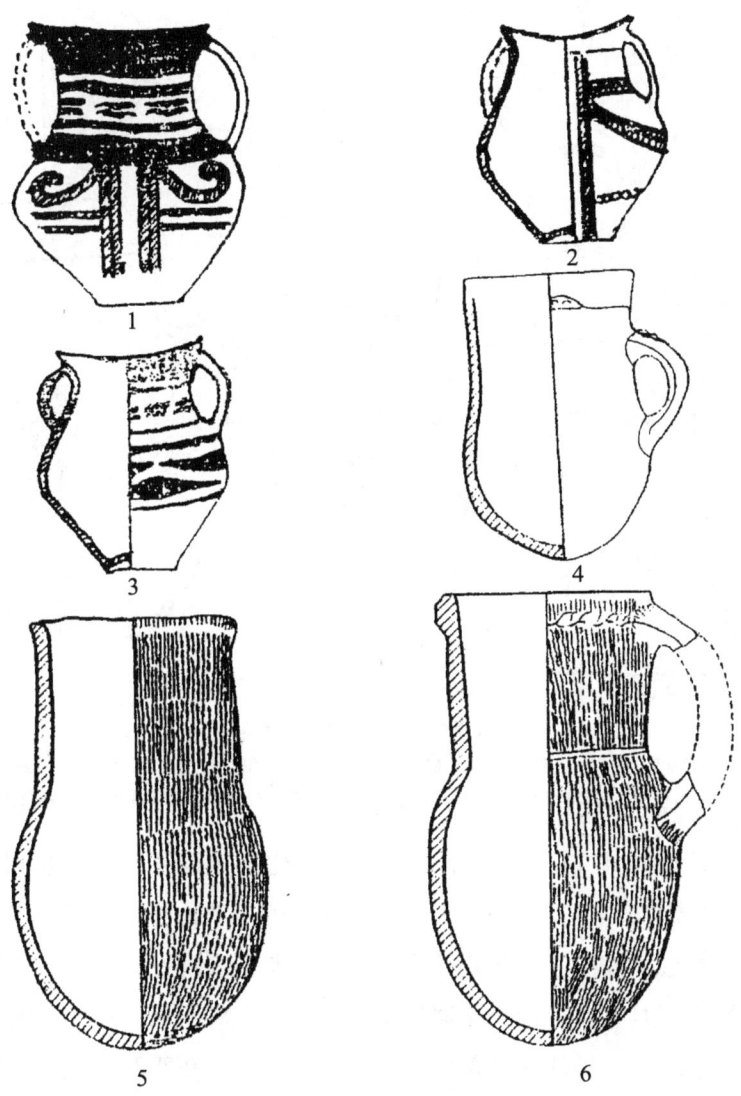

图九 辛店文化陶器

1～3.双耳彩陶罐 4.单耳杯 5.高领圜底罐 6.单耳圜底罐
（1、2、3.采自庄浪徐家碾；余出自天水师赵村）

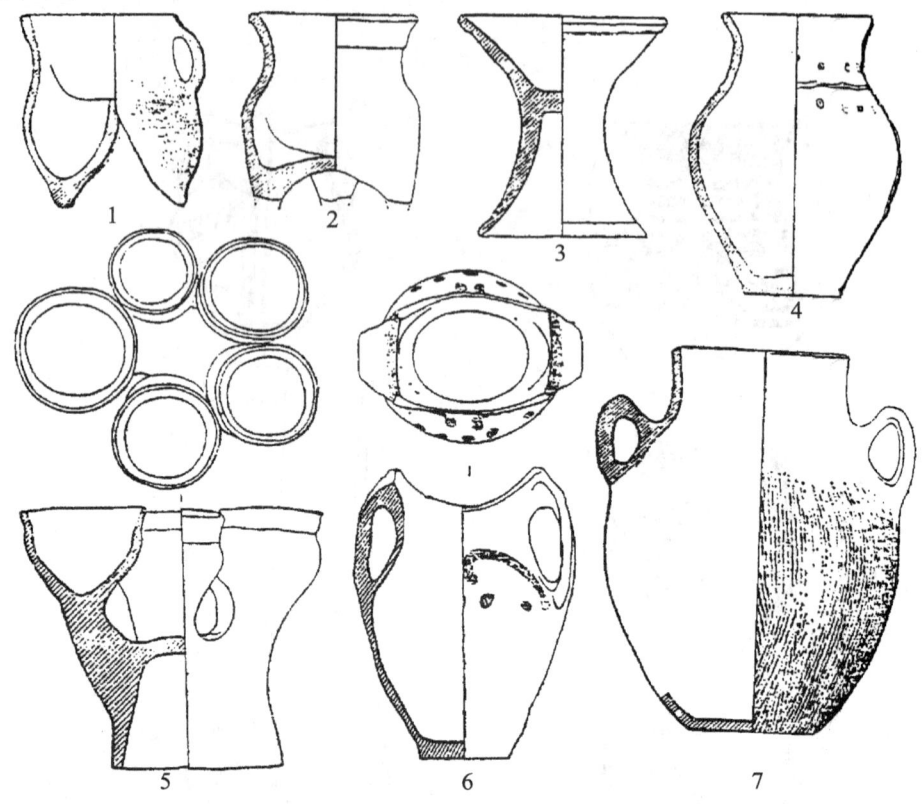

图十 寺洼文化陶器

1、2.鬲（M12：9、M77：47） 3.豆（M77：27） 4.侈口罐（M72：17） 5.五连杯（M84：2） 6.马鞍形口罐（M78：12） 7.双耳罐（M77：31）（均出自庄浪徐家碾墓地）

　　上述遗址及其文化遗物，都属于寺洼文化安国类型，安国类型是1958年首先在平凉安国镇发现而得名，出土的陶器等遗物与寺洼类型不同，有其独自的特征。安国、寺洼两类型最显著的差别表现在陶器上，如两者共有的马鞍口双耳罐：寺洼类型器口是前、后呈一对马鞍口；而安国类型则是前、后和左、右呈两对马鞍口，左右一对即指位在双耳的上端，弧度较小。又如陶鬲：寺洼类型器体较肥大，颈侧置一对称的环形耳，足根作圆锥形；安国类型则器身较瘦高，足根呈铲形，还有无耳鬲和单耳鬲。寺洼类型的鼎形三足器和安国类型的圆形座五连杯、双连鬲等，两者不互见，安国类型部分陶器上戳有清晰的刻划符号也是比较罕见的。寺洼文化的年代经碳–14测定，为公元前1400～前600年。

八

本文已对甘肃东部地区史前文化的考古调查和发掘工作收获、不同文化类型的内涵等方面，以年代为序做了简要的论述，现从研究成果和学术意义等方面再做些探讨，可概括为以下几点。

第一，甘东地区庆阳辛家沟和赵家岔是我国最早发现的旧石器时代地点。发现的旧石器标本虽然不多，但它系首次发现，在学术上具有重要的意义，这两个地点的发现，证实了中国境内存在有旧石器时代遗物，拉开了中国旧石器时代考古的序幕，同时打破了一些西方学者提出中国没有旧石器的错误观点。

第二，根据大量的发掘资料和研究成果，初步建立起甘东地区史前考古学文化的发展序列和编年。我们从秦安大地湾、天水师赵村、西山坪等遗址的层位关系和典型陶器等器物分析，可以排出甘东地区史前文化（新石器时代至青铜器时代）的发展序列及编年：新石器时代大地湾一期文化（公元前6200～前5400年）→师赵村一期文化（公元前5300～前4900年）→仰韶文化（公元前4800～前3500年）→马家窑文化石岭下类型（公元前3800～前3200年）→马家窑类型（公元前3400～前2700年）→半山、马厂类型（公元前2600～前2000年）→铜石并用时代齐家文化（公元前2100～前1900年）→青铜器时代辛店文化（公元前1400～前700年）→寺洼文化（公元前1400～前600年）。

第三，大地湾一期文化的发现和研究，对阐明中国新石器时代早期文化的内涵等问题，具有重要的学术价值，这里发现有迄今年代最早的彩陶，为探讨中国彩陶的起源提供了极为重要的线索。同时还发现了炭化植物种子，经研究为禾本科的黍和十字花科的油菜，其年代也是迄今所知最早的，黍在黄河流域先民的粮食作物中占有重要的地位，它的发现，对探讨农作物黍起源于中国，提供了重要的实物例证。

第四，师赵村一期文化在甘青地区系首次发现，过去只知道晚于大地湾一期文化的是仰韶文化半坡类型，不了解其间还有一个早于半坡类型的文化遗存，因此，它的发现在史前文化发展序列中填补了重要的一环，同时在西山坪遗址发现大地湾一期文化在下、师赵村一期文化在上的层位关系，首次从地层上表明了两者的相对年代，即大地湾一期文化早于师赵村一期文化，这在学术上是一个突破。师赵村一期文化还展现出它向仰韶文化半坡类型发展的轨迹，这为探寻仰韶文化的渊源提供了重要线索。

第五，大地湾遗址发现的仰韶文化大型房址（F901），保存较好，规模宏大，有主室、东西侧室、后室和房前的附属建筑，以料姜石和细砂为原料制成的近似混凝土的居住面，质地坚硬。这座房址结构复杂，工艺高超，为编写中国古代建筑史增添了珍贵而难得的资料，具有重要的学术价值。

第六，新发现了马家窑文化石岭下类型过去所未见的房址、陶窑和墓葬等重要遗迹，从而加深了对该文化类型内涵的认识，并进一步明确了它是介于庙底沟类型向马家窑类型过渡的文化遗存。马家窑类型的文化遗存比较丰富，并有不少新资料的发现，如完整而精美的全蛙纹彩陶钵和前所未见的陶筐等珍品，为该类型研究增添了新的内容。师赵村等遗址发现半山、马厂类型的遗物，虽然发现的文化遗存不很多，但新发现的地点便扩大了该类型东部的分布范围，也填补了甘东史前文化发展序列中的缺环。

第七，齐家文化在甘东地区有师赵村类型和七里墩类型，前者系新发现的文化类型，这里发现规模较大较完整的聚落遗址，有20余座成组的建筑群，形式多样，结构较规范，为齐家文化具有代表性的建筑。同时在墓葬中还出土一批制造精美的玉器，种类有玉璜、环、琮、璧等，其中玉琮和玉璧是同出土在一座墓内。这在甘青地区均属首见，这为齐家文化的聚落形态和玉器的研究增添了新的篇章。

第八，师赵村遗址发现的一组辛店文化陶器群，在陶质、制法、纹饰等方面和辛店文化姬家川类型相似，这组陶器以高颈圆腹圜底单耳罐最富特色，器表饰有细而密的竖行绳纹。庄浪徐家碾狮子屲遗址发现的双勾纹彩陶双耳罐为辛店文化代表性器物，把它归属于辛店文化是比较合适的，这类文化遗存的发现，扩大了对该文化的研究视野。

第九，寺洼文化均属安国类型，陶器别具一格，马鞍口双耳罐的口沿两侧置一对环形耳，耳端和口沿相接处下凹成弧形，呈小马鞍口，加上口沿两长边的一对马鞍口，成为两对遥对的马鞍口，可称为双马鞍口双耳罐，与寺洼类型的单马鞍口显然有别。寺洼文化与邻近地区古文化的关系比较复杂，年代比它早的有齐家文化，与其年代相当的有辛店文化，比它晚的为西周文化。由于这类古文化内涵的多样性，它们之间的关系也显得复杂，以致在学术界存在不同的认识，有学者认为，辛店文化甲乙两组与寺洼文化的寺洼、安国两类型，只能说明同时并存互受影响的结果[1]。也有学者认为，寺洼文化与周文化的关系十分密切，寺洼文化是周文化形成与发展的一种重要因素[2]。从碳-14测定结果看，辛店文化与寺洼文化的起始年代是相同的，均为公元前约1400年，由此推定两者可能是同时并存各自发展的两支古文化遗存。

（本文原载《无限悠悠远古情——佟柱臣先生纪念文集》2014年）

---

[1] 张学正：《略论陕甘地区几种主要文化的源流》（提要），《西北史地》1988年第4期。
[2] 中国社会科学院考古研究所泾渭工作队：《甘肃庄浪徐家碾寺洼文化墓葬发掘纪要》，《考古》1982年第6期。

黄河上游马家窑文化早期、中期遗存

一、发现与研究简史

黄河上游地区包括甘、宁、青三省区，其地理位置是：北与内蒙古自治区接壤，东为陕西省，南为四川省，西及西南与新疆维吾尔自治区、西藏自治区为邻。该地区的地貌以黄土高原、山地为特点，河流密布，地形复杂。青海省为长江、黄河两大河的发源地。两河流经甘、青地区的支流，属长江水系的有沱沱河、通天河、金沙江；属黄河水系的有湟水、大通河、洮河、渭河等。在河流两岸的谷地或台地上都有发育良好的肥沃土地，且水源丰富，交通方便，是古代居民劳动生息的好场所。史前时期的居民多选择这种靠近河流具有优越的自然环境的地方作为聚落地。在这些聚落遗址中数量较多、分布较广的是马家窑文化与齐家文化遗存。

黄河上游甘、青地区新石器时代马家窑文化的田野考古工作，肇始于1923～1924年，当时被中国北洋政府聘为农商部矿政顾问的瑞典学者安特生在这个地区进行考察时，发现了甘肃省临洮马家窑、广河齐家坪等史前文化遗址。经他研究，在1925年出版的《甘肃考古记》中把甘肃古文化分为齐家、仰韶、马厂、辛店、寺洼、沙井六期，并提出"甘肃所出较多之彩色陶器，吾人亦不敢认为是真正中华民族之品"，"彩色陶器之故乡，乃近东诸部"①，由此引出"中国文化西来说"。安特生对中国西北地区新石器时代考古是有开创之功的，但他的分期与文化起源论是错误的。早在20世纪30年代，尹达在《龙山文化与仰韶文化之分析》一文中即提出："安特生对于各遗址年代的推测，自有重新估计的必要"②，他最早明确地指出了安特生的分期错误。20世纪40年代，裴文中、夏鼐等先生都对甘、青地区做了不少考古调查、发掘与研究工作，亦都指出安特生对甘肃古文化分期与"西来说"的错误。1945年，夏鼐在甘肃广河（旧称宁定县）阳洼湾的发掘，从层位上解决了齐家期与仰韶期的相对年代问题③，纠正了安特生齐家期早于仰韶期的错误。尹达、裴文中、夏鼐等人的研究成果及其精辟见解，为后人进一步开展黄河上游地区的考古研究奠定了良好的基础。

马家窑遗址虽发现较早，但正式命名为马家窑文化，却是1949年夏鼐在《临洮寺洼山发掘记》一文中首次提出的："马家窑文化便是安特生所谓'甘肃仰韶文化'，但是它与河南的仰韶文化颇多不同，所以我以为不若将临洮的马家窑遗址作为代表，另定一名称。"④首次把甘肃仰韶文化命名为马家窑文化。

进入20世纪50～60年代，各有关的文物考古单位密切配合，在黄河上游地区做了大量的考古普查与发掘工作，特别在配合基本建设中，考古收获尤为显著。如1956年刘家峡水库区考古调查中，共发现古文化遗址176处，其中马家窑文化遗址47处⑤。1956～1958年间，在渭河及其支流南河、榜沙河、漳河等流域，包括天水、甘谷、武山、渭源、陇西等县市进行考古调查，共发现古文化遗址182处，其中马家窑文化遗址63处⑥。1957年，在洮河流域调查，发现古文化遗址44处，属于马家窑文化

---

① 安特生著、乐森璕译：《甘肃考古记》，农商部地质调查所印行，1925年。
② 尹达：《中国新石器时代》，三联书店，1955年。
③ 夏鼐：《齐家期墓葬的新发现及其年代的改订》，《考古学论文集》，科学出版社，1961年。
④ 夏鼐：《临洮寺洼山发掘记》，《考古学论文集》，科学出版社，1961年。
⑤ 安志敏：《甘肃远古文化及其有关的几个问题》，《考古通讯》1956年第6期。
⑥ A.甘肃省文物管理委员会：《渭水上游天水、甘谷两县考古调查简报》，《考古通讯》1958年第5期。
  B.《甘肃渭河上游渭源、陇西、武山三县考古调查》，《考古通讯》1958年第7期。
  C.《甘肃省渭河支流南河、榜沙河、漳河考古调查》，《考古》1959年第7期。

的遗址共 12 处[①]。1958 年，在西汉水流域调查，发现古文化遗址 43 处，属于马家窑文化的 17 处[②]。同年，在湟水流域的民和、乐都、西宁、湟中等地调查，发现马家窑文化遗址多处，并在民和马营乡阳洼坡遗址首次发现具有庙底沟类型特点的文化遗存（即今所称的石岭下类型）[③]。1959 年，在黄河上游盐锅峡、八盘峡、寺沟峡等水库内的永靖、临夏等县普查，发现史前文化遗址共 35 处，其中马家窑文化遗址 20 处[④]。通过多次有组织的文物普查工作，对甘青地区的主要河流，包括黄河上游及其支流渭河、洮河、大夏河、湟水和西汉水上游等流域的古文化分布情况有了较全面的了解。

同时，还选择部分遗址进行了试掘，探明各遗址文化层堆积情况与文化内涵。如 1957 年，在甘肃省临洮马家窑—瓦家坪遗址发现了马家窑文化叠压在仰韶文化庙底沟类型之上的地层关系。同年，在甘肃省渭源县寺坪遗址发现齐家文化叠压在马家窑文化上的层位关系。因此在地层上首次判明了这三者的相对年代，从而证明"齐家期"早于"仰韶期"的错误。1962 年，在甘肃省武山石岭下遗址发现了马家窑类型遗存之下还有一文化层，即石岭下类型遗存。后来在甘肃省天水罗家沟遗址又发现庙底沟类型、石岭下类型与马家窑类型从下到上的三叠层关系，为探讨这三者的时代先后及其相互关系提供了重要的例证[⑤]。1961 年，在《新中国的考古收获》一书中正式把甘肃仰韶文化改为马家窑文化。此后，这一名称为文物考古界所普遍采用。

从 20 世纪 70 年代至今，甘青地区的田野考古工作进入了一个新的发展阶段，除继续配合国家基本建设工程进行抢救性发掘外，开始有计划有目的地开展考古调查与发掘工作。首先是为了填补某些地区的考古空白点

---

① 甘肃省文物管理委员会：《甘肃临洮、临夏两县考古调查简报》，《考古通讯》1958 年第 9 期。
② 甘肃省博物馆：《甘肃西汉水流域考古调查简报》，《考古》1959 年第 3 期。
③ 安志敏：《青海的古代文化》，《考古》1959 年第 7 期。
④ A. 黄河水库考古队甘肃分队：《黄河上游盐锅峡与八盘峡考古调查记》，《考古》1965 年第 7 期。
B. 甘肃省博物馆：《黄河寺沟峡水库新石器时代遗址调查简报》，《考古》1960 年第 3 期。
⑤ 甘肃省博物馆、北京大学历史系考古专业运城考古发掘队：《从马家窑类型驳瓦西里耶夫的中国文化西来说》，《文物》1976 年第 3 期。

组织调查工作，如1974年对白龙江及其支流北峪河、岷江、白水江等水系的调查，发现史前不同时期古遗址40处，其中马家窑文化12处[①]。通过调查，不仅弥补了甘肃南部地区的史前文化的空白，而且对该地区的文化分布及其文化内涵都有了初步了解。其次，为了探讨某些学术问题，在甘、青、宁地区选择一些有代表性的遗址进行发掘。如1973～1980年发掘青海省大通上孙家寨墓地，共发现史前文化不同时期的墓葬1111座，其中马家窑文化墓葬23座，在此发现了前所未见的舞蹈纹彩陶盆，引起国内外学者的瞩目[②]。1974～1975年，在甘肃省永登蒋家坪遗址发掘中，发现马厂类型叠压和打破马家窑类型的地层关系，确定了两者的相对年代[③]。1977～1978年，发掘甘肃省东乡林家遗址。这是一处保存较好的马家窑文化聚落遗址，在该遗址发现的带门斗的方形房子与农作物稷、粟、大麻子等谷物、油料标本，都是极为重要的发现[④]。1978年发掘青海省民和核桃庄墓地，发现马家窑类型墓葬1座，为方形竖穴墓，长约4米，随葬品丰富，计有陶器和骨珠、绿松石等261件。这是迄今所知马家窑类型墓葬中规模最大、随葬品最多的1座墓[⑤]。1980年，发掘青海省民和阳洼坡遗址，发现有房址、窖穴和陶、石、骨器等遗物。这是首次在青海境内发现的石岭下类型遗址[⑥]。1986年发掘宁夏海原曹洼遗址，发现马家窑类型的陶器等遗物。这是首次在宁夏境内经发掘被确认为马家窑类型的遗址[⑦]。阳洼坡和曹洼遗址的发掘，大大地扩展了马家窑文化东、西部的分布范围。

1981～1990年，发掘甘肃省天水师赵村与西山坪两处遗址，均是发

---

① 长江流域规划办公室文物考古队甘肃分队：《白龙江流域考古调查简报》，《文物资料丛刊》2，文物出版社，1978年。

② 青海省文物考古队：《青海大通县上孙家寨出土的舞蹈纹彩陶盆》，《文物》1978年第3期。

③ 张学正、张朋川、郭德勇：《谈马家窑、半山、马厂类型的分期和相互关系》，《中国考古学会第一次年会论文集》，文物出版社，1979年。

④ 甘肃省文物工作队、临夏回族自治州文化局、东乡族自治县文化馆：《甘肃东乡林家遗址发掘报告》，《考古学集刊》第4集，中国社会科学出版社，1984年。

⑤ 青海省文物考古队：《青海民和核桃庄马家窑类型第一号墓葬》，《文物》1979年第9期。

⑥ 青海省文物考古队：《青海民和阳洼坡遗址试掘简报》，《考古》1984年第1期。

⑦ 北京大学考古实习队、固原县博物馆：《宁夏海原曹洼遗址发掘简报》，《考古》1990年第3期。

掘规模较大的史前时期聚落遗址。遗址的文化内涵丰富，包括史前时期诸多文化遗存，其中马家窑文化早、中期遗存，都是这两处遗址的主要文化内涵，发现有房址、窖穴、陶窑、墓葬、祭祀遗迹等，石、骨、陶器等遗物2000余件。这是甘青地区考古工作的一次重要发现[①]。1991～1993年，发掘甘肃省武山傅家门遗址，它是一处以石岭下类型为主的聚落遗址，发现有房址、窖穴、墓葬、祭祀遗迹等，石、骨、陶器等遗物1000多件。它的发现对石岭下类型的研究具有重要学术价值[②]。

1994～1996年，发掘青海省同德县宗日遗址，发现墓葬341座和各种随葬品2300余件，出土了一大批特色鲜明的文化遗物，有别于同时期的文化遗存。这是近年来考古发掘的一项重大发现[③]。通过这些遗址的发掘，积累了大量的实物资料，为探讨马家窑文化早、中期遗存的特征、年代、分期、经济生活、文化艺术、宗教信仰、埋葬习俗等诸多问题提供了丰富的实物资料。

二、分布区域与重点遗址

马家窑文化早、中期遗存以马家窑文化的石岭下类型和马家窑类型为代表，分布范围比较广泛，在甘、宁、青境内的黄河及其支流泾河、渭河、洮河、湟水与西汉水、白龙江、岷江支流杂谷脑河等流域都有疏密不同的分布。若以现在行政区划定位，东起甘肃平凉地区泾川县，西至甘肃酒泉市，北入宁夏中卫县，南抵四川汶川县。早期即石岭下类型，主要分布于渭河上游的天水、武山一带；中期即马家窑类型，以兰州、永靖境内黄河两岸为分布中心。

---

① 中国社会科学院考古研究所：《师赵村与西山坪》，中国大百科全书出版社，1999年。
② 中国社会科学院考古研究所甘青工作队：《甘肃武山傅家门史前文化遗址发掘简报》，《考古》1995年第4期。
③ A.格桑本、陈洪海主编：《宗日遗址——文物精粹论述选集》，四川科学技术出版社，1999年。
B.青海省文物管理处、海南州民族博物馆：《青海同德县宗日遗址发掘简报》，《考古》1998年第5期。

20世纪50年代以来，甘宁青地区经过调查发现的马家窑文化早、中期遗址共1400多处，经过发掘的遗址（包括墓地）有20多处。比较重要的遗址有：甘肃省兰州曹家嘴①、王保保城、西坡峁②、雁儿湾③，永登蒋家坪，永靖县范家村④，东乡林家，临洮马家窑，天水罗家沟、师赵村、西山坪，甘谷灰地儿、毛家坪⑤，武山傅家门；青海省民和阳洼坡、核桃庄，大通上孙家寨，乐都脑庄⑥，贵南尕马台⑦，同德宗日；宁夏海原曹洼等遗址（图一）。

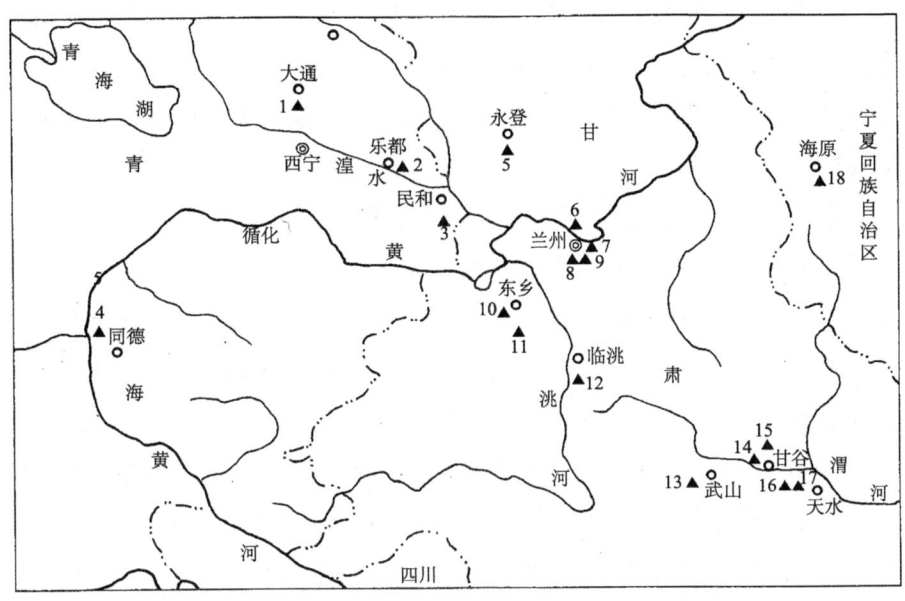

图一　马家窑文化早期、中期遗存主要遗址分布示意图

1.大通上孙家寨　2.乐都脑庄　3.民和核桃庄　4.同德宗日　5.永登蒋家坪　6.兰州王保保城　7.兰州雁儿湾　8.兰州西坡峁　9.兰州曹家嘴　10.东乡林家　11.永靖范家村　12.临洮马家窑　13.武山傅家门　14.甘谷毛家坪　15.甘谷灰地儿　16.天水西山坪　17.天水师赵村　18.海原曹洼

---

① 甘肃省博物馆：《兰州曹家嘴遗址的试掘》，《考古》1973年第3期。
② 甘肃省博物馆：《甘肃兰州西坡峁遗址发掘简报》，《考古》1960年第9期。
③ 甘肃文物管理委员会：《兰州新石器时代的文化遗存》，《考古学报》1957年第1期。
④ 黄河水库考古工作队甘肃分队：《临夏范家村马家窑文化遗址试掘》，《考古》1961年第5期。
⑤ 甘肃省文物工作队、北京大学考古系：《甘肃甘谷毛家坪遗址发掘报告》，《考古学报》1987年第3期。
⑥ 青海省文物考古队：《青海乐都县脑庄发现马家窑类型墓》，《考古》1981年第6期。
⑦ 《我省考古工作的一项重大发现，贵南县尕马台发现距今四五千年的古代文化遗址和大墓葬》，《青海日报》1978年2月18日。

林家遗址，位于甘肃省东乡族自治县东塬北2公里，坐落在大夏河东岸的黄土台地上。1977～1978年甘肃省文物工作队等对该遗址进行了三次发掘，发掘面积约3000平方米。发现有马家窑类型的房子27座、陶窑3座、窖穴98个。同时还清理了齐家文化房址3座、墓葬1座。出土马家窑类型的石、骨、陶、铜器等遗物3000余件，并发现有稷、粟、大麻子等谷物、油料标本。这里特别要提到的是青铜刀的首次发现。铜刀完整，短柄弧刃，通长12.5厘米，双范铸造，经激光微区光谱分析是含锡的青铜，其贪锡量为6%～10%。这是马家窑文化早期迄今唯一的铜器，也是中国目前发现的最早的一件青铜器，对探讨青铜器的起源等有关问题具有重要的学术意义[①]。

师赵村遗址，位于甘肃省天水西7公里的太京乡师家崖村，坐落在渭河支流北岸的台地上，遗址面积20万平方米。1956年普查时发现。1981～1989年中国社会科学院考古研究所对该遗址进行了十三次不同规模的发掘工作，发掘面积5370平方米。主要收获是发现了师赵村一期至七期文化遗迹和遗物，计有房址36座、窖穴50个、陶窑6座、祭祀遗迹2座、墓葬19座，出土石、骨、陶器等遗物共1600余件。按遗址内涵划分为一期（相当于北首岭下层遗存）、二期（相当于半坡类型）、三期（相当于庙底沟类型）、四期（石岭下类型）、五期（马家窑类型）、六期（半山类型）、七期（齐家文化）等遗存，其中马家窑文化早、中期（师赵村四、五期）文化遗存为该遗址的主要文化内涵。如此多达七期文化共存于一个遗址而且有清楚的上下地层叠压关系，这是极为难得的重要发现。它亦因此揭示了渭河上游史前文化成系列的文化发展谱系。在遗址中发现各时期、各文化成组的各具特征的陶器群，为识别、鉴定史前不同文化的性质和陶器的特征等，提供了一个可资借鉴的标尺。

西山坪遗址，位于甘肃省天水西15公里的太京乡甸子村葛家新庄，坐落在藉河南岸的台地上。遗址面积约20万平方米。该遗址是早在1947年裴文中调查渭河上游史前遗址时发现的。1986～1990年，中国社会科

---

① 北京钢铁学院冶金史研究室:《甘肃省博物馆送检文物鉴定报告》,《甘肃东乡林家遗址发掘报告》附录,《考古学集刊》第4集,中国社会科学出版社,1984年。

学院考古研究所对该遗址进行了发掘，揭露面积共1525平方米。发现大地湾一期文化、师赵村一期至七期文化的房址3座、窖穴22个、墓葬4座、祭祀坑1座等。马家窑文化早、中期遗存是该遗址的主要文化内涵。发掘的主要收获是发现了大地湾一期文化在下、师赵村一期文化在上的地层叠压关系，首次从地层上解决了两者的相对年代，即大地湾一期文化早于师赵村一期文化。同时，这一发现填补了甘青地区史前文化发展序列中的重要一环，这在学术上是重要突破。

傅家门遗址，位于甘肃省武山县西南25公里的马力乡傅家门村，坐落在榜沙河西岸的台地上。遗址面积40万平方米。1958年普查时发现。1991~1993年，中国社会科学院考古研究所对该遗址进行了五次发掘，揭露面积1200平方米，发现马家窑文化石岭下类型与齐家文化的房址11座、窖穴14个、墓葬2座、祭祀坑1个，石、骨、陶器等遗址近1000件。该遗址出土石岭下类型的房址、祭祀坑和卜骨等遗物都是首次发现，为探讨该类型的文化内涵增添了新的内容。

阳洼坡遗址，位于青海省民和县阳洼坡村约1.5公里，坐落在马营河北岸高出河床40米的台地上。遗址面积为2800平方米。1958年文物普查时发现。1980年青海省文物考古队对其进行了发掘，揭露面积共850平方米。发现房址5座、窖穴3个和石、骨、陶器等遗物。它是青海境内仅见的石岭下类型的聚落遗址，也是该类型分布最西边的遗址，对研究石岭下类型的分布和文化内涵又增加了新的资料。

宗日遗址，位于青海省同德县城西北40公里处，坐落在黄河北岸的台地上。1982年全省文物普查时发现的。1994~1996年，青海省文物管理处组织考古队对该遗址进行了三次发掘，发现墓葬341座、窖穴18个、祭祀坑18个和石、骨、陶、铜器等遗物共23000余件。这里发现的舞蹈纹彩陶盆、两人抬物图案彩陶盆、骨叉、玉刀等遗物是研究古代艺术、宗教等方面的宝贵材料，同时，该遗址出土的一批具有地方特色的陶器群，如乳白色夹砂陶上施紫红彩、多道连续折线纹和变形鸟纹的陶罐等均属首次发现。该墓地发现有石棺墓和火葬墓，这在甘青地区史前文化遗址中年代是最早的，对探讨这两种墓葬形制的渊源有重要意义。

曹洼遗址，位于宁夏海原县东南约40公里的曹洼乡水冲寺林场。1984年文物普查时发现。1986年北京大学考古实习队和固原县博物馆对该遗址进行了发掘。揭露面积为270平方米。发现窖穴7座和石、陶器等遗物，文化性质属于马家窑类型，但有些陶器具有浓厚的地方特点，如彩陶花纹中占多数的实心和空心的柳叶纹、粗线的叶脉纹和细线的波浪纹等图案，线条粗细不匀，粗率潦草，不见或少见于同时代马家窑类型的花纹图案中。这对探讨宁夏地区的马家窑文化具有重要的学术价值。

三、文化特征

马家窑文化早、中期遗存的特征主要表现在陶、石、骨器等器物方面。

发达而精美的彩陶为马家窑文化早、中期遗存的突出特征，而且彩陶在陶器中所占的比例较大，如林家遗址出土的彩陶占陶器总数的30%。彩陶的施彩面广，不仅是泥质陶施彩，而且在夹砂陶上也施彩。彩绘图案不限于陶器外表面，还往往着于器内壁，有的甚至通体施彩。纹样有漩涡纹、圆圈纹、多道条纹等几何纹和蛙、鸟、鱼纹及人像纹等。器形有盆、钵、瓶、壶、罐等。一般的夹砂陶器多饰有绳纹和附加堆纹，器形有罐、瓮、甑、锅等。

石器有以长方形穿孔刀、凹背刀、齿边刀、两侧缺口刀、铲、斧、磨盘、臼、磨棒等主要工具组合的石器群。齿边刀指长方形刀的一端作锯齿形花边。凹背刀指两端上翘呈半弧形，很有特点。石刀的穿孔靠近刃部，穿一孔或两孔，便于系绳套在手上。

骨器有以骨锥、针、笄、镞等工具组合的骨器群。骨笄往往顶端有帽，呈"丁"字形。石刃骨器发达，在刃部一侧或两侧挖有凹槽，在槽内嵌燧石片。石刃骨器具有明显的地方特点。

四、分区与文化类型

据已发表的调查和发掘资料，在马家窑文化早、中期遗存的分布范围内，按地区的不同，可分为东部、中部与西部三个区域。东区指渭河上游地区，包括甘肃东部和宁夏南部。文化遗存有石岭下类型和马家窑类型，前者以甘谷灰地儿遗址为代表，后者以天水师赵村遗址马家窑类型为代表。中区主要指兰州境内的黄河上游及其支流洮河、大夏河流域，包括甘肃兰州、临洮、东乡、永靖等县、市。文化遗存都属于马家窑类型，以临洮马家窑与东乡林家等遗址为代表。西区主要是指湟水流域，包括民和、乐都、大通等县。文化遗存有石岭下和马家窑两个类型，前者以民和阳洼坡遗址为代表，后者以大通上孙家寨遗址为代表。

马家窑文化早、中期遗存分别为两个类型，即石岭下类型和马家窑类型。石岭下类型主要分布在甘肃东部地区，天水、武山一带为其中心区。马家窑类型主要分布在河湟地区，以兰州、永靖境内的黄河沿岸为其中心区。两类型的文化面貌，既有较多的共性，又存在明显的特性。在生产工具与生活用具上很多方面都是相同或相似的，但某些文化因素又是不同的。石岭下类型一方面保留庙底沟类型的特点，如圆点、三角、漩涡纹等彩陶花纹均脱胎于庙底沟类型；但另一方面它又孕育了马家窑类型的文化因素，漩涡纹、变形鸟纹均启马家窑类型同类彩纹的先河。马家窑类型是马家窑文化中期最有代表性而又最常见的文化遗存，其文化面貌比较单纯。另在兰州小坪子遗址发现的文化遗存较为特殊，具有从马家窑类型到半山类型的中间过渡性特点。

五、年代与分期

根据武山石岭下、天水师赵村与西山坪等多处遗址发掘的层位关系，石岭下类型晚于庙底沟类型而早于马家窑类型，马家窑类型又早于半山类型。它们的相对年代顺序为庙底沟—石岭下—马家窑—半山类型。

石岭下类型经碳十四年代测定的共5个标本，属于甘谷灰地儿、天水师赵村和西山坪、武山傅家门等4处遗址。经高精度树轮校正，其上下跨年在公元前3980年至前3264年（均取两个代表性数据的高值，下同）。

马家窑类型经碳十四年代测定的标本共14个。分属于曹家嘴、蒋家坪、傅家门、西山坪、上孙家寨、林家、师赵村、曹洼等8处遗址。经高精度树轮校正,其上下跨年在公元前3369年至前2882年(表一)。

关于马家窑文化早、中期遗存的细致分期,学术界尚未有专题研究。在一些论文中涉及分期问题时存在不同的意见。有的学者根据蒋家坪和林家的发掘资料,把马家窑类型分为早、中、晚三期,蒋家坪下层代表早期,蒋家坪上层和林家下层代表中期,林家中上层代表晚期。马家窑类型早期的陶器特点是:曲腹盆、钵的腹部较深,壶、瓶类细颈圆肩的居多。彩绘以饰钩叶圆点纹、弧线三角纹为较常见,其次为大锯齿纹和垂钩纹。盆口沿上的花纹仅见三角纹和条纹。彩绘特点简而不繁。马家窑类型中期的陶器特点是:盆、钵腹部较浅,口沿多宽平或外卷,壶类腹部最大径在上部,腹体较肥大。彩陶花纹繁缛而富变化,往往一件彩陶兼施几种花纹,内彩发达,图案规整流畅。马家窑类型晚期的陶器特点是:盆口沿窄而外卷,壶体多变为折肩,新出现了豆、单耳彩陶瓶,还有上、下分别用泥质陶和夹砂陶合制而成的盆、钵、壶及带嘴锅等富有特色的陶器。彩陶多通体施彩绘,涡形纹盛行,出现黑彩兼白彩的花纹[①]。

有的学者根据彩陶不同把马家窑类型分为石岭下、雁儿湾、西坡岘和王保保城四组。石岭下组的主要遗址有武山石岭下、甘谷灰地儿等。这组的彩陶脱胎于庙底沟类型,因而还保留一些庙底沟类型的特色,如陶色呈砖红色,彩绘花纹比较疏朗,很少内彩。雁儿湾组的主要遗址有兰州雁儿湾和永靖三坪等。这组的彩陶陶色呈橙黄色,内彩发达,构图繁而不乱,经常使用旋转和中心对称的手法,显得很有韵律。线条粗细均匀,笔道流畅。西坡岘组的主要遗址有兰州西坡岘、曹家嘴、临洮马家窑等。这组彩陶的陶色呈橙黄色,构图或繁缛或疏朗,内彩不甚发达,线条往往粗细相间,弯钩纹和网格纹普遍,常在桃形、心形或"C"字形、"S"字形纹中填满细密的网格纹。王保保城组主要见于兰州王保保城遗址。这组彩陶花纹繁缛,线条粗细相间,有大片的平行条纹和网格纹。年代可能要比上述

[①] 张学正、张朋川、郭德勇:《谈马家窑、半山、马厂类型的分期和相互关系》,《中国考古学会第一次年会论文集》,文物出版社,1980年。

三组为晚①。

较多学者把石岭下类型定为马家窑文化早期，马家窑类型定为马家窑文化中期②。石岭下类型的陶器多呈砖红色，部分施有白陶衣。彩纹多以圆点、弧边三角、弧线组成的几何纹与动物纹，后者以变形鸟纹和鲵鱼纹最具代表性。鲵鱼即娃娃鱼，如今在甘肃天水、武山一带仍产鲵鱼，被视作珍稀鱼类。也有人认为鲵鱼纹应是人面蛇身纹，象征伏羲，或认为它是龙的形象。变形鸟纹主要表现鸟首、颈部及其羽毛。器形主要是碗、盆、壶、瓶、罐、瓮和陶屋模型等（图二）。马家窑类型的陶器多作橙黄色，质地细腻。彩陶花纹繁缛，内彩发达，线条粗细均匀。彩纹以漩涡纹为主要母题，给人以旋动的感觉，优美流畅。此外还有栩栩如生的蛙纹和饶有情趣的人物纹，众所周知的舞蹈纹便是马家窑类型最有代表性的人物画。器形有盆、钵、瓶、壶、葫芦形罐、彩陶瓮和锅等（图三）。小坪子遗址为代表的文化遗存，材料较少，还见于兰州关庙坪和康乐边家林等处。陶质色泽与马家窑类型基本相同。其彩陶特点是线条均较宽粗，连续漩涡纹和大锯齿纹、水波纹等笔道都很浓重，均为黑彩，不见黑、红相间的花纹。器形有彩陶豆、单耳罐、瓶、壶等。各器类的造型和纹饰特点具有马家窑类型晚期至半山类型早期的因素，承上启下的轨迹比较明显。

六、聚落与建筑

聚落遗址保存较好的有林家、师赵村、西山坪和傅家门等处。当时居民多以氏族或部落为单位聚居在一起。聚落遗址包括房屋、窖穴、陶窑和墓葬等。有的墓葬与住地分开，也有单独的墓地，如民和核桃庄和大通上孙家寨发现有马家窑类型墓葬，而附近不见房址。

较完整或基本可复原的房址已发现30余座。按其平面形制可分为圆形、方形、长方形、"吕"字形等多种形式，多为半地穴式建筑，面积为10～50平方米。林家发现的房址较完整，"吕"字形房子结构较新颖。在

---

① 严文明：《甘肃彩陶的源流》，《文物》1978年第10期。
② 谢端琚：《论石岭下类型的文化性质》，《文物》1981年第4期。

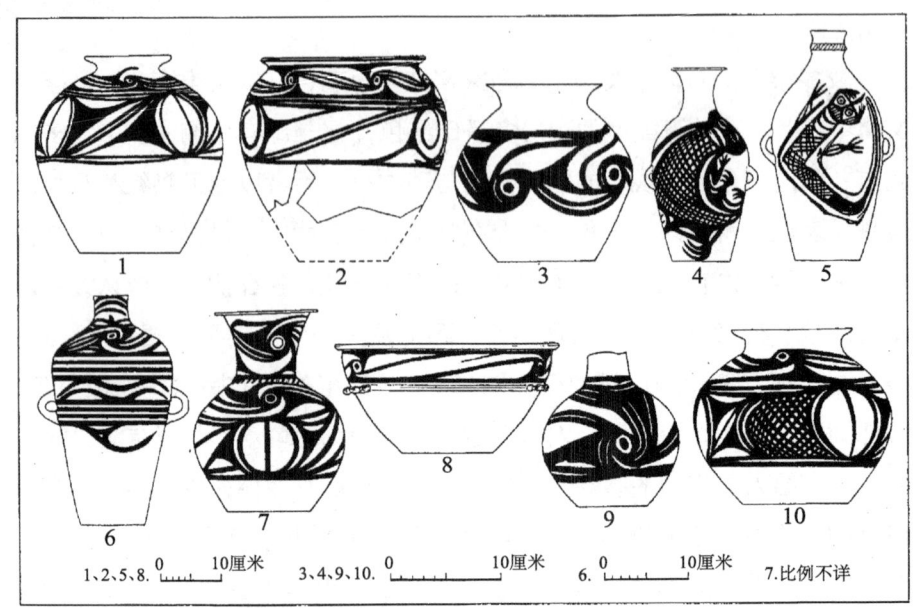

图二 石岭下类型彩陶
1.罐（傅家门 T128H2∶35） 2.瓮（傅家门 T209H2∶24） 3.罐（师赵村采∶11）
4.瓶（傅家门） 5.瓶（甘谷西坪） 6.瓶（静宁威戎镇） 7.瓶（天水）
8.盆（傅家门 T128H2∶28） 9.罐（甘谷王家坪） 10.罐（天水）

主室的门外设一方形门斗，中间有过道，平面呈"吕"字形。例如，保存最好的F19，主室作正方形，长、宽各为4.8米，面积23平方米，门斗长、宽各为1.5米，之间有长0.48米的过道。主室内设有圆形灶坑。地面及四壁皆以黄土泥和灰褐色草拌泥分层敷抹而成，平整坚硬。在房址周围还建有不少储藏物品的窖穴，有锅形、袋形和长方形等形制。有的窖穴筑造较整齐规整，穴壁还涂抹一层草拌泥。在林家遗址中发现了专门储藏谷物的窖穴。如H19，为典型袋状坑，形制极规整，穴深2米，底径2.45米。坑内堆积大量的稷，有的朽成粉末，有的已炭化，已炭化的穗、谷粒、秆等的形状保存完整，甚至还可清楚地看到用稷的细枝将穗头捆成小把整齐地堆放在穴内。堆积厚达0.5米。据估算，穴内现存稷量约为2立方米[①]。其年代经碳十四测定，约为公元前2900年。这是迄今所知出土最丰富多

---

① 甘肃省文物工作队、临夏回族自治州文化局、东乡族自治县文化馆：《甘肃东乡林家遗址发掘报告》，《考古学集刊》第4集，中国社会科学出版社，1984年。

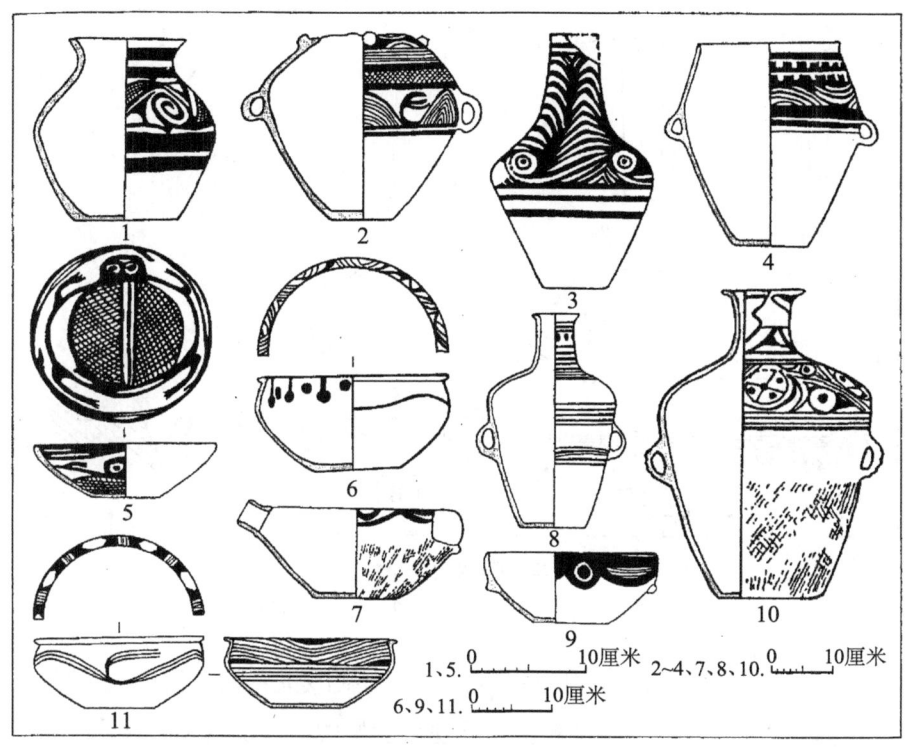

图三 马家窑类型彩陶

1.罐（林家 F24：6） 2.瓮（林家 H55：34） 3.瓶（林家 F19：11） 4.罐（林家 F4：1）
5.钵（师赵村 T244③：16） 6.盆（林家 F20：15） 7.带流钵（林家 F19：26）
8.瓶（林家 F16：4） 9.钵（林家 T46④：35） 10.壶（林家 H9：1）
11.盆（林家 H27：7）

样的稷类遗存。师赵村遗址发现的"吕"字形房址 F29 为双室半地穴式建筑，长 4～5 米，宽 1.6 米，室内设有圆形灶面（图四-A）。圆形房址 F30，门朝西，直径 3.5 米，房内有浅灶坑和四个柱洞，可复原成蒙古包式建筑（图四-B）。

七、经济生活

（一）农业与饲养业

以原始农业为主，兼营饲养业。种植有稷、粟、大麻等作物，以稷最为常见。在林家的房址、窖穴和陶罐内都普遍有粮食遗留。尤其在一窖穴

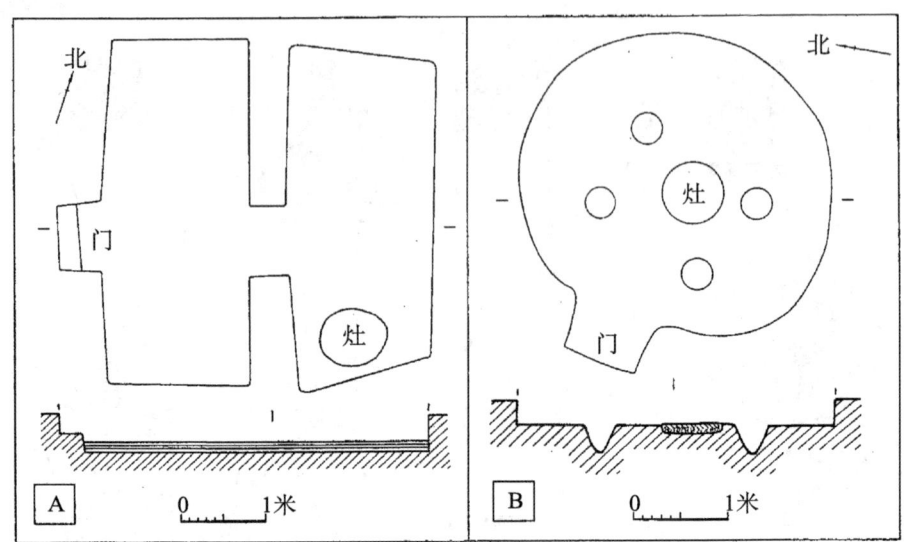

图四 师赵村遗址房址
A. F29 平面、断面图   B. F30 平面、断面图

内发现大量稷的堆积,其容量达 2 立方米,表明稷是当时居民的主要粮食。林家遗址发现的大麻子是马家窑文化遗址发掘中的首次发现。大麻子的形态特征与现代栽培种相似,可以确定是农作物。这种大麻除利用大麻的纤维可织麻布外,还可以用大麻子榨油直接食用。在种植农作物的同时,还饲养家畜,种属有狗、猪、牛、羊、鸡等。并进行狩猎活动,以鹿、野猪、羚羊、田鼠、河狸等为狩猎对象,所猎得的鹿种类有马鹿、四不像鹿、麂等。

当时的居民使用的生产工具数量多、种类复杂。据林家、师赵村、西山坪三遗址统计,共出土各种质料制造的生产工具 2584 件。其中刀为 459 件,占总数的 17.76%;锛为 361 件,占 13.97%;斧为 274 件,占 10.62%,可见刀、锛、斧是当时的主要工具。特别是刀类,不仅数量多,而且形式多样。如林家遗址一处,便出土石刀 209 件、陶刀 22 件、骨刀 15 件、铜刀 1 件,合计 247 件。其石刀的形式又可分为长方形、半月形、两侧带缺口形和带柄形等多种,其中最具特色的是长方形凹背刀,平刃或弧刃,单孔或双孔,孔多靠近刃部。刀的形状大小不一,小者长仅 6.7 厘米,大者可达 13 厘米。生产工具除上述三种外,还有凿、研磨器、磨棒、臼、敲砸器、镞、弹丸、纺轮、锥、针和石刃骨刀、石刃骨匕首等复合工具。在林家遗址发现的2件石刃骨匕首保存较好。T49③：11匕首的两侧各有一凹槽，槽内嵌有石叶，刃部锋利，刃部长16.5厘米，通长23厘米。T25④：42匕首通体磨光，两侧作凹槽，嵌石叶，器身较长，通长32.5厘米。这种石、骨复合工具具有明显的地域特色，中原地区未见，目前仅见于西北及北方地区（图五）。

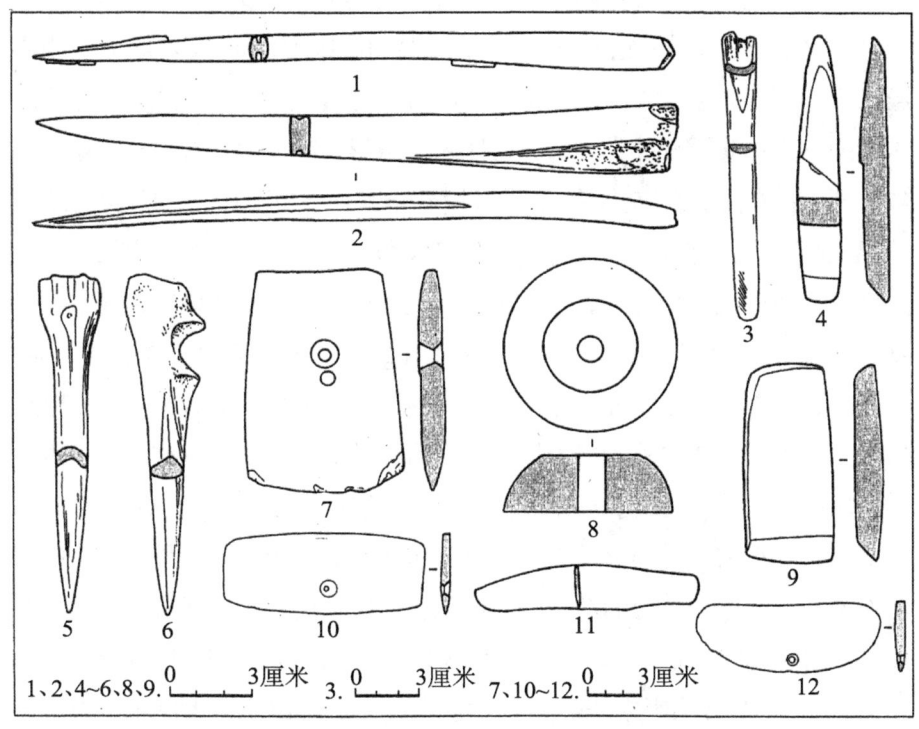

图五　马家窑类型石、骨、陶、铜器

1.石刃骨柄刀（林家T49③：11）　2.石刃骨柄刀（林家T25④：32）　3.骨匕（林家H54：19）　4.石凿（林家H7：2）　5.骨锥（林家T7③：9）　6.骨锥（林家T48③：4）　7.石斧（林家H6：1）　8.陶纺轮（林家H54：38）　9.石镞（林家F16：9）　10.石刀（林家T8③：4）　11.铜刀（林家F20：18）　12.石刀（林家T8③：6）

（二）手工业

手工业中制陶业最为发达。马家窑文化以精美的彩陶著称于世。它不仅是作为生活的实用品，也是供人们欣赏的艺术品。在师赵村遗址发现的陶窑Y2，保存较好。结构为横穴式陶窑，由火膛、窑室、窑箅和火道组成。窑室平面呈椭圆形,直径1.2～1.4米,残高0.9米,周壁呈弧形,向上收缩,推测窑室作穹庐顶封闭式。火焰从火膛斜向进入窑室通向三股火道。窑室可容纳多件陶容器,似有一定的生产规模。陶器制法多手制,以泥条筑成法为主,多经慢轮修整,制造的陶器皿多对称规整。器表多进行抹、压、磨、刮等修整工序。造型朴素大方,雅致优美。小件器物直接塑捏成,各种动物形的小工艺品,形象生动,技艺高超。陶土原料是经过选择的红土、沉积土和其他黏土。由于陶器经氧化焰烧成,所以多呈橙黄色或砖红色,部分呈橘红色。陶质有泥质陶和夹砂陶。泥质陶器上多施彩绘,彩绘呈色有红、黑、白三种,以黑色为主。彩绘的部位除在陶器的口、颈、肩和腹上部外,有的还在器内壁施彩,称内彩,有的全身遍饰彩纹。彩纹都在陶器入窑前画上,花纹附着牢固,不褪不脱,而且彩色浓郁,漆黑发亮。纹样有以漩涡纹为主的几何纹和蛙、鸟、蜥蜴等象生纹,以及舞蹈纹。图像线条均匀,流畅活泼,富于变化。夹砂陶器纹饰较简单,以斜行交错绳纹为主,次为附加堆纹和指印纹等。器类有盆、钵、杯、盘、勺、瓶、壶、罐、甑、缸、瓮、带嘴锅等多种。部分的盆、钵、壶、带嘴锅的上部为泥质陶,外表饰彩纹,下部为夹砂陶,外表饰绳纹,这种集两种陶质和集彩纹、绳纹于一身的做法,是马家窑类型的一个突出特点。

纺织业已有一定规模。石、陶纺轮和骨针等纺织生产工具在遗址中普遍发现,有的遗址出土的数量相当可观。如林家遗址一处即发现石、陶纺轮共58件,骨针共236件。纺轮大小不一。骨针最长者达13.5厘米,短者为2.4厘米,制作均精细,通体磨光。林家遗址出土了大麻子,当时已有大麻的种植,它的纤维可用来纺织麻布,制成遮体的服饰。

八、文化与艺术

马家窑文化的文化艺术主要表现在彩陶艺术品上,其造型新颖,构思巧妙。彩陶器图案优美,线条流畅,格局均衡对称,尤其有两件舞蹈纹彩陶盆是彩陶艺术珍品。上孙家寨舞蹈纹盆内画着三组5人连臂的舞者,盆口径18.5厘米,高8.5厘米;宗日舞蹈纹盆内绘着两组分别为11人和13

人连臂的舞者，盆口径26.4厘米，高12.3厘米。所画人物神态生动，富有生活情趣。舞蹈动作似按一定旋律和节奏起止，极富韵律，有强烈的节奏感，形成优美和谐的舞姿，表明当时舞蹈已达一定的水平（图六-4～6；图版21-1）。宗日二人抬物纹彩陶盆（95TZM192：2）器表彩绘三线绞结纹，口沿绘斜线纹，内壁绘四组两人抬物纹，每组间隔以横线和竖线纹，人物弯腰弓背，将抬重物的神态表现得活灵活现。盆口径24.5厘米，高11.3厘米（图六-7、8；图版21-2）。彩陶碗（94TZM23：4）腹侧有一对对称的凸钮，器内外均彩绘并排的折尖竖线纹，内壁有四个对称的"]〔"形符号花纹，底部中央绘一光芒四射的太阳纹。口径16.2厘米，高10.2厘米（图八-3）。双耳彩陶壶（94TZM68：5）口沿彩绘斜线纹，肩部绘一周并排的变形鸟纹。口径6.7厘米，高19.8厘米（图八-8）。带把彩陶碗（95TZM163：10）在口沿上置一短把，在把的内侧彩塑一人面饰，阴刻双眼和口部，正中浮塑一隆起的鼻梁，在双眼下绘数道红彩竖条纹。口径14.4厘米，高9.5厘米（图八-5）。葫芦形彩陶罐（96TZM269：1）似三个罐上下相叠在一起，形同葫芦，器表彩绘宽条纹、网纹、三角纹等图案。口径10厘米，高36厘米。双口壶（95TZM84：4），壶上置一对管状口，彩绘折线纹，高22.5厘米（图八-9）。这些彩陶无论是造型或彩纹图案都构思巧妙、风格独特[①]。

在师赵村遗址发现的全蛙纹彩陶钵（T244③：16）是迄今所知饰有蛙纹彩陶钵中最完整的一件。蛙为椭圆脸、大眼睛、扁嘴、圆肚、四肢弯曲，犹如在水中爬行，栩栩如生。钵口径17厘米，高6厘米（图三-5）。师赵村遗址出土的陶塑品也很精巧，其一为陶人面饰（T203②：2），质地为泥质橙黄陶，塑在陶容器的口颈部，双目雕镂成环状圆孔，耳、鼻、嘴等均捏塑成形，高鼻梁，嘴唇闭合，是成年人的形象。高6.7厘米，宽6.4厘米（图七-4）。其二为陶蜥蜴（T206③：15），捏塑在器内壁（图

---

① A. 格桑本、陈洪海主编：《宗日遗址——文物精粹论述选集》，四川科学技术出版社，1999年。

B. 青海省文物管理处、海南州民族博物馆：《青海同德县宗日遗址发掘简报》，《考古》1998年第5期。

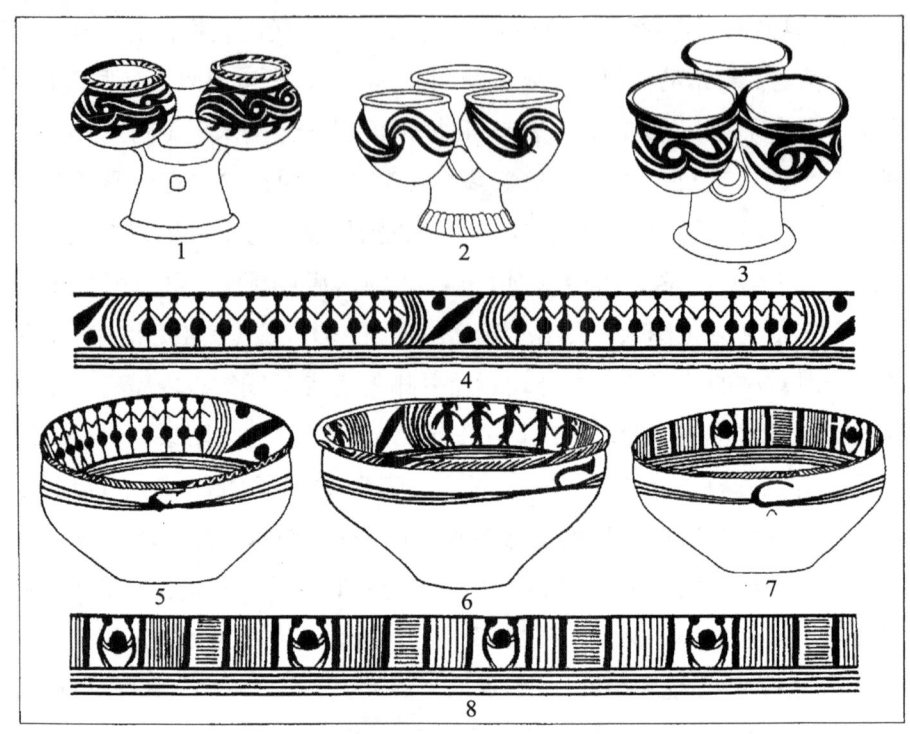

图六 马家窑类型彩陶及纹饰展开图
1. 双联杯（舟曲北山坪） 2. 三联杯（武都白鹤桥） 3. 三联杯（舟曲掌坪）
4、5. 盆（宗日 95TZM157∶1）及其纹饰展开图 6. 盆（上孙家寨 M384∶1）
7、8. 盆（宗日 95TZM192∶2）及其纹饰展开图

七-3）。其三为陶筐（T205①∶129），质地为泥质橙黄陶，圆口深腹平底，口沿加厚，在其外侧刻有一周"人"字形纹，器外表及底部刻满竹篾纹，底部刻出"十"字形和"井"字形相叠的编织纹，似一个完整的竹筐。造型小巧别致，口径仅 6.4 厘米，高 4.5 厘米。显然不是实用器，而是工艺精湛的陶塑艺术品（图七-7）。在秦安焦家沟和甘谷礼辛遗址各发现一件人面彩陶壶（瓶），在壶（瓶）的颈口部用堆塑和彩绘兼用手法来表现脸部各器官，构思甚是巧妙[①]。

大通后子河遗址出土的一件陶瓮上有一浮雕裸女像，头侧垂发辫，作

---

① A. 郭晨晖：《甘肃秦安县发现马家窑文化人面饰彩陶壶》，《考古与文物》1985 年第 3 期。
B. 张朋川：《甘青地区新石器时代陶塑》，《中国文物世界》总 58 期，（香港）1990 年。

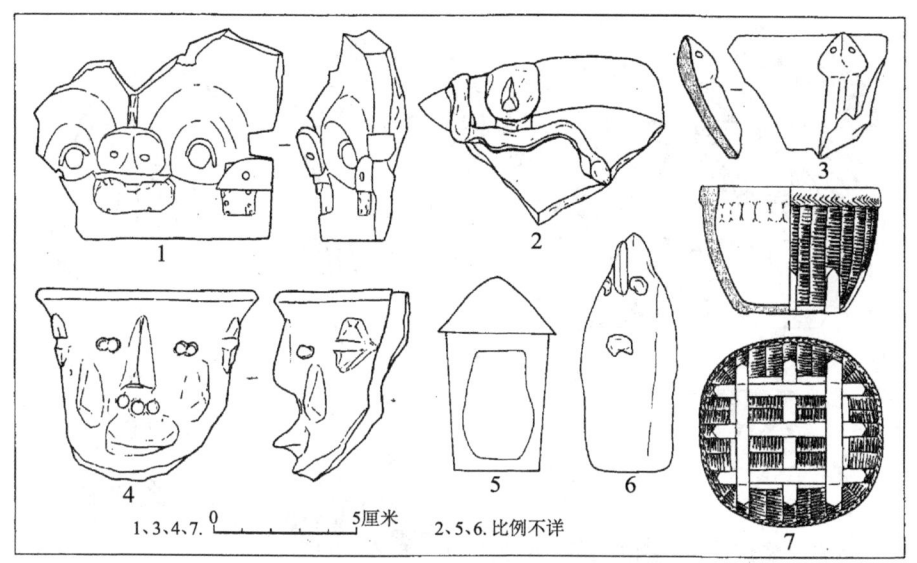

图七 马家窑类型陶塑

1. 兽面（师赵村 T111②：22） 2. 人像（师赵村 T244③：24） 3. 蜥蜴（师赵村 T206③：15）
4. 人面（师赵村 T203②：2） 5. 屋（灰地儿） 6. 鸮首（师赵村 T234②：20）
7. 筐（师赵村 T205①：129）

挥臂迈步状，很耐人寻味①。林家遗址出土一批小巧玲珑的陶铃，多为圆形或椭圆形，内装小陶丸，摇之叮当作响，有的在两侧或底部穿孔，做2～8孔不等。还有天水发现的鸟形彩陶壶、甘谷灰地儿的陶屋模型（图七-5）和舟曲等地出土的双联杯、三联杯等多种，造型均具新意。双联杯是由两个相同的陶杯连接成，杯座上还穿一方孔，器表彩绘变形鸟纹，高10.8厘米。三联杯是三件陶杯连接成，彩绘漩涡纹，高12.2厘米（图六-1～3）。另有罕见的兽面饰、陶塑人和陶鸮首等（图七-1、2、6）。这些陶制品不仅是艺术珍品，而且还有着丰富的文化内涵。

此外，宗日遗址出土的彩陶碗、鋬耳扁腹罐和饰有变形鸟纹的单耳罐、双耳彩陶壶等都是很有特色的（图八-1、2、4、6～8）。

装饰品丰富多彩。据林家、师赵村、西山坪和阳洼坡等遗址统计，马家窑早、中期遗址出土的各种装饰品共4418件，分别由石、骨、陶、蚌等不同质料制成。种类有笄、环、镯、指环、珠、坠形饰、臂饰、钻孔石

---

① 汤池：《黄河流域的原始彩陶艺术》，《美术研究》1982年第3期。

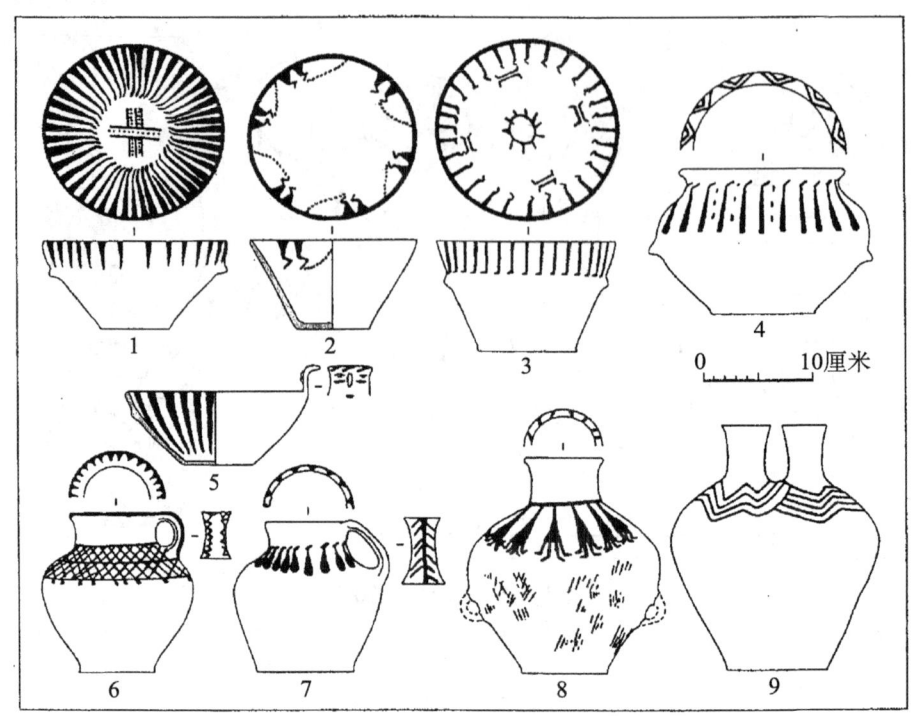

图八 宗日遗址彩陶

1.碗（95TZM158∶1） 2.碗（M12∶6） 3.碗（M23∶4） 4.罐（M197∶3） 5.碗（M163∶10）
6.单耳罐（M33∶5） 7.单耳罐（M69∶3） 8.壶（M68∶5） 9.双口壶（M84∶4）

饰、绿松石饰、穿孔牙饰和蚌壳等。其中，出土数量最多最常见的是陶环，共4124件，占装饰品总数的93%。在阳洼坡遗址出土的陶环数量竟达到3700件。陶环的形状多样，按其形制可分齿轮式、绳索状、宽带式、联珠状、三角形与圆形等多种；按其横剖面可分为圆形、椭圆形、半月形、月牙形、三角形、正方形、长方形与多边形等约十种。制造这么多的陶环，也许反映当时居民对它的偏爱。在宗日遗址发现众多的骨珠，据统计，约有6099粒。骨珠一般用鸟肢骨截成小圆柱状，稍加磨制而成，再通过骨腔串系成链饰，既可以作为颈部项链与胸饰，又可以套在手腕上作腕饰。

九、信仰与习俗

当时存在占卜习俗。在武山傅家门的房址和窖穴内发现带有阴刻符号

的卜骨共5件。卜骨以羊、猪和牛的肩胛骨为材料，器身不加修饰，无钻无凿，骨面留有灼痕和阴刻符号，符号呈"|""＝""S"等形式（图4-49）。F11∶12为羊肩胛骨，一面留有圆形灼痕。F11∶6为猪肩胛骨，阴刻有形符号。F11∶8为牛肩胛骨，阴刻有"S"符号。T25H1∶25为羊肩胛骨，一面留有焦黑的圆形灼痕，并刻划有"|"符号。卜骨属石岭下类型。石岭下类型的年代经碳十四测定，并经树轮校正为公元前3980±160年。这组卜骨的年代是迄今所知最早的。在此前，考古界认为卜骨年代最早的是内蒙古巴林左旗富河沟门遗址发现的卜骨。富河沟门的卜骨年代为公元前3510±110年。傅家门卜骨较之早约400年。所以，傅家门卜骨的发现，对探讨卜骨的起源及其相关问题，具有重要的意义。

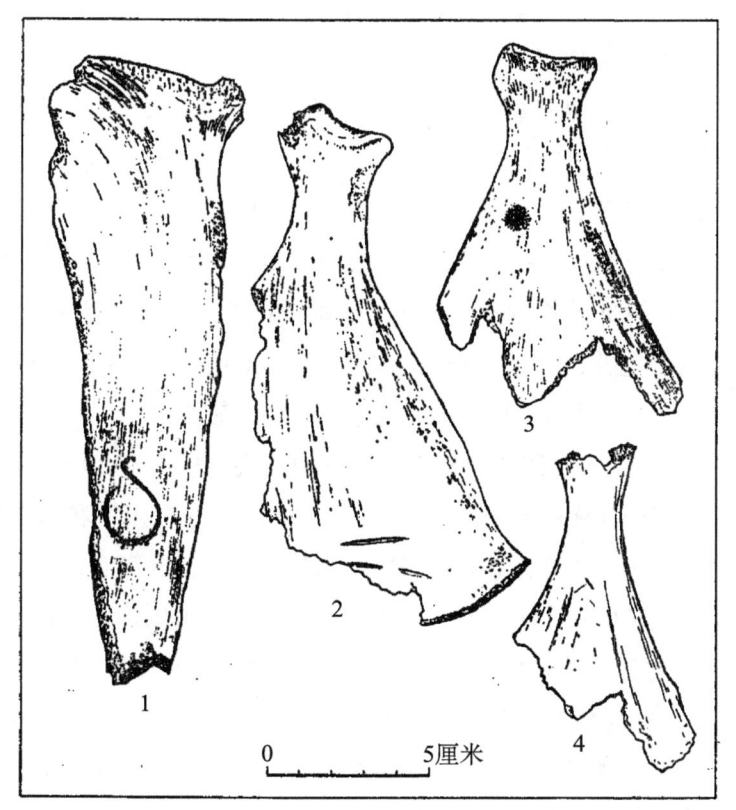

图九　傅家门遗址卜骨
1～4. F11∶8、F11∶6、T125H6∶32、F11∶12

在傅家门遗址还发现了祭祀坑。坑呈长方形，长 1.9 米，宽 1 米。坑内埋有猪的头骨、下颌骨、肢骨、肋骨，同时还摆放了河卵石、石球、石环和彩陶等。这是首次发现的马家窑文化祭祀坑，卜骨与祭祀坑的发现，表明这一时期已盛行宗教祭祀活动。

十、葬制与葬俗

在兰州王保保城、天水师赵村、民和核桃庄、大通上孙家寨、乐都脑庄、贵南尕马台与同德宗日等地均发现有这时期的墓葬，共 380 余座。墓地多与居址毗邻或相近，也有与居址相距较远，或单独成公共墓地的。上述墓地中保存较好、规模较大的是宗日墓地。该墓地与居址是分开的，墓地区内无文化层分布。

在宗日墓地共清理墓葬 341 座（包括齐家文化等墓葬），墓葬方向以西北为主，少数为东南向或东北向。墓葬形制可分为长方形竖穴土坑墓、石棺墓、瓮棺葬墓、火葬墓等几种，以竖穴土坑墓为主，约占墓葬总数的 84.7%。有些墓内设有二层台。葬具有木椁、木棺、石棺等。木棺呈梯形，用木板按榫卯结构制成。如 M176 的木棺保存较好，棺的四壁与底、盖六面木板仍完整，棺长 1.76 米，宽 0.45～0.68 米，高 0.12～0.15 米（图十 -A）。石棺是用大小不一的长条形石板围砌而成，但均无底板。如 M180，石棺两侧各用四块石板，两端各用两块石板拼砌而成，盖用五块石板组成。棺长 1.90 米，宽 0.8 米（图十 -C）。亦有用石和木合组为一套葬具的，如 M322 的葬具系用石椁木棺，即在墓的四壁砌筑石板，形成石椁，椁两侧各用六七块石板、两端各用一整块石板砌构，椁盖两层，均由 8 块石板构成。石椁内置木棺。整套葬具的构筑比一般墓要复杂而讲究。M299 为石、木复合棺，即棺的两侧边用半圆木，两端则用石板砌。该遗址还发现一种"围石墓"（暂名），即在墓中人骨架周围或墓边放置数量不等的石块或河卵石，形成长方形或不规则形，可能具有象征"石棺"的含义。这种形制结构不仅存在于宗日墓地，在师赵村遗址也有发现。如师赵村 M4，长方形墓坑，墓底摆放砾石 14 块，作长方形排列。瓮棺系以陶瓮

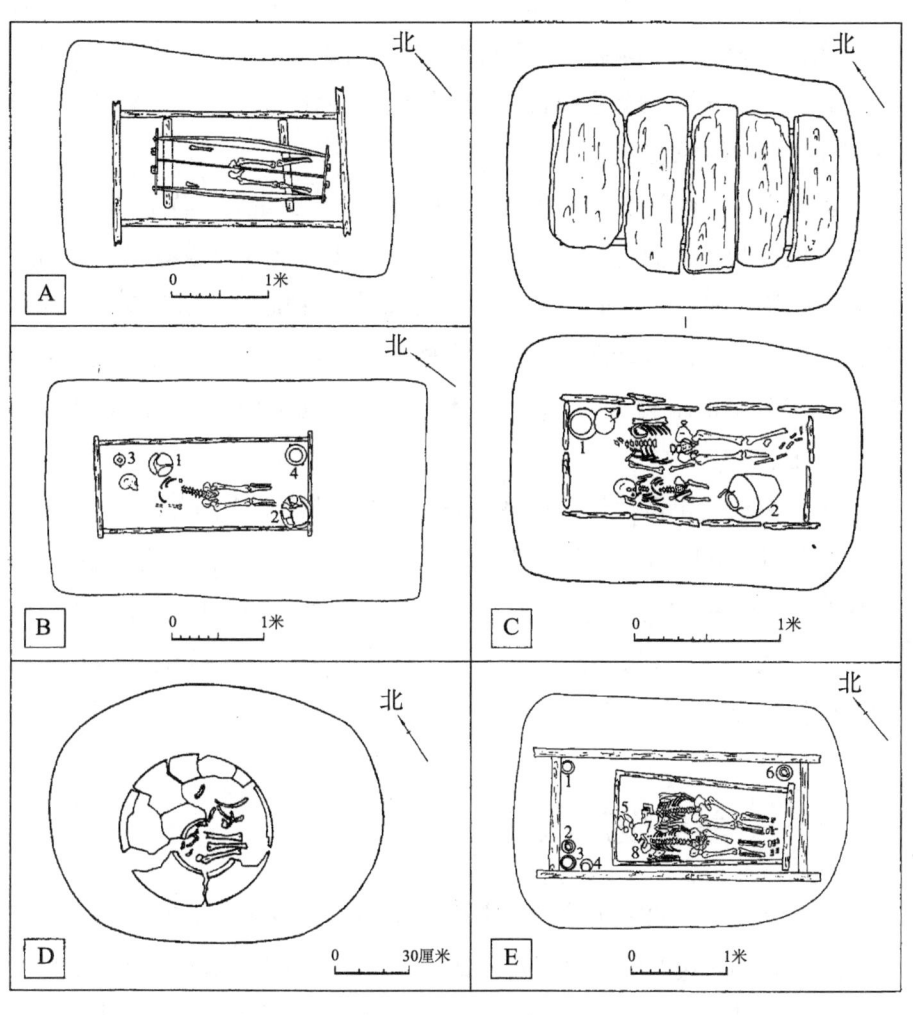

图十 宗日墓葬

A. M176 平面图
B. M157 平面图　1. 陶盆　2. 陶瓮　3、4. 陶壶
C. M180 平面图　上：石棺平面图　下：墓室平面图　1. 陶壶　2. 陶瓮
D. 瓮棺 M129 平面图
E. M215 平面图　1~4. 陶单耳罐　5. 陶盆　6. 陶壶　7. 细石器　8. 石块

为葬具,殓埋的都是婴儿,如宗日 M129,葬具为陶瓮,瓮内婴儿骨骼犹存(图十 –D)。这与仰韶文化的葬俗相同。火葬墓表现为葬具和死者同时被焚烧。如 M168,木椁和死者被烧的迹象尚清晰可辨。可见中国火葬习俗的起源是很早的。形制多样的火葬墓和石棺墓也成为马家窑文化早、中期遗存的主要特征之一。

葬式以单人葬为主,约占墓葬总数的 90%,少数为双人葬和三人葬。按死者的姿势可分为仰身直肢葬、俯身直肢葬、侧身直肢葬、侧身屈肢葬、俯身屈肢葬、仰身屈肢葬和二次扰乱葬等多种形式,以仰身直肢葬和俯身直肢葬为主,两者约占墓葬总数的 85%。宗日 M157,为二次扰乱葬(图十 –B)。M215 为双人合葬墓,保存较好,可分别作为该葬式的代表(图十 –B、E)。

随葬品较为丰富,仅宗日墓地一处,341 座墓共出随葬品 12691 件。随葬品的种类有陶器、石器、骨器和铜器,以陶器为大宗。每墓随葬陶器一般为 3～6 件,少者 1～2 件,多者达 10 余件。陶器都放置于棺内或椁内的头端或足端。装饰品多置于颈部、胸前、手腕和足踝处,可以看出当时人们佩戴装饰品的佩戴方式。

十一、社会发展状况

对于马家窑文化的社会发展阶段的推测,说法不一。有人认为马家窑文化仅指马家窑类型,它可分为甘肃省东部早期和中部晚期两个发展阶段,而晚期已进入了铜石并用时代[1]。有人则认为马家窑文化已是父系氏族社会[2]。据诸多发掘资料分析,马家窑早、中期的生产水平仍处于"刀耕火种"的原始阶段,从葬制及随葬品上尚未反映出贫富的差别,男女仍是处于平等的地位。如师赵村发现的 5 座石岭下类型墓葬,不论男性墓

---

[1] 甘肃省文物工作队、临夏回族自治州文化局、东乡族自治县文化馆:《甘肃东乡林家遗址发掘报告》,《考古学集刊》第 4 集,中国社会科学出版社,1984 年。

[2] 张学正、张朋川、郭德勇:《谈马家窑、半山、马厂类型的分期和相互关系》,《中国考古学会第一次年会论文集》,文物出版社,1979 年。

或女性墓，随葬品的数量和种类都比较少，差别不明显。又如宗日墓地发现的这时期墓葬，随葬陶器一般为3~6件，多者也仅10余件，悬殊不是很大。再如上孙家寨M268、M369为成年男、女性墓，分别以1件可拼合的彩陶壶为随葬品，男性墓中埋放壶的上部，女性墓中埋放壶的下部。这种异穴墓埋着同一件器物，固然其中可能蕴涵着某种思想意识，但从另一个角度看，可能反映当时两性之间的社会地位是平等的。因此推测，马家窑早、中期的社会发展阶段仍处在母系制氏族公社时期。

十二、与其他考古学文化的关系

马家窑文化与其他考古学文化的关系，目前学术界未取得完全共识。对于马家窑文化的渊源问题，归纳起来有以下几种论点：（1）马家窑文化渊源自仰韶文化庙底沟类型（即典型仰韶文化的庙底沟文化），是庙底沟类型在甘、青地区的继续与发展[①]。（2）马家窑文化是从仰韶文化中派生出来的一种地域性文化，或可称"甘肃仰韶文化"[②]。（3）马家窑文化从庙底沟类型发展而来，是仰韶文化富有地方性特点的晚期遗存，马家窑文化的几个类型应改称为仰韶文化的几个类型[③]。（4）马家窑文化从大地湾三期文化发展而来，它与仰韶文化有很密切的关系，它承继了本土大地湾三期文化的主要内涵，又吸收了庙底沟类型的诸多文化因素[④]。（5）将石岭下类型归入仰韶文化晚期遗存[⑤]。

除第（3）种意见提出要将马家窑文化改称为"仰韶文化"外，大家一致认为，该文化仍应称"马家窑文化"。近年来，通过师赵村和西山坪

---

① 张学正、张朋川、郭德勇：《谈马家窑、半山、马厂类型的分期和相互关系》，《中国考古学会第一次年会论文集》，文物出版社，1979年。
② 安志敏：《略论中国新石器时代文化的年代问题》，《考古》1972年第6期。
③ 甘肃省文物工作队、临夏回族自治州文化局、东乡族自治县文化馆：《甘肃东乡林家遗址发掘报告》，《考古学集刊》第4集，中国社会科学出版社，1984年。
④ 谢端琚：《马家窑文化渊源试探》，《中国考古学研究——夏鼐先生考古五十年纪念论文集》，文物出版社，1986年。
⑤ 郎树德、许永杰、水涛：《试论大地湾仰韶晚期遗存》，《文物》1983年第11期。

遗址的发掘，为第（4）种论点提供了更多的根据，其中包括地层关系的根据[①]。至于马家窑文化早、中期的内涵，也存在一些不同的认识。实际上，石岭下类型是具有较明显的马家窑文化因素的遗存，也是孕育马家窑类型的前身。地层关系也证明它要早于马家窑类型。所以把它作为马家窑文化早期遗存是比较妥当的。

关于马家窑文化与仰韶文化的关系问题，虽然提法不同，但有一共识，即都认为两者存在着较密切的关系。近年来，在师赵村和西山坪两遗址的发掘中，都发现有马家窑文化和仰韶文化的层位叠压关系。师赵村四期文化（石岭下类型）的下层为师赵村三期文化（相当于仰韶文化庙底沟类型），在师赵村四期上层为师赵村五期文化（马家窑类型）。这三者从下至上的层位关系即：庙底沟类型—石岭下类型—马家窑类型。上下层紧密相接，一脉相承。这就为它们之间的早晚关系提供了地层上的依据。

在器物方面，师赵村三期文化与四期文化存在着连续发展关系。在陶容器中最常见的卷沿曲腹彩陶盆、曲腹碗和敛口钵等，无论在陶质、制法、色泽上，或是器形上都是相同或相似的。彩陶皆以黑彩为主，彩绘花纹均以圆点、弧边三角形和各种不同形式的弧线组成的二方连续图案。象生性的动物花纹共有鸟纹和变体鸟纹，仅在细部上有些变化。庙底沟类型的鸟纹较为写实，给人以完整鸟的形象，而石岭下类型则变成鸟的局部形象，有的仅画鸟的头颈部的形态。

石岭下类型新出现的喇叭口尖底瓶、细颈深腹平底瓶、小口鼓腹壶、双腹盆等陶器，为庙底沟类型所罕见，但却为晚于它的马家窑类型所继承。

综上所述，马家窑文化早期石岭下类型是源于师赵村三期文化，随着自身的不断发展，创造出自具特征的马家窑文化中期即马家窑类型的文化遗存，它再往前发展，便是半山类型和马厂类型。

[①] 中国社会科学院考古研究所：《师赵村与西山坪》，中国大百科全书出版社，1999年。

表一 马家窑文化早期、中期遗存碳十四测定年代数据

实验室编号	遗址	地层单位与文化类别	标本	测定年代（BP）半衰期5730年	树轮校正年代（BC）达曼表校正	高精度表校正
ZK-0186	甘肃甘谷灰地儿	石岭下类型	木炭	5140±160	3815±175	3980～3640
ZK-1224	甘肃天水师赵村	T104④ 石岭下类型	木炭	4740±80	3355±120	3502～3147
ZK-2259	甘肃天水西山坪	T32H7 石岭下类型	木炭	4690±130	3295±160	3502～3042
ZK-2261	甘肃天水西山坪	T37H13 石岭下类型	木炭	4455±100	3015±190	3091～2788
ZK-2679	甘肃武山傅家门	T28H2 石岭下类型	木炭	4504±92	3074±185	3264～2912
ZK-0523	甘肃东乡林家	F20 马家窑类型	木炭	4675±80	3280±120	3369～3098
ZK-0521	甘肃东乡林家	H19 马家窑类型	木炭	4360±85	2900±180	2920～2700
ZK-4230	甘肃东乡林家	F21:6罐内 马家窑类型	炭化粟	4230±95	2740±145	2882～2504
ZK-0108	甘肃兰州曹家嘴	窑址内 马家窑类型	木炭	4525±100	3100±190	3308～2910
BK75020	甘肃永登蒋家坪	T12④ 马家窑类型	木炭	4500±100	3070±190	3265～2910
ZK-2775	甘肃武山傅家门	T25H1 马家窑类型	木炭	4635±83	3230±120	3552～3036
ZK-2263	甘肃天水师赵村	T224③ 马家窑类型	木炭	4670±115	3275±145	3492～3041
ZK-1068	甘肃天水师赵村	T101② 马家窑类型	木炭	4425±100	2980±190	3030～2782
ZK-1223	甘肃天水师赵村	T109③ 马家窑类型	木炭	4420±80	2975±180	3028～2786
ZK-2150	甘肃天水西山坪	T1H2 马家窑类型	木炭	3970±155	2415±190	2571～2048
BK77013	青海大通上孙家寨	M375 马家窑类型	樟木	4450±90	3010±185	3037～2788
BK86072	宁夏海原曹洼	T102上层 马家窑类型	木炭	4800±100	3425±135	3616～3340

续表

实验室编号	遗址	地层单位与文化类别	标本	测定年代（BP）半衰期5730年	树轮校正年代（BC）达曼表校正	高精度表校正
BK86071	宁夏海原曹洼	F101 马家窑类型	木炭	4640±90	3235±130	3361～3039
BK86073	宁夏海原曹洼	T105上层 马家窑类型	木炭	4460±100	3020±190	3091～2788

（本文原载《中国考古学·新石器时代卷》）

黄河上游马家窑文化晚期遗存

一、发现与研究简史

马家窑文化晚期遗存包括半山、马厂两类型的遗存。因首先分别发现于甘肃省广河半山和青海省民和（旧属碾伯县）马厂（或称马厂塬）而得名。这两处遗址都是瑞典学者安特生（J.G. Anderson）于1923～1924年调查发现的。被安特生列入甘肃史前文化"六期"中的仰韶期和马厂期，前者还包括马家窑（住地）、半山（葬地）两类型[①]。其后，安特生的助手巴尔姆格伦（N. Palmgren）把安特生给他的半山、马厂期陶器资料进行整理研究，于1934年出版《半山与马厂随葬陶器》一书[②]。安特生和巴尔姆格伦的工作开创了半山、马厂类型文化遗存研究的先河。

20世纪40年代，夏鼐调查了兰州地区，发现了青岗岔半山类型等遗址。裴文中也调查了兰州市附近以及河西走廊和青海省湟水流域，发现马厂类型遗址多处[③]，他们都为西北地区新石器时代考古做出了贡献。

20世纪五六十年代，考古工作者主要是配合国家基本建设做了大量的考古调查和抢救性的发掘工作。如1953～1955年，为配合包（头）兰

---

① 安特生著、乐森璕译：《甘肃考古记》，《地质学报》甲种第五号，1925年。
② Palmgren, N.（1934），*Kansu Mortuary Urns of the Pan-shan and Ma-chang Groups.* Peiping: Geological Survey of China.
③ A. 夏鼐：《兰州附近的史前遗存》，《中国考古学报》第五册，1951年。
B. 裴文中：《裴文中史前考古学论文集》，文物出版社，1987年。

（州）铁路工程，进行了调查和清理工作，在兰州白道沟坪遗址清理了马厂类型陶窑12座和墓葬24座，出土陶器等遗物共351件，这是最早发现的一处马厂类型的聚落遗址①。1956年，为配合天（水）兰（州）铁路工程，在皋兰县糜地岘遗址清理了马厂类型墓葬7座，出土了陶器等遗物，这是一处马厂类型的氏族公共墓地②。1960年发掘永靖县马家湾遗址，首次发现了马厂类型的房址7座和陶器等遗物。它的发现证实了马厂类型不仅有墓地，而且有自己的住地，否定了"马厂期葬地说"的观点③。1963年发掘兰州青岗岔遗址，发现半山类型房址、窖穴、墓葬等遗迹。该发现证明了"半山葬地说"的错误④。

从20世纪七八十年代至今，对半山、马厂遗址开始有计划、有目的进行大面积的发掘，积累了丰富的实物资料。在甘肃境内经发掘的遗址有：1973年对广和县地巴坪墓地进行发掘，发现半山类型墓葬66座，出土陶器等随葬品共756件。这是一处保存较好的半山类型氏族公共墓地⑤。1973～1974年，发掘永昌县鸳鸯池墓地，发现墓葬189座。该墓地发现马厂类型墓（M44）打破半山类型墓（M72）的地层关系，从层位上明确了两者的相对年代，即半山类型早于马厂类型⑥。1974～1975年在发掘永登县蒋家坪遗址中，发现马厂类型墓葬打破马家窑类型的地层关系，证实了两者的早、晚关系⑦。1975年发掘景泰县张家台墓地，发现半山类型墓葬22座，其葬具以石棺为主。这是最早在甘青地区发现的一批石棺墓，

---

① 甘肃省文物管理委员会：《兰州新石器时代的文化遗存》，《考古学报》1957年第1期。
② 陈贤儒、郭德勇：《甘肃皋兰糜地岘新石器时代墓葬清理记》，《考古通讯》1957年第6期。
③ 中国科学院考古研究所甘肃工作队：《甘肃永靖马家湾新石器时代遗址的发掘》，《考古》1975年第2期。
④ A. 甘肃省博物馆：《甘肃兰州青岗岔遗址试掘简报》，《考古》1972年第3期。
B. 甘肃省博物馆文物工作队：《甘肃兰州青岗岔半山遗址第二次发掘》，《考古学集刊》第2集，中国社会科学出版社，1982年。
⑤ 甘肃省博物馆文物工作队：《广河地巴坪"半山类型"墓地》，《考古学报》1978年第2期。
⑥ 甘肃省博物馆文物工作队：《甘肃永昌鸳鸯池新石器时代墓地》，《考古学报》1982年第2期。
⑦ 甘肃省博物馆：《甘肃省文物考古工作三十年》，《文物考古工作三十年》，文物出版社，1979年。

它对探讨石棺墓的分布及特点等问题提供了新资料①。1977年发掘兰州花寨子墓地，发现半山类型墓葬49座，出土陶器等随葬器物共923件，其中生活用具106件、生产工具84件、装饰品733件②。1977～1978年发掘兰州土谷台墓地，发现半山、马厂类型墓葬84座和各种随葬器物共1615件。该墓地发现半山和马厂类型典型器物共存的现象③。1981年，发掘康乐县边家林墓地，清理墓葬17座，出土陶器等遗物888件，发现具有地方特色的半山类型早期器物，引人注目④。1981～1990年，发掘天水市师赵村和西山坪遗址，均发现有相当于半山类型的文化遗存。师赵村遗址发现窖穴14个、墓葬6座，出土陶器等遗物共99件。西山坪遗址也发现这时期的墓葬和陶器等遗物，这为该文化类型的研究增添了新的内容⑤。

在青海境内，经发掘属于半山、马厂类型比较重要的遗址有：1974～1980年发掘乐都柳湾墓地。这是黄河上游迄今已知的规模最大的一处氏族公共墓地，共发掘墓葬1700多座，包括半山、马厂类型、齐家文化与辛店文化等不同时期墓葬，以马厂类型墓葬为主。出土随葬器物30000余件。2001年发掘了柳湾居住遗址，发现房址3座⑥。1979～1987年发掘民和马牌墓地，清理墓葬62座，这是一处比较单纯的马厂类型氏族公共墓地⑦。1980～1981年发掘民和阳山墓地，清理墓葬218座，属半山类型的墓葬⑧。1982～1983年发掘循化苏呼撒墓地，清理半山类型墓葬65座⑨。1994～1996年发掘同德宗日遗址。该遗址的主要文化遗存为马家

---

① 甘肃省博物馆：《甘肃景泰张家台新石器时代的墓葬》，《考古》1976年第3期。
② 甘肃省博物馆、兰州市文化馆、兰州市七里河区文化馆：《兰州花寨子"半山类型"墓葬》，《考古学报》1980年第2期。
③ 甘肃省博物馆、兰州市文化馆：《兰州土谷台半山马厂文化墓地》，《考古学报》1983年第2期。
④ 临夏回族自治州博物馆：《甘肃康乐县边家林新石器时代墓地清理简报》，《文物》1992年第4期。
⑤ 中国社会科学院考古研究所：《师赵村与西山坪》，中国大百科全书出版社，1999年。
⑥ A.青海省文物管理处考古队、中国社会科学院考古研究所：《青海柳湾》，文物出版社，1984年。
   B.肖永明：《首次发掘柳湾遗址》，《中国文物报》2001年8月12日。
⑦ 青海省文物管理处：《青海民和马牌马厂类型墓葬发掘简报》，《史前研究》1990～1991年。
⑧ 青海省文物考古研究所：《民和阳山》，文物出版社，1990年。
⑨ 青海省文物考古研究所：《青海循化苏呼撒墓地》，《考古学报》1994年第4期。

窑类型与具有地方色彩的土著文化遗存，但很明显地有一部分墓葬是属于半山类型，它应是半山类型分布区最西边的一个地点①。

在宁夏境内有海原菜园村遗址。1985～1988年对该遗址进行了发掘，其文化内涵较复杂，但有半山类型的陶器等文化遗物，在宁夏境内经发掘出土的半山类型器物仅此一地，材料难得，它扩大了对半山类型的研究领域②。

在陕西省境内有陇县磨儿原村遗址。1986年在该遗址发现半山类型的彩陶壶（或称罐），这是半山类型分布最东边的一个地点③。

二、分布区域与重点遗址

半山与马厂类型的遗存主要分布在甘、青境内的黄河及其支流洮河、湟水、渭河等河流两岸台地上。若以现在行政区划定位，东起陕西陇县，西至甘肃酒泉市，北入甘肃景泰县，南抵甘肃康乐县。这两类型分布的中心区均是从兰州至西宁的河湟地区。不过，在中心区外两者的分布范围存在差异。半山类型东扩至甘肃东部泾、渭河流域，最东边直至陕西陇县境内。马厂类型的分布则主要往西北方向延伸，最远可抵达河西走廊的酒泉境内，在青海省可至尖扎县。

在甘、宁、青地区共发现半山、马厂类型遗址800余处，内有半山类型200处、马厂类型600余处④。其中经过发掘的遗址约有20处。发掘规模较大、资料较为重要的有：甘肃兰州白道沟坪、永靖马家湾、兰州青岗岔、广河地巴坪、永昌鸳鸯池、永登蒋家坪、兰州花寨子和土谷台、景泰张家台、天水师赵村和西山坪、康乐边家林遗址，青海乐都柳湾、

---

① 格桑本、陈洪海主编：《宗日遗址——文物精粹论述选集》，四川科学技术出版社，1999年。

② A.宁夏文物考古研究所、中国历史博物馆考古部：《宁夏海原县菜园村遗址、墓地发掘简报》，《文物》1988年第9期；《宁夏菜园——新石器时代遗址、墓葬发掘报告》，科学出版社，2003年。

B.宁夏文物考古所：《宁夏海原县菜园村遗址切刀把墓地》，《考古学报》1989年第4期。

③ 肖琦：《陕西陇县出土马家窑文化彩陶罐》，《考古与文物》1990年第5期。

④ 李水城：《半山与马厂彩陶研究》，北京大学出版社，1998年。

民和阳山和马牌、循化苏呼撒、同德宗日遗址，宁夏海原菜园村遗址等（图一）。现选择重点遗址介绍如下。

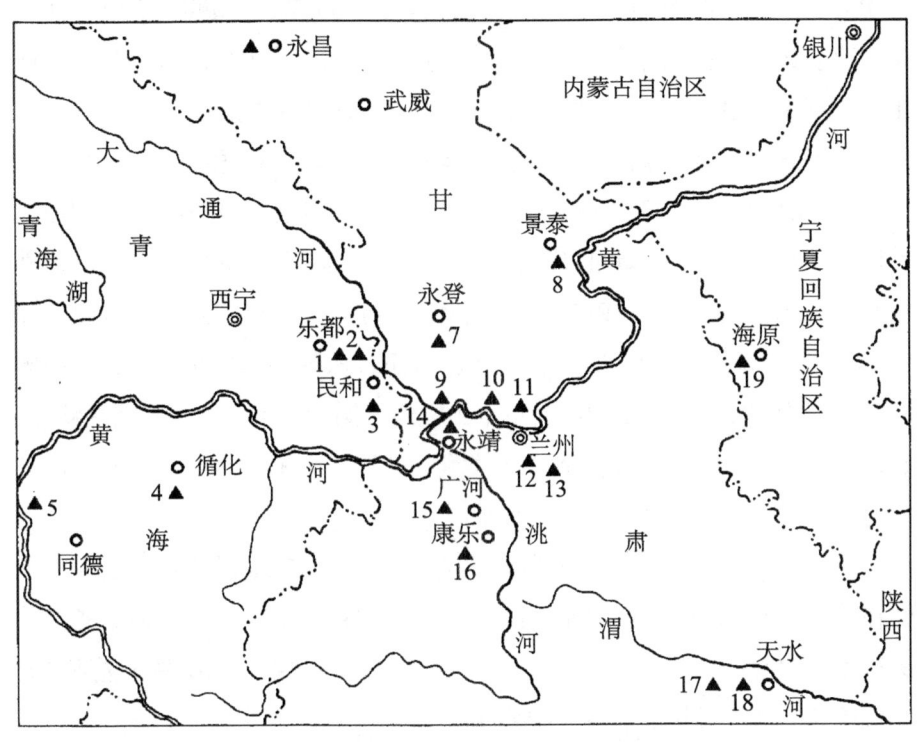

图一 马家窑文化晚期主要遗址分布示意图

1. 乐都柳湾 2. 民和阳山 3. 民和马牌 4. 循化苏呼撒 5. 同德宗日 6. 永昌鸳鸯池
7. 永登蒋家坪 8. 景泰张家台 9. 兰州土谷台 10. 兰州王保保城 11. 兰州白道沟坪
12. 兰州花寨子 13. 兰州青岗岔 14. 永靖马家湾 15. 广河地巴坪 16. 康乐边家林
17. 天水西山坪 18. 天水师赵村 19. 海原菜园村

青岗岔遗址，位于甘肃省兰州市南15公里的青岗岔村岗家山，坐落在黄河南岸的阶地上。遗址面积约8万平方米。1945年夏鼐首先调查发现，1947年裴文中也曾到此调查。1963年甘肃省博物馆与北京大学历史系考古专业进行了第一次发掘，发现半山类型房址1座、窖穴2个、窑址1座、墓葬1座，马厂类型窑址1座和齐家文化房址1座。1976年，甘肃省博物馆文物工作队进行第二次发掘，发现半山类型房址3座、窖穴1个、墓葬3座，出土一批石、骨、陶器等文化遗物。发掘的主要收获证明半山类型不仅有葬地，而且也有自己的住地。

土谷台墓地，位于甘肃省兰州市西75公里，坐落在湟水下游北岸台地上。墓地面积约2万平方米。1977～1978年甘肃省博物馆和兰州市文化馆合作发掘，发现墓葬84座，其中单人墓63座、合葬墓19座、儿童墓2座。出土各种随葬品共1615件，包括生活用具（陶器）574件、生产工具13件、装饰品1028件。在该墓地发现部分墓葬的随葬品中有半山和马厂类型典型器物共存的现象，这揭示了半山和马厂两类型的亲密关系。

边家林墓地，位于甘肃省康乐县城东北3公里处，坐落在洮河支流三岔河北岸的台地上。墓地面积约1万平方米。1975年临夏回族自治州文物普查队普查时发现。1981年临夏自治州博物馆进行了发掘，清理墓葬17座，出土陶、石器等65件，骨珠、绿松石珠等装饰品888件，并征集彩陶等器物122件。这批器物具有半山类型早期和马家窑类型晚期的特点，它揭示了从马家窑类型演变到半山类型的轨迹，有的学者把它看成是从马家窑类型过渡到半山类型的中间环节。

马牌墓地，位于青海省民和县核桃乡马牌村，在县城西南7公里，坐落在湟水支流米拉沟西岸的山坡上。1979～1987年青海省文物处考古队进行了两次发掘，共发现墓葬62座，出土随葬器物共1046件。这是一处比较单纯的马厂类型的氏族公共墓地。

阳山墓地，位于青海省民和县新民乡阳山村，由于地处马鞍条山之阳而得名，在县城西南30余公里，坐落在湟水支流松树河北岸的阶地上。1980～1981年青海省文物考古队进行了两次发掘，揭露面积共6720平方米，发现墓葬218座、圆形祭祀坑12座，出土各种器物2590余件。该处是半山和马厂类型的氏族公共墓地。祭祀坑遗迹和彩陶鼓等新器物的发现，为探讨史前宗教观念等方面提供了最新的资料。

苏呼撒墓地，位于青海省循化白庄乡苏呼撒村，北距县城25公里，坐落在黄河支流科哇河西岸的台地上。墓地范围东西长270米，南北宽200米。1982～1983年青海省文物考古研究所进行了两次发掘，发现半山类型墓葬65座，随葬有陶器等器物。这里发现的器物和乐都柳湾半山类型相似。

菜园村遗址，位于宁夏海原县菜园村南1.5公里的坡地上，坐落在南华山北麓。该遗址是1984年文物普查时发现。1985～1988年宁夏文物考古所与中国历史博物馆考古部共同发掘。发掘地点包括林子梁、马缨子梁、石沟3处遗址和切刀把、瓦罐嘴、寨子梁、二岭子湾、林子梁西坡5处墓地，上述8个地点共揭露面积4780平方米，共发现房址15座、窖穴65个、窑址1座、灰沟1条、墓葬138座，出土石、骨、陶器等文物5000余件，年代为公元前2635年至前2245年，相当于马家窑文化半山类型时期。器物中以陶器为最常见，有部分陶器与半山类型相似。如瓦罐嘴出土的单耳彩陶罐（WM35∶18）、切刀把出土的双耳彩陶瓮（M2∶22）、鸭形壶（M9∶6）等都是半山类型的典型器物。但较多的器物具有浓厚的地方特色，为便于与其他地方的同类文化遗存对比研究，或可把菜园遗址作为典型单位命名为"菜园文化"。这是宁夏地区史前文化考古的重要发现。

三、文化特征

半山类型有许多文化因素承袭自马家窑类型，如石、骨器的质料、制法、类别等两者没有太大差别。陶器的质地、色泽、制法、类别等亦颇多相同。所不同的主要表现在陶器特别是彩陶方面，如彩陶的比例骤然增加，而且彩陶图案更为绚丽多彩。据统计，彩陶量约占全部陶器总数的60%，最高者如地巴坪遗址出土的彩陶占90%。彩陶花纹主要是以带齿边黑彩与中间夹红彩组成的各种几何形纹饰。典型纹样有左右连续的旋涡纹、葫芦形纹、圆圈纹、波折纹和多道齿带纹等。施纹部位多在器的颈部和腹上部，少数遍饰于器外表，并盛行在大口器内壁施彩。黑、红彩对比鲜明，画面绚丽夺目，图案设计严谨巧妙，不论正视或俯视，都能使人感觉到是一幅完整而美妙的画面。器形有盆、钵、壶、罐、单耳罐和双耳罐等。夹砂陶除素面者外，器表主要装饰有绳纹和多种形式的附加堆纹。绳纹多为密集式竖绳纹。附加堆纹多作条带状、三角形、多道波折纹和四方连续的菱格纹等，还有不少在器的颈部或腹部两侧粘附一对鼻耳或环形耳。附加堆纹的多样化，是半山类型的突出特点。施纹器类多是侈口罐、双耳罐和瓮等一类器物。

马厂类型陶器比半山类型有了较大的变化。陶器表面处理不如半山类型精细，打磨光亮的较少。在器上部往往还施一层红色或紫红色陶衣，以此掩盖器表的粗糙面，也便于着彩绘画。彩陶花纹的主体纹饰以黑彩为主，黑红彩不占主要地位。代表性的花纹是四圈纹和蛙纹，次为连弧纹、回形纹、菱格纹或方格纹等。在四圈纹中还缀满各种小花纹，其单独纹样达400多种。蛙纹又分全蛙、半蛙、蛙肢等，富于变化（图二）。器形除与半山类型常见的盆、钵、壶、罐等外，还增加了许多新的器类，如葫芦形罐、长颈垂腹罐、提梁罐、长方口斗形器、人面形壶、人像彩塑壶等。夹砂陶器的纹样有绳纹、附加堆纹、锥刺纹、划纹等，以绳纹较常见。器类主要是瓮和罐，瓮的形体较高大，多作为储藏器用。

在葬制方面，除常见的长方形竖穴土坑墓外，还流行平面呈"凸"字形的土洞墓。木棺葬具形式多样，可分为长方形、梯形、吊头木棺和独木棺等。

四、分区与文化类型

半山与马厂两个类型一般都纳入马家窑文化系统。现在资料日益丰富，文化内涵也比较复杂，因此，有的学者就主张半山、马厂两类型应从马家窑文化中分出来，单独命名为半山—马厂文化[1]，也有学者认为半山与马厂两者还要分开，分别命名为半山文化、马厂文化[2]。但就目前的资料分析，把半山和马厂类型从马家窑文化中分离出来尚感证据不足，它们应是一脉相承、上下连续的同属一种文化系统。

关于半山、马厂类型的分区问题，迄今没有专题论述，仅在有关的论著中提及。有学者提出半山类型可分为三区：湟水中下游区、黄河北部区与洮河区。各区都有典型的器物作为代表，如湟水区的小型彩陶壶、瓮、

---

[1] 夏鼐：《碳–14测定年代和中国史前考古学》，《考古》1977年第4期。
[2] 陈雍：《关于半山文化和马厂文化关系的讨论》，《考古学文化论集（三）》，文物出版社，1993年。

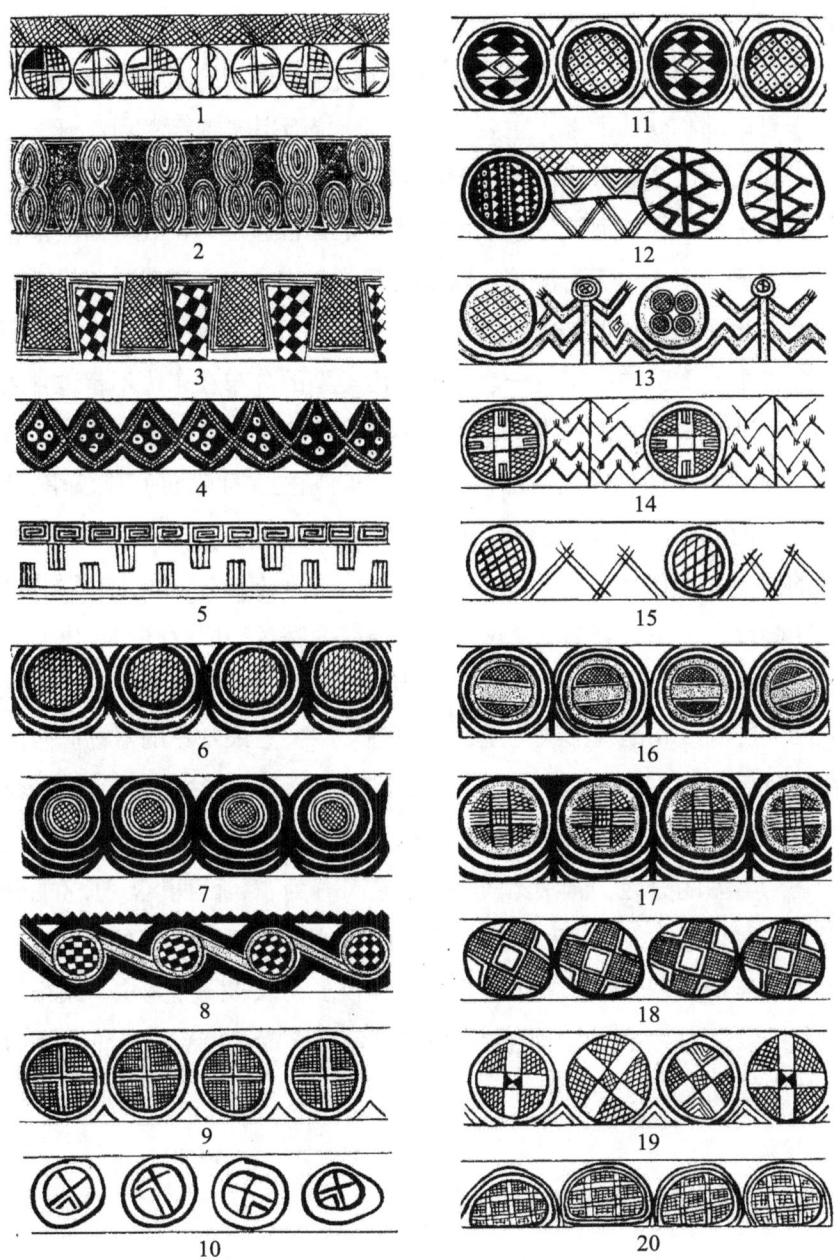

图二 马厂类型彩陶纹饰展开示意图

1. 柳湾 M890∶45 2. 柳湾 M554∶27 3. 柳湾 M150∶7 4. 柳湾 M1168∶2 5. 柳湾 M920∶6 6. 柳湾 M180∶2 7. 柳湾 M523∶1 8. 柳湾 M281∶6 9. 柳湾 M1190∶5 10. 柳湾 M925∶14 11. 柳湾 M375∶11 12. 柳湾 M815∶29 13. 柳湾 M555∶10 14. 柳湾 M1343∶5 15. 柳湾 M729∶8 16. 柳湾 M330∶2 17. 柳湾 M568∶2 18. 柳湾 M1262∶53 19. 柳湾 M553∶5 20. 柳湾 M179∶20

内彩盆等，黄河区的彩陶壶、鸭形壶等，洮河区的彩陶瓮等陶器[1]。据近年来的发掘资料显示，半山类型可分为东、中、西三区：东区包括甘肃东部、宁夏南部和陕西西部，主要是指渭河上游及其支流葫芦河流域，以师赵村六期文化为代表；中区指甘肃中部，包括兰州地区，主要是黄河上游及其支流洮河、大夏河流域，以地巴坪和土谷台遗址为代表；西区指青海东部，主要是湟水中下游流域，以柳湾墓地为代表。东区以师赵村六期为代表的文化遗存，是近年来新发现的文化类型，它具有浓厚的半山类型色彩。过去由于资料的限制，一般认为半山类型的分布在东边不超过甘肃陇西县。但现在据已发表的资料，东边不仅到了天水，而且已延伸到了陕西陇县。在甘肃东部和宁夏南部，属于这个时期的文化遗址有庄浪李家碾、堡子坪、南湖汪家、武山滩歌、渭源上坪、天水西山坪和海原菜园村等。东区的器物和西区比较有明显的不同，如彩陶比较少，彩绘中黑彩常见，并以四圈纹、上下对置的三角网纹和网格纹为特色，以双耳钵、内彩盆和彩陶壶为典型器物。中区彩陶较多，彩纹均由黑、红两彩组成的几何形纹，并以四大旋涡纹和葫芦形纹为主，以短颈彩陶瓮为最常见的器物。西区彩陶花纹以锯齿纹、波折纹为主，以鼻耳细颈壶和双耳盆等为代表性器物。海原菜园村出土的有双耳罐、陶壶、彩陶罐、鸭形壶、陶瓮等（图三）。

马厂类型的分区，看法比较一致。它可分为东、西两区。东区的分布范围主要在甘肃中、西部和青海东部；西区的分布范围主要在甘肃的河西走廊从古浪到酒泉一带。东区的彩陶器类较多，以彩陶壶为主，纹饰以四圈纹和蛙纹最为常见；西区的彩陶以单耳筒形杯最具特点，纹饰以编织纹和变体回纹较为发达。

五、年代与分期

根据兰州花寨子、土谷台、鸳鸯池、蒋家坪等遗址发现的文化层的层位关系，均是马厂类型位于半山类型之上或打破半山类型。因此，其相对

---

[1] 青海省文物考古研究所：《民和阳山》，文物出版社，1990年。

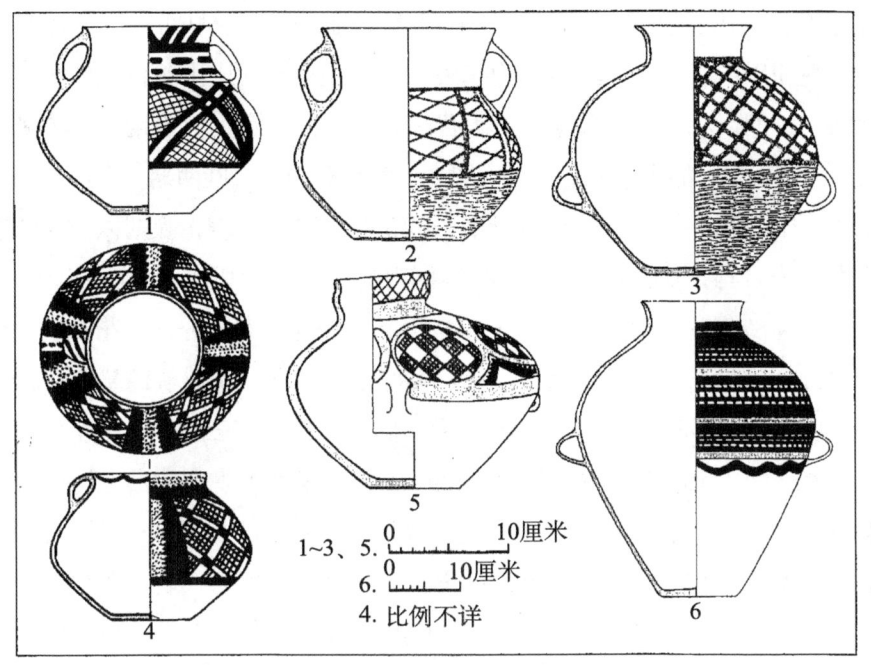

图三 菜园村遗址彩陶

1. 双耳罐（M23：4） 2. 双耳罐（M9：5） 3. 壶（M20：23） 4. 罐（M35：18）
5. 鸭形壶（M9：6） 6. 瓮（M2：22）

年代是清楚的，即半山类型早于马厂类型。

半山类型经碳十四年代测定的共9个标本，即：柳湾1个，师赵村3个，青岗岔5个。年代经高精度树轮校正后的上限，除1个（青岗岔ZK-0407）数据为公元前2870年外，其余8个年代数据在公元前2500年至前2300年之间，应接近其真实年代。马厂类型经碳十四年代测定的也有9个标本，即：马家湾1个，蒋家坪2个，柳湾6个。年代经树轮校正后的上限，除马家湾ZK-0021和柳湾ZK-0348两个标本数据偏高外，其余7个标本数据皆在公元前2453年至前2032年之间[①]，大致接近于真实年代（附表）。

目前对半山、马厂类型的分期意见纷纭，归纳起来有以下六种。（1）半山和马厂类型各分为早、中、晚三期。该意见主要是根据陶器的变化来

---

① 中国社会科学院考古研究所：《中国考古学中碳十四年代数据集（1965～1991）》，文物出版社，1991年。

划分的。半山类型早期以花寨子下层遗存等为代表,中期以地巴坪为代表,晚期以土谷台早期遗存等为代表。马厂类型早期以土谷台晚期遗存为代表,中期以蒋家坪下层遗存等为代表,晚期以白道沟坪晚期遗存等为代表①。(2)据乐都柳湾发掘资料,把半山类型分为早、晚两期,马厂类型分为早、中、晚三期。半山类型早期以M599等墓为代表,晚期以M596等墓为代表。马厂类型早期以M53等墓为代表,中期以M82等墓为代表,晚期以M87等墓为代表②。(3)将半山类型分为三期,分别以花寨子、地巴坪、土谷台三处墓地为代表。马厂类型分为四期,均以柳湾墓葬材料进行分期③。(4)把马厂类型分为土谷台、柳湾、鸳鸯池三组,各组再各分早、中、晚三期。土谷台组的三期是分别以土谷台早期、晚期和白道沟坪为代表④。(5)半山类型分为五期,马厂类型分四期。半山类型一期以柳湾甲组为代表,二期以花寨子乙组为代表,三期以地巴坪为代表,四期以土谷台为代表,五期以朱家寨为代表。马厂类型分四期与第3种意见相似,亦以柳湾材料为分期基础,但在具体分析上有些出入⑤。(6)据阳山墓地资料,把半山、马厂类型分为前后相连的四段。一段以M74等墓为代表,二段以M146等墓为代表,三段以M147等墓为代表,四段以M24等墓为代表⑥。

据近年来考古的新发现和诸多资料的分析,将半山、马厂类型各分为早、中、晚三期比较稳妥。半山类型三期分别以柳湾早期、地巴坪和土谷台中期为代表。马厂类型三期,均以《青海柳湾》所分析的马厂类型早、中、晚期为代表。因为柳湾的材料,可以说是最典型、最全面的,它涵盖了马厂类型从早到晚不同时期前后发展全过程的演变情况。

半山类型陶器早期(图四)以细颈彩陶壶、鼻耳彩陶壶、单耳罐、曲

---

① 甘肃省博物馆:《甘肃省文物考古工作三十年》,《文物考古工作三十年》,文物出版社,1979年。
② 青海省文物管理处考古队、中国社会科学院考古研究所:《青海柳湾》,文物出版社,1984年。
③ 苏秉琦主编:《中国通史·远古时代》,上海人民出版社,1994年。
④ 袁靖:《试论马厂类型墓葬的几个问题》,《中国原始文化论集——纪念尹达八十诞辰》,文物出版社,1989年。
⑤ 青海省文物考古研究所:《民和阳山》,文物出版社,1990年。
⑥ 李水城:《半山与马厂彩陶研究》,北京大学出版社,1998年。

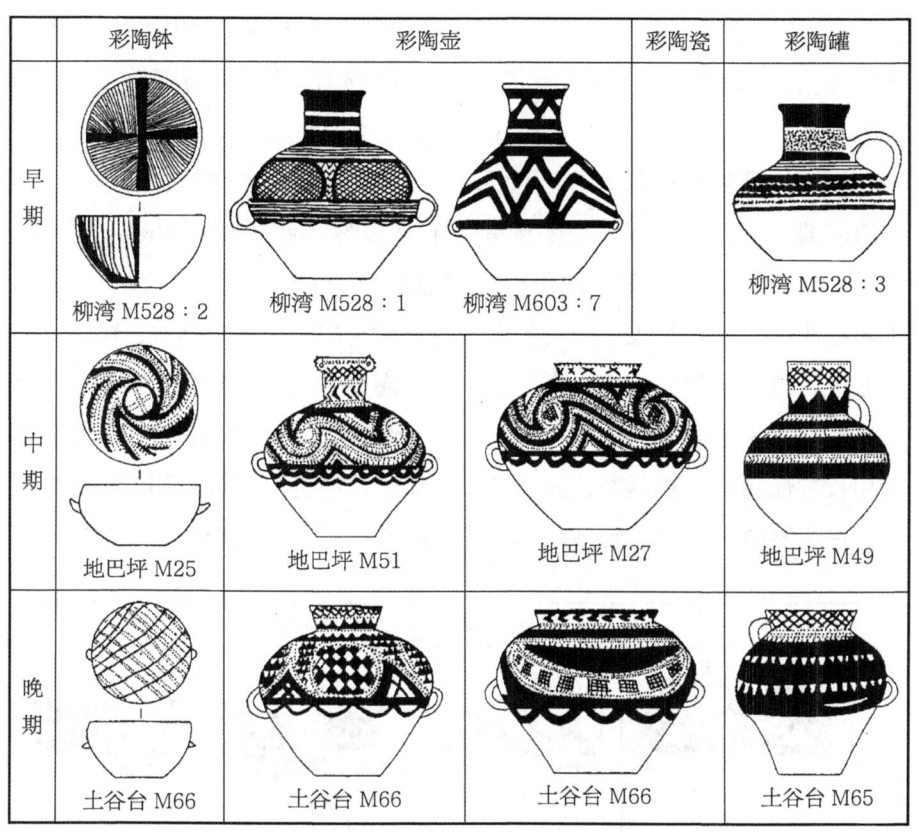

图四　半山类型主要陶器分期图

腹钵或盆等为主要器形。彩陶壶轻巧雅致。彩纹以单黑彩为主，次为黑、红双彩组成的几何形图案，常见的有四圈纹、半圆纹、葫芦形纹、旋涡纹、菱格纹和平行条纹等。盛行内彩，以"十"字纹和旋涡纹为主。四圈纹、旋涡纹和平行条纹等还保留了马家窑类型的文化因素。中期以直颈彩陶壶、短颈彩陶瓮、单耳罐、钵、瓶和夹砂陶罐等为主要器形，尤以壶、瓮为大宗，占全部陶器的90%。壶、瓮的造型硕大而粗矮，也很有特色。彩纹普遍采用黑、红两彩组成的几何形图案，纹样结构严谨，画面华丽，常见的有旋涡纹、四圈纹、菱形网格纹、折线三角纹和多道弧线纹等。晚期以短颈彩陶壶、双大耳彩陶罐、高底耳罐、钵和双耳粗陶罐等为主要器形。彩陶比例占全部陶器的56%，比中期大为减少。彩陶壶、瓮等器体增高，腹部加深。盛行黑、红两彩，也有用单黑彩、单红彩或紫彩。常见的花纹有旋涡纹、四圈纹、棋盘纹、"人"字纹、菱格网纹和蛙纹等,不见早期流行的葫芦形纹。彩陶中某些器形和纹样已孕育了马厂类型的文化因素。

马厂类型陶器早期(图五)以侈口短颈彩陶瓮、垂腹罐、长颈壶、双耳彩陶罐、彩陶豆和双耳粗陶罐等为主要器形,葫芦形罐为该期所仅见,彩陶瓮器体硕大。彩陶的数量约占陶器总数的68%。彩纹仍盛行黑、红双彩组成的几何形花纹。最具代表性的花纹是四圈纹和全蛙纹,罕见"8"字形纹、竹节纹和太阳纹。中期以小口彩陶壶、双耳彩陶罐、彩陶豆、盆和粗陶瓮等为主要器形。彩陶数量多,占陶器总数的90%。出现人像彩陶壶和长方形陶器等新器类,为他期所不见。纹样仍以四圈纹和蛙纹为最常见,在四圈纹内填缀了繁多的小花纹,蛙纹均是半蛙纹而不见全蛙纹。引

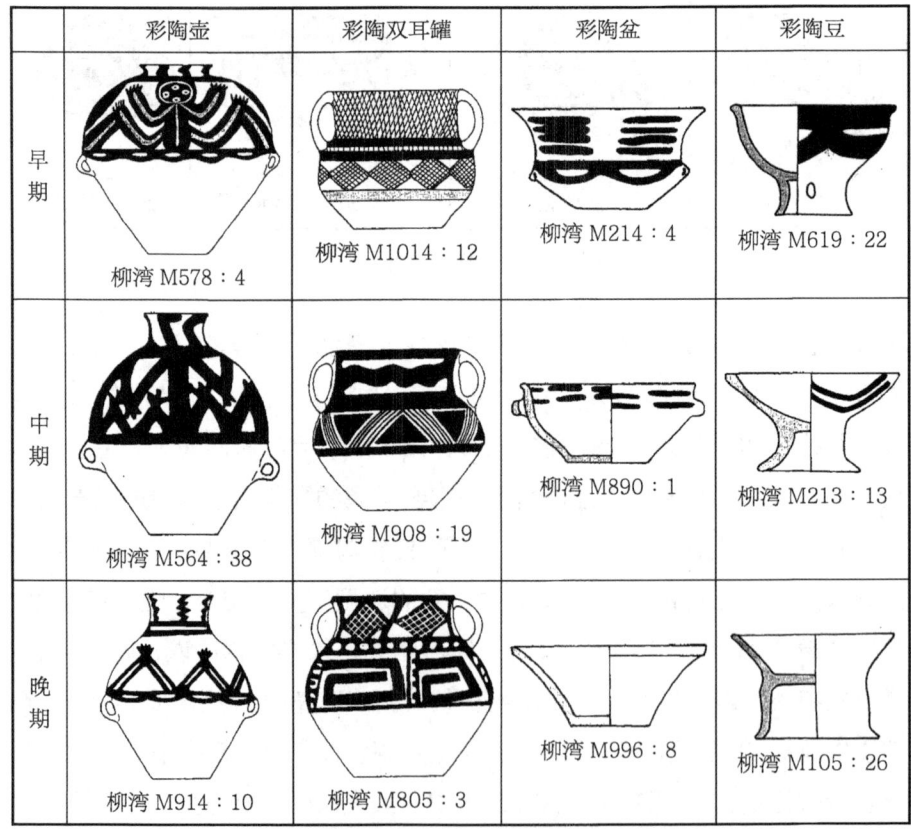

图五 马厂类型主要陶器分期图(之一)

人注目的，在彩陶壶的腹下部多画有符号花纹，共 600 多件，计 100 多种不同符号。晚期以素面壶、双耳罐、斜壁盆、高领双耳罐等为主要器形。彩陶瓮已不见，素面陶壶等器形却大为增加。彩陶数量骤减，仅占全部陶器的 16%。彩纹图案趋于简化，蛙纹演变为蛙肢纹，但彩纹中新出现了回形纹、方块纹、水波纹、横置"人"字纹等。该期中的高领双耳罐和双大耳罐已具齐家文化的特点。

六、聚落与建筑

聚落多位于河旁台地上。聚落范围大小不同，小者几千平方米，大者可达 20 万平方米。这大概反映了当时氏族或部落的规模不同。聚落遗址一

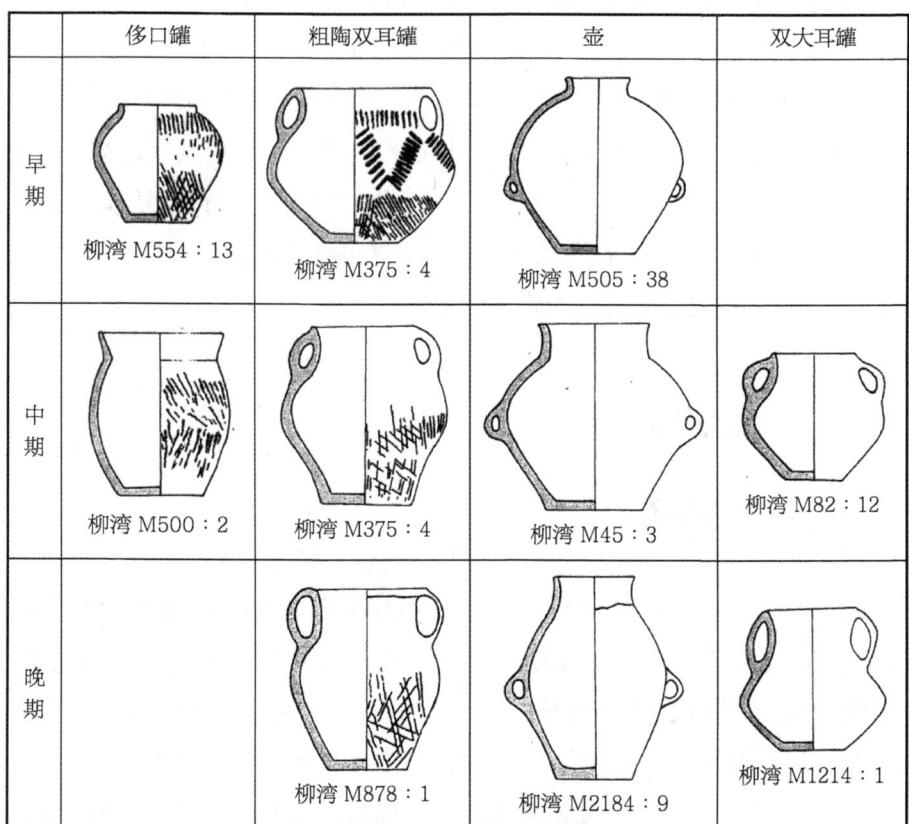

图五　马厂类型主要陶器分期图（之二）

般包括房址、窑址、窖穴和墓地等。这些单位有的交错分布，有的相互隔开。有许多氏族公共墓地与住地是分开的，如柳湾、地巴坪、鸳鸯池、花寨子、土谷台等处都是独立的公共氏族墓地，而马家湾则是单纯的住地，兰州青岗岔却是集住处、窑址、墓葬于一地的，情况各不相同。青岗岔遗址保存较好，发现的房址F1，规模较大，为长方形半地穴式，东西长7.4米，南北宽6.5米，面积约48平方米。门向东，房内地面由细泥敷成，质地坚硬，中间有高出地面10厘米的圆形灶炕。屋内四周有八个柱洞。据柱洞分布可复原为长方形两面坡的房屋。马家湾发现7座房址，结构为圆形或方形的半地穴式，面积14～16平方米。房内有圆形灶址，居住面都敷有一层草拌泥羼和红胶泥的硬面。房内四角各有一柱洞，中间有一大柱洞。据柱洞分布可分别复原成方锥形四面坡房屋和圆锥形蒙古包式房屋。屋顶可能是先用木椽构架，铺以茅草，后在表面再抹一层草拌泥。蒋家坪出土的房屋较多样化，除方形、长方形外，还有"吕"字形双间和多间的套间房屋。

在海原菜园村林子梁遗址发现房址13座，其中第3号房址保存较好。房屋建在黄色生土中，房壁呈弧形，内收成穹隆顶，为窑洞式建筑。居室平面呈椭圆形，直径4.1～4.8米，门向东北。居室中部有一锅形灶坑，直径0.64米。门道为长方形，长1.6米。门道外两侧各放置一大石块。这是目前发现较早的可复原的窑洞式房屋之一。

七、经济生活

（一）农业与饲养业

经济以原始农业为主，种植物主要是粟，次为糜子。粟在各遗址或墓地都有较多的发现，如柳湾马厂类型墓中随葬的粗陶瓮内普遍装有粟，M339中4件粗陶瓮都满盛粟粒。鸳鸯池M134内一件大陶瓮中所盛的粟，按陶瓮容积计算可达66.9公斤。出土这么多数量可观的粟遗存说明当时居民是以粟为主要粮食的，而且有了相当多的粮食剩余可用作随葬品，这也进一步说明农业已有了一定的规模。在青岗岔遗址的房址内一件彩陶罐底部发现了糜子及糜秸，可能人们已种植糜来作为辅助的粮食。生产工具主要有石质的斧、锛、凿、刀、磨盘、杵、镰等。这些工具多为磨制，制造精致，形制规整。在柳湾出土1件石斧，它的顶端套入一根长木柄上端的銎中，成90度夹角，再用绳子捆缚结实，木柄长35厘米。生产工具的改进必然会促使生产力的进一步发展。

在主营农业的同时还饲养家畜，家畜的种属有猪、狗、羊等，以猪为主。在各遗址的发掘中，还发现有石镞、骨镞、石弹丸等狩猎工具，说明当时居民还从事狩猎活动，以扩大食物的来源。

（二）手工业

在制陶方面，半山、马厂类型累计出土的完整陶器数量位居全国史前文化前列。据柳湾、阳山、地巴坪、土谷台、鸳鸯池、花寨子、张家台7处遗址统计，共出陶容器17396件，如加上陶纺轮等制品，便达20000余件，其中彩陶约占三分之二。生产陶器已有专门的制陶窑场。在兰州白道沟坪遗址发现较完整的窑址12座。窑址分三组作南北向排列，布局整齐。窑室呈方形，边长1米。窑算上有九个火眼，作三三等距排列，下通火膛。从窑场可看出制陶业已具有一定的规模，可生产数量可观的陶器。在窑旁还发现研磨颜料的石盘和分格调配彩料的陶碟。该窑场的遗存真实地反映了制陶中施彩和焙烧的生产过程。陶器主要采用泥条筑成法成形，口部多经慢轮修整。造型除平底器外，还有圈足器。器类较多，主要有盆、钵、壶、瓶、豆、盂、瓮、缸、甗和大量的单耳、双耳罐等共30余种，可以满足当时人们日常生活之所需。陶质可分为泥质红陶和夹砂红陶，以前者为主，多呈橙黄色或红褐色。彩陶多属泥质红陶，均精心制作，它的造型之精巧、构图之华丽、数量之众多，集中地反映出当时制陶业的兴旺和陶工们的高超技艺。

半山类型迄今为止，尚未发现铜器。马厂类型经发掘出土的铜器有3件，1975年在甘肃永登县蒋家坪遗址发掘出土铜刀1件（编号75YJX5T47③）（图六-1）[①]。1987年在酒泉高苜蓿地、照壁滩两地分别

[①] 甘肃省博物馆：《甘肃省文物考古工作三十年》，《文物考古工作三十年》，文物出版社，1979年。

出土铜块1件和铜锥1件（图六-2、3）①。铜刀残存前半段，弧刃，由北京科技大学冶金及材料史研究所经激光微区光谱分析，是含锡的青铜。铜块经检验为铸造红铜。铜锥较完整，呈条形，也经激光微区光谱分析，由红铜热煅成形，局部又经冷加工②。

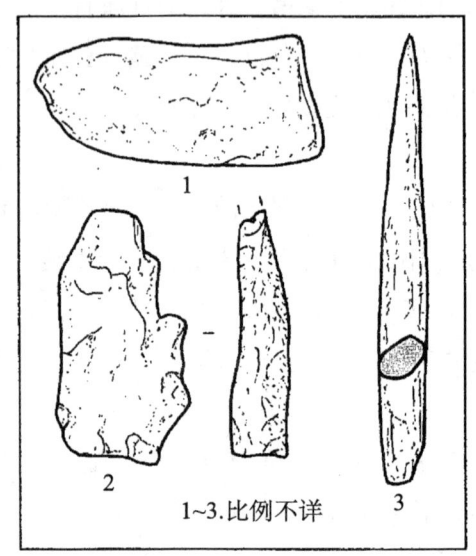

图六　马厂类型铜器
1.刀（永登蒋家坪）　2.铜块（酒泉高苜蓿地）　3.锥（酒泉照壁滩）
（引自李水城：《中国西北地区的早期冶铜业及区域文化的互动》，《吐鲁番研究》2002年第2期）

年代比马厂类型早的马家窑类型，曾在东乡林家遗址出土青铜刀1件，这悬迄今所知年代最早的青铜器，证明公元前3000年中国先民已开始冶炼青铜器技术的探索实践，但从马家窑文化马家窑类型至马厂类型，其冶金技术尚处于利用铜的氧化共生矿还原熔炼时期，产品数量少，种类单一，说明当时的冶金技术正处在初始阶段。

在已发掘的遗址中都普遍出土纺织工具。据柳湾、花寨子、土谷台、

---

①　A.李水城：《中国西北地区的早期冶铜业及区域文化的互动》，《吐鲁番研究》2002年第2期。
B.李水城、水涛：《酒泉县丰乐乡照壁滩遗址和高苜蓿地遗址》，《中国考古学年鉴（1987）》，文物出版社，1988年。
②　孙淑云、韩汝玢：《甘肃早期铜器的发现与冶炼、制造技术的研究》，《文物》1997年第7期。

地巴坪和鸳鸯池等地出土的纺织工具统计，共有338件，种类包括石、陶纺轮和骨针等，以陶纺轮的数量最多，约占总数的三分之二，说明纺织业是相当发达的。陶纺轮大小相若，制造精致，有的纺轮正、背面甚至侧面都装饰有各种几何形花纹。这些花纹主要用刻划或戳印的技法做出圆圈纹、五星纹、"十"字纹以及"X"纹等。部分纺轮施彩绘花纹，如"十"字纹、轮形纹和棋盘纹等多种。可见纺轮在生活中是不可缺少的，人们对其中的精品更十分珍爱。

八、文化与艺术

在文化艺术中彩陶占有重要的地位。彩陶的装饰工艺采用了堆塑和绘彩相结合的手法，创造出许许多多造型新颖别致、构思巧妙的陶制艺术品。这些艺术品多是表现人物和动物形象，而且生机盎然，栩栩如生，如表现人物全身像的人像彩陶壶，表现人面形的人面壶和人面纽单耳杯，表现鸭在水中遨游的鸭形壶。此外，还有模仿篮子造型的提梁罐，模仿葫芦的葫芦形罐，用作乐器的彩陶鼓等。鸳鸯池墓地出土的人面纽单耳杯，杯腹部置一圆纽，在纽上绘人面纹，器表彩绘变形回形纹和波折纹等，杯口径12.3厘米，高24.6厘米。民和加仁庄出土鸭形壶，造型似鸭形，器表彩绘鸭的双翅、蹼足、尾巴等形态，通高18厘米。民和官户台遗址出土的提梁罐，在侈口鼓腹罐口上置一拱形提梁，颇似小提篮，器表彩绘菱形纹和三角纹等图案，口径12.8厘米，通高16.6厘米。双口彩陶壶出土于边家林遗址，这种器形较为少见，在器表上彩绘三角纹和锯齿纹，双口口径分别为5.2厘米和5.6厘米，通高13厘米。永靖柏川遗址出土的五口彩陶罐器形也很别致，它是在罐口的周围设四个对称的筒形小口，腹侧置一对环形耳，器表彩绘菱格纹和短线纹等，通高29.6厘米。柳湾墓地发现的葫芦形陶罐，器形很像葫芦，亚腰两侧置一对环形耳，器表彩绘波折纹等，器形较小，口径5厘米，高10厘米（图七-1～9）。

同时，在彩陶壶的腹下部还常见画有各种彩绘符号，仅柳湾一地就发现有彩绘符号的马厂类型陶器共679件，包括139种不同形式的符号，常

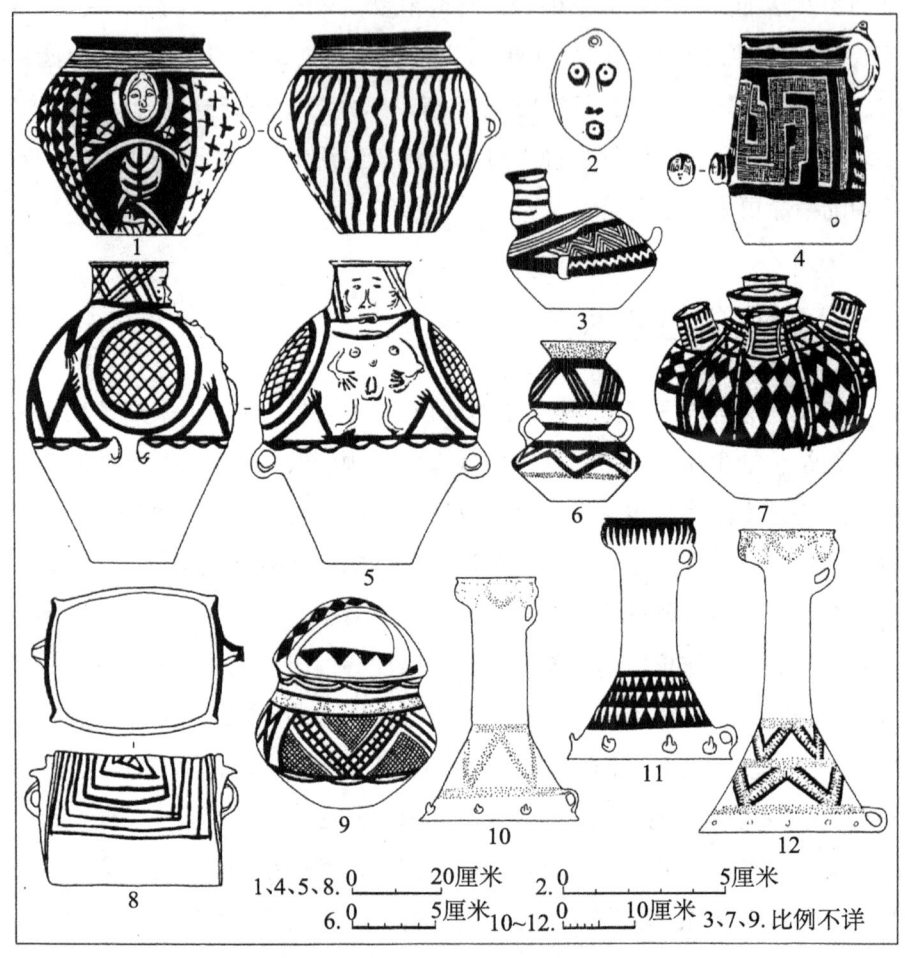

图七 半山、马厂类型石雕和陶塑

1. 彩陶人像罐（师赵村采：01） 2. 石雕人头像（鸳鸯池 M51） 3. 彩陶鸭形壶（天水） 4. 陶单耳罐（鸳鸯池 M99） 5. 彩陶人像壶（柳湾采：01） 6. 彩陶葫芦形罐（柳湾 M579：15） 7. 彩陶五口罐（永靖柏川） 8. 彩陶斗形器（柳湾 M1438：1） 9. 彩陶提梁罐（民和官户台） 10. 彩陶鼓（阳山 M147：1） 11. 彩陶鼓（阳山 M23：15） 12. 彩陶鼓（阳山 M60：30）

见的有"十""一""1""○"等多种（图八）。这些符号可能是氏族的徽号或制陶者的一种特殊标志。

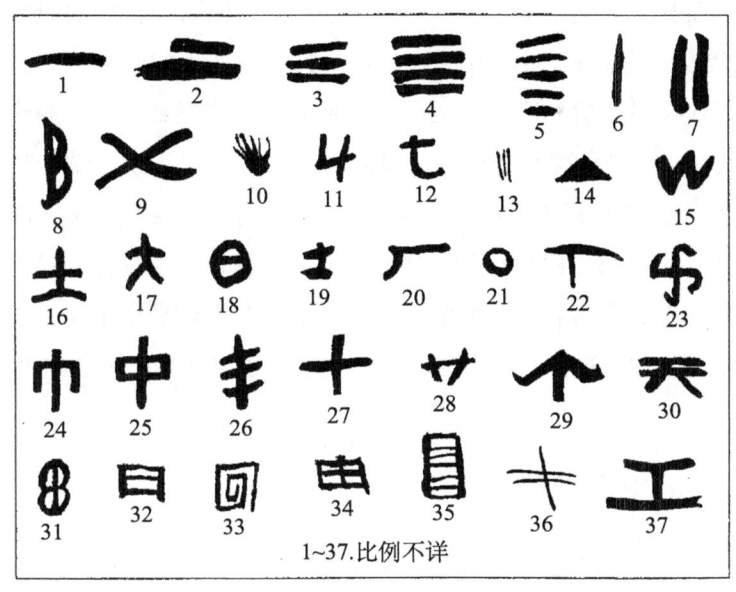

图八　柳湾遗址彩陶符号（摹本）

1. M205：21　2. M45：8　3. M41：5　4. M6：20　5. M64：14　6. M898：52　7. M1280：30
8. M344：30　9. M6：4　10. M236：6　11. M815：24　12. M1416：25　13. M236：3
14. M236：8　15. M69：9　16. M1080：10　17. M1491：34　18. M123：17　19. M6：31
20. M794：18　21. M62：9　22. M201：6　23. M30：12　24. M551：11　25. M212：25
26. M1075：25　27. M888：10　28. M252：12　29. M149：4　30. M211：44　31. M60：20
32. M210：12　33. M195：7　34. M66：3　35. M149：11　36. M899：18　37. M1485：28

此外，阳山墓地出土彩陶鼓3件，均完好。陶鼓形似象脚鼓，中部呈筒形，两端开口，分别作罐形口和喇叭口。口的内侧各置一环耳，两相对应在一直线上。喇叭口内侧又设六或七个鹰嘴状凸纽，也有作七个镂孔的，这些凸纽或镂孔是用来绷兽皮的。而两端的环耳是用于系绳悬挂在身上的。鼓的器表彩绘三角纹和波折纹等纹样。通长35～42.9厘米。这是极为难得的古代鼓乐器实物标本（图七-10～12）。

上述陶制品以它精良的质地、多姿的造型和俏丽的装饰图案，成为工艺美术的精品，同时又由于它的文化内涵丰富，寓意深邃，令世人瞩目。

装饰品的品类繁多。据柳湾、土谷台、鸳鸯池、花寨子、地巴坪等墓地统计，出土装饰品共29767件，其中串珠28102件（颗）。串珠的出土位置一般在头、颈部，表明是作为头饰和项链佩挂在胸前或颈项上。除串珠外，还有臂饰、石管、骨管、石环、穿孔牙饰、蚌饰、骨笄、绿松石饰等。鸳鸯池发现的骨臂饰比较完整。它是用26根同样长短的薄骨片用胶质物黏合成圆筒状的，长15厘米。骨臂饰是戴在手的前臂上的。鸳鸯池还出土了罕见的骨笄和石雕人面像各1件。骨笄作圆锥形，骨帽表面粘上一层厚厚的黑色胶质物，胶质物上环嵌36颗白骨珠，顶端镶一刻有同心圆的骨片。石雕人面像为白云石质，长3.8厘米，宽2.5厘米。面部的双眼、双鼻孔和口都用白色小骨珠镶嵌而成，以黑色胶质物作为黏合剂。石雕像的顶部穿一小圆孔，可系绳悬挂。它们充分地体现出了先民们的审美心理和审美意识。这两件骨笄和石雕展现了中国史前镶嵌工艺的水平。

九、信仰与习俗

半山与马厂类型时期存在着灵魂和祖先崇拜的习俗。在图腾信仰与自然崇拜中，人类相信万物皆有灵。阳山墓地的西南角、墓葬之间发现祭祀坑12座，形制均为圆形土坑，直径0.86～1.46米不等，深0.5米。坑内存留有牛、羊等家畜和野兽骨骸，有的还有碎陶片、石块及火烧的痕迹。这当是为了祭祀死者而进行原始宗教活动的遗迹。在师赵村发现了1件人像彩陶罐，它是在罐的正面采用彩塑和彩绘手法表现一完整的人像，即人的头部由浮塑而成，头顶塑一锥形发髻，其他部位乃运用了黑彩描绘（图版22-2）。罐身布满了锯齿纹和"十"字纹。罐口径14.3厘米，高23厘米。鸳鸯池M51的人骨左上臂处出土1件五官嵌小骨珠的石雕人面像。推测这些人像和人面像可能是作为信仰的偶像或巫师的灵物而被随葬的，若属后者，这些墓的主人生前应是巫师（觋）一类的人物。

柳湾墓地发现的人像彩陶壶，在壶的正面彩塑人像，人像面部眼、眉、鼻、口、耳俱全，眯眼高鼻、巨口硕耳，"八"字形眉，大手粗腿，身体魁梧，显示强健有力。壶口径19厘米，高33.4厘米。人像性特征上似具男、女两性之特征，可能含有"两性同体崇拜"的含义，或是当时社会正处于由母系氏族向父系氏族转变的一种反映。

十、葬制与葬俗

半山、马厂类型公共氏族墓地的材料十分丰富。据柳湾、鸳鸯池、阳山、土谷台、地巴坪、花寨子等24处墓地发掘数统计，共2267座，其中半山类型墓844座，马厂类型墓1423座。柳湾发掘墓葬最多，半山、马厂类型墓合计1129座，约占这两类型墓葬发掘总数的50%。由柳湾墓地可知，当时氏族公共墓地的规模很大，墓葬数可逾千座。墓地一般不与居址在一处，目前发现的常是单一的墓地。

墓葬形制有土坑墓、土洞墓、石棺墓和瓮棺葬多种，以土坑墓为主，次为土洞墓，石棺墓较少，瓮棺葬仅见于鸳鸯池发掘的5座。土坑墓多呈圆角长方形，也有近圆形和方形的。土洞墓都有长方形或梯形墓道，墓门用木棍或石板封闭，墓的平面呈"凸"字形。石棺墓的石棺用整块石板或数块石板围拼砌筑成，有的有盖无底。瓮棺葬以大陶瓮或陶罐为葬具，在其口上再扣一陶碗，也有以石片盖口。墓向不一，以朝北为多，也有朝向东南或朝东的。葬具有木制的棺（或椁）和垫板等。棺多由木板制成，也有用半圆木做成椁或棺盖的。木棺有长方形、梯形、吊头木棺、独木棺之别。吊头木棺指棺的两长侧板凸出于挡板外，不同于一般的长方形木棺。葬式有仰身直肢葬、侧身屈肢葬、俯身葬、二次葬等。这些葬式却因墓地而异。如柳湾、鸳鸯池是以仰身直肢葬为主，阳山除少数外全是俯身葬，土谷台、地巴坪、花寨子均以侧身屈肢葬为主，葬俗上的差异可能与氏族图腾崇拜或氏族习俗有关。一般为单身葬，合葬墓比例很小，有二人直至七人合葬等多种。二人合葬有成年男女、成年和儿童、成年同性葬等。如柳湾M319，为双人成年男女合葬墓（图九-A）。柳湾M327为三人成年合葬墓，三人并排埋葬，其中两人为仰身直肢葬，中间一人为侧身屈肢葬（图九-B）。合葬墓中较特殊者是同棺叠压葬，即在一木棺内人骨架上下叠压在一起，其间无间隔物。墓葬内一般都有随葬品，包括陶、石、骨器和装饰品等，有的还随葬粟等粮食和猪、狗、羊等家畜，以陶器为大宗。马厂类型墓一般放陶器40～60件，多者如柳湾M564，达91件，还有石

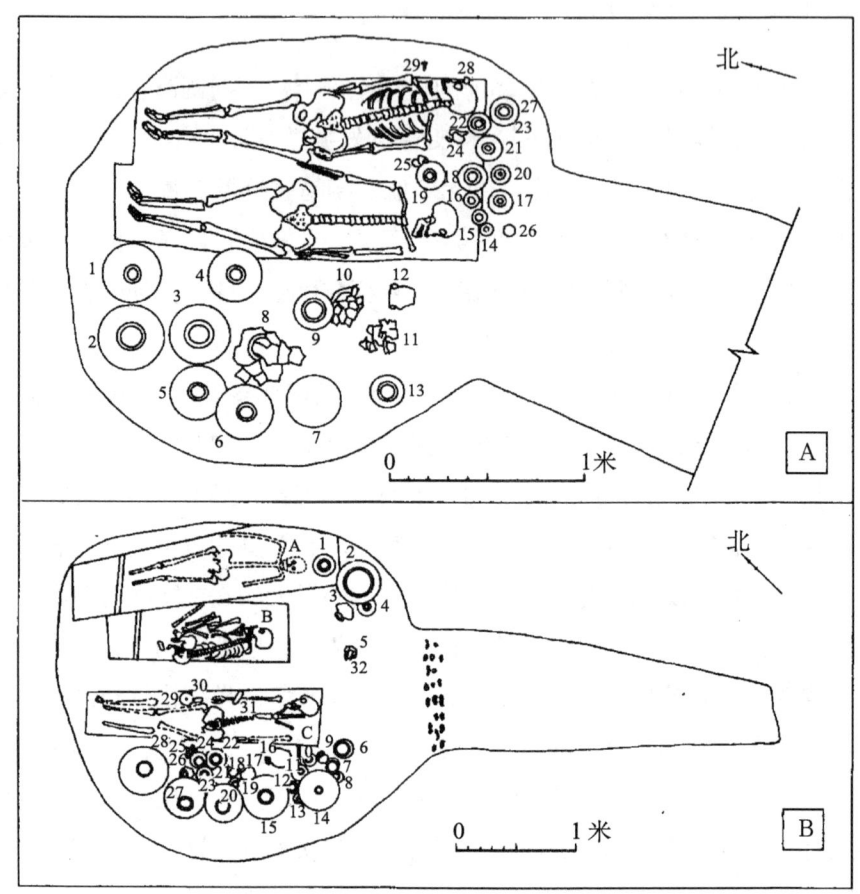

图九 马家窑文化晚期墓葬

A.柳湾 M319 平面图 1.彩陶壶 2.彩陶瓮 3.彩陶壶 4.彩陶瓮 5~7.彩陶壶 8.彩陶瓮 9.陶侈口罐 10~12.陶双耳罐 13.陶小口垂腹罐 14-16.陶双耳罐 17、18.陶小口垂腹罐 19.陶盆 20.陶侈口罐 21.彩陶双耳罐 22~25.陶双耳罐 26.陶纺轮 27.石斧 28.石锛 29.石凿

B.柳湾 M327 平面图 1.陶双耳罐 2.陶瓮 3、4.陶小口垂腹罐 5.陶双耳罐 6.彩陶双耳罐 7.陶双耳罐 8、9.陶侈口罐 10.陶双耳罐 11.陶小口垂腹罐 12.陶单耳罐 13.陶双耳罐 14.陶壶 15.彩陶罐 16~18.陶双耳罐 19.陶侈口罐 20.彩陶罐 21.陶小口垂腹罐 22.彩陶双耳罐 23、24.陶小口垂腹罐 25、26.陶侈口罐 27.彩陶罐 28.彩陶瓮 29.石纺轮 30.石锛 31.石斧 32.石刀

斧、凿、锛和绿松石饰等4件，共95件（图十）。有的墓地在随葬品种类上男女有别，即男性多随葬石斧、锛、凿，女性多随葬石、陶纺轮，反映了男耕女织的明确分工情况。儿童的瓮棺内，也发现有以小陶器随葬的。马厂类型墓还存在小孩厚葬习俗，柳湾多座小孩墓中有讲究的葬具和丰厚的葬品，或是"亲子之情"的一种流露表现。

十一、社会发展状况

关于半山、马厂类型所处的社会发展阶段，目前学术界有三种不同意见。（1）马家窑、半山、马厂诸类型均已是父系氏族社会[①]。（2）半山类型处于母系氏族社会，马厂类型则是在由母系氏族社会向父系氏族社会过渡的阶段[②]。（3）半山类型和马厂类型前期已步入父系氏族制的前期，马厂类型后期已出现阶层[③]。从近年发掘的新资料分析，第（2）种意见可能比较稳妥。从半山类型墓葬的规模大小、葬品的多寡、葬式的异同方面考察，在氏族成员之间、两性之间不存在主从、贵贱、贫富之分，他们都是平等的，其时应仍是以血缘关系为纽带组成的母系为中心的氏族社会，婚姻形态处于对偶婚阶段。例如，据花寨子、鸳鸯池、张家台墓地统计，女性墓随葬的陶器数，人均分别为1.83、4.18、3.75件；而男性墓随葬的陶器数，人均分别为1.71、2.8、2.5件[④]。这清楚表明女性墓随葬的陶器数高于男性墓。柳湾半山类型墓还盛行同性合葬和多人合葬习俗。土谷台、鸳鸯池墓地还存在母亲和子女合葬制。这些实例都说明氏族成员之间、男女之间在社会上处于同等的地位，并且多人合葬、同性合葬、母亲和子女合葬等都是母系氏族社会的真实反映。

---

① 甘肃省博物馆：《甘肃省文物考古工作三十年》，《文物考古工作三十年》，文物出版社，1979年。
② A.青海省文物管理处考古队、中国社会科学院考古研究所：《青海柳湾》，文物出版社，1984年。
B.肖永明：《再次发掘柳湾遗址》，《中国文物报》2001年8月12日。
③ 苏秉琦主编：《中国通史·远古时代》，上海人民出版社，1994年。
④ 苏秉琦主编：《中国通史·远古时代》，上海人民出版社，1994年。

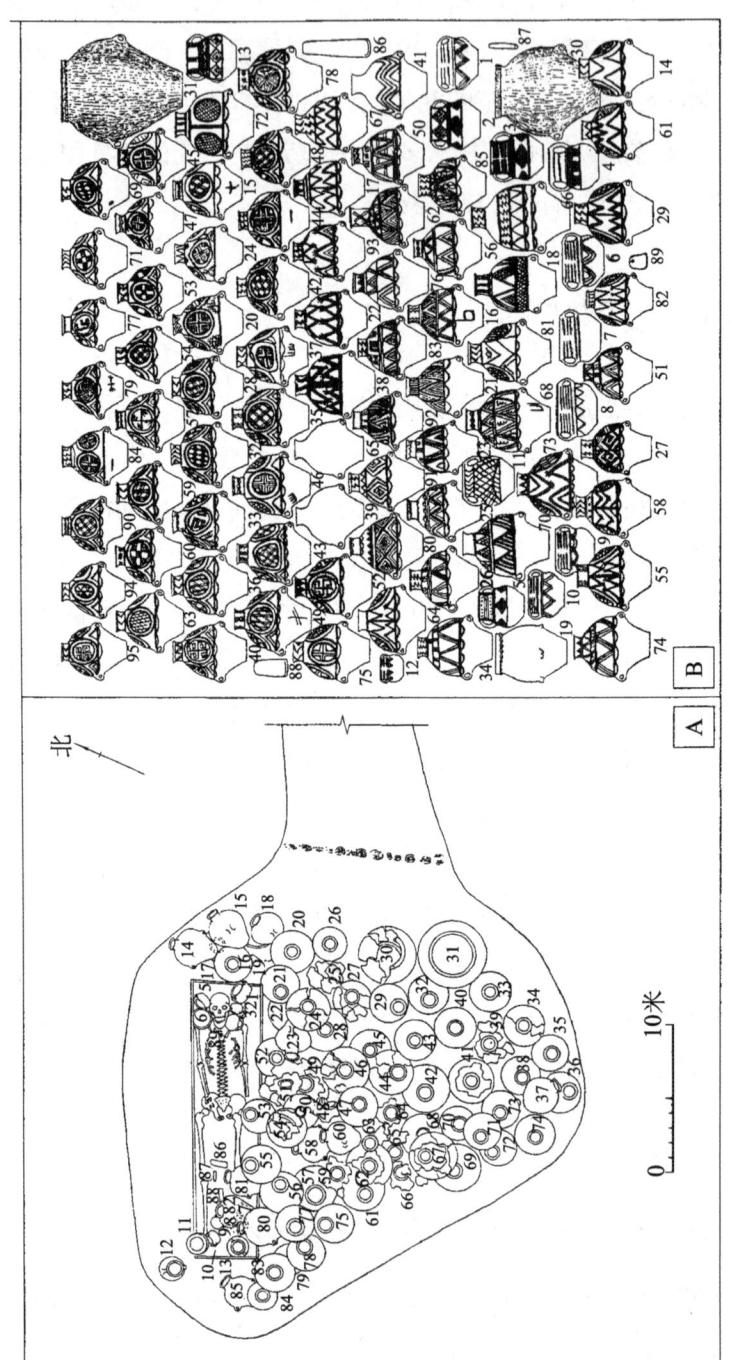

图十　马家窑文化晚期墓葬

A. 柳湾 M564 平面图
B. 随葬器物　1. 陶侈口双耳罐　2～5. 彩陶双耳罐　6～10. 陶侈口双耳罐　11. 彩陶双耳罐　12. 陶侈口双耳罐　13. 彩陶侈口双耳罐　14～18. 彩陶壶　19. 陶瓮　20～29. 彩陶壶　30、31. 陶瓮　32～64. 彩陶壶　65. 陶瓮　66～85. 彩陶壶　86. 石斧　87. 石凿　88. 石锛　89. 绿松石饰　90～95. 彩陶壶（图中未表现器物者，皆压在其他器物之下）

马厂类型阶段的生产力比半山类型时期有了进一步的发展。在部分墓葬材料上，不论墓制、规模或是随葬品的数量都明显存在差别。以柳湾为例，有的墓小且简陋，随葬品仅一两件，有的墓规模大，随葬品也很丰富，如 M564，随葬器共 95 件，其中陶器一项达 91 件。这揭示出了私有制的萌芽和贫富不均的社会现象。但从大多数墓葬的情况看，男女墓没有明显区别，如柳湾单人墓已鉴定的男性墓共 76 座，随葬陶器 1739 件，平均每墓 22.88 件；女性墓共 67 座，随葬陶器 1498 件，平均每墓 22.35 件。再从合葬墓中男女两性的位置和葬式上看，两棺并列，不分主次，葬式都以仰身直肢葬为主。这些说明他（她）们在社会地位上没有太大的差别。然而在一些男性墓中，墓葬规模较大，随葬品也比较丰富，显示出男性已有较高的地位。因此说，当时的社会发展阶段已处于以母系为中心的氏族社会向以父系为中心的氏族社会过渡的时期。

十二、与其他考古学文化的关系

与半山、马厂类型关系最密切的，应是马家窑类型晚期小坪子遗存和齐家文化。小坪子遗存年代比半山类型早，从标型学分析，它的许多陶器都是演化发展为半山类型的。换句话说，后者渊源自前者。半山与马厂两类型的前后继承关系，在考古界没有什么争议。至于马厂类型的后继者问题，学术界还存在着不同的认识。有的学者提出，马厂类型可分东西两区，东区发展为齐家文化，西区发展为四坝文化[①]。有的却认为，马厂类型与齐家文化不是上下继承问题，而是两者平行发展，同时并存，互相影响的[②]。从总体看，马厂类型与齐家文化的关系非常密切。虽然两者有些标本的碳十四年代数据有交错的现象，但多数的年代数据，齐家文化是晚于马厂类型的。同时从层位学看，齐家文化层均是打破马厂类型文化层的。在柳湾不仅层位上齐家文化墓葬打破了马厂类型的墓葬，而且器物演变上马厂类型晚期向齐家文化早期发展的轨迹是十分清楚的。诚然，应该看到，

---

① 严文明：《甘肃彩陶的源流》，《文物》1978 年第 10 期。
② 夏鼐：《碳 –14 测定年代和中国史前考古学》，《考古》1977 年第 4 期。

不同地区可能还存在不同的情况，如河西走廊不见半山的遗存，在酒泉附近不见齐家文化。因此，该地区有可能是马厂类型发展为四坝文化或沙井文化。甘肃东部如天水师赵村遗址这时期的文化遗存就直接发展为齐家文化。

马家窑文化晚期遗存碳十四测定年代数据

实验室编号	遗址	标本	地层单位与文化类型	测定年代（BP）半衰期5730年	树轮校正年代（BC）	
					达曼表校正	高精度表校正
ZK-0407	甘肃兰州青岗岔	木炭	F5地面半山类型	4180±100	2680±135	2870～2470
ZK-0025	甘肃兰州青岗岔	炭化木	F1半山类型	4015±100	2470±150	2564～2209
BK75002	甘肃兰州青岗岔	炭化木	F1半山类型	3940±100	2380±150	2460～2140
ZK±0405	甘肃兰州青岗岔	木炭	F4上层半山类型	3935±105	2370±150	2460～2140
ZK-0406	甘肃兰州青岗岔	木炭	F4下层半山类型	3920±140	2355±175	2470～2039
ZK-1371	甘肃天水师赵村	木炭	T403H1半山类型	3900±85	2330±140	2452～2048
ZK-2299	甘肃天水师赵村	木炭	T406H1半山类型	3875±80	2295±135	2335～2044
ZK-1283	甘肃天水师赵村	木炭	T307④半山类型	3837±80	2240±135	2317～2042
BK75033	青海乐都柳湾	棺木	M284半山类型	4040±100	2405±150	2577～2300
ZK-0021	甘肃永靖马家湾	木炭	F3马厂类型	4135±100	2625±145	2860～2460
BK75028	甘肃永登蒋家坪	木炭	T42③马厂类型	3780±90	2280±110	2195～1935
BK75017	甘肃永登蒋家坪	木炭	T45③马厂类型	3680±90	2060±110	2114～1780
ZK-0348	青海乐都柳湾	棺木	M391马厂类型	3970±240	2415±275	2855～1979
ZK-0345	青海乐都柳湾	棺木	M505马厂类型	3865±120	2285±160	2453～2030

续表

实验室编号	遗址	标本	地层单位与文化类型	测定年代（BP）半衰期5730年	树轮校正年代（BC）	
					达曼表校正	高精度表校正
BK75009	青海乐都柳湾	棺木	M281 马厂类型	3860±90	2280±140	2317～2037
BK75010	青海乐都柳湾	棺木	M266 马厂类型	3840±90	2250±140	2289～2031
BK75012	青海乐都柳湾	棺木	M236 马厂类型	3750±100	2145±120	2182～1890
ZK-0346	青海乐都柳湾	棺木	M497 马厂类型	3665±80	2040±100	2032～1777

（本文原载《中国考古学·新石器时代卷》，2010年）

马家窑文化渊源试探

甘肃临洮的马家窑遗址早在1924年即已发现[①]。当时把它列入甘肃远古文化"六期"中的仰韶期，并将半山墓地的材料也并入仰韶期内。至1945年春，夏鼐教授发掘临洮寺洼山墓地时，不仅发现了寺洼文化墓葬，而且还有马家窑文化遗存。他在《临洮寺洼山发掘记》一文中提出："马家窑文化便是安特生所谓'甘肃仰韶文化'，但是他和河南的仰韶文化，颇多不同，所以我以为不若将临洮的马家窑遗址，作为代表，另定一名称。"[②] 这是他首次提出以马家窑作为一个自具特征的典型遗址的代表，并命名为"马家窑文化"，以资与中原的仰韶文化相区别。马家窑文化从命名至今，整整四十年了。1961年出版的《新中国的考古收获》、1982年出版的《中国陶瓷史》、1984年出版的《新中国的考古发现和研究》等大型论著中都采用了这个名称。并且它成为黄河上游地区最主要的一支新石器时代文化，其文化面貌既区别于甘、青地区诸远古文化，又不同于中原的仰韶文化，因此，马家窑文化的提出是具有重要的历史意义。

关于马家窑文化的渊源问题，至今还缺乏专题研究，仅在有些文章中偶有提及。一般认为马家窑文化来源于中原的仰韶文化，或者说它是中原仰韶文化庙底沟类型在甘肃地区的继续和发展。现在根据近年来在甘肃东部地区几处遗址的发掘情况看来，这一问题有必要重新提出研讨。马家窑文化虽然是受了中原仰韶文化的影响，但追究其根源还是在甘肃境内，并

---

① 安特生著、乐森璕译：《甘肃考古记》，《地质专报》甲种1925年第五号。
② 夏鼐：《临洮寺洼山发掘记》，《中国考古学报》1949年4册。

且其最大可能是源于渭河上游及其支流葫芦河等流域。

笔者拟以已发表的材料为依据，以典型的秦安大地湾等地发掘的资料为骨干，借助甘肃东部渭河、泾水、西汉水上游地区调查或试掘的材料，拟就马家窑文化的渊源及其有关问题做些探讨。不妥之处，望文物考古界同行们指正。

一

我们要探讨马家窑文化的渊源问题，首先必须了解在相对年代上早于马家窑类型的有那些古文化遗存？与马家窑类型关系密切或有上下承袭关系的又有那些文化类型？

据目前所知，在甘、青地区早于马家窑类型的文化遗存有：新石器时代早期文化、仰韶文化半坡类型、大地湾三期、大地湾四期与石岭下类型等①，其中与马家窑类型关系比较密切的主要是大地湾三、四期遗存与石岭下类型。因此，这里有必要将大地湾三、四期与石岭下类型的情况作些简要介绍。

在年代上早于马家窑类型的文化遗物，早在20世纪20年代即已发现，曾在甘肃境内的天水、礼县、临洮等地都采集有相当于大地湾三、四期的陶器，但多是零星而破碎的陶片。1947年，裴文中教授在调查渭河流域等地时，也发现有该文化类型的遗址与遗物，其中较为重要的是首次发现了武山石岭下遗址②。

解放后，特别是1956～1958年间，甘肃省博物馆、青海省文管会与中国科学院考古研究所等单位，对甘、青地区进行了广泛的考古调查工作，在黄河上游及其支流渭河、西汉水上游等地又发现了不少早于马家窑类型的文化遗址，据甘肃省博物馆同志统计，共有一百六十多处③。其中比

---

① 甘肃省博物馆文物工作队：《甘肃秦安大地湾遗址1978至1982年发掘的主要收获》，《文物》1983年第11期；谢端琚：《论石岭下类型的文化性质》，《文物》1981年第4期。
② 裴文中等：《甘肃史前考古报告》（初稿），经济部中央地质调查所，1948年。
③ 甘肃省博物馆：《甘肃古文化遗存》，《考古学报》1960年第2期。

较重要的有：天水罗家沟、关子镇、师赵村，甘谷灰地儿与武山雷家沟口等遗址。

1962～1964年，甘肃省博物馆对武山石岭下、天水罗家沟与临洮马家窑等遗址进行了试掘。试掘的主要收获是发现了在典型的马家窑文化层下，还有接近于庙底沟类型的文化层，即现在命名为石岭下类型的文化遗存。在此层之下，又有一庙底沟类型的文化层①。这就解决了三者的相对年代，即庙底沟类型早于石岭下类型，后者又早于马家窑类型。

1980年，青海省文物考古队发掘民和县马营镇的阳洼坡遗地，发现有房子五座、窖穴三座和一批陶、石、骨器等遗物。从出土遗物分析，发掘者认为："这个遗址文化内涵包有庙底沟类型、马家窑类型和石岭下类型三种因素，其中庙底沟和石岭下两类型的因素则多于马家窑类型，这个遗址是属庙底沟类型向马家窑类型过渡的石岭下类型遗址。"②这是迄今已知该类型分布最西边的一个地点。

1981年5至7月间，中国社会科学院考古研究所甘肃队对天水地区进行了一次考古调查，发现有早于马家窑类型的遗址有十余处，其中比较重要的有：天水的蔡科顶，西和的西峪坪、宁家庄，礼县的郑家磨和高寺头等遗址③。

近年来，对早于马家窑类型的遗址进行了较大规模的发掘，其中比较重要的是：1978～1982年，甘肃省博物馆文物考古工作队对秦安大地湾遗址的发掘；中国社会科学院考古研究所甘肃队对天水师赵村遗址的发掘。大地湾遗址的发掘工作已暂告结束，并发表了发掘简报④。至于天水师赵村遗址的发掘工作，迄今仍继续进行，尚未结束。

大地湾遗址位于秦安县邵店村东，处在葫芦河支流五营河与阎家沟溪水交汇处之台地上。发掘面积达12000多平方米，这是迄今在甘肃境内发

---

① 张学正等：《谈马家窑、半山、马厂类型的分期和相互关系》，《中国考古学会第一次年会论文集》，文物出版社，1979年。
② 青海省文物考古队：《青海民和阳洼坡遗址试掘简报》，《考古》1984年第1期。
③ 中国社会科学院考古所甘肃队：《甘肃天水地区考古调查纪要》，《考古》1983年第12期。
④ 甘肃省博物馆文物工作队：《甘肃秦安大地湾遗址1978至1982年发掘的主要收获》，《文物》1983年第11期；谢端琚：《论石岭下类型的文化性质》，《文物》1981年第4期。

掘面积最大的一处遗址。发现有房子二百二十六座，窖穴三百二十八座，墓葬七十六座，窑址三十三座，出土遗物达七千多件。发掘的主要收获是：发现了新石器时代早期文化，找出了大地湾三期与四期遗存的早晚关系等，并且它为探索马家窑文化的渊源问题，提供了极为重要的实物资料。

二

大地湾三期遗存，也称为仰韶中期遗存，由于其文化内涵具有较多的庙底沟类型成分，所以过去都把它直称为仰韶文化庙底沟类型。其实它与中原地区典型的庙底沟类型是有区别的。从出土的陶器分析，既有庙底沟类型的成分，又有半坡类型的因素，还有一批自具特征的器物。为了与典型的庙底沟类型相区别，目前把它暂名为《大地湾三期》遗存还是较妥当的。

大地湾三期遗存在甘肃东部地区分布较为广泛，从泾、渭河上游至西汉水上游地区都有分布，尤以渭河上游较为集中稠密。其中比较重要的有天水的罗家沟、马跑泉、西山坪，渭源的寺坪，西和的西峪坪、宁家庄，礼县的郑家磨等遗址。还有正宁县周家的东坪与宁县焦村的王嘴等地也有发现。

出土或采集的遗物以陶器为大宗。陶器以泥质红陶与夹砂红陶为主，陶地多呈砖红色。制法均手制，多采用泥条盘筑法。陶外表除素面或磨光者外，装饰有绳纹、弦纹、线纹、附加堆纹与彩绘等，以绳纹为主。彩绘比较发达，并以黑彩描绘花纹，图案花纹主要是几何形花纹，常见的母题有涡形三角纹、圆点纹、花瓣纹、弧线纹、平行条纹、圆圈纹等，还有变体鸟纹与变体鱼纹等动物形花纹。器形特点以平底器为主，圜底器占一定比例，不见三足器。常见的器类有敛口钵、曲腹盆、双唇口尖底瓶、葫芦口尖底瓶、侈口罐与器座等，以盆、钵出土的数量为最多。其中较有特点的器物有以下几种：如圜底钵（H8），敛口圜底，彩绘，腹上部以三角、菱形、方形相配置组成一彩纹带，花纹新颖少见。双耳钵（F333∶6），口侧附一对称环形小耳，彩绘在腹上部饰一周椭圆形左右连作的纹带。折腹盆，腹上部外鼓，腹下部急内收成小平底，上下腹壁间形成一周圆折棱。彩绘以三角、圆点、弧线组成宽面的彩纹带。侈口深腹罐，腹深呈圆筒状，彩绘分三层描绘，每层各以三角、圆点、弧线组成左右连作的纹带。器座（T307：5），亚腰、彩绘，两端绘一周平行条纹。浅腹盘（F232：7），大口平底，口径特大，底径又特小，在造型上颇有特点（图一）。

从上述的器物分析中，不难看出，敛口圜底钵的造型特点与半坡类型同类钵相似，卷沿曲腹盆、双唇口尖底瓶与庙底沟类型同类器物近似，而双耳圜底彩陶钵、侈口深腹彩陶罐与大口小底盘等却为大地湾三期带有特点的器物，也是半坡类型与庙底沟类型所少见或不见的器物。

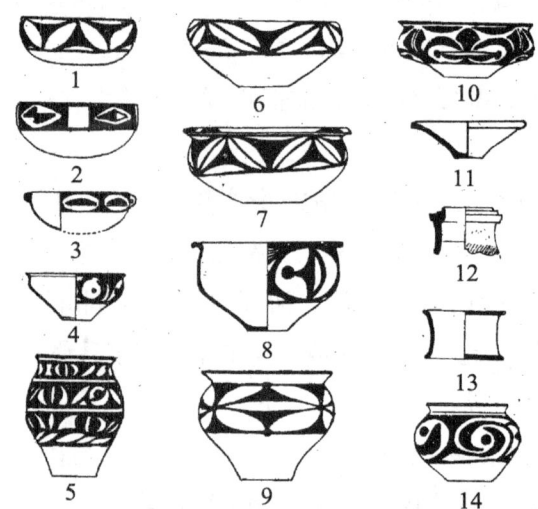

图一　秦安大地湾三期陶器

1～3.钵（T205、H227：29、F333：6）　4.盆（T309：11）　5.罐（大地湾）　6.钵（T4）
7～10.盆（H308：13、F2、02）　11.盘（F232：7）　12.尖底瓶（T805④）
13.器座（T307：5）　14.罐（宁县王嘴）

三

大地湾四期遗存，也称为仰韶文化晚期遗存。主要分布在渭河上游地区，西边可达黄河上游及其支流湟水下游地区。经过正式发掘并经整理写成发掘简报的，只有秦安大地湾遗址。它是该遗址主要的文化遗存之一。

据报道共发现这个时期的房址二十五座,窖穴七十七个,窑址六座,出土的陶、石器等各种器物一千多件[①]。房址平面呈方形或长方形,面积约20平方米,以单间的为主,房址中间有圆形灶坑,有的灶坑内还放置有陶罐,可能是储藏火种的,有门道,朝向东北或西北方,有的门前还有长宽约1米的方形或长方形门斗,这种带有门斗的房子是该文化类型在建筑方面的一个突出特点。

在生产工具上以梯形石斧与两侧带缺口的陶刀为最常见,还有石刀、锛、凿和纺轮等,多为磨制,器形规整,制造较为精致。

在生活用具方面以陶器为主,并以泥质橙黄陶为主,据统计约占全部陶器的三分之一,还有夹砂红陶与泥质灰陶等,后者出土的数量较少。纹饰以绳纹为主,并有粗绳纹与细绳纹之分,还有附加堆纹,多作波浪式或绳索状的泥带,或作钉冒式的圆泥饰。还有一定数量的划纹、弦纹与锥刺纹等。彩绘陶数量较少,据大地湾出土的彩陶统计,占全部陶器2%～3%,最高不超过5%。彩绘除黑彩外,还有红、白彩,彩绘多饰在器腹部,但也有少数内彩。花纹图案主要是几何形的,常见的有圆点纹、菱格纹、涡形三角纹、叶形纹、圆圈网格纹、平行条纹等,还有犬形纹与变体鱼纹等动物形花纹。这种红色彩绘经X射线衍射物相分析,颜料为朱砂(硫化汞)。白色彩绘据X射线衍射物相分析,颜料成分是69.3%的方解石和12.4%的石膏[②]。白彩多施在瓶类器物的口部或肩腹部绳纹之上,花纹有圆圈纹、曲折纹与平行条纹等。这是颇有特点的一种装饰艺术。

器物造型以平底器为主,也有尖底器和假圈足器。以钵、盆一类器物占多数,其次是平口或侈口尖底瓶与平底瓶,还有侈口罐、大口缸、粗陶瓮、彩陶壶与尊形器等。其中比较有特色的器物有下列几种:如双腹盆(T807②:19),在腹部中腰有明显的折棱,似双腹壁上下套扣在一起,器形较大,口径达28.4厘米。曲腹盆(H838:4),彩绘以圆圈、斜井字形等组成左右连作的彩纹带。大底盘(T810③:52),陶胎较厚,大平底,素面无纹。尊形器(T803④:79),大口,腹壁内收成小平底,腹

---

① 甘肃省博物馆文物工作队:《甘肃秦安大地湾第九区发掘简报》,《文物》1983年第11期。
② 同上。

上部饰一道附加堆纹，器形高大，口径为34.5厘米、高达22.5厘米。这种器形大，颇似大口缸，造型很有特点。深腹盆（T810④:53），彩绘以涡形三角与圆点构成原底色的花瓣纹。平口与侈口尖底瓶，细颈广肩，有的腹部略呈亚腰形，器表饰满细绳纹，密集而整齐。大口缸，胎厚，器表多饰有波浪式或绳索状的附加堆纹。彩陶钵（T703:85），口侧有一对称鋬耳，底部稍内凹，彩绘由圆圈、涡形三角、弧线组成的彩纹带。钵形甑，底上有两个卵圆形箅孔。人头形器口彩陶瓶，器口做成圆雕的人头像，眼、鼻孔皆雕空而成，鼻呈蒜头形，嘴微张，两耳均穿有小孔，瓶的腹部彩绘有三排彩纹，各由三角与斜线组成左右连作的图案，这是一件难得的雕塑艺术作品，也是该文化类型彩陶艺术的瑰宝。彩陶壶，侈口细颈圆腹，彩绘，在腹部画着两对犬凝视相扑的写实花纹，栩栩如生，耐人寻味，其中一对犬的形态，似为了争夺食物而怒目而视，非常生动有趣（图二）。

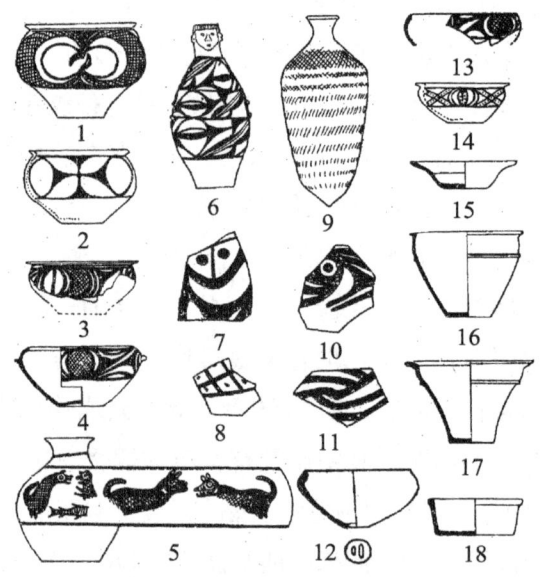

图二　秦安大地湾四期陶器

1~3.盆（T210:38、T810④:53、H842）4.钵（T703:85）5.壶（H366:29）6.瓶（四掘区）7、8、10、11.彩陶片（T810③、T803③C、T810③、T803③C）9.尖底瓶（F300）12.甑（F300）13.钵（T803③）14.盆（H838:4）15.双腹盆（T807②:19）16.罐（T703:35）17.尊形器（T803④:79）18.盘（T810③:52）

从这一群陶器分析，可以看出在陶器的造型与纹饰上都继承了不少大地湾三期的特点，同时也孕育了石岭下类型的因素，并且还有一批独具特征的器物，这就构成了这一文化类型的特有内容。

这里必须提出的是，大地湾四期遗存不是单纯的，它包含了早晚两个阶段。从出土遗物分析，两者之间存在着明显的差异。为了便于对大地湾四期遗存的研究，我们不妨把它暂分为前后两段，即分别称为"大地湾四期前段"与"大地湾四期后段"遗存。

大地湾四期前段遗存情况已如上述。下面介绍大地湾四期后段遗存的情况。它可以探方 T801、T808 ②，窖穴 H374、H826，房子 F820 等出土的器物作为代表[①]。

从探方 T801 与窖穴 H374 等单位出土的一批陶器，有其独具的特色，与大地湾四期前段的陶器不同，如小口细颈瓶、浅腹钵、侈口尖底瓶、大口深腹缸、敛口筒形瓮、短颈圆腹罐、葫芦口平底瓶等。其中小口瓶（H374：28），颈细长，腹圆鼓，造型别致，彩绘，颈饰多道平行条纹，腹施圆圈网格纹与涡形三角纹等。葫芦口平底瓶（F820：15），底部已残，腹部彩绘饰一写实蛙纹，蛙纹有头、躯体、肢爪，形象逼真生动。敛口瓮（F820：11），与葫芦口平底瓶同出，敛口筒形腹，素面磨光，近口沿处饰一道凹弦纹，器形较大，口径为 32 厘米、高达 45.5 厘米。浅腹彩陶钵（T801 ③），敛口曲腹平底，腹上部近口沿处饰黑彩连弧纹（也称垂幛纹），这种花纹母题只见于石岭下类型与马家窑类型，而不见于庙底沟类型的。大口深腹缸（T808②：16），宽口沿，陶胎厚，在拍有绳纹的器表还饰有几道绳索状的附加堆纹，器形高大，口径 49 厘米、高 55.5 厘米。钵形甑（H826：1），敛口弧壁，底镂有十字形箅孔，箅孔的形状过去不多见（图三，1～12）。

从上述具体器物的介绍中，明显看出，这一组陶器与大地湾四期前段是迥然有别的，但却与石岭下类型的陶器特征较接近，并且有些器物已孕育了马家窑类型的因素，甚至有些器物的造型与纹饰已具有马家窑类型的特点了。

---

① 甘肃省博物馆文物工作队：《甘肃秦安大地湾第九区发掘简报》，《文物》1983 年第 11 期。

图三 秦安大地湾四期及石岭下类型陶器

1.瓶（H374∶28） 2.壶（H374∶19） 3.尖底瓶（H374∶22） 4、9.瓶（F820∶15，T808②） 5.钵（T801③） 6、8.彩陶片（H826，H803） 7.内彩片（F820） 10.瓮（F820∶11） 11.缸（T808②∶16） 12.甑（H826∶1） 13.瓶（天水张沟） 14.人头形器口平库瓶（秦安寺嘴） 15.陶屋模型（甘谷灰地儿） 16.瓶（武山傅家门）（未注明者，均秦安大地湾出土）

四

　　石岭下类型的分布范围，除渭河上游及其支流葫芦河外，还有西汉水上游地区，西边可达湟水下游地区，但其中心区应在天水武山一带。经调查发掘与出土过完整标本的地点有：天水罗家沟、西山坪、师赵村、张沟、关子镇，武山石岭下、傅家门，秦安大地湾、山王家、寺嘴，甘谷灰地儿、王家坪、渭水峪，通渭李家坡，静宁威戎镇等遗址。

　　上述各遗址的情况不尽相同，有的遗址跨越的时间比较长，包括有两种以上的不同文化系统或类型的，因此，这一节论述的仅限于石岭下类型而不包括其它文化遗存。

　　石岭下类型在器物上特别是陶器方面，与大地湾四期比较，既有共性，又有其特性。如在陶器的质料、色泽、制法等方面基本上是相同的。但在器形与纹饰上却存在着明显的差别。

在石岭下类型的陶器群中，有部分陶容器的表面施有一层白陶衣，显得光洁美观。除素面陶外，一般器物的表面都有各种不同纹样的装饰，最常见的一种是绳纹，不仅数量多，且纹样变化较多种，有斜行与纵行的排列，也有作交错或交叉的排列，大体上说，泥质陶器上的绳纹纹道细而浅，夹砂红陶器上纹道则粗而深，前者多饰在瓶类的器物上，后者多施在大口缸与粗陶瓮等大型的器类上。附加堆纹多作波浪形或绳索状泥带，有的在粗陶罐或缸的腹部绕成一圈或数圈凸饰，有的短泥条或呈鸡冠状的凸饰，附在肩腹部还起着鋬耳的作用。彩陶数量不多，但图案花纹却繁华复杂，既有几何形花纹，又有动物形花纹。常见的花纹为多道并行的条纹、波浪纹、连弧纹、锯齿纹、草叶形纹、圆圈网格纹、齿轮形纹、椭圆形纹、勾状纹等。

动物形纹主要是鸟纹与鲵鱼纹，鸟纹与变体鸟纹主要表现鸟的头部与颈部的形象，它与庙底沟类型表现全鸟活动的形象明显有别。鲵鱼纹或变体鲵鱼纹，也称为人面鱼身纹，有鲵鱼头、身、尾与脚爪，爪有两个、四个或六个，画面惟妙惟肖，细部具体细致，形象完整逼真，它是石岭下类型彩陶中最有特色的一种动物形纹样。

据有关专家研究，鲵鱼又称"娃娃鱼"，多分布在甘肃天水与武都地区，通常生活在河流沟溪水流急速透明度较大的地方。其形态特征是头部宽阔而扁平，体躯粗而扁，尾以下侧扁，口大，眼无眼睑，四肢短而肥壮，前肢具四指，后肢轻前肢粗大①。在武山傅家门发现的陶瓶上所绘的鲵鱼形象与上述形态是相当吻合的。当然作为彩陶艺术，经过当时人们的艺术加工与真实的鲵鱼还是有一定距离的。并且有从意识形态方面研究，有人认为它是神化了的动物，或是人格化的动物神，我们认为也可能是当时人们当作图腾崇拜的对象。

陶器的种类主要的有折腹盆、侈口细颈瓶、平口或侈口尖底瓶、平

---

① 甘肃省农林局编:《甘肃省珍贵动物》，1976年3月。

底瓶、壶、侈口彩陶罐、粗陶瓮、陶屋模型与人头形器口平底瓶等。现将较有特色的器物略加介绍。陶屋模型，在甘谷灰地儿出土，现存上海博物馆，陶屋呈方形尖锥顶，前壁开一略呈长方形的门框，全高23.9厘米，屋顶前沿宽16.2厘米，入口处宽6.7厘米。皆用泥条盘筑成，表面刮磨工整①。它的发现不仅为该文化类型增添了新的内容，而且为研究复原古代房子的形制结构等方面提供了重要的实物标本。侈口彩陶瓶，其中一件标本也是与陶屋模型同出，原物现存上海博物馆。侈口圆腹平底，彩绘花纹的主要母题是鸟纹，比较具体细致地表现了鸟头各细部的形态，生动地反映了鸟头的眼睛、嘴、冠羽与颈部等部位的特点。这是石岭下类型最有代表性的一种器物。另一件标本是由天水张沟出土，主体花纹也是变体鸟纹，不过这种鸟纹已开始向图案化演变，另在颈部饰有平行条纹，间缀一排齿状带纹。

细颈双耳瓶，在武山傅家门出土，器形完整，侈口瘦腹平底，腹侧附一对称环形耳，器物较小，通高仅18厘米，彩绘花纹是一个完整的鲵鱼纹，形象非常逼真，它是石岭下类型别具一格的彩绘花纹。

人头形器口平底瓶，1975年在秦安寺嘴遗址出土。器口有一陶塑人头，头顶有孔，额上有横堆泥条，眼镂小孔，眼外附一周泥圈，鼻梁稍隆起呈三角形，嘴内凹，两耳有垂饰物的耳孔、五官俱全，各部位配置对称合理，通高26厘米②，整体似一女性的形象。

从上述器物的介绍中，很容易识别这一组器物是不同于中原仰韶文化的，有其独具的风格，但却有了较多的马家窑类型的成分（图三）。

五

马家窑类型分布广泛，东从泾、渭上游，西达黄河上游的青海同德县附近，经调查发现的马家窑类型遗址有三百多处。

马家窑类型是以一群自具特征的陶器为代表，并以造型别致、制造精

---

① 马承源：《甘肃灰地儿及青岗岔新石器时代遗址的调查》，《考古》1961年第7期。
② 张朋川：《甘肃出土的几件仰韶文化人像陶塑》，《文物》1979年第11期。

美的彩陶而著称于世,其器形之多样,纹样之繁缛,构图之独特,反映了彩陶艺术的鼎盛风貌。因此,这种彩陶被人们誉为古代艺术之花,这不是过誉之词,而是反映出马家窑文化的艺术特点。

陶器以夹砂橙黄陶与泥质红陶为主,还有泥质灰陶。制法亦系手制,但制造较为精致,泥质陶的陶土经淘洗,质地细腻坚硬,表面处理较为讲究,有的外表打磨光滑,给人有光亮之感。彩绘陶器在陶器中占的比例较大,据统计,彩陶约占百分之三十。黑彩为主,少数为黑、红或黑、白二彩兼施的,所谓黑彩者实际上是呈紫红色或赭色的。这时期彩绘具有装饰面大的特点,有的彩绘花纹不仅遍饰器的外表面,而且在器的内壁也施满了彩纹,这种内彩的习惯,虽然比它早的文化类型也有,但不如这时盛行,特别是在钵、盆一类器物,内彩最为普遍。

花纹图案绚丽多彩,图案结构紧密,奔放流畅,线条粗细均匀柔和。图案多采用某一花纹母题为中心对称的手法,多作横分层与散点式排列,其特点既具有平行对称的效果,又给人以回转反复多变的感觉,做到繁而不乱,优美雅致。主要的花纹为多道平行条纹、圆圈纹、网格纹、涡形三角纹、垂弧纹、漩涡纹、多圈同心圆纹等,其中圆圈纹变化多样,往往在圈内还缀直线、十字形、米字形、圆点形等各种小花纹。还有蛙纹与图案化了的变体鸟纹等。蛙纹是有头、躯体与肢爪俱全的全蛙纹,犹如爬动的青蛙,生动活泼。

陶器的特点仍以平底器为主,尖底器占一定比例,三足器不见。主要的器类有碗、钵、盆、侈口尖底瓶、彩陶壶、彩陶罐、单耳罐、彩陶瓮等。这里挑选一部分甘肃东部地区(即指兰州以东地区)出土的器物,加以介绍,以便与甘肃东部地区诸文化类型做比较。如尖底彩陶瓶,1971年在陇西吕家坪遗址出土,侈口细颈,圆锥体,尖底,器表磨光彩绘,花纹由圆点、涡形三角、弧线组成四方连续的漩涡纹,颈部饰有多道平行条纹,高26厘米。这是马家窑类型最别致最有代表性的器物。单耳彩陶罐,也是吕家坪遗址出土,直口短颈,鼓腹平底,口侧置一环形耳,耳端稍高出口沿,彩绘圆圈网格纹等。双耳彩陶罐,在武山胜利坪遗址出土,口已残,侈口短颈,圆腹平底,腹侧置一对称环形耳,彩绘多道垂弧纹。彩陶盆，1977年在榆中马家岘遗址出土，卷沿曲腹平底，腹侧置一对称环形耳。彩绘，器外饰波浪纹、器内施漩涡纹内彩等，口径较大，达22.4厘米。彩陶壶，也在榆中马家岘遗址出土，侈口深腹平底，腹侧置一对称环形耳，并在耳把上饰有齿状的附加堆纹，器外表遍饰彩绘花纹，以平行条纹、圆点、网格等组成大面积画面，通高23厘米[①]。彩陶瓮，陇西小堡子出土，侈口深腹平底，彩绘以涡形三角、圆圈、漩涡等组成几何形花纹。彩陶瓶，在庄浪南湖出土，侈口细颈，深腹小平底，彩绘平行条纹、半圆纹、菱格网纹等。另一件标本，器身较细长，腹侧置一对称环形耳，器表彩绘，颈部饰圆点纹与平行条纹，肩腹部花纹分三层描绘，每层分别以弧线与圆点组成的几何形图案[②]。这种图案纹样较为少见（图四）。

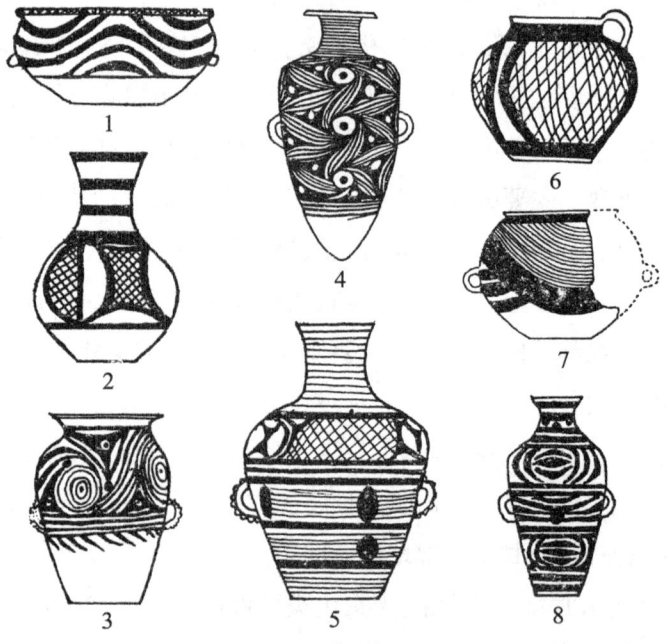

图四　马家窑类型陶器

1.盆（榆中马家岘）　2.瓶（庄浪）　3.瓮（陇西小堡子）　4.尖底瓶（陇西吕家坪）
5.壶（榆中马家岘）　6.单耳罐（陇西吕家坪）　7.罐（武山胜利坪）　8.瓶（庄浪南湖）

---

① 甘肃省博物馆：《甘肃彩陶》，文物出版社，1979年。
② 丁广学：《庄浪出土的彩陶器》，《平凉文博》1984年第1期。

六

从上述诸文化类型的分析比较中，清楚地表明了马家窑文化与大地湾四期遗存的关系最为密切，它们之间存在着不可分割的因袭关系。现在我们再从两者的分布情况、文化内涵、年代序列等方面加以论证。

从文化分布情况分析，马家窑类型与大地湾四期遗存分布区大部分是重合或交错的。大地湾四期遗存的分布，东自泾、渭河上游，西至湟水下游地区，马家窑类型的分布自渭河上游，西至黄河上游同德县附近，其间有相当大的面积是相同的，尤其在渭河上游均为分布最集中的地区，所差别的是马家窑类型往西边延伸得更远些。

从地层叠压关系与测定年代观察，自1962年至1964年间，甘肃省博物馆先后在武山石岭下、天水罗家沟与临洮马家窑等遗址的试掘中，都发现有马家窑类型文化层在上，大地湾四期遗存（曾称接近庙底沟类型遗存）在下的地层叠压关系，从地层上判明了两者的相对年代及其因袭关系。从碳-14测定的年代中也说明了这点。由大地湾四期遗存采集的七个标本，经碳-14测定结果，其年代距今为5800～5000年（表一），由东乡林家与兰州曹家嘴等马家窑类型遗址采集的五个标本，经碳-14测定，其年代距今为5000～4600年[①]，除个别标本碳素测定的年代偏高外，大部分年代数据与实际情况是相吻合的。它表明大地湾四期遗存与马家窑类型的年代关系是上下紧密相连接的。

从文化内涵上观察，它们也存在着较多的上下承袭关系的遗迹与遗物。在遗迹方面，首先表现在房子的形制结构上面，如大地湾四期遗存发现有房址25座，保存较好的均属中小型建筑，平面呈长方形或方形，居住面积约20平方米，以单间为主，房内设有灶坑，有的还设有大小不一相连的两个灶。门朝向东北或西北，有的门前还有长宽约1米的方形或长方形门斗[②]。这种结构的房子在东乡林家也有发现，林家马家窑类型房子，

---

① 中国社会科学院考古研究所：《中国考古学中碳十四年代数据集（1965～1981年）》，文物出版社，1983年。
② 甘肃省博物馆文物工作队：《甘肃秦安大地湾第九区发掘简报》，《文物》1983年第11期。

表一　大地湾四期与马家窑类型碳-14年代测定表

实验室编号	地点与标本号	树轮校正年代（D.L.W）（距今年数）	文化类型
BK79025	秦安大地湾 Y202	5960±165	大地湾四期
BKT9028	大地湾 F400	5875±125	大地湾四期
BK79024	大地湾 H201	5765±115	大地湾四期
BK79027	大地湾 H202	5490±135	大地湾四期
WB80—50	大地湾 H366	5245±135	大地湾四期
BK81050	大地湾 F405 柱基下	5045±180	大地湾四期
BK81049	大地湾 F405 居住面上	4910±180	大地湾四期
ZK523	东乡林家 F20	5230±120	马家窑类型
ZK108	兰州曹家嘴灰坑底部	5050±190	马家窑类型
BK75020	永登蒋家坪 T12 ④	5020±190	马家窑类型
ZK521	东乡林家 H19	4850±180	马家窑类型
ZK522	东乡林家 F21	4690±145	马家窑类型

其中早期房子平面多呈方形，主屋中间筑有两个并连的灶坑，前大后小，门较窄，其门外附建一个方形门斗，面积亦约 1 平方米，门口有台阶供人们出入[1]。值得注意的是，这种在门前附建一方形门斗的建筑形式，是非常有特点的，在甘、青地区其余远古文化中尚未见到过。因此大地湾四期遗存与林家马家窑类型皆发现这种具有特点的房子，绝不是偶合，而是有其内在联系。这种房子的发现，不仅对说明两者的关系提供了实物例证，而且它也为研究古代建筑史增添了最新资料。

　　从器物的特征方面分析，大地湾四期遗存与马家窑类型在陶器的组合、特征等方面，大体上是一致的，如常见的敛口钵、卷沿盆、侈口尖底瓶、细颈平底瓶、彩陶壶、大口缸与粗陶瓮等，都是两者常见而有代表性的器物群。这些陶器的制法、陶质、色泽等方面基本上都是相同的。尤其是素面无纹的陶容器，或是饰有绳纹的大型粗陶器，哪是大地湾四期哪是

---

[1] 张学正等：《谈马家窑、半山、马厂类型的分期和相互关系》，《中国考古学会第一次年会论文集》，文物出版社，1979 年。

马家窑类型？往往是不易判明与划分的，从这个角度说，两者是难以分割的。纹饰均有绳纹、弦纹、锥刺纹和附加堆纹等，并均以绳纹为主。陶质皆以夹砂橙黄陶与泥质红陶为主，制法皆以泥条盘筑法为主。彩绘陶器均以黑彩为主，共同的花纹母题为圆点纹、涡形三角纹、垂弧纹、圆圈纹、网格纹与平行条纹等几何形花纹，还有变体的鸟纹与鱼纹等动物形花纹。同时，在陶钵、盆等陶容器的内壁都有施内彩的习惯。

上述的共性存在，反映出它们是一脉相承的。两者存在着不可分割的内在联系。因此，我们说马家窑文化是从大地湾四期遗存发展而来，是合乎客观实际情况的。

当然，我们也应当看到，在马家窑文化长期的发展过程中，必然有所发展与变化，以致在马家窑文化前期以及后期不同类型之间存在某些差异，这是合乎事物发展规律的。

大地湾四期遗存与马家窑类型，除上述存在的共性外，还存在特殊性的一面，即保持着各自的特点。主要表现在以下几个方面。

第一，表现在彩陶数量比例上的不同。据甘肃省博物馆对典型遗址的统计，马家窑类型的彩陶数量较大，约占全部陶器百分之三十[①]，而大地湾四期遗存的彩陶却较少，仅占百分之二至三，最多也不超过百分之五。同时，前者彩陶图案繁缛规整，笔道粗细均匀，而后者图案则较疏朗流畅，笔道粗细变化较大。

第二，表现在器物表面的装饰上，主要在陶器上绘画的部位不同。马家窑类型彩陶有不少是遍体饰满彩绘花纹的，特别是彩陶瓶、彩陶壶与彩陶瓮等器类，从口沿至近底部都饰满花纹。而大地湾四期遗存特别是前段陶器，多半仅在腹上部彩绘；也有少量大面积绘彩的，但其腹下部总留有一段空白而不施彩。

第三，表现在器物内壁的装饰上，马家窑类型的钵、碗、盆一类器物，内彩不仅常见，而且花纹图案极为繁缛：有的内壁包括内底部全布满花纹，甚至不留什么空白地；有的饰有一对变体鱼纹衬在网格线上，似两条鱼落

---

① 张学正等：《谈马家窑、半山、马厂类型的分期和相互关系》，《中国考古学会第一次年会论文集》，文物出版社，1979年。

入渔网内的写照，寓意深邃，颇耐人寻味，可以收到很好的艺术效果。大地湾四期彩陶，虽然也有内彩，但为数较少，而且花纹母题都比较简单。

第四，在彩绘艺术上，尚存在不同的风格，有些花纹的变化是有规律可循的。例如最有特点的鸟纹，庙底沟类型重于写实，而石岭下类型则重于写意，突出表现鸟头变化的形象，而发展到马家窑类型则趋于图案化，可以说，它已经不太像鸟的形象了。鱼纹的演化也是这样，从写实、写意至图案化。几何形花纹是从笔道粗细不匀至笔道粗细比较均匀的方向发展的。画面是从疏朗至繁缛方面演化的。

第五，表现在陶容器的造型上，马家窑类型的陶器不见鼎一类的三足器，也不见陶灶与圜底釜，但尖底瓶占一定比例，多是平口或侈口的尖底瓶，多见交错绳纹，可是少见双唇口尖底瓶，碗、钵、盆一类器物腹部较浅，腹壁曲线呈圆弧形；而大地湾四期的同类器物腹壁却作反弧形内收成小平底，同时腹部较深。还有陶塑人头形器口陶瓶，很有特色，它可能源于仰韶文化，但盛行于大地湾四期，发展到马家窑类型阶段，虽然还有，但已逐渐减少了。

第六，生产工具，两者既有共同的一面，又存在不同的一面。例如石斧、锛、刀、凿、陶刀和纺轮等，不管是大地湾四期还是马家窑类型都是常见的器物，特别是石刀与陶刀，其形制可以说是相同的。同时，两者都有两侧带缺口石刀与长方形穿孔刀，只是在具体器物的细部上存在着差别，马家窑类型磨制的石器多些，在造型上较为精致。

总之，从上面的分析中，可以这样说，大地湾四期遗存与马家窑类型是存在着内在的联系，它们在文化特征的主要方面是一脉相承的，两者在差异中存在联系，在个性中寓有共性，从大地湾四期遗存至马家窑类型的发展迹象是非常清楚的。换句话说，马家窑文化是源于大地湾四期遗存。大地湾四期遗存源于大地湾三期遗存。其发展顺序是：秦安大地湾三期遗存→大地湾四期前段遗存→大地湾四期后段遗存→马家窑类型。

（本文原载《中国考古学研究——夏鼐先生考古五十年纪念论文集》，文物出版社，1986年）

马家窑文化诸类型及其相关的问题

马家窑文化又称为甘肃仰韶文化，它因首先发现于甘肃省临洮县的马家窑而得名。

马家窑文化是黄河上游发现较早的新石器时代遗存。它的分布范围比较广泛，东起甘肃东部的清水县，西至河西走廊的玉门市，北抵宁夏南部的固原县，南达四川北部的汶川县附近。东西绵亘一千余公里。

解放后，特别是近几年来，在全国文物考古工作者的共同努力下，对马家窑文化的遗址做了大量的调查与发掘工作，积累了丰富的实物资料。据不完全统计，仅甘肃青海两省就发现有马家窑文化遗址（包括墓地）五百七十多处，发掘墓葬一千六百多座，出土的各种文化遗物达六万多件[①]。并在某些学术问题的研究上取得了一定的成果，如对马家窑文化诸类型的划分与分期、相对年代与绝对年代、新发现的石岭下类型的文化性质、诸类型的相互关系等问题，都做了不同程度的探索。诚然，这些问题在学术界还存在着不同的看法，有些问题大家讨论的还很热烈。但是，要解决这些有争论的学术问题，我们认为一方面要多做田野发掘工作，另一方面也要进行综合研究工作，同时必须本着"百家争鸣"的方针，各抒己见，展开讨论。本文试图针对有争议的某些问题，根据有关刊物已发表的资料，阐述个人的一点肤浅看法，以期引起大家更深入的讨论和研究。

---

① 青海省文化考古队编：《青海彩陶》，文物出版社，1980年。张学正等：《谈马家窑、半山、马厂类型的分期和相互关系》，《中国考古学会第一次年会论文集》，文物出版社，1979年。《甘肃古文化遗存》，《考古学报》1960年第2期。

一、工作的四顾

马家窑文化从 20 世纪 20 年代发现以来,迄今已有 60 年的历史了,它恰好在解放前后各有 30 年的工作历程。解放前,我国老一辈考古学家裴文中、夏鼐、黄文弼、何乐夫等[1]先生都分别在甘青地区的渭河、洮海、湟水等流域进行考古调查与试掘工作,发现或复查了马家窑文化遗址多处,并搜集整理了不少资料,有的已写成报告或论著。他们对马家窑文化的探索研究是有开创之功的。

解放后,甘肃省博物馆、青海省文管会、中国科学院考古研究所等文物考古单位在甘、青地区做了大量的考古调查与发掘工作。在 50 年代至 60 年代初,这时期的中心任务主要是配合我国社会主义基本建设工程开展考古工作的,如配合兰新铁路、兰包铁路、刘家峡水库、盐锅峡水库、八盘峡水库以及其他的基建工程等。在这些基建工程的范围内进行了较周密的考古调查与重要遗址的发掘工作。其中,比较重要的有:(一)1956 年,黄河水库考古队在刘家峡水库区进行普查,发现古文化遗址 176 处,其中马家窑文化 47 处(包括墓地)[2],并采集有一批马家窑文化的完整彩陶器。(二)1960 年,黄河水库考古队甘肃工作队发掘刘家峡水库区永靖县马家湾遗址,首次发现了马厂类型的房子七座[3],从而证实了马厂类型确有居住址,从实际遗存中否定了马厂只有葬地说的错误。(三)1962 年,甘肃省博物馆在武山县新发现了一种介于庙底沟类型与马家窑类型之间的新文化遗存——石岭下类型,它对研究中原仰韶文化与马家窑文化的关系提供了重要的资料[4]。(四)1963 年,甘肃省博物馆发掘兰州青岗岔遗址,发现了半山类型的房子、窑址、窖穴等建筑

---

[1] 裴文中等:《甘肃史前考古报告初稿》,1948 年。夏鼐:《考古学论文集》,科学出版社,1961 年。

[2] 安志敏:《甘肃远古文化及其有关的几个问题》,《考古通讯》1956 年第 6 期。

[3] 中国科学院考古所甘肃工作队:《甘肃永靖马家湾新石器时代遗址的发掘》,《考古》1975 年第 2 期。

[4] 谢端琚:《论石岭下类型的文化性质》,《文物》1981 年第 4 期。

遗存①，纠正了半山类型无住地说的错误。(五)1964年，甘肃省博物馆对临洮马家窑和天水罗家沟等遗址进行试掘，发现庙底沟、石岭下、马家窑三种类型从下而上的地层叠压关系②，进一步证实了三者的相对年代关系。

到了七十年代，甘、青地区的考古工作可以说是进入了一个新的发展阶段，除了继续配合国家基建开展文物保护与发掘工作外，还开始了有计划有目的地进行大面积揭露的发掘工作，出土的遗迹与遗物是极为丰富的。这时期田野工作比较重要的有如下几项：(一)1973年，青海省文物考古队对大通上孙家墓地进行了较大规模的发掘，发现了几十座马家窑类型墓葬。彩陶艺术的珍品——舞蹈纹彩陶盆就发现在这里③，它的发现在学术上具有重要意义，证实了马家窑类型不仅有住地，而且也有葬地。(二)1973年，甘肃省博物馆分别对广河地巴坪与永昌鸳鸯地等墓地进行发掘，前者发现半山类型墓66座④，后者发现马厂类型墓151座⑤，这两批墓葬材料为研究当时的葬俗问题提供了珍贵的实物资料。(三)1974～1980年，青海省文物考古队、北大历史系考古专业（今考古文博学院）、中国社会科学院考古研究所等单位对乐都县高庙柳湾原始社会墓地进行了大规模的发掘，它是迄今为止规模最大的一处氏族公共墓地，发现有马家窑文化半山与马厂类型等墓葬一千多座，随葬器物三万多件⑥。(四)1974～1975年，甘肃省博物馆等单位发掘永登蒋家坪遗址，发现马厂类型灰层和墓葬叠压或打破马家窑类型的地层关系⑦，再次证实了两者的相对年代。(五)1975年，甘肃省博物馆对景泰张家台墓地进行了发掘，发现半山类型墓葬22座，其

---

① 甘肃省博物馆：《甘肃兰州青岗岔遗址试掘简报》，《考古》1972年第3期。

② 甘肃省博物馆等：《从马家窑类型驳瓦西里耶夫的"中国文化西来说"》，《文物》1976年第3期。

③ 青海省文物处考古队：《青海大通县上孙家寨出土的舞蹈纹彩陶盆》，《文物》1978年第3期。

④ 甘肃省博物馆文物工作队：《广河地巴坪"半山类型"墓地》，《考古学报》1978年第2期。

⑤ 甘肃省博物馆等：《永昌鸳鸯池新石器时代墓地的发掘》，《考古》1974年第5期。

⑥ 青海省文物管理处考古队等：《青海乐都柳湾原始社会墓地反映出的主要问题》，《考古》1976年第6期。

⑦ 甘肃省博物馆等：《从马家窑类型驳瓦西里耶夫的"中国文化西来说"》，《文物》1976年第3期。

中 11 座是以石棺为葬具的①。这种以石棺为葬具的墓葬在甘、青地区是首次发现的，材料比较重要，它对研究石棺墓的分布、特点及其有关问题都具有重要的学术价值。（六）1977 年，青海省文物考古队等单位发掘贵南尕马台遗址，除齐家文化墓葬外，还发现马家窑类型瓮棺葬 18 座②，瓮棺内埋葬的都是婴儿，这对研究婴儿的葬俗实为难得的资料。（七）1977 年，甘肃省博物馆发掘兰州花寨子墓地，文化性质单纯，材料也比较完整③。（八）1978 年，青海省文物考古队发掘民和核桃庄墓地，发现一座规模较大的马家窑类型墓葬，随葬品特为丰富，计有陶器 36 件，串珠 215 枚，绿松石饰 10 枚④。（九）1978 年至今，甘肃省博物馆发掘秦安大地湾遗址，新发现了新石器时代早期大地湾文化遗存⑤，同时，还有马家窑文化不同类型的遗迹和墓葬，它为探讨甘肃东部地区的文化序列等有关问题具有重要的学术价值。

从上述地点的发掘工作中，积累了大量的资料，使我们对马家窑文化的有关问题的研究有了良好的基础。

二、类型的划分及其文化特征

根据已发表的调查与发掘资料，我们把马家窑文化暂分为石岭下、马家窑、半山、马厂等四个类型。现将各类型的文化特征，分别作一简要的概述。

（一）石岭下类型

石岭下类型是近几年来新提出来的一种文化遗存，它有其独自的文化特征。这个类型的特点是具有从庙底沟类型至马家窑类型之间的过渡性质，即它既继承了庙底沟类型的特点又孕育了马家窑类型的文化成分。从其发展阶段来说，它应处于马家窑文化的早期阶段。

---

① 甘肃省博物馆：《甘肃景泰张家台新石器时代墓葬》，《考古》1976 年第 3 期。
② 《我省考古工作的一项重大发现》，《青海日报》1978 年 2 月 18 日。
③ 甘肃省博物馆等：《兰州花寨子"半山类型"墓葬》，《考古学报》1980 年第 2 期。
④ 青海省考古队：《民和核桃庄马家窑类型一号墓葬》《文物》1979 年第 9 期。
⑤ 甘肃博物馆等：《甘肃秦安大地湾新石器时代早期遗存》，《文物》1981 年第 4 期。

石岭下类型的文化遗存首先是发现在甘肃省武山县石岭下村。它的遗迹分布在渭河上游及其支流葫芦河、西汉水等流域，其中心区域应在甘肃东部天水地区的天水、甘谷、武山、秦安等地①。

石岭下类型的文化特征最明显的是表现在陶器上，既有其独自的器物群与器形特点，又有其别具风格的彩陶图案。

陶器皿的陶质以泥质红陶系为主，也有夹砂红陶与泥质灰陶系。陶色多作砖红色与橙黄色。制法以泥条盘筑法为主，在陶罐、瓶的内壁皆留有上下泥条粘接的痕迹，尤其是小口尖底瓶泥条盘筑的痕迹最为明显。粗陶器一般陶胎较厚，表面多饰有绳纹、弦纹、划纹、锥刺纹、附加堆纹等，其中绳纹有粗绳纹与细绳纹之分。附加堆纹又有素面的与拍有绳纹的区别。细陶器胎较薄，表面多磨光，除素面的陶容器外，还有彩陶器。彩绘以黑彩为主，也有少量的白彩绘。彩绘花纹是以鸟纹与变体鸟纹为主。突出表现鸟的头部及颈部的形象，有表现一只鸟的，也有表现两只鸟的，姿态颇为生动。同时，还有各种几何形花纹，主要的有复线平行条纹、弧线纹、网格纹、弧边三角纹、叶状纹等。这些花纹母题有的是配合鸟纹作为辅助纹饰的，有的是自成单元为独自纹样。另外，还有鲵鱼纹与蛙纹等动物花纹，其中，鲵鱼纹形象逼真。器形特点以平底器为主，也有圜底器与尖底器，不见三足器。完整的陶器有碗、卷沿曲腹盆、侈口折腹盆、小口细颈瓶、彩陶壶、侈口圆腹罐、扁腹罐、小口尖底瓶、钵形甗、粗陶瓮等，其中，碗、盆一类的器物犹承袭庙底沟类型的基本形制，小口细颈瓶、彩陶壶、扁腹罐、钵形甗等均具有其独自特点，后为马家窑类型所沿用。

还有一件比较罕见的陶制品是陶屋模型，它是在武山灰地儿遗址出土的②。这件陶屋有方锥形屋顶和开有略呈长方形的门，是一件很有特色的陶制建筑物模型。它在马家窑文化中尚属首次发现。过去在陕西省武功游凤遗址也发现过几件陶屋模型③，但其形制与灰地儿发现的还有所区别。这个

---

① 谢端琚：《论石岭下类型的文化性质》，《文物》1981年第4期。
② 马承源：《甘肃灰地儿及青岗岔新石器时代遗址的调查》，《考古》1961年第7期。
③ 西安半坡博物馆等：《陕西武功发现新石器时代遗址》，《考古》1975年第2期。

发现为我们研究复原西北地区马家窑文化房子的形状和结构等方面提供了极为难得的实物资料（图一）。

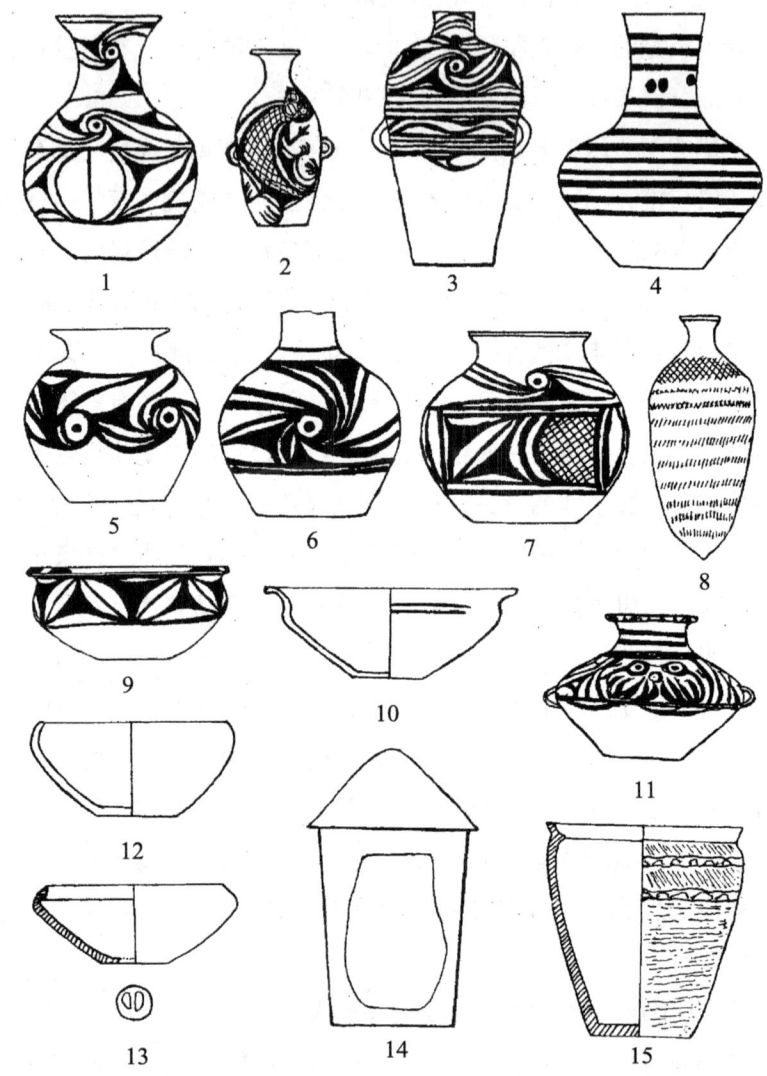

图一　石岭下类型陶器

1—4.彩瓶（甘谷灰地儿，武山傅家门、静宁威戎镇）　5、7.彩罐（天水）　6.彩壶（甘谷王家坪）　8.尖底瓶（秦安大地湾）　9、10.盆（大地湾、灰地儿）　11.扁腹罐（天水）　12.碗（灰地儿）　13.甑（大地湾）　14.陶屋（灰地儿）　15.粗陶瓮（大地湾）

（二）马家窑类型

马家窑类型的遗迹分布比较广泛，东从甘肃省清水西至青海贵南的尕马台,其间渭河上游、湟水与洮河中下游是分布比较密集的地区。

马家窑类型的文化遗物发现的比较多,既有大量的陶器,又有不少的石器与骨器等。石制有磨制的斧、刀、锛、杵、研磨器和打制的刀、敲砸器以及细石器等。骨器有锥、铲、镞、针和带槽的骨刀梗等。

陶器在质料、颜色、制法等方面基本上是承袭了石岭下类型的。但在器形与纹饰方面却有着明显的不同。粗陶器外表多饰绳纹与附加堆纹等,绳纹中的细绳纹为主,并多作交错状排列。附加堆纹多作波浪状或锯齿状的,往往是多条成组的饰在某一器物上,如有的多达十条附加堆纹并排饰在粗陶瓮的器表上。细陶器的特点是表面多打磨光滑,有的甚至发亮。既有素面的,也有彩绘的。彩绘主要是采用黑彩,也有黑白或黑红两彩兼施的。花纹结构是以多条弧线、弧边三角、圆点等为母题组成宽面的几何形图案,常见的有垂幛纹、菱格网纹、连续涡纹、花瓣纹等,有的花纹很像植物的叶子与花朵。彩绘既饰在器物的外表面,又饰在器的内壁。陶壶、瓶、罐一类器物的外表往往是通体遍饰彩绘的,碗、盆等一类器形则在内壁彩绘,即所谓内彩。口沿上也饰有彩绘,多是由斜线、三角、方格、圆点等组成一周窄条的纹带。同时,还有蛙纹、鱼纹、鸟纹等动物形纹饰,其中,鸟纹多是变体的鸟形,已成为图案化的纹样,蛙纹比较写实,有头、躯体与肢爪,犹如爬动中的青蛙,栩栩如生。另外,还有引人注目的是五人连臂舞蹈纹,这种以集体舞蹈为题材的纹饰是马家窑类型制陶者特放异彩的一件艺术瑰宝。

陶器在造型上的特点是器体大小适宜,左右匀称。主要器形有敛口碗、曲腹盆、细颈瓶、喇叭口尖底瓶、侈口圆腹罐、带盖彩陶罐、束腰带耳罐、敛口带钮瓮、粗陶瓮等,其中,饰有彩陶的尖底瓶、束腰双耳彩陶罐、敛口四钮彩陶瓮等皆是制造精致,技艺高超,造型新颖,堪称原始艺术的精华(图二)。

另外,还有上下分别饰有彩绘与绳纹相结合的陶容器,如部分陶盆、钵、壶、带嘴锅等都具有这种特点。这是马家窑类型别具风格的一批陶器皿,也是区别于其他类型的一个重要标志。

(三)半山类型

半山类型的遗迹分布,东起渭河上游西至河西走廊的永昌县附近,在

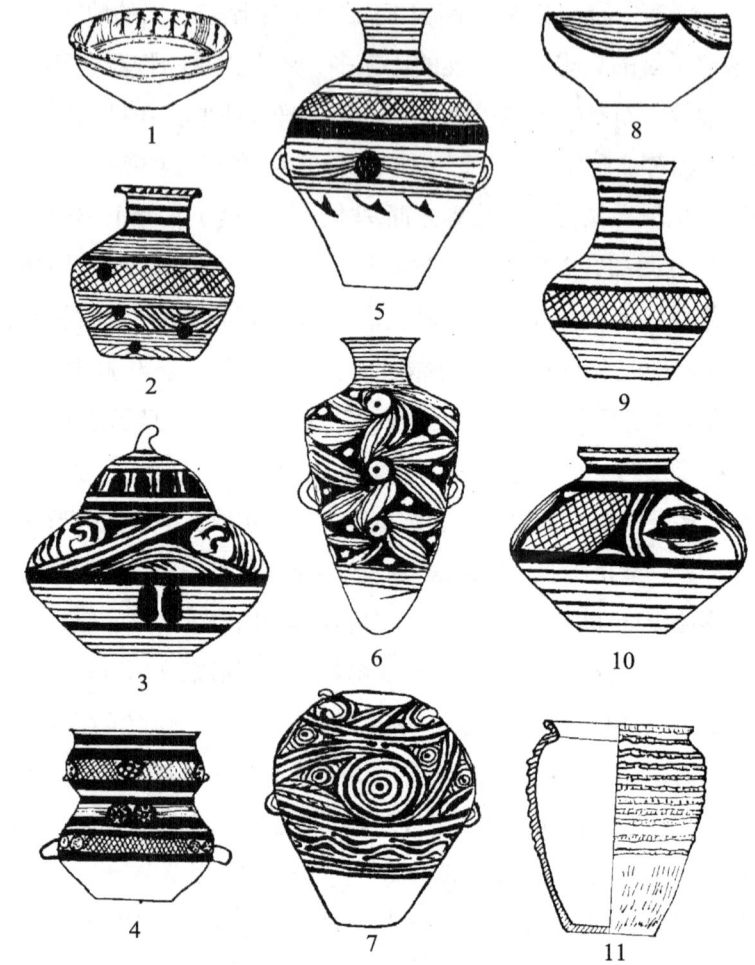

图二 马家窑类型陶器

1.舞蹈纹盆（大通上孙家） 2.瓶（兰州王保保城） 3.带盖罐（王保保城） 4.束腰罐（永登杜家坪） 5.彩壶（临洮马家窑） 6.尖底瓶（陇西吕家坪） 7.彩瓮（永靖三坪） 8.碗（马家窑） 9.瓶（马家窑） 10.彩罐（榆中马家岘） 11.粗陶瓮（陇西）

兰州附近的黄河沿岸及其支流湟水、洮河中下游为其分布的中心区域。

文物遗物有石、骨、陶器等。石器有磨制的也有打制的，其种类有斧、凿、敲砸器、纺轮、弹丸、细石器等。骨器有针、镞和嵌有细石叶的骨刀梗。石弹丸与骨镞等狩猎工具较为常见。同时，还出土了装有骨镞的矢箙，它系桦树皮制成，制造非常精致。

陶器以泥质红陶系占绝大多数，夹砂红陶与泥质灰陶占较小的比例。

但陶质一般比较坚硬。手制，陶色多呈橙黄色。粗陶器除素面者外，多饰有波状或齿状的附加堆纹，有的作成曲折形与三角形的条饰，细陶器以彩陶器为主，彩绘多是黑、红二彩兼施，也有单一黑彩的，少数为纯红彩或紫红彩的。彩绘花纹的母题是黑红彩相间组成的齿带纹，它是由绘有齿边的两黑彩间夹一红彩构成黑红彩相间的宽面纹带。以这种花纹母题为主体再勾画出各种不同的几何形图案，这是半山类型最具有代表性的花纹，也是与其他类型相区别的主要标志。彩绘花纹比较常见的纹样有葫芦形纹、旋涡纹、贝形纹、波浪纹、菱格网纹、曲折三角纹、十字形纹、圆圈纹与红黑相间的条纹等。其中，四个连续的旋涡纹比较盛行。花纹多施于罐、壶类的肩腹部。碗、盆一类器皿多施有内彩，并且内彩比外彩更为复杂多样，有的外表为素面，内壁却施满繁彩、彩绘画面富丽夺目，黑红色彩对比鲜明，图案严谨规整。不论正视或俯视，陶器上的彩绘图案都能给人一幅完整而美丽的画面。

器形主要的有小口直颈彩陶壶、鼻耳壶、双耳彩陶罐、带嘴罐、小口圆腹甑、曲腹钵、卷沿盆、单耳罐、长颈壶、彩豆与粗陶双耳罐等。其中，小口细颈鼻耳彩陶壶最有特点，除腹部两侧附一对称环形耳外，在口沿外侧还置一鸡冠形鼻耳，造型别致，它是陶制品中别开生面的艺术珍品（图三）。

（四）马厂类型

马厂类型的遗迹分布区域与半山类型大体相仿，但西边延伸得较远，直至玉门一带。

石、骨器与陶器等文化遗物，若与半山类型比较，既有共性又有其各自的特性。石器中斧、锛、凿、刀等生产工具往往是成组的出现，并且多出在男性墓中，石、陶纺轮等纺织工具则多出在女性墓中，说明当时已出现男耕女织的情况。还有嵌有石叶的骨刀梗，嵌石叶的凹槽，既有单凹槽的又有双凹槽的，这种用石、骨料制成的复合工具是西北地区很有特点的一种工具，而中原地区不见。

陶器的制法、质地、色泽等方面与半山类型基本相似。但表面的处理较简陋，打磨光滑的较少。陶制皿的腹上部有的还施有一层红色或紫红色

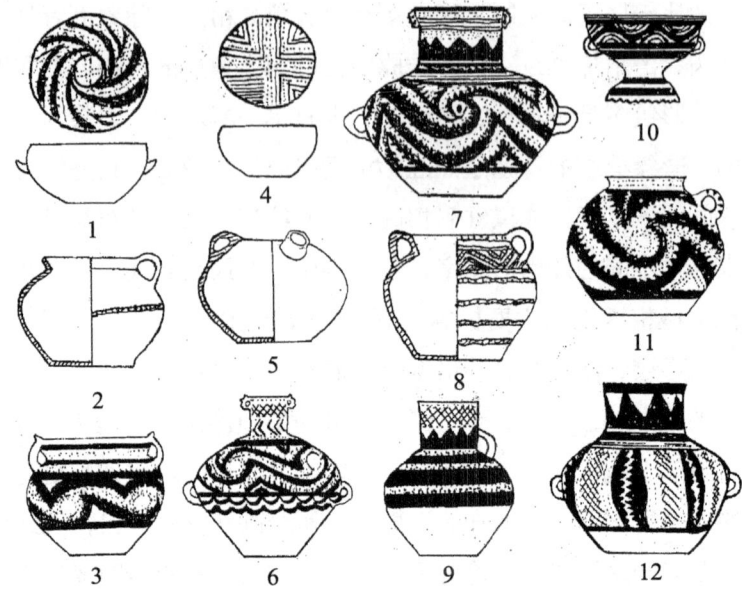

图三　半山类型陶器

1、4.钵（广河地巴坪、兰州花寨子）　2.单耳罐（花寨子）　3.双耳彩罐（地巴坪）　5.带嘴罐（景泰张家台）　6、7.鼻耳彩壶（地巴坪、花寨子）　8.粗陶双耳罐（花寨子）　9.长颈壶（地巴坪）　10.彩陶豆（兰州小坪子）　11.彩罐（花寨子）　12.彩壶（花寨子）

的陶衣。粗陶器除素面的外，还有绳纹、附加堆纹、锥刺纹、划纹等，细陶器多有彩绘，花纹母题以蛙纹与圆圈纹等几何形图案为主，常见的纹样还有波折纹、菱格纹、方格纹、连弧纹、连续回纹等，左右连作的圆圈纹圈数不等，一般是四圈的居多，在圆圈内往往还缀有十字，井字、菱格、方格等不同纹样，蛙纹较富于变化，既有蛙头、躯体及肢爪俱全的全蛙纹，又有无头的半蛙纹，还有无身无头仅有肢爪的变体蛙纹。还有人面与人像彩塑纹饰。柳湾出土的彩绘与雕塑相结合的裸体人像彩陶壶，人的形象较为奇特，人像的性别使人难以分辨，有的说是男性，有的说像女性，也有认为是男女复合体，实在耐人寻味。同时，还发现有相当多的彩陶壶上还画有各种不同的彩绘符号，它多画在彩陶壶的腹下部，这些符号以"+""—""0""×""丅"等为最常见。它可氏族的徽号或制陶者的一种特殊标志，当然，也可能与我国原始的图像文字有关。

陶器皿的种类较多样，比较常见的有彩陶壶、侈口折腹盆、长颈彩陶壶、双耳彩陶罐、单耳罐、筒形杯、小口垂腹罐、彩陶豆、葫芦形彩陶罐、带流罐粗陶双耳罐、粗陶瓮等。其中，粗陶瓮器形较大，器表拍印有绳纹。长颈彩陶壶除在颈肩间置一环形耳外，在腹部还附一錾钮或小环耳，前者便于用手握持，后者则便于用另手托举，这样倾倒壶中水或其他东西时便很省力了，它合乎力学原理，很有特点。葫芦形彩陶罐似是两个圆腹罐上下套在一起，器形不大，小巧玲珑，器表施有彩绘花纹，是一件难得的艺术品（图四）。

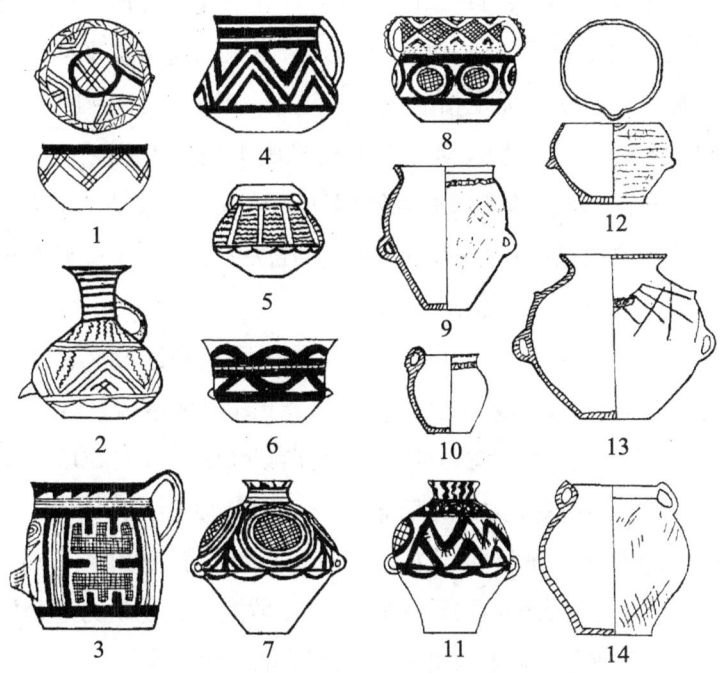

图四 马厂类型陶器

1. 盆（兰州红古城） 2. 长颈壶（永登蒋家坪） 3. 筒形罐（永昌鸳鸯池） 4. 单耳罐（蒋家坪） 5. 小唾腹罐（兰州白道沟坪） 6. 折腹盆（蒋家坪） 7、11. 彩壶（民和马厂塬、红古城） 8. 双耳彩壶（土谷台） 9. 粗陶瓮（乐都高庙） 10. 杯（永靖庙裂古） 12. 带流罐（庙裂古） 13. 侈口罐（永靖马家湾） 14. 粗陶双耳罐（蒋家坪）

甘肃省博物馆于1955年曾在兰州华林坪发现一件三足陶鬲[①]，比较罕见。这种鬲的形制在中原地区新石器时代遗址中是比较常见的，但在马家

---

① 张学正等：《谈马家窑、半山、马厂类型的分期和相互关系》，《中国考古学会第一次年会论文集》，文物出版社，1979年。

窑文化中当属首见。

三、年代序列及其绝对年代

甘、青地区经多年来的田野发掘工作，不止一次地发现了马家窑文化不同类型之间的地层叠压关系；这为该文化诸类型之间的相对年代提供了地层证据。例如1957年在临洮马家窑遗址发现马家窑类型叠压在庙底沟类型的文化层上；1962年在武山石岭下遗址发现石岭下类型被压在马家窑类型的文化层下；1964年在天水罗家沟遗址发现庙底沟、石岭下、马家窑三类型由下而上相继叠压的地层关系；1973～1974年在永昌鸳鸯地墓地发现马厂类型（M44）打破半山类型墓（M72）的地层关系；1974～1975年在永登蒋家坪遗址发现马厂类型墓打破马家窑类型文化层的情况等等。这些经过发掘发现的地层叠压关系，使我们比较有把握的确定马家窑文化诸类型之间的相对年代。

同时，碳-14年代测定的情况，又告诉我们马家窑文化诸类型的绝对年代。我们根据已发表的马家窑文化二十五个标本碳-14年代测定的数据，可知石岭下类型的绝对年代为公元前4000～前3500年（校正年代，下同），马家窑类型为公元前3200～前2700年，半山类型为公元前2600～前2300年，马厂类型为公元前2300～前2000年（马厂类型ZK21、ZK348两个数据偏高）。这些碳-14数据，我们认为还是比较准确的，它基本上反映了马家窑文化的实际情况的（表一）。

表一 马家窑文化碳-14年代测定数据

实验室编号	地点与标本号	测定年代（树轮校正）	文化类型
BK79025	秦安大地湾QDY202	4010B.C.	石岭下类型
BK79028	秦安大地湾QDF400	3925B.C.	石岭下类型
BK79024	秦安大地湾QDH201	3815B.C.	石岭下类型
ZK186	甘谷灰地儿T5H2	3813±175B.C.	石岭下类型
BK79027	秦安大地湾QDH202	3540B.C.	石岭下类型
WB80—50	秦安大地湾QDH366	3290B.C.	马家窑类型

续表

实验室编号	地点与标本号	测定年代（树轮校正）	文化类型
ZK523	东乡林家 F21	3280B.C.	马家窑类型
ZK108	兰州曹家嘴灰坑底	3100±190B.C.	马家窑类型
BK75020	永登蒋家坪 T12④	3070±190B.C.	马家窑类型
BK77013	大通上孙家 M375	3031±185B.C.	马家窑类型
ZK521	东乡林家 H19	2900B.C.	马家窑类型
ZK522	东乡林家 F21	2740B.C.	马家窑类型
ZK407	兰州青岗岔 F5	2675B.C.	半山类型
BK75033	乐都柳湾 M284	2505±150B.C.	半山类型
ZK25	兰州青岗岔 F1	2475±150B.C.	半山类型
BK75029	兰州青岗岔 F1	2380±150B.C.	半山类型
ZK405	兰州青岗岔 F4 上层	2370±150B.C.	半山类型
ZK406	兰州青岗岔 F4 下层	2355±175B.C.	半山类型
ZK21	永靖马家湾 F3	2623±145B.C.	马厂类型
ZK348	乐都柳湾 M391	2415B.C.	马厂类型
ZK345	乐都柳湾 M505	2285±160B.C.	马厂类型
BK75009	乐都柳湾 M281	2280±140B.C.	马厂类型
BK75010	乐都柳湾 M266	2255±140B.C.	马厂类型
BK75012	乐都柳湾 M236	2145±120B.C.	马厂类型
ZK246	乐都柳湾 M397	2040±100B.C.	马厂类型

根据上述的地层叠压情况与碳-14的年代测定数据，再结合我们对马家窑文化的分析研究，目前，我们可以把马家窑文化的诸类型排成下列的年代序列：

石岭下类型—马家窑类型—半山类型—马厂类型。石岭下类型代表马家窑文化早期，马家窑类型代表中期，半山与马厂类型代表晚期。

四、诸类型的相互关系

马家窑文化诸类型的相互关系问题，从20世纪20年代开始直至今天，始终存在着不同的认识或看法。最早的一种认识是把马家窑与半山都归入仰韶期，两者的区别即在于前者为住地，后者为葬地。到了三四十年代，刘耀、夏鼐等先生对上述认识都提出怀疑。如刘耀先生说："甘肃所见之着色陶器与河南诸仰韶式陶器群是否相同，尚待研究。"① 夏鼐先生认为"马家窑文化和河南的仰韶文化颇多不同，两者不能混为一谈"。② 到 50 年代以来，对马家窑文化诸类型的相互关系，讨论得就更为热烈，更加深入。一种认为马家窑类型与半山—马厂类型是平行发展的两个文化系统。一种认为马家窑类型在陶器的形式和纹饰方面都另具一种面貌，或可称为马家窑文化，半山、马厂是前后紧接相承的两期遗存，可以称为"半山—马厂文化"。③ 再一种认为马家窑本身的特点比较明显，可单独称其为马家窑文化，半山和马厂可能是从马家窑文化中派生出来的④。还有一种认为马家窑、半山、马厂是属于仰韶文化系统的不同类型，它们属于仰韶文化晚期的一支地方性的类型遗存⑤。上述几种不同提法，归纳起来主要的是两种意见，即马家窑与半山、马厂是上下继承的一个文化系统，还是分属于两个不同的文化系统。近几年来，通过永昌鸳鸯池、永登蒋家坪、东乡林家、乐都柳湾等遗址发掘的资料，我们认为马家窑、半山、马厂等类型都是属于马家窑文化系统的。同时还应包括新发现的石岭下类型。

现在我们再来分析一下马家窑文化诸类型的相互关系。石岭下类型的文化内涵与马家窑类型是比较相近的，在陶器的质地、制法、色泽等方面基本是雷同的，其主要成分还是马家窑类型的特点，所区别的是石岭下类型还包含有庙底沟类型的成份。根据地层叠压关系和碳 –14 年代测定结果，都证明石岭下类型是介于庙底沟类型与马家窑类型之间的一种古文化遗存。

半山与马厂两个类型是前后紧接相承的两个古文化遗存，这一点文物

---

① 刘耀：《龙山文化与仰韶文化之分析》，《田野考古报告》，第二册，商务印书馆，1947年。
② 夏鼐：《临洮寺洼山发掘记》，《中国考古学报》，第四册，1949年。
③ 夏鼐：《碳 –14 测定年代和中国史前考古学》，《考古》1977 年第 4 期。
④ 安志敏：《略论我国新石器时代文化的年代问题》，《考古》1972 年第 6 期。
⑤ 张学正等：《谈马家窑、半山、马厂类型的分期和相互关系》，《中国考古学会第一次年会论文集》，文物出版社，1979 年。

考古界的同志看法比较一致的。有争议的问题是马家窑与半山、马厂两类型之间是否能连接起来，上下是否是承袭关系？这个问题不少同志做过分析研究。如张学正等同志认为马家窑类型晚期与半山类型早期的遗存相近的地方很多，尤其表现在陶器上，相互联系显著。兰州关庙坪与康乐边家林出土的陶器既继承了马家窑类型的特点，又含有半山类型的因素，最明显的是关庙坪发现的一件彩陶器，为敛口深腹彩陶瓮，其器形特点与雁儿湾发现的同类器形相似，但其彩绘花纹为黑红相间的旋涡纹和平行条纹，它却是半山类型最常见的纹样；这件陶器上具有了介于马家窑—半山之间过渡性的特点①，它暗示半山类型是从马家窑类型演变而来的。严文明同志从彩陶的演变分析也得出同样的结论。他以兰州华林坪和陆家沟小坪子为例子，阐明"小坪子的彩陶既有些像马家窑，也有些像半山，似是处于二者之间的东西。华林坪的彩陶一部分像马家窑，大部分则像小坪子。小坪子彩陶的器形也表现出从马家窑到半山期的中间链环的特色"。②在青海境内也有同样的例子，但由于很多发掘材料尚未发表，不再引用更多的实物例证。但仅从上述的材料中，即可看出马家窑与半山类型的关系是很密切的，两者前后承袭或递嬗的脉络还是清楚的。把它们看作是一个文化系统的不同类型来处理不是毫无根据的。

综上所述，马家窑文化石岭下、马家窑、半山、马厂诸类型之间，虽然存在着各自的特点，但其共同的成分仍是不少的。从它们的石、骨器与陶器等方面分析比较，均可以找出它们的共同性。例如刃部嵌有燧石片的骨刀梗，这种带有地方特色的复合工具在马家窑、半山、马厂等类型均有发现。长方形或梯形的石斧与长方形穿孔石刀等生产工具在诸类型中也都是常见的。同时，还明显地表现在陶器上，其共同点是多方面的。例如：（一）陶器的质料、色泽、制法等，各类型之间虽然有些差异，但基本上是相同的。陶质一般皆分为泥质红陶、夹砂红陶与泥质灰陶等陶系，并以泥质红陶为主。陶色多呈橙黄色或砖红色。制法多手制，采用泥条盘筑

---

① 张学正等：《谈马家窑、半山、马厂类型的分期和相互关系》，《中国考古学会第一次年会论文集》，文物出版社，1979。

② 严文明：《甘肃彩陶的源流》，《文物》1978年第10期。

法;(二)陶器表除素面者外,均施有各种纹饰,常见的有绳纹、附加堆纹与彩绘等。其中彩绘花纹除施在器表外,还饰在器内壁,即所谓"内彩"。共有的彩绘花纹有蛙纹或变体蛙纹、连弧纹、圆点纹、垂帐纹、网格纹、圆圈纹、锯齿纹、平行条纹等;(三)在陶器的造型上,一个共同特点皆以平底器为主。共有的器类有卷唇曲腹盆、敛口钵、小口细颈壶、彩陶壶、粗陶双耳罐与粗陶瓷等。这些共同性说明了它们之间是有着内在的不可分割的联系。当然,在长期发展的过程中,必然有所发展和变化,以致在不同类型之间存在着某些差异。例如石岭下类型的陶器皿的种类较为简单,而发展到马厂类型,其器类则大大增多。在彩绘花纹的布局上也有区别,马家窑类型有较多的彩陶表面是遍体饰满花纹的,整个器表不留一点空地,而马厂类型的彩陶多在腹部中线以上施有彩绘的,腹下部多留有空白或绘上一些符号花纹。半山类型彩陶特点则介于两者之间,既有少数通体遍饰花纹,又有仅限于腹上部施彩绘的。在花纹母题上也有明显的区别,如石岭下类型是以鸟纹及变体鸟纹为主的,马家窑类型是以变体鸟纹与弧线、圆点、弧边三角纹等组成的几何形花纹为主,半山类型是以两条带齿边的黑彩中夹一红彩组成的齿带纹为主,马厂类型则以写实蛙纹及其变体蛙纹,圆圈纹、波折纹与回形纹等为主。同时还出现人面与人像彩塑纹饰,形象生动。还有出现各种不同形式的彩绘符号花纹等。正因为各个类型之间尚有上述的差别,代表着各自的不同艺术风格,形成了各自的文化特点,所以目前多数同志同意各冠以以"类型"以资区别,这是很有道理的。

五、关于文化名称问题

目前,对马家窑文化的名称问题存在着好几种的叫法:(一)甘肃仰韶文化,表示与中原仰韶文化相区别;(二)马家窑期,属仰韶文化系统中的一个期,不同意用马家窑文化命名[①],(三)马家窑文化,但同用这个名称

[①] 严文明:《甘肃彩陶的源流》,《文物》1978年第10期。

大家还有不同的理解，有的仅指马家窑类型，不包括半山、马厂类型，并认为后者可单独称为半山—马厂文化；有的认为是包括马家窑、半山、马厂三个类型[①]；（四）马家窑类型，认为它是仰韶文化晚期一支地方性遗存，当属于仰韶文化的一个文化系统。众说纷纭，意见很不一致。

我们认为马家窑文化这个名称已沿用了多年，并在已发表的很多论著上普遍通用，如《新中国的考古收获》《中国历史初稿（第一册）》《中国陶瓷史》等书中都采用了这个名称。如果并不引起误会，那么"约定俗成"，似可不必多所更动，完全可以借留沿用。

至于马家窑文化与仰韶文化是否属于一个文化系统？那是学术上的问题，大家可以展开讨论，但绝不会因用马家窑文化这个名称而影响了这个问题的讨论。

众所周知，考古学上对于原始社会的某个"文化"，绝大多数是以第一次发现的典型遗址的小地名为名。马家窑遗址就是这样的一个遗址，既是发现得早，遗址本身又比较典型，以它作为这个文化的名称，是完全可以的。

同时，我们应该看到马家窑文化与中原仰韶文化的特征，既有它的共同性，又有它的特殊性，并且两者的区别是很明显的。为了研究两者的有关问题，黄河上游用马家窑文化，黄河中游用仰韶文化，似更便于分析与比较。

关于马家窑文化应包括那些类型，大家看法也不一致，可以继续探索。但根据现有的考古资料，我们认为马家窑文化暂可包括石岭下、马家窑、半山、马厂等四个类型。另外，1974年，在白龙江流域舟曲等地发现的马家窑文化，其文化面貌与上述诸类型亦有差异，例如在掌坪遗址采集的高足三联杯，别具一格[②]。将来发掘材料多了，也许还能分出一个地方类型来。

当然，在文物考古工作者长期工作之后，随着新文物的不断发现，新

---

① 杨建芳：《略论仰韶文化和马家窑文化的分期》，《考古学报》1962年第1期。
② 长江流域规划办公室文物考古队甘肃分队：《白龙江流域考古调查简报》，《文物资料丛刊》第二辑，文物出版社，1978年。

材料的不断积累，田野工作的不断深入发展，我们的认识会不断地提高和完善，而有的论点却要加以修改补充，甚至要予以否定，另创新的论点，这都是不足为奇的，是完全符合客观发展规律的。我们期望着，对于马家窑文化有争议的诸问题，通过百家争鸣会获得较为正确的认识。

（本文原载《考古与文物》1985年第1期）

师赵村一期文化的发现与研究

师赵村一期文化是 1981 年发掘甘肃省天水市师赵村遗址时发现的。1987 年在发掘天水西山坪遗址中，也发现了师赵村一期文化遗存，而且，还发现该文化在上、大地湾一期文化在下的地层叠压关系，这是我国甘青地区考古发掘中的重要新发现，并且它的文化面貌与大地湾一期文化不同，有其独自的文化特征。为了把这个遗址作为一个自具特征的典型来介绍，为了与其他新石器时代早期文化相区别，也为了避免用已知的文化名称来限制探讨它和其他文化的关系，所以，我们采用"师赵村一期文化"这个名称。近年来，在甘肃和陕西省境内，又发现不少与师赵村一期文化年代相当的古文化遗址。本文拟据此前考古发掘及研究成果，再结合考古新发现的实物资料，对师赵村一期文化进行全面梳理论述，并分析它与周邻地区同时代文化遗存的关系等问题，以期引发学术界对此问题进行更深入的研究。

一

师赵村一期文化遗存的文化属性问题，在西山坪遗址发掘之前，学术界认识不一，有的把它并入前仰韶文化或老官台文化，有的称为仰韶文化北首岭类型或北首岭下层遗存，也有名为先仰韶文化、北首岭文化等。1987 年发掘西山坪遗址后，根据发掘资料，把它分为两期。分别称为西山坪一期文化和西山坪二期文化，前者文化内涵与大地湾一期文化相似，后者即属本文所指的文化遗存。由于文化名称太多，给读者造成困难，所以，我们在编写《师赵村与西山坪》一书时，建议把这一类文化遗存称为"师赵村一期文化"①。该文化的相对年代晚于大地湾一期文化，早于仰韶文化半坡类型。师赵村一期文化主要分布在渭河中上游、西汉水上游与嘉陵江上游地区，涉及天水、武山、西和、礼县和徽县等县市，据统计共有8处②。经过发掘的有天水师赵村与西山坪两遗址。

师赵村遗址位于天水市西7公里的太京乡师家崖村，遗址面积20万平方米。1981～1989年中国社会科学院考古研究所对该遗址进行了多次发掘，发掘面积5370平方米。在这里首次发现了师赵村一期文化遗存，同时，还发现有仰韶、马家窑、齐家文化等不同时期的文化遗存。出土有窖穴等遗迹与石、骨、陶器等文化遗物。1986～1990年发掘的天水西山坪遗址，位于天水市西15公里的太京乡甸子村，该遗址发掘最重要的收获是发现了大地湾一期文化在下、师赵村一期文化在上的地层叠压关系，首次从地层上解决了两者的相对年代，即大地湾一期文化早于师赵村一期文化。这个发现填补了甘青地区史前文化发展序列中的重要环节，这在学术上是一项重要突破。

师赵村一期文化发现的窖穴，有两种：一是口大底圜呈锅形；一是口小底大呈袋形。在西山坪遗址发现的第14号袋形窖穴较大，穴壁亦较平整，口径1.86～1.88米，底经2.06米，深0.9米。穴内出土物均属师赵村一期文化的鹅蛋形三足罐和平底钵等陶器残片。

师赵村一期文化出土的遗物比较丰富，按其功能可分为生产工具、生活用具和装饰品等几类。生产工具有：石质的长方形或梯形斧、长方形刀、穿孔刀、舌形铲、条形凿、砍砸器、长条形或圆柱形磨棒、带柄杵、方形或长方形带凹槽磨盘、石球和石叶；骨质的有镞、锥、铲、针与鹿角器等。从工具的种类中反映出，当时的经济形态是经营原始农业，并兼营狩猎业，狩猎的对象，据西山坪遗址出土的动物骨骼，经动物学家鉴定有马鹿和称猴等野生动物。还有猪和牛可能已逐渐被驯养成为家畜。

---

① 中国社会科学院考古研究所编著：《师赵村与西山坪》，中国大百科全书出版社，1999年。
② 郎树德：《甘肃秦安县大地湾遗址聚落形态及其演变》，《考古》2003年第6期。

生活用具以各种陶容器为主，陶器特点以夹细砂红褐陶和灰褐陶为主要陶系，陶质松脆，火候较低，由于烧制时没能掌握好火候，使陶器不能完全氧化，也不能完全还原，因此，致使陶器表面呈现出灰褐或灰黑或棕色的斑驳，有的出现内壁黑外表红褐或里外红褐中间夹黑胎的现象。制法较原始，均为手制。从陶器壁的破裂面上可看出，陶胎呈泥片状结构，系采用泥片贴筑法制成。陶器表面饰有绳纹、划纹、锥刺纹、附加堆纹等。绳纹作斜行或竖行排列，多饰在陶器的肩腹部，划纹多在绳纹上作竖行排列，间距均等整齐，多饰在盆、罐的腹部。锥刺纹和附加堆纹则饰在器的肩部或颈、肩间的分界处。附加堆纹多捏成三角形、月牙形、乳丁形、波浪形或绳索状。锥刺纹多作圆点或三角凹点，一般作横向排列。饰在较大的罐或瓮上的绳纹，往往腹上部的绳纹较整齐，而腹下部的绳纹却是不规则或斜行排列。比较少见的是，有一种集绳纹、划纹、锥刺纹和附加堆纹于一器的技法，呈现出多层次的装饰图案。也有的在陶器口沿上捏成锯齿形花边，俯视似一花环。还有少量的彩陶器，一般多在陶钵或碗的口沿施彩带纹一周，紫红色或黑色，彩纹有宽有窄，似一条美丽的彩带。

陶器的种类较多，有陶钵、碗、杯、盆、罐、瓮等。它们在造型与装饰上各有着独自的特点。陶钵是最常见且具有代表性的器皿，直口或敛口，弧壁圜底，口沿环施一周紫红彩或黑彩的宽带纹，纹面最宽者径可达3.5厘米（图一，1）。陶碗型式比较多，可分为平底碗、假圈足碗、圈足碗三种（图一，2、3、5）。圈足碗胎薄，古朴典雅，器表饰有绳纹、划纹、锥刺纹、附加堆纹和乳丁状凸饰，独具一格。陶杯器体较小，敞口弧壁，小平底，器表遍饰斜绳纹（图一，6）。陶盆分直口或敛口，浅腹平底或深腹平底，也有的底部稍内凹。素面外还有纹饰，主要是绳纹、划纹、锥刺纹和乳丁状堆纹等（图一，4、7、8）。陶罐造型较独特，型式多而富于变化，可分为圆腹三足罐、筒腹三足罐、深腹平底罐（图二，2、3、6）和鹅蛋形三足罐（图二，1、4、5、7）等多种。其中，最典型、最具特点的是鹅蛋形三足罐，小口小平底，底部接三个小扁足，足呈乳丁状。腹部呈椭圆形，颇似一个竖立的大鹅蛋。这种三足罐大小悬殊，小者高度不超过20厘米，大者高达40厘米以上。器表从口至底部遍饰竖行或斜行绳纹，在颈、肩间往往饰有锥刺纹和附加堆纹等纹样。这种陶器造型怪异,为该文化所独有,它是区别于其他文化类型的显著标志。陶瓷器体较高大,侈口短领,深腹平底,浑厚凝重,器表遍饰绳纹,肩部饰有附加堆纹一周(图二,8)。

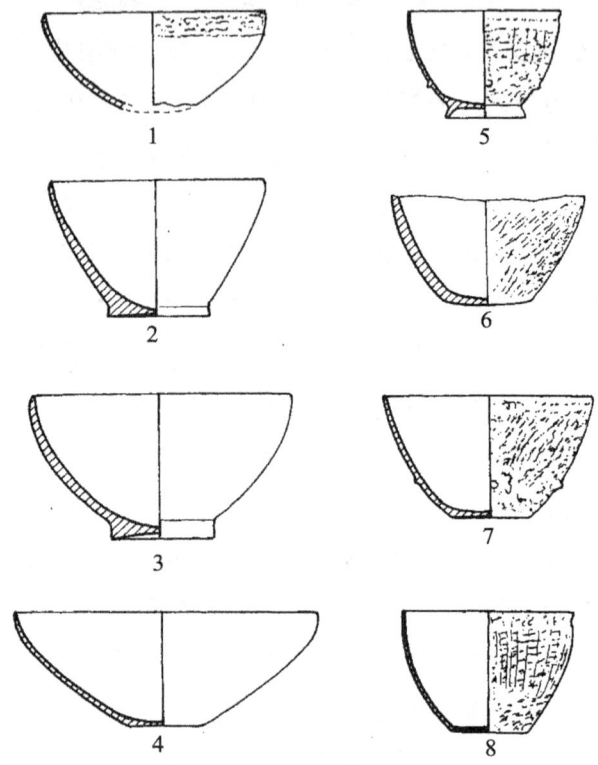

图一　师赵村一期文化陶器
1.钵(T314②:5)　2.碗(T405②:11)　3.圈足碗(T405②:10)　4.盆(T405②:8)
5.圈足碗(T42②:2)　6.杯(1314②:3)　7.盆(T18③:11)　8.盆(T42②:4)
(5、7、8.西山坪,余均师赵村出土)

装饰品数量少,器类亦较简单,有骨管、牙饰、石坠和梯形穿孔石饰等。其中,骨管用动物的肢骨制成,器身细长,壁薄,两端切平磨光。石坠平面呈圆形或椭圆形,也有作算珠形的,一般都有穿孔,在一端穿孔或在中间穿孔,有孔可系绳穿挂。梯形穿孔石饰,系蛇纹岩制成,横剖面为三角形,一端穿孔,通体磨光。这些装饰品均小巧玲珑,制造精美。

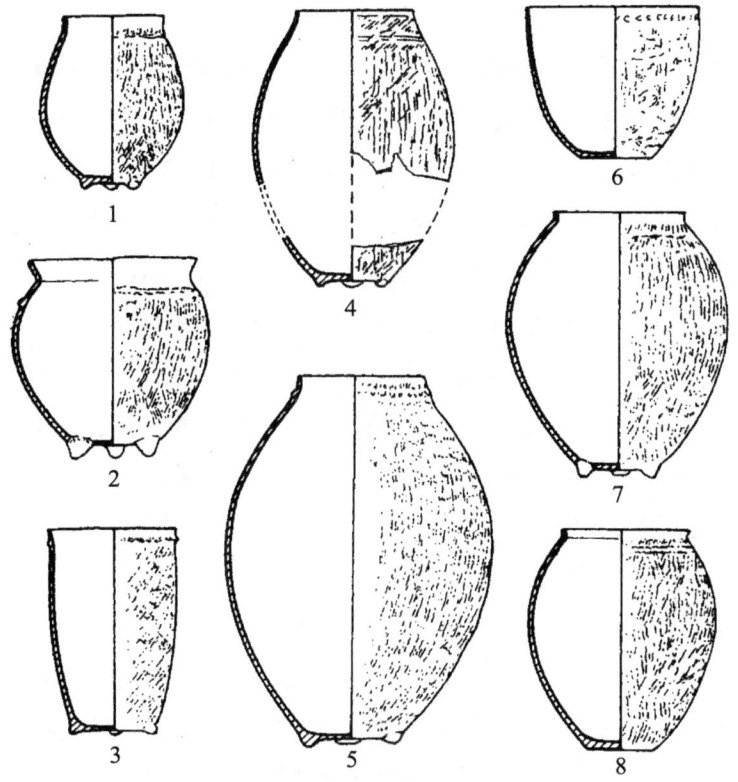

图二 师赵村一期文化陶器

1、4、5、7. 鹅蛋形三足罐（T18③:4、T115⑥:94、T18③:1、T113⑥:115）
2. 圆腹三足罐（T113⑥:114） 3. 筒腹三足罐（T20③:7） 6. 深腹平底罐（T34H14:1）
8. 瓮（T405②:9）（1、3、5、6. 西山坪，余均师赵村出土）

二

关于师赵村一期文化与大地湾一期文化的关系问题，学术界看法不一致，有的认为，大地湾一期文化与师赵村一期文化是早期新石器文化的两个发展阶段①，也有的把它分为早、晚两期，早期以大地湾一期和西山坪一期遗存为代表，晚期以北首岭早期和西山坪二期遗存为代表②。这些意见，对探讨两者的关系问题是有益的。从西山坪遗址发现两者的地层叠压关系

---

① 王仁湘：《论渭河流域早期新石器文化发展的两个阶段》，《考古》1989年第1期。
② 杨亚长：《试论老官台文化的类型与分期》，《考古与文物》1992年第4期。

后，我们就明确了师赵村一期文化的相对年代要晚于大地湾一期文化，但它们的文化内涵是什么关系，还要从考古标型学方面去仔细考察，尤其要从发掘出土数量多、形态演变明显的陶器着手。现在，先对大地湾一期文化的发现情况作一简单介绍，大地湾一期文化是1978～1984年在甘肃秦安县五营乡邵店村首先发现而得名。1995年又做了一次发掘，迄今已发掘面积14752平方米，发现房址240座，灶址98座，窖穴325座，墓葬71座，窑址35座，出土陶、石、玉、骨、角、牙、蚌器等共8305件。大地湾一期文化出于大地湾遗址的最下层，在该文化层内发现有房址3座，窖穴2座，墓葬11座，出土陶、石器等文化遗物90多件。还发现有禾本科的黍和十字花科的油菜等炭化的植物种子，这是同类植物种子中年代最早的[①]。大地湾遗址1988年公布为全国重点文物保护单位。

大地湾一期文化的房址，为圆形半地穴式建筑，面积较小，6～7平方米，设有斜坡状门道。房壁上发现有向室内倾斜的柱洞，可复原为圆锥攒尖式的房屋。墓葬皆属长方形竖穴土坑墓，葬式均单人仰身直肢，一般有陶器等随葬品。陶器均为红陶，陶质以夹砂陶为主，少量泥质陶，不见细泥陶，纹饰以交叉绳纹为主，也有少量彩陶。器形有圜底钵、圈足碗、三足钵、三足罐、深腹罐和小口壶等。其中，碗和罐的口沿多捏成锯齿状花边。部分陶钵的口沿绘有一周紫红色宽带纹，有的钵内壁还画有不同形式的彩绘符号。

西山坪遗址发现的大地湾一期文化遗存有窖穴遗迹与石、骨、陶器等文化遗物，共约50件。窖穴呈椭圆形，直壁平底，穴内的出土物有圈足碗、三足罐、圜底钵等，均属于大地湾一期文化的典型器物。这里出土的陶器，可分为夹砂红褐陶和灰褐陶两种陶系，以灰褐陶居多，陶内壁多呈灰黑色，陶表面多饰有拍印的交错绳纹，一般是左斜绳纹压右斜绳纹，还有附加堆纹，捏制成乳丁状、带状、"V"形等多种形式。有少量彩陶，均为红彩，多在陶钵口沿处刮光一周，涂上红彩，形成一条红彩宽带纹，这种宽彩带由口沿外延及口沿内壁，致在口沿内也形成一周较窄的彩带纹，

---

① 郎树德:《甘肃秦安县大地湾遗址聚落形态及其演变》，《考古》2003年第6期。

外彩带宽1.7～3.5厘米，内彩带宽为0.3～0.6厘米。有的彩陶钵内还画有"山"字形等符号。另有少数陶器的外壁还刻划有波浪形或曲折形的符号。器形有：圜底钵（图三，1），敞口弧壁，腹部拍印有绳纹，并刻划有波浪形符号。侈口彩陶钵（图三，2），口沿饰一周红彩宽带纹。彩陶钵（图三，3），在钵的内壁画一"山"字形红色符号。圈足碗（图三，4），器表拍印有交错绳纹。三足钵（图三，5、6），在圜底钵的底部接三个锥形足，绕口沿饰一周红彩宽带纹，腹部素面或加饰交错绳纹。小口圆腹罐（图三，7），素面。彩陶三足钵（图三，8），在平底钵底部接三个兽蹄形足，内外表磨光，口沿内外均施一周红色彩带纹。筒形罐（图三，9），侈口，筒形腹，平底，器表通饰交错绳纹。三足罐（图三，10），椭圆体，底部接三个锥形足，器体较大，表面饰有交错绳纹[①]。

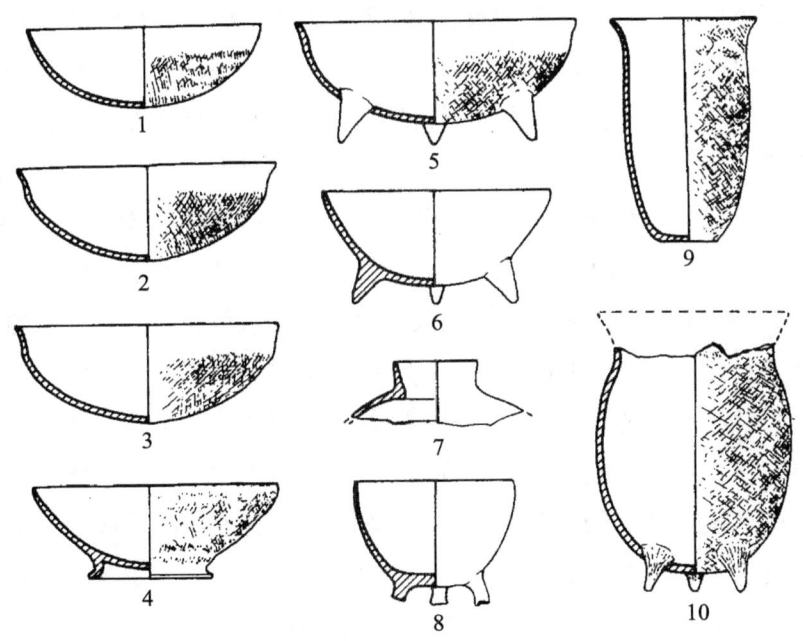

图三　大地湾一期文化陶器

1～3.钵（T18④：15、T18④：13、T18④：12）4.圈足碗（T18H2：3）5、6.三足钵（T31③：1、T55⑧：7）7.小口圆腹罐（T18④：24）8.三足钵（T18④：9）9.筒形罐（T18④：6）10.三足罐（T18④：25）

（皆出自西山坪遗址）

---

① 中国社会科学院考古研究所编著：《师赵村与西山坪》，中国大百科全书出版社，1999年。

现在，探讨师赵村一期文化与大地湾一期文化的关系，主要从两者的文化内涵去考察，特别要从陶器类型学方面去研究，我们从出土的大量陶器进行了认真仔细的排比，发现两者存在较多的共性，特别表现在陶容器方面，不仅在陶质、色泽、制法上，而且在器形和纹饰方面，都存在不少相同或相似之处。如两者陶质皆以夹细砂红褐陶为主要陶系，火候较低，颜色不纯，陶表面均有灰褐或灰黑色斑驳。制法皆采用泥片贴筑法制成。陶器表面均拍印有绳纹和锥刺纹、附加堆纹以及彩绘等。在陶容器造型上，两者都有型式相同的圜底钵、圈足碗和三足罐等。而且这几类陶器都是数量多较常见，均具有代表性的器物，也是典型的陶器组合形式。综观两者的陶器特点及组合情况，它们存在着上下继承而不可分割的关系，例如彩陶圜底钵，不论造型上还是彩纹的风格，都是一脉相承的，师赵村一期文化是承袭大地湾一期文化的传统而发展来的。但两者还存在着差别，有各自的特点，主要表现在各类陶器在造型和纹饰方面的细部变化，也有各自特有的器物和纹样等方面的差异。如三足罐，师赵村一期文化的三足罐，造型似鹅蛋形，三足扁而小，绳纹以竖绳纹或斜绳纹为主，而大地湾一期文化的三足罐，罐体呈圆筒形，三足作尖锥状，绳纹以交错绳纹为主要母题，两者区别极为明显。又如师赵村一期文化的假圈足碗、短颈圆腹瓮、划纹深腹罐、乳丁饰陶盆与大地湾一期文化的彩陶三足钵、小侈口罐、筒形平底罐、小口凹底壶等，两者均不互见。在纹饰方面，师赵村一期文化的彩陶，数量少，纹样单一，主要是宽彩带一类纹饰。大地湾一期文化彩陶，除红彩带外，还有在陶钵内壁绘有红彩"山"字形等符号，还有在陶钵或罐外壁，刻划有波浪形与"二"字形等符号。上述这些差别，可能是时间早晚不同的反映。据碳-14年代测定，经高精度表树轮较正年代，大地湾一期文化的绝对年代为公元前6200～前5400年，师赵村一期文化的绝对年代为公元前5300～前4900年。两者在年代上是紧密衔接的。所以，从年代学测定结果，也说明了师赵村一期文化是大地湾一期文化的继续和发展。

三

在陕西省境内，经考古调查发现，与师赵村一期文化遗存时代相当的遗址，据统计，共有 40 多处（包括老官台文化或称白家村文化）①。主要分布于关中的渭河、泾河、陕南的汉江、丹江上游地区。经发掘的遗址有临潼白家村②、零口③、华县老官台④、元君庙⑤、渭南县北刘⑥、白庙村⑦、商州紫荆⑧、长武县下孟村⑨、宝鸡市北首岭⑩、关桃园⑪、西乡县李家村⑫、何家湾、江阴县阮家坝、紫阳县马家营、白马石⑬、南郑县龙岗寺⑭等 10 余处。虽然发现或发掘的遗址不算很多，但在陕西境内分布面还是很广泛的，为了进行该文化区系、类型的研究，拟分为东、西、南三区进行论述，并在各区选有代表性遗址作为典型单位，当作地区性文化类型。东、西区范围的划分以西安市为界，南区指陕南地区。现在分区略加简介如下。

东区包括临潼白家村、零口、华县老官台、元君庙、渭南北刘、白庙等遗址。

---

① 国家文物局主编:《中国文物地图集·陕西分册》(上)，西安地图出版社，1998 年，第 97 页。
② 中国社会科学院考古研究所编著:《临潼白家村》，巴蜀书社，1994 年。
③ 阎毓民:《零口遗存初探》，《远望集——陕西省考古研究所华诞 40 周年纪念文集》，陕西人民美术出版社，1998 年。
④ 北京大学考古教研室华县报告编写组:《华县、渭南古代遗址调查与试掘》，《考古学报》1980 年第 3 期。
⑤ 北京大学历史系考古教研室:《元君庙仰韶墓地》，文物出版社，1983 年。
⑥ 西安半坡博物馆等:《渭南北刘村新石器时代早期遗址调查与试掘简报》，《考古与文物》1982 年第 4 期;《渭南北刘村遗址第二、三次发掘简报》，《史前研究》1986 年 1、2 期合刊。
⑦ 西安半坡博物馆:《临潼白家和渭南白庙遗址的调查》，《考古》1983 年第 3 期。
⑧ 商县图书馆等:《陕西商县紫荆遗址发掘简报》，《考古与文物》1981 年第 3 期。
⑨ 陕西省社会科学院考古所泾水队:《陕西邠县下孟村仰韶文化遗址发掘简报》，《考古》1962 年第 6 期。
⑩ 中国社会科学院考古研究所编著:《宝鸡北首岭》，文物出版社，1983 年。
⑪ 张天恩、刘明科、张昀:《宝鸡关桃园遗址发现前仰韶时期文化遗存》，《中国文物报》2002 年 10 月 11 日。
⑫ 陕西省考古研究所、陕西省安康水电站库区考古队:《陕南考古报告集》，三秦出版社，1994 年。
⑬ 陕西省考古研究所、陕西省安康水电站库区考古队:《陕南考古报告集》，三秦出版社，1994 年。
⑭ 陕西省考古研究所:《龙岗寺——新石器时代遗址发掘报告》，文物出版社，1990 年。

白家村遗址位于陕西省临潼县油槐乡白家村，1982～1984年发掘，揭露面积1366平方米。发现房址2座，灰坑49个，墓葬36座，兽葬坑1处，出土陶器300余件，石器92件，骨器69件和蚌器49件。该遗址的文化遗存比较单纯，没有其他不同时期的文化堆积，而且遗迹和遗物也较丰富，因此，发掘者提出，白家村文化遗存可以作为这一文化类型的代表，可命名为"白家村文化"[①]。从整体上观察，白家村遗址的文化内涵中存在诸多文化因素，与大地湾一期文化是相似的，同属于一个文化范畴，可划入大地湾一期文化。

老官台遗址位于华县城西南的一台地上，1959年试掘。发现有两个灰坑及其出土的陶、石器等遗物。陶器皆属残陶片，陶质以夹砂粗红陶、泥质红陶为主，细泥黑陶较少，有1片细泥白陶。器表经精工打磨，内壁也多打磨过，纹饰有划纹、绳纹、刻齿纹、刻槽纹、锥刺纹、附加堆纹和彩绘等。以划纹和刻齿纹居多，彩绘仅见朱红色彩纹一种。

零口遗址位于陕西省临潼县零口镇零口村东北部，1994～1995年发掘，揭露面积470平方米，发现白家村文化、仰韶文化和尚待命名的零口二期文化遗存，这里主要是介绍零口二期文化的内涵。属于该文化的遗迹有房址、窖穴和墓葬，房址平面呈圆角长方形，为半地穴式建筑，有一双室房，门朝东南，室内有矮梁相隔，四周有带壁柱的草泥墙，室中有一稍粗的柱洞，当属支撑屋顶的立柱遗迹。窖穴有圆形或椭圆形和圆角方形或长方形等多种形式。墓葬均为单人仰身直肢葬，皆无随葬品。其中第21号墓较特殊，墓为浅穴土坑，内埋一女性，年龄17岁左右，两肘关节和左膝关节被扭断，致使肢骨错位，不见左手。自头骨直至盆骨，共插有18件骨器，有笄、镞和叉等，有的骨器直穿进骨骼，极为罕见。遗物有石、骨、陶器三类。石器有斧、铲、凿、磨盘、磨棒和锉等多种。骨器主要是锥、铲、针和笄等几种。陶器发现较多，分泥质陶和夹砂陶两陶系，以泥质红陶为主，泥质褐陶和夹砂褐陶次之，有少数泥质黑陶和白陶。陶器制法主要采用泥条盘筑法。陶表面多经磨光，纹饰有刻划纹、斜绳纹、弦

[①] 中国社会科学院考古研究所编著：《临潼白家村》，巴蜀书社，1994年。

纹、戳刺纹、指甲纹和彩绘等。器形有：小口平底瓶，小口束颈，口部呈杯形或直口平唇或唇稍内敛（图四，1、2、7、9）；圜底钵，口沿绘一周红色宽带纹，纹面较宽，达6.5厘米（图四，3）；假圈足碗，素面（图四，4、13）；陶盂，敛口鼓腹（图四，5）；大口瓮，腹上部饰有弦纹（图四，6）；假圈足盆，直口深腹，器体较大，口径达34.4厘米（图四，8）；折腹盆，腹部明显内折（图四，14）；罐形鼎，圜底部接三个尖锥状长足，素面（图四，10）；深腹罐，腹上部饰弦纹（图四，11、15）；器座，呈亚腰形或圆圈形，后者周缘捻捏成花朵状的花边（图四，12、17）；大口罐，器表饰有刻划纹（图四，16）[①]。

西区包括宝鸡北首岭、关桃园、福临堡、高家村和武功郑家坡等遗址[②]，其中，北首岭遗址发现较早，遗迹、遗物亦较丰富，可把它作为典型单位，统称为北首岭类型。

北首岭遗址位于陕西省宝鸡市东北部，1958～1960、1977～1978年经多次发掘，揭露面积4727平方米。发现房址50座，窖穴75个，陶窑4座，墓葬451座，出土陶器900多件，石、骨器及装饰品等遗物共5000余件。文化内涵包括仰韶文化早、中、晚三期，本文仅介绍早期的遗迹和遗物，窖穴主要是口小底大的袋状穴，有一种圆形窖穴形制比较特殊，在穴内壁的一侧设有两级至三级台阶，以便人们上下进出，如第12号袋状窖穴，口径1米，底径1.3米，深1.4米，窖穴内壁设有两级台阶，从一级经二级台阶直至底部，不是直梯式，而是作弧形旋转而下的。据发掘者目测，底部还遗有谷物痕迹，推知该窖穴是作为储藏粮食用的。该遗址发现的墓葬不少，但属于早期的不多，明确属于早期的有第10、13、14号等几座墓，其形制皆长方形竖穴土坑墓，方向多朝西北，葬式既有单身葬，也有多人合葬，以仰身直肢葬为主，次为二次葬，墓内一般都有陶器等随葬品。比较罕见者是第10号墓（原编号为77M10），长方形竖穴坑，墓坑较大，长3.68米，宽2.82米，深0.5米，墓坑南壁遗有板灰痕

---

① 阎毓民：《零口遗存初探》，《远望集——陕西省考古研究所华诞40周年纪念文集》，陕西人民美术出版社，1998年。

② 杨亚长：《试论老官台文化的类型与分期》，《考古与文物》1992年第4期。

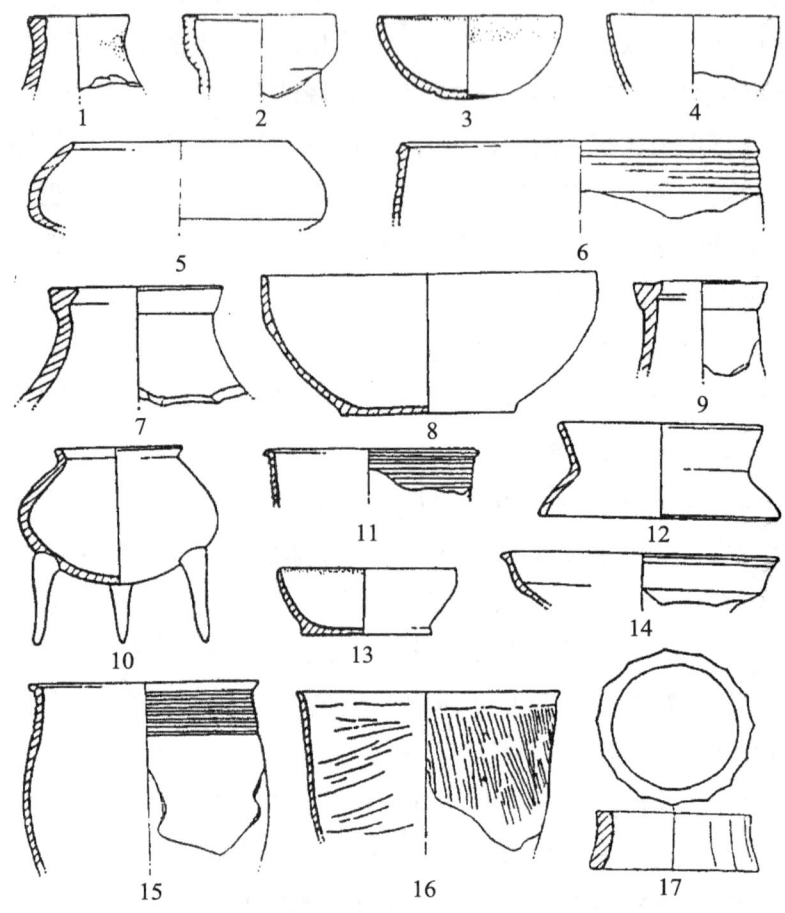

图四 零口遗存陶器

1、2、7、9.平底瓶口（H51∶10、T13⑥a∶15、T6⑧∶16、T14⑧∶19） 3.圆底钵（H35∶11） 4、13.假圈足碗（T14⑥b∶8、T14⑧∶10） 5.盂（T6⑥a∶25） 6.瓮（T14⑦a∶12） 8、14.盆（T13⑦b∶9、T14⑧∶24） 10.鼎（T6⑤∶22） 11、15.弦纹罐（T14⑦b∶31、T6⑦∶24） 12、17.器座（H23∶5、T6⑦∶23） 16.划纹罐（H35∶14）

（采自《零口遗存初探》图一）

迹，推测当时原有木质葬具，墓内共有五人并排埋葬，经鉴定，3人为女性，年龄30～35岁，二人为男性，年龄30～45岁，各人骨间距大体均等，不论男性或女性，都有随葬品，而且多陈放在脚下，随葬品有陶钵、碗、罐、鼎和骨镞、牙饰以及榧螺等，共有陶器18件，骨镞16枚，榧螺6件。陶器以钵、碗和三足器为主要组合形式（图五）①。

北首岭遗址出土的陶器以泥质红陶和夹砂红陶为主，但多数陶器呈色不纯，往往出现灰褐色斑驳，纹饰有绳纹、戳刺纹、划纹、附加堆纹和彩绘等，绳纹一般较细，划纹纹样有水波状、曲折形，附加堆纹多作二方连续的半月形、圆圈形、圆小点和乳丁状等多种纹样。彩陶为数极少，纹饰简单，仅在陶钵或碗的口沿绘一周红彩带纹，个别的出现有内彩。器形有钵、碗、罐、鼎、盂等。圜底钵，呈半球形，素面（图六，1）。彩陶钵，在器口绘一周红彩带纹（图六，2）。平底碗，在口沿绘一周红彩带纹（图六，3）。深腹碗，为敞口小平底（图六，4）。凹底罐，底部稍内凹，器表遍饰绳纹（图六，5）。圆腹罐，颈肩间饰一周戳刺纹，腹部饰斜绳纹（图六，6）。带把鼎，长颈圆腹，肩部附一把手，腹部饰粗绳纹（图六，7）。陶盂，腹下部内收成小平底（图六，8）。圆腹鼎，底接三个锥形足，腹部饰绳纹，颈、肩间饰锥刺纹（图六，9）。三足罐，为侈口筒腹，器表饰满绳纹（图六，10）。鹅蛋形三足罐，底接三个小扁足，器表遍饰绳纹，颈肩间饰一周附加堆纹（图六，11、12）。鼎，造型上有些变化，圆腹或椭圆腹，长颈或短颈，但三足均作尖锥形，器表皆饰有斜绳纹与附加堆纹等纹饰（图六，13～16）。

关桃园遗址位于陕西省宝鸡市西约80公里，2002年发掘，揭露面积2500平方米。发掘的最大收获是发现了大地湾一期文化和北首岭下层类型的房址和墓葬等100多座，出土陶、石、玉、骨器等文化遗物300多件，完整或可复原的陶器有100余件。清理房址4座，平面呈圆形或圆角方形，房址面积较小，周围留有柱洞，房内地面及墙壁抹一层礓石面，房内设有灶坑。墓葬6座，有小孩瓮棺葬和成人竖穴土坑墓，有的墓内有

---

① 中国社会科学院考古研究所编著：《宝鸡北首岭》，文物出版社，1983年。

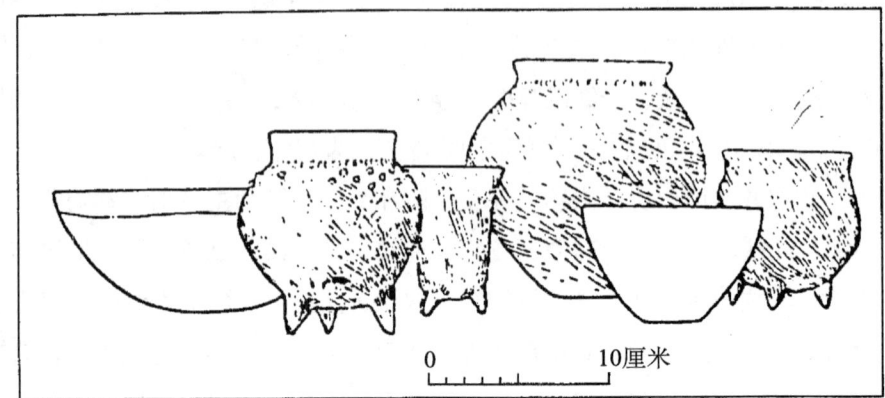

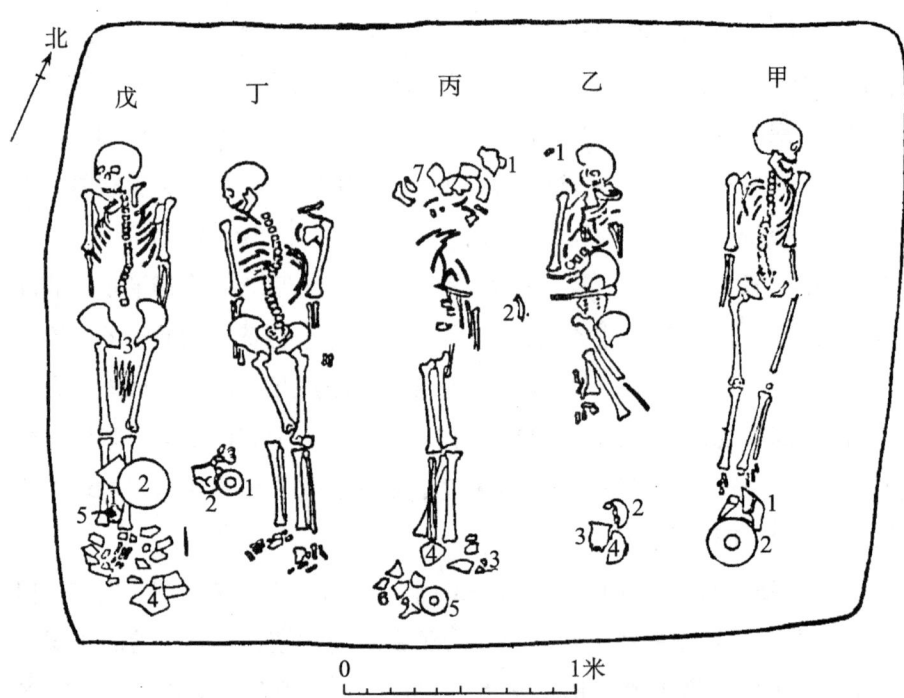

图五　北首岭 M10 平面、陶器组合图

甲：1.陶鼎　2.陶碗　乙：1.樞螺　2.陶钵　3.陶鼎　4.陶碗　丙：1.陶鼎　2.牙饰
3.陶鼎　4.陶碗　5.陶钵　6.陶罐　7.樞螺　丁：1、4.陶钵　2.陶鼎
3.陶碗　戊：1.樞螺　2.陶钵　3.骨镞　4.陶片　5.陶鼎
（引自《宝鸡北首岭》图七五、九二）

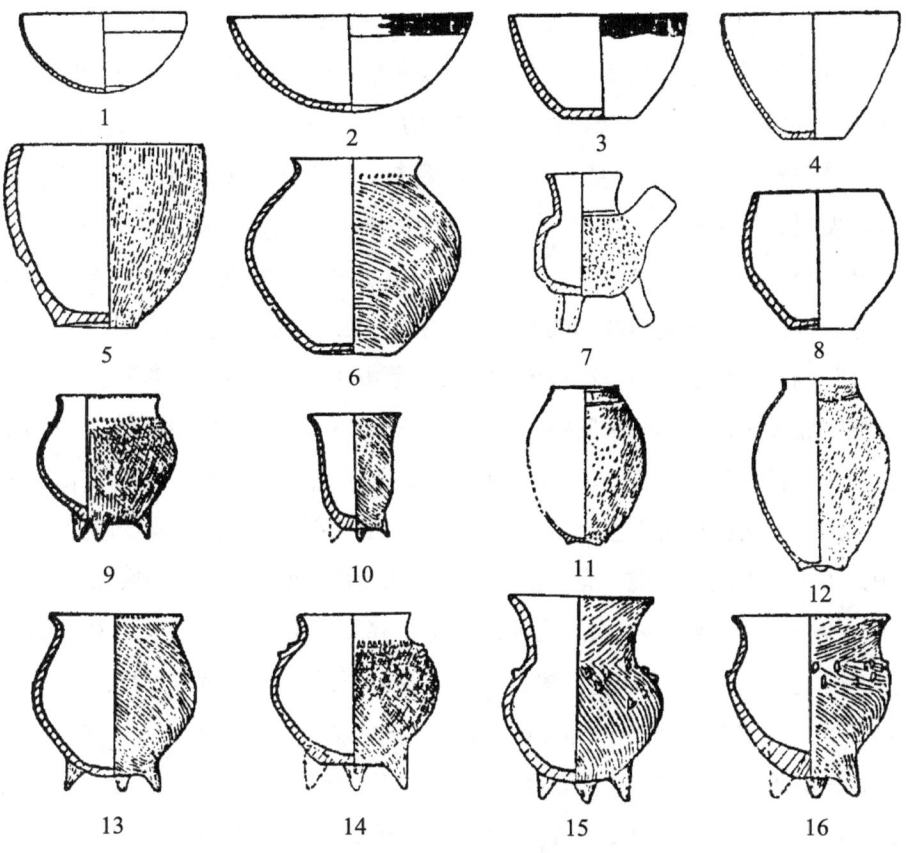

图六 北首岭下层陶器

1、2.钵（77T2:7、78M10:4） 3、4.碗（M10丙:4、T2:7） 5.凹底罐（F2:7）
6.圆腹罐（M10丙:6） 7.单把鼎（H13:5） 8.盂（M13:5） 9.鼎（M10丙:1）
10.三足罐（M10乙:3） 11、12.鹅蛋形三足罐（H9:1、H11:1）
13~16.鼎（M10甲:1、M10丙:3、M14:4、M14:5）

陶、石、玉器等随葬品。陶器以夹细砂的褐陶、红陶为主，次为泥质红陶，有少量黑、灰陶，最有特色的有内黑外红、夹黑芯和下灰上红的陶器，纹饰以细密的绳纹为主，还有锥刺纹、划纹和附加堆纹等。器类有平底钵、平底碗、圈足碗、三足罐、圈足罐、小口圆腹罐、直领鼓肩三足罐、小口壶、直领瓮、大口缸和高圈足杯等，其中，直领鼓肩三足罐、大口缸和高圈足杯等系新发现的器类。在第 123 号窖穴内发现的玉环，器型规整，堪称珍品[①]。

---

① 张天恩、刘明科、张昀：《宝鸡关桃园遗址发现前仰韶时期文化遗存》，《中国文物报》2002 年 10 月 11 日。

南区包括西乡李家村、何家村、紫阳马家营、白马石、南郑龙岗寺、汉阴阮家坝等遗址，共有10多处①。以李家村遗址发现最早，可作为这类文化遗存的典型代表，统称为李家村类型。

李家村遗址位于西乡县葛石乡李家村。1960～1961、1982年进行了多次发掘，发掘面积1310平方米。发现房址1座，灰坑41个，陶窑1座，墓葬4座，出土陶器139件，石器263件。房址和陶窑均残，不完整。墓葬保存较好，有小孩瓮棺葬和成人竖穴土坑墓，瓮棺系由一白陶三足罐、上扣一红陶圈足碗组成，内埋小孩尸骨。成人墓第1号墓，随葬器物较多，计有红陶凹底罐1件，黑陶平底钵5件，白陶三足器4件，红陶圈足钵3件，石铲1件，打制石片1件。陶器皆为小型容器，口径一般为10厘米左右，在墓内的一端按器形类别上下叠压放置。陶器的质料以内黑外红陶和夹砂灰白陶为主，次为泥质黑陶，有少量夹砂红陶和泥质红陶。纹饰以线纹和绳纹为主，少数为锥刺纹和布纹，锥刺纹仅见凹底罐肩部，布纹仅见于圈足碗底部，未见彩陶。器形有碗、钵、三足罐等：圈足碗，是该遗址出土最多的陶容器，占现存陶器的半数以上，器表多拍印斜线纹（图七，1～3）。三足罐，为深腹，底部接三个角锥状足，器身遍饰竖绳纹，但口沿外饰一周斜绳纹（图七，4）。三足钵，是底部接三个锥状足而成，器表饰斜绳纹（图七，5、6）。黑陶钵，直口平底，均素面（图七，7、9）。圜底钵，系内黑外红陶质，器体呈半球状，口沿外表饰一周斜线纹，腹部饰交叉线纹，器体较大，口径达36厘米（图七，3）。平底钵，系浅腹小平底，腹部饰线纹（图七，10）。凹底罐，为侈口深腹，底稍内凹，肩部饰一周锥刺纹，腹部遍饰斜绳纹（图七，11）。上述圈足碗、平底钵和三足钵、三足罐等是该遗址出土的主要陶器，可作为李家村类型具有代表性的典型器物②。

何家湾遗址位于西乡县板桥乡何家湾村西，1980～1982年发掘，揭露面积1475平方米。在该遗址第5文化层中，出土李家村类型的文化遗存，未发现遗迹，但出土有石、骨、陶器等文化遗物，共有35件。石器有斧、

---

① 杨亚长：《试论老官台文化的类型与分期》，《考古与文物》1992年第4期。
② 陕西省考古研究所、陕西省安康水电站库区考古队：《陕南考古报告集》，三秦出版社，1994年。

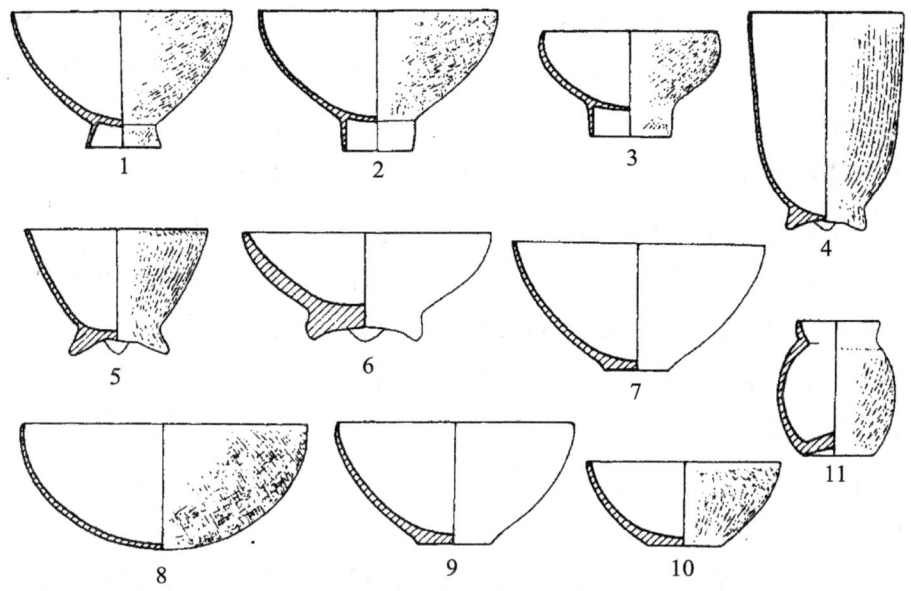

图七　李家村遗址出土陶器

1～3.圈足碗　4.三足罐　5、6.三足钵　7、9.黑陶钵　8.圜底钵　10.平底钵　11.凹底罐

铲、锛、网坠等。骨器有针、镞、锥等。陶器以夹砂灰白陶和泥质内黑外红陶为主，纹饰主要是斜线纹和细绳纹，器类简单，仅圈足碗和三足罐两种。

阮家坝遗址位于陕西省汉阴县渭溪乡阮家坝村西，1987～1988年发掘，揭露面积980平方米。在该遗址第6、7层为李家村类型文化层，发现灰坑19个、瓮棺葬3座和陶、石器等文化遗物，共176件。瓮棺葬具为三足罐和圈足碗，葬具的底部多穿一小孔。陶器质料以泥质内黑外红陶为主，次为夹砂灰白陶，少量泥质黑陶和泥质红陶。纹饰有线纹、绳纹居多，少量戳刺纹和红彩或黑彩宽带纹。器形有三足罐、圈足碗、平底钵、圜底钵、凹底罐、杯等。还有玉饰，略呈半圆形，两面磨光，周缘刻有锯齿状花边。

马家营遗址位于陕西省紫阳县汉城乡马家营村南，1986～1987年发掘，揭露面积910平方米。在该遗址下层发现有李家村类型的灰坑3个，长方形竖穴墓葬1座，石器38件，完整陶器4件。陶质、纹饰与李家村遗址出土的相同，但器类较少，完整器仅见三足罐和圜底钵两种[①]。

---

① 陕西省考古研究所、陕西省安康水电站库区考古队：《陕南考古报告集》，三秦出版社，1994年。

龙岗寺遗址位于陕西省南郑县石拱乡爱国村西北部，1983～1984 年发掘，揭露面积 1875 平方米。该遗址包括不同时期的文化堆积，其第 4 层为李家村类型文化层，发现李家村类型墓葬 7 座，灰坑 9 个。灰坑分圆形和方形两种。墓葬多呈长方形竖穴土坑墓，仰身直肢葬或二次葬，墓内出有石铲、骨锥、陶碗和三足罐等随葬品，共 27 件。陶器分细泥红陶、夹砂红陶，夹砂灰白陶、细泥黑陶。纹饰有线纹、绳纹、戳刺纹和乳丁状等附加堆纹等。器形有钵、碗、壶和三足罐等。钵，呈半球形，素面（图八，1），碗，弧壁平底（图八，2），圈足碗，腹部饰斜绳纹（图八，3），折腹罐，腹下部有一周折棱，底稍内凹（图八，4），壶，腹部有一对环形耳（图八，5），三足罐，深腹，底接三个锥形足，器表饰绳纹（图八，6），圆腹三足罐，器表饰绳纹（图八，7），筒腹三足罐，圆筒体，底接三个乳丁状小足，器表饰竖绳纹，体积大，但三足却很小，这种造型较为罕见（图八，8），瓮，深腹平底，器表饰绳纹，器体较大，高达 34 厘米以上（图八，9）。陶器以三足罐和钵为最常见，也是陶器类的基本组合形式。还出土少量绿松石饰品，呈圆形或长方形，均穿孔，可系绳串挂，作为先民身上佩挂的装饰品[①]。

从上述北首岭、李家村类型有关遗址的介绍中，不难看出它们的文化内涵既有共性，但也存在差别。这在陶器方面表现特别明显，两者陶器在陶质、色泽、器形和纹饰等方面，都有相同的文化因素，如陶器都有夹砂红褐陶或夹砂灰褐陶，陶色不纯，常出现灰、黑、棕色等斑驳、在纹饰上，一般都拍印有绳纹和锥刺纹以及附加堆纹等。在器形上，皆有圜底钵、平底碗和三足器等主要器类。但是，在这些文化因素中，又存在着明显的差别，有的是在同类器物的造型上有变化，有的是某类型独有的器物，也有的是同类物在数量的比例上有较大差距等多种因素。例如，在陶器的陶质上，北首岭类型陶质是以泥质红陶和夹砂红陶为主，而李家村类型却以泥质内黑外红陶、夹砂灰白陶和泥质黑陶为特征。在纹饰上，除素面者外，北首岭类型的锥刺纹和附加堆纹较常见，且形式多样，李家村类

---

① 陕西省考古研究所：《龙岗寺——新石器时代遗址发掘报告》，文物出版社，1990 年。

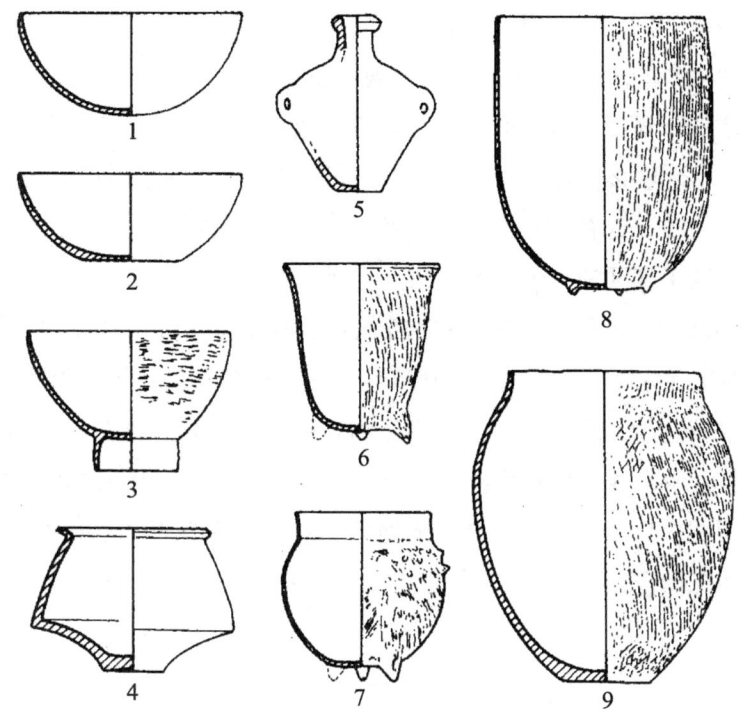

图八 龙岗寺遗址出土陶器

1.钵（M414:3） 2.碗（M423:3） 3.圈足碗（T2④:1） 4.折腹罐（M414:2） 5.壶（M406:4） 6.三足罐（T38③:3） 7.三足罐（M416:1） 8.三足罐（H125:5） 9.平底瓮（H164:1）（均引自《龙岗寺》一书）

型却很少。在陶器的器形方面，北首岭类型以三足钵、圜底钵、三足罐和小口圆腹罐为主，而李家村类型是以圈足碗、平底钵和三足罐为常见，同样是三足罐，造型却迥异，前者呈鹅蛋形，底下按三个小扁足，有的足矮小，呈乳丁状，后者却似直腹筒形罐，底按三个尖锥形足。同样是圈足碗，前者圈足较矮，后者圈足较高。还有北首岭类型的单把鼎或侈口高领鼎为该类型所独有，属于李家村类型的龙岗寺遗址，出土的折腹罐和小口折腹壶，也是其他类型所不见。近年，在宝鸡关桃园遗址发现的高圈足杯，为新添的器形，属于北首岭类型，不见于同时期的其他遗址。

零口遗址是近年来新发现的文化类型，其文化面貌与前两个类型有较大差别，它的陶器是以泥质红陶为主要陶系，并以表面磨光的陶器为主，其次为划纹，弦纹占一定比例，这与前者以夹细砂红陶和绳纹为主的陶器，显然不同。在器形方面，不见北首岭或李家村类型常见的绳纹圜底钵、圈足碗和三足器等器形，而出现较多的是小口瓶和深腹罐等，并有罕见的罐形长足鼎。瓶口有杯形直口方唇或敛口尖唇，也有唇面上有一周凹槽的，形式较多。罐可分为素面罐、划纹罐和弦纹罐等多种，这些文化因素就成为零口遗存的独具特征，所以，发掘者便提出"零口文化"的命名。它代表了东区的一个地区性文化类型。

上述北首岭、零口、李家村三个类型，根据碳 -14 年代测定，北首岭类型绝对年代为距今约 7300～6900 年，李家村类型为距今约 7200～6800 年①，零口遗存址二期文化的年代距今约 7300～6600 年②，其开始年代相差 100 余年，结束时间相差大约 300 年。这说明它们是时代大体相当的不同地区的不同文化类型，由于所在的地区不同，受不同地区环境的影响和制约，反映在物质文化上，自然就会产生某些差别。

四

20 世纪 70 年代发掘北首岭遗址时，在该遗址的下层发现了早于仰韶文化半坡类型的文化遗存，压在它上面的文化层是仰韶文化半坡类型的文化遗存。进入 80 年代又在天水师赵村与西山坪两遗址发现了同样的地层叠压关系。这就从地层上解决了两者的相对年代，即师赵村一期文化早于半坡类型。关于师赵村一期文化与半坡类型的关系问题，可以从陶器方面进行探索，从陶器的纹饰和器形等方面的异同进行分析比较，半坡类型的陶器纹饰是以绳纹为主，次为锥刺纹、弦纹，彩陶占一定比例。器类常见的有圜底钵、平底钵、碗、平底盆、夹砂绳纹罐或瓮等，这些陶器的纹饰与器形，有诸多是与师赵村一期文化的同类器是相同或相似的，如圜底钵与平底碗或钵，圈足碗或假圈足碗，两者如出一辙，还有夹砂绳纹罐或瓮，其器形和纹饰都很相似。所以，我们认为，师赵村一期文化与半坡类型存在着上下承袭的关系。

---

① 中国社会科学院考古研究所编：《中国考古学中碳十四年代数据集》(1965～1991)，文物出版社，1992 年。

② 周春茂：《关于零口村文化的年代问题》，《考古与文物》2002 年第 1 期。

对于仰韶文化半坡类型和早于它的文化遗存的关系问题,曾有很多专家、学者做过分析研究。早在1964年,夏鼐先生在《我国近五年来的考古新收获》一文中指出:"1960～1961年在西乡李家村的发掘,确定了这里文化遗存中有它典型的两种陶器——圈足钵和三足器。前者多内涂黑衣,外作红色,并饰以弦纹或细绳纹,下附三足,器壁和足都外饰绳纹。它和典型的仰韶文化有密切的关系,是探索仰韶文化前身的一个较可靠的新线索。"[1]1965年苏秉琦先生在《关于仰韶文化的若干问题》一文中也指出:"这类遗存(指北首岭、元君庙下层遗存——作者注)的特征器物有:刻划纹、极细绳纹或细绳纹上加划纹夹砂罐,假圈足或圈足钵,口部加刻齿纹带、淡褐色硬质陶钵碗,折沿小口大腹光面泥陶罐和三足器等。这类文化遗存无疑是半坡类型的仰韶文化具有一定的渊源关系,如它的锥刺纹泥陶罐、口施一道彩带的钵碗、砂陶罐等,都和同址较晚遗存中的同类器有传统关系。"[2]《宝鸡北首岭》发掘报告中,执笔者认为:"从北首岭遗址来看,早期遗存陶器中的Ⅰ式钵、Ⅰ式壶、Ⅲ式碗、Ⅳ式碗都与中期遗存(即仰韶文化半坡类型)的同式陶器完全一致,而且,早期遗存中的小口罐、Ⅰ式直腹小平底罐等器物与中期遗存的Ⅰ-Ⅱ瓶、Ⅱ式小口直腹小平底罐的器形相当接近。此外,墓葬习俗也相当一致。"[3]以上各家虽然对陶器的名称及其型式的划分不尽一致,但有一共识,就是都认为早于仰韶文化的北首岭下层遗存与仰韶文化半坡类型存在着密切的关系。

北首岭下层遗存的主要文化因素与师赵村一期文化相似。师赵村一期文化与仰韶文化半坡类型有着不可分割的传统关系,我们可从天水师赵村与西山坪两遗址发掘出土的大量陶器分析比较中,提供了有力的例证。例如两者的陶器的主要器类,均是圜底钵、平底碗或钵、浅腹盆、侈口平底罐与深腹瓮等,在纹饰方面,两者均以绳纹为主,其次为锥刺纹与划纹等。还有数量不等的彩陶,其中,彩陶钵或碗,师赵村一期文化与半坡类型都是代表性的典型器物,两者不仅器形酷似,而且环施器口一周的宽彩

---

① 夏鼐:《我国近五年来的考古新收获》,《考古》1964年第10期。
② 苏秉琦:《关于仰韶文化的若干问题》,《考古学报》1965年第1期。
③ 中国社会科学院考古研究所编著:《宝鸡北首岭》,文物出版社,1983年。

带纹也完全相同。可以说，半坡类型的这种彩陶钵或碗是继承了师赵村一期文化彩陶工艺传统的。

在探索两者的关系时，还可从该文化的分布空间和年代学方面去考察，迄今已知的师赵村一期文化的遗址，都毫无例外地都处在仰韶文化半坡类型的分布中心区域，如渭河中上游、汉江及西汉水上游等。现在，已发掘的北首岭、关桃园、师赵村与西山坪等遗址都在渭河上游地区，并且，都发现有这两种文化遗存上下叠压的地层关系，即半坡类型文化层在上，师赵村一期文化在下，这绝非偶然，而是客观地反映了两者分布的一致及其关系的密切性。

从年代学考察，师赵村一期文化与北首岭下层遗存经碳-14年代测定，高精密度树轮较正，其绝对年代约为公元前5300～4900年，半坡类型的绝对年代约为公元前4800～前3800年[①]，两者年代上下紧密衔接，说明它们是早晚承袭关系。

上面从地层学、类型学与年代学等学科综合分析，都说明了师赵村一期文化与半坡类型的关系是极为密切的，并且，它们之间有着内在传统的继承性，换句话说，仰韶文化半坡类型是起源于师赵村一期文化。

五

师赵村一期文化遗存的发现，在考古学研究中具有重要的学术意义。

第一，师赵村一期文化遗存在甘青地区是首次发现，过去在这个地区仅知晚于大地湾一期文化的仰韶文化半坡类型，不了解在其两者之间还存在一个重要的文化遗存，即师赵村一期文化。大地湾遗址有着丰富的文化内涵，除大地湾一期文化遗存外，还有仰韶文化早、中、晚期遗存，但始终未出土师赵村一期文化这类遗存，所以，师赵村一期文化的发现，为甘青地区史前文化发展序列中填补了极为重要的一环，这应该说，在学术上是个重要的突破。

---

① 中国社会科学院考古研究所编：《中国考古学中碳十四年代数据集》（1965～1991），文物出版社，1992年。

第二，通过师赵村与西山坪等遗址发掘资料的整理和研究，对师赵村一期文化的内涵及其有关问题，有了较全面系统的了解，尤其这里出土了一批特征明显的陶器群，为我们识别或鉴定这类文化的陶器特征、分期与文化性质等方面，提供了一个可资借鉴的标尺。

第三，过去命名为老官台文化，实际上是包括了大地湾一期文化和北首岭下层两种文化遗存，即合二为一。自20世纪80年代在西山坪遗址发现两者地层叠压关系后，才把它一分为二，并且明确了两者的相对年代，即大地湾一期文化早于师赵村一期文化，分清了两者的不同文化内涵，这在新石器时代考古研究中具有重要意义。

第四，在师赵村与西山坪遗址发现师赵村一期文化与仰韶文化半坡类型的地层叠压关系，前者在下层，后者在上层，并通过文化层出土物的分析研究和年代学的考察，论证仰韶文化半坡类型是渊源于师赵村一期文化，这无疑对学术界多年来关注仰韶文化来源问题的研究，是有参考价值的。

第五，师赵村一期文化的发现，为探索与邻近地区同时代或不同文化类型的关系，如与陕西境内的同时期不同文化类型的关系等诸多问题，提供了大量可资分析比较的实物资料。同时，采用分区研究的方法，把它分为东、西、南三个区，东、西区的划分以西安为界，西安以东为东区，西安以西则为西区，南区即指陕南地区，每区选一典型遗址作为文化类型的代表，如西区以北首岭类型为代表，南区以李家村类型为代表，东区则以零口遗存作为典型单位。这样不但为区系类型的研究奠定基础，而且，也扩大、加深了我们在更大范围内开展对该文化内涵的研究。

总之，师赵村一期文化是晚于大地湾一期文化，而早于仰韶文化半坡类型的文化遗存，它不是原先概念的老官台文化，而是一支独具特征的考古学文化，在我国西北地区物质文化史的研究中占有重要地位。故试作此文论述之。

（本文原载《新世纪的中国考古学——王仲殊先生八十华诞纪念论文集》，2005年）

论马家窑文化石岭下类型

马家窑文化石岭下类型因在甘肃武山县城关镇石岭下村首先发现而得名。1947年裴文中教授调查发现，20世纪50年代以来对该遗址进行多次调查或试掘工作。遗址面积约14万平方米，出土新石器时代马家窑文化石岭下类型的灰坑等遗迹和大量的石器、陶器等遗物，文化内涵属于马家窑文化，但它具有独自的特色，因此被考古学界命名为石岭下类型，同时也发表了不少研究成果和看法。本文拟在前人研究的基础上对它进行梳理、归纳，对有争议的学术问题提出个人的浅见，与学界同仁商讨，以期对石岭下类型的研究能进一步深入。

一

石岭下遗址是1947年裴文中教授调查渭河流域古人类遗址时发现的[1]。1957年秋季甘肃省文管会在渭河上游渭源、陇西、武山三县开展文物普查时做了复查。对该遗址的范围、文化层厚度和采集的文化遗物等，都做了记录，在该遗址采集有彩陶片等文化遗物[2]。

1959年8月，上海博物馆马承源、李鸿业和甘肃博物馆张学正等同志对石岭下类似的甘谷灰地儿遗址进行考查。灰地儿遗址属甘肃甘谷县五

---

[1] 裴文中：《甘肃史前考古报告》，《裴文中史前考古学论文集》，文物出版社，1987年。
[2] 甘肃省文物管理委员会：《甘肃渭河上游渭源、陇西、武山三县考古调查》，《考古通讯》1958年第7期。

甲庄，位于渭河北岸的台地上。遗址面积约14万平方米，文化层较厚，达4米，采集的陶器较多，有完整而罕见的陶屋模型和细颈彩陶瓶等重要陶制品①。

1961年9月，甘肃省博物馆张学正和黄河水库考古队张国柱及笔者对石岭下、灰地儿等遗址又进行了一次比较仔细的考察，对两处遗址分别做了较详细的记录，"建议再作一次发掘"。第二年即1962年，甘肃省博物馆文物队欣接我们的建议，对石岭下遗址作了发掘。这次主要收获是："在武山石岭下发现的典型马家窑类型地层之下，还有一层文化面貌更接近于庙底沟类型的文化遗存。"②类似这种文化遗存，后来在甘肃临洮马家窑，天水罗家沟、师赵村、西山坪，武山傅家门等遗址都有发现这种三层文化的叠压关系，其中，经过较大规模发掘的有师赵村、西山坪和傅家门等遗址。

1981～1989年中国社会科学院考古研究所对天水师赵村遗址进行了13次不同规模的发掘工作。师赵村是甘肃天水市太京乡师家崖和赵家崖两个村的简称，即取自村名的首字，相连为师赵村而得名。遗址坐落在藉河北岸台地上。该遗址是1956年甘肃省文物管理委员会在渭河上游普查古遗址时发现的。总面积共20万平方米。发掘面积5370平方米。主要收获是发现了师赵村一期至七期文化遗迹和遗物，计有房址36座、窖穴50个、陶窑6座、祭祀遗迹2座、墓葬19座。出土石器、骨器、陶器等遗物共1600余件。其中，属第四期即石岭下类型的房址2座、陶窑1座、窖穴2个、墓葬5座。出土石器、骨器、陶器等遗物共182件。1986～1990年中国社会科学院考古研究所对天水西山坪遗址进行发掘。西山坪遗址位于天水市西15千米的藉河南岸台地上，隶属天水市太京乡甸子村葛家新庄。遗址总面积20万平方米。揭露面积共1525平方米。发现马家窑文化不同类型的房址3座、窖穴22个、墓葬4座、祭祀坑1座。其中，包括石岭下类型的窖穴和石器、陶器等遗物③。

---

① 马承源：《甘肃灰地儿及青岗岔新石器时代遗址的调查》，《考古》1961年第7期。
② 甘肃省博物馆、北京大学历史系考古专业运城发掘队：《从马家窑类型驳瓦西里耶夫的"中国文化西来说"》，《文物》1976年第3期。
③ 中国社会科学院考古研究所：《师赵村与西山坪》，中国大百科全书出版社，1999年。

1991～1993年中国社会科学院考古研究所对武山傅家门遗址进行了5次发掘。傅家门遗址位于甘肃武山县西南25千米的马力乡傅家门村，坐落在榜沙河西岸的台地上。遗址揭露面积1200平方米。发现房址、窖穴等遗迹和石器、骨器、陶器等遗物。该遗址出土的石岭下类型较丰富，有房址2座、窖穴12个、墓葬1座、祭祀坑1座和石、骨、陶器等300余件。其中，祭祀坑和卜骨等遗物均是首次发现，为探讨该类型的文化面貌增添了新的内涵[①]。

二

石岭下类型的分布范围，主要在渭河上游及其支流葫芦河流域，次为西汉水和洮河流域。但其分布中心区域应在天水—武山一带。经调查发掘或采集有完整石岭下类型文化遗物的遗址有：天水市师赵村、西山坪、杨家坪、罗家沟、关子镇，武山县石岭下、傅家门，甘谷县灰地儿、王家坪、渭水峪，秦安县山王家，静宁县威戎镇和临洮马家窑等遗址。其中，石岭下、师赵村、西山坪、罗家沟和马家窑等遗址都发现有庙底沟类型在下，石岭下类型居中，马家窑类型在上的文化层叠压关系，这为确定石岭下类型的相对年代提供了地层依据。三者的相对年代即石岭下类型晚于仰韶文化庙底沟类型，而早于马家窑文化马家窑类型。其年代顺序为庙底沟类型—石岭下类型—马家窑类型。

石岭下类型出土的木炭标本经碳-14年代测定的共6个。甘谷灰地儿木炭标本经碳-14年代测定为公元前3980～前3640年。秦安大地湾木炭标本（H201∶20）经年代测定为公元前3947～前3697年。天水师赵村木炭标本（T104∶4）经年代测定为公元前3502～前3147年。天水西山坪木炭标本2个经年代测定（T32H7）为公元前3502～前3042年、（T37H13）为公元前3091～前2788年。武山傅家门木炭标本（T28H2）经年代测定为公元前3264～前2912年。经高精度树轮校正，其上下跨年

---

① 中国社会科学院考古研究所：《武山傅家门遗址的发掘与研究》，《考古学集刊》第16集，科学出版社，2006年。

在公元前3980年～前3042年①。石岭下类型与仰韶文化庙底沟类型，在彩陶器方面还存在一些共性，如陶质呈砖红色，彩绘花纹疏朗明快等。石岭下类型彩陶，部分陶表面施有白陶衣，彩陶花纹多以圆点、弧边三角、弧线组成的几何形纹和动物形纹。其中，以变形鸟纹和鲵鱼纹最具代表性，与仰韶文化不同。变形鸟纹主要表现鸟首、颈部及其羽毛的形态。鲵鱼纹亦称娃娃鱼纹。如今在甘肃天水、武山等地河流中仍能见到这种鱼，并且被视为珍稀的鱼类。陶器造型多样，主要的器形有碗、盆、壶、瓶、罐、瓮和陶屋模型等。

三

石岭下类型的先民多以氏族或部落为单位聚居在一起。聚落遗址包括房屋、窖穴、陶窑、墓葬和祭祀坑等。这些遗址保存较好的有傅家门和师赵村遗址。

房屋保存较好较完整的有多处。按其平面形制可分为圆形、椭圆形、方形、长方形等不同形式。如傅家门房屋（T212F2），呈椭圆形，为半地穴式建筑。口径3.3～4.3米，壁高0.3米。地面经加工修整，后又经火烧烤，质地坚硬，居住面中部有一圆形灶坑。灶坑内充满红烧土块，近灶旁放置石锛和彩陶盆各1件。门道突出于住室西侧，呈梯形，残长0.4米（图一）。傅家门房屋（T132F11），为长方形半地穴式建筑。长4.13米，宽3.24米，壁高0.6米。居室地面经夯打，平整坚硬，地面及墙壁经火烧烤以起到防潮作用。居室中部设一圆形灶坑。在灶坑周围除摆放有石斧、锛、刀、陶环各1件外，西北部还有1件残陶盆，东南部发现重叠在一起的卜骨5件及猪下颌骨2块（图二）。

在房屋的周围布有不同形式的窖穴，按其形制可分为筒形、袋形、盆形等三种，坑内皆为深灰色土堆积。土质内含灰烬、红烧土和木炭渣等杂物。坑内出土物主要是不同器型的残陶片。坑穴大小不一，最小者口径

---

① 中国社会科学院考古研究所：《中国考古学中碳十四年代数据集（1965～1991）》，文物出版社，1992年。

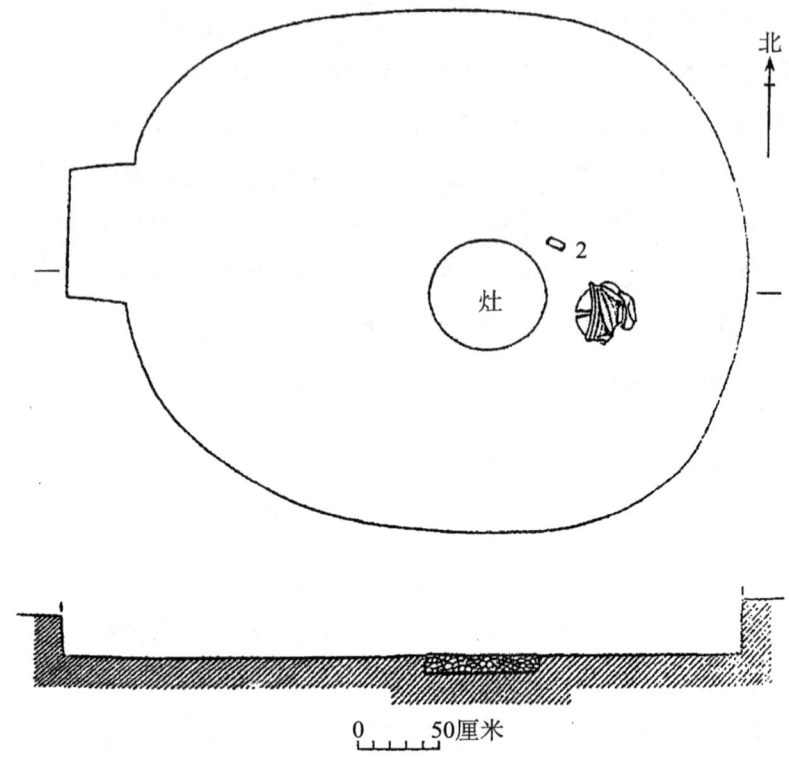

图一　石岭下类型房址（T212F2）平、剖面图

1.44米，深0.52米。最大者口径3米，深2米。一般在1.5～2米，深约1米。

在师赵村和傅家门遗址还发现一批石岭下类型的墓葬。其形制为长方形竖穴土坑墓，一般长2～3米，宽约1米。未发现葬具，葬式皆为二次葬，人骨保存欠佳，但有石锛、凿、石球和陶器等随葬品，其中，陶器多为残陶片。在墓底摆放有大小不等的鹅卵石，比较罕见。如师赵村遗址石岭下类型第4号墓（四期M4），墓底就出现摆放有序的鹅卵石14块，该墓为单人二次葬，人骨保存着四肢骨和上下牙床。随葬品有残陶片10件和兽骨1件。墓主人经鉴定，为一女性（图三）。师赵村遗址石岭下类型第5号墓（四期M5），墓底摆放有鹅卵石6块，为双人二次葬。随葬品较多，计有石球1件、磨石1件、陶环1件、陶片3件、鹿角1件和羊下颌骨1件，共8件。墓主人经鉴定，两人都是成年男性，两人均为25～30

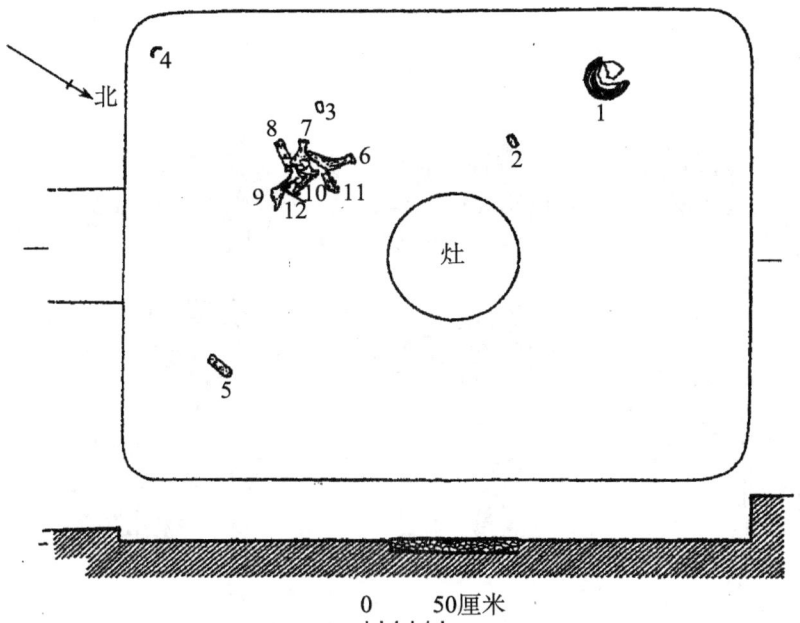

图二　石岭下类型房址（T132F11）平、剖面图

岁男人（图四）。傅家门遗址石岭下类型第1号墓（T247M1），为单人二次葬，墓底亦摆放有大小不等的砾石5块，随葬品有石球1件，残陶盆2件和兽骨1件，墓主人为女性儿童（图五）。这种在墓底摆放排列有序砾石葬制，曾在多处遗址发现。据报道，1947年在临洮寺洼山遗址"发掘一寺洼期之墓葬似曾经混乱者，人骨之旁、之下均有排列之大砾石甚多，或与墓葬有关"[①]1987年在酒泉干骨崖四坝文化遗址也发现类似的葬制。"在这类墓中堆放着从河床中取来的砾石，数量不等，少者一两块，多的五六十块……有的还把砾石摆成棺椁状……它反映出当时人们对死去的人很大的恐惧心理，为求生存者的平安，使用砾石将死者压住，使无法干扰生者的正常生活。"[②]1991年在傅家门遗址发现的第1号墓，同样在墓底发现摆放着大小不等的砾石5块。这说明该葬俗早在石岭下类型时期即已存在，后来影响到洮河流域和河西走廊等地区较晚时期的居民葬俗。这是史前考古发掘的新发现，为研究史前时期先民的葬俗，提供了重要的实物资料。

---

① 夏鼐：《临洮寺洼山发掘记》，《中国考古学报》，商务印书馆，1949年。
② 李水城：《三下河西——河西史前考古调查发掘记》，《文物天地》1990年第6期。

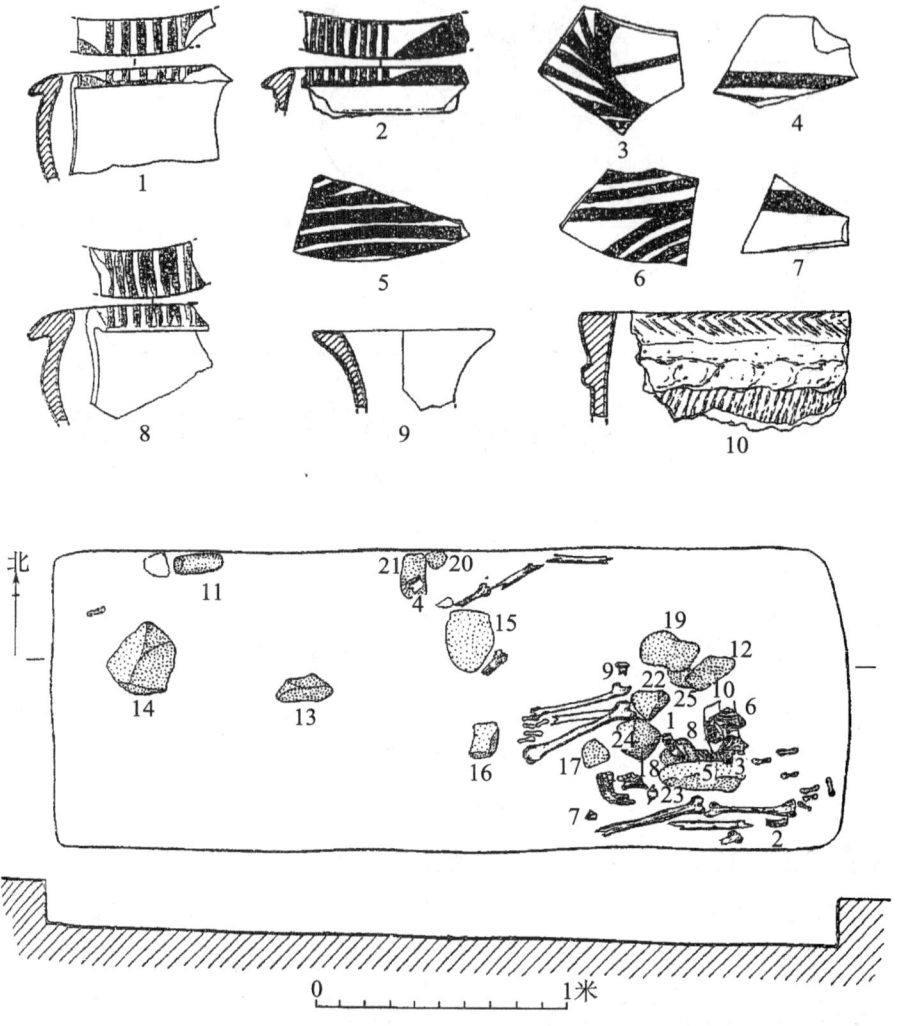

图三 师赵村四期墓葬（M4）平、剖面及器物组合图
1～8. 彩陶片 9. 陶瓶口 10. 陶瓮口 11. 石凿 12～25. 石块

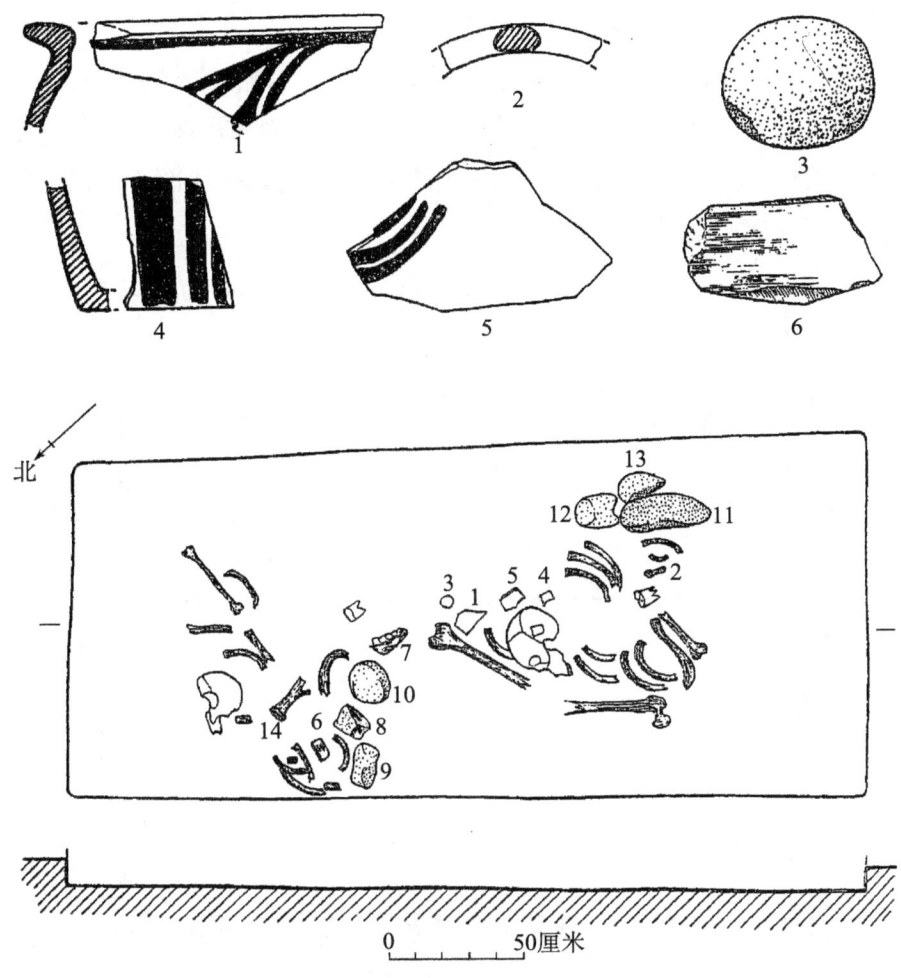

图四 师赵村四期墓葬（M5）平、剖面及器物组合图
1、4、5.彩陶片 2.陶环 3.石球 6.砺石 7.兽牙 8～13.石块 14.鹿角

四

　　石岭下类型居民的经济生活，是以原始农业为主，兼营畜牧业和狩猎业。从傅家门遗址出土的193件生产工具中，可知当时居民所用的生产工具，有石质的石斧、锛、凿、刀、镰、磨棒、磨盘和石球等，其中，石斧47件，石刀29件，凿16件，三项相加共92件。约占生产工具总数的一半。这几种工具应是最适用于生产活动的。石球、陶球出土量亦较多，表

明狩猎业也占一定的地位。还有陶纺轮、石纺轮、网坠和骨针、骨锥等纺织工具，反映在当时普遍经营纺织业。出土的动物骨骼经鉴定有：猪、羊、牛、狗、兔、梅花鹿和竹鼠等。猪、羊、牛等为饲养的家畜。竹鼠为野生动物，即为狩猎的对象。在家畜中猪是主要的畜种。据统计，出土的猪骨骼约占动物骨骼总数的一半[①]。

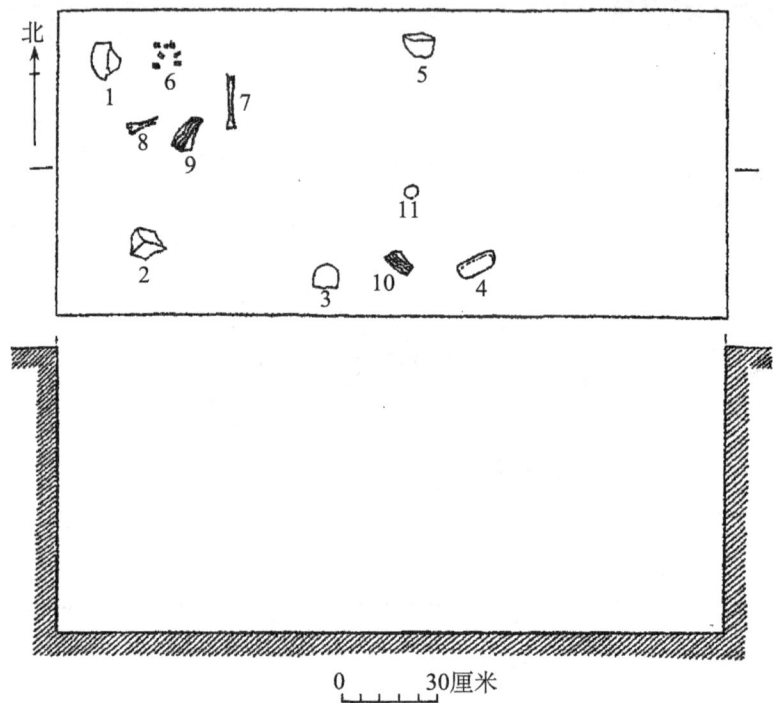

图五　石岭下类型墓葬（T247M1）平、剖面图
1～5.鹅卵石　6.人牙　7.人骨　8.兽骨　9、10.盆　11.石球

手工业中制陶业最为发达，生产的精美彩陶器著称于世，它不仅是作为生活的实用器和陪葬的随葬品，也是供人们欣赏的艺术品。在师赵村遗址发现有石岭下类型的陶窑（四期 Y2），保存较好，结构为横穴式陶窑。由火膛、窑室、窑箅和火道组成。窑室平面呈椭圆形，直径1.2～1.4米。壁残高0.9米。周壁弧形向上收缩，推知窑室作穹隆顶封闭式。火焰从火膛斜向进入窑室接通三股火道。窑室可容纳多件陶容器，应有一定的生产

---

① 袁靖：《关于动物考古学研究的几个问题》，《考古》1994年第10期。

规模（图六）。陶器制法多手制，以泥条筑成法为主，多经慢轮修整，器表多进行抹、压、刮、磨等修理工序。造型朴素大方，雅致精美。小件器物系直接捏塑成，各种动物形的小工艺品，技艺高超，形象生动。陶质有泥质陶和夹砂陶，在泥质陶上多施有彩绘，施彩的部位除在陶器的口、颈、腹上部外，有的还在器内壁施彩，简称内彩。陶色多呈砖红色或橙黄色，少数为橘红色。部分器外表施有一层白陶衣。纹饰有彩绘花纹、绳纹、划纹、弦纹、附加堆纹等。彩绘花纹有几何形纹和动物形纹两种。几何形纹主要是平行条纹、波浪纹、圆点纹、弧线三角钩叶纹、同心圆圈纹等。动物形纹有变形鸟纹和鲵鱼纹等。器形有碗、盆、瓶、壶、罐、瓮和陶屋模型等。

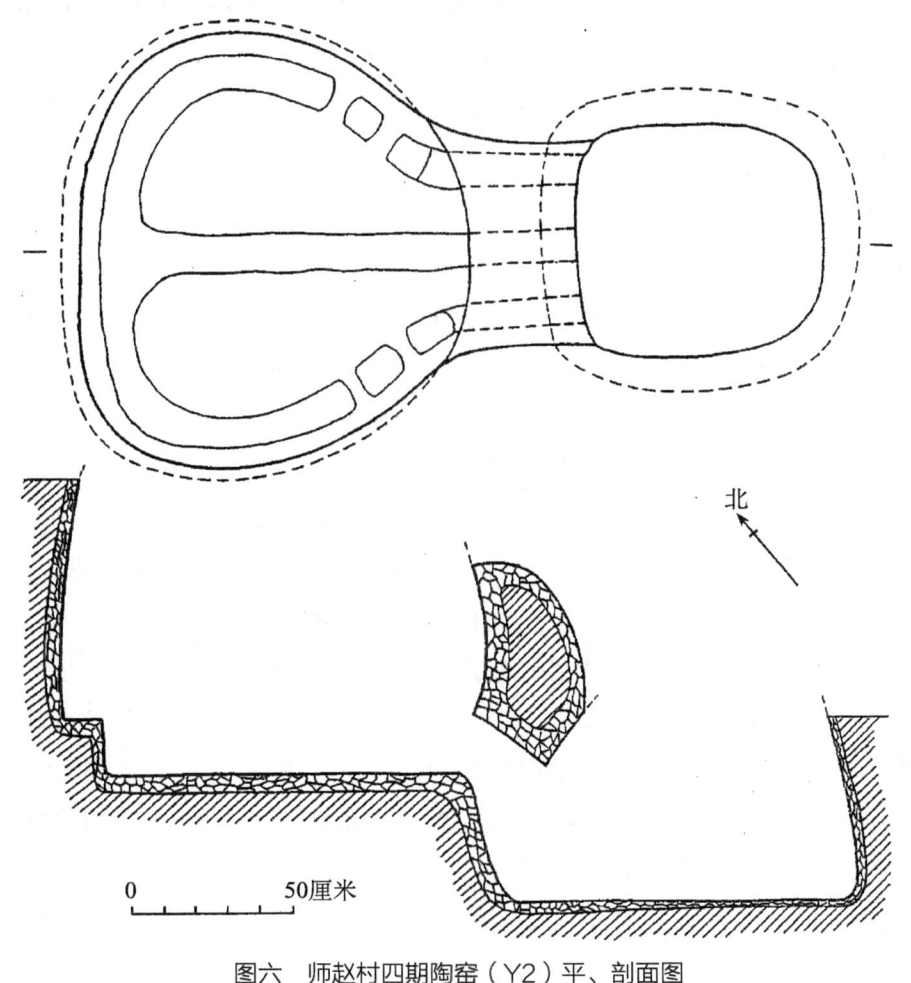

图六　师赵村四期陶窑（Y2）平、剖面图

现将能作为石岭下类型代表且具有典型性的完整器物,做简要介绍。敛口碗,1959年出自灰地儿遗址。碗口微敛,弧壁平底,素面无纹(图七-1)。卷沿盆,亦出自灰地儿遗址,盆宽沿外卷,折腹往下收缩成小平底,外表彩绘二道平行条纹,内壁绘多道波浪纹,口径41.5厘米,高18.3厘米(图七-2)。浅腹盆,出自灰地儿遗址,浅腹平底,施有内彩(图七-3)。侈口细颈瓶,2件,均出自灰地儿遗址。1件腹部浑圆,彩绘弧线三角钩叶纹和变形鸟纹(图七-4);另1件腹部作扁周圆形,彩绘圆点纹和多道平行条纹(图七-5)。小口平底瓶,2件,1件出自傅家门遗址,细颈深腹,腹侧置一对称的环形耳,彩绘一完整的鲵鱼纹,口径5.5厘米,高18厘米(图七-9);另1件,采自静宁威戎镇,腹部彩绘变形鸟纹和平行条纹等多种纹饰,高27.1厘米(图七-6)。彩陶壶,1958年采自甘谷王家坪遗址,小口,宽肩圆腹,平底,彩绘变形鸟纹和平行条纹,残高15厘米(图七-7)。彩陶罐,2件。1件1964年采自天水市,侈口短颈,宽肩圆腹,彩绘变形鸟纹和半圆纹多种等花纹,口径11.4厘米,高16.5厘米(图七-10);另1件,1977年采自秦安县,器形完整,保存较好,彩绘弧线三角钩叶纹和圆圈纹等组成宽面图案,口径15.5厘米,高29厘米(图七-12)。扁腹罐,1956年出自天水杨家坪遗址,腹部作扁圆形,在腹侧置一对称的小环耳,腹上部布满几何形图案,口径11厘米,高15.4厘米(图七-11)。陶屋模型,出自灰地儿遗址,保存完好,方形尖锥顶,前壁有一长方形门口,屋顶前沿直径16.2厘米,高7.9厘米(图七-8)。这件陶屋模型在马家窑文化石岭下类型中尚属首次发现,它为复原当时房屋的结构形式,提供了极为重要实物样本。

1991~1993年发掘傅家门遗址中,出土了一批保存较好,而且精美的陶制品,如彩陶钵(T137:31),尖唇弧腹,平底,内壁彩绘三联圆圈纹,口径16.4厘米,高5.7厘米(图八-1)。彩陶盆(T102:85),宽沿弧壁,彩绘涡形三角间网格纹,口径32厘米,高14.3厘米。彩陶盆(T128H1:28),近口部附一对鸡冠耳,器腹有凸弦纹一周,彩绘变形鸟纹,口径34.4厘米(图八-3)。陶盆(T101:27),敛口弧壁,近口部阴刻一个"X"形符号,口径19.4厘米(图八-2)。陶瓶(T106:66),

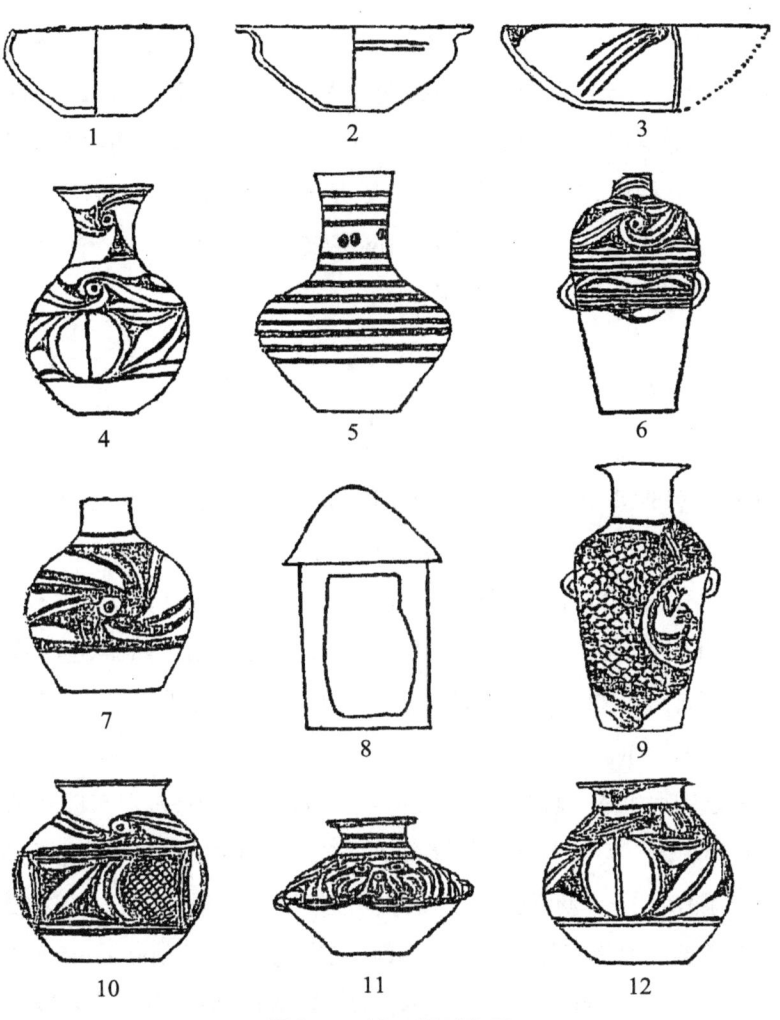

图七 石岭下类型陶器

1.敛口碗 2.卷沿盆 3.浅腹盆 4、5.侈口细颈瓶 6、9.小口平底瓶 7.彩壶 8.陶屋模型 10、12.彩罐 11.扁腹罐

（6.出自静宁威戎镇 7.甘谷王家坪 9.武山傅家门 10、11.天水市 12.秦安山王家 余皆出自武山灰地儿 3.采自《文物》1976年第3期 4.采自《仰韶文化的彩陶》，上海人民出版社，1957年。7、9～12.采自《甘肃彩陶》，文物出版社，1979年。余皆采自《考古》1961年第7期）

双唇口，细颈，在颈部与肩部相接处阴刻一个"一"字形符号，口径11.2厘米。彩陶罐（T128：35），完整，小口短颈，圆腹平底，彩绘变形鸟纹和涡形三角纹，口径14厘米，高32厘米，底径15厘米（图八-4）。彩陶瓮（T209H2：30），圆腹，彩绘变形鸟纹和涡形三角纹，口径26厘米（图八-6）。彩陶瓮（T128H2：24），完整，彩绘弧线三角纹和平行条纹等，口径31.6厘米，高37厘米（图八-5）。彩陶瓮（T128H2：36），彩绘分三层，上层为变形鸟纹，中层为网格纹和三角杏圆纹，下层为变形鸟纹和弧线三角纹等，口径22厘米（图八-7）。

五

石岭下类型的居民是有宗教信仰的。在傅家门遗址发现有祭祀坑（T212H5），保存完整。平面呈长方形，长1.9米，宽1米，深0.35米。在坑内放置有猪头盖骨、下颌骨、肋骨、肢骨等骨骼。同时还摆放有彩陶盆、石球和石环等器物（图九）。祭祀坑虽在青海阳山半山类型墓地曾有发现，但在甘肃石岭下类型时期的遗址中却是首次发现，并且其年代比阳山的半山类型要早。

在傅家门遗址的房址和窖穴内出土一批卜骨，共6件。与其同出的有彩陶盆和石斧、锛、刀等器物。卜骨取材于羊、猪和牛的肩胛骨。卜骨未加整治，也未施钻或凿，但有明显的灼痕和阴刻符号。卜骨标本一（T132F11：6），比较完整，为猪肩胛骨，骨面阴刻"二"字形符号。长21.68厘米，宽7厘米（图十-2）。标本二（T125H6：32），为羊肩胛骨。下端稍残，骨面留有圆形的灼痕，并阴刻有"一"字形符号。长11.5厘米，宽8厘米（图十-4）。标本三（T132F11：12），亦为羊肩胛骨，下端稍残，骨面留有焦黄色圆形灼痕。长10.5厘米，宽6.5厘米（图十-3）。标本四（T132F11：8），为牛肩胛骨，骨面留有灼痕，并刻有像英文字母"S"的字形符号（图十-1）。符号都比较简单，也不规范，但它与古文字及商代卜辞并非无关，应能对探讨中国古文字的起源提供重要的线索。同时，祭祀坑与卜骨的发现，表明石岭下类型时期居民已有宗教祭祀活动。

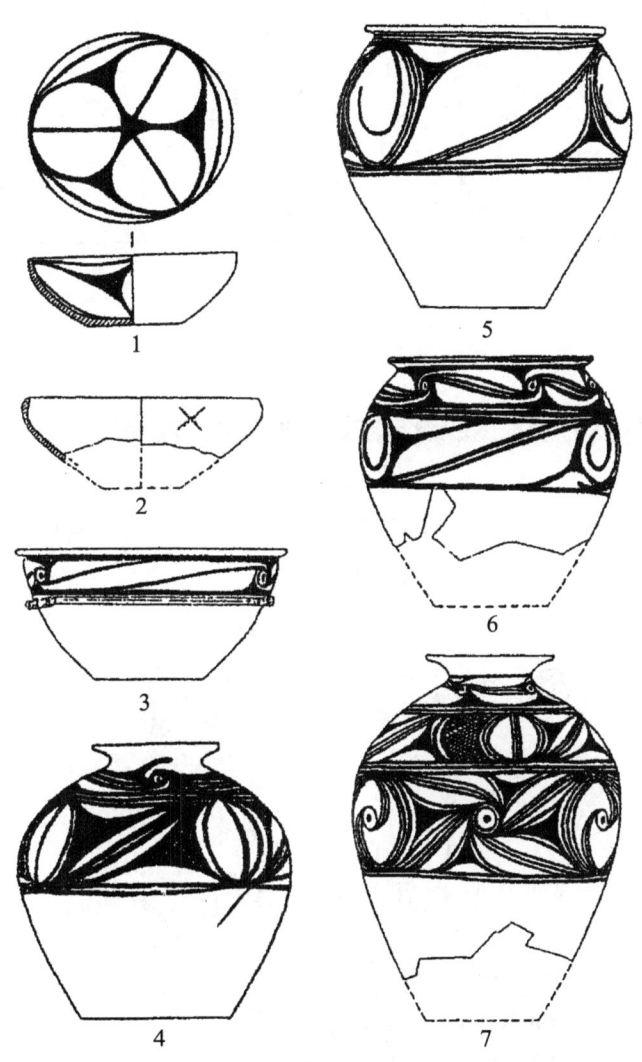

图八 石岭下类型陶器
1. 钵 2、3. 盆 4. 彩陶罐 5~7. 彩陶瓮

图九 石岭下类型祭祀坑（T212H5）平、剖面图
1~4.鹅卵石 5.DⅡ式盆（H5:2） 6.CⅡ式盆（H5:1）
7.B型石球（H5:3） 8.石环（H5:4） 其余均为幼猪骨

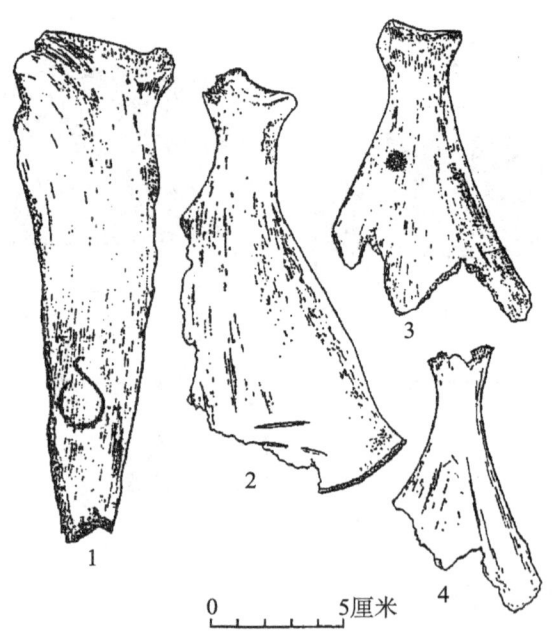

图十 傅家门遗址卜骨
1~4.F11:8、F11:6、T125H6:32、F11:12

据研究，中国史前时期卜骨所用的材料，主要是羊、猪、牛和鹿的肩胛骨，并以羊的肩胛骨为主。甘青地区出土的卜骨，包括齐家文化、四坝文化的卜骨均以羊的肩胛骨为主，而且占的比很大，笔者曾做过统计，约占中国史前时期卜骨总数的65%，这可能与该地区牧羊业的发达有关①。在未发掘傅家门遗址前，年代较早的卜骨是在内蒙古自治区巴林左旗富河沟门遗址发现的，卜骨属于富河文化，该文化年代经碳-14测定为公元前3510～前3107年②。而石岭下类型的年代，据灰地儿遗址的木炭标本，经碳-14测定为3980年。显然石岭下类型的年代比富河文化早，是迄今所知年代最早的，这为探讨卜骨的起源问题，提供了可贵的实物例证。

傅家门遗址除在卜骨上有阴刻符号外，在陶器上也发现有阴刻符号。如陶盆（T101∶27），在近口部阴刻有一个"X"字形符号。陶瓶（T106∶66），在颈部阴刻有"一"字形符号。这些符号都是刻在器物正面醒目的位置上，以引起人们的注意和识别。该遗址出土的卜骨和陶器上的符号，计有"1""一""二""S""X"等五种。关于这些符号的含义问题，不少专家做过研讨，给我们很大的启迪、他们将这些符号与已知的中国最早文字商代甲骨文及周代金文进行对照，有很精辟的诠释。就傅家门遗址发现的卜骨而言，可借鉴的有：最简单的笔划"1"字形，解为汉字"十"字"X"形解为汉字"五"字③。"一"形解作汉字"一"字，"1"形也可解作汉字"一"字，"二"形解作"二"字④。张政烺先生在《试释周初青铜器铭文中的易卦》一文中，将"一"形隶定为汉字"一"字，"二"形释为"二"字，"X"或"X"形可通用，均解为"五"字等⑤。

---

① 谢端琚：《论中国史前卜骨》，《史前研究——西安半坡博物馆成立四十周年纪念文集》，三秦出版社，1998年。
② 中国社会科学院考古研究所内蒙古工作队：《内蒙古巴林左旗富河沟门遗址发掘简报》，《考古》1964年第1期。
③ 于省吾：《关于古文字研究的若干问题》，《文物》1973年第2期。
④ 徐锡台：《汉字探源》，三秦出版社，1994年。
⑤ 张政烺：《试释周初青铜器铭文中的易卦》，《考古学报》1980年第4期。

六

关于石岭下类型与仰韶文化、马家窑文化的关系问题，自20世纪70年代以来，就引起考古学者的关心。并发表论文提出各自的观点。主流的观点认为石岭下类型应属于马家窑文化范围内。如有学者提出："通常被纳入马家窑类型的彩陶可分为石岭下、雁儿湾、西坡岼和王保保四组，石岭下组年代晚于庙底沟类型而早于雁儿湾和西坡岼两组"[1]，明确地把石岭下类型纳入马家窑文化范围内。有学者通过大地湾与师赵村遗址发掘资料的比较，提出："石岭下类型与大地湾仰韶晚期是两类遗存不能相互替代。……作为马家窑类型前身的石岭下类型与大地湾仰韶晚期遗存是两回事。"[2] 略有不同的意见认为："如果考虑到约定俗成的因素，仍然将这类遗存称为石岭下类型，也未尝不可，不过它不是马家窑文化系列的源头，而是仰韶文化系列中晚期偏早阶段的遗存。"[3] 众所周知，仰韶文化的发展序列是半坡类型—庙底沟类型—西王村类型。以山西芮城西王村遗址命名的"西王村类型"是仰韶文化晚期的代表遗存，我们可以此遗存与傅家门遗址石岭下类型进行比较。这两处遗址出土的陶器有一些相似之处，如均有彩陶，器类以陶碗、盆、钵为主，但两者的差别是很明显的，在西王村遗址出土的折沿鸡冠耳陶盆、尖唇内敛小平底碗、口微内敛"红顶碗"、镂孔圈足豆、带流器、带鸡冠耳大口深腹瓮和刻有似花边形口沿的尖底瓶等陶容器，这些器物在傅家门遗址石岭下类型文化遗存中是不见的，但傅家门遗址出土的较多彩陶器，如小口彩陶壶、彩陶瓮、刻符陶钵和彩绘或雕塑的人像、人面陶器等器物，在西王村遗址中也是没有的。还有很突出的不同是西王村遗址彩陶数量极少，不见完整的彩陶器，而且彩陶纹饰也很简单。据发掘报告统计，"彩绘陶仅见4残片。……彩绘有红地红彩和红地粉白彩两种：红彩的有两片，系绘于盆沿上的三条斜线纹和人字形折波

---

[1] 严文明：《甘肃彩陶的源流》，《文物》1978年第10期。
[2] 张强禄：《马家窑文化与仰韶文化的关系》，《考古》2002年第1期。
[3] 郎树德：《大地湾考古与甘肃新石器时代研究》，《陇右文博》2002年第2期。

纹，白彩的亦仅两片，一片为折波纹，另一片为圆点纹和条纹"①。但傅家门遗址却出土大量的彩陶器，据统计，完整或可复原的彩陶器达20余件。彩绘以黑彩为主，花纹画面较繁缛和格律化，并在器内绘彩。两遗址的彩陶虽然存在一些共性但差异是明显的。石岭下类型与马家窑文化的共性显然大于与仰韶文化的共性。因此将它归入马家窑文化的范畴应是恰当和合理的。石岭下类型某些特点与仰韶文化有相似之处，说明石岭下类型也继承有仰韶文化的因素，而最终发展成为甘青地区的马家窑文化。因此我们可以称它为"马家窑文化石岭下类型"，属于马家窑文化的早期文化遗存。

（本文原载《新世纪的中国考古学（续）——王仲殊先生九十华诞纪念论文集》，2015年）

---

① 中国社会科学院考古研究所山西工作队：《山西芮城东庄村和西王村遗址的发掘》，《考古学报》1973年第1期。

论青海柳湾马厂类型分期及其相关问题

青海柳湾遗址的发掘是缘起于一件马家窑文化马厂类型人像彩陶壶的发现，随后为考古界所知晓的。1974年春，乐都县高庙公社柳湾大队社员在平地造田、挖渠引水工程中发现不少造型美观、花纹别致的彩陶壶等遗物，其中有一件为从未见过的人像彩陶壶。标本运回西宁后，引起了青海省领导同志与文物考古工作者的关注，这是一个重要的新发现。随后青海省文物管理处即写了书面材料上报中央，并建议对柳湾遗址进行正式发掘。不久，国家文物事业管理局会同中国科学院（1977年中国社会科学院成立，考古研究所改属之）审批同意发掘。

1974～1980年，青海省文物管理处考古队与中国社会科学院考古研究所等单位对柳湾遗址进行了六个年度的发掘，共发现史前时期墓葬1700多座，其中1978年以前发掘的1500座墓葬，我们先期进行整理，编写了考古学专刊《青海柳湾》一书，并于1984年由文物出版社出版[1]。2000～2001年为配合柳湾彩陶研究中心建馆工程，青海省文物考古研究所对彩陶博物馆建设区的遗址进行了抢救性发掘工作，发现史前时期房址、窖穴等重要遗迹和陶、石器等遗物[2]。说明柳湾遗址是一处规模较大较完整的史前时期聚落遗址，不仅有大片的氏族公共墓地，而且还有氏族居

---

[1] 青海省文物管理处考古队、中国社会科学院考古研究所：《青海柳湾》，文物出版社，1984年。

[2] 肖永明：《首次发掘柳湾遗址》，《中国文物报》2001年8月12日。

住地。被国务院公布为全国重点文物保护单位。

《青海柳湾》一书报道了1500座墓葬的全部发掘资料，包括马家窑文化半山类型墓葬257座、马厂类型墓葬872座、齐家文化墓葬266座、辛店文化墓葬5座。出土不同质地的生产工具、生活用具和装饰品等文化遗物共3万余件。其中以马厂类型的墓数最多，占墓葬总数58%，出土物也最丰富，占出土物总数55%。可以说这是迄今为止的史前时期墓地发掘中发现墓葬数量最多的一处遗址。

马家窑文化马厂类型的文化遗存在甘青地区分布广泛，东起宁夏回族自治区海原县，西至甘肃酒泉、金塔县境内。黄河上游兰州地区、湟水中下游和河西走廊地区为其分布中心。据统计，迄今已发现马厂类型遗址600外处，其中，最多的是青海民和县，约占60%[①]。在这数百处遗址中，经发掘的有十多处，其中发掘规模最大的是柳湾遗址，它所蕴涵的文化内涵为同类遗址所无法替代。但问题很多，如马厂类型的分期、社会性质、与其他文化或邻近地区的关系等问题。近年来，最受学术界关注的是马厂类型的分期问题，因为要对马厂类型的发展和消亡做出正确的论述，必须首先进行分期，搞清其早晚发展序列更成为学界讨论的热点。现今对此问题，学界仍是众说纷纭，不少学者的意见，引起了我很多思考。目前，重新翻阅有关资料，想就此问题，与学界同人一起探讨。

一

关于文化属性和分期问题，早在20世纪30年代即已开始。马厂类型（马厂式）本身的分期，最早是1934年巴尔姆格伦所著《半山及马厂随葬陶器》，他对半山、马厂随葬陶器作了分期[②]。虽然他的分期结论缺乏证据，但对半山、马厂陶器的研究成果，对中国考古学界还是产生了一定的影响。40年代，夏鼐先生在甘肃省广河自治县（旧称宁定县）阳洼湾遗址发掘两座墓内出土了比它早的马家窑文化彩陶片，从而在层位上解决了两

---

① 李水城：《半山与马厂彩陶研究》，北京大学出版社，1998年。
② 巴尔姆格伦：《半山及马厂随葬陶器》，《中国古生物志》丁种第三号第一册，1934年。

者的关系，马家窑文化早于齐家文化①。纠正了安特生对两者年代判断的错误，同时对青地区史前文化的分期研究奠定了坚实的基础。

50年代，我国文物考古界为配合国家基本建设工程，有组织地开展考古普查西北地区配合兰新、包兰铁路工程与刘家峡水库建设等国家重大项目，开展了考古调查与发掘工作，积累了丰富的考古资料，考古界开始对史前时期考古研究重新进行研讨。有的学者对安特生的史前文化"六期"进行剖析，同时，把六期中仰韶（包括马家窑、半山）、马厂期称为甘肃仰韶文化与中原仰韶文化相区别；并提出"住地以临洮马家窑为代表，称作'马家窑文化'甘肃广通半山和青海民和马厂沿为代表，称为'半山期'和'马厂期'"、半山从仰韶期中分出来，明确将马家窑文化分为马家窑、半山、马厂三期。②

关于年代分期问题，对马家窑文化分期问题存在两种意见，一种认为"马家窑文化包括马家窑类型遗址及遗存的本身，而不能概括半山—马厂遗址及遗存。半山该独自成为一种类型"③。即认为半山—马厂和马家窑遗存是两种平行发展的。一种意见认为"马家窑文化可以分为马家窑、半山和马厂三个类型，先后早晚的不同，并且彼此都有其居址和墓地"④。简言之，马家窑、半山、马厂是马家窑文化先生相继的三个类型。还有一种意见认为"马家窑类型可作为一期，半山—马厂另作为一期"，即把马家窑文化分为两期⑤。

20世纪70年代，对马厂期或马厂类型的名称问题学术界尚有异议。有的学者提出，半山和马厂期应由马家窑文化分出，称"半山—马厂文化"⑥。但有的学者认为"马家窑、半山、马厂类型是仰韶文化晚期的一支地方性的遗存"。即不用马家窑文化或"甘肃仰韶文化"命名，而把马家

---

① 夏鼐：《齐家期墓葬的新发现及其年代的改订》，《中国考古学报》第3期，1948年。
② 安志敏：《甘肃远古文化及其有关的几个问题》，《考古通讯》1956年第6期。
③ 马承源：《略论仰韶文化和马家窑文化的问题》，《考古》1961年第7期。
④ 杨建芳：《略论仰韶文化和马家窑文化的分期》，《考古学报》1962年第1期。
⑤ 石兴邦：《有关马家窑文化的一些问题》，《考古》1962年第6期。
⑥ 夏鼐：《碳-14测定年代和中国史前考古学》，《考古》1977年第4期。

窑文化的三类型改称仰韶文化的几个类型①。

20世纪80年代，学术界结合发掘资料对马厂类型进行较详细的分期。《青海柳湾》一书编著者，根据墓葬发掘材料，把马厂类型分为早、中、晚三期。甘肃永昌鸳鸯池墓地，也根据墓地材料把马厂类型分为早、中、晚三期②。甘肃兰州土谷台墓地分三期：早期属半山期；晚期属马厂期；中期为半山至马厂的过渡期。据报道该墓地发现半山与马厂典型器物共存于一个墓内，反映两者存在有密切的关系③。还有的学者把马厂类型分为土谷台、柳湾、鸳鸯池等三组④。

20世纪90年代以来，学术界对马厂类型的丰富资料，进行了较全面而系统的整理，撰写论文或专著。对马厂类型的分期问题，提出了新的意见。有的学者把马厂类型改称为马厂文化，并把它分为东、西两区，东区又可分为兰州区和柳湾区。有的学者根据马厂类型的器形与花纹的对应关系，把它分为四期，并指出各期的彩陶特征。

上述诸多学者的研究成果，对我们深一步研究马厂类型的分期是有很大帮助的。

二

青海柳湾遗址发掘了872座马厂类型墓葬（还有百余座墓葬尚未整理编写），出土了大量随葬品，其墓葬数量之多，遗物之丰富是其他任何一处马厂类型遗址所无法比拟的，并且柳湾墓葬有多组打破或叠压关系，从而为马厂类型的分期提供了坚实可靠的基础。现把柳湾马厂类型墓葬有打破或叠压地层关系的与分期有关的墓葬情况做简要介绍。

马厂类型墓葬存在层位关系的共有九组：1组，墓55→53；2组，墓

---

① 张家正等：《谈马家窑、半山、马厂类型的分期和相互关系》，《中国考古学会第一次年会论文集》，文物出版社，1979年。
② 甘肃省文物工作队等：《甘肃永昌鸳鸯池新石器时代墓地》，《考古学报》1982年第2期。
③ 甘肃省博物馆等：《兰州土谷台半山—马厂文化墓地》，《考古学报》1983年第2期。
④ 袁靖：《试论马厂类型墓葬的几个问题》，《中国原始文化论集——纪念尹达八十诞辰》，文物出版社，1989年。

87→82；3 组，墓 105→108；4 组，墓 541→540；5 组，墓 558→564；6 组，墓 805→810；7 组，墓 887→912；8 组，墓 1284→1290；9 组，墓 1320→1484。以墓 53 为代表的一组墓群，在柳湾墓地共有 92 座，现选部分具有代表性的墓葬加以说明。

墓 53，为二人成年合葬墓。随葬品有彩陶壶 1 件、双耳彩陶罐 1 件、盆 1 件、小口垂腹罐 3 件、长颈壶 1 件、彩陶瓮 2 件、素陶壶 1 件、侈口罐 5 件、粗陶双耳罐 2 件、粗陶瓮 4 件、陶纺轮 1 件。墓 338，二人成年合葬墓。随葬品有彩陶壶 3 件、彩陶瓮 1 件、双耳彩陶罐 1 件、小口重腹罐 2 件、碗 1 件、侈口罐 4 件、侈口双耳罐 2 件、粗陶瓮 2 件、陶纺轮 2 件。

两人合葬墓。随葬品有侈口双耳彩陶罐 3 件、双耳彩陶罐 4 件、彩陶壶 1 件、彩陶罐 1 件、陶杯 3 件、小口垂腹罐 2 件、长颈彩陶壶 1 件、双耳罐 1 件，以及石斧、锛、球、纺轮、绿松石饰各 1 件。墓 505，三人合葬墓。彩陶罐 2 件、彩陶瓮 5 件、小口垂腹罐 5 件、双耳彩陶罐 3 件、粗陶双耳罐 17 件、陶杯 2 件和陶盆、素陶壶、纺轮各 1 件，石斧、刀各 1 件。

四人合葬墓。随葬品有彩陶壶、彩陶瓮、双耳彩陶罐、双耳素陶罐各 1 件，长颈垂腹罐、陶豆各 2 件，陶杯 6 件，侈口双耳罐 4 件。墓 1014，五人合葬墓随葬彩陶壶、双耳彩陶罐、侈口双耳彩陶罐各 2 件，长颈彩陶壶 4 件，彩陶瓮 2 件，陶杯 5 件，石纺轮 2 件，石叶 1 件。

六人合葬墓。随葬品有彩陶壶 2 件，彩陶瓮 1 件，长颈彩陶壶、双耳彩陶壶 2 件，双耳彩陶罐 9 件，陶盆、单耳罐、双耳罐、侈口罐、纺轮各 1 件，陶杯、陶罐 3 件，石斧、凿各 2 件，石球、绿松石饰各 1 件，共 44 件（图一）。双人合葬墓。随葬品有彩陶壶、长颈彩陶壶各 2 件，双耳彩陶罐 3 件，彩陶瓮、彩陶罐、陶瓮、单耳陶罐各 1 件，侈口陶罐 12 件，粗陶双耳罐 6 件，陶球 4 件，蚌壳 3 件。

1564、1290、1484 等为代表的一组墓群，共有 540 座，是所属墓葬最多、最有代表性的墓葬，现加以说明。

单人葬。随葬品有彩陶壶 11 件，双耳彩陶罐 3 件，侈口双耳彩陶罐、侈口罐、粗陶瓮各 2 件，粗陶双耳罐 1 件。墓 564，单人葬。随葬品有彩

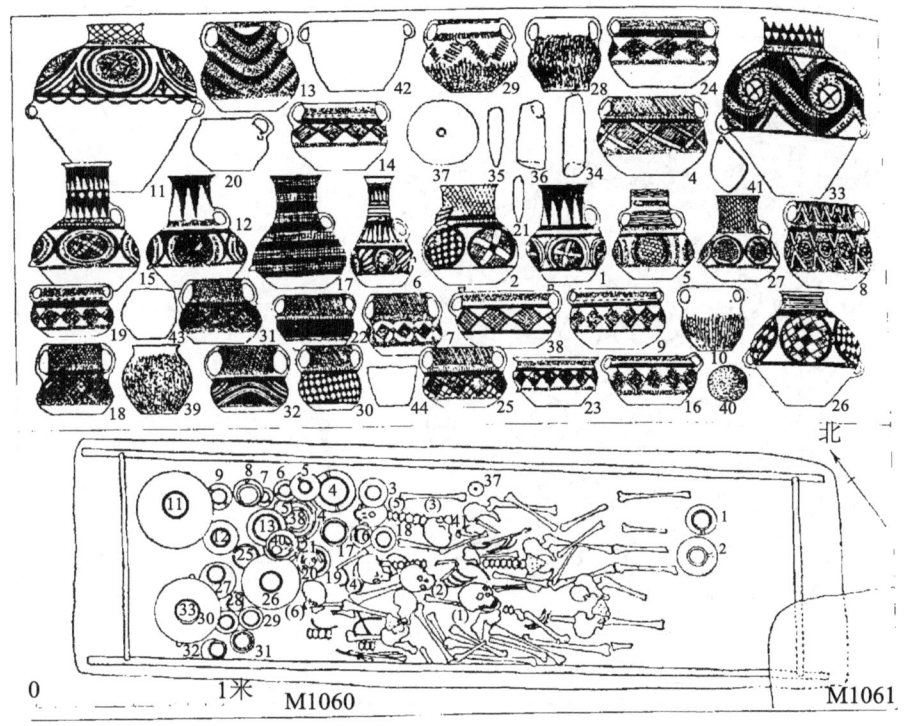

图一 马厂类型墓1060平面图及器物组合图

1、2、5、6、12、15、17、27. 长颈陶壶　3、4、8、9、14、16、19、24、38. 侈口双耳陶罐　7、13、18、22、25、30~32. 双耳彩陶罐　10、28、29. 粗陶双耳罐　11. 彩陶瓮　20. 单耳陶罐　21、35. 石凿　23. 陶盆　26、33. 彩陶壶　34、36. 石斧　37. 陶纺轮　39. 侈口陶罐　40. 石球　41. 绿松石饰　42. 双耳陶罐　43、44. 陶杯（10、22~24被压在20、21的下面，34~36被压在17、8下面，39、42~44被压在38、40下面，平面图未绘）

陶壶、陶罐6件，侈口双耳彩陶罐7件，素陶壶2件，粗陶瓮3件，石斧、凿各1件，共95件。这是柳湾墓葬中随葬品最多的一座墓（图二、三）。墓内随葬品有彩陶壶20件，双耳彩陶罐5件，彩陶盆1件，侈口双耳彩陶罐、陶壶各1件，粗陶瓮2件，石斧、刀、凿各1件。

单人墓。随葬品有彩陶壶32件，双耳彩陶罐2件，素陶壶2件，陶盆、侈口瓮、粗陶双耳罐各1件，粗陶瓮2件，石镰1件，串珠27颗。墓197，随葬品有彩陶壶61件，彩陶罐5件，双耳彩陶罐2件，小口垂腹彩陶罐1件，石斧、锛、凿各1件。墓898，单人墓。随葬品有彩陶壶43件，双耳长颈彩陶壶1件，侈口双耳罐2件，素陶壶3件，陶盆、侈

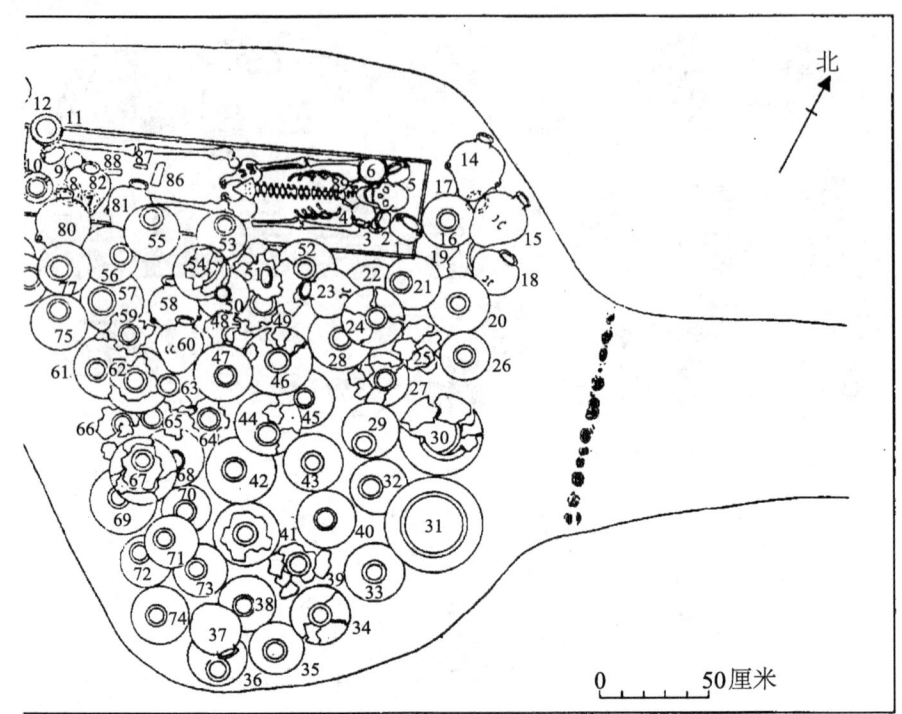

图二 马厂类型墓564平面图

1.侈口双耳彩陶罐 2～5、11、13.双耳彩陶罐 14～18、20～29、32～64、66～85、90～95.彩陶壶、瓮 39、65.素陶壶 86.石斧 87.石凿 88.石锛 89.绿松石饰 （图中未表现器物者）

口罐各1件,粗陶瓮2件,石斧2件,石凿、绿松石饰各1件,共62件。墓902,随葬品有彩陶壶14件,陶盆、双耳彩陶罐各1件,侈口罐、侈口双耳彩陶罐、双耳罐、粗陶瓮各3件,石斧、锛各1件。

墓1290,单人墓。随葬品有彩陶壶20件,双耳彩陶罐3件,长颈陶壶、侈口双耳陶罐、素陶壶各1件,粗陶双耳罐、粗陶瓮各2件,石斧、锛、叶、绿松石饰各1件。墓1492,单人墓。随葬品有彩陶壶60件,双耳彩陶罐2件,侈口双耳罐4件,粗陶双耳罐1件,粗陶瓮2件,素陶壶2件,石斧、锛各1件,绿松石饰2件,串珠9颗。

墓87、105、558、805、829、1284、1320等为代表的一组墓群,共218座墓。现将部分具有代表性的墓葬加以说明。

墓87,单人墓。随葬品有陶壶、盆、侈口罐、双耳彩陶罐各1件。

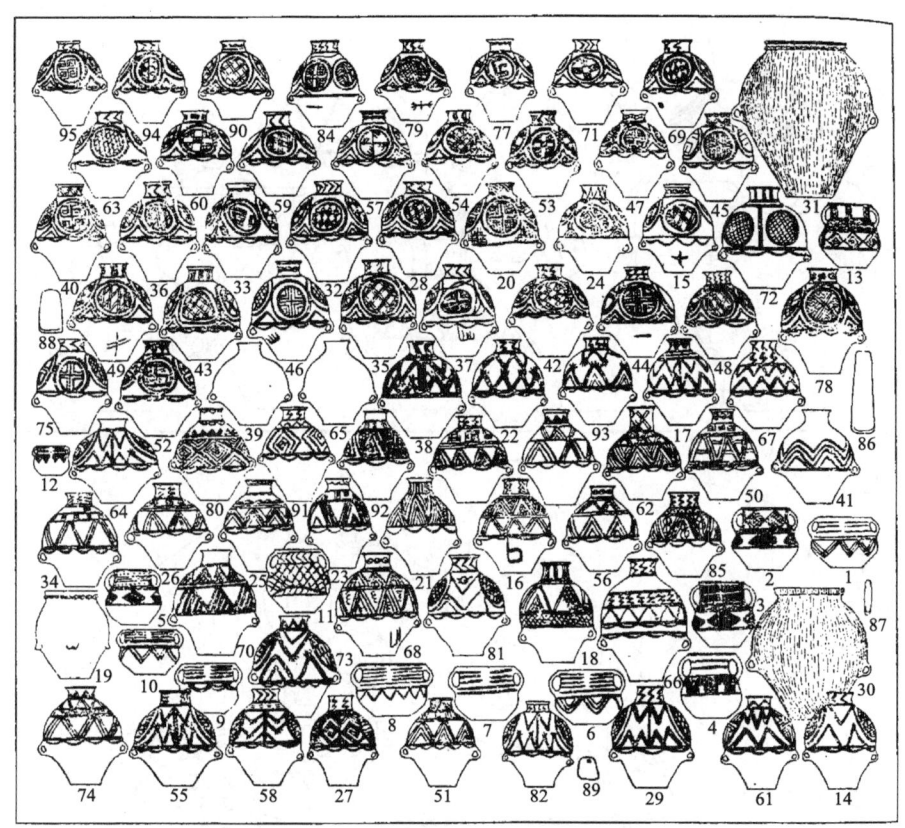

图三　马厂类型墓 564 器物组合图

墓 105，单人墓。随葬品有陶壶 2 件，陶豆、双耳彩陶罐、粗陶双耳罐、粗陶瓮各 1 件。墓 558，单人墓。随葬品有陶壶 3 件，陶豆、彩陶壶、双耳彩陶罐、侈口罐、陶纺轮各 1 件。墓 805，单人墓。随葬品有陶壶 6 件，彩陶壶、双耳彩陶罐、粗陶瓮、敛口瓮、双耳罐各 1 件，共 13 件。墓 829，单人墓。随葬品有陶壶 3 件，双耳陶罐 2 件，陶盆 1 件，石锛、凿各 1 件，共 16 件（图四）。墓 1284，随葬品有陶壶 7 件，陶尊、双耳罐、双耳彩陶罐、折腹罐、高双罐等。墓 1320，单人墓，随葬品仅有双耳彩陶罐和侈口罐各 1 件。

从墓 53 组墓群的随葬品中，不难看出它们在器类、数量、不同器物的配置、组合着明显的差异。以墓 53 为代表的一组，其主要器类是彩陶瓮、彩陶壶、长颈彩陶壶、侈口双耳彩陶罐和粗陶双耳罐、粗陶瓮等。据

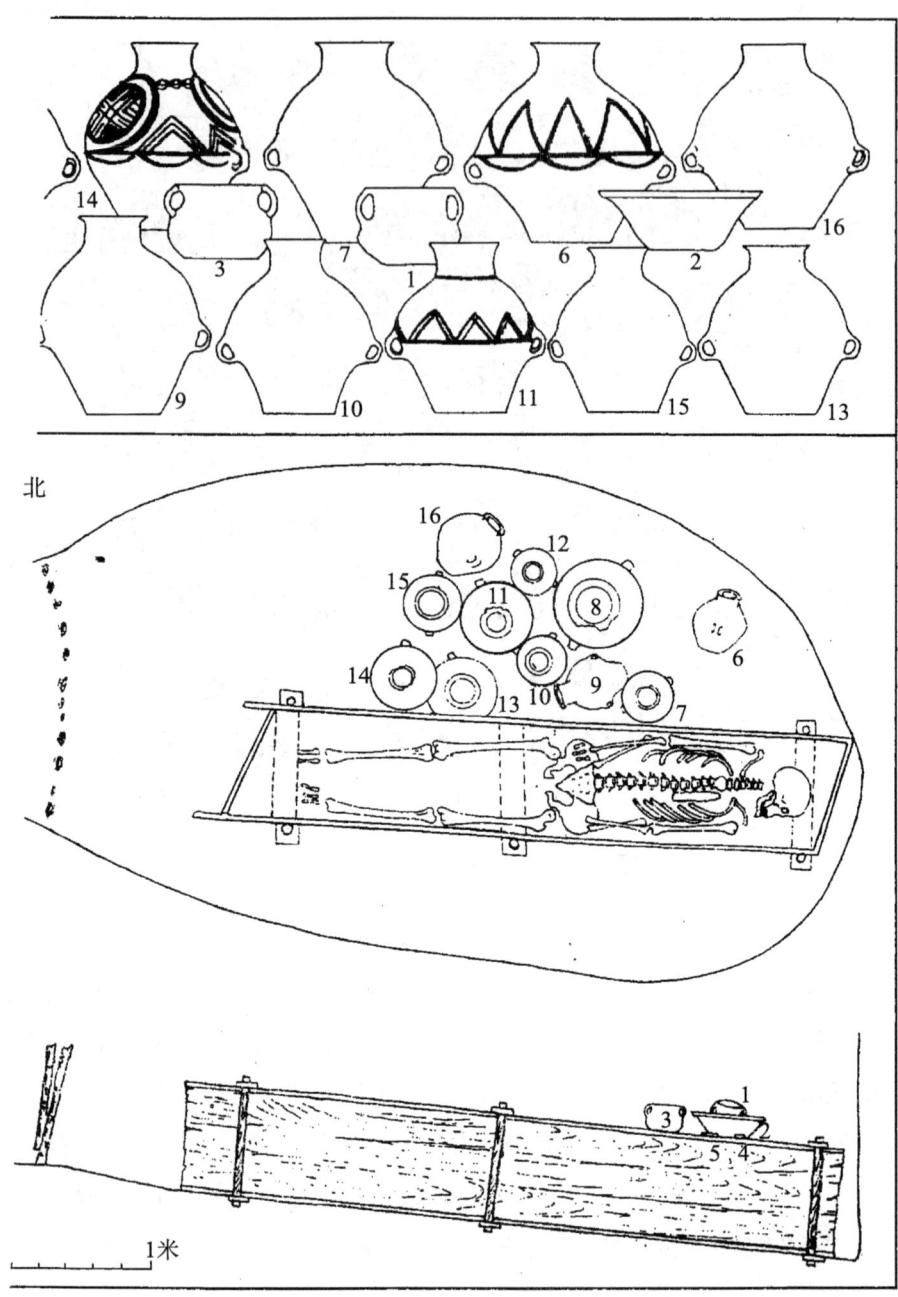

图四 马厂类型墓 829 平、剖面图及器物组合图
1.双耳陶罐 2.陶盆 4.石锛 5.石凿 6、11、14.彩陶壶 7~10、12、13、15、16.陶壶

统计，这七类墓中均占全部陶器的50%以上，因而成为这一组代表性的器物，同时也是这组陶器的基本组合群。其中，彩陶瓮、彩陶壶、双耳彩陶罐等最常见。粗陶双耳罐数量多，器体小，但有趣的是都是成组的出现，数量2件或8件，有的10件或12件，据统计，同出这类陶器达4件以上者，共29座；达10件以上者共18座，这是在器物配置上的一个特点。这组出现的葫芦形彩陶罐（M579∶15）、细长颈单耳彩陶壶（M1060∶6）、长颈双腹耳壶（M1014∶16）等造型新颖，别具风格。这里还有部分彩陶壶、长颈彩陶壶等器物，显然脱胎于半山类型同类器，无疑它是继承了前者的制陶工艺。

以墓82、564、1290、1484等为代表的一组，其主要陶器类别是彩陶壶、双耳彩陶罐、侈口双耳彩陶罐、素陶壶、粗陶瓮等，以彩陶壶最为突出，占绝大多数，据已发表的资料统计，马厂类型陶器共13565件，其中彩陶9094件，占陶器总数的67%。以墓82等为代表的一组，其彩陶壶的数量多的惊人，墓564一座墓出土彩陶即达86件，墓82出60件，墓197出54件，出彩陶壶20件以上的墓共有91座。这些数字表明彩陶生产至此已发展到巅峰时期。马厂类型画有符号的陶器共有679件，其中以墓53为代2件，以墓87为代表的一组有2件，其余674件均出自本组。这里出的人像彩陶壶、人面彩陶壶（M216∶1、M242∶21）、方形双耳彩陶器（M1438∶1）、高低耳三耳罐（M145∶2）、四耳彩陶瓮（M92∶5）等造型奇特，为此组所特有的器物。

以墓87、105、558、1284、1320等为代表的一组，其主要陶器类别为素陶壶、双耳彩陶罐、彩陶壶、侈口双耳罐、粗陶瓮等。其中以素陶壶为主，数量最多者墓1152同出素陶壶25件，出素陶壶达10件以上者共22座，其他类别的陶容器相对较少。出土少量陶器的墓占一定比例，出两件陶器的共有14座，仅出一件陶器的也有8座墓，很明显陶器生产至此已逐渐走向衰落。但此时的制陶业出现了新气象，即出现了新的器类，如提梁彩陶罐（M1214∶2）等，还有双大耳罐、高领折肩双耳罐等，蕴涵有齐家文化的因素，后为齐家文化所继承。

从上述有打破关系的墓例与同层位出土器物等多方面分析，可以推定以墓53等为代表的一组墓群的年代较早。以墓82等为代表的一组墓群的年代要晚于前者，但要早于以墓87等为代表的一组墓群。这样，三组墓群便分别代表了柳湾马厂类型的早、中、晚三期：即以墓53等为代表的一组墓群为早期；以墓82等为代表的一组墓群为中期；以墓87等为代表的一组墓群为晚期。

马厂类型陶器可分为早、中、晚三期，为了展示三期陶器的演变、发展轨迹，特绘制了一幅早、中、晚三期陶器比较图（图五），以弥补文字表述的不足。

马厂类型的一个突出特点是彩陶在整体陶器中占较大的比例，因此，首先要对它的制法、造型、纹饰等方面进行分析。彩陶皆为手工制作，系用泥条盘筑法，有的经慢轮修整，陶表面多经不同程度的打磨工序。器类除平底器外，还有圈足器等，器形种类达30多种，其中，以彩陶壶、双耳彩陶罐、粗陶双耳罐与粗陶瓮等为多数。彩绘纹样品类繁多，但其基本纹样可分为圆圈纹、蛙形纹、几何形纹三大类。这三大类纹样及变体纹样互相搭配，呈现丰富多彩的画面，构成了马厂类型彩陶纹饰的独特风格。据对845座马厂类型墓葬中所出八千余件彩陶的纹样排比、分析，发现其中圆圈纹单独纹样有414种（《青海柳湾》图谱一，1～414），蛙纹单独纹样有31种（图谱一，415～445），其他几何形单独纹样60种（图谱一，446～505），总共505种单独纹样。马厂类型彩陶上的纹饰，就是依这五百余种不同的单独纹样，互相配置，变化无穷，绚丽夺目，给人以不可言喻的美的享受。但是，这众多的纹样在马厂类型的早、中、晚期中还存在着差别。

早期：彩陶纹饰流行黑红彩兼用，纹饰的主体多以红彩为中线，在其两侧或上下内外镶黑彩，主纹间隙处再描绘其他不同纹样。也有用单色黑彩或红彩的。有的各圆圈之间多绘有互相贯通的弧形人字纹。常见的四大圆圈纹，在圈内多填缀有联珠纹、方格纹、多个网圈纹、菱格纹、红彩十字纹或井字纹等。在十字纹或复线十字纹和井字纹或多线井字纹的四角，还填缀不同形式的小花纹，画面繁褥。蛙纹多呈有头有身有爪的完整形象，显得格外生动，画全蛙纹有单红彩、单黑彩或红黑彩兼用三种型式，

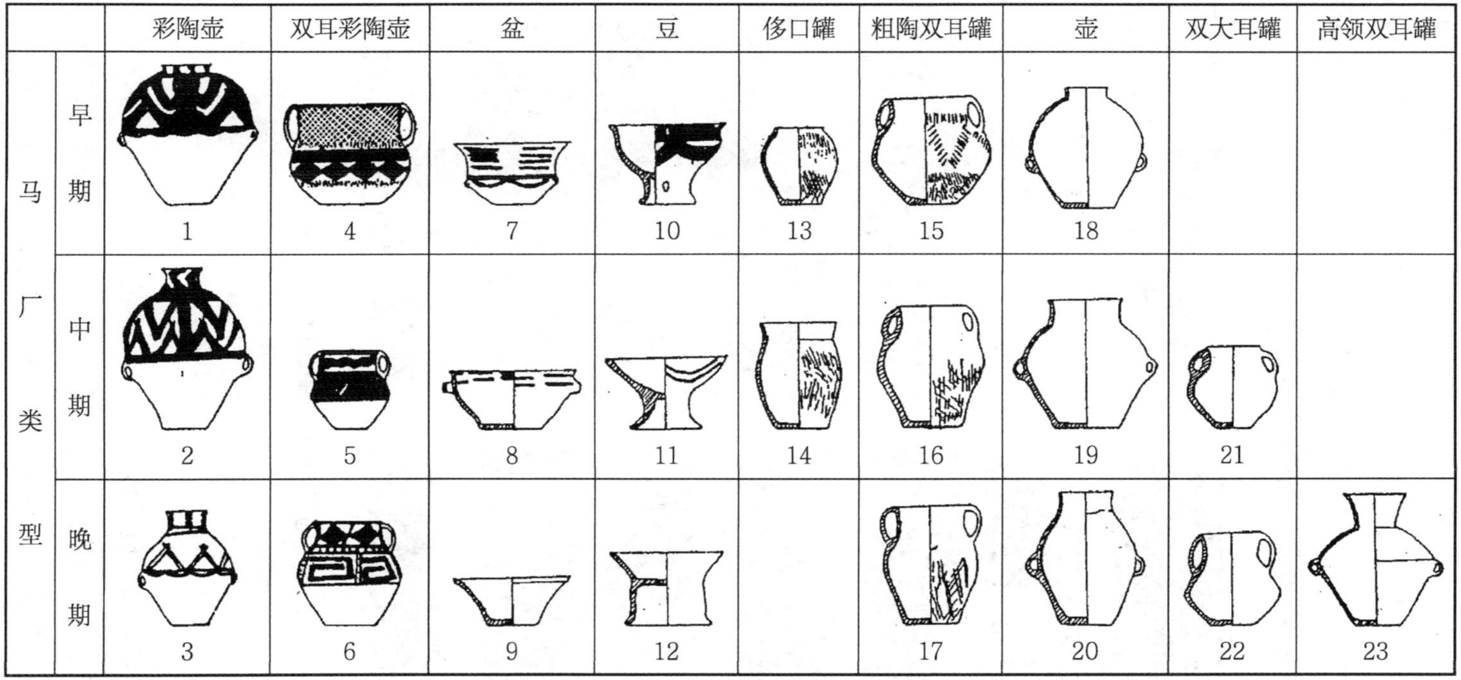

	彩陶壶	双耳彩陶壶	盆	豆	侈口罐	粗陶双耳罐	壶	双大耳罐	高领双耳罐
早期	1	4	7	10		15	18		
中期	2	5	8	11	13	16	19	21	
晚期	3	6	9	12	14	17	20	22	23

图五 马厂类型陶器分期图

1～3.彩陶壶 M338：12、M564：38、M914：10 4～6.双耳彩陶罐 M1014：12、M908：19、M805：3 7～9.盆 M214：4、M890：1、M996：8 10～12.豆 M619：22、M213：13、M105：26 13、14.侈口罐 M554：13、M500：2 15～17.粗陶双耳罐 M1060：29、M375：4、M878：1 18～20.壶 M505：38、M45：3、M1284：9 21、22.双大耳罐 M82：12、M1214：1 23.高领双耳罐 M1137：5

还有一种蛙纹在蛙身上下各画一个头，较为罕见。几何形纹较多样，有单黑彩波折纹、红黑彩相间波折纹、单红彩雷纹、联珠纹、鱼鳞纹、曲折纹等，还有难见的"8"字纹、"出"字纹、"卐"字纹和四射光芒的太阳纹等。上述纹样均为具有早期特色的纹饰（图六）。

图六　马厂类型早期彩陶纹饰展开图

1～4.全蛙纹　5～10、14.四圈纹　11."80"纹　12.三角形纹　13.菱形纹　（1.M578：4　2.M505：31　3.M555：16　4.M214：19　5.M180：2　6.M330：2　7.M503：1　8.M568：2　9.M281：6　10.M1262：33　11.M1190：5　12.M1261：3　13.M1168：2　14.M179：20）

中期：彩陶纹饰以单色黑彩为主，陶容器的腹上部一般均施有一层浅红色陶衣。继承了早期模式且继续盛行，但在各圆圈之间多绘互不相连的直线人字纹，较复杂繁缛，其细部变化无穷。单独纹样约有 300 多种，其中，最常见的圆圈纹、十字纹、井字纹、波折纹、多线三角纹、万字纹或变形万字纹等，多层人字纹、多层回纹、多线雷纹、花瓣纹、叶脉纹、扇形纹等，均为本期纹样。蛙纹均为蛙身纹，不见全形蛙纹，均为单色黑彩。蛙身线条平直，几何形纹多样，并与其他单独纹样间作，其组合变化也很复杂多样，常见四圈纹、贝纹、竹节纹、联珠纹、黑心菱形纹等。波折纹有单线、双线、单层、双层、多层之别。在679件画有符号的陶器中，除四件外，还发现有彩塑的人像彩陶壶、人面彩陶壶雕塑像，这种雕塑与彩绘浑然一体充分反映了马厂类型中期人们的高度艺术才能（图七）。

彩陶数量骤减，素面陶器递增。这时的纹饰逐趋简化，笔调也显得粗疏，填缀的纹样单调，有的仅画一斜线，或为不规整的勾云纹，或为错置蛙纹不见全形蛙纹，只有蛙肢纹与部分蛙身纹。几何形纹形式少，有双线或三线波折纹等。总之，这时期的彩陶纹饰已处于衰落阶段。

圆圈纹和蛙纹为主体组成变化多端的彩陶纹样，在早、中、晚期还存在差异：早期突出特点，在彩料上流行黑红彩兼用的复彩构图，黑红对比鲜明，即在其两侧或上下镶黑彩，组成各种精美图案，在主体花纹外的空隙处再画纹。圆圈纹一般较硕大，边廓浑圆规整，在圆圈纹内的花纹既有单色黑彩。蛙纹在早期展示的为全形蛙纹，在主体纹之间多互相串通呈粗线弧，为该期纹饰的一个重要标志。同样，这种蛙纹有单黑彩的，也有纯红彩的以黑彩为主，少量为红彩。圆圈纹数量骤增，在圈内填缀的花纹种类多，在圆圈纹之间多补缀互不相连的直线人字纹。蛙纹以蛙身纹为主，全形蛙纹，晚期不见，彩绘花纹趋于简化。圆圈纹较少，且边廓不甚规整。甚至蛙身纹也不多。笔调粗犷潦草，而且画面也不规范。但还有一些波折纹、贝纹、雷纹或变形雷纹等几何形纹，纹样均趋于简化。

在墓葬结构方面，早、中、晚期也存在差别。马厂类型合葬墓共41座，其中早期共38座，占合葬墓总数的93%；中期墓3座，占墓葬总数的7%；晚期合葬墓中葬式多样，有双人合葬墓21座、三人合葬墓10座、四人合葬墓1座、六人合葬墓4座。这说明早、中、晚期墓葬的结构、葬式是不同的。

图七 马厂类型中期彩陶纹饰展开图

1.多圈纹 2、3、5、7、9.四圈纹 6、8.蛙身纹 10.蛙肢纹 11、15.梯形纹 12、14、16～18.回形纹 13.菱形纹（1.M890：45 2.M375：11 3.M553：5 4.M815：29 5.M1190：5 6.M21：20 7.M38：17 8.M1343：5 9.M1077：7 10.M729：8 11.M150：7 12.M149：6 13.M195：23 14.M89：2 15.M150：8 16.M89：3 17.M371：7 18.M1098：28）

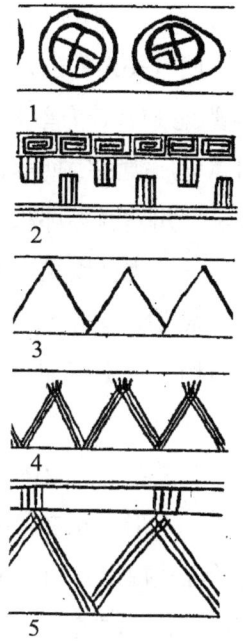

图八　晚期彩陶纹饰展开图
1.圆形纹　2、3、5.波折纹
M925∶14　2.M920∶6
M1210∶2　5.M758∶35

三

马厂类型与邻近地区同类遗址的关系密切。马厂类型在甘青地区分布广，遗址多。邻近地区有很多遗址与柳湾遗址存在着密不可分的关系。这里选出一部分与分期有关的遗址进行对比研究。与柳湾马厂类型早期有关系的遗址有兰州土谷台、民和阳山、核桃庄拱北台等。土谷台遗址M18，为双人成年合葬墓，随葬有全蛙纹彩陶壶、双耳彩陶罐、四圆圈纹彩陶壶和彩陶瓮等陶器[①]。与柳湾马厂类型早期同类器相同，同属于早期。民和阳山墓地M83为五人合葬墓，随葬有全蛙纹彩陶壶、双耳彩陶罐、长颈彩

---

① 甘肃省博物馆等：《兰州土谷台半山—马厂文化墓地》，《考古学报》1983年第2期。

陶壶和粗陶小罐等共43件①。其中，不少陶器与柳湾马厂早期陶器相似，也同属于早期。与马厂类型中期有关系的遗址有民和阳山、永登蒋家坪和东乡河滩大塬等遗址。阳山墓地M105为单人葬，随葬有蛙身纹彩陶瓮、双耳彩陶罐和长颈彩壶，均属马厂类型中期器物。永登蒋家坪遗址发现一批彩陶器，其中有蛙纹多件。兰州白道沟坪和东乡河滩大塬遗址也曾发现同样的彩陶壶等中期陶器。与马厂类型晚期有关系的遗址有民和边墙和永靖杨塔等地发现有蛙肢纹彩陶壶或瓮等陶器②③。与柳湾马厂类型晚期同类器相同，都是晚期的代表性器物。从上可知，马厂类型的先民在甘青地区进行过较大范围的活动。④⑤

关于蛙纹的含义，学术界众说纷纭。有的学者认为："这种人形纹的上部和周围的种子，可以理解成'人形'正在撒播谷种，可能是一种具有农神崇拜"有的学者结合古文献记载提出："如果把这种花纹当作原始图画字的图形后世'夏'字的造字依据……甘青两省的马家窑文化，应与夏民族有关系的"有的学者提出另一种看法，认为"中国龙起源于蛙纹……这种彩陶上的似中华龙的雏形"⑥。我们依据柳湾出土的资料，认为蛙纹是马厂类型彩陶上人形或动物纹样，并且画面复杂多样，丰富多彩。它一定蕴含着诸多隐秘的内涵，未被人所周知，蛙类是两栖动物，产卵量大，繁殖力强。原始先民们都企盼着多子孙往下传。所以原始先民们深深地崇拜蛙，并成为他们共同信奉的图腾。

四

青海柳湾遗址是我国西北地区考古发掘中规模较大、遗物丰富、出土墓葬数量最多的一处史前时期遗址。2001年被考古杂志社评为《中国20

---

① 青海省文物考古研究所：《民和阳山》，文物出版社，1990年。
② 甘肃省博物馆等：《甘肃彩陶》，文物出版社，1984年。
③ 张朋川：《中国彩陶图谱》，文物出版社，1990年。
④ 张朋川：《中国彩陶图谱》，文物出版社，1990年。
⑤ 陆思贤：《神话考古》，文物出版社，1995年。
⑥ 钱汉东：《马家窑蛙纹：中华龙的起源》，《中国文物报》2006年7月26日。

世纪100项考古大发现》之一。

柳湾遗址共发掘千余座墓葬，以马厂类型墓葬为主，共800多座。大部分墓葬形制、结构保存完好，并出土大量陶器等随葬品。它为研究当时的社会性质、经济形态、婚姻制度和埋葬习俗等方面，都提供了丰富的实物资料，具有重要的科学价值。

马厂类型的彩陶器有一突出特点，即在彩陶的表面彩绘有不少符号。据统计，柳湾马厂类型彩陶上彩绘有符号的实物标本，共679件，可分为139种不同符号，亦可归纳为数字类、单字类和象形类三种。数字类有"一""二""三""十"等数目字。单字类有"中""巾""工""个"等字形。象形类有草、树等植物形符号。其中比较常见的符号有"十""一""1""二""〇""卐"等多种。还有少数动物形符号，有鸟、牛、羊或犬等图像（图九）。这些符号的含义是什么？学术界意见不一：有的学者认为是氏族制陶作坊或家族制陶的一种特殊标记；有的学者认为它和我国少数民族的文字有关系等。在符号中十字形符号最多，共116件；圆圈形符号95件，卐字形符号26件；说明这些符号出现的频率还很高。其他符号也有不止一次出现的。这些符号在使用上已约定俗成，具有一定的含义。也就是说，已具有指事功能。商代文字因甲骨文的发现而展示给了世人，甲骨文有单字的文字结构，是颇有严密规律的文字系统。显然它不是一朝一夕，它之前应已走过了一段漫长的发生、演变时期。这些史前陶器的符号和甲骨文之间似有一脉相承的关系。

在彩陶中还要特别提出的是人像彩陶壶。这件彩陶壶从1976年先后在《考古》等刊物发表后，引起了考古界学者的极大关注。大家对这个造型奇特的彩绘人像，进行了多方面的研究。这件彩陶壶在其器表彩塑有裸体人像，这在柳湾遗址出土的近万件彩陶器中独具特色。此裸体人被塑造得憨态可掬，硕耳，躯体短，手大腿粗。可是，它却有着弯弯的两道细眉，眯成窄缝，好像又显露出一点俊秀之气。憨呆与俊秀共处一体，显得不大和谐。在两侧有圆圈网格纹，并在人像相对的背面画有一蛙纹（图一〇）。

陶壶的腹下部有意突出了性部位和副性征。由于性别判断难度很大，

图九　马厂类型彩绘符号

1~10、13、31、32.数字类符号　11~14、16~30、33~37.单字类符号　38~41.象形类符号　（1.M205∶21　2.M25∶8　3.M41∶5　4.M6∶20　5.M64∶14　6.M898∶52　7.M1280∶30　8.M236∶3　9.M815∶24　10.M1416∶25　11.M230∶8　12.M69∶9　13.M201∶6　14.M314∶30　15.M6∶4　16.M236∶6　17.M1080∶10　18.M1491∶34　19.M123∶17　20.M6∶31　21.M794∶18　22.M62∶9　23.M149∶4　24.M1483∶28　25.M30∶12　26.M899∶18　27.M211∶44　28.M551∶11　29.M212∶25　30.M1075∶25　31.M888∶10　32.M252∶12　33.M60∶20　34.M210∶12　35.M195∶7　36.M66∶3　37.M149∶11　38.M1426∶25　39.M893∶71　40.M545∶21　41.M1490∶12）

由此引不同看法。有的学者认为该人像是女性，也有的学者认为应属男性。但仔细观察可见不但性器兼有两性特征，而且乳房也有大小两对。因此，有的学者认为："这个彩绘人像是男、女两性'复合体'。……佤族（云南西盟佤族）和那伽族（缅甸那伽族）将裸体的两性木雕人像装饰在'客室'或'男子公房'里，是男女青年双方友谊、相爱和幸福的象征。"① 也有学者称其为"'两性同体'或'两性同体崇拜'，这是原始宗教的重要内

---

① 李仰松：《柳湾出土人像彩陶壶新解》，《文物》1978年第4期。

图一〇 马厂类型人像彩陶壶
1~3.人像彩陶壶正面、侧面、背面图 4.画面展开图

容之一"[①]。我们认为这件彩陶壶上那亦男亦女的浮塑像，恐非随意捏塑而成，而更有可能是反映那个时代背景的产物，或是马厂类型所处的氏族社会正由母系制向父系制演变过程的反映，这跟马厂类型的社会发展阶段是相吻合的。

总之，这件人像彩陶壶不但蕴涵有对先人崇拜的意识，而且为研究马厂类型的社会制度等方面的问题提供了珍贵的实物资料。从艺术上说，这件人像彩陶壶是一件绝妙的艺术品，堪称一代稀世的艺术佳作。

（本文原载《考古一生——安志敏先生纪念文集》，2011年）

---

① 宋兆麟、黎家芳、杜耀西：《中国原始社会史》，文物出版社，1983年。

浮塑裸人形饰彩陶壶
——四千多年以前黄河上游的原始文化

新开的长长的渠道蜿蜒在高高的台地上,下距湟水河面有七八十米。

谁也不曾料到,渠道建成放水时,渠水竟夺岸而出,沿一台地边缘倾泻而下……并且,就在那台地上,经清理半裸露出一件四千多年以前的古老文物。更为有趣的是,又因它的披露而导引出更为重大的发现。

这是一九七四年发生的事。事情发生在黄河上游的支流湟水河畔,青海省乐都县柳湾村。

那件古老文物就是本期中心页刊出的浮塑裸人形饰彩陶壶。(图一)。

这件陶壶,通高三十四厘米,口小颈短,腹部鼓鼓,底小而平。中腰附有对称的双耳。从口至腹施一层紫红色陶衣,绘有墨色的圈纹和蛙纹。全器呈长圆形,造型稳重,色彩斑斓。

这类造型的彩陶壶在中国西北部的甘青地区考古中常有发现。但这件却与众不同,它是以裸人形浮塑作为装饰的,在该地区先后出土的千万件彩陶壶中独具特色。

那裸人塑造的憨态可掬,高鼻梁,巨口硕耳,躯体短短,手大腿粗。可是,它却有着弯弯的两道细眉,眯成窄缝的一对小眼睛,好像又显露出一点俊秀之气。憨呆与俊秀共处一体,显得不大和谐。可是,还有比这更加不和谐的呢!

裸人形的塑造在整体布局上有意地突出了性器部位和副性征。请看,那是男还是女呢?初看,会以为当属男性,再看,又似应为女性;仔细观

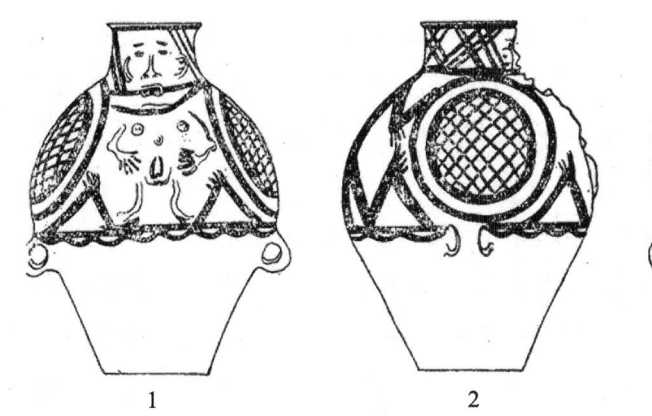 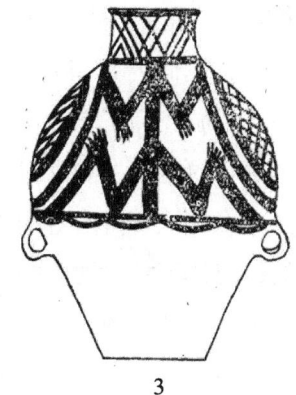

图一　人像彩陶壶
1～3. Ⅰ型采 01（正、侧、背面）

察，不但性器兼有两性特征，乳房也有大小两对，可谓是不男不女，又男又女。它的含义是什么？又是作什么用的？一时令人难解。

这陶壶的发现，以及它的神秘性，一时成为奇闻，轰动了乐都县。不久，消息传开来，很快就引起了青海省会西宁和首都考古学家们的重视。它，作为一个准确可靠的消息，告诉人们柳湾的台地上埋藏着古老的文化遗存。

果然，后来的发掘证明，这是甘青地区的一处规模巨大的原始社会文化遗址，距今四千年到四千三百年。历经整整五年，用工数万，清理了一千七百余座原始墓葬，出土了成万件器物。原来，这是座原始氏族公墓。面积十多万平方米，墓南是先民的生活区。那里略还有六七万平方米的文化遗存尚待探测和发掘呢！

陶壶在墓葬中出土很多，部分是装水的，壶内尚残存水垢的痕迹。还有一种较陶壶为大的陶瓮，则较多装着粟谷随葬。这表明，那里已有较发达的原始农业经济，粮食已有富裕。

另一陶壶中还存放有刻有齿痕的骨片，完整的尚有四十多枚。民俗学告诉我们，这是用作记数、记事，或通讯联络用的。它同古籍中记载的刻木为信的记载也是相吻合的，只不过将木代之以骨罢了。

陶壶的腹下部，有些刻有符号，总计除却相同的有一百余种。这些符号，有的是一见可识的。它们是否是中国象形文字的先祖呢？很值得研究。结论假若是肯定的，那么就可以说，中国的方块汉字不但在黄河的中、下游找到了它的原始萌芽形态，如今在黄河上游，一向被认为比较偏远落后的地带，也找到了！

在浮塑彩陶壶导引下发现的柳湾原始社会遗址的文化内涵是相当丰富的，包括了甘青地区的马家窑和齐家等多种原始文化。马家窑文化是母系氏族社会晚期的一种文化，以黑纹彩陶为特征，因最早在甘肃临洮马家窑发现而得名。齐家文化则是父系氏族社会早期的一种文化，这时已有红铜工具，因最早在甘肃广河齐家坪发现而得名。这件浮塑裸人形饰彩陶壶恰是马家窑文化后期（马家窑文化可略分为马家窑、半山、马厂三种类型，大体相当于早、中、晚三期。后期在此指马厂类型。）的作品。这时，母系氏族制正在解体。父系氏族制已经出现，也就是氏族社会正在由母系制向父系制过渡。这彩陶壶上那亦男亦女的浮塑，恐怕并非随意的偶然捏就，而更可能是那个时代社会特征的艺术概括呢！

这堪称一代稀世的艺术杰作，现被陈列在首都的中国历史博物馆中。

（本文原载《人民中国》1981 年第 4 期）

试论齐家文化

齐家文化是我国黄河上游比较重要的一种古文化遗存，它的相对年代在这个地区诸原始文化中晚于马家窑文化，早于辛店文化、寺洼文化与沙井文化，而同年代稍早的陕西龙山文化有着较为密切的关系。因此，它是甘宁青地区原始文化研究工作中关键之一，深入地探索齐家文化，将有助于解决这个地区诸原始文化中的一系列难题。所以，当前对齐家文化的研究在学术上有重要意义。

三十多年来，文物考古工作者对齐家文化的遗址和墓葬做了大量的调查与发掘工作，积累了相当丰富的材料，据不完全统计，已发现齐家文化遗址或墓地共三百五十多处。其中，经过正式发掘的有甘肃武威皇娘娘台，广河齐家坪，永靖大何庄、秦魏家，青海乐都柳湾与贵南尕马台等十多处。发现有较完好的房屋遗迹二十多座，出土的陶器、石器、骨器铜器等文化遗物近一万件。在如此丰富的发掘资料基础上，近几年来，我国学术界对齐家文化进行了多方面的研究，并在某些问题的研究上有一定的突破。如对齐家文化的渊源问题；齐家文化本身的类型划分与分期问题；它与陕西龙山文化的关系问题；它与马家窑文化、辛店文化、寺洼文化的关系问题；关于私有制与阶级的起源问题等，认识上都有了新的进展，并已发表了许多新的见解，这是很可喜的现象。本文拟就已发表的材料及学术上的主要论点，做一概括的论述。

一、发现与发掘

齐家文化是 1924 年发现的,因首先在甘肃省广河县齐家坪发现而得名。1945 年,夏鼐教授在广河县阳洼湾发掘了两座齐家文化墓葬,在墓葬的填土中发现有马家窑文化的彩陶片,从而确定了马家窑文化的年代应早于齐家文化,并认为齐家文化的年代不会比公元前两千年早过许多。同年,他在兰州附近还调查了中山林、太平沟、西果园等几处齐家文化遗址,并把工作成果写成《齐家期墓葬的新发现及其年代的改订》与《兰州附近的史前遗存》两篇重要论文[①]。1947~1948 年,裴文中教授等在甘肃渭河上游、西汉水流域、洮河流域、大夏河流域与河西走廊一带做过考古普查,发现了几十处齐家文化遗址,并首次发现了齐家文化的"白灰面住屋"等重要遗迹,并写成《史前时期之西北》与《甘肃史前考古报告初稿》(油印本)等专著[②]。抗日战争时期黄文弼教授与何乐夫教授分别在洮河流域和兰州附近也做了不少调查工作。总之,我国老一辈的考古学家们在解放前虽然受到各方面条件的限制,不能进行大规模的发掘工作,但是他们还是积极努力,积累了一定的资料,为尔后开展甘宁青地区的考古工作打下了良好的基础。

解放后,甘肃省文物管理委员会、甘肃省博物馆、黄河水库考古队与中国社会科学院考古研究所等单位在配合基建工程中,曾做了广泛深入的考古调查与发掘工作,积累了大量的实物资料。

为了比较系统地介绍解放后对齐家文化遗址的工作情况,现将齐家文化遗址(包括墓地)的调查与发掘情况列表加以说明(见表一)。

[①] 夏鼐:《齐家期墓葬的新发现及其年代的改订》,《考古学报》第三册,1948 年,《兰州附近的史前遗存》,《考古学报》第五册,1951 年。

[②] 裴文中:《史前时期之西北》,《西北通讯》二卷 7—9 期,1948 年,《甘肃史前考古报告初稿》(油印本)1948 年。

表一 齐家文化遗址调查与发掘工作情况一览表

时间	地点	主要收获	工作单位	论著或报告
1956年5月	刘家峡水库区及其附近的黄河、洮河、大夏河域	调查发现古文化遗址共176处。其中，齐家文化65处。	黄河水库考古工作队	安志敏：《甘肃远古文化及其有关的几个问题》，《考古通讯》1956年6期
同年8月	兰州市附近，东起东岗镇西至大柳沟坪	调查发现古文化遗址共12处，其中，齐家文化3处。	甘肃省文管会	《兰州市几处新石器时代遗址调查》，《考古》1959年3期
同年10~12月	在渭河上游的天水与甘谷两县	调查发现古文化遗址共90处，其中，齐家文化37处	甘肃省文管会	《渭河上游天水、甘谷两县考古调查简报》，《考古通讯》1958年5期
同年春	在秦安县城北寺咀坪	发掘寺咀坪遗址，发现6座白灰面住屋遗迹	甘肃省文管会	《甘肃省秦安县新石器时代居住遗址》，《考古通讯》1958年5期
1957年春	在渭河上游的渭源、陇西、武山三县	调查发现古文化遗址共69处，其中齐家文化39处	甘肃省文管会	《甘肃渭河上游渭源、陇西、武山三县考古调查》，《考古通讯》1958年7期
同年7~10月	在临洮、临夏两县	调查发现文化遗址44处，其中，齐家文化23处，在临洮马家窑等地发现有马家窑一瓦家坪文化在下，与齐家文化叠压关系。	甘肃省文管会	《甘肃临洮、临夏两县考古调查简报》，《考古通讯》1958年9期
1957年9~10月	武威皇娘娘台	对皇娘娘台遗址进行第一次发掘，首次发现齐家文化红铜器11件。	甘肃省博物馆	《甘肃武威皇娘娘台遗址发掘报告》，《考古学报》1960年2期
1958年5月	在渭河支流南河、榜沙河、漳河流域	调查发现古文化遗址23处，其中，齐家文化13处	甘肃省博物馆	《甘肃渭河支流南河、榜沙河、漳河考古调查》，《考古》1959年7期

续表

时间	地点	主要收获	工作单位	论著或报告
同年9~11月	在西汉水流域西和、礼县境内	调查发现古文化遗址43处，其中，齐家文化12处。	甘肃省博物馆	《甘肃西汉水流域考古调查简报》，《考古》1959年8期
同年秋	在内蒙古自治区巴彦淖尔盟阿拉善旗白音浩特镇南的鹿图山	发现齐家文化遗址1处，这一重要的发现，它是目前已知的齐家文化分布最北边的一个地点。	内蒙古自治区博物馆	齐永贺：《内蒙古白音浩特发现的齐家文化遗物》，《考古》1962年1期
1959年4月	在盐锅峡与八盘峡水库区	调查发现古文化遗址共28处，其中齐家文化8处	黄河水库考古队甘肃工作队	《黄河上游盐锅峡与八盘峡考古调查记》，《考古》1965年7期
同年5~11月	永靖县大何庄	发掘大何庄遗址，发现有房屋共7处，窖穴15个，"石圆圈"遗址5处，墓葬82座。	中国社会科学院考古研究所甘肃工作队	《甘肃永靖大何庄遗址发掘报告》，《考古学报》1974年2期。
同年夏、秋季	武威县皇娘娘台	对皇娘娘台遗址进行二、三次发掘，发现铜器，卜骨外，还发现一座一男二女的三人合葬墓	甘肃省博物馆	《甘肃武威皇娘娘台遗址发掘报告》，《考古学报》1960年2期
1959年10月~1960年5月	永靖县秦魏家	发掘秦魏家墓地，工作的主要收获是发现了一处保存较好的氏族公共墓地，共138座墓葬。	中国社会科学院考古研究所甘肃工作队	《甘肃永靖秦魏家齐家文化墓地》，《考古学报》1975年2期
1960年夏	宁夏西吉兴隆镇	在兴隆镇西北部发掘齐家文化墓葬2座	宁夏自治区博物馆	钟侃等：《宁夏西吉县兴隆镇的齐家文化遗址》，《考古》1964年5期
1963年10~11月	兰州青岗岔	发掘青岗岔遗址，除发现有半山、马厂类型的遗迹外，还有齐家文化的房子1座，墓葬2座	甘肃省博物馆、北大历史系考古专业	《甘肃兰州青岗岔遗址试掘简报》，《考古》1973年3期

续表

时间	地点	主要收获	工作单位	论著或报告
1964年6月	宁夏固原古城公社海家湾	在海家湾遗址发掘齐家文化墓葬3座	宁夏回族自治区展览馆	《宁夏固原海家湾齐家文化墓葬》，《考古》1973年第5期
1974年4月	白龙江流域及其支流北峪河、岷江和白水江、西汉水、洮河（在岷县境内的一段）等，包括武都地区的武都、文县、岩昌、岷县、成县、康县、舟曲县和迭部县等八个县	调查发现古文化遗址共40处，其中，齐家文化8处	长江流域规划办公室考古队甘肃分队	《白龙江流域考古调查简报》，《文物资料丛刊》1978年第2辑
1974年7月～1980年	青海乐都县高庙公社柳湾	发掘柳湾墓地，它是迄今已知的规模最大保存较好的一处公共墓地，进行了大规模的发掘工作，这个墓地除发掘有半山、马厂类型的墓葬外，还有几百座齐家文化墓葬。	青海省文管处考古队等单位	《青海乐都柳湾原始社会墓葬第一次发掘的初步收获》《文物》1976年1期；《青海乐都柳湾原始社会墓地反映出的主要问题》，《考古》1976年6期
1975年4～7月	武威县皇娘娘台	对皇娘娘台遗址进行第四次发掘，发现有房屋遗迹4座，窖穴23个，墓葬62座，并再次发现两座一男二女的三人合葬墓。	甘肃省博物馆	《武威皇娘娘台第四次发掘》，《考古学报》1978年4期
同年	广河县齐家坪	发掘齐家文化墓葬，出土物除陶器外，还有几件保存较好的铜器，其中，有一件铜镜经测定为青铜，说明齐家文化不仅有红铜，也有青铜了	甘肃省博物馆	《甘肃省文物考古工作三十年》，载《文物考古工作三十年》，文物出版社1979年
1977年	青海贵南县朵马合	发掘齐家文化墓葬40多座，首次发现了以俯身葬为主的氏族公共墓地，为探索齐家文化的葬俗提供一批最新而罕见的资料。	青海省文物管理处考古队	《我省考古工作的一项重大发现》，载《青海日报》1978年2月18日

试论齐家文化

在上述齐家文化遗址中，进行较大规模发掘的有武威皇娘娘台与永靖大何庄、秦魏家以及青海柳湾等，发掘的资料也比较重要。其中皇娘娘台遗址首次发现了铜刀、锥、凿、环等红铜器，共二十三件。这个发现不仅为研究齐家文化增添了新的内容，而且为探索冶铜工艺也提供了最新最早的实物资料。发掘秦魏家墓地的主要收获是发现了一处保存较好较完整的氏族公共墓地，并发现了较典型的成年男女合葬墓，出土了一批成组或成套的随葬品。这为研究齐家文化居民的经济生活、社会性质以及意识形态诸方面都提供了很有价值的资料，而且，对探索家庭、私有制及阶级的起源等理论问题也具有重要的意义。

二、类型与分期

齐家文化的分布范围比较广泛，东起渭河流域，西至湟水流域，南达白龙江流域武都地区的文县[①]，北入内蒙古自治区阿拉善左旗附近。如果以地域计算，东西绵亘约有750公里。在这个广大的地区内，齐家文化本身必然有它的发展过程，既有时间早晚，又有地区性的差异。根据不同地区的自然地理条件与文化面貌的特点，我们曾经把齐家文化分成三个地区，即甘肃东部、中部、西部以及青海东部地区[②]。东部地区：包括渭河流域与西汉水上游等地，涉及的县市有天水、武山、甘谷、陇西、秦安、西县和与礼县等，共发现齐家文化遗址一百九十五处。其中，经过发掘的有秦安寺咀坪遗址。中部地区：包括黄河上游及其支流洮河、大夏河流域，涉及东乡、永靖、临夏、兰州、榆中、临洮、广河等地，共发现齐家文化一百二十八处，其中经过较大规模发掘的有永靖大何庄与秦魏家遗址。西部地区：包括湟水流域、庄浪河流域与河西走廊等，涉及武威、乐都等县，其中，经过发掘的有皇娘娘台遗址与柳湾墓地等。

关于齐家文化的分期与类型的划分问题，目前还没有进行专门的研

---

① 长江流域规划办公室考古队甘肃分队：《白龙江流域考古调查简报》，《文物资料丛刊》1978年第2辑。

② 谢端琚：《试论齐家文化与陕西龙山文化的关系》，《文物》1979年第10期。

究,但过去存在过几种说法:(一)认为齐家文化遗物可分为两群:一群是以高领深腹双耳罐为主体,腹部饰有篮纹,所谓"安佛拉式"双耳罐及陶鬲较少见;另一群是以器形较大的小口双耳罐和盂类为主,鬲较多,也有斝、盉等残片。这两群器物的地理分布是交错的,可能代表着早晚两期,而以前者较早①;(二)齐家文化遗址中出现的彩陶可分两类;类似马厂类型的仅是其中的一类,它们多见于皇娘娘台遗址的早期②;(三)根据甘、青两省齐家文化的分区材料,提出把大何庄、秦魏家与皇娘娘台、柳湾齐家文化分成甲、乙两个类型③。尽管各人说法不同,但有一点是共同的,即认为齐家文化应当分期划分类型。考虑到不同地区的齐家文化既有其共同特征,又存在其特殊性,而这种特殊性可能就是地域性差异与时间早晚关系的反映。鉴此,我们主张把甘、青地区的齐家文化分为甘肃东、中、西三个区域。这三个地区代表了齐家文化的三个类型。即指(一)天水七里墩类型,代表甘肃东部地区;(二)永靖、秦魏家类型,代表甘肃中部地区;(三)皇娘娘台类型,代表甘肃西部地区(包括河西走廊)。这三个类型的文化特点,可参见拙著《试论齐家文化与陕西龙山文化的关系》一文④,这里不赘述。这三个类型在时间上,从总的来说,东边的齐家文化要比西边的早,但每一地区的齐家文化甚至具体到某个遗址本身又存在着时间早晚的区别,比如大何庄与秦魏家两处遗址就是最好例证。

大何庄与秦魏家两处遗址的地层叠压关系比较清楚。根据两处遗址的地层与墓葬的叠压或打破关系,同时依据不同层位的陶器组合与陶器早晚相对年代的不同特点,又可以把大何庄与秦魏家的齐家文化分为四期,并且,这四期是互相区别又互相联系的同一文化的不同发展阶段,它们从早至晚是一脉相承发展下来的⑤。

同时,值得注意的是宁夏地区出土的齐家文化,它有别于甘肃典型的

---

① 安志敏:《甘肃远古文化及其有关的几个问题》,《考古通讯》1956年第6期。
② 甘肃省博物馆:甘肃省文物考古工作三十年,《文物考古工作三十年》,1979年,文物出版社。
③ 胡谦盈:《试论齐家文化的不同类型及其源流》,《考古与文物》1980年第3期。
④ 谢端琚:《试论齐家文化与陕西龙山文化的关系》,《文物》1979年第10期。
⑤ 谢端琚:《论大何庄与秦魏家齐家文化的分期》,《考古》1980年第3期。

齐家文化，有其独自的特征。日后发掘材料多了，也许还需要另划出新的地方类型。

宁夏齐家文化主要在宁夏南部的固原、海原、隆德、西吉等县[①]，在北部地区只有个别的发现。在固原店河遗址发现有墓葬与房屋遗迹等。房子墙壁的下部涂抹有白灰，并在白灰上用红彩描绘简单的图案，这在古文化遗址中是首次发现。墓葬除仰身直肢葬外，多见侧身屈肢葬。随葬品主要是陶器。这里的陶器皿既含有齐家文化成分，又有其独自的特点。如海原县关桥出土的双大耳罐（简报称红陶杯），器耳两端弯成直角呈长方形，与常见的环形或弧形耳迥然不同，而齐家文化中最常见最有特征的长体高领双耳罐却极少见。西吉兴隆镇发现的陶器颈肩部一般都不是光面，而饰有绳纹或篮纹，这与常见的仅限腹下部饰有花纹的情况正相反。固原海家湾出土的单耳罐通身饰满斜篮纹，有的罐腹部饰有多种花纹，既饰有横的或斜的绳纹，又有竖行划纹，耳较扁平，并在耳面上加饰数道竖行的绳纹。这些情况说明这里的器物明显地具有地方特色，与甘肃地区的齐家文化有别。

关于齐家文化的绝对年代，经碳十四测定为公元前1725～前1620年，树轮校正为公元前2050～前1955年，距今为3675～3570年[②]，各标本的具体数据见齐家文化碳十四年代一览表（见表二）。

表二　齐家文化碳十四年代一览表

实验室标本号	地点	地层或墓号	材料	距今年数（bp. 1950年起算）		历年（公元前）	
				（5570年）	（5730年）	（5730）B.C.	树轮校正（CD, L.W.）B.C.
2K15	永靖大何庄	F7木柱	木头	3571±95	3675±95	17.25±95	2050±115
2K23	永靖大何庄	F7柱洞内	木炭	3542±95	3645±95	1695±95	2015±115
2K247	乐都柳湾	M392	棺木	3470±140	3570±140	1620±140	1915±155

[①] 钟侃等：《宁夏西吉县兴隆镇的齐家文化遗址》，《考古》1964年第5期；宁夏回族自治区博物馆：《宁夏回族自治区文物考古工作的主要收获》，《文物》1978年第8期。

[②] 夏鼐：《碳-14测定年代和中国史前考古学》，《考古》1977年第4期。

三、生产与生活

齐家文化的人们过着比较固定的定居生活。他们在长期的劳动实践中，积累了生产经验，改进了生产工具与生产方法，生产力有了较大的发展，不仅表现在农业与畜牧业方面，更重要的是体现在以铜制工具为主要标志的冶铜业已经出现了。

农业是齐家文化的主要经济部门，农业生产工具在选材上已采用了硬度较高的石料来制作，有的斧、锛、铲就是用玉料磨制成的。这些工具制造的都比较精致，器形正，通体磨光，刃部锋利，说明当时玉石器工艺达到了较高的水平。但农业生产工具比较常见的还是石制的斧、镰、刀和骨铲等，其中骨铲是带有特征的工具，主要是用动物的肩胛骨或下颌骨制成，在其宽端磨成锋利的薄刃。这是当时比较实用也是生产效率比较高的一种劳动工具。在齐家文化的建筑遗迹和墓葬中普遍发现有粟的痕迹，有的装在粗陶瓮内，说明当时居民的粮食主要是粟。

畜牧业相当发达，也是齐家文化的一个重要经济部门。饲养动物的种类较多，除饲养大批的猪群外，还有羊、狗、牛、马、驴等。据统计仅猪骨一项，在齐家文化遗址和墓葬中就达八百多件。大量的猪骨存在，反映了当时饲养业很发达。在齐家文化遗址中还发现有鼬、鹿、麂等野生动物的骨骼，应是当时居民猎获的主要对象，说明狩猎是作为谋取生活资料的补充手段。

冶铜业的出现是齐家文化的一项突出成就。过去仅限于个别遗址发现，数量也不多，近年来却普遍发现，不仅出土红铜器，而且还出现铅青铜等青铜器，种类有刀、锥、凿、钻头、匕、斧、指环、铜饰、镜和铜渣等。从制造技术上看，既有锻造，又有铸造，这表明齐家文化的人们已经认识金属的性能，能制造各种不同用途的铜制工具了。他们的发明创造，为我国古代冶金史写下了光辉的一页。

制陶业是当时比较发达的一种原始手工业。在各个遗址中都出现有大量的陶器，种类较复杂，在造型与纹饰上独具特点。器形有碗、盆、豆、双大耳罐、高领双耳罐、侈口罐、鬲、单耳罐、三耳罐等。其中，薄胎磨光的双大耳罐和腹部饰有篮纹的高领双耳罐，造型优美，别具一格，是齐家文化最常见最富有特点的器物。从纹饰上看，除素面外，还有篮纹、绳纹、划纹、附加堆纹等。另有一部分彩陶，花纹或红或紫，多是单色的，花纹图案一般都比较简化，主要是菱形纹、弧线纹、三角纹与平行条纹等几何形图案。

纺织业也很发达。在遗址和墓葬中，除发现较多的陶、石纺轮和骨针外，还发现有布纹的痕迹。大何庄发现的布纹痕迹似麻织，有粗细两种：粗的一种，一平方厘米有经纬线条各十一根；细的一种，其细密程度几乎可以与现代的细麻布相比。据此，我们推测当时人们的衣着大概就是用这种麻布织成的。

齐家文化的人们在住房方面也有了很大的改善，这时期住房的突出特点是在房内居住面和墙壁下部涂抹一层白灰，即所谓"白灰面住屋"。据统计，迄今已发掘的白灰面住屋有二十多座。这些房屋的结构多是方形或长方形的半地穴式的建筑，中间有一个圆形的灶，门道一般朝南。其中，在大何庄发现的第七号房子保存较好[①]，在结构上的某些方面还具有自己的特点。这座房子呈方形，在居住面中间有一高出地面 3.5 厘米的圆形灶，门向西南，前面有向外突出的出入口，在房子四隅有四根粗立柱支撑屋顶，在其周围有排列整齐的柱洞，这些木柱起着墙壁的骨架作用，粗木柱与细木柱之间相距 1～1.4 米。这种房子大体可以复原成中间方形平顶、四周向下略成斜坡状的房里。

白灰面房子是齐家文化在构筑上一个重要成就，虽然其他文化类型也发现这种住屋，但不如齐家文化普遍。这种房子具有平整光滑、坚固美观的优点，同时还起着一定的防潮作用。其建筑技术应是我国劳动人民的一项杰出创造。

---

① 中国社会科学院考古研究所甘肃工作队：《甘肃永靖大何庄遗址发掘报告》，《考古学报》1974 年第 2 期。

四、墓葬与习俗

齐家文化的墓葬发现比较多，材料相当丰富，据不完全统计，已发掘清理的墓葬达百多座。有了这大批的发掘资料为基础，使我们对齐家文化的葬俗有了较多的了解。

齐家文化的人们有自己的氏族公共墓地，墓地的规模大小不一，大者有墓葬二三百座，少者几十座。如秦魏家墓地共有一百三十八座墓，大何庄墓地为八十二座墓，皇娘娘台墓地为八十八座墓，青海朵马台墓地为四十三座墓。这大概是与当时氏族或部落的大小相一致的。葬制以竖穴土坑墓为主，呈长方形或圆角长方形，部分是凸字形。葬具有长方形木棺与独木棺等，较为特殊的是独木棺，它是以一段圆木在其中间挖成长方形的凹槽，外形酷似独木舟。这种木棺一般长约二米，宽半米左右。这在民族志的材料中还可以找到例证，例如黎族还存在独木棺殓尸的葬俗。

葬式有单人葬与合葬两种。单人葬可分为仰身直肢葬、二次葬、俯身葬、侧身葬、瓮棺葬等，以仰身直肢葬为主。合葬墓有成年男女合葬、成年与儿童合葬、多人合葬等，以成年男女二人合葬较为常见。这种成年男女合葬有一共同特点，即男的为仰身直肢葬，女的为侧身屈肢葬，面向男子，位于前者的左边或右边，这是她屈从、依附男子的真实写照。这种成年男女合葬墓的出现，反映了当时的婚姻形态已由对偶婚过渡为一夫一妻制。在皇娘娘台发现的一男二女合葬，男的居中，二女分列左右屈附其旁，这显然是夫妻（妾）合葬的反映。这说明当时男子在社会上居于统治地位，女子降低于从属和被奴役的地位。另一种合葬墓是殉葬墓，即墓主人与被殉人是处于不平等的地位。如柳湾314号墓主人为成年男性，仰身直肢卧于棺中，另一青年女性，却侧身屈肢卧于棺外，并有一只腿被压在棺下，这显然是为墓主人殉葬的。齐家文化发展到晚期，用人殉葬的习俗越来越盛行，这表明齐家文化已发展到军事民主制阶段了。

在大何庄与秦魏家等遗址还发现一种平面呈圆形的"石圆圈"遗迹，位于墓地的一角或附近。它系利用天然的扁平砾石排列成的，直径4米左右，在其附近还发现卜骨与牛、羊的骨架，这显然是与原始宗教信仰有关，可能是当时在埋葬死者、杀牲祭祀、占卜问事等进行种种宗教活动时所留下的遗迹。

齐家文化的社会性质处于父系氏族公社阶段。在齐家文化墓葬中出土的随葬品种类与数量等方面都有显著的差别，例如秦魏家墓葬中随葬的猪下颌骨，少的仅一块，多的竟达六十八块。这种以猪为主的家畜应是当时作为衡量财富的标尺，家畜数量上的悬殊，正是当时已出现财产分化、贫富不均的真实反映。云南纳西族曾经把猪下颌骨悬挂在屋墙上，作为他们拥有财富多少的标志，同时显示死者的社会地位和拥有的财富。总之，从齐家文化的社会发展阶段来看，应处于氏族公社走向瓦解、阶级社会正在产生的时代。

五、人种与渊源

关于甘青地区原始文化的人骨材料，解放前步达生曾予研究，并于1928年发表了对甘肃、河南史前人种的研究报告[①]。解放后，据颜訚教授对甘肃阳洼湾齐家文化两具人头骨的研究，认为齐家文化的形态特征属于蒙古型，与近代材料相比较，齐家文化头骨与现代华北组较为相似[②]。据潘其风与韩康信两同志的意见，甘肃马家窑文化居民的遗骸和稍晚的齐家文化属于相同的体质类型，值得注意的是它们与中原仰韶文化居民的体质存在着明显的差异，齐家文化与华北人更接近，仰韶文化却接近南亚类型[③]。人种形态特征上的异同，对探索原始文化的渊源问题是很有意义的。

关于齐家文化的渊源问题，是一个比较复杂一时还难以搞清的问题，但是必须要努力去探索，以期逐步地得到解决。现在学术界也很关心这个问题，并且还发表了各自的看法。除了我在《试论齐家文化与陕西龙山文

---

① Black, D. A study of kansu and Honan Aeneolethic skulls and specimens From Later kansu prehistoric site in Comparison with North China and other Recent Crania. pal. sin. ser. D Ⅵ（1）1—83.
② 颜訚：《甘肃齐家文化墓葬中头骨的初步研究》，《考古学报》1955年第9册。
③ 潘其风、韩康信：《我国新石器时代居民种系分布研究》，《考古与文物》1980年第2期。

化的关系》一文中所概括的四种不同意见外，新近又提出一种看法，即认为齐家文化是镇原县"常山下层文化"的继续和发展，而后者则是前者的先驱①。我们认为"常山下层文化"的文化面貌既有齐家文化成分，又有其独特的风格，但有一点是清楚的，就是它与甘肃中部大何庄和秦魏家遗址的典型齐家文化的区别是很明显的，如常山下层出土的斜耳罐、尖底瓶和直壁宽底的双大耳罐等都是比较罕见的，大何庄与秦魏家均未见。因此，齐家文化的源头是否即"常山下层文化"，尚待常山遗址发掘报告发表后再讨论，目前还不能轻易地下结论。

我们认为要解决齐家文化的渊源问题，首先要研究以下几个带有关键性的问题：

第一，关于原始文化渊源的理论问题。中国原始文化是否都源于黄河中游的中原地区？或以中原为中心，向四方作放射性传播？抑或本属于不同的文化源流，尔后在我国大地上互相影响、互相渗透，成为后来具有独特的灿烂的中国文明打下了基础？换言之，就是"一元论"还是"多元论"？

第二，对齐家文化彩陶的认识问题。在齐家文化陶器中，有一部分是彩陶，它与齐家文化的典型陶器是同出的，对这个彩陶如何认识，是关系到与马家窑文化特别是马厂类型的关系问题。目前，有三种看法：一种是认为这种彩陶在器形上具有齐家文化的特色，而在陶质、制法、纹饰上都表明了确曾受到马家窑文化的影响②；一种认为从齐家文化的彩陶花纹的母题和形态来看，它应是从马家窑文化马厂类型递变演化而来的③；一种认为齐家文化早期的少量彩陶，其中一部分彩绘花纹也自具风格，只是施彩这一点可能受到同时存在的半山—马厂文化的影响，另一部分是马厂型彩陶，它和同出的马厂型与齐家文化素陶只能表明二种文化曾同时并存，互相影响④。

---

① 胡谦盈：《试论齐家文化的不同类型及其源流》，《考古与文物》1980年第3期。
② 安志敏：《甘肃远古文化及其有关的几个问题》，《考古通讯》1956年第6期。
③ 甘肃省博物馆：《甘肃古文化遗存》，《考古学报》1960年第2期。
④ 夏鼐：《碳–14测定年代和中国史前考古学》，《考古》1977年第4期。

第三，关于制陶工艺技术上的问题，这是目前讨论齐家文化与陕西龙山文化关系中的焦点之一，具体地说，某些陶器器形相同，而颜色不同，这究竟说明了什么？例如双大耳罐在不同地区在陶色上迥然不同，有的是呈橙黄色或浅红色，而有的却作灰褐色或黑灰色，这种陶色的不同是由于制陶技术掌握火候的关系，抑或由于土质成分的不同所造成？这就要求有关部门能做些实验才能解决。

当然，真正要解决这样重大的学术问题，还是要靠大规模的田野考古发掘工作与大量的综合研究工作，尤其是要在甘肃东部和陕西西部地区多开展发掘工作，它是解决上述疑难问题的关键性地区。但是有一点我们已经注意到：就是近年来在浙江余姚县发现了重要的"河姆渡（下层）文化"，其年代经树轮校正后为公元前 5005～前 4770 年[①]，相当于中原的仰韶文化，这给我们很大的启发。这些与当地的地理环境相适应而产生的新文化，说明都有其自己的来源与发展过程。甘青地区的原始文化也不例外。但是，我们并不否认各个文化类型之间的相互影响与互相渗透的作用。这样认识问题也许更合乎当时的实际情况。因此，我国原始文化的起源是否一元的这个考古学上的重要问题，值得我们重新考虑研究。我们相信，只要大家共同努力，不仅可以追溯出齐家文化的来路轨迹，而且，还可以正确地窥视它们的发展去向。

（本文原载《考古与文物》1981 年第 3 期）

---

① 夏鼐：《碳-14 测定年代和中国史前考古学》，《考古》1977 年第 4 期。

甘肃永靖秦魏家齐家文化墓地

秦魏家属甘肃省永靖县莲花公社。墓地位于该村东部的一个台地上，俗名叫"楼子地"，北与大河庄遗址隔沟相距约 0.5 公里，西为簸箕沟，南面傍山，山麓有村落即为陈许家，西北面有，一条水渠从墓地的边缘绕过，再往前眺望便是浩荡的黄河[①]。

墓地在废弃的齐家文化遗址上，是 1956 年黄河水库考古队调查黄河上游时发现的。遗址的范围东西长约 200 米，南北宽 150 米，地势不甚平坦，由北往南逐渐升高，中部有一条东西向的小路穿过，把墓地分成南北两部分。1959 年和 1960 年先后进行两次发掘。在南部（小路以南）发掘七条探沟（编号 TC—Ⅰ）、19 个探方（T1—19）；北部（小路以北）发掘二条探沟（AT—B）、六个探方（T20，T51—55）（图一）。揭露面积共 1011 平方米。两次发掘的主要收获，曾在《考古》上做过简要的报道[②]。本文报道的是这两次发掘的全部资料。参加工作的有本所甘肃工作队的八位同志，以及甘肃省博物馆的四位同志。

在工作中曾得到甘肃省博物馆与永靖县文化馆等有关单位的大力支持和热情帮助，借此致以谢意。

---

① 秦魏家齐家文化墓地的位置，详见《甘肃永靖大何庄遗址发掘报告》图一，《考古学报》1974 年第 2 期。

② 分别见《考古》1960 年第 3 期和 1964 年第 6 期。当时秦魏家归临夏市管辖。

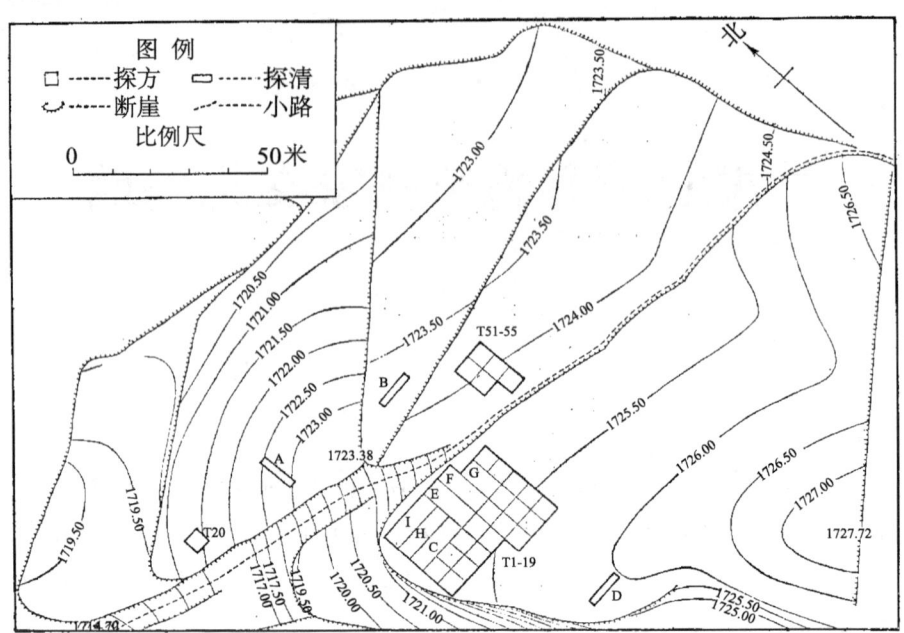

图一　秦魏家墓地地形和发掘坑位图

一、地层堆积

秦魏家墓地的地度比较单纯，除农耕土外都属于齐家文化堆积。小路南部的地层堆积较厚，灰层最厚达 2 米以上，地层堆积和遗迹、墓葬的发现层位，大致是：第一层，农耕土；第二层，齐家文化墓地，共发现墓葬九十九座和"石圆圈"遗迹一处；第三层，齐家文化墓地与住地，共发现墓葬八座和窖穴六十个。北部的地层堆积较薄，农耕土下就见齐家文化墓地，共发现墓葬二十九座。另在北部西边发现墓葬二座（TA 内）和窖穴十三个。现以探沟 C 为例加以说明（图二）：

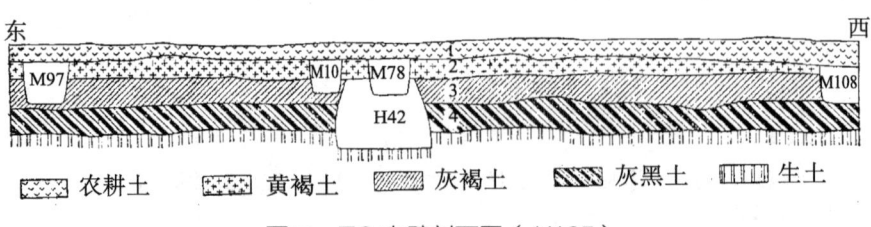

图二　TC 南壁剖面图（1/125）

第一层，农耕土，厚20～45厘米，内含齐家陶片与近代瓦、瓷片。

第二层，黄褐土，质较硬，厚15～45厘米，齐家墓葬四座（M10、78、97、103）都打破此层。

第三层，灰褐土，质较松，厚25～55厘米，出有白灰面残块，厚约0.2厘米，并有零星的红烧土和木炭屑；窖穴42打破此层并被墓78所打破。出土物除陶器外，还有石、骨器等。

第四层，灰黑土，质软，厚45～75厘米，出土遗物较少。

二、建筑遗存

（一）窖穴

共发现七十三个，其中十三个分布在墓地北部的西边，比较分散；六十个在墓地南部，比较集中，有一部分被压在墓葬的下面（图三）。按其形制的不同，可分为三种：

1. 大口窖穴八个。形状不甚规整，口部都大于底部。有平底和圜底两种，以平底为主。一般体积较小，口径多在1米左右，深0.4～0.9米。如窖穴37，是一个圆形圜底的窖穴，口径1.4米、深0.5米。内填灰土，出有石刀和陶片等遗物。

2. 小口窖穴五十三个，都是圆形口小底大的袋状坑。形状规整，底部平坦，底径往往两倍或三倍于口径。大小不一，小的口径不到1米，大的达2米以上。部分窖穴的上部直口，下部扩大，形如倒放的漏斗，最典型的如窖穴68，口径0.7米、底径2.1米。其底径恰好等于口径的三倍。穴内由陶片、石锛、骨铲和兽骨等遗物。

3. 长方形窖穴十二个。平面作长方形，体积一般较大。如窖穴25，长5.4米、宽3.6米、深1.3米，穴壁拍打齐整。填土内出有少量的红烧土和陶器、石器与骨器等遗物。

（二）"石圆圈"遗迹

一处（F1）。位于南部墓地的东北边。用天然的砾石排列而成，直径约4米。其中有几块砾石的上面还遗有赭石粉末的痕迹。从它与墓葬的位置上看,当属于原始宗教性的一种建筑遗存。

三、墓葬

(一) 墓制

这个墓地共发掘墓葬一百三十八座。形制基本相同,都是长方形的竖穴土坑,没有发现葬具的痕迹。除儿童墓外,单人墓葬的墓坑,一般长1.6~2米、宽0.6~0.7米、深0.7~1米。合葬墓的墓坑较大,如墓124,系成人合葬,长2.42米、宽0.9米、深1.1米。墓坑一般都较规整,但有的宽窄不等,如墓23、50、91、95、97等为头端宽足端窄;墓29、45、46、48、64等则相反。坑壁多数垂直,少数作斗形。

南部墓地规模较大,分上、下两层。上层墓葬九十九座,排成六排;下层八座,排列较零散;不论上层、下层,骨架头部都向西北方。北部墓地规模较小,二十九座墓排成三排,骨架头部一律向西。北部西边TA内的二座墓,骨架头向西北。现将南部上层墓葬和北部墓葬的排列情况分别加以说明:

南部上层墓葬分六排,从北至南(图三;图版壹,1)

第一排 十五座。其中单人墓葬十座(M24、29、33—35、46—49、63),成人合葬墓四座(M30、37、45、50),成人与儿童合葬墓一座(M51)。都有随葬品。

第二排 十五座。其中单人葬十一座(M5、7、8、22、23、26、38—41、44),成人合葬二座(M52、103),成人与婴儿合葬一座(M42),成人与儿童合葬一座(M6)。除墓26外,都有随葬品。

第三排 十三座。其中单人葬十二座(M4、9、10、19—21、31、68、78、90、91、99),成人与婴儿合葬一座(M3)。除墓68外,都有随葬品。

第四排 二十三座。除一座不明(M112)外,计单人葬十九座(M27、28、32、54、55、58、59、64、67、77、79、80、82、84、87、93、96、102、104),成人合葬二座(M181、85),成人与儿童合葬一座

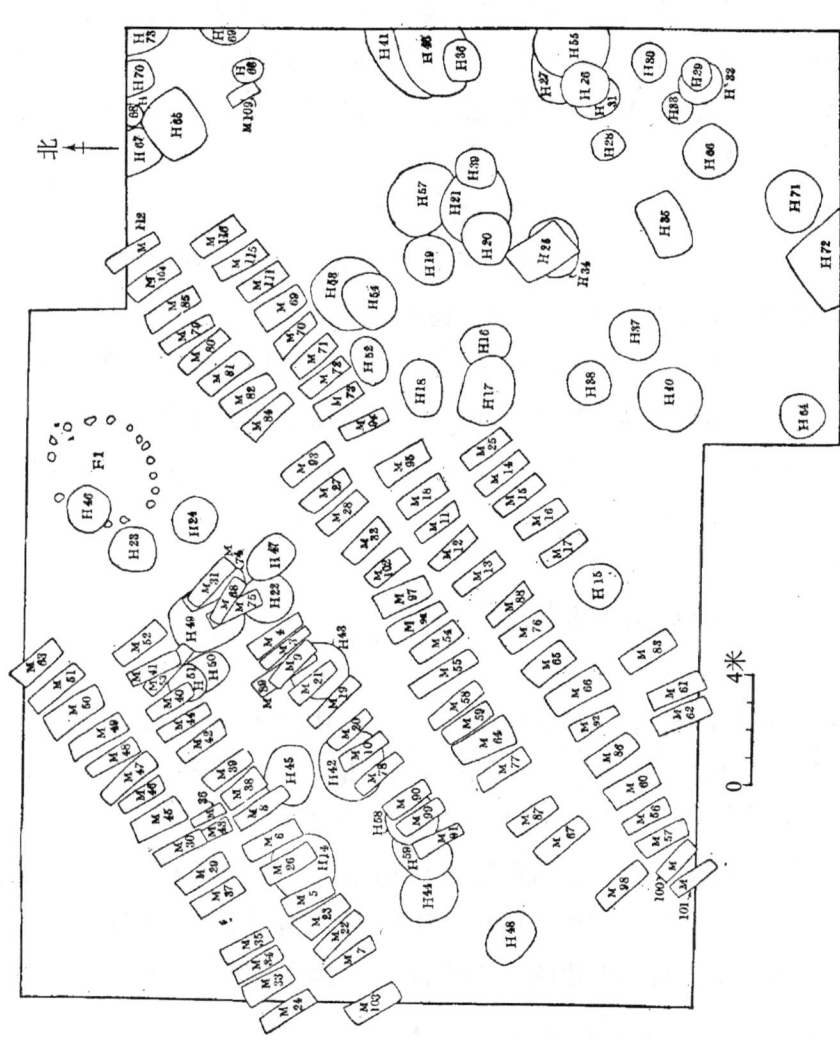

图三 南部墓地发掘区（T1—19、C、E—1）出土情况

（M97）。除墓 64、97 外，都有随葬品。

第五排　二十左座。除 M66、73、111 不明外，其中单人葬十余座（M11—13、56、57、69—72、76、86、88、92、94、100、101、116），成人合葬四座（M18、60、95、115），成人与儿童合葬一座（M65）。除墓 73、76、94、101、116 外，都有随葬品。

第六排　八座（M14—17、25、61、62、83），都是单人葬，除墓 16 外，都有随葬品。

北部墓葬分三排。从北至南（图四）：

第一排　七座。其中单人葬五座（M106、107、110、113、114），成人合葬二座（M105、108）。都有随葬品。

第二排　十一座。其中单人葬八座（M117—119、125、133、135—137），成人合葬墓三座（M124、134、138）。都有随葬品。

第三排　十一座（M120—123、126—132），都是单人葬（墓 129 是儿童墓）。都有随葬品。

（二）葬式

这批墓葬有单人葬和合葬两种。

甲、单人墓

共一百十四座，除葬式不明者九座（M61、62、66、71、73、111、112、116、120）外，有侧身直肢葬三座（M48、49、98），屈肢葬二座（M32、56）俯身葬一座（M91），余皆仰身直肢葬。

1. 仰身直肢葬　是这里最常见的一种葬式。大多是两手垂直，少数左手垂直，右手斜放于腹下部；有的则相反；也有两手交叉放在腹部的。下肢比较固定，都是伸直并拢的。随葬器物一般放于骨架脚下方，猪下颚骨大多埋在墓口。举六例说明：

墓 87，坑长 1.72 米、宽 0.5 米、深 0.46 米。脚下方随葬陶罐三件、陶碗一件（图版壹，2）。墓 40，墓口埋四块猪下颚骨。骨架脚下方放陶罐三件、陶豆一件、肱骨旁还放有三十六块白色的小石块。

墓 19，墓口放四块猪下颚骨，腰部放一骨匕，左股骨旁放一铜饰，脚下方放陶罐二件，陶碗、骨锥各一件。盆骨旁还放有三十五块白色的小石

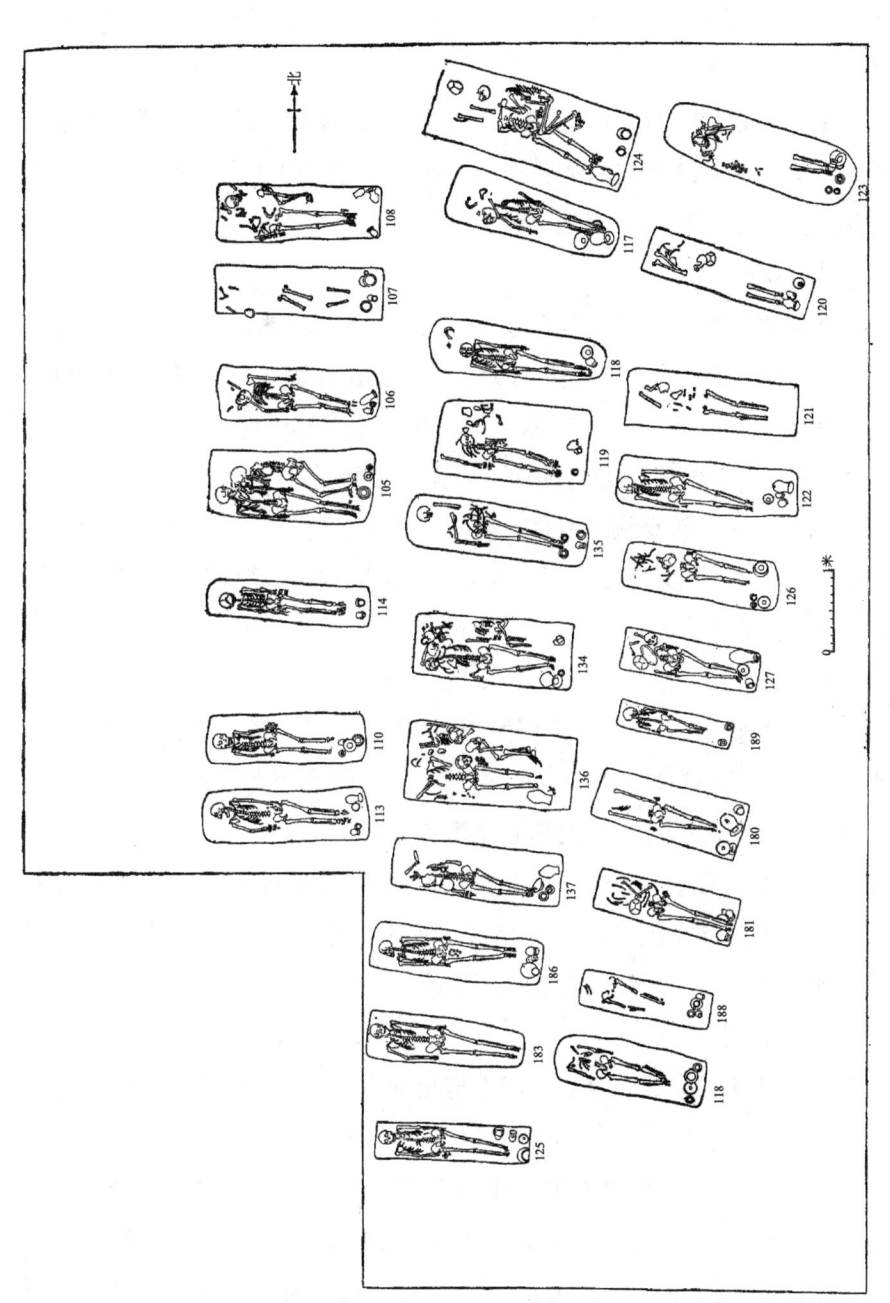

图四 北部墓地发掘区（T51—55）出土情况

块。骨架属男性（图版壹，3）。

墓129，儿童墓。坑长1.4米、宽0.34米、深0.4米。脚旁随葬陶鬲、瓶各一件（图四）。

墓9、墓89的器物放置比较特殊。墓9的墓口除埋猪下颚骨二十六块外，还有双大耳罐和侈口罐各一件（图五）。墓89的四块猪下颚骨是放在骨架脚下方的二件陶罐上的。骨架上还涂抹（或撒上）颜色鲜艳的赭石粉末（图五）。

2. 侧身直肢葬　三座。墓49，墓坑较方，长2.3米、宽0.7～0.91米、深0.4米。骨架侧卧，左手垂直身旁，右手压在骨架下面，两脚伸直并拢。脚旁放陶罐二件，陶豆、骨针各一件。腹下放骨匕一件（图五；图版叁，4）。墓48，墓口埋猪下颚骨四块，骨架摆放姿势同上，但头骨分离，上面压大砾石一块。随葬陶罐二件，陶豆、骨锥、骨针、骨匕各一件（图版贰，2）。墓98，上身微侧，两手向上屈，两脚伸直。随葬各种陶罐六件，器形都较小（图五）。

3. 屈肢葬　二座。墓56，坑长1.87米、宽0.6米、深0.5米。骨架上身侧卧，下肢弯曲。脚旁放陶罐二件，陶碗、骨针各一件；右手旁还放有十三块白色的小石块（图五）。墓32，下肢屈度较大，鉴定属男性。仅在头部附近有五块小石块。无其他随葬品（图五）。

4. 俯身葬　仅墓91一座。坑长2.04米、宽0.54～0.77米、深0.75米。骨架上身稍向左侧转，右手弯曲。脚下方随葬陶罐两件、陶碗、瓶各一件；背上放侈口罐一件（图五；图版贰，1）。

乙、合葬墓

共二十四座，有成人合葬、成人与儿童合葬、成人与婴儿合葬三种。

1. 成人合葬　按葬式的不同，只可分为三种：

（1）仰身直肢与屈肢合葬　共十三座（M2、18、45、60、81、85、95、103、105、108、115、124、138），每墓骨架均为两具，其中一具为仰身直肢葬；另一具为侧身屈肢葬，而且都位于前者的左边。大部分的墓葬都有随葬品。举二例说明：

墓105，墓坑长1.9米、宽0.8～0.9米、深0.7米。两具骨架上均有

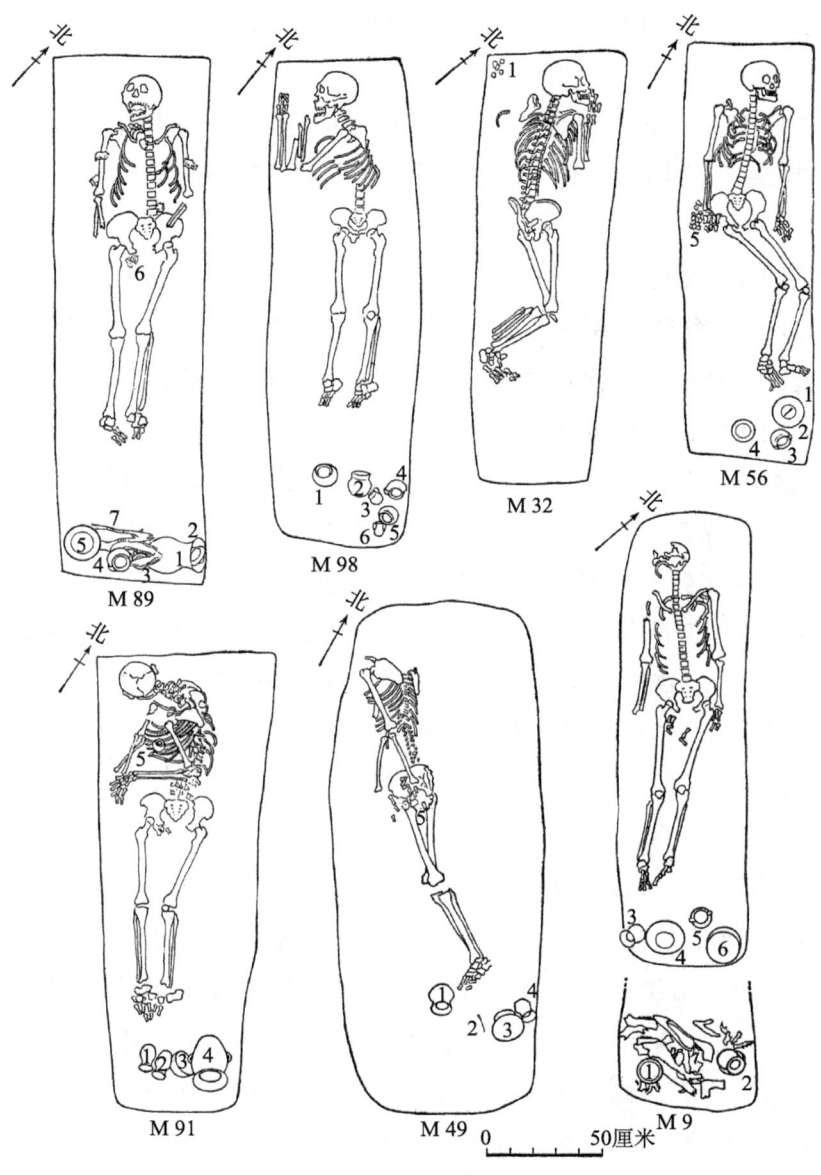

图五 墓葬平面图

M89 1.高领双耳罐 2.双大耳罐 3.单小耳罐 4.双耳罐 5.盆 6.小石块 7.猪下颚骨
M98 1.双小耳罐 2.侈口罐 3.单耳罐 4~5.单小耳罐 6.双大耳罐
M32 1.小石块
M56 1.碗 2.骨针 3.双大耳罐 4.侈口罐 5.小石块
M91 1.瓶 2.敞口罐 3.碗 4.高领双耳罐 5.侈口罐
M49 1.敞口罐 2.骨针 3.豆骨匕 4.侈口罐
M9 1.侈口罐 2.双大耳罐 7.猪下颚骨（以上出墓口） 3.敞口罐 4.豆 5.双耳罐
  6.高领双耳罐（以上出墓底）

红色布纹的痕迹，经鉴定，仰身直肢者系男性，屈肢者系女性。脚下方放陶罐三件（图六；图版叁，1）。

墓60，两具骨架均身首分离，头部和腹部上共有五块大石块。脚下方随葬有陶罐三件。在陶罐旁有骨针一件。墓口埋有猪下颚骨六块（图六；图版叁，2）。

（2）侧身直肢与屈肢合葬　二座。墓50，坑长2.18米、宽0.8～1.24米、深0.5米。墓口埋猪下颚骨三十四块。侧身直肢者居右，鉴定为男性，腰间放骨匕一件，胸前撒十三块白色的小石块。屈肢者居左，身首分离，鉴定为女性。左边放牙饰一件（图六）。墓37，坑长2.06米、宽0.64～0.83米、深0.65米。墓口埋猪下颚骨十八块。两具骨架均身首分离。侧身直肢葬者居左，下肢微屈；屈肢葬者居右。胸前有小石块十二块。脚下随葬陶罐三件、陶豆、骨针各一件（图六）。

（3）俯身与侧身合葬　仅墓52一座。坑长11米、宽0.75～0.85米、深0.6米。墓口埋猪下颚骨五十五块，陶罐一件。俯身葬者居右，臂族骨旁放小石块四十块；鉴定系男性。侧身葬者居左，下肢微屈；鉴定为女性。脚下放陶罐三件、陶豆一件（图六；图版叁，3）。

2. 成人与儿童合葬

（1）仰身直肢与屈肢合葬　三座（M30、51、65）。成人仰身直肢，居右；儿童屈肢，居左。都有随葬品。举墓51为例，墓坑长2米、宽0.58米、深0.63米。经鉴定，成人系男性，儿童6～7岁。脚下方随葬陶罐三件，陶豆、骨匕、骨锥各一件，在成人腹部还有白色小石块三块（图七）。

（2）仰身直肢与侧身合葬　三座（M6、97、134）。成人仰身直肢，居右；儿童侧身直肢，居左。举墓6为例，墓坑长2.16米、宽0.52米、深0.5米。墓口埋猪下颚骨六十八块。脚下方随葬陶罐三件。陶豆、骨匕各一件。经鉴定，成人系男性（图七）。

3. 成人与婴儿合葬　二座（M3、42）。成人皆仰身直肢葬，婴儿骨架已残朽不全。墓3，墓坑长2.1米、宽0.6米、深0.6米。婴儿骨架位在成人的两腿间。脚下方随葬陶罐三件，陶碗一件（图七）。墓42，婴儿放在成人的左手臂旁，脚下方随葬陶罐三件，陶碗一件；颈部放绿松石珠二颗。另外在肱骨和

图六 墓葬平面图

M105 1.高领双耳罐 2.侈口罐 3.双大耳罐
M60 1.双大耳罐 2.高领双耳罐 3.双耳罐 4.骨针 5.小石块
M52 1.双大耳罐 2.豆 3.高领双耳罐 4.侈口罐 5.小石块
M50 1.牙饰 2.骨匕 3.小石块
M37 1.高领双耳罐 2.单耳罐 3.豆 4.侈口罐 5.骨针 6.小石块

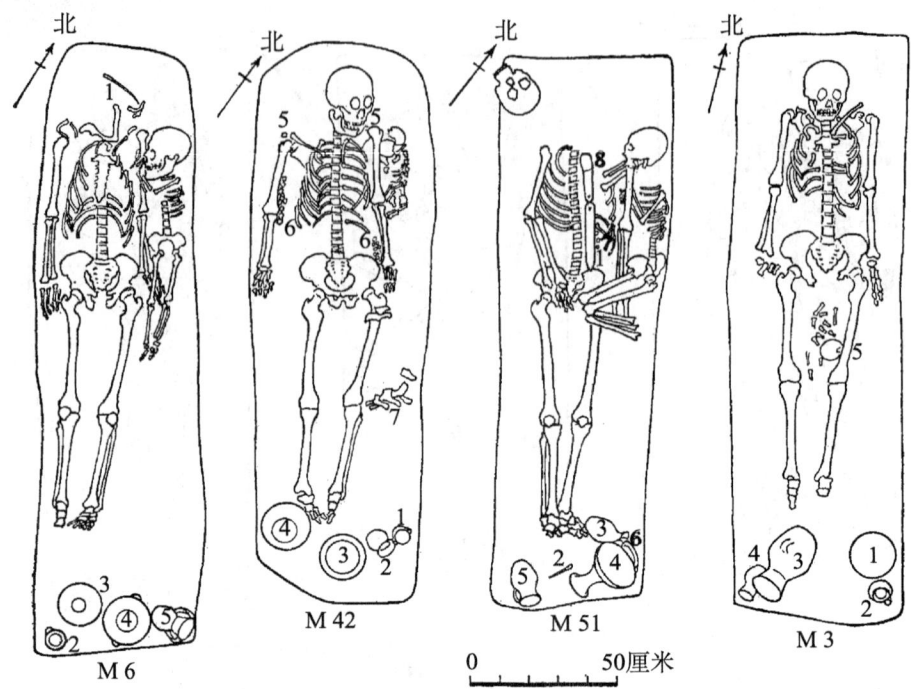

图七 墓葬平面图

M6　1.骨匕　2.单小耳罐　3.豆　4.高领双耳罐　5.双大耳罐
M42　1.双大耳罐　2.侈口罐　3.高领欢耳罐　4.碗　5.绿松石珠　6.小石块
M51　1.骨匕　2.骨锥　3.侈口罐　4.豆　5.单小耳罐　6.双耳罐　7.小石块
M3　1.碗　2.单小耳罐　3.高领双耳罐　4.侈口罐　5.婴儿骸骨　7.猪下颚骨　8.穿孔骨器

尺骨旁有白色小石块十八块，在腿骨旁有猪下颚骨耳块（图七；图版叁，5）。

（三）关于随葬品及其他

墓葬有随葬品的一百二十五座，无随葬品的十三座。随葬品包括生活用具、生产工具、装饰品、卜骨和猪下颚骨等。其中，以生活用具为主。

生活用具主要是陶容器，常见的有双大耳罐、高领双耳罐、侈口罐、碗和豆等，佀碗和豆不同出于一个墓中。陶器大部分放在死者的脚下方，少数在脚部上面的墓口填土中又放一两件陶罐。放墓口陶罐主要是双大耳罐与侈口罐，其次是双大耳罐与单耳罐，个别的是双耳罐与瓶；如系放置一件，则为双大耳罐，或侈口罐。此外，还有在骨架头部或背上加放一件陶罐的各一例（M41、91，图五）。

随葬陶器有一定的组合关系，最常见的有以下六种：

（1）双大耳罐、高领双耳罐、侈口罐、豆（M39、40、65、82、103、132）。

（2）双大耳罐、高领双耳罐、侈口罐、碗（M20、24、42、44、88、126、127、128）。

（3）双大耳罐、侈口罐、豆（M10、27、47、54、78、131）。

（4）双大耳罐、高领双耳罐、侈口罐（M11、81、95、136）。

（5）高领双耳罐、侈口罐、单耳罐、豆（M22、29、30、35、37）。

（6）高领双耳罐、侈口罐、单耳罐、碗（M3、34、87、96）。

此外，有特殊组合三例：

（1）墓89，双大耳罐、高领双耳罐、双耳罐、单小耳罐、盆，共五件。

（2）墓98，双大耳罐、双小耳罐、侈口罐、单耳罐各一件，单小耳罐两件。

（3）墓123，双大耳罐三件、侈口罐二件、高领双耳罐、碗各一件。

骨匕大部分放在人骨的腹部或腰部。个别的放在手边（M50）、头部附近（M6）或放在陶盆内（M13）。

生产工具不多。骨锥与骨针大部放在人骨的脚下方。石斧、石锛、石凿或敲砸器等，有的放在手掌边或手臂附近（M138），有的放在头部的左侧（M112），也有的放脚旁（M15）。陶拍放在头部的右侧（M35）。

装饰品皆随身佩戴。绿松石珠放在耳旁或颈部附近，应为耳饰或是一种项链。牙饰放在头部附近（M50）。石璧、蚌璧放在胸前（M71、75）或头部附近（M123）。铜环放在手指旁（M70、99）。

卜骨作为随葬品的仅一件，发现在墓23的高领双耳罐内。

有四十六座墓用猪下颚骨随葬。猪下颚骨的数量不等，少者一块，多者达六十八块，大部分放在人骨脚部上面的墓口填土内，少数取在骨架脚下方的陶器上面，个别的放在骨架腿边（M42）。这些猪骨有的是零散地放着，有的是成堆放着，也有的是整齐的并排着，如墓134（图版贰，3）。此外，有少数墓还用小石块随葬，少者两块，多者达一百零五块（M27）。小石块大多是白色的，少数是灰褐色或浅绿色。这些小石块撒在人骨周围或堆放在一起。

通过对这批墓葬的分析比较，我们发现南部下层墓葬与上层有些不同。第一，下层的墓葬数量少，排列不如上层整齐。其次，下层葬式都是仰身直肢葬，未见合葬墓。第三，下层有单人儿童墓（M36，43，109），上层未见。第四，在随葬陶器方面，下层陶器除个别的在上层仍有发现外，大部分陶器只见于下层：如Ⅶ式盆、Ⅵ式单耳罐、Ⅰ式双小耳罐、Ⅰ式双大耳罐、Ⅶ式高领双耳罐、侈口曲领罐、Ⅴ式侈口罐、Ⅴ～Ⅵ式单小耳罐、Ⅲ式鬲等。在随葬猪下颚骨方面，下层只有个别墓发现，数量又少；上层墓葬却较普遍。这两层墓葬地层叠压关系清楚，在随葬品上，尤其是在陶器上，各具有不同的特点，说明它们之间有早晚关系，即下层墓葬要比上层早些。由于下层墓葬发现不多，除了指出上述的一些现象以外，目前还难以作更多的说明或与上层墓葬进行较系统的比较。

至于南部上层墓葬与北部墓葬的关系，虽然两者的方向与规模有所不同但它们属于同一地层堆积（即第二层）；随葬陶器的数量、组合情况与器形特征等方面都看不出有什么太大的差别，因此，它们可能代表着两个邻近的父权制家族公社。

四、文化遗物

（一）生产工具

1. 石制工具

（1）敲砸器　分两式。

Ⅰ式：四件。利用扁平的砾石在其两面交互打击成锋刃，器形较大，有的直径达 15 厘米。T19∶7，刃部锋利，直径 8.8 厘米（图八，1）。

Ⅱ式：二件。利用扁平的砾石从一面打击成锋刃。T2∶9，直径 8.2 厘米（图八，2）。T12∶8，边缘较薄，直径 14.5 厘米。

（2）刀　分六式。

Ⅰ式：五件。长方形，磨制，刃部略成弧形。H18∶2，长 8.8 厘米（图八，3）。

Ⅱ式：二件。长方形，磨制，两侧带缺口。H37∶1，缺口很小，长 10 厘米（图八，4）。T2∶10，缺口较大，长 7.5 厘米。

Ⅲ式：一件（TA∶8），已残。磨制，中间穿双孔，刃部的一侧有一缺口，系因使用损坏所造成（图八，5）。

Ⅳ式：十件。器身较窄长，中间穿单孔，磨制，孔靠近刃部。T3∶7，长8.6厘米（图八，6）。T2∶2，刃部稍内凹，长9厘米（图八，7；图版拾贰，22）。

Ⅴ式：三件。正长方形，四角接近垂直，形状较规正。T3∶4，长10.2厘米（图八，8）。

Ⅵ式：一件（H18∶1）。磨制，中间穿孔，弧刃，长10厘米（图八，9）。

（3）斧　分四式。

Ⅰ式：八件。宽刃，两侧帝斜肩。M15∶1，长17.2厘米、刃宽11.8厘米（图九，1）。

Ⅱ式：四件。窄顶宽刃，略呈梯形。M27∶6，弧刃，横剖面呈梭形，长11.4厘米，刃宽6.6厘米（图九，2）。

Ⅲ式：二件。扁平长方形，弧刃，磨制。H17∶4，长13.7厘米（图九，3）。

Ⅳ式：四件。长方形。磨制。T6∶3，横剖面呈长方形，刃部稍残，长15.3厘米（图九，4）。

（4）铲　一件（M65∶4）。长方形，器身扁平，呈乳白色，通体磨光，刃宽5.6厘米（图八，10；图版拾贰，10）。

（5）锛　分两式。

Ⅰ式：七件。长方形，单面刃，磨制。H40∶14，横剖面呈长方形，磨制精致，长18厘米、宽4.5厘米（图九，5）。

Ⅱ式：二件。略呈梯形，单面刃。H68∶1，器身扁平，通体磨光，长8厘米、刃宽5厘米（图九，6；图版拾贰，23）。

（6）凿　分两式。

Ⅰ式：五件。长条形，横剖面呈方形，磨制。H40∶9，单面刃，长16.2厘米（图八，12）。M81∶2，呈浅绿色，残长9厘米（图八，11；图版拾贰，11）。

Ⅱ式：二件。中间厚两端尖如梭形，横剖面呈方形，磨制精致。H19：6，长10.7厘米（图版拾贰，4）。

（7）磨棒 一件（H3：3）。横剖面呈椭圆形，磨面的一端遗有红色的赭石粉末，残长6厘米（图九，7）。

（8）磨盘 一件（T3：4）。椭圆形，盘面磨平，上面留有赭石粉末，似为磨后用手机过，长20.4厘米（图九，8）。

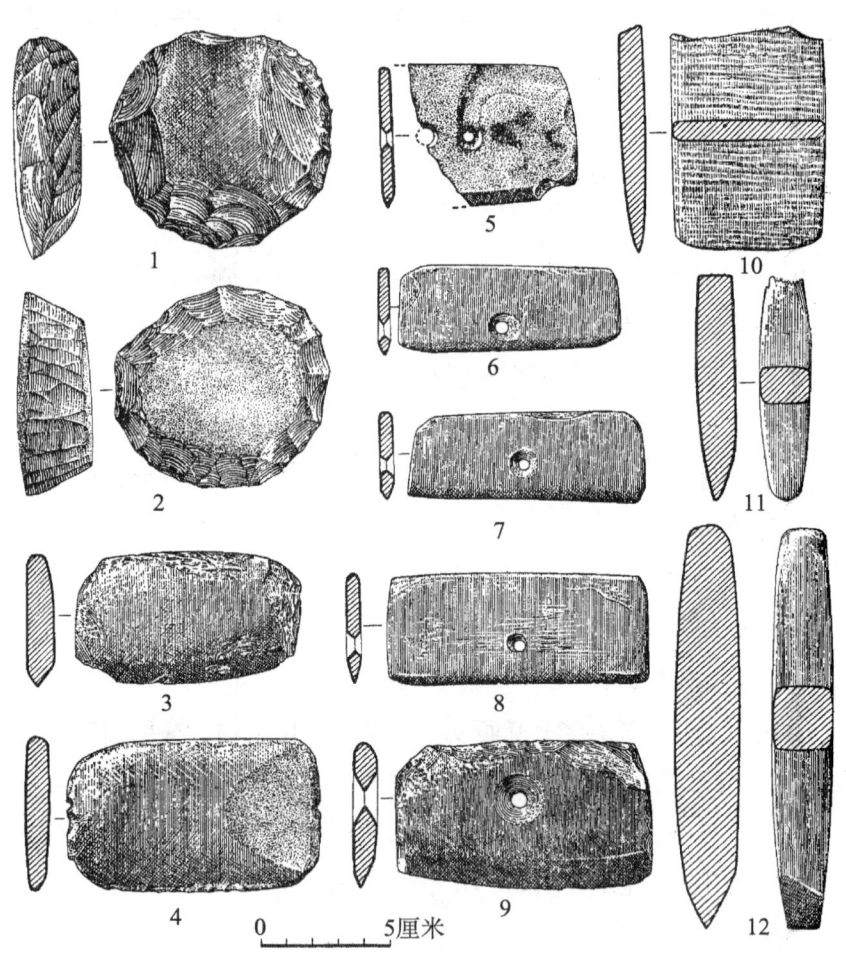

图八 石器

1、2. Ⅰ、Ⅱ式敲砸器（T19：7、T2：9） 3-5. Ⅰ～Ⅲ式刀（H18：2、H37：1、TA：8）
6、7. Ⅳ式刀（T3：7、T2：2） 8、9. Ⅴ、Ⅵ式刀（T3：4、H18：1） 10.铲（M65：4）
11、12. Ⅰ式凿（M81：2、H40：9）

2.骨制工具

(1)镞 四件。三棱形,前锋磨成尖刃,后端齐平。H42:1长3厘米(图一〇,4)。

(2)针 分两式。

Ⅰ式:二十七件。横剖面作圆形,单孔。M8:1,器身细长,长7.3厘米(图一〇,1)。M20:5,最短,长5.6厘米(图一〇,2)。

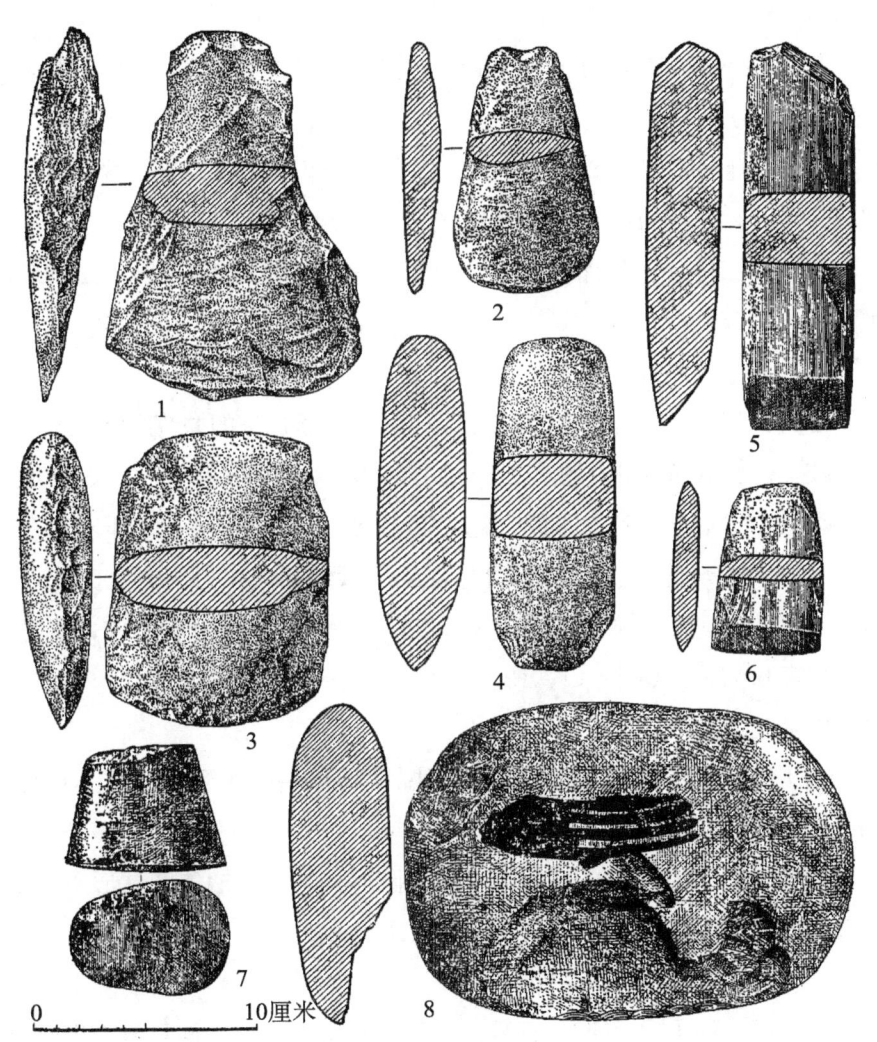

图九 石器

1~4.Ⅰ~Ⅳ式斧(M15:1、H27:6、H17:4、T6:3) 5、6.锛(H40:14、H68:1)
7.磨棒(H3:3) 8.磨盘(T3:4)

Ⅱ式：三件。横剖面作椭圆形，穿双孔。M80：2，顶端已残，长6.1厘米（图一〇，3）。

（3）锥　分五式。

Ⅰ式：三件。用动物腓骨磨制。M19：2，长13.5厘米（图版拾贰，6）。

Ⅱ式：五件。用羊肢骨磨制，顶端保留关节原伏，下端加工成尖刃。T3：5，长11.2厘米（图一〇，5）。

Ⅲ式：一件（H7：1）。用残肢骨将其一端磨成尖刃，长13.7厘米（图一〇，6）。

Ⅳ式：七件。把肢骨劈成两半，将其一端磨成尖刃，另一端保留关节部分。H43：3，长10.5厘米（图一〇7）。

Ⅴ式：二件。骨片加工而成，横剖面呈三角形。M48：4，长12.5厘米（图一〇，8）

（4）铲　分两式。

Ⅰ式：三件。用动物的肩胛骨制成，一端保留原来的关节部分。H2：5，器身较长，长16.5原米（图一〇，10）。H42：2，刃部呈弧形，长15厘米（图版拾贰，5）。H2：1，器身较窄，刃部磨光，长14.5厘米（图一〇，9）。

Ⅱ式：十一件。用动物的肩胛骨或下颚骨制成。刃部较宽，皆单面刃。T3：4，刃宽10厘米（图一〇，11），T4：7，下颚骨制成，器身较厚，刃宽6.4厘米（图一〇，12）。

3. 陶制工具

（1）纺轮　一件（T13：1），已残。圆形，中间穿孔，直径5.6厘米（图一一，1）。

（2）陶拍　一件（M35：1）。拍面圆形，磨光，柄作圆柱形。高1.8厘米、拍面直径3.7厘米（图一一，3；图版拾贰，21）。

（3）陶垫　分两式。

Ⅰ式：一件（T2：7），已残。一面略呈弧形，另一面复原为半圆形，中空，手指可以套进，长6.2厘米（图一一，2）。

Ⅱ式：一件（M5：1）。一面鼓起作球面，柄作圆柱形，高3.3厘米、

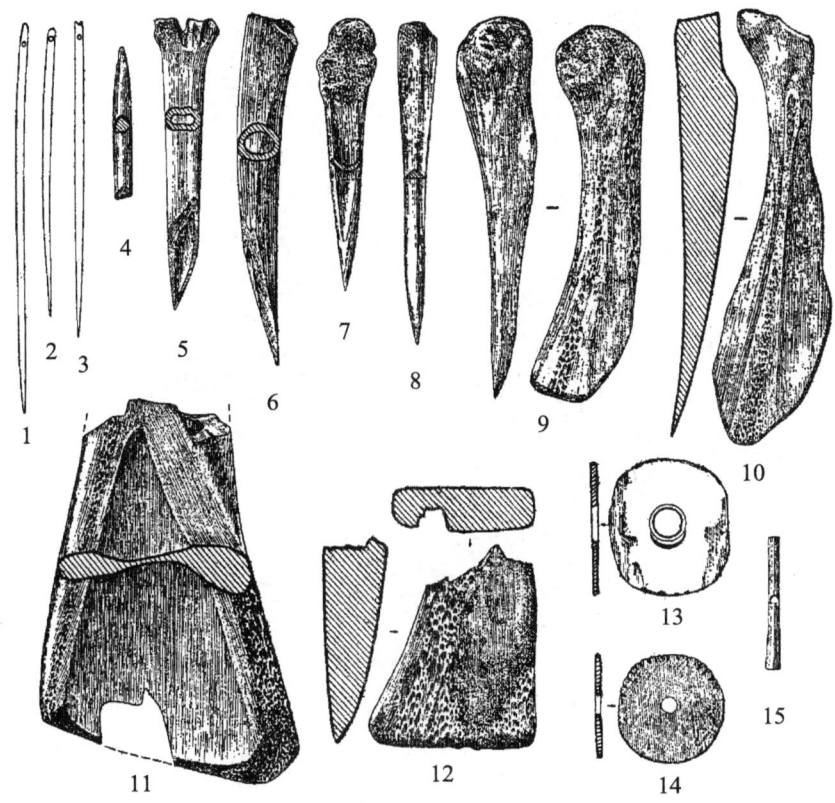

图一〇 骨器、蚌器

1、2. Ⅰ式针（M8：1、M20：5） 3. Ⅱ式针（M80：2） 4. 镞（H42：1） 5～8. Ⅱ～Ⅴ锥（T3：5、H7：1、H43：3、M48：4） 9、10. Ⅰ式铲（H2：1、H2：5） 11、12. Ⅱ式铲（T3：4、T4：7） 13. 蚌璧（M71：1） 14. 骨璧（H5：3） 15. 骨管（T8：7）（1～4.4/5，余2/5）

球面直径 4.3 厘米（图一一，4；图版拾贰，20）。

4. 红铜工具

（1）锥 一件（T6：2）。器身细长，横剖面方形，一端平刃，一端尖刃，两头均可使用，长 8.2 厘米（图一二，1；图版拾贰，19）。

（2）斧 一件（H72：1）。顶端已残，宽刃，近顶端有凸棱一周，残长 4 厘米、刃宽 4.2 厘米（图一二，2；图版拾贰，16）。

（二）生活用具

1. 陶容器、炊器

完整及复原的共四百多件。按质料与颜色的不同，可分为泥质红陶、

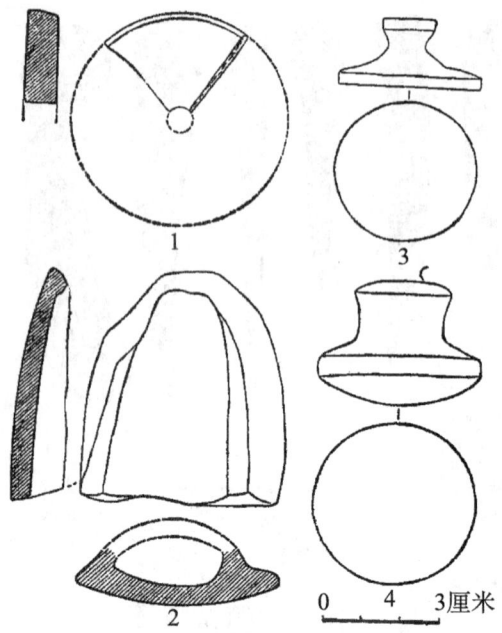

图一一　陶工具

1.纺轮（T13∶1）　2、4.垫（T2∶7、M5∶1）　3.拍（M35∶1）

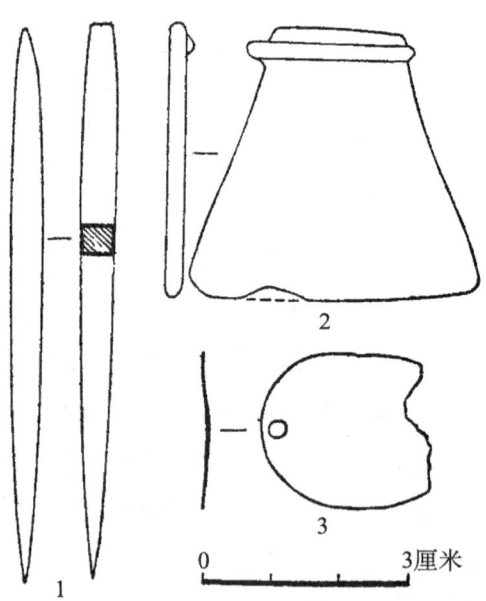

图一二　红铜器

1.锥（T6∶2）　2.斧（H72∶1）　3.铜饰（H4∶1）

夹砂粗红褐陶与泥质灰陶三系。以泥质红陶为主。现选出土陶片较多的五个窖穴（H3,4,8,10,15）作为代表，将其陶系与纹饰的比例统计如下：

H3、4、8、10、15 陶系及纹饰统计表

陶系	泥质红陶							夹砂粗红褐陶						泥质灰陶			总计
数量	501							442						23			975
百分比	52.31							45.33						2.36			100%
纹饰	素面	篮纹	绳纹	划纹	弦纹	锥刺纹	附加堆纹	素面	绳纹	弦纹	篮纹	锥刺纹	附加堆纹	素面	弦纹	划纹	
数量	260	222	13	2	6	2	5	189	208	23	8	4	10	15	4	4	975
百分比	26.67	22.76	1.33	0.21	0.62	0.21	0.51	19.37	21.33	2.36	0.82	0.41	1.03	1.54	0.41	0.41	100%

陶器系手制，以泥条盘筑法为主，小件的器物则用手捏塑成，在部分器物的内壁还留有泥条接缝与手指抹平的痕迹。器耳、底与三足器的足部都是分别制好后再安上去的。泥质红陶的表面多用湿手抹平，精细磨光的较少，有的在外表还蘸上一层白色的陶衣。

器表除素面或磨光者外，有篮纹、绳纹、弦纹、划纹、锥刺纹和附加堆纹等纹饰。其中以篮纹和绳纹为最常见，弦纹、附加堆纹次之，其他纹饰则较少。篮纹主要施于泥质红陶的高领双耳罐的腹部；绳纹则多施于夹砂陶各种罐类及三足器的器物上；弦纹多施于饰有绳纹粗陶罐的颈部，很少单独使用；划纹作斜方格状，锥刺纹多作三角形，大部分饰在各种罐类的颈、肩部（图一三）；附加堆纹多作锯齿形或波浪状，多施于粗陶罐的颈部和口沿处，少数饰在腹部或器耳上；有的在陶罐的肩部和器耳上加饰两个泥丁（近似铆钉）。

器形有杯、碗、盘、盆、罐、豆、甑、鬲等二十二种，其中以碗、豆、双大耳罐、侈口罐、高领双耳罐为最常见。下列（1）～（14）项系泥质红陶,（15）～（21）项系夹砂粗红褐陶。泥质灰陶器数量少故并入于泥质红陶，必要时加以注明。

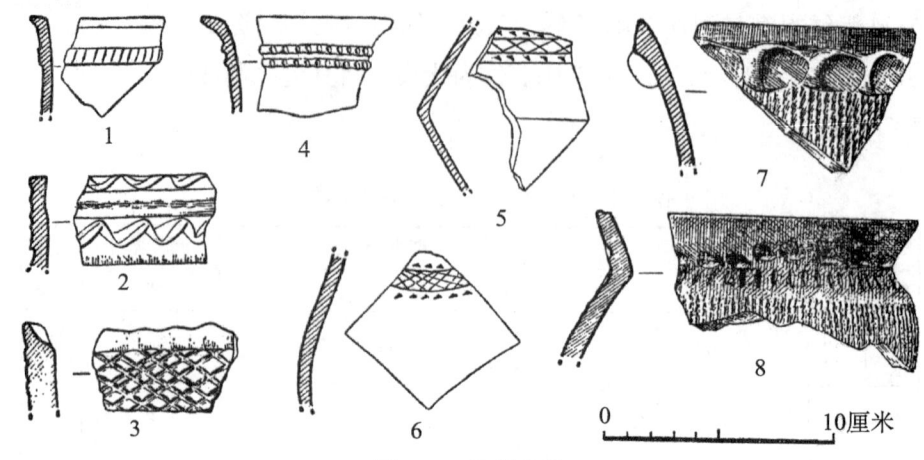

图一三 陶片纹饰

1. TF∶5 2. T9∶3 3. T11∶4 4. T14∶2 5. H16∶1 6. T8∶7 7. H68∶5 8. T12∶5

（1）杯 分两式。

Ⅰ式：一件（M59∶1）。筒形，深腹，平底，表面施白衣。口径9.7厘米、高9厘米（图一四，12；图版肆，10）。

Ⅱ式：一件（M58∶5）。口微敛，腹部往下收缩，有一耳把，口径7.5厘米、高9.9厘米（图一四，13图版肆，6）

（2）碗 分四式。

Ⅰ式：十件。大口，浅腹，平底。M23∶4，表面粗糙，留有手指捏压痕迹，口径13.5厘米、高6厘米（图一四，1）。

Ⅱ式：一件（M87∶4）。口部带流，底部较厚，口径19.5厘米、高7.2厘米（图一四，4）。

Ⅲ式：六件，曲壁，小平底，M118∶5，腹部饰篮纹，器内遗有红色赭石裕末，口径15.7厘米、高6.3厘米（图一四，3；图版肆，5）。M100∶3，大口，浅腹，腹壁与底部相接处呈圆角，表面磨光，口径14.4厘米、高6厘米（图一四，2）。

Ⅳ式：十五件。侈口，腹壁往下收缩成平底。M111∶3，表面施白衣，口径14.5厘米、高8.5厘米（图一四，5）。M125∶3，腹部有不清晰的篮纹（图版肆，4）。

（3）盘 二件。敞口，唇外折，浅腹，太平底。H38∶7，表面施红衣，口径 17.5 厘米、高 4 厘米（图一四，14；图版肆，3）。

（4）盆　分七式。

Ⅰ式：二件。敞口，斜壁，小平底。H44：5，唇较宽厚，近口沿处饰两周弦纹，腹部饰有篮纹。口径 27.5 厘米、高 11.5 厘米（图版肆，1）。

Ⅱ式：二件。大口斜壁，小平底。T4：8，口径 17 厘米、高 6.6 厘米（图一四，6）。

Ⅲ式：一件（M69：3）。腹壁向内弧曲，表面有篮纹，口径 18.5 厘米、高 8.5 厘米（图一四，7）。

Ⅳ式：二件。敞口圆唇，斜壁平底，M13：3，器内有赭石粉末痕迹，口径 14 厘米、高 6.2 厘米（图一四，8）。

Ⅴ式：一件（M79：3）。口稍敛，腹壁向内弧曲，底部有明显的接缝痕迹，口径 16 厘米、高 7 厘米（图一四，9）。

Ⅵ式：一件（M107：3）。敛口，深腹弧壁，表面施红衣，口径 11.7 厘米、高 6.6 厘米（图一四，10）。

Ⅶ式：一件（89：4），口沿内折，深腹弧壁，口径 16 厘米、高 10 厘米（图一四，11；图版肆，2）。

（5）敞口罐　分三式。

Ⅰ式：一件（M23：3）。腹下部鼓出，小平底，口径 6 厘米、高 10.5 厘米（图一五，图版肆，7）。

Ⅱ式：一件（M29：4）。鼓腹，最大径在腹中部，口径 6.3 厘米、高 9.3 厘米（图一五，2；图版肆，8）。

Ⅲ式：六件。圆腹，小平底。M9：3，腹部有绳纹，口径 8.3 厘米、高 11.5 厘米（图版肆，11）。

（6）折腹罐　分三式。

Ⅰ式：二件。侈口，小平底。M117：2，颈肩间有明显的接缝痕迹，口径 8.7 厘米、高 12 厘米（图一五，5；图版肆，13）。M107：2，灰陶，在腹部折角处饰一周划纹，口径 9.5 厘米（图一五，6）。

Ⅱ式：三件。腹部折角处有一对小耳。M53：2，口径 11.3 厘米、高 14.3 厘米（图一五，7；图版肆，9）。

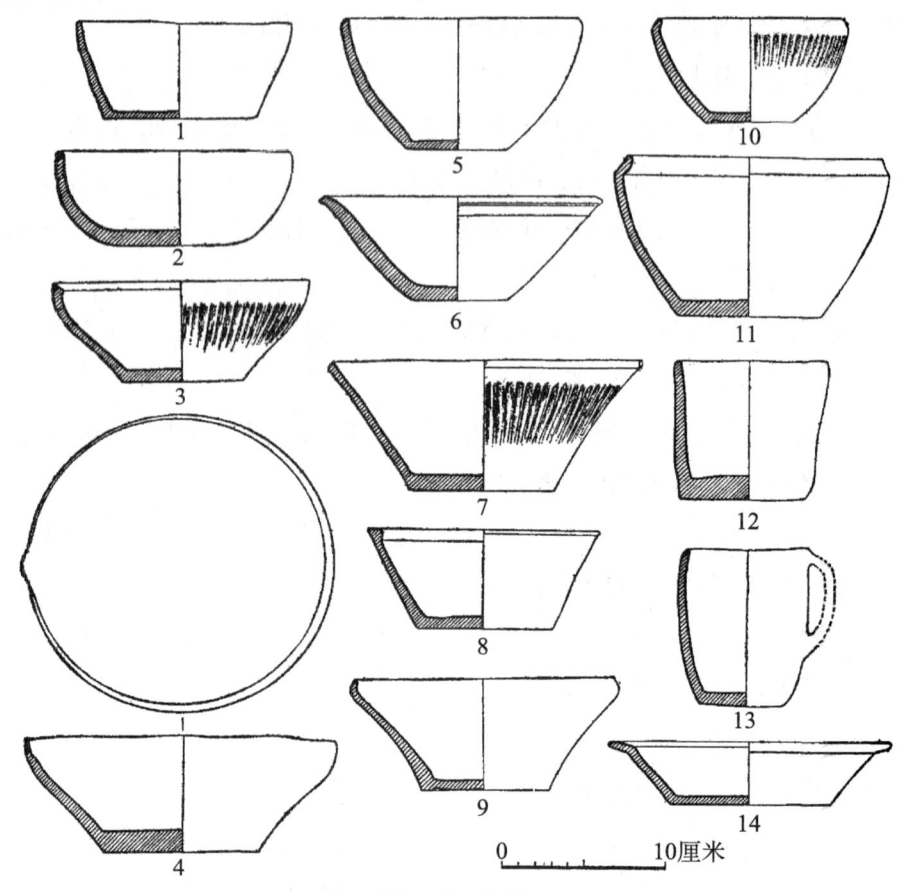

图一四 陶器

1. Ⅰ式碗（M23:4） 2、3.Ⅲ式碗（M100:3、M118:5） 4.Ⅱ式碗（M87:4） 5.Ⅳ式碗（M111:3） 6～11.Ⅱ～Ⅶ式盆（T4:8、M69:3、M13:3、M79:3、M107:3、M89:4） 12、13.Ⅰ、Ⅱ式杯（M59:1、M58:5） 14.盘（H38:7）

Ⅲ式：四件。颈、肩间无明显分界。M122:5，腹部有篮纹，口径7.5厘米、高13.5厘米（图版肆，12）。

（7）瓶 分两式。

Ⅰ式：二件。侈口、细颈、鼓腹、小平底。表面磨光或缀有纹饰。M107:4，腹部有"W"形划纹，近底部有一周带有锥刺纹的装饰，口径7.3厘米、高13.5厘米（图一五，3；图版伍，3）。M118:1，腹部鼓出，口径7.6厘米、高1.35厘米。

Ⅱ式：十二件。侈口、细颈、深腹鼓出、小平底。M112:1，颈部有一周划纹，口径8厘米、高16.3厘米（图一五，4；图版伍，1）。M84：1，腹中部鼓出，颈部亦有一周划纹，高15.7厘米（图版伍，2）。

（8）单耳罐　分八式。

Ⅰ式：一件（M79：2）。筒形，腹壁往下扩大，小平底，近口沿附一耳，口径7厘米、高12厘米（图版伍，12）。

Ⅱ式：四件。器形与Ⅰ式近似，唯腹下部更为鼓出，耳较大。M55：4，口径6.5厘米、高11.1厘米（图一五，8；图版伍，13）。

Ⅲ式：七件。侈口，扁腹，小平底，颈部较长并附一大耳。M115：2，耳部饰有篮纹，口径7.5厘米、高12.5厘米（图一五，9；图版伍，8）。

Ⅳ式：一件（M34：3）。侈口，深腹鼓出，颈旁附一大耳，耳上端饰两个泥丁。口径6.7厘米、高14.5厘米（图版伍，4）。

Ⅴ式：十一件。侈口高领，深腹鼓出。M111：4，表面施白衣，口径6.6厘米、高13.8厘米（图一五，10；图版伍，5）。

Ⅵ式：六件。侈口，短颈，颈肩间有明显分界，鼓腹，小平底，颈旁附一环形耳。M75：2，表面施红衣，口径7.8厘米、高13厘米（图一五，11；图版伍，9）。

Ⅶ式：一件（M8：2）。鼓腹，耳上有"X"形纹，表面施红衣。口径6.5厘米、高8.4厘米（图一五，12；图版伍，10）。

Ⅷ式：一件（M37：2）。侈口，高领，附一大耳，腹部向下扩大成平底，领部饰有四周弦纹。口径9厘米、高13.2厘米（图一五，13；图版伍，7）。

（9）双小耳罐　分两式。

Ⅰ式：五件。敞口，短颈，鼓腹，平底，颈部附对称环形耳二个。M98：1，耳上端穿圆孔、长方孔各一，表面磨光。口径7.2厘米、高8厘米（图一五，15；图版伍，11）。M89：3，灰陶质，耳上饰"X"形划纹，口径8.5厘米、高13.5厘米（图一五，14；图版陆，11）。

Ⅱ式：一件（M118：2）。腹部浑圆，器高底小，口径8.7厘米、高11.5厘米（图版伍，6）。

（10）双大耳罐　分七式。

Ⅰ式：五件。喇叭口，高领，小腹，平底。H68：3，两耳上端都

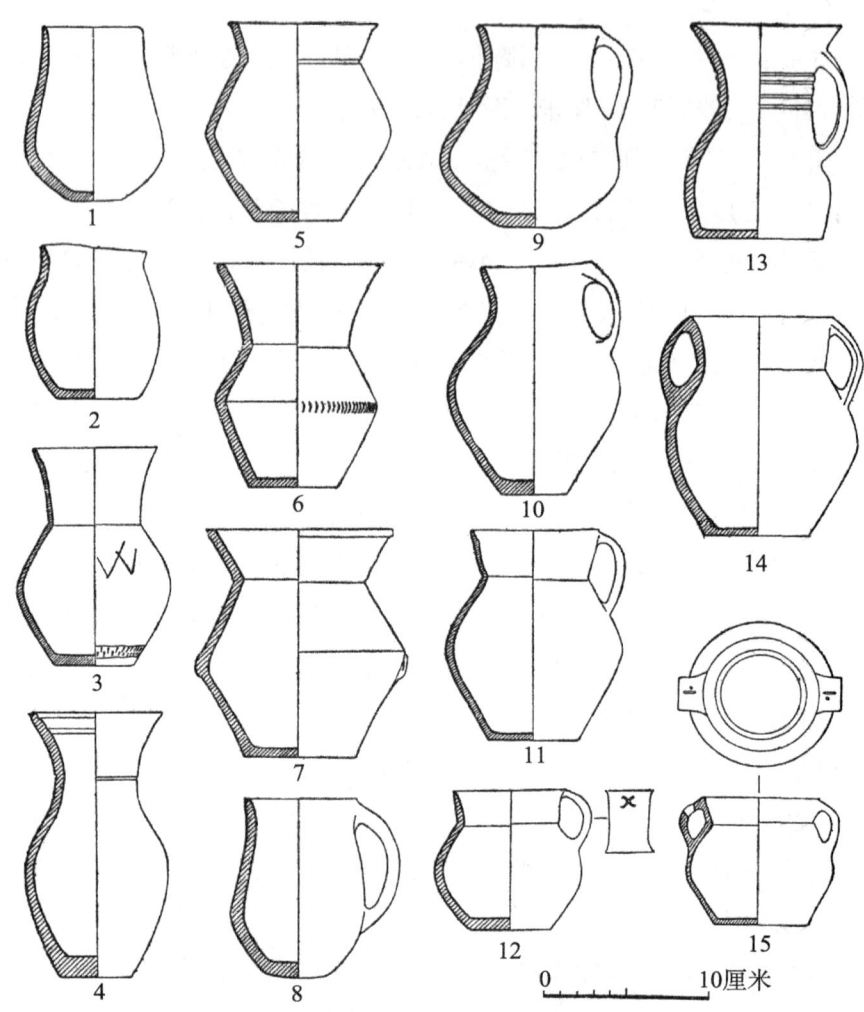

图一五　陶器

1、2. Ⅰ、Ⅱ式敞口罐（M23：3、M29：4）　3、4. Ⅰ、Ⅱ式瓶（M107：4、M112：1）　5、6. Ⅰ式折腹罐（M117：2、M107：2）　7. Ⅱ式折腹罐（M53：2）　8、9. Ⅱ、Ⅲ式单耳罐（M55：4、M115：2）　10~13. Ⅴ~Ⅷ式单耳罐（M111：4、M75：2、M8：2、M37：2）　14、15. Ⅰ式双小耳罐（M89：3、M98：1）

穿有长方形孔，口径7.7厘米、高8.1厘米（图一六，1；图版陆，4）。M89∶1，系灰陶质，口径6.3厘米（图一六，2；图版陆，1）。

Ⅱ式：七件。腹下部外鼓，底部很小，似圜底。M40∶1，表面磨光，口径6.4厘米、高11厘米（图版陆，5）。

Ⅲ式：十九件，似Ⅱ式，但腹深而鼓。M106∶4，口径7.5厘米、高11.4厘米（图一六，3；图版陆，2）。

Ⅳ式：四十件。喇叭口，圆腹，平底。M117∶4，腹下部有细绳纹，口径7.5厘米、高11厘米（图版陆，7）

Ⅴ式：十五件，似Ⅳ式，但腹部作扁圆形。M9∶5，口径6.7厘米、高11厘米（图一六，4；图版陆，8）。M54∶3，颈部较短，口径7厘米、高12厘米（图版陆6）。

Ⅵ式：三件。腹部中部，有明显的棱角。M134∶4，口径8.5厘米、高12.6厘米（图一六，5；图版陆，9）。

Ⅶ式：一件（M33∶2）。似Ⅵ式，唯两耳近垂直，腹下部收缩较甚，口径9厘米、高13.5厘米（图版陆，3）。

（11）三耳罐 一件（T13∶6）。侈口，高领，腹下部鼓出，平底。三大耳距离均等。口径6厘米、高12厘米（图一六，7；图版陆，10）。

（12）侈口曲领罐 五件。领部弧曲，圆腹，腹中部有对称小耳二个，平底。M36∶2，口径5.4厘米、高9.1厘米（图一六，6；图版柒，4）。

（13）高领双耳罐 分七式。

Ⅰ式：二件，喇叭口，深腹，平底，腹部附对称水耳二个，腹下部饰有绳纹。M106∶5，口径12.3厘米、高20.4厘米（图一七，1；图版柒，5）。

Ⅱ式：一件（M45∶4）。腹上部较鼓，有对称环形耳二个，下部有篮纹，领部有一周凹线纹，口径11.7厘米、高27.7厘米（图一七，2；图版柒，7）。

Ⅲ式：四十一件。侈口，深腹，腹中部有对称环形耳二个。M127∶1，腹下部有篮纹，器形较大，口径16.5厘米、32厘米（图版柒，1）。M124∶3，器形较高，达34厘米（图版柒，2）。M196∶2，颈部有一周凹线纹，腹下部有绳纹，高27.8厘米（图一七，3）。

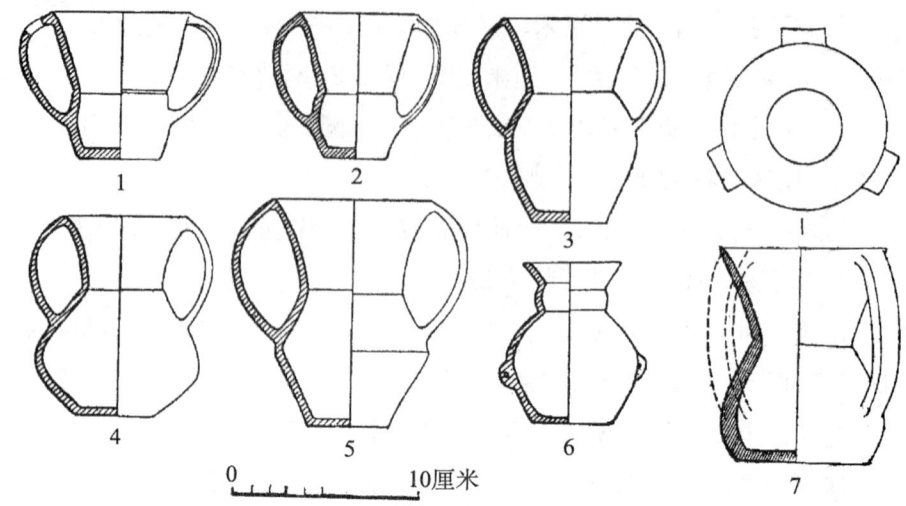

图一六 陶罐

1、2. Ⅰ式双大耳罐（H68：3、M89：1） 3. Ⅲ式双大耳罐（M106：4） 4、5. Ⅴ、Ⅵ式双大耳罐（M9：5、M134：4） 6.侈口曲领罐（M36：2） 7.三耳罐（T13：6）

Ⅳ式：二十四件。与Ⅲ式近似，唯领部较高，腹部也较深。M81：4，口沿有一周弦纹，腹下部有篮纹，口径16.5厘米、高36.5厘米（图版柒，6）。

Ⅴ式：一件（M40：2）。颈部细长，腹部鼓出，口沿有一周弦纹，腹下部有篮纹，口径11.5厘米、高31.5厘米（图版柒，9）。

Ⅵ式：二件。领较短，鼓肩较宽，深腹。M91：4，颈部有三周弦纹，腹部篮纹，口径12.5厘米、高26.5厘米（图一七，4；图版柒，8）。

Ⅶ式：四件。斜肩，有折棱，深腹，上有对称二小耳。M89：1，唇外卷，颈部留有刮磨的痕迹，高20厘米（图版柒，3）。

（14）豆 分八式。

Ⅰ式：二件。M63：3，豆盘如侈口浅腹盆，下附直把高圈足座，座外侈，口径17.7厘米、高13.5厘米（图一八，1；图版捌，6）。M110：4，灰陶质，圈足上有两个对称的三角形镂孔，盘内留有赭石粉末的痕迹，口径18.5厘米（图一八，2；图版捌，8）。

Ⅱ式：七件。豆盘如敞口深腹盆，下附喇叭形座，个别的有纹饰。M9：4，腹部有篮纹，口径16厘米、高12厘米（图二八，3）。

Ⅲ式：三件。豆盘如敛口盆，下附较斜直的高圈足座。M65：1，口

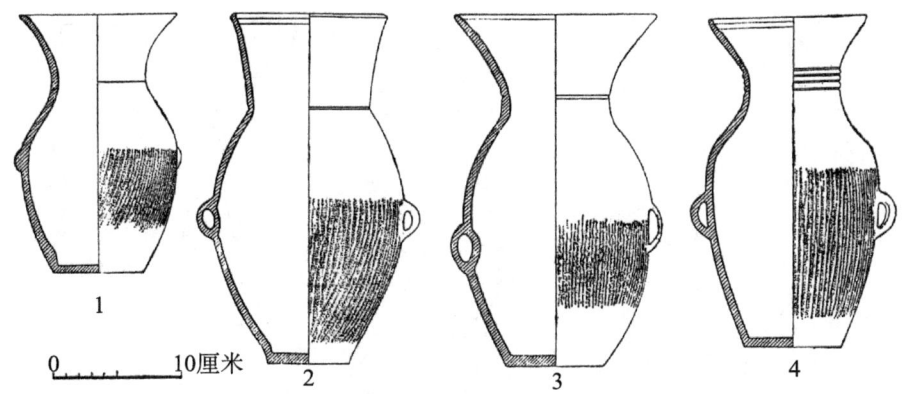

图一七　陶高领双耳罐

1～3. Ⅰ～Ⅲ式（M106∶5、M45∶4、M96∶2）　4. Ⅵ式（M91∶4）

径 11 厘米、高 12.5 厘米（图一八，4）。

Ⅳ式：一件（M48∶2）。豆盘如碗，圈足粗矮，口径 12.5 厘米、高 10.8 厘米（图一八，5；图版捌，1）。

Ⅴ式：二十件。与Ⅲ式近似，唯豆把较细长。M22∶1，豆把的下部用泥封住，内装小泥球（？），摇之叮当作响，口径 12.5 厘米、高 13.5 厘米（图一八，6）。M40∶3，豆把上穿一方孔（图版捌，3）。M47∶2，豆把上有四个对称的三角形镂孔（图版捌，4）。

Ⅵ式：一件（M54∶4）。豆盘如浅腹盆，下附细把高圈足，把上有两个对称的椭圆形镂孔，口径 15.7 厘米、高 18.5 厘米（图版捌，7）。

Ⅶ式：四件。与Ⅵ式近似，唯豆盘壁较为鼓出，豆把上有的有对称镂孔。M46∶3，把上有两排上下错对的三角形镂孔，每排四个。口径 1.55 厘米、高 17.5 厘米（图一八，7；图版捌，2）。

Ⅷ式：一件（M45∶5）。豆盘如圜底盆，下附高圈足，足座外折，口径 13.5 厘米、高 16.5 厘米（图一八，8；图版捌，5）。

（15）侈口罐　分九式。

Ⅰ式：一件（M122∶1）。腹下部略向外鼓出，底部稍向内凹，口沿有锯齿状花边，腹部饰满绳纹，口径 6.7 厘米、高 8.5 厘米（图一九，1；图版玖，1）。

Ⅱ式：一件（M106∶3）。深腹，器壁往下收缩成平底，口沿有锯齿

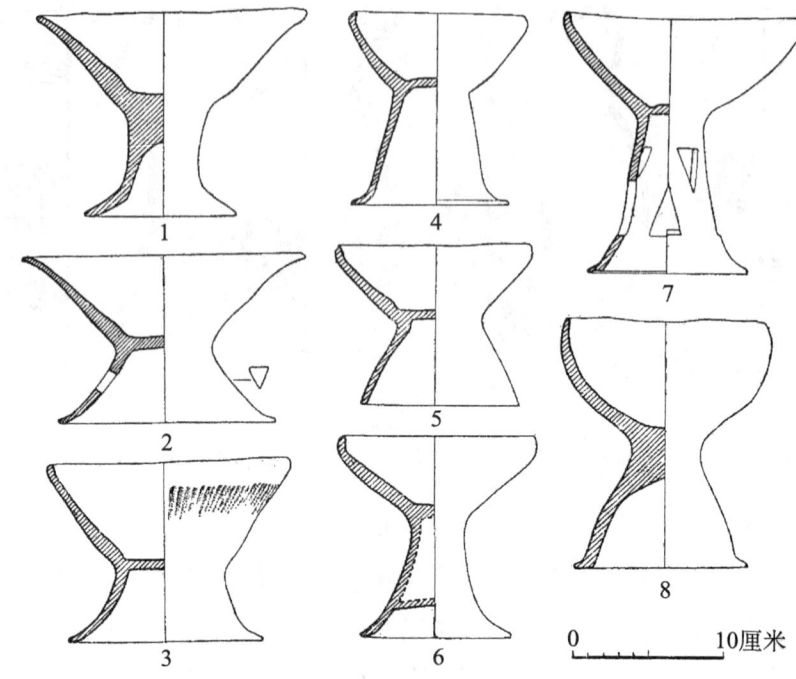

图一八 陶豆

1、2. Ⅰ式（M63∶3、M110∶4） 3～6. Ⅱ～Ⅴ式（M9∶4、M65∶1、M48∶2、M22∶1）
7、8. Ⅶ、Ⅷ（M46∶3、M45∶5）

状花边，腹部有绳纹，并遗有烟熏痕迹，口径8.5厘米、高12.5厘米（图一九，2；图版玖，2）。

Ⅲ式：九件。短领，鼓腹，平底，颈上部有一周锯齿状凸饰。M86∶1，腹部饰斜、竖交错的绳纹，口径7.3厘米、高13.3厘米（图一九，3；图版玖，4）。

Ⅳ式：十一件。最大径在口部，腹鼓，有绳纹，往下收缩成小平底。M135∶1，口径9.5厘米、高13.4厘米（图版玖，6）。

Ⅴ式：二件。短颈圆腹。M98∶2，腹部有方格纹，口径8.8厘米、高10.8厘米（图一九，4；图版玖，3）。

Ⅵ式：八十二件。短颈，深腹，下部收缩成平底。M65∶3，近底处稍内凹，腹部有绳纹，口径8厘米、高13.8厘米（图一九，5）。M49∶1，颈部弦纹，腹部篮纹，口径7.6厘米、高15.5厘米（图版玖，10）。M118∶4，肩部有三周弦纹，腹部绳纹，高 13 厘米（图一九，7）。M87∶2，最大径在腹上部，颈部有两周弦纹，器身较瘦长，口径 6.4 厘米、高 17.4 厘米（图一九，6）。M35∶2，肩部有五周弦纹，腹部绳纹，口径 6.5 厘米、高 17 厘米（图版玖，9）。M48∶1，口径 8.4 米、高 15.5 厘米（图版玖，5）。

Ⅶ式：一件（M46∶4）。口部带流，底部内凹，颈部有五周弦纹，腹部篮纹，口径 7.8 厘米、高 14.5 厘米（图一九，8；图版玖，8）。

Ⅷ式：一件（M40∶4）。腹中部外鼓，折角，有绳纹，口径 6.3 厘米、高 11.4 厘米（图一九，9；图版玖，7）。

Ⅸ式：一件（M17∶2）。口部稍残，肩部有对称凸钮二个，腹部有不甚明显的绳纹，高 12.5 厘米（图版拾壹，1）。

（16）长颈罐　分两式。

Ⅰ式：一件（M63∶2）。直口，腹上部鼓出，下部往里收缩，颈部有对称附加凸饰二个，腹部有篮纹，肩部有三周划纹，口径 7 厘米、高 12.6 厘米（图一九，10；图版拾，2）。

Ⅱ式：二件。M115∶4，侈口，深腹，近底处陶胎加厚，颈部有三周弦纹，腹部有绳纹，口径 7 厘米、高 14.5 厘米（图一九，11；图版玖，12）。M117∶1，喇叭口，圆腹小平底，腹部有绳纹，口径 8 厘米、高 16 厘米（图一九，12；图版玖，11）。

（17）单小耳罐　分六式。

Ⅰ式：八件。侈口，短颈，腹部略向外鼓。M114∶4，耳较宽，腹部有绳纹，口径 7.5 厘米、高 11.7 厘米（图二〇，1；图版拾，4）。

Ⅱ式：一件（M74∶1）。与Ⅰ式近似，唯腹部较鼓，腹部有绳纹，耳部上端还有两个泥丁，口径 8 厘米，高 12.5 厘米（图版拾，1）。

Ⅲ式：一件（M23∶1）。耳的上端低于口沿，腹部着篮纹，颈部有三周弦纹，口径 7.4 厘米、高 14 厘米（图版拾，2）。

Ⅳ式：一件（M52∶4）。长颈，深腹，环形耳，与耳对称有一凸饰，颈部有两周弦纹，腹部绳纹，口径 6.5 厘米，高 15.6 厘米（图二〇，2；图版拾，8）。

Ⅴ式：六件。腹中部鼓出，宽肩，环形耳。M89∶2，腹上部有格纹，下

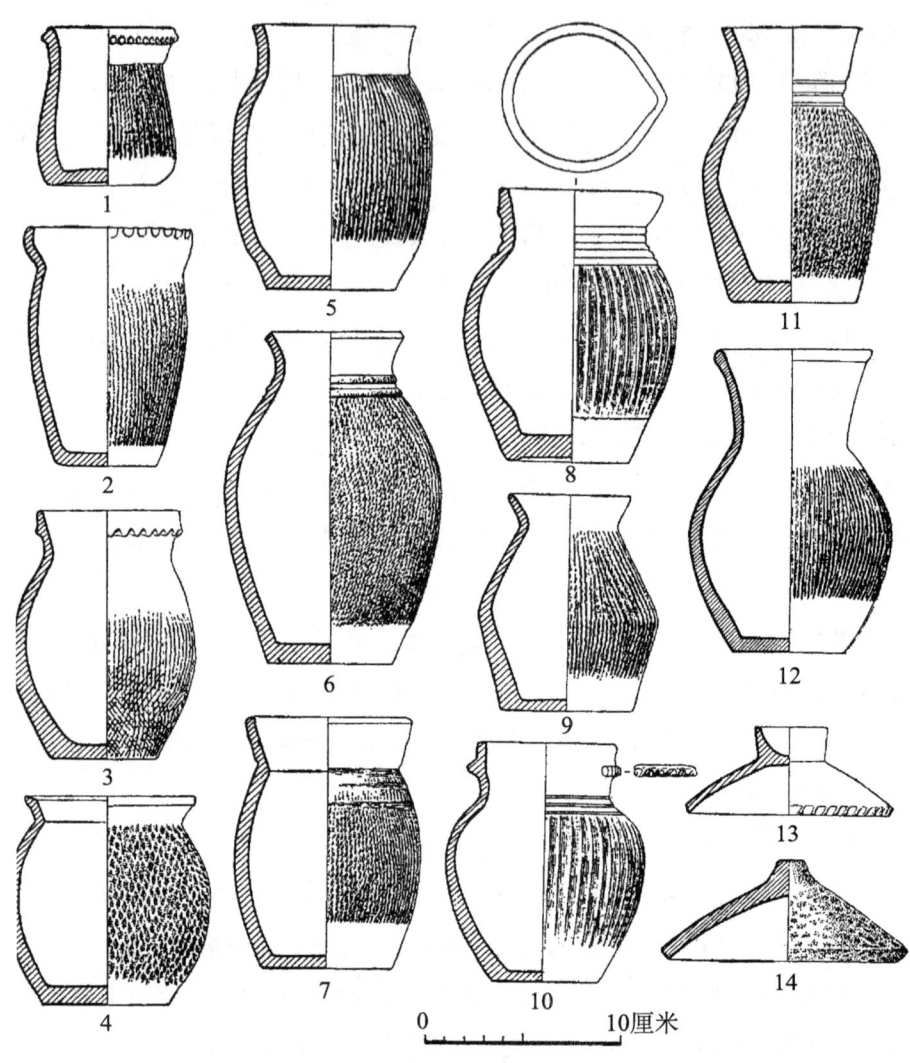

图一九 陶器

1～3. Ⅰ～Ⅲ式侈口罐（M122∶1、M106∶3，M86∶1） 4. Ⅴ式侈口罐（M98∶2）
5～7. Ⅵ式侈口罐（M65∶3、M87∶2、M118∶4） 8、9. Ⅶ、Ⅷ式侈口罐（M46∶4、M40∶4） 10. Ⅰ式长颈罐（M63∶2） 11、12. Ⅱ式长颈罐（M115∶4、M117∶1）
13、14. Ⅰ、Ⅱ式器盖（TC∶9、H40∶3）

部遗有烟熏的痕迹，口径8.2厘米、高12.3厘米（图二〇，3；图版拾，3）。M75：3，肩部有不甚明显的绳纹，口径6.5厘米、高9.3厘米（图版拾，7）。

Ⅵ式：二件。圆鼓腹，有绳纹，小平底，器形较小。M98：6，口径5厘米、高7厘米（图版拾，6）。

（18）双耳罐　分四式。

Ⅰ式：一件（TC：14），侈口，短颈，圆腹，本底，口径9.7厘米、高16厘米（图版拾5）。

Ⅱ式：二件。似Ⅰ式，唯腹下部稍内收。M92：1，腹部有绳纹，口径8.5厘米、高12.5厘米（图二〇，4；图版拾，11）。

Ⅲ式：四件。颈部似套一陶环，腹部较深。M100：1，腹部有绳纹，耳上有两个泥丁，口径7.5厘米、高12厘米（图二〇，6；图版拾，12）。M60：3，耳上、肩部都有泥丁，口径8.5厘米、高13厘米（图版拾，10）。

Ⅳ式：一件（M51：6）。长颈，鼓腹，耳上端低于口沿，腹部有篮纹，肩部有三周弦纹，口径7厘米，高13.5厘米（图二〇，5；图版拾，9）。

（19）甑　仅发现底、腹部残片，不能复原。H64：1除底部穿有孔外，腹壁近底处也穿有一周斜的气孔，腹部有绳纹（图版拾壹，7）。

（20）鬲　分三式。

Ⅰ式：一件（H1：1）。上部似大口深腹罐，其下附三个袋状足，裆较高，通体绳纹，并有烟熏痕迹。器形较大，口径16厘米、高35厘米（图版拾壹，12）。

Ⅱ式：一件（M129：2）。腹下部外鼓，颈旁附一耳，宽裆，足小呈尖锥状，腹部有绳纹。口径7.5厘米、高12.6厘米（图二〇，7；图版拾壹，14）。

Ⅲ式：一件（M36：1）。上部似侈口鼓腹罐，其下附三袋足，颈旁有一环形耳，矮裆。器形较小，口径7.2厘米、高9.3厘米（图二〇，8；图版拾壹，13）。

另外，在部分饰有绳纹的鬲足内发现填有小泥球（图二〇，10、11；图版拾壹，11）。

（21）四足器　一件（H15：4）。口部已残，腹部微鼓，有绳纹，底

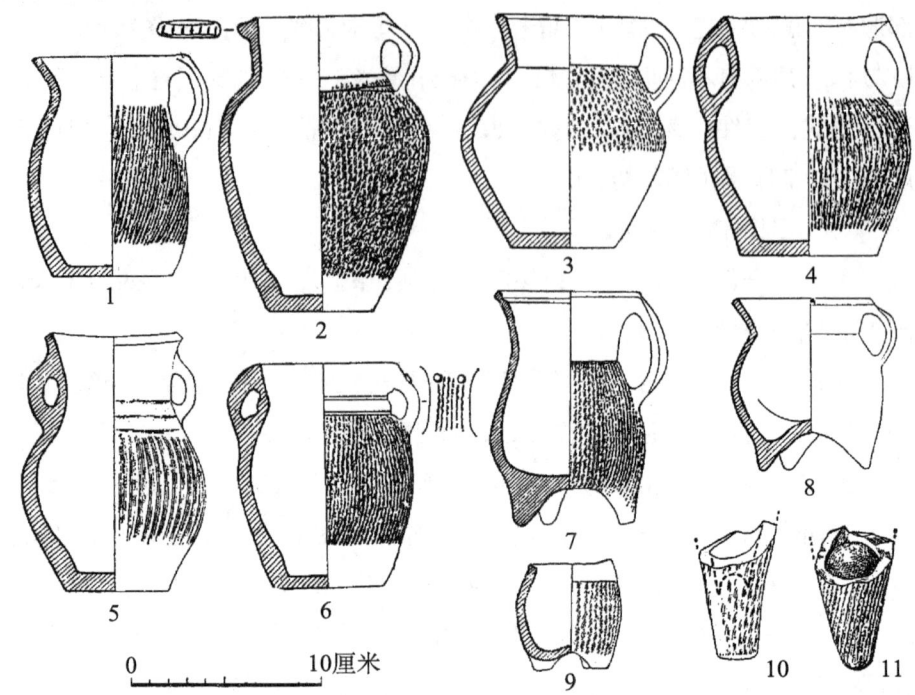

图二〇 陶器

1～3. Ⅰ、Ⅳ、Ⅴ式单小耳罐（M114∶4、M52∶4、M89∶2） 4～6. Ⅱ、Ⅳ、Ⅲ式双耳罐（M92∶1、M51∶6、M100∶1） 7、8. Ⅱ、Ⅲ式鬲（M129∶2、M36∶1） 9. 四足器（H15∶4） 10、11. 鬲足（T7∶4、H1∶3）

下有四个矮足，横剖面近方形。腹径5厘米、高6厘米（图二〇，9；图版拾壹，6）。

（22）器盖 分二式。

Ⅰ式：二件。钮顶下凹。T4∶2，口径10厘米（图版拾壹，4）。TC∶9，边缘有齿伏花边（图一九，13；图版拾壹，3）。

Ⅱ式：二件。球面，钮圆柱形。H40∶3，钮已残，盖面有麻点纹，口径12厘米、高5.4厘米（图一九，14；图版拾壹，5）。H19∶2，盖面锥刺纹，上有烟熏痕迹。

另外，还发现几件盉或鬶的把手与袋足（图版拾壹8～10）。

2. 骨匕 骨片磨制。柄部一般都穿有一孔，个别的穿两孔，可分七式。

Ⅰ式：一件（M100∶4）。器身扁平，顶端齐平，下端磨成斜刃，器形较小，长5.5厘米（图二一，1）。

Ⅱ式：五件。器身较长，窄顶平刃。M49：5，长11厘米（图二一，2）。

Ⅲ式：三件。平顶长柄，两侧内凹，下端磨成弧形。M72：1，柄部穿双孔，中间还有一个小圆窝，长11.5厘米（图二一，3）。

Ⅳ式：一件（M6：1）。柄中穿孔，两侧带肩，长17.2厘米（图二一，4）。

Ⅴ式：一件（M77：1）。顶部两侧内凹成大缺口，中间穿孔，下端磨成弧形，长19.2厘米（图二一，5；图版拾贰，3）。

Ⅵ式：五件。长柄，下端磨尖。M19：1，三角形孔，由一面挖成，长21.8厘米（图二一，6）。

Ⅶ式：六件。器身宽窄不一，柄部两侧都刻有锯齿状花边，下端磨成弧形。M54：1，器身稍弯曲，长21.5厘米（图二一，7；图版拾贰，2）。M51：1，器身较宽厚，系最大者，长26厘米（图二一，8；图版拾贰，1）。

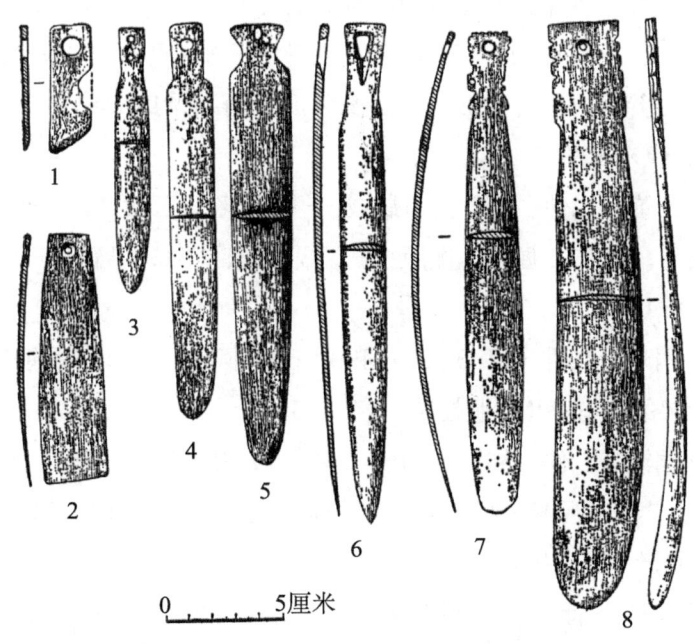

图二一　骨匕
1～3. Ⅰ～Ⅲ式（M100：4、M49：5、M72：1）　4～6. Ⅳ～Ⅵ式（M6：1、M77：1、M19：1）　7、8. Ⅶ式（M54：1、M51：1）

（三）装饰品

（1）绿松石珠　分两式。

Ⅰ式：圆形或扁圆形，个别的呈三角形。M36∶3，长约1厘米（图版拾贰，12）。

Ⅱ式：长条形。H3∶8，横剖面作扁圆形，深绿色，长3.2厘米（图版拾贰，9）。

（2）石璧　五件。有圆形、椭圆形与圆角方形三种，中间圆孔。M75∶1，椭圆形，直径7.5～8厘米（图二二，1）。T6∶1，圆角方形，表面磨光，直径14厘米（图二二，2；图版拾贰，13）。

（3）骨璧　一件（H5∶3）。圆形，外缘有一半刻有锯齿伏花边，通体磨光，直径4.2厘米（图一〇，14）。

（4）蚌璧　一件（M71∶1）。椭圆形，蚌壳背面未加工，直径4.6～5厘米（图一〇，13）。

（5）骨管　四件。用禽类的肢骨磨制。T8∶7，横剖面三角形，长5厘米（图一〇，15）。H3∶5，横剖面圆形，长3.5厘米（图版拾贰，7）。

（6）骨笄　一件（H62∶1）。长条形，两端皆磨成锐尖，横剖面圆形，长12厘米（图二二，4）。

（7）牙饰　二件。猪的犬齿制成，一端穿孔。H38∶1，一端穿单孔，另端穿双孔，长11.5厘米（图版拾贰，8）。M50∶1，已残，一端穿单孔，长7.5厘米（图二二，3）。

（8）铜环　二件（M70∶2、M99∶6）。圆形，均残，系锤击成。都出在人骨架的手指旁（图版拾贰，14、15）。

（9）铜饰　二件。红铜片制成。H4∶1，椭圆形，一端已残，另一端穿一小孔，长2.5厘米（图一二，3；图版拾贰，18）。M19∶6，残存一半，长约2.6厘米（图版拾贰，17）。

此外，有卜骨三块，都是羊的肩胛骨，只灼，无钻凿痕迹。灼痕2～4处不等。M23∶6，灼痕四处（其中二处已残破），长12.2厘米。出自高领双耳罐（M23∶2）内。此罐腹部已残，卜骨从此残破口放进，再把残破下来的陶片盖上（图二三）。

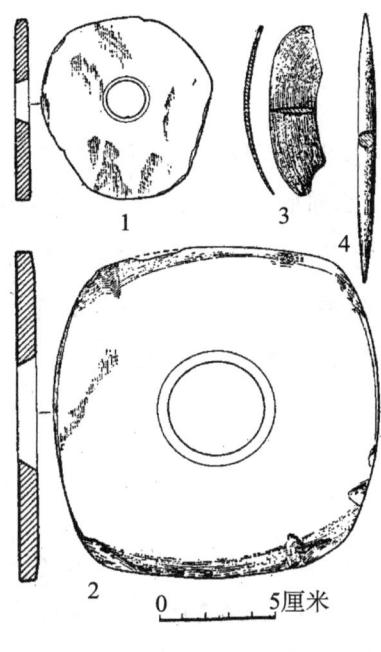

图二二
1、2. 石璧（M75：1、T6：1） 3. 牙饰（M50：1） 4. 骨笄（H62：1）

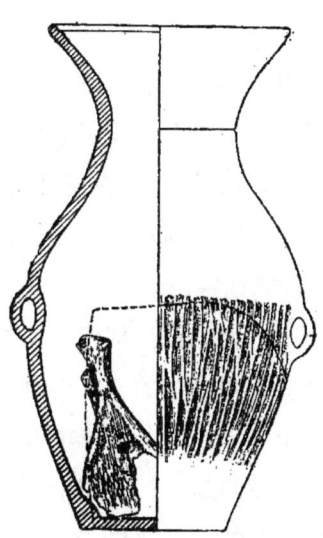

图二三　放在高领双耳罐（M23：2）内的卜骨

五、自然遗物

在发掘中，发现不少动物骨骼。它不仅出在灰层与窖穴中，同时还作为随葬品放在墓内。经本所周本雄同志鉴定，骨骼的种属有猪、牛、羊、马、驴、狗和鼬等七种，其中以猪占绝大多数，牛和羊次之。据不完全统计，猪下颚骨共四百三十块，羊下颚骨五十块，牛下颚骨三十八块；其他种类的骨骼数量较少，因破碎太甚，未做统计。

六、结语

秦魏家墓地是迄今已知的黄河上游齐家文化中规模最大、保存最好的一处公共墓地。墓地反映出来的墓制、葬式和葬俗，以及丰富的文化遗物，为研究齐家文化氏族公社的经济生活、社会性质以及意识形态诸方面提供了很有科学价值的资料，对于探讨家庭、私有制与阶级的产生等理论问题，具有重要的意义。

（一）

齐家文化的人们，经过长期的劳动实践，积累了生产经验，改进了生产工具和生产方法，生产力有了较大的发展。生产力的进步是原始公社的解体和阶级产生的物质基础。跟马家窑文化相比，这时的生产力已出现一个新的发展水平，不仅表现在农业与畜牧业方面，更重要的是，以红铜制的工具为主要标志的冶金技术已经出现了。

农业仍然是齐家文化的主要的经济部门。秦魏家出土的生产工具以骨铲、石斧和石刀为主。骨铲多用动物的肩胛骨制成，铲身扁薄，宽刃，刃部锋利，是当时主要的挖土工具；石斧梯形或两侧带斜肩，宽刃磨光，当为挖土或砍伐林木的工具；石刀是人们普遍使用的收割庄稼的工具，长方形，穿孔磨光，比两侧带缺口的石刀要进步，劳动效率显然要提高。农业生产的发展，获得的粮食当较前丰盛，还可能有了储备。这里除发现房子的残迹外，还有大量的储藏粮食或饲料的窖穴，其形制可分大口圆形、小口袋形和长方形的三种，以小口袋形占多数。窖穴形状规整，穴壁平齐，容积一般也比较大，这说明当时人们已过着长期的定居生活。

畜牧业有了显著的进步。饲养的动物，种类增多了。除了饲养较多的猪群外，还有羊、狗、牛、马和驴等。同时，还有狩猎作为谋取生活资料的补充手段，这里发现的鼬和大何庄发现的鹿、麂[①]等应为当时猎获的野生动物。这些猪羊等畜群"只须加以看管和最简单的照顾，就可以愈来愈多地繁殖起来，供给非常充裕的乳肉食物。"[②]这就使当时的生产力得到了进一步的提高。

冶铜业的出现是齐家文化的一项突出成就。秦魏家发现的铜器有锥、斧、指环和铜饰等；大何庄有铜匕[③]；皇娘娘台还有刀、凿、铜渣等[④]。这些铜器经鉴定均系红铜制造，有冷锻，也有冶铸。这表明当时的人们已认识金属的性能，这不仅提高了生产力，而且为以后的青铜时代开辟了道路。

制陶业仍是当时比较发达的一种工艺。其制法一般都采用泥条盘筑法；制陶工具有陶拍和陶垫。陶拍圆形带柄，便于捉拿；陶垫可套在手指上使用，便于进行器表的修饰。这里的陶器器形比较复杂多样，有碗、豆、双大耳罐、侈口罐与高领双耳罐等二十多种，纹饰以篮纹和绳纹为最常见。

纺织业也有较高的水平，除发现陶纺轮和大量的骨针外，在墓葬里还发现布纹的痕迹。大何庄墓葬里也有布纹痕迹的发现，布似麻织，有粗细两种[⑤]。推测当时人们穿的衣着大概就是用麻布织成的。

随着畜牧业、农业的扩大和手工业的增多，占有财产也出现差别，从而形成私有制。这里墓葬中出土的随葬品，种类、数量均有所差别，正是当时氏族内部已产生私有制的反映。对于这些私有财产，他们是可以自由

---

① 《甘肃永靖大何庄遗址发掘报告》，《考古学报》1974年第2期。
② 恩格斯：《家庭、私有制和国家的起源》，见《马克思恩格斯选集》第四卷，人民出版社，1972年，第49页。以下引用恩格斯语录均见这部著作。
③ 《甘肃永靖大何庄遗址发掘报告》，《考古学报》1974年第2期。
④ 《甘肃武威皇娘娘台遗址发掘报告》，《考古学报》1960年第2期。
⑤ 《甘肃永靖大何庄遗址发掘报告》，《考古学报》1974年第2期。

处理的，甚至可以把它埋入墓内。例如家畜、妻子、武器、衣服、装饰品，等等。其中最可说明问题的是家畜。这里有四十六座墓随葬猪下颚骨，总数达四百三十块。随葬的数量各墓不等，少的一块，多的达六十八块。这种以猪为主的家畜应是当时作为衡量财富的标尺；数量上的差别，说明当时出现财产分化、贫富不均的现象，即个别的人占有大量的牲畜，少数人也占有数量不等的牲畜，大部分人则没有。这种对牲畜的占有情况，反映出死者社会地位的不同。我们还可以从许多民族志的材料中得到说明。如海南岛黎族人民曾流行用猪或牛的下颚骨祭奠死人，并随着埋入墓葬中[①]。云南永宁纳西族人民"把平常吃剩的猪下颚骨挂在室内的墙上，一般作为财富的标志"。[②] 他们往往以此炫耀家庭的富裕及其在社会上的地位。

恩格斯指出："一切部门——畜牧业、农业、家庭手工业——中生产的增加，使人的劳动力能够生产出超过维持劳动力所必需的产品。"这种多余的产品就可能在家族之间以至于生产者之间进行交换，后来逐渐发展为商品交换，当时作为交换手段之一就是牲畜。"牲畜变成了一切商品都用它来估价并且到处乐于同它交换的商品——一句话，牲畜获得了货币的职能"，齐家文化的人们用猪下颚骨随葬，说明在当时猪已突出地成为私有财产，而且积累到不小的数量了。由此我们认为，猪在当时可能有相当一部分用于交换，并获得了货币的职能。这种向私有制的转化，在人类社会发展史上曾经起过进步作用。

（二）

生产技术和经济的发展，私有制和阶级的出现，先是在生产劳动中，继而在家庭中，男女地位才发生了变化。秦魏家墓地的材料很好地说明了这个问题。通过这批墓葬的发掘，使我们对私有制、阶级的产生、婚姻制度以及男女地位的变化等理论问题得到了若干新的认识。

墓葬有单人葬和合葬两种，前者一百十四座，后者二十四座。单人葬分为仰身直肢葬、侧身葬、俯身葬与屈肢葬四种，其中仰身直肢葬为最

---

① 志远：《海南岛黎族人民的葬俗》，《参古通讯》1958 年第 2 期。
② 宋兆麟：《云南永宁纳西族的葬俗》，《考古》1964 年第 4 期。

常见。合葬墓有成人合葬、成人与儿童合葬、成人与婴儿合葬等三种。成人合葬墓中最普遍的一种葬式是：一具为仰身直肢葬；另一具为侧身屈肢葬，而且于前者的左边。人骨经鉴定仰身直肢者为男性，屈肢者系女性。成人与儿童合葬者，其中成人有的是男性，有的是女性。从他们的葬式、性别和年龄的情况来看，成人合葬者显然是夫妻（妾）合葬，成人与小孩合葬者应为父子或母子合葬。

值得注意的是合葬墓的发现。尤其是成年男女合葬的出现，显示了当时的男子在社会上居于统治地位，女子则降居于从属和被奴役的地位。男子仰身直肢居中，女子侧身屈肢于其旁，这是她屈从、依附男子的真实写照。这些墓葬的尸体都是一次埋葬的，在通常情况下男女不可能都是同时死去，这应是以男子为主体，而把女子作为殉葬者处理的。其身份应为墓主人的妻或妾（奴）。当时男子可以支配、奴役女子，甚至拥有生杀予夺之权。这里合葬墓活现地显示了男子的这种特权。妻或妾（奴）被迫殉死，即用强制的手段把她整死后和男尸一起埋葬。

其次，成年男女合葬的出现，反映了当时的婚姻形态已经由对偶婚过渡到一夫一妻制。武威皇娘娘台发现的一男二女合葬的现象，也许是比较富裕家长过着一夫多妻的生活，但只能算是一种例外。正像恩格斯指出的那样："不论多妻制或多夫制的婚姻形式都不能成为普遍通行的形式。"

再次，父系氏族公社主要特点之一，是按男系确定血统及父系的继承权。这里父子合葬的出现，有力地说明了当时确已产生了按父亲的血统来计算世系的习惯，父亲的财产由自己的子女继承；废除按女系计算世系的办法和母系的继承权。

母子合葬的存在，一方面反映了当时虽然已经发展到父权制，但先前的母权制时期子女从母的遗俗并没有完全消失。另一方面，这种母子合葬与母权制时期的同类现象具有不同的含义，因为他们都已成为父系氏族的成员了。同时女性墓与男性墓以及合葬墓交错埋在同一排，这正说明"即妇女出嫁后，就不再参与本氏族的宗教仪式，而改行她丈夫的氏族的宗教仪式，加入她丈夫的胞族"。死后和她的丈夫或孩子埋在一排。

合葬墓反映出来的男子压迫子女、夫妻间地位对立的情况，是与原始社会的瓦解、阶级的产生相一致的。恩格斯指出："在历史上出现的最初的阶级对立，是同个体婚制下的夫妻间的对抗的发展同时发生的，而最初的阶级压迫是同男性对女性的奴役同时发生的。"齐家文化父权制男性对女性的奴役，说明当时已进入最初的阶级对立的时代。因此，这个墓地的发掘，对于我国古代社会这一重大历史变革的研究，是有重要意义的。

还应当提到的是，秦魏家与皇娘娘台发现的男女合葬墓，为我们研究"男尊女卑"的历史根源提供了极为重要的材料。

"男尊女卑"是与父系氏族社会的确立发展而同时发生的。在原始社会母系氏族公社时期，妇女是生产的主人，在社会上受到尊重。但到了父系氏族公社时期，随着农业、畜牧业和手工业的进一步发展，男子成为生产中的主人，而妇女从事的工作只限于家务劳动，成为男子劳动的附属品，男子成为牲畜和劳动工具的所有者，他们依恃自己的财富在家庭中把女子挤到第二位，妇女被降低到"家庭奴仆"的地位，齐家文化男女合葬中出现的妻（妾）殉夫的残酷情景，就是生产资料私有制和阶级压迫的结果。恩格斯指出："我们从过去的社会关系中继承下来的两性的法律上的不平等，并不是妇女在经济上受压迫的原因，而是它的结果。"正因为男尊女卑密切关系到巩固私有制和维护阶级压迫，所以，它总是得到历代剥削阶级的维护。实际上，妇女也是决定革命胜败的一个力量，只有在社会主义制度下才能从根本上改变"男尊女卑"的遗习，才能充分发挥广大妇女"半边天"的作用，促进妇女的彻底解放。

表一 秦魏家齐家文化墓葬登记表

墓号	层位	成人或儿童	人骨架	葬式	头向	随葬品
1	2	成人	1	仰身直肢	西北	碗（Ⅰ）双大耳罐（Ⅴ）侈口罐（Ⅵ）
2	2	成人	2	仰身直肢 侧身直肢	西北	
3	2	成人 婴儿	2	仰身直肢 ？	西北	碗（Ⅰ）高领双耳罐（Ⅳ）单小耳罐（Ⅰ）侈口罐（Ⅵ）
4	2	成人	1	仰身直肢	西北	石刀（Ⅰ）猪下颚骨 4
5	2	成人	1	仰身直肢	西北	陶垫（Ⅱ）
6	2	成人 儿童	2	仰身直肢 侧身直肢	西北	骨匕（Ⅳ）豆（Ⅱ）双大耳罐（Ⅴ）高领双耳罐（Ⅳ）单小耳罐（Ⅰ）猪下颚骨 68
7	2	成人	1	仰身直肢	西北	侈口罐（Ⅵ）
8	2	成人	1	仰身直肢	西北	骨针（Ⅰ）豆（Ⅲ）双大耳罐（Ⅱ）高领双耳罐（Ⅳ）单耳罐（Ⅶ）侈口罐（Ⅵ）
9	2	成人	1	仰身直肢	西北	豆（Ⅱ）双大耳罐（Ⅳ、Ⅴ）高领双耳罐（Ⅲ）侈口罐（Ⅲ）（Ⅵ）猪下颚骨 26
10	2	成人	1	仰身直肢	西北	骨针（Ⅰ）豆（Ⅴ）双大耳罐（Ⅱ）侈口罐（Ⅵ）猪下颚骨 13
11	2	成人	1	仰身直肢	西北	骨针（Ⅰ）双大耳罐（Ⅱ）高领双耳罐（Ⅳ）侈口罐（Ⅵ）
12	2	成人	1	仰身直肢	西北	双大耳罐（Ⅳ）猪下颚骨 2

续表

墓号	层位	成人或儿童	人骨架	葬式	头向	随葬品
13	2	成人	1	仰身直肢	西北	盆（Ⅳ）双大耳罐（Ⅴ）高领双耳罐（Ⅳ）双耳罐（Ⅲ）猪下颚骨2小石块8 骨针（Ⅱ）骨匕（Ⅵ）
14	2	成人	1	仰身直肢	西北	猪下颚骨9 骨针（Ⅰ）骨匕（Ⅵ）
15	2	成人	1	仰身直肢	西北	猪下颚骨4 骨针（Ⅰ）石斧（Ⅰ）
16	2	成人	1	仰身直肢	西北	
17	2	成人	1	仰身直肢	西北	高领双耳罐（Ⅲ）瓶（Ⅱ）侈口罐（Ⅸ）猪下颚骨
18	2	成人	2	仰身直肢 侧身屈肢	西北	猪下颚骨12
19	2	成人	1	仰身直肢	西北	碗（Ⅰ）双大耳罐（Ⅳ）侈口罐（Ⅵ）猪下颚骨4 小石块35 骨锥（Ⅰ）骨匕（Ⅵ）铜饰
20	2	成人	1	仰身直肢	西北	碗（Ⅰ）双大耳罐（Ⅴ）高领双耳罐（Ⅲ）侈口罐（Ⅵ） 骨针（Ⅰ）
21	2	成人	1	仰身直肢	西北	双耳罐（Ⅳ）侈口罐（Ⅵ） 骨针（Ⅰ）
22	2	成人	1	仰身直肢	西北	豆（Ⅴ）高领双耳罐（Ⅳ）单耳罐（Ⅲ）单小耳罐（Ⅲ）侈口罐（Ⅵ）
23	2	成人	1	仰身直肢	西北	碗（Ⅰ）高领双耳罐（Ⅲ）猪下颚骨2小石块40敞口罐（Ⅰ） 绿松石珠（Ⅰ）卜骨

续表

墓号	层位	成人或儿童	人骨架	葬式	头向	随葬品
24	2	成人	1	仰身直肢	西北	骨针（Ⅰ）	碗（Ⅰ）双大耳罐（Ⅳ）高领双耳罐（Ⅲ）侈口罐（Ⅵ）猪下颌骨4
25	2	成人	1	仰身直肢	西北	绿松石珠（Ⅰ）	猪下颌骨2
26	2	成人	1	仰身直肢	西北		
27	2	成人	1	仰身直肢	西北	骨针（Ⅰ）石斧（Ⅱ）	豆（Ⅴ）双大耳罐（Ⅴ）侈口罐（Ⅵ）猪下颌骨8小石块105
28	2	成人	1	仰身直肢	西北		猪下颌骨16小石块18
29	2	成人	1	仰身直肢	西北	骨针（Ⅰ）	豆（Ⅴ）高领双耳罐（Ⅳ）单小耳罐（Ⅰ）敞口罐（Ⅱ）
30	2	成人 儿童	2	仰身直肢 侧身屈肢	西北	骨针（Ⅰ）骨匕绿松石珠4（Ⅰ）	豆（Ⅲ）高领双耳罐（Ⅲ）单小耳罐（Ⅰ）侈口罐（Ⅰ）猪下颌骨4
31	2	成人	1	仰身直肢	西北	骨针（Ⅰ）	
32	2	成人	1	侧身屈肢	西北		小石块5
33	2	成人	1	仰身直肢	西北	骨针（Ⅰ）	双大耳罐（Ⅶ）高领双耳罐（Ⅲ）猪下颌骨6小石块40
34	2	成人	1	仰身直肢	西北		碗（Ⅰ）高领双耳罐（Ⅲ）单耳罐（Ⅳ）侈口罐（Ⅵ）

续表

墓号	层位	成人或儿童	人骨架	葬式	头向	随葬品
35	2	成人	1	仰身直肢	西北	陶拍	豆（Ⅴ）高领双耳罐（Ⅳ）单小耳罐（Ⅰ）侈口罐（Ⅵ）小石块62
36	3	儿童	1	仰身直肢	西北	绿松石珠30（Ⅰ）	侈口曲领罐、鬲
37	2	成人	2	俯身屈肢侧身	西北	骨针（Ⅰ）	豆（Ⅶ）高领双耳罐（Ⅲ）单耳罐（Ⅷ）侈口罐（Ⅵ）猪下颚骨18小石块12
38	2	成人	1	仰身直肢	西北		双大耳罐（Ⅱ）猪下颚骨7
39	2	成人	1	仰身直肢	西北		豆（Ⅴ）双大耳罐（Ⅱ）高领双耳罐（Ⅳ）侈口罐（Ⅵ）猪下颚骨
40	2	成人	1	仰身直肢	西北		豆（Ⅶ）双大耳罐（Ⅱ）高领双耳罐（Ⅴ）侈口罐（Ⅶ）猪下颚骨4小石块36
41	2	成人	1	仰身直肢	西北		豆（Ⅸ）双大耳罐（Ⅳ）高领双耳罐（Ⅲ）猪下颚骨11
42	2	成人婴儿	2	仰身直肢？	西北	绿松石珠2（Ⅰ）	碗（Ⅲ）双大耳罐（Ⅴ）高领双耳罐（Ⅳ）侈口罐（Ⅵ）猪下颚骨5小石块18
43	3	儿童	1	仰身直肢	西北	绿松石珠4（Ⅰ）	侈口曲领罐单小耳罐（Ⅴ）
44	2	成人	1	仰身直肢	西北	骨针（Ⅱ）石刀	碗（Ⅰ）双大耳罐（Ⅴ）高领双耳罐（Ⅳ）侈口罐（Ⅵ）
45	2	成人	2	仰身直肢侧身屈肢	西北	骨针（Ⅰ）骨匕（Ⅵ）	豆（Ⅷ）高领双耳罐（Ⅱ）瓶（Ⅰ）侈口罐（Ⅵ）

续表

墓号	层位	成人或儿童	人骨架	葬式	头向	随 葬 品
46	2	成人	1	仰身直肢	西北	骨匕（Ⅱ）	豆（Ⅶ）单耳罐（Ⅱ）侈口罐（Ⅶ）
47	2	成人	1	仰身直肢	西北	骨匕（Ⅶ）	豆（Ⅴ）双大耳罐（Ⅳ）侈口罐（Ⅵ）猪下颌骨2
48	2	成人	1	侧身直肢	西北	骨针（Ⅰ）骨锥（Ⅴ）骨匕（Ⅶ）	豆（Ⅳ）单耳罐（Ⅴ）侈口罐（Ⅵ）猪下颌骨4
49	2	成人	1	侧身屈肢	西北	骨匕（Ⅰ）骨匕（Ⅱ）	豆（Ⅴ）敞口罐（Ⅲ）侈口罐（Ⅵ）
50	2	成人	2	侧身直肢 侧身屈肢	西北	骨匕（Ⅲ）牙饰	猪下颌骨34 小石块13
51	2	成人 儿童	2	仰身直肢 侧身屈肢	西北	骨锥（Ⅳ）骨匕（Ⅶ）	豆（Ⅱ）侈口罐（Ⅳ）单小耳罐（Ⅰ）双耳罐（Ⅳ）穿孔骨器小石块3
52	2	成人	2	俯身直肢 侧身屈肢	西北		豆（Ⅴ）双大耳罐（Ⅳ）高领双耳罐（Ⅳ）侈口罐（Ⅵ）猪下颌骨55 小石块40
53	3	成人	1	仰身直肢	西北	骨匕（Ⅶ）	折腹罐（Ⅱ）单小耳罐3（Ⅱ，Ⅴ）
54	2	成人	1	仰身直肢	西北	骨匕（Ⅱ）	豆（Ⅵ）双耳罐（Ⅳ）侈口罐（Ⅳ）单耳罐（Ⅱ）双大耳罐（Ⅵ）
55	2	成人	1	仰身屈肢	西北	骨针（Ⅰ）	碗（Ⅳ）双大耳罐（Ⅳ）高领双耳罐（Ⅳ）侈口罐（Ⅵ）小石块13
56	2	成人	1	侧身屈肢	西北	骨匕（Ⅱ）	碗（Ⅵ）
57	2	成人	1	仰身直肢	西北	骨匕（Ⅱ）	双大耳罐（Ⅴ）
58	2	成人	1	仰身直肢	西北	骨针（Ⅰ）	杯（Ⅰ）高领双耳罐（Ⅳ）单耳罐（Ⅱ）侈口罐（Ⅵ）猪下颌骨4

续表

墓号	层位	成人或儿童	人骨架	葬式	头向	随 葬 品
59	2	成人	1	仰身直肢	西北	杯（Ⅰ）单耳罐（Ⅴ）侈口罐（Ⅵ）
60	2	成人	2	仰身直肢 侧身直屈肢	西北	骨针（Ⅰ）双大耳罐（Ⅳ）高领双耳罐（Ⅲ）双耳罐（Ⅲ）猪下颚骨6小石块10
61	2	成人	1	?	西北	双大耳罐（Ⅳ）瓶（Ⅱ）
62	2	成人	1	?	西北	折腹罐（Ⅲ）侈口罐（Ⅵ）
63	2	成人	1	仰身直肢	西北	骨针（Ⅰ）骨锥（Ⅳ）豆（Ⅰ）单耳罐（Ⅴ）长颈罐（Ⅰ）
64	2	成人	1	仰身直肢	西北	豆（Ⅲ）双大耳罐（Ⅳ）高领双耳罐（Ⅲ）侈口罐（Ⅵ）
65	2	成人 儿童	2	仰身直肢 侧身直屈肢	西北	石铲 折腹罐（Ⅰ）单耳罐（Ⅲ）
66	2	成人	1	?	西北	敲砸器（Ⅰ）
67	2	成人	1	仰身直肢	西北	高领双耳罐（Ⅳ）敞口罐（Ⅲ）侈口罐（Ⅵ）
68	2	成人	1	?	西北	
69	2	成人	1	仰身直肢	西北	盆（Ⅲ）双大耳罐（Ⅳ）高领双耳罐（Ⅲ）侈口罐（Ⅵ）
70	2	成人	1	仰身直肢	西北	骨匕（Ⅲ）铜环
71	2	成人	1	?		蚌璧
72	2	成人	1	仰身直肢	西北	骨匕（Ⅲ）

续表

墓号	层位	成人或儿童	人骨架	葬式	头向	随 葬 品	
73	2	成人		?			
74	3	成人	1	仰身直肢	西北	骨针（Ⅰ）	单耳罐（Ⅵ）单小耳罐（Ⅱ）猪下颚骨
75	3	成人	1	仰身直肢	西北	石璧	单耳罐（Ⅵ）单小耳罐（Ⅴ）
76	2	成人	1	仰身直肢	西北		
77	2	成人	1	仰身直肢	西北	骨针（Ⅰ）骨匕（Ⅴ）	
78	2	成人	1	仰身直肢	西北	骨针（Ⅰ）	豆（Ⅴ）双大耳罐（Ⅱ）侈口罐（Ⅵ）
79	2	成人	1	仰身直肢	西北		盆（Ⅴ）单耳罐（Ⅰ）侈口罐（Ⅵ）猪下颚骨5
80	2	成人	1	仰身直肢	西北	骨针（Ⅱ）	豆（Ⅶ）高领双耳罐（Ⅳ）折腹罐（Ⅲ）侈口罐（Ⅵ）
81	2	成人	2	仰身直肢侧身直肢	西北	石凿（Ⅰ）绿松石珠（Ⅰ）	双大耳罐（Ⅴ）高领双耳罐（Ⅳ）侈口罐（Ⅵ）
82	2	成人	1	仰身直肢	西北		豆（Ⅴ）双大耳罐（Ⅲ）高领双耳罐（Ⅲ）侈口罐（Ⅵ）猪下颚骨12
83	2	成人	1	仰身直肢	西北		双大耳罐（Ⅳ）
84	2	成人	1	仰身直肢	西北		豆（Ⅴ）双大耳罐（Ⅳ）高领双耳罐（Ⅲ）瓶（Ⅱ）侈口罐（Ⅵ）
85	2	成人	2	仰身直肢侧身直肢	西北		豆（Ⅴ）侈口罐（Ⅳ）

续表

墓号	层位	成人或儿童	人骨架	葬式	头向		随葬品
86	2	成人	1	仰身直肢	西北		高领双耳罐（III）瓶（II）侈口罐（III）
87	2	成人	1	仰身直肢	西北		碗（II）高领双耳罐（IV）单耳罐（V）侈口罐（VI）
88	2	成人	1	仰身直肢	西北	骨针（I）	碗（IV）双大耳罐（IV）高领双耳罐（III）侈口罐（IV）猪下颚骨8
89	3	成人	1	仰身直肢	西北		盆（VII）双大耳罐（I）高领双耳罐（VII）单小耳罐（V）双耳罐（I）猪下颚骨4小石块11
90	2	成人	1	仰身直肢	西北		豆（II）双大耳罐（V）高领双耳罐（III）侈口罐（I）
91	2	成人	1	俯身直肢	西北		碗（I）瓶（II）高领双耳罐（VI）敞口罐（III）侈口罐（VI）
92	2	成人	1	仰身直肢	西北		豆（V）双耳罐（II）
93	2	成人	1	仰身直肢	西北	骨锥（IV）	豆（V）
94	2	成人	1	仰身直肢	西北		
95	2	成人	2	仰身直肢侧身屈肢	西北		双大耳罐（V）高领双耳罐（III）侈口罐（VI）猪下颚骨5
96	2	成人	1	仰身直肢	西北		碗（I）高领双耳罐（III）单耳罐（V）侈口罐（VI）猪下颚骨2

续表

墓号	层位	成人或儿童	人骨架	葬式	头向	随葬品
97	2	成人 儿童	2	仰身直肢 侧身直肢	西北	
98	3	成人	1	侧身直肢	西北	
99	2	成人	1	仰身直肢	西北	骨针（Ⅰ）铜环	双大耳罐（Ⅰ）单耳罐2（Ⅶ）双小耳罐（Ⅰ）侈口罐（Ⅴ）
100	2	成人	1	仰身直肢	西北	骨匕（Ⅰ）	碗（Ⅰ）单耳罐（Ⅴ）敞口罐（Ⅲ）侈口罐（Ⅵ）
101	2	成人	1	仰身直肢	西北		碗（Ⅲ）双大耳罐（Ⅳ）双耳罐（Ⅲ）猪下颌骨4
102	2	成人	1	仰身直肢	西北	敲砸器（Ⅰ）	
103	2	成人	2	仰身直肢 侧身屈肢	西北	绿松石珠（Ⅰ）	豆（Ⅴ）双大耳罐（Ⅳ）高领双耳罐（Ⅳ）侈口罐（Ⅵ）猪下颌骨
104	2	成人	1	仰身直肢	西北		碗（Ⅰ）高领双耳罐（Ⅲ）瓶（Ⅱ）侈口罐（Ⅵ）猪下颌骨7
105	2	成人	2	仰身直肢 侧身直肢	西		双大耳罐2（Ⅲ，Ⅳ）高领双耳罐（Ⅲ）侈口罐（Ⅲ）
106	2	成人	1	仰身直肢	西		双大耳罐（Ⅲ）高领双耳罐（Ⅰ）单耳罐（Ⅴ）侈口罐（Ⅱ）
107	2	成人	1	仰身直肢	西		盆（Ⅳ）双大耳罐（Ⅲ）高领双耳罐（Ⅱ）折腹罐（Ⅰ）单小耳罐（Ⅰ）瓶（Ⅰ）猪下颌骨10

续表

墓号	层位	成人或儿童	人骨架	葬式	头向	随葬品
108	2	成人	2	仰身直肢	西	双大耳罐（Ⅲ）高领双耳罐（Ⅲ）瓶（Ⅱ）敞口罐（Ⅲ）侈口罐（Ⅵ）猪下颚骨12
109	3	儿童	1	仰身直肢	西北	
110	2	成人	1	仰身直肢	西	豆（Ⅰ）双大耳罐2（Ⅲ，Ⅳ）高领双耳罐（Ⅲ）单耳罐（Ⅲ）侈口罐（Ⅳ）猪下颚骨10
111	2	成人	1	?		骨锥（Ⅳ）	碗（Ⅳ）单耳罐（Ⅴ）侈口罐（Ⅵ）
112	2			?		石铲（Ⅰ）	瓶（Ⅱ）侈口罐（Ⅵ）
113	2	成人	1	仰身直肢	西		碗（Ⅰ）双大耳罐2（Ⅲ，Ⅳ）高领双耳罐（Ⅲ）单耳罐（Ⅴ）
114	2	成人	1	仰身直肢	西		双大耳罐2（Ⅲ，Ⅳ）单小耳罐（Ⅰ）侈口罐（Ⅲ）
115	2	成人	2	仰身直肢 侧身屈肢	西北		豆（Ⅱ）高领双耳罐（Ⅲ）单耳罐（Ⅲ）侈口罐（Ⅲ）侈口罐（Ⅵ）长颈罐（Ⅱ）
116	2	成人	1	?	西北		
117	2	成人	1	仰身直肢	西		碗（Ⅲ）双大耳罐（Ⅳ）高领双耳罐（Ⅲ）折腹罐（Ⅰ）侈口罐（Ⅳ）长颈罐（Ⅱ）
118	2	成人	1	仰身直肢	西	骨匕（Ⅱ）	碗（Ⅲ）双大耳（Ⅲ）瓶（Ⅰ）双小耳罐（Ⅱ）侈口罐（Ⅴ）
119	2	成人	1	仰身直肢	西		双大耳罐（Ⅲ）高领双耳罐（Ⅲ）侈口罐2（Ⅵ）

续表

墓号	层位	成人或儿童	人骨架	葬式	头向		随葬品
120	2	成人	1	?	西		碗（Ⅳ）双大耳罐 2（Ⅳ、Ⅵ）高领双耳罐（Ⅲ）单耳罐（Ⅱ）单小耳罐（Ⅱ）
121	2	成人	1	仰身直肢	西		双大耳罐（Ⅳ）单耳罐（Ⅲ）
122	2	成人	1	仰身直肢	西		碗（Ⅲ）双大耳罐 2（Ⅲ、Ⅳ）高领双耳罐（Ⅲ）折腹罐（Ⅲ）侈口罐（Ⅰ）
123	2	成人	1	仰身直肢	西	石璧	碗（Ⅳ）双大耳罐 3（Ⅲ、Ⅳ）高领双耳罐（Ⅲ）猪下颚骨侈口罐 2（Ⅲ、Ⅵ）
124	2	成人	2	仰身直肢 侧身屈肢	西		碗（Ⅲ）双大耳罐 2（Ⅳ、Ⅵ）高领双耳罐（Ⅲ）侈口罐 2（Ⅲ、Ⅵ）
125	2	成人	1	仰身直肢	西		碗（Ⅳ）双大耳罐（Ⅲ）高领双耳罐（Ⅲ）单耳罐（Ⅲ）
126	2	成人	1	仰身直肢	西		碗（Ⅲ）双大耳罐（Ⅲ）高领双耳罐（Ⅳ）侈口罐（Ⅲ）
127	2	成人	1	仰身直肢	西		碗（Ⅳ）双大耳罐（Ⅳ）高领双耳罐（Ⅳ）侈口罐（Ⅲ）
128	2	成人	1	仰身直肢	西		碗（Ⅲ）双大耳罐 2（Ⅲ、Ⅳ）高领双耳罐（Ⅲ）侈口罐（Ⅳ）小石块 4
129	2	成人	1	仰身直肢	西		瓶（Ⅱ）鬲（Ⅱ）

续表

墓号	层位	成人或儿童	人骨架	葬式	头向	随葬品
130	2	成人	1	仰身直肢	西	骨针（Ⅰ）盆（Ⅲ）双大耳罐（Ⅳ）高领双耳罐（Ⅲ）侈口罐（Ⅲ）小石块10
131	2	成人	1	仰身直肢	西	豆（Ⅱ）双大耳罐（Ⅳ）侈口罐（Ⅵ）猪下颚骨4小石块9
132	2	成人	1	仰身直肢	西	豆（Ⅱ）双大耳罐（Ⅲ）高领双耳罐（Ⅲ）侈口罐（Ⅳ）
133	2	成人	1	仰身直肢	西	双大耳罐（Ⅳ）侈口罐2（Ⅲ、Ⅳ）
134	2	成人儿童	2	仰身直肢侧身直肢	西	绿松石珠（Ⅰ）双大耳罐2（Ⅳ）高领双耳罐（Ⅳ）侈口罐2（Ⅲ、Ⅳ）猪下颚骨15
135	2	成人	1	仰身直肢	西	绿松石珠（Ⅰ）双大耳罐2（Ⅳ、Ⅴ）侈口罐2（Ⅳ、Ⅵ）
136	2	成人	1	仰身直肢	西	双大耳罐（Ⅳ）高领双耳罐（Ⅲ）侈口罐（Ⅲ）
137	2	成人	1	仰身直肢	西	碗（Ⅲ）双大耳罐（Ⅳ）高领双耳罐（Ⅲ）侈口罐2（Ⅲ、Ⅵ）
138	2	成人	2	仰身直肢侧身屈肢	西	石凿（Ⅰ）高领双耳罐（Ⅲ）小石块35

注：随葬品凡未注明件数的皆1件，括弧内的罗马字为该器物的式别。

表二 秦魏家齐家文化人骨性别、年龄鉴定表

葬别	墓号	性别	年龄	葬别	墓号	性别	年龄
单人葬墓	10	男	老年（56岁以上）	成人合葬墓	18	男（？）女（？）	成年（21岁以上）成年（21岁以上）
	11	女	？		50	男女	？老年（56岁以上）
	13	女	成年（21岁以上）？		52	男女	成年（21岁以上）？成年（21岁以上）
	19	男	中年（36～55岁）		95	男女	？成年（21岁以上）？
	31	男（？）	中年（36～55岁）		105	男女	成年（21岁以上）成年（21岁以上）
	32	男	成年（21岁以上）？		108	男女	老年（56岁以上）中年（36～55岁）
	41	男	中年（36～55岁）		124	男（？）女（？）	？成年（21岁以上）
	74	男	中年（36～55岁）	成人与儿童合葬墓	6	男	中年（36～55岁）？儿童（6～7岁）
	89	男（？）	中年（36～55岁）		30	？女（？）	成年（21岁以上）？？
	111	女	成年（21岁以上）		51	男	中年（36～55岁）儿童（6～7岁）
	113	女	成年（21岁以上）		65	女	成年（21岁以上）儿童（7岁左右）
	117	男	成年（21岁以上）		97	女	中年（36～55岁）儿童（6～7岁）
	118	女	中年（36～55岁）				
	121	女（？）	中年（36～55岁）				
	122	女	成年（21岁以上）				

注：本表是本所已故的颜訚先生鉴定的。

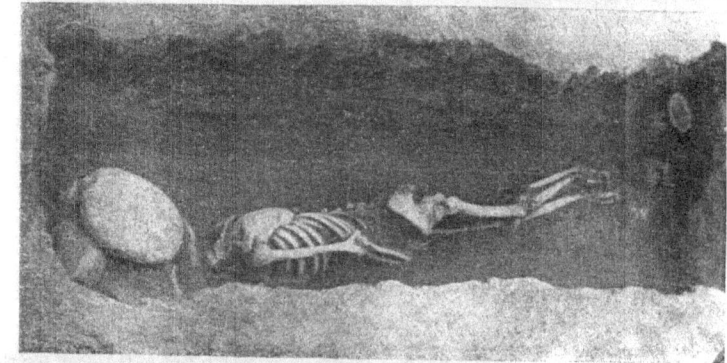

1. M91
2. M48

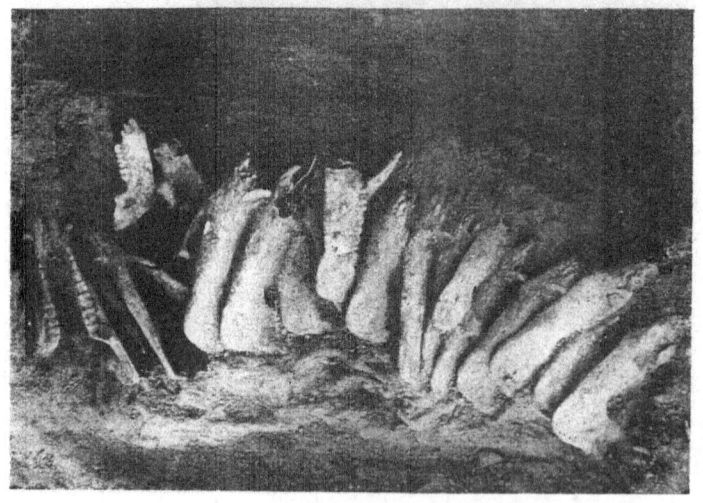

3. M134

图版壹　永靖秦魏家齐家文化墓葬

1. 秦魏南部墓地的一角

2. M87
3. M19

图版贰　秦魏家齐家文化墓葬

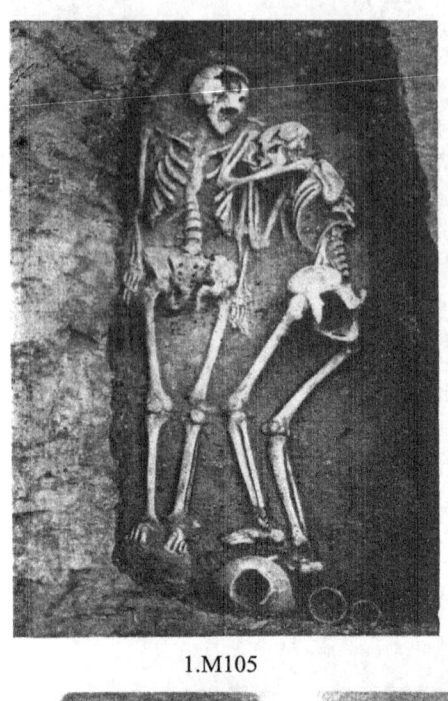

1. M105

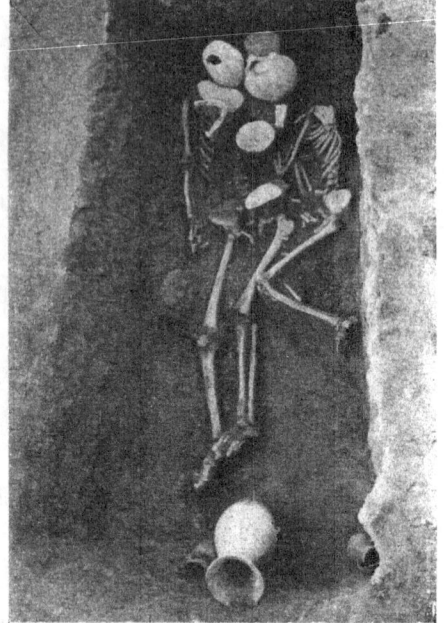

2. M60

3. M52

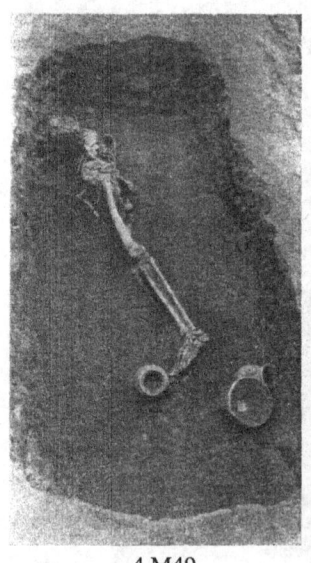

4. M49

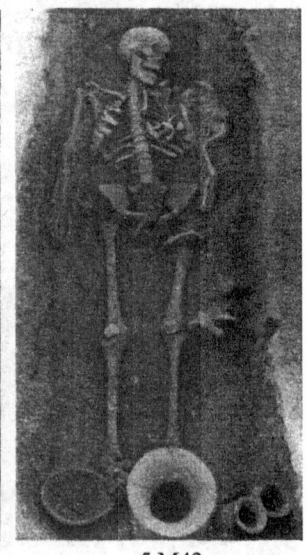

5. M42

图版叁

图版肆

1. Ⅰ式盆（H44：5） 2. Ⅶ式盆（M89：4） 3. 盘（H38：7） 4. Ⅳ式碗（M125：3） 5. Ⅲ式碗（M118：5） 6. Ⅱ式杯（M58：5） 10. Ⅰ式杯（M59：1） 7、8、11. 敞口罐（M23：3、M29：4、M9：3） 9、12、13. 折腹罐（M53：2、M122：5、M117：2）

图版伍　秦魏家齐家文化墓地陶器

瓶　1～3.（M112∶1、M84∶1、M107∶4）
单耳罐　4. Ⅳ式（M34∶3）　5. Ⅴ式（M111∶4）　7. Ⅷ式（M37∶2）　8. Ⅲ式（M115∶2）
9. Ⅵ式（M75∶2）　10. Ⅶ式（M8∶2）　12. Ⅰ式（M79∶2）　13. Ⅱ式（M55∶4）
双小耳罐　6. Ⅱ式（M118∶2）　11. Ⅰ式（M98∶1）

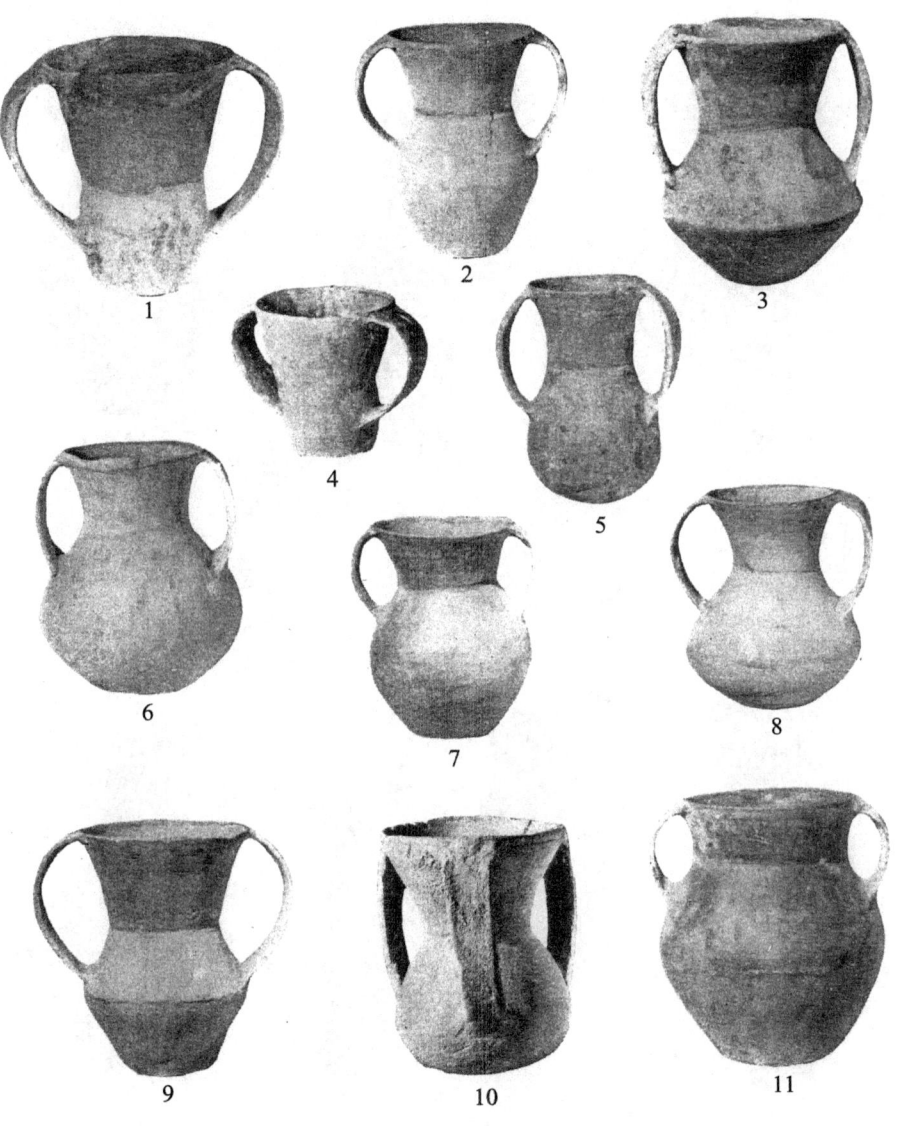

图版陆　秦魏家齐家文化墓地陶器

双大耳罐　1. Ⅰ式（M89：1）　2. Ⅲ式（M106：4）　3. Ⅶ式（M33：2）　4. Ⅰ式（H68：3）
　　　　　5. Ⅱ式（M40：1）　6. Ⅴ式（M54：3）　7. Ⅳ式（M117：4）　8. Ⅴ式（M9：5）
　　　　　9. Ⅵ式（M134：4）
双小耳罐　11.（M89：3）
三耳罐　　10.（T13：6）

图版柒

高领双耳罐　5. Ⅰ式（M106∶5）　7. Ⅱ式（M45∶4）　1、2. Ⅲ式（M127∶1、M124∶3）
　　　　　　6. Ⅳ式（M81∶4）　9. Ⅴ式（M40∶2）　8. Ⅵ式（M91∶4）　3. Ⅶ式（M89∶1）
侈口曲领罐　4.（M36∶2）

图版捌　秦魏家齐家文化墓地陶器

豆　1. Ⅳ式（M48∶2）2. Ⅶ式（M46∶3）3、4. Ⅴ式（M40∶3、M47∶2）
　　5. Ⅷ式（M45∶5）6、8. Ⅰ式（M63∶3、M110∶4）7. Ⅵ式（M54∶4）

图版玖

侈口罐 1. Ⅰ式（M122∶1） 2. Ⅱ式（M106∶3） 3. Ⅴ式（M98∶2） 4. Ⅲ式（M86∶1）
5、9、10. Ⅵ式（M48∶1、M3∶52、M49∶1） 6. Ⅳ式（M135∶1） 7. Ⅷ式（M40∶4）
8. Ⅶ式（46∶4）

长颈罐 11、12. Ⅱ式（M117∶1、M115∶4）

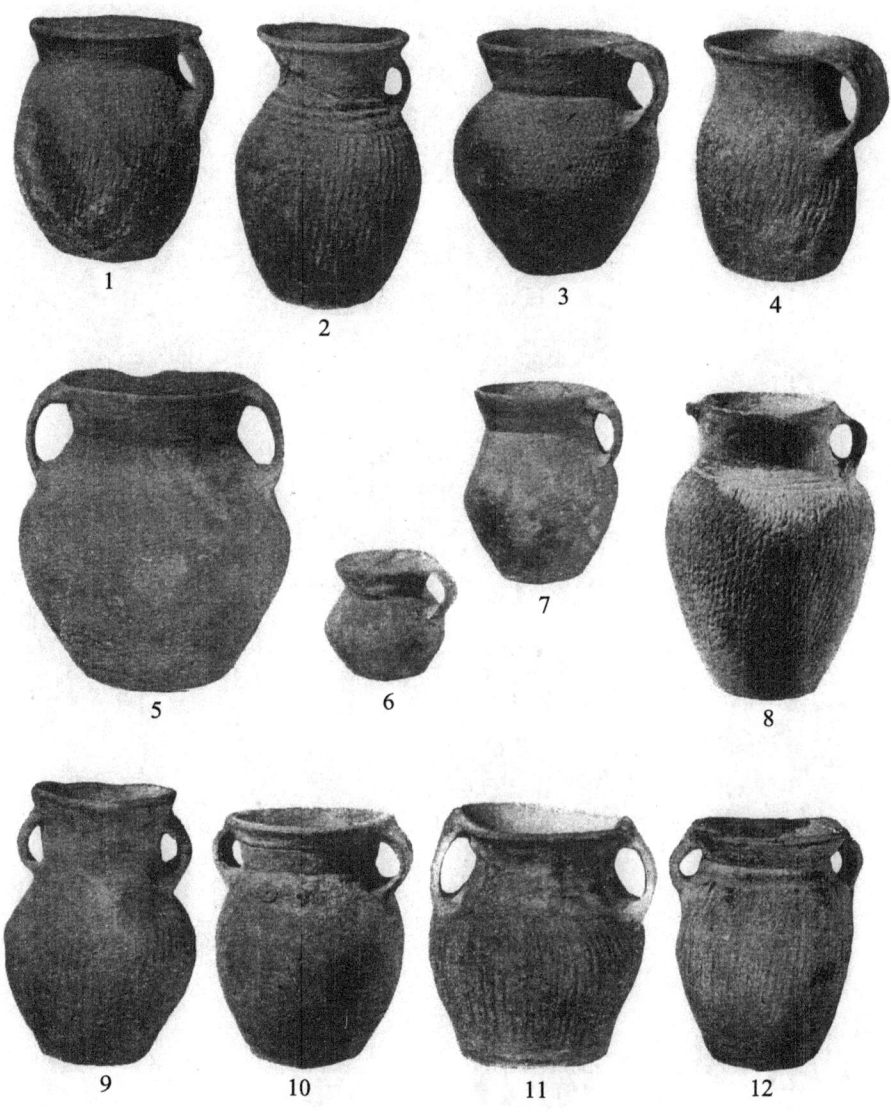

图版拾　秦魏家齐家文化墓地陶器

单小耳罐　1. Ⅱ式（M74∶1）　2. Ⅲ式（M23∶1）　3. Ⅴ式（M89∶2）　4. Ⅰ式（M114∶4）
　　　　　6. Ⅵ式（M98∶6）　7. Ⅴ式（M75∶3）　8. Ⅳ式（M52∶4）
双耳罐　5. Ⅰ式（TC∶14）　9. Ⅳ式（M51∶6）　10. Ⅲ式（M60∶3）　11. Ⅱ式（M92∶1）

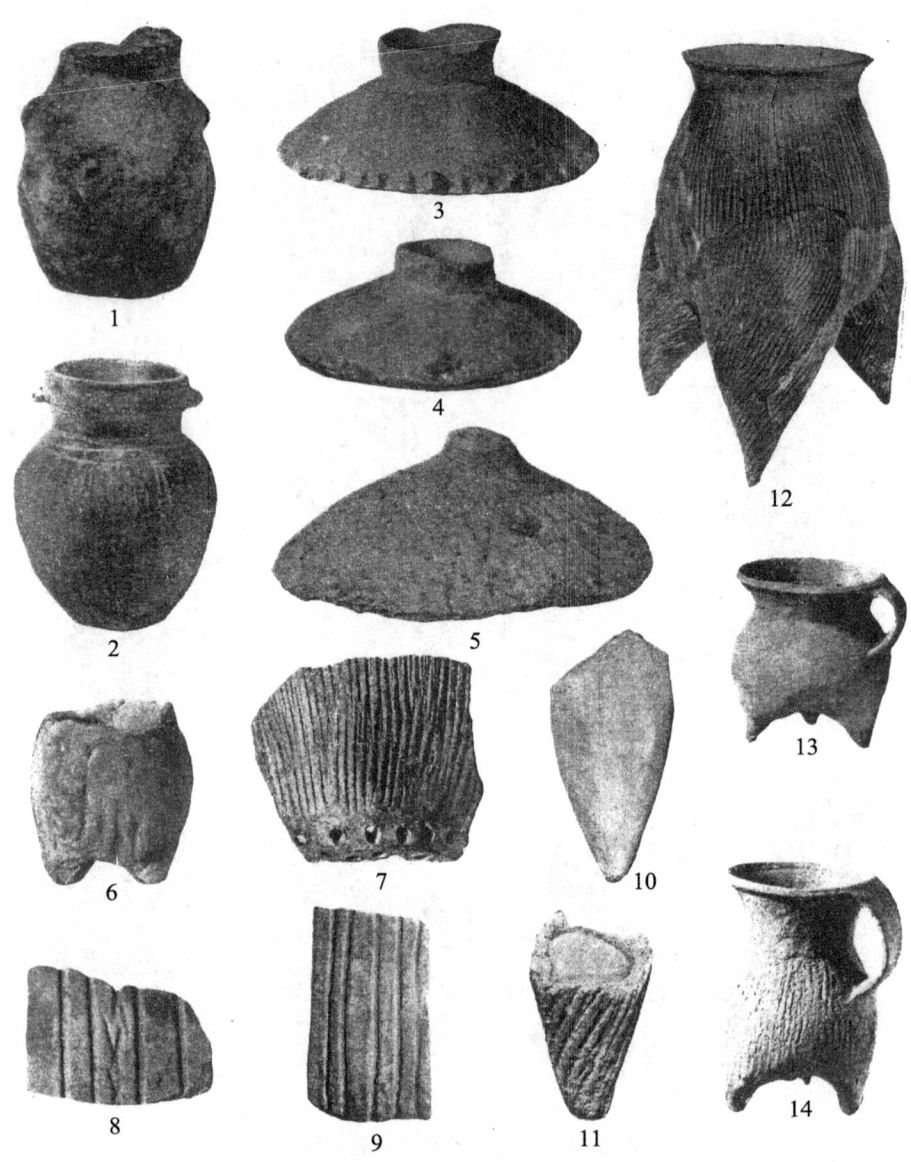

图版拾壹 秦魏家齐家文化墓地陶器

1. Ⅸ式侈口罐（M17:2） 2. Ⅰ式长颈罐（M63:2） 3～5.器盖（TC:9、T4:2、H40:3）
6.四足器（H15:4） 7.甑（H64:1） 8～9.把手（H4:3、H65:2） 10.袋足（H40:1）
11.鬲足（H1:3） 12.Ⅰ式鬲（H1:1） 13.Ⅲ式鬲（M36:1） 14.Ⅱ式鬲（M129:2）

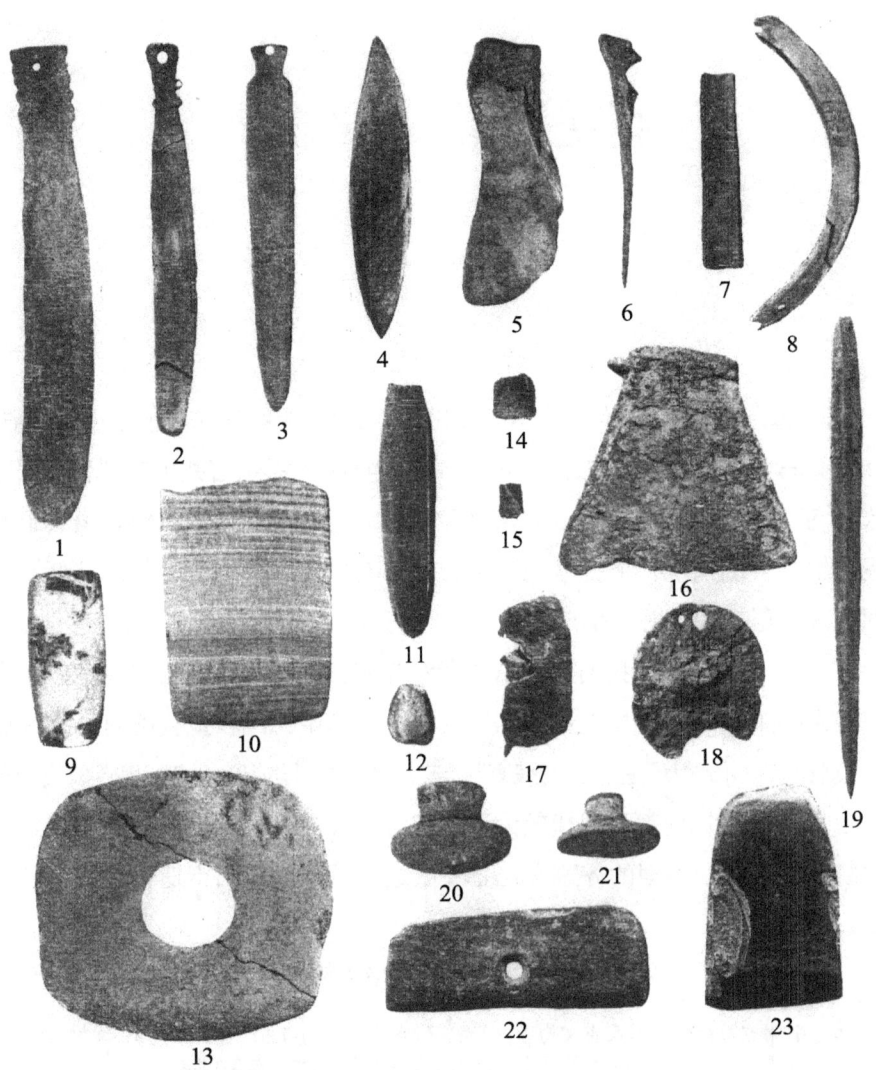

图版拾贰　秦魏家齐家文化墓地器物

1、2. Ⅶ式骨匕（M51∶1、M54∶1）　3. Ⅴ式骨匕（M77∶1）　4. Ⅱ式凿（H19∶6）　5. Ⅰ式骨铲（H42∶2）　6. Ⅰ式骨锥（M19∶2）　7. 骨管（H3∶5）　8. 牙饰（H38∶1）　9. Ⅱ式绿松石珠（H3∶8）　10. 石铲（M65∶4）　11. Ⅰ式石凿（M81∶2）　12. Ⅰ式绿松石珠（M36∶3）　13. 石璧（T6∶1）　14、15. 残铜环（M70∶2、M99∶6）　16. 铜斧（H72∶1）　17、18. 残铜饰（M19∶6、H4∶1）　19. 铜锥（T6∶2）　20. 陶垫（M5∶1）　21. 陶拍（M35∶1）　22. Ⅳ式石刀（T2∶2）　23. Ⅱ式石锛（H68∶1）

（本文原载《考古学报》1975年第2期）

略论齐家文化墓葬

目前，我国考古学界对齐家文化的时代问题存在着几种不同的提法：属于新石器时代；铜石并用时代①；青铜器时代②；金石并用期到青铜器时代③等等。现在，我们鉴于齐家文化的遗址与墓地出现纯红铜、铅青铜与锡青铜共存的情况，把齐家文化暂列为铜石并用时代，亦即处于从新石器时代晚期至青铜器时代早期。

近三十多年来，我国考古工作者对齐家文化的聚落遗址与墓地做了大量的发掘工作，尤其是以墓地的发掘为多。其中，比较重要的有甘肃武威皇娘娘台④、永靖大何庄⑤、秦魏家⑥、广河齐家坪⑦与青海乐都柳湾⑧、贵南尕马台⑨等，这几处都是规模较大保存较好的氏族公共墓地。据已发表的材料统计，经发掘清理的齐家文化墓葬已达八百多座，出土遗物近万件。近

---

① 中国科学院考古研究所甘肃工作队：《甘肃永靖大何庄遗址发掘报告》，《考古学报》1974年第2期。
② 甘肃省博物馆：《甘肃省文物考古工作三十年》，《文物考古工作三十年》，文物出版社。
③ 安志敏：《中国早期铜器的几个问题》，《考古学报》1981年第3期。
④ 甘肃省博物馆：《甘肃武威皇娘娘台遗址发掘报告》，《考古学报》1960年第2期；《武威皇娘娘台遗址第四次发掘》，《考古学报》1978年第4期。
⑤ 中国科学院考古研究所甘肃工作队：《甘肃永靖大何庄遗址发掘报告》，《考古学报》1974年第2期。
⑥ 中国科学院考古研究所甘肃工作队：《甘肃永靖秦魏家齐家文化墓地》，《考古学报》1975年第2期。
⑦ 甘肃省博物馆：《甘肃省文物考古工作三十年》，《文物考古工作三十年》，文物出版社。
⑧ 青海省文物管理处考古队等：《青海乐都柳湾原始社会墓葬第一次发掘的初步收获》，《文物》1976年第1期。
⑨ 《我省考古工作的一项重大发现》，《青海日报》1978年2月18日。

年来，有不少同志根据这些墓葬材料写了研究或讨论文章，这对深入探讨齐家文化的有关问题，无疑是很有帮助的。

本文仅拟将齐家文化的墓葬材料进行初步综合归纳，以正式发掘的材料为基础，适当地结合一些民族学的材料，从而探讨齐家文化墓葬的形制结构、葬具葬式、随葬品及其所反映出来的有关问题。就此提出个人不成熟的看法，抛砖引玉，展开讨论，以期把齐家文化这一课题的研究引向深入。

一

齐家文化的居民有自己的氏族公共墓地。一般位于聚落的附近，既有完整成片的墓地，也有分布零散与居址交错在一起的。前者如柳湾与尕马台等墓地，后者如大何庄与皇娘娘台等墓地，房子与墓葬同在一遗址上。

墓地的规模大小不一，大者共有墓葬三百多座，少者几十座。例如：乐都柳湾墓地齐家文化墓葬共有366座；永靖秦魏家墓地共有138座；大何庄墓地为82座；皇娘娘台墓地为88座；尕马台墓地只有43座。这种墓葬数目的不同，大概是与当时氏族或部落规模的大小相适应的。

墓地与居址一样，多位于黄河上游及其支流两岸的阶地上，并以在第二阶地上的为主。

墓葬的形制结构是以长方形竖穴土坑墓为主。部分是圆形土坑墓与"凸"字形墓，前者有的是利用废弃的窖穴埋葬死者，后者的形制较为少见，而且仅在甘肃西部与青海东部地区发现，其他地区未见。

长方形竖穴土坑墓 呈长方形或圆角长方形，四壁平陡，口、底同大，部分口部略大于墓底。在永靖大何庄遗址发现在墓坑的壁上尚留有骨铲（耜）一类工具刨挖的痕迹，我们可借此了解当时此类工具使用的情况。墓坑大小各墓地的情况不一，如皇娘娘台墓坑长1.54～2.3米、宽0.42～0.98米，最大者墓48，坑长达2.6米，宽1.48米。大何庄墓坑一般较小，长1.1～1.95米、宽0.5～0.57米。墓坑较小的，一般多属于小孩墓或屈肢葬墓。大体说来，长方形竖穴墓坑长1.6～2米、宽0.5～0.7米的居多。

圆形土坑墓 也简称为圆坑墓。它多是利用废弃的窖穴作为墓坑的。

坑呈圆形或椭圆形，一般口径为1.53～2.56米。在永靖张家嘴发现的一座齐家文化圆坑墓，保存较好，坑壁平整，口径与底径相若，人骨架是埋在坑底的东侧。皇娘娘台第四次发掘时还发现九座圆坑墓。这种用窖穴埋葬死者的习俗，在辛店文化时期中还继续存在。

"凸"字形墓 这是甘青地区远古文化中很有特点的一种葬制。这种墓的墓室平面呈长方形或圆角长方形，墓室壁往上内收呈弧形，即为洞室。墓室的一端伸出一墓道，作竖穴状，一头大一头窄平面呈梯形。在墓室与墓道之间往往有木板或木棍封堵，起着封门的作用。有的在墓室口还竖立一二块扁平的石板，也有的垒成一排石块。这种墓葬在乐都柳湾的齐家文化中发现了48座，保存一般都较好。墓的规模一般较大，最大者如柳湾墓972，系三人合葬墓，墓长达4.2米，宽2.25米，墓道长1.5米，该墓结构较特殊者，即在墓室口与墓道之间除立有木棍外，还有一排石块；作一字形排列。

值得注意的是，这种"凸"字形墓已出现在马家窑文化半山、马厂类型，它可能源于半山、马厂类型，到齐家文化得到进一步发展。它是我国考古发掘中新发现的最早的土洞墓，也是代表了该地区比较特殊的一种葬制。

墓葬的方向绝大多数是朝向西北方。但各墓地的情况又有所差别。例如秦魏家墓地分南北两片墓地，前者头向西北，后者头向一律朝西。皇娘娘台除头向西北外，还有头向西南的。这种头向不同，反映出人们的一定思想意识或宗教信仰。例如瑶族，他们认为人从那里迁来，头就得朝向那里。布朗族认为头应朝日落的方向。佤族埋葬死者也向西，他们认为日落西方，死者的头向必须朝西[①]。齐家文化的人们也是基于同样信仰支配下形成的。他们把人从生到死比如太阳东升西落，人死后就随着太阳落下，所以，在埋葬时死者的头向多向西方。

在甘肃的齐家文化墓葬中尚未发现木棺之类的葬具，但在青海乐都柳湾齐家文化的墓葬却发现有木制的葬具，并且保存有结构清楚的木构葬

---

① 宋兆麟、黎家芳、杜耀西：《中国原始社会史》，文物出版社，1983年；李仰松：《佤族葬俗对研究我国远古人类葬俗的一些启发》，《考古》1961年第7期。

具。木构葬具既用于成年人，也用于儿童。按其形制可分为独木棺、长方形木棺与垫板等三种。据统计，出独木棺的墓共184座，出长方形木棺的墓共91座，出垫板的墓有13座。长方形木棺的四壁由木板围拼成，棺外还有由三块小木板构成的木框架，木框架采用榫卯结构结合。垫板是用一块大木板或两三块木板拼接而成。其中数量最多、保存较好且具有特色的是独木棺。它是用圆木一段，削去上部一小半，再将中部凿空成船舱状，底部稍削平，形似独木舟。有的在棺上另置一棺盖。独木棺的两端多数削成平头，但也有少数削成弧形的。棺身大小相差无几，多数独木棺长1.6～2米，宽约0.5米。

用独木棺验尸的葬俗，在我国少数民族中可找到很多例证。例如四川的巴人即以船棺为葬具[1]。西藏察隅县僜人，其埋葬死者的葬具亦是以整段圆木挖制成槽状，将死者屈肢捆扎后放入槽中埋葬。云南沧源县班洪寨与双江县大勐峨寨等地的佤族，也以圆木挖空为葬具。还有在镇康、耿马等地的萌龙族，潞西、东山、陇川、瑞丽、盈江、保山等地的景颇族，金平县里加扎寨的哈尼族，新安寨的黄苦聪人，以及独龙族、怒族、纳西族等，都有独木棺验尸的葬俗[2]。

齐家文化的人们多居住在黄河上游及其支流的沿岸，生前过河可能是以独木舟为交通工具，死后又以独木舟为葬具的。

在齐家文化墓葬中，曾发现有麻布一类的衣着。例如永靖大何庄34号墓，在人骨架头部发现有红色布纹的痕迹，同时，在七十五号墓死者脚旁的随葬陶罐上（双大耳陶罐）也包有一层红色布纹的残迹[3]。这种麻布可能原来即呈红色，也可能是在麻布上撒赭石粉末的。从布纹发现的所在部

---

[1] 四川博物馆：《四川船棺葬发掘报告》，文物出版社，1960年。
[2] 夏之乾：《从考古学和民族学材料看葬具的产生和演进》，《民族研究》1982年第2期。在文中提到我国西南地区少数民族使用独木棺的情况。其中比较特殊者，有苦聪人在独木棺外还用藤条捆紧。崩龙族（德昂族）用一种树胶加松香封闭棺的缝隙，然后再用绳捆紧。佤族用三道竹篾将独木棺的底盖捆紧，并用牛粪和灰水之类涂于底盖缝隙内，使其密封。柳湾墓地也发现在木棺外加三道木框架，也是起着捆紧加固的作用。
[3] 中国科学院考古研究所甘肃工作队：《甘肃永靖大何庄遗址发掘报告》，《考古学报》1974年第2期；据《云南省红河哈尼族彝族自治州全平县苦聪人社会经济调查》记载：尸体的包裹方式是先用芭蕉叶或旧布将死者头和脚包扎好，再以树皮上下各一块将尸体包上。

位看来，表明当时死者的头部与脚部在埋葬时都覆盖着麻布的。这是齐家文化居民葬俗的一个特点。现在云南有些少数民族，如金平县的苦聪人，迄今还存在这样的习俗。

至于在死者身上撒红色赭石粉末，那是基于某种思想意识或是什么宗教信仰？还可以进一步研究。不过，我们一般推测这种红色赭石粉末是表示"鲜血"，即生命复活的象征。他们认为它是生命的来源和灵魂的寄生处。

齐家文化居民的埋葬方式是多种多样的。从墓葬的类别上，可分为单人葬与合葬墓两大类。从葬式上，又可分为仰身直肢葬、屈肢葬、侧身葬、二次葬、俯身葬等几种。为了比较具体地了解各种葬式的数量及比例情况，我们根据皇娘娘台、大何庄、秦魏家等墓地单人葬的材料[①]，作一齐家文化葬式统计表：

葬式 墓数 地点	仰身直肢葬	屈肢葬	二次葬（包括乱葬墓）	侧身葬	俯身葬	总计
皇娘娘台	38	14	7			59
大 何 庄	57	14				71
秦 魏 家	99	2		3	1	105
数　　量	194	30	7	3	1	235
百 分 比	82.5%	12.8%	3%	1.3%	0.4%	100%

从表中可看出，仰身直肢葬者占总墓数的 82.5%，屈肢葬占 12.8%，二次葬占 3%，侧身葬占 1.3%，俯身葬占 0.4%。这说明仰身直肢葬是齐家文化的主要葬式。

仰身直肢葬　即仰身平躺，两手垂直身旁，两脚伸直并拢。以秦魏家墓 75 为例，该墓人骨架特为完整，不仅躯体骨骼完好，而且连不易保存

---

① 中国科学院考古研究所甘肃工作队：《甘肃永靖大何庄遗址发掘报告》，《考古学报》1974 年第 2 期；甘肃省博物馆：《甘肃武威皇娘娘台遗址发掘报告》，《考古学报》1960 年第 2 期；《武威皇娘娘台遗址第四次发掘》，《考古学报》1978 年第 4 期；中国科学院考古研究所甘肃工作队：《甘肃永靖秦魏家齐家文化墓地》，《考古学报》1975 年第 2 期。

的腕骨、指骨与距骨、趾骨等都保留下来。可作为这种葬式的典型代表。头向西北，面朝上。在死者胸前放置石璧一件，脚下方放有单身陶罐等随葬品。又墓13，骨架亦完整，面朝东，右手略弯曲。墓主人为中年女性，随葬品有陶盆与骨针等，均放在脚下方，其中，比较特殊的是骨针与骨匕是放在一件陶盆内（图一）。

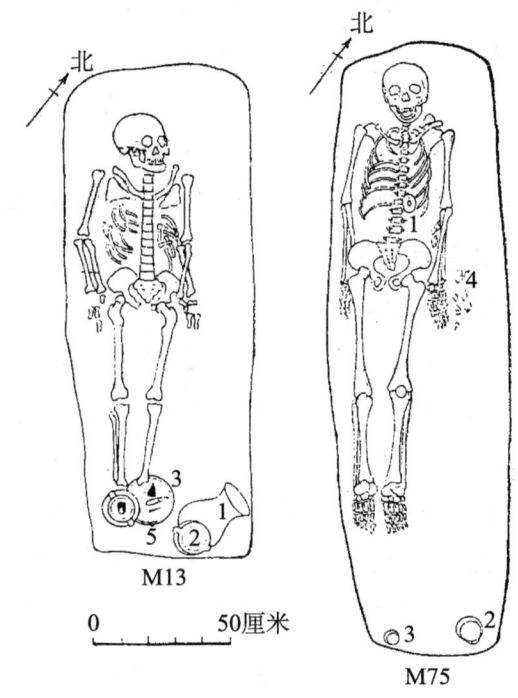

图一　单人墓平面图

秦魏家 M13　1.高领双耳罐　2.双大耳罐　3.陶盆　4.骨匕　5.骨针　6.双耳罐
秦魏家 M75　1.石璧　2.单耳罐　3.单小耳罐　4.小石块

屈肢葬　上身侧卧或近似仰身的，微侧。下肢弯曲，但弯曲的程度却有明显差别。一般是股骨与胫骨间的夹角90°～120°屈肢，有的则向上弯曲，紧贴胸前。如大何庄墓37，为小孩墓，股、胫骨间作90°屈肢。墓59，侧身，股、胫间弯曲特甚，无随葬品。秦魏家墓32，侧上身，右手往上弯曲，墓主人为成年男性。墓56，上身微侧，下肢稍弯曲。皇娘娘台墓59，葬式较特殊，两手屈向胸前，左腿在前，右腿压在左腿上。墓86，为圆坑葬，下肢弯曲特甚，呈蹲坐状，右手压在骨架下，手指在脚跟旁边，左上臂外举，尺骨下垂于腿前，墓主人为男性，无葬品①（图二）。

这种屈肢葬的含义是什么？学术界曾有过种种解释，他们有认为是象征胎儿在母体内的样子，人死后埋在地腹内要恢复到原先在母腹内的状态；或者说是怕死者向生人作祟，因此用绳子将其捆缚以阻止其灵魂出走②。云南独龙族对屈肢葬式解释为人死是一种不醒的长眠，故应仿其生前面朝火塘侧身屈肢睡眠的姿态。永宁纳西族在火葬前要用麻布带子捆绑尸身，以象征生前的蹲坐姿势③。这些解释和实例都可以作为研究齐家文化屈肢葬的借鉴。

侧身直肢葬　仅在秦魏家发现三座。人骨架往右侧卧，左手垂直身旁，右手被压在骨架下，两脚伸直并拢。墓49，人骨架保存较好，但缺头骨。随葬品有骨匕和陶豆陶容器等五件（图二）。墓48，葬式较为特殊，身首已分离，身上还压有大砾石一块。

二次葬　包括皇娘娘台发现的"乱葬墓"④。这种葬式骨架都比较零乱，多身首分离，或肢体不全，或残断的肢骨堆放在一起，所以也称为"残骨葬"。

这种葬式多利用废弃的窖穴放置骨架，有一个或两个个体的，均为成人。除个别外，一般无随葬品。实行二次葬的含义是什么？我们推测可能是基于这样一种信念，即认为血肉是属于人世间的，必等到血肉朽腐后，才能作正式的最后埋葬；这时候死者才能进入鬼魂世界⑤。

俯身直肢葬　在秦魏家与贵南尕马台都有发现。秦魏家发现一座（墓91），人骨架完整，上身稍向左侧扭转，右手弯曲。随葬品有陶瓶等陶容器五件（图二）。尕马台发现的俯身葬材料比较重要。尕马台共发现43座齐家文化墓葬，死者不论男女老少都是面向下的俯身葬⑥，这种同一墓地无

---

① 甘肃省博物馆：《甘肃武威皇娘娘台遗址发掘报告》，《考古学报》1960年第2期；《武威皇娘娘台遗址第四次发掘》，《考古学报》1978年第4期。
② 高去寻：《黄河下游屈肢葬问题》，《中国考古学报》第二册。
③ 宋兆麟：《云南永宁纳西族的葬俗》，《考古》1964年第4期。
④ 甘肃省博物馆：《武威皇娘娘台遗址第四次发掘》，《考古学报》1978年第4期。
⑤ 夏鼐：《临洮寺洼山发掘记》，《中国考古学报》第四册。
⑥ 《我省考古工作的一项重大发现》，《青海日报》1978年2月18日。

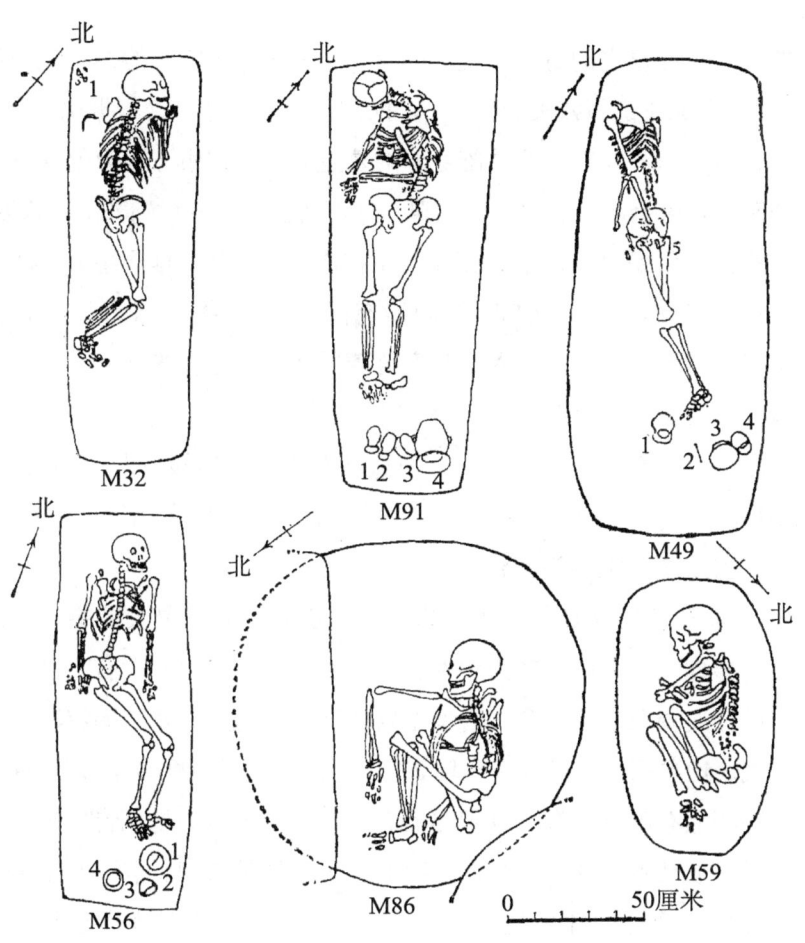

图二　单人葬平面图

秦魏家 M32　1. 小石块
秦魏家 M91　1. 瓶　2. 敞口罐　3. 碗　4. 高领双耳罐　5. 侈口罐
秦魏家 M49　1. 敞口罐　2. 骨针　3. 豆　4. 骨匕　5. 侈口罐
秦魏家 M56　1. 碗　2. 骨针　3. 双大耳罐　4. 侈口罐　5. 小石块
皇娘娘台 M86　无葬品
大何庄 M59　无葬品

一例外地全部俯身的葬俗在齐家文化墓葬中还是首次发现，也是我国考古发掘中所罕见的，似乎具有地区性的特点。它为研究齐家文化的葬俗增添了新的内容。

关于俯身葬墓主的身份问题，曾有些学者做过研究，他们有认为作俯身葬的人是奴隶或近似奴隶的人①，有的却持不同的意见②。根据尕马台墓地的情况分析，尚不能说明这种俯身葬的墓主人都是奴隶，因为处在齐家文化这个发展阶段上，虽已出现殉葬墓，还不可能出现成批殉葬的奴隶墓。

齐家文化居民除盛行单人葬外，还有合葬的习俗。据永靖大何庄、秦魏家、武威皇娘娘台、乐都柳湾墓地统计，合葬墓共68座。这种合葬既有成年男女合葬，又有成年人与儿童合葬以及多人合葬等几种葬式。其中以二人成年男女合葬为主。

成年男女合葬墓　包括二人与三人合葬等。皇娘娘台发现10座，秦魏家16座，柳湾共23座。按人骨架的不同姿势，可分为下列几种（参见附表《齐家文化合葬墓简表》）。

（1）仰身直肢与侧身屈肢合葬　这种合葬墓的墓主人经鉴定，仰身直肢者为男性，侧身屈肢者为女性。两者的位置既有男左女右，也有男右女左，前者发现在皇娘娘台，后者主要发现在秦魏家。多有陶容器等随葬品。其代表性墓例有：皇娘娘台墓38，男左女右，男性面朝上，女性面向男性。随葬品有玉璧与陶豆等陶容器五件，比较少见的是死者口内各含有绿松石珠三颗（图三）。这大概是我国迄今已知的最早口含实例。墓76，葬式较奇特，男性为仰身直肢，女性背向男性，两手并拢举于胸前（图三）。秦魏家墓45，两具人骨架保存较好，男性上身稍向左扭转，女性右腿搭在男性的腿上（图三）。墓105，人骨架保存完好，男性仰身直肢，女性侧身屈肢，面向男性，两手均扒在男性的左肩上，显示两者的亲密关系（图三）。

（2）侧身直肢与侧身屈肢合葬　这种葬式较为少见，仅在秦魏家发现两例。葬式特点是男性为侧身直肢，女性为侧身屈肢。均有随葬品。如墓

---

① 赵光贤：《关于殷代俯身葬问题的一点意见》，《考古通讯》1956年第6期。
② 马得志、周永珍：《我们对殷代俯身葬的看法》，《考古通讯》1956年第6期。

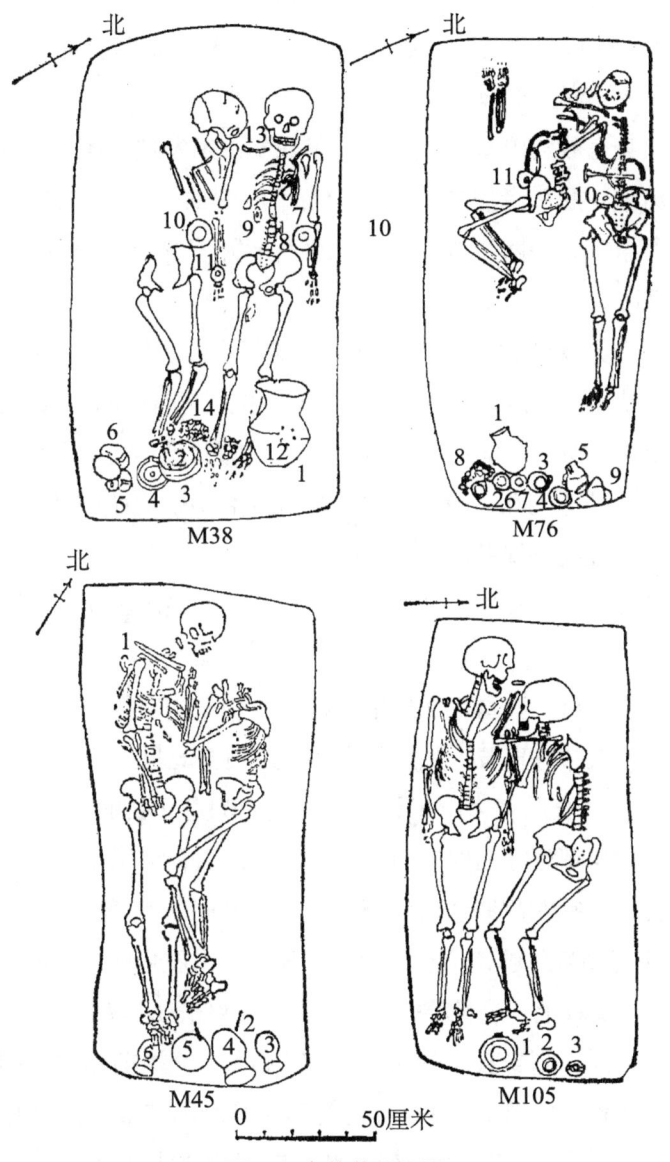

图三 合葬墓平面图

皇娘娘台 M38　1. 双耳折肩陶罐　2. 豆　3. 尊　4、5. 售耳罐　6. 双耳罐　7～11. 石璧
　　　　　　　12. 双大耳罐　13. 绿松石珠　14. 小石块

皇娘娘台 M76　1. 双耳陶罐　2～4. 单耳罐　5、7. 双小耳罐　6. 侈口罐　8. 小石块
　　　　　　　9. 粗玉石片　10、11. 石璧

秦魏家 M45　1. 骨匕　2. 骨针　3. 侈口罐　4. 高领双耳罐　5. 豆　6. 陶瓶

秦魏家 M105　1. 高领双耳罐　2. 侈口罐　3. 双大耳罐

50，人骨架尚完整，男右女左，相向而葬，随葬有骨匕、牙饰等，不见陶器（图四）。墓37，侧身直肢者居左，屈肢者居右。随葬品除骨针外，还有陶豆等多件，皆置于脚下方（图四）。

（3）俯身直肢与侧身屈肢合葬　仅在秦魏家发现一座（墓52），俯身者居右为男性，屈肢者居左为女性，右下肢弯曲，被压在男性的右腿下。随葬品较为丰富，除陶豆等陶容器五件外，还有猪下颌骨55块，小石块40块（图四）。

（4）三人男女合葬　在皇娘娘台发现三座。经鉴定为一男二女合葬，男性仰身直肢居中，两女性屈肢位列男性的左右侧。并面向男性，随葬有陶器与铜器等器物。如墓48，墓的规模大，随葬品丰富。人骨架上涂有赭石粉末。随葬品除陶豆、尊、罐等陶容器十件外，还有石璧83件，小石块394个。多置放于脚下方[①]（图四）。

这些男女合葬，女性应是殉葬者，其葬式也显示出女性降居从属或被奴役的地位。

成年人与儿童合葬墓　在皇娘娘台与秦魏家均有发现。前者两座，后者六座。成年人仰身直肢，儿童侧身屈肢或侧身直肢，面向成年人。如秦魏家墓51，仰身直肢者为中年男性，其左为侧身屈肢的六至七岁的儿童。随葬品有骨匕与陶豆等七件（图五）。墓65，人骨架保存完好。仰身直肢者为成年女性，其左侧紧挨着埋下侧身屈肢的七岁儿童（图五）。皇娘娘台墓27，儿童侧身屈肢，位于成年人右腿旁，上肢弯曲于面前，两腿弯曲搭在成年人小腿骨上，这种葬式较为少见[②]（图五）。秦魏家墓6，仰身直肢者为中年男性，侧身直肢者为6～7岁儿童，紧挨前者的左侧。随葬品特丰富，计有猪下颚骨68块，骨匕与陶豆等陶器皿5件。这是用猪下颚骨随葬最多的一座墓，墓主人又是36～55岁的男性，他很可能是氏族内的富有者。这些附葬于成人之侧的儿童，可能是他的小孩。

[①] 甘肃省博物馆：《甘肃武威皇娘娘台遗址发掘报告》，《考古学报》1960年第2期；《武威皇娘娘台遗址第四次发掘》，《考古学报》1978年第4期。

[②] 甘肃省博物馆：《甘肃武威皇娘娘台遗址发掘报告》，《考古学报》1960年第2期；《武威皇娘娘台遗址第四次发掘》，《考古学报》1978年第4期。

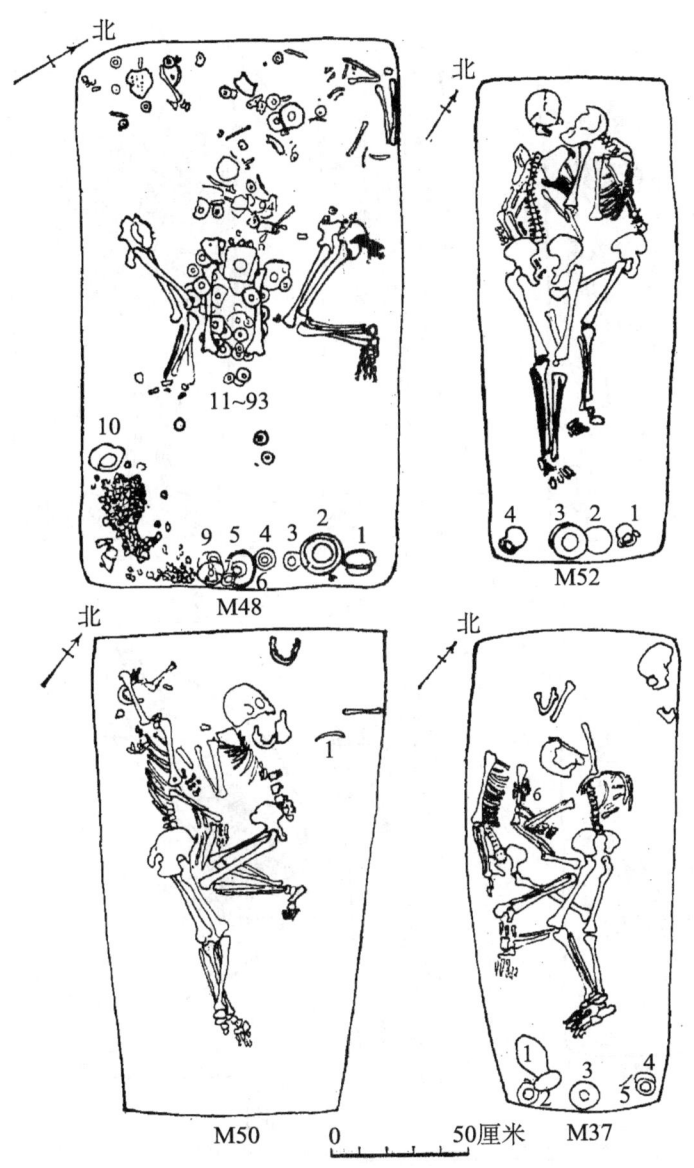

图四 合葬墓平面图

皇娘娘台 M48　1、5.陶尊　2.双耳折肩罐　3.三耳罐　4.双小耳罐　6、7、9.单耳罐
　　　　　　 8.敞口罐　10.豆　11～93.石璧　94.玉璜　95.小石块
秦魏家 M52　1.双大耳罐　2.豆　3.高领双耳罐　4.侈口罐　5.小石块
秦魏家 M50　1.牙饰　2.骨匕　3.小石块
秦魏家 M37　1.高领双耳罐　2.单耳罐　3.豆　4.侈口罐　5.骨针　6.小石块

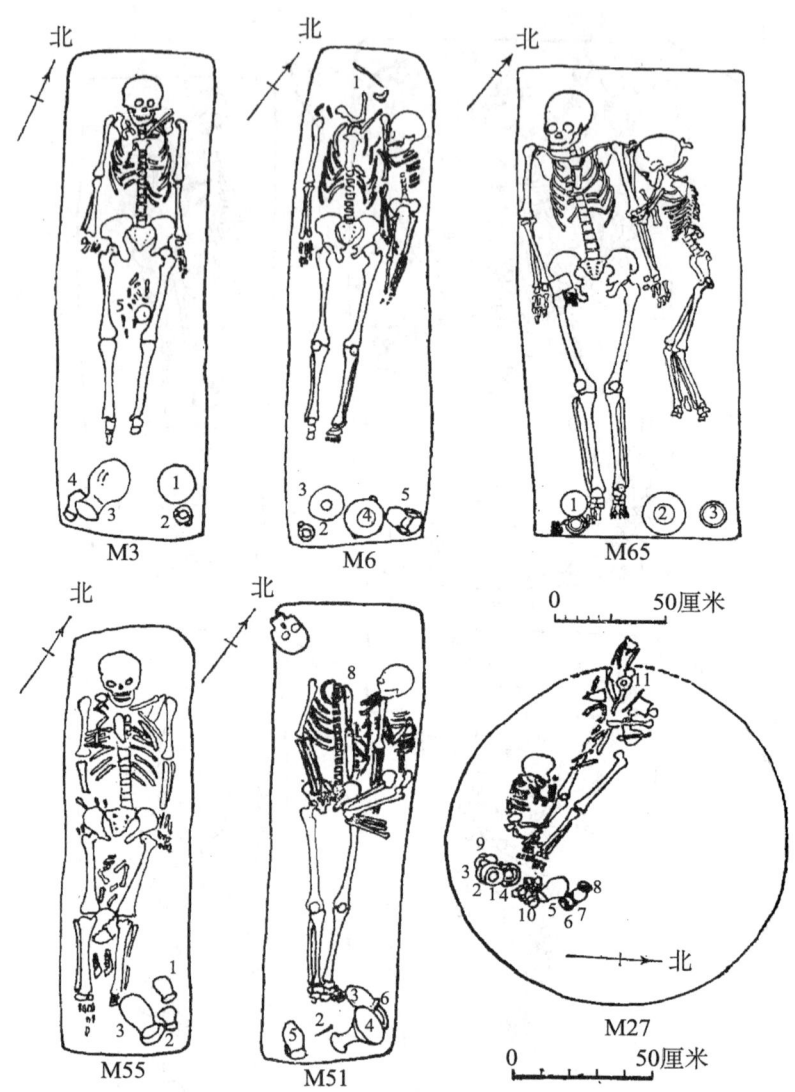

图五 合葬墓平面图

秦魏家 M3　1. 碗　2. 单小耳罐　3. 高领双耳罐　4. 侈口罐　5. 婴儿骸骨
秦魏家 M6　1. 骨匕　2. 单小耳罐　3. 豆　4. 高领双耳罐　5. 双大耳罐
秦魏家 M65　1. 陶豆　2. 高领双耳罐　3. 侈口罐　4. 石铲　5. 双大耳罐
大何庄 M55　1、2. 侈口罐　3. 高领双耳罐
秦魏家 M51　1. 骨匕　2. 骨锥　3. 侈口罐　4. 豆　5. 单小耳罐　6. 双耳罐　7. 小石块
　　　　　　8. 穿孔骨器
皇娘娘台 M27　1. 双大耳罐　2. 双耳折肩罐　3. 豆　4、7、9. 双小耳罐　5. 壶　6. 偏耳陶罐
　　　　　　8. 单耳罐　10. 小石块　11. 石璧

成年人与婴儿合葬墓　秦魏家与大何庄各发现一座。成年人皆仰身直肢，婴儿骨架多已腐朽不全。秦魏家墓3，成年人骨架完整。婴儿头骨完好，躯体已残朽，随葬有陶碗等陶容器四件，该墓似为母子合葬（图五）。大何庄墓55，成年人仰身直肢，婴儿骨骼已腐朽，位于前者两大腿之间，头朝下，似是产后死去同时埋下的，她们也应是母子关系。随葬品中值得注意的是在侈口陶罐与双大耳罐的罐口均发现有红色布纹的痕迹（图五）。

小孩合葬墓　大何庄发现两座，皇娘娘台发现一座。都是三个以上的小孩合葬在一起。大何庄墓84，人骨架三具，皆仰身直肢，中间者面朝上，左右两具面向中间，其中一具下肢稍弯曲，无葬品（图六）。墓70，人骨架三具，葬式不一。一为仰身直肢，身首分离；一为葬式不明被压在前者的下面；另一具上身已残，下肢弯曲。随葬品仅侈口陶罐两件（图六）。皇娘娘台墓1，为四个小孩合葬。他们皆紧挨并排埋葬，均侧身屈肢葬，随葬品有陶器五件。这些孩子可能是某种特殊原因同时死亡的，因此，死后同埋在一个坑内。

另外，在广河齐家坪发现有多人合葬的习俗，多者达8人、13人合葬在一起①。这么多人合葬在一个墓坑内，在同类文化的墓地里是不见的。

上述合葬墓中，最有代表性的是成人男女合葬墓。近年来除在甘青地区齐家文化等墓地继续出现外，在我国南方的江苏、福建等地的原始文化墓地中也有所发现。如江苏吴县草鞋山发现两座成人男女合葬墓，男性仰身直肢，居左，女性侧身屈肢，居右②。与皇娘娘台同类墓葬相似。福建闽侯白沙溪头也发现这种合葬墓，如墓3，男性仰身直肢，45岁，面向上，女性屈肢，50岁左右，面向男性③。其男右女左的排位与秦魏家发现的同类墓葬相似。这两处墓葬大体上和齐家文化处于相同的社会发展阶段上。

同时，这种男女合葬的习俗，在我国一些少数民族中还可以找到一些实例。如云南怒族傈僳族自治州福贡、贡山等地曾实行夫妻合葬，葬式男性仰身直肢，女性侧身屈肢，面向男性。新疆察布查尔金泉的锡伯族，夫

---

① 甘肃省博物馆：《甘肃省文物考古工作三十年》，《文物考古工作三十年》，文物出版社。
② 汪遵国：《太湖地区原始文化的分析》，《中国考古学会第一次年会论文集》，第120页。
③ 福建省博物馆：《福建闽侯白沙溪头新石器时代遗址发掘简报》，《考古》1980年第4期。

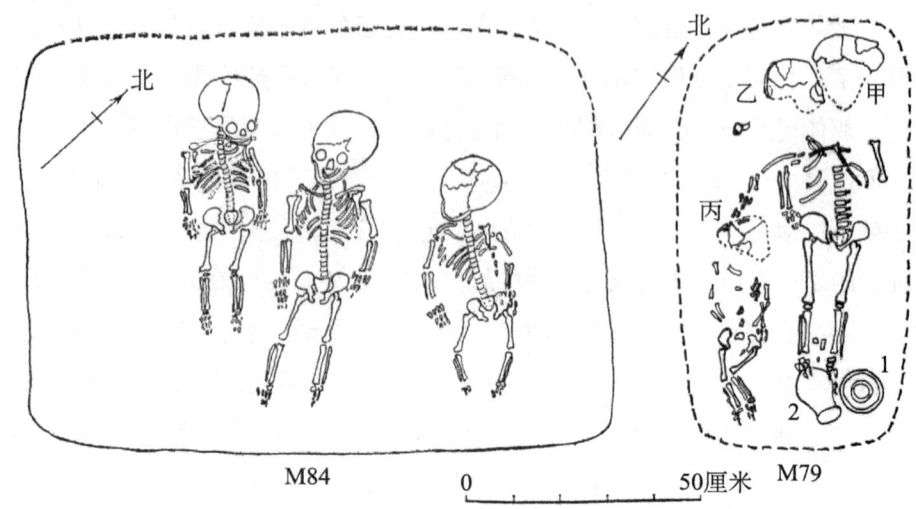

图六 大何庄 M70，M84 小孩合葬墓平面图
1、2.侈口陶罐 甲、乙、丙.人骨架

妻无论死亡先后都须分棺合葬，夫为仰身直肢，妻为侧身屈肢，并面向丈夫。排位是男左女右①。

考古学与民族学的材料，都表明在我国古代的西北、西南、东南等地曾存在过成人男女合葬的习俗。而其中尤以齐家文化的男女合葬墓最引人注目，它不仅数量多，而且很集中。这种特殊合葬墓的发现，对探讨古代妻妾殉夫的葬俗提供了重要例证。同时，它对研究齐家文化的婚姻形态与社会性质等问题也具有重要的意义。

二

齐家文化合葬墓曾经颜訚先生鉴定，仰身直肢者系男性，侧身屈肢者系女性。男女年龄相仿，如秦魏家墓52、105等，男女二人均为21岁以上的成年人。故从两者的性别与年龄情况看，他们显然是夫妻（妾）合葬墓。至于女子是自愿还是被迫殉死，还有待于探索。郭沫若同志说："由男女合葬墓中的骸骨情况来看，很可能是女子自愿殉死的。女子屈肢依附着

---

① 夏之乾：《试论氏族公社时期夫妻埋葬习俗的演变》，《云南社会科学》1982年第5期。

男子的左肩，表示着依依不舍的情态。"① 我们从骨架保存的情况观察，两人不分先后，都是一次同时埋葬的。同时，从两具人骨架的位置与姿势看，男女并排，男的仰身直肢，女的侧身屈肢，面向男性、显示出女的处依附与屈从的地位。当时的氏族社会已发展到父权制社会，男子在社会上居于统治地位。并且，再参照氏族学妻妾殉夫的实例。我们不无理由推断，这种成年男女合葬中的女性是被迫殉死的可能性为大。

成年男女合葬墓的出现，真实地反映了当时的婚姻形态已由对偶婚过渡到一夫一妻制。它可能是齐家文化居民较为主要的婚姻形态。至于一男二女的合葬墓，可以理解为当时少数比较富裕的家长或氏族酋长过着一夫多妻的婚姻生活。这种婚姻形态在解放前一些少数民族中是不乏其实例的。

齐家文化居民死后常把生前所用的生产工具、生活用品和装饰品以及饲养的家畜等埋入墓内，作为死者的随葬品。据秦魏家、大何庄与皇娘娘台（限第四次发掘墓数）三处墓地统计，共有282座墓，而有随葬品的墓225座，占墓葬总数80%，无随葬品的墓57座，占墓葬总数20%。这个比例表明大部分墓葬都有随葬品。随葬品既有石、骨器，又有陶、铜器等。种类多样复杂。仅陶器一项，就有二十多种不同的器类。比较常见的有陶碗、双大耳罐、高领双耳罐、豆、侈口粗陶罐、陶壶与粗陶瓮等，同时，还出现少量的彩陶。这种彩陶虽然在造型上与齐家文化同类器物雷同，但在彩绘花纹上却别具一格。如粗细相间的斜线纹、折线纹、菱形方格纹、三角形纹、变形蛙纹、蕉叶纹或蝶形纹等都是很有特色的纹样。这些陶器应是齐家文化居民日常生活所用的器具。

随葬品中的石、骨器，主要是石斧、刀、凿、镞、纺轮与骨针、锥、凿等，多是死者生前从事农业或手工业生产的工具。这些工具放在墓内，除少数没有固定部位外，一般都放置死者的手臂旁，或脚下方及其附近。据大何庄墓5的一件陶罐内装有粟粒的情况分析，粟应是当时居民的一种主要粮食。

---

① 郭沫若：《对临夏合葬墓的一点说明》，《考古》1964年第8期。

随葬的铜器有铜锥、铜镜、铜环与铜饰品等小型工具和装饰品。这些铜器经鉴定，既有红铜，又有铅青铜与锡青铜等，制法上既有冷锻，也有冶铸。说明当时的冶铜业已达到一定的水平了。它的发现，对探索我国冶金史具有重要的意义。

随葬品中还有绿松石珠、玛瑙珠、玉璧、牙饰与蚌饰等装饰品，多出自死者的胸部或颈部附近，它多是小孩或妇女佩挂在身上的装饰品，有的是挂在脖子上的项链，有的是耳饰，有的是作为胸前的装饰品。这些都反映了当时的居民具有一定的审美观点。

在齐家文化的墓葬中，还出现一种奇特的随葬品，即在部分墓内撒放数量不等的小石块，因颗粒小也称为小石子。据皇娘娘台、大何庄、秦魏家三处墓地统计，共2202块。皇娘娘台共1549块，出自二十座墓中；大何庄共126块，出自六座墓中；秦魏家共527块，出自21座墓中。小石块多是粗玉和大理石料，绝大部分是经过人工打击成。皇娘娘台发现的粗玉、石片部分还留有截锯的痕迹，可能是制作玉、石璧时剩下的废料。这种小石块，多数是白色的，也有作浅绿色或灰褐色的。各墓出土的数量不等，秦魏家少者两块，多者105块。皇娘娘台最多的一座墓（M48）竟多达304块[①]。

墓内撒放这种小石块，究竟有何含义？学术界曾有人做过不同的解释：一种认为墓内放小石块是基于某种宗教信仰的需要[②]；另一种认为小石块在日常生活中，能起着记数的作用[③]。各家文化墓葬内普遍陈放这种小石块，大概也同样基于这种意图的。

[①] 甘肃省博物馆：《甘肃武威皇娘娘台遗址发掘报告》，《考古学报》1960年第2期；《武威皇娘娘台遗址第四次发掘》，《考古学报》1978年第4期。

[②] 孙作云：《中国古代的灵石崇拜》，《民族杂志》第5卷1期。文中提到贵州三都县的水族，遇到妇女不育或生怪胎时，就要去敬岩石。据《羌族简史简志合编》记载：羌族崇拜白石，确认白石为神，白石可以代表种种的神灵，而以供奉在屋顶上的白石代表最高的天神，认为它是万物的主宰。

[③] 宋兆麟、黎家芳、杜耀西：《中国原始社会史》，文物出版社，1983年；李仰松：《佤族葬俗对研究我国远古人类葬俗的一些启发》，《考古》1961年第7期；云南纳西族用石子记数。通常选大、中、小三种石子，小石代表个位，中者代表十位，大者代表百位。这说明小石子是起着记数的作用。

三

从齐家文化不同类型的墓葬中,其墓葬的规模与随葬品的种类、数量等均有明显地差别。大墓规模大,随葬品丰富且种类多,小墓则随葬品少,有的一件都没有。这种较大的悬殊反映了墓主人生前所拥有的财富的差别,因为埋入墓内的都是死者生前所用的生产工具、生活用具与饲养的牲畜等。这里举几个墓葬实例加以说明。如皇娘娘台墓30,随葬陶器37件,石璧1件,猪下颚骨5件,共43件。墓48,随葬陶器10件,玉璜1件,石璧83件,共94件,还有小石块304块[①]。秦魏家墓6,除随葬猪下颚骨68块外,还有陶器6件与骨匕1件。共73件。这是随葬猪下颚骨最多的一座墓。相反,有的墓如秦魏家墓16、26、68、76等随葬品却一无所有。其中,最可说明问题的是猪下颚骨。据皇娘娘台、大何庄与秦魏家三处统计,共有72座墓发现猪下颚骨,共计590块。但各墓出土的数量不同,如大何庄少者2块,多者36块。秦魏家少者1块,多者达68块。猪是齐家文化主要的家畜,也是作为衡量财富的标尺。墓中出土猪下颚骨的多寡表明了当时已出现贫富分化、财产不均的现象。这种以猪作为财富的标志,在我国少数民族中可以找到很多实例。例如,海南岛黎族人民曾行用猪或牛的下颚骨祭奠死人,并随着埋入墓中。云南永宁纳西族人民"把平常吃剩的猪下颚骨挂在室内的墙上,一般作为财富的标志"[②],并以此炫耀家庭的富裕及其在社会上的地位。还有佤族、景颇族、普米族和僜人等都把家畜的头骨挂在房檐下,以多为荣,用以炫耀自己的财富。其中,佤族、瑶族、普米族还流行用猪头或猪下颚骨随葬的习俗[③]。富者多,贫者少,贫富差别至为明显。

猪是具有多种用途的家畜,除具有上述职能外,还有其他的作用。如

---

① 甘肃省博物馆:《甘肃武威皇娘娘台遗址发掘报告》,《考古学报》1960年第2期;《武威皇娘娘台遗址第四次发掘》,《考古学报》1978年第4期。
② 宋兆麟:《云南永宁纳西族的葬俗》,《考古》1964年第4期。
③ 宋兆麟、黎家芳、杜耀西:《中国原始社会史》,文物出版社,1983年;李仰松:《佤族葬俗对研究我国远古人类葬俗的一些启发》,《考古》1961年第7期。

在生活中可提供肉食；在各种宗教祭祀活动中可作为祭品；人死后进行埋葬时，猪头或猪下颚骨又成为随葬品。同时，在古代物物交换中猪却成为重要的一种交换等价物，起着早期货币职能的作用。也可以说是当时重要的一种实物货币。这在国内外的民族学的材料可找到很多例证。饶有风趣的是在有些族群的婚姻中，往往以猪的多少作为联姻的条件。并且以猪作为"流通货币"的[①]。从上述的材料中，我们就不难理解齐家文化居民为什么这样重视以猪作为主要家畜了。

原始氏族制度的解体，是与生产力的发展密切相关的。齐家文化处于金石并用时代，发展到晚期并已进入青铜器时代了。这时金属器已开始使用，当时生产力已发展到一个新的阶段。生产力的发展促使生产关系发生变化，导致私有制和阶级的产生。齐家文化大体正处在这个急骤变化的发展阶段上。

在齐家文化墓葬中已出现殉人的现象，在齐家坪、皇娘娘台、秦魏家与柳湾等地都有发现。如齐家坪发现有8人与13人合葬墓，其中13人合葬墓，居中者为仰身直肢，其余皆围绕前者的周围而埋葬，葬式不一，有侧身葬，也有屈肢葬。居中者当为墓主，其余可能为被殉者。又如柳湾墓314反映更为明显，墓主人是成年男性，有较好的木棺葬具，仰身直肢位于棺内。棺外埋着一青年女性，面向主人，一条腿却被压在棺下。墓1179，在墓正中有一独木棺，棺中为35岁男性，在他的左右侧还殉葬有三个仅有头颅骨的男性，年龄分别为18～22岁、10岁、7岁（图七）。墓979，为五人合葬墓，墓主人为男性，仰卧于独木棺内，人架保存较完好，其余四人仅存头颅骨，皆放在棺外东侧（图八）。墓952，系断肢葬，两手斜放在腰部，下肢被砍断倒置于两股骨间，似捆绑状[②]。这些实例是当时阶级压迫的缩影，是当时存在阶级对立的明证。

---

① 宋兆麟、黎家芳、杜耀西：《中国原始社会史》，文物出版社，1983年；李仰松：《佤族葬俗对研究我国远古人类葬俗的一些启发》，《考古》1961年7期。云南独龙族在解放前进行交换时有这样的固定比率：小猪1条28寸锅1口＝苞谷50筒。中猪1条＝1尺6寸锅1口＝苞谷100筒、大猪1条＝1尺8寸锅1口＝苞谷150筒。肥猪1条＝2尺锅1口＝苞谷250筒。又如金平县牛塘寨黄苦聪人，其价值形态是：1条80至100斤重的猪等于2件衣裳等。

② 青海省文物处考古队、中国社会科学院考古研究所：《青海柳湾》，文物出版社，1984年。

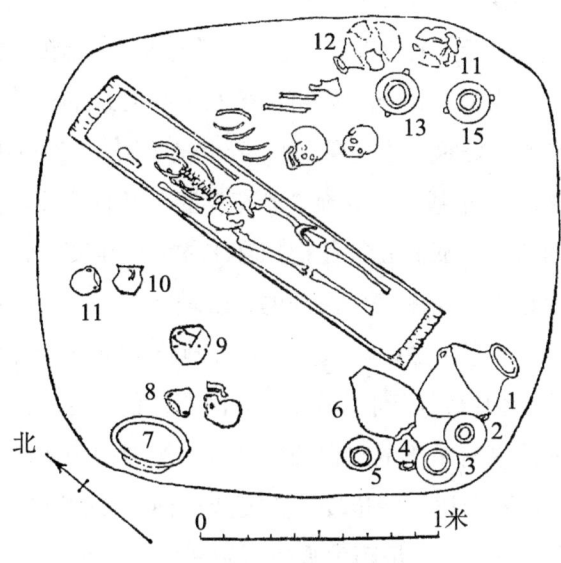

图七 殉葬墓平面图

1.高领双耳陶罐　2、3、6、12~15.陶壶　4、5.侈口陶罐　7.陶盆
8、10、11.双耳陶罐　9.鸮面陶罐

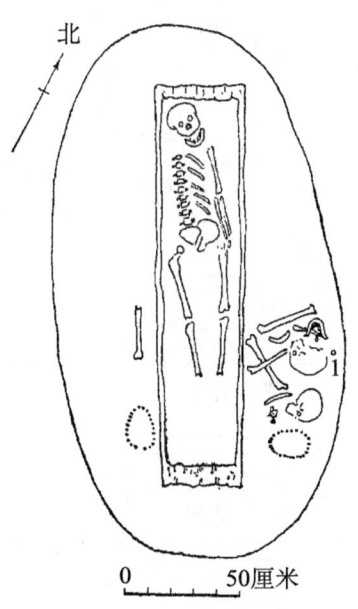

图八 殉葬墓平面图
柳湾 M979　1.海贝

关于被殉者的身份，主要是有两种：一是墓主人的亲属；另一种是战俘。前者指墓主人的妻妾或奴婢等。近亲相殉应是人殉制的共同准则①。在少数民族中还存在类似的情况。如苗族被殉的有妻，也有婢妾。据记载苗族"夫死以妇殉葬，妇家夺去乃免"②。云南景颇族也有类似的葬俗。

在齐蒙文化的殉葬墓中，被殉者既有妻妾，又有战俘。因为随着日趋频繁的部落之间战争，战胜者往往把掠夺来的女俘虏变成自己的妻妾，因此，被殉者多数是以妻妾的身份出现的，表现在葬制上，她们与墓主人是同埋在同一墓地，并且多数是与墓主人并排地葬于同一墓坑内。

当时的氏族社会已发展到军事民主制时期，处在这一发展阶段上的氏族或部落首领往往握有军事的和民政的全权。当时战争的主要目的是为掠夺家畜和财富，而不断进行的抢劫，并变成一种正常的营生。恩格斯写道："其所以称为军事民主制，是因为战争以及进行战争的组织现在已成为民族生活的正常职能。"③齐家文化的氏族社会正是军事民主制的最好范例。

表一　齐家文化合葬墓简表

地点	墓号	合葬人员	葬式	随葬品
永靖大何庄	M55	成人1 婴儿1	仰身直肢	侈口陶罐3、双大耳罐、高领双耳罐、猪下颌骨2、小石块9
	M70	小孩3	甲、仰身直肢 乙、丙、屈肢	侈口陶罐2
	M84	小孩3	皆仰身直肢	
永靖秦魏家	M2	成人2	右仰身直肢 左侧身屈肢	
	M3	成人1 婴儿1	右侧身直技 左不明	陶碗、高领双耳罐、单耳罐、侈口罐
	M6	成人1 儿童1	右仰身直肢 左侧身直肢	陶豆、双大耳罐、高领双耳罐、单耳罐、猪下颌骨68、骨匕

---

① 顾德融:《中国古代人殉、人牲者的身份探析》,《中国史研究》1982年第2期。
② 李宗昉:《黔记》卷二。
③ 《马克思恩格斯选集》第四卷,人民出版社,1972年。

续表

地点	墓号	合葬人员	葬式	随葬品
永靖秦魏家	M18	成人2	右仰身直肢 左侧身屈肢	猪下颌骨12
	M30	成人1 儿童1	右仰身直肢 左侧身屈肢	陶豆、高领双耳罐、单耳罐、侈口罐、猪下颌骨4、骨针、骨匕、绿松石珠4
	M37	成人2	右俯身屈肢 左侧身屈肢	陶豆、高领双耳罐、单耳罐、侈口罐、猪下颌骨18、小石块12
	M42	成人1 婴儿1	右仰身直肢 左不明	陶碗、双大耳罐、高领双耳罐、侈口罐、猪下颌骨5、绿松石珠2、小石块18
	M45	成人2	右仰身直肢 左侧身屈肢	陶豆、高领双耳罐、瓶、侈口罐、骨针、骨匕
	M50	成人2	右侧身直肢 左侧身屈肢	骨匕、牙饰、猪下颌骨34、小石块13
	M51	成人1 儿童1	右仰身直肢 左侧身屈肢	陶豆、侈口罐、单耳罐、双耳罐、穿孔骨器、骨锥、骨匕、小石块3
	M52	成人2	右俯身直肢 左侧身屈肢	陶豆、双大耳罐、高领双耳罐、侈口罐、猪下颌骨55、小石块40
	M60	成人2	右仰身直肢 左侧身屈肢	双耳陶罐、高领双耳罐、双大耳罐、骨针、猪下颌骨6、小石块10
	M65	成人1 儿童1	右仰身直肢 左侧身屈肢	陶豆、双大耳罐、高领双耳罐、侈口罐、石铲
	M81	成人2	右仰身直肢 左侧身屈肢	双大耳陶罐、高领双耳罐、侈口罐、石凿、绿松石珠
	M85	成人2	右仰身直肢 左侧身屈肢	陶豆、侈口罐
	M95	成人2	右仰身直肢 左侧身屈肢	双大耳陶罐、高领双耳罐、侈口罐、猪下颌骨5
	M97	成人1 儿童1	右仰身直肢 左侧身直肢	
	M103	成人2	右仰身直肢 左侧身屈肢	陶豆、双大耳罐、高领双耳罐、侈口罐、猪下颌骨、绿松石珠
	M105	成人2	右仰身直肢 左侧身屈肢	侈口陶罐、双大耳罐、高领双耳罐

续表

地点	墓号	合葬人员	葬式	随葬品
永靖秦魏家	M108	成人2	右仰身直肢 左侧身屈肢	侈口陶罐、双大耳罐、高领双耳罐、瓶、敞口罐，猪下颌骨12
	M115	成人2	右仰身直肢 左侧身屈肢	陶豆、单耳罐、高领双耳罐、侈口罐、长颈罐
	M124	成人2	右仰身直肢 左侧身屈肢	陶碗、双大耳罐2、高领双耳罐、侈口罐2
	M134	成人1 儿童1	右仰身直肢 左侧身屈肢	侈口陶罐2、双大耳罐2、高领双耳罐、绿松石珠、猪下颌骨15
	M138	成人2	右仰身直肢 左侧身屈肢	高领双耳陶罐、石凿、小石块35
武威皇娘娘台	M1	小孩4	皆侧身屈肢	陶罐4、彩陶罐
	M10	成人1 小孩1	皆仰身直肢	无
	M24	成人3	仰身直肢 侧身屈肢2	陶器16、铜锥、绿松石珠、石璧
	M27	成人1 小孩1	仰身直肢 侧身屈肢	陶豆、双大耳罐、双小耳罐、折肩罐、单耳罐、壶、偏耳罐、石璧2、小石子28
	M28	成人2	不明	石璧3、石凿、猪下颌骨
	M29	成人2	左仰身直肢 右侧身屈肢	陶碗、双大耳罐2、折肩罐、直口罐2、双小耳罐2、单耳罐4
	M30	成人2	左仰身直肢 右侧身屈肢	陶碗、尊4、双大耳罐2、折肩罐2、豆、侈口曲颈罐、双耳罐2、双小耳罐15、直口罐、单耳罐7、壶、石璧、猪下颌骨5
	M38	成人2	左仰身直肢 右侧身屈肢	陶豆、尊、双大耳罐、折肩罐、双耳罐、单耳罐2、石璧5、绿松石珠6、小石子53
	M46	成人2	左仰身直肢 右侧身屈肢	陶尊、折肩罐2、单耳罐5、双小耳罐3、石璇6、猪下颌骨2、小石子216
	M48	成人3	左侧身屈肢 中仰身直肢 右侧身屈肢	陶豆、尊2、折肩罐、单耳罐3、三耳罐、双小耳罐、敞口罐、石璧83、玉璜、小石子304

续表

地点	墓号	合葬人员	葬式	随葬品
武威皇娘娘台	M52	成人2	左仰身直肢 右侧身屈肢	陶豆、尊、折肩罐、双大耳罐、单耳罐4、直口罐、石璧20、猪下颌骨7、小石子290、粗玉石片4
	M54	成人2	左仰身直肢 右侧身屈肢	陶碟、折肩罐、单耳罐6、壶、侈口罐、双小耳罐2、绿松石珠6、猪下颌骨、小石子5
	M57	成人2	乱葬	双耳陶罐、侈口罐
	M58	成人2	左仰身直肢 右侧身屈肢	石璧2、猪下颌骨
	M66	成人3	左侧身屈肢 中仰身直肢 右侧身屈肢	石璧15
	M68	成人2	乱葬	单耳陶罐2、双大耳罐、双小耳罐、石璧
	M71	成人2	左仰身直肢 右侧身屈肢	石罐、绿松石珠4
	M76	成人2	左仰身直肢 右侧身屈肢	单耳陶罐3、双耳罐、侈口罐、双小耳罐2、石璧2、小石子64、粗玉石片4
乐都柳湾	M63	成人2	昏仰身直肢	陶壶2、双耳罐、双耳彩陶罐、侈口罐、高领双耳罐、单耳罐、尊、盆、粗陶瓮、石凿
	M269	成人2	皆仰身直肢	侈口陶罐、尊、粗陶双耳罐
	M314	成人2	左仰身直肢 右侧身屈肢	侈口陶罐、单耳罐、双耳陶罐、粗陶双耳罐、纺轮2
	M858	儿童2	右不明 左仰身直肢	折腹陶罐、双大耳罐2、高领双耳罐、单耳罐、粗陶双耳罐、石斧
	M963	成人1 儿童1	仰身直肢 不明	陶豆、彩陶壶、双耳彩陶罐、粗陶瓮、粗陶双耳罐、石斧
	M966	成人1 儿童1	右侧身屈肢 左不明	陶杯、单耳陶罐
	M970	成人2	不明	陶壶、粗陶双耳罐

续表

地点	墓号	合葬人员	葬式	随葬品
乐都柳湾	M972	成人3	皆仰身直肢	陶壶3、双耳罐2、三耳罐、双大耳罐3、鸮面罐、折腹罐、粗陶双耳罐2、敛口瓮、盆、高领双耳罐3、单耳罐3、侈口罐、带嘴罐3、陶纺轮、绿松石饰2、串珠
	M979	成人5	中仰身直肢余不明	海贝
	M990	成人2	左仰身直肢右侧身屈肢	陶壶9、双耳罐、双大耳罐、双耳彩陶罐、高领双耳罐、粗陶双耳罐2、盆、粗陶瓮、敛口瓮、石锛、凿、刀、骨镞、骨锥
	M992	成人2	皆仰身直肢	陶壶6、双耳彩陶罐3、双大耳罐2、尊、彩陶壶、粗陶瓮、敛口瓮、石纺轮、玉饰、海贝34
	M1008	成人2	皆仰身直肢	陶壶4、双大耳罐、盆、粗陶双耳罐
	M1020	成人2	右仰身直肢左侧身屈肢	单耳陶罐、石斧、绿松石饰
	M1039	成人2	皆仰身直肢	双耳彩陶罐、双大耳罐、粗陶双耳罐、侈口罐、单耳罐、鸮面罐、粗陶瓮、敛口瓮、石斧、锛
	M1061	成人2	皆仰身直肢	陶壶2、双耳彩陶罐2、双耳罐、双大耳罐2、高领双耳罐、盉、粗陶双耳罐、粗陶瓮、陶纺轮、绿松石饰、石斧
	M1106	成人2	右仰身直肢左侧身屈肢	无
	M1112	成人2	右仰身直肢左侧身屈肢	粗陶瓮、石刀
	M1179	成人2 儿童2	中仰身直肢余不明	陶壶7、双耳罐3、高领双耳罐、盆、侈口罐2、鸮面罐
	M1203	儿童2	皆仰身直肢	陶壶2、粗陶双耳罐、石球

续表

地点	墓号	合葬人员	葬式	随葬品
乐都柳湾	M1325	成人2	皆仰身直肢	陶壶、双耳彩陶罐2、双耳罐、盆、尊、高领双耳罐、粗陶瓮、敛口瓮、石凿、锛、纺轮
	M1337	成人2	右仰身直肢 左侧身屈肢	陶壶3、单耳罐、双耳彩陶罐、双耳罐、粗陶瓮、高领双耳罐、带嘴罐、粗陶双罐、绿松石饰、石斧
	M1445	成人2	皆仰身直肢	陶壶14、双耳彩陶罐、双耳罐、敛口瓮、高领双耳罐3、四耳罐、石凿
	M1468	成人2	皆仰身直肢	陶壶5、双耳罐2、双耳彩陶罐、盆、鸮面罐、粗陶瓮、高领双耳罐、石斧、石刀、骨锥

（本文原载《考古》1986年第2期）

齐家文化的发现和研究

一、发现和发掘

齐家文化是黄河上游地区晚于马家窑文化的史前文化遗存。其年代与中原地区夏代纪年相当。因最早在甘肃省广河县（旧称宁定县）齐家坪发现而得名。1924年，由瑞典学者安特生（J.G.Andersson）首先发现。当时他认为齐家坪出的文物是甘肃古文化六期中最早的一期，称为齐家期，并把它的相对年代放在仰韶期之前[①]。1945年，夏鼐在广河县阳洼湾墓地发掘两座齐家文化墓葬，墓内除随葬一组典型的齐家文化陶器外，填土中还出有马家窑文化（或称甘肃仰韶文化）的彩陶片，这样便从层位上解决了齐家文化与马家窑文化的相对年代问题，即前者晚于后者，纠正了安特生分期的错误[②]。1947~1948年，裴文中等在甘肃洮河、渭河、西汉水等流域调查，发现古文化遗址90多处，并在临洮瓦家坪遗址首次发现了齐家文化的白灰面房址等重要遗迹。他把调查发掘资料与研究成果撰写成《甘肃史前考古报告初稿》等论著[③]。上述田野工作与研究成果，为尔后开

---

① 安特生著、乐森璕译：《甘肃考古记》，《地质学报》甲种第五号，1925年。
② 夏鼐：《齐家期墓葬的新发现及其年代的改订》，《中国考古学报》第三册，1948年。
③ A. 裴文中：《甘肃史前考古报告》，《裴文中史前考古论文集》，文物出版社，1987年。原名《甘肃史前考古报告初稿》，1947年由中国地质调查所油印数十本。
　　B. 裴文中：《中国西北甘肃走廊和青海地区的考古调查》，《裴文中史前考古论文集》，文物出版社，1987年。原载《中央研究院地质研究所丛刊》第八号（英文），1948年。

展甘、青地区的考古研究工作奠定了基础。

20世纪50年代至今，中国社会科学院考古研究所与甘肃、青海、宁夏文物考古部门以及高等院校等单位，互相配合，在黄河上游地区做了大量的考古调查与发掘工作。有关齐家文化遗存的调查工作有以下几项：（1）为配合黄河水库区基本建设，对刘家峡水库区①和盐锅峡、八盘峡、寺沟峡水库区的调查②。（2）为配合铁路工程建设，对渭河上游天水、甘谷、渭源、陇西、武山等县的调查③。（3）在洮河流域的临洮、临夏和西汉水流域的西和、礼县等地的调查④。（4）在白龙江流域的岷县、武都、舟曲、文县等地的调查⑤。（5）在湟水流域的民和、乐都、西宁、湟中等县、市的调查⑥。通过调查在甘、宁、青地区发现齐家文化遗址（包括墓地）共1000余处。

在调查的基础上，有选择地进行清理发掘的遗址，在甘肃境内的有广河齐家坪⑦，秦安寺嘴坪⑧，武威皇娘娘台⑨，永靖张家嘴、姬家川⑩、大何庄⑪、

---

① 安志敏：《甘肃远古文化及其有关的几个问题》，《考古通讯》1956年第6期。

② A. 黄河水库考古队甘肃分队：《黄河上游盐锅峡与八盘峡考古调查记》，《考古》1965年第7期。

B. 甘肃省博物馆：《黄河寺沟峡水库新石器时代遗址调查简报》，《考古》1960年第3期。

③ A. 甘肃省文物管理委员会：《渭河上游天水、甘谷两县考古调查简报》，《考古通讯》1958年第5期。

B. 甘肃省文物管理委员会：《甘肃渭河上游渭源、陇西、武山三县考古调查》，《考古通讯》1958年第7期。

④ A. 甘肃省文物管理委员会：《甘肃临洮、临夏两县考古调查简报》，《考古通讯》1958年第9期。

B. 甘肃省博物馆：《甘肃西汉水流域考古调查简报》，《考古》1959年第3期。

⑤ 长江流域规划办公室考古队甘肃分队：《白龙江流域考古调查简报》，《文物资料丛刊》2，文物出版社，1978年。

⑥ 安志敏：《青海的古代文化》，《考古》1959年第7期。

⑦ 甘肃省博物馆：《甘肃省文物考古工作三十年》，《文物考古工作三十年》，文物出版社，1979年。

⑧ 任步云：《甘肃秦安县新石器时代居住遗址》，《考古通讯》1958年第5期。

⑨ 甘肃省博物馆：《甘肃武威皇娘娘台遗址发掘报告》，《考古学报》1960年第2期。

⑩ 中国社会科学院考古研究所甘肃工作队：《甘肃永靖张家咀与姬家川遗址的发掘》，《考古学报》1980年第2期。

⑪ 中国科学院考古研究所甘肃工作队：《甘肃永靖大何庄遗址发掘报告》，《考古学报》1974年第2期。

秦魏家①，灵台桥村②，天水师赵村、西山坪③，武威海藏寺④，武山傅家门⑤等；在青海境内的有乐都柳湾⑥，大通上孙家寨⑦、黄家寨⑧，贵南尕马台⑨，互助总寨⑩，西宁沈那⑪等；在宁夏境内的有西吉兴隆镇⑫，固原海家湾⑬等，共20余处。现选其中发掘规模较大、收获较丰和近年来新发现的遗址做简要介绍。

皇娘娘台遗址，1957~1975年先后进行了四次发掘，发现房址6座，窖穴65个，墓葬88座，出土陶、石、骨、铜器共约2000件。其中，铜器30件，凡经过鉴定的都属红铜器。这批铜器对考古学与冶金史的研究都有重要的学术意义。

海藏寺遗址，1983~1985年清理，出土玉石器160多件，玉器种类有璧、镯、锛、凿、斧、刀等，还有数量可观的边角料、半成品、毛坯、原料等。从玉石器成品、半成品、毛坯和切锯加工痕迹分析，可推定这是一处玉石器加工作坊遗址。这种玉石器作坊遗址，在甘青地区尚属首次发现。

大何庄和秦魏家遗址，1959~1960年发掘。大何庄遗址进行了两次

---

① 中国科学院考古研究所甘肃工作队：《甘肃永靖秦魏家齐家文化墓地》，《考古学报》1975年第2期。
② 甘肃省博物馆考古队：《甘肃灵台桥村齐家文化遗址试掘简报》，《考古与文物》1980年第3期。
③ 中国社会科学院考古研究所：《师赵村与西山坪》，中国大百科全书出版社，1999年，第151~214、270~293页。
④ 梁晓英、刘茂德：《武威新石器时代晚期玉石器作坊遗址》，《中国文物报》1993年5月30日。
⑤ 中国社会科学院考古研究所甘青工作队：《甘肃武山傅家门史前文化遗址发掘简报》，《考古》1995年第4期。
⑥ 青海省文物管理处考古队、中国社会科学院考古研究所：《青海柳湾》上册，文物出版社，1984年，第170~233页。
⑦ 许新国：《试论卡约文化的类型与分期》，《青海文物》创刊号，1988年。
⑧ 马兰、刘杏改：《大通县黄家寨及杨家湾墓地清理简报》，《青海文物》1989年第2期。
⑨ 《我省考古工作的一项重大发现》，《青海日报》1978年2月18日。
⑩ 青海省文物考古队：《青海互助土族自治县总寨马厂、齐家、辛店文化墓葬》，《考古》1986年第4期。
⑪ A.王国道：《西宁市沈那齐家文化遗址》，《中国考古学年鉴（1993）》，文物出版社，1995年。
B.吴平：《西宁市沈那遗址》，《中国考古学年鉴（1994）》，文物出版社，1997年。
⑫ 钟侃、张心智：《宁夏西吉县兴隆镇的齐家文化遗址》，《考古》1964年第5期。
⑬ 宁夏回族自治区博物馆：《宁夏固原海家湾齐家文化墓葬》，《考古》1973年第5期。

发掘，揭露面积达1589平方米，发现房址7座，窖穴15个，墓葬82座，石圆圈遗迹5处，出土陶、石、骨、铜器等800余件。同时期，还发掘了秦魏家遗址，发现了一处规模较大、保存较好的齐家文化氏族公共墓地。共发现138座墓葬。随葬品有石、骨、陶、铜器和猪下颌骨等1000多件。该墓地墓葬集中，随葬品丰富，对研究齐家文化有关问题具有重要的学术价值。

师赵村与西山坪遗址，1981～1990年发掘。这两处遗址文化层厚、遗迹多、遗物丰富，包括不同时期的古文化遗存。齐家文化是这两处遗址的主要内涵，在齐家文化研究中占有重要地位。师赵村发现齐家文化（师赵村第七期文化遗存）房址26座，陶窑3座，窖穴17个，墓葬3座，祭祀遗迹1处。出土石、骨、陶器等共522件。西山坪发现齐家文化房址3座，窖穴9个，出土石、骨、陶器等137件。师赵村发现的26座房址，保存较好，排列有序，形成一处较完整的建筑群。它对探讨齐家文化的聚落形态、房屋结构等问题有重要的价值。

傅家门遗址，1991～1993年发掘。揭露面积1200平方米，发现史前文化不同时期的房址11座，窖穴14个，墓葬2座，祭祀坑1座，出土石、骨、陶器等约1000件。属齐家文化的有房址7座，窖穴与墓葬各1座和一批石、骨、陶器遗物。

柳湾墓地，1974～1980年发掘。共发掘墓葬1714座，包括马家窑文化半山、马厂类型、齐家文化、辛店文化等不同时期的文化遗存，出土随葬品很丰富，共计3万多件。其中，齐家文化墓葬366座，这是迄今所知发掘规模最大、出土物最多的一处氏族公共墓地，也是齐家文化最大的一处墓地。

尕马台墓地，1977年发掘。共发掘墓葬43座，多为俯身葬，葬式特殊，较为罕见。第25号墓出土的一面七角纹铜镜是我国迄今已知年代最早的铜镜。

沈那遗址，1992～1993年发掘。发现房址9座，窖穴130个，墓葬10座。这是一处内涵较为丰富的齐家文化聚落遗址。在一座窖穴内出土一件长达62厘米的大型铜矛，引人注目。

通过这些遗址的发掘、整理与研究，使我们加深了对齐家文化的分布、文化特征、分区与类型划分、年代与分期等问题的了解，进而对诸如社会经济生活、婚姻形态、宗教信仰与社会发展阶段等问题进行了初步探讨。

二、分布与文化特征

（一）分布

齐家文化的分布范围较广泛，在黄河上游及其支流渭河、洮河、大夏河、湟水与西汉水等流域都有分布，但其分布中心是渭河上游、洮河中下游与湟水中下游地区。若以现在行政区划定位，东起甘肃省庆阳地区宁县，西至青海湖北岸沙柳河，北入内蒙古阿拉善左旗，南抵甘肃省文县。地跨甘、宁、青、蒙四个省区。东西长达 800 多公里。

甘肃、青海的地形，绝大部分为高原山地，特别是青海为青藏高原主体的一部分，一般海拔 2500～4500 米，最低的河谷地区也在 1600 米以上。在齐家文化分布区内，地形复杂，地貌、自然环境不同。陇东高原海拔 1200～1800 米，黄土深厚，为典型的黄土高原地貌。陇中高原海拔 1200～2500 米，该地区黄河滩、峡相间，水力资源丰富，主要支流有渭河、洮河等，气候多属温带半湿润区，河流两岸宜种植农作物。青海东部为高原山地东段，山脉及谷地均较宽广，有冷龙岭、达坂山、拉脊山三山和大通河、湟水、黄河三河，峡谷众多，河谷地带牧草繁茂，海拔在 3000 米以下，谷地中的河岸阶地为农耕地区。齐家文化居民的经济生活与这些地理环境、自然条件存在着密不可分的联系。

（二）文化特征

齐家文化有其独自的文化特征，主要表现在以下几方面。

在聚落遗址中，有以白灰面为主的建筑群，并出土众多的窖穴与较有特点的石圆圈祭祀遗迹。

在墓地中，以仰身直肢单人葬为主，并发现一批保存较好的成年男女合葬墓，反映当时存在夫妻合葬的习俗。

有以双大耳罐、高领双耳罐、侈口罐、盆或豆等为组合的陶器群，陶器表面装饰有绳纹、篮纹和彩绘等，彩陶以红彩或紫红彩画成蝶形纹、蕉叶纹、菱形网格纹等几何图案，独具风格。

有以磨制石斧、铲、锛、刀、磨棒、磨盘、敲砸器等为组合的石器群。

有用动物下颌骨或肩胛骨制成的铲与锥、针以及带纹饰的骨匕等为组合的骨器群。

有一批以红铜器为主的小件铜器，器类主要是锥、刀、环、斧等。

有较多的绿松石、珠、璧、环、笄、石管与坠形器等装饰品。

有玉琮与玉璧等礼器。

（三）相对年代与绝对年代

据甘肃永靖张家嘴、天水师赵村，青海柳湾、大通黄家寨等遗址的层位关系，齐家文化的相对年代晚于马家窑文化，而早于辛店文化和卡约文化。

齐家文化的绝对年代经碳十四年代测定已大体明确。经测定的木炭等标本共 6 个，即灵台桥村 1 个，天水西山坪 2 个，永靖大何庄 2 个，乐都柳湾 1 个。测定结果（指高精度校正数据）为：公元前 2183 年至前 1979 年（ZK0741，桥村 H4）、公元前 2140 年至前 1529 年（ZK2149，西山坪 T1③）、公元前 2138 年至前 1906 年（ZK2205，西山坪 T10F1）、公元前 2114 年至前 1777 年（ZK0015，大何庄 F7）、公元前 2030 年至前 1748 年（ZK0023，大何庄 F7）、公元前 1970 年至前 1630 年（ZK0347，柳湾 M392）[①]。其中，西山坪标本 ZK2149 测定的年代下限略晚些，其余数据都落在公元前 2183 年至前 1630 年之间，同中原夏代纪年范围大致相当，其年代上限或略早于夏代。

三、类型与分期

关于齐家文化的分期与类型的划分问题，早在 20 世纪 50 年代就有研究者撰文涉及，到了 70、80 年代，又有多位研究者发表过自己的看

---

① 中国社会科学院考古研究所：《中国考古学中碳十四年代数据集（1965～1991）》，文物出版社，1992 年，第 274、275、281、283、284、286 页。

法。各家观点不一，主要论点可概括为"两群说""两类型说""三类型说""四期说""三期八段说"，等等。

"两群说"把齐家文化的陶器分为两群：一群是以敛口高颈深腹的双耳罐为主体，表面施白色陶衣，腹部印篮纹，所谓安佛拉式双耳罐及鬲都比较少见；另外一群是以器形较大的小口双耳罐和盂类为主，鬲较多，也有斝、盉等残片。这两群器物的地理分布是交错的，可能代表着早晚两期，而以前者为较早①。

"两类型说"认为典型的齐家文化可分为甲、乙两种类型。甲型以甘肃省永靖县大何庄和秦魏家为代表；乙型以甘肃省武威皇娘娘台和青海省乐都县柳湾两处为代表。陶器最本质的不同是甲型未发现彩陶，而乙型却有发达的马厂文化风格的彩陶②。

"三类型说"把甘、青地区的齐家文化分为东、中、西三个区域，东部地区以七里墩类型为代表，中部以秦魏家类型为代表，西部以皇娘娘台类型为代表。七里墩类型的典型陶器为高颈折肩罐、单耳罐、罐形甗、侈口绳纹罐、双耳罐与高裆鬲等。秦魏家类型陶器种类增多，除高颈双耳罐、侈口罐与鬲等外，还有杯、盆、瓶、豆和三耳罐等多种形式的罐形器。造型的特点是器身变得较瘦长，肩腹间折棱不明显，带把手或镂孔的陶器增多。皇娘娘台类型最大的特点是出现了较多的彩陶器，彩陶器类有双大耳罐、双小耳罐与豆等，彩纹有菱形网络纹、三角纹、粗细线相间的弧线纹与十字纹等几何形图案，彩陶形态与马厂类型相似③。

"四期说"据大何庄与秦魏家两遗址的地层叠压关系与不同层位的陶器组合及其特点，把齐家文化分为四期，这四期是相互联系又互有区别的同一文化的不同发展阶段。并指出大何庄出土的铜器经鉴定为红铜器，秦魏家出土的铜器为青铜器，说明大何庄的相对年代要早于秦魏家，这与陶器早晚关系也是吻合的④。

---

① 安志敏：《甘肃远古文化及其有关的几个问题》，《考古通讯》1956年第6期。
② 胡谦盈：《试论齐家文化的不同类型及其源流》，《考古与文物》1980年第3期。
③ 谢端琚：《试论齐家文化与陕西龙山文化的关系》，《文物》1979年第10期；《试论齐家文化》，《考古与文物》1981年第3期。
④ 谢端琚：《论大何庄与秦魏家齐家文化的分期》，《考古》1980年第3期。

"三期八段说"的划分是：一期，包括瓦家坪 K825 白灰面住室，柳湾 M267 和皇娘娘台 F8 为代表的先后三段遗存。这期以直颈圆肩罐和袋足鬲为代表性器形，第三段开始出现直领折肩罐。二期，包括以皇娘娘台和秦魏家三层墓葬为代表的四、五两段遗存。这期已不见一期的圆腹双大耳罐，代之而起的曲直腹或微折腹的双大耳罐，以及以双耳折肩罐和带足跟的袋足鬲为代表性器形。三期，包括大何庄 F7 和该文前述秦魏家诸遗存中三、四段为代表的六、七、八段遗存。这期陶鬲已进入衰落形态，高领双耳罐代替了双耳折肩罐，双大耳罐显得瘦长，腹部多半呈圆曲线条。瘦长是这期陶器的主要风格[①]。

以上各家对齐家文化的分期意见，虽然不尽一致，但都会对研究者有所启迪，推进了齐家文化分期的研究。

根据近年来天水师赵村、西山坪两遗址的新发现与青海柳湾等地的发掘资料，对齐家文化的分期与类型划分可以进行更细致的分析和探讨。

在已有研究成果的基础上，结合近年来的新的发掘资料，依地域的不同与文化内涵的差异，可把齐家文化分为东、中、西部三个区五个类型。现分别加以叙述。

（一）东区

即甘肃东部地区，包括泾水、渭河、西汉水上游等流域。这个地区的齐家文化又可分为师赵村与七里墩两个类型。

师赵村类型，因在天水师赵村遗址首先发现而命名。这是甘肃东部地区齐家文化的一个地方类型。鉴于师赵村聚落遗址较完整，出土物丰富，房子、窖穴、墓葬等遗迹材料较全面，可把它作为东部地区的一个典型遗址，称为师赵村类型。该类型以渭河上游及其支流耤河、葫芦河为分布中心。

过去对齐家文化的房子遗迹发现较少，师赵村遗址发现了 26 座房址，形成较大规模的建筑群，是迄今所见保存较完整的一处齐家文化聚落址。出土的陶器多呈橙黄色与灰褐色，陶器表面除素面者外，都施有不同的纹

---

① 张忠培：《齐家文化研究（下）》，《考古学报》1987 年第 2 期。

饰，常见的有绳纹、篮纹、附加堆纹、弦纹、划纹等。据统计，绳纹占陶器总数的 47.84%，素面占 32.29%，附加堆纹占 17.34%，其余纹饰均较少。可见是以绳纹为主要纹饰，但不见彩陶。器类较多，有碗、盆、盂、尊、杯、盘、罐、甑、瓮、缸、鬲、斝、豆、器座和器盖等 10 多种，罐类占绝对多数，并且器形富于变化，又可分为侈口罐、圈足罐、单耳罐、双大耳罐、三耳罐、高领双耳罐等多种。（图一 -1D）造型的一个突出特点是较多的陶容器在其颈、腹部或口、肩间附对称环形耳或弧形耳。

七里墩类型，因在天水花牛乡七里墩遗址首先发现而得名。七里墩位于天水市东约 7 公里。该遗址早在 20 世纪 20 年代即已发现，后来经过多次复查。1956 年进行复查时，发现一座齐家文化墓葬，墓内的随葬陶器，都属于齐家文化的典型器物。包括高领折肩双耳罐、单耳罐、侈口罐、双耳罐、罐形甑等（图一 -2C），器体较大，高领折肩双耳罐最大者高达 61 厘米，肩腹间折棱明显，腹部饰竖行绳纹或篮纹。陶甑除底部穿有箅孔外，近底处的腹壁还有一周气孔。侈口罐较粗矮，腹部遍饰粗绳纹。这些陶器的形态有别于师赵村类型。该类型的分布范围与师赵村类型相若。二者间年代关系将在下文讨论。

（二）中区

即甘肃中部地区。包括黄河上游及其支流洮河、大夏河流域。以甘肃永靖县莲花乡秦魏家遗址为代表，称秦魏家类型。

秦魏家是一处保存较好的齐家文化氏族公共墓地，共发现墓葬 138 座，分南、北两片墓地。北部墓地计墓 29 座，分 3 排排列，头部一律朝西。南部墓地较大，分上、下两层，上层墓葬共 99 座，分 6 排排列，下层 8 座，分散排列，不论上层或下层，头向均朝西北方。出土的陶器以红陶与红褐陶占绝大多数，占全部陶器的 97.64%。器表以素面者最多，占全部陶器的 47.58%，次为绳纹与篮纹，分别占 23.66% 与 23.58%，其余弦纹、附加堆纹、划纹等均属少数。器类有碗、豆、双大耳罐、侈口罐、高领双耳罐、杯、盆、甑、鬲等 20 多种（图一 -1A、B）。但南墓地上、下两层的陶器还有明显差别，下层典型陶器为杯形腹双大耳罐、单耳圆腹罐、高领双耳罐、双小耳罐、侈口曲颈罐、三耳罐与深腹盆等。上层除单耳圆腹罐、侈口曲颈罐已不见外，其余器类大致均承袭下层的传统形态，但在造型上有明显的变化，突出表现在器体较瘦长，腹部加深，折肩的棱角不显，如高领双耳罐由折肩演变为圆肩深腹，双大耳罐由杯形腹演变成圆形腹等。同时，还增添了不少新器类，如陶甗、豆、单耳杯、单耳鬲等。下层陶器的相对年代要比上层早。秦魏家上下层的不同形态的陶器，可作为划分齐家文化早晚期的重要标尺。

（三）西区

即甘肃西部和青海东部地区。包括青海境内的黄河上游及其支流湟水、隆务河流域和河西走廊。依其地理环境与文化内涵的差别，又可分为皇娘娘台与柳湾两个类型。

皇娘娘台类型，因在武威新鲜乡皇娘娘台首先发现而得名。皇娘娘台西距武威约2.5公里，是一处内涵丰富的齐家文化遗址。该遗址首先发现了一批红铜器，从而改订齐家文化为铜石并用时代。出土的陶器也独具特征。最突出的是出土了一批彩陶器，着彩的器类有双小耳罐、双大耳罐、豆与纺轮等（图一-2E）。彩料多为黑彩或紫红彩，纹样有菱形方格纹、三角形纹、曲折纹、蕉叶纹、十字纹、粗细相间的弧线纹和变形蛙纹等。多施于器物的颈部、肩部与耳把上，或施在豆盘内壁上。还有双耳圈足尊、双底镂孔双大耳罐、偏耳罐等，造型奇特，为这类型所独有。该类型分布范围仅限于河西走廊地区。

柳湾类型，因在青海省乐都县柳湾村首先发现而得名。柳湾位于湟水流域北岸，西距乐都县城17公里。柳湾墓地发现齐家文化墓葬共366座，是齐家文化墓地中发现墓葬数最多的一处，出土物亦最丰富。这里出土的器物有独自的特点，既包含有齐家文化的基本因素，又保留有马厂类型的诸多成分（图二-1）。为了便于与齐家文化其他类型进行比较研究，暂名为齐家文化柳湾类型。陶器的组合与器类有杯、豆、尊、鬲、甗与各种不同形式的罐等。这里还出现了不少新颖的陶容器，如高圈足陶杯、双大耳彩陶罐、陶盉、鸮面陶罐、带嘴罐与竖横耳相叠的陶罐等皆为其他文化类型所罕见或不见（图一-2F）。陶器中最突出的是彩陶，不只是在个别墓内发现，而是有70多座墓都出土彩陶，共计127件。说明出彩陶不是个

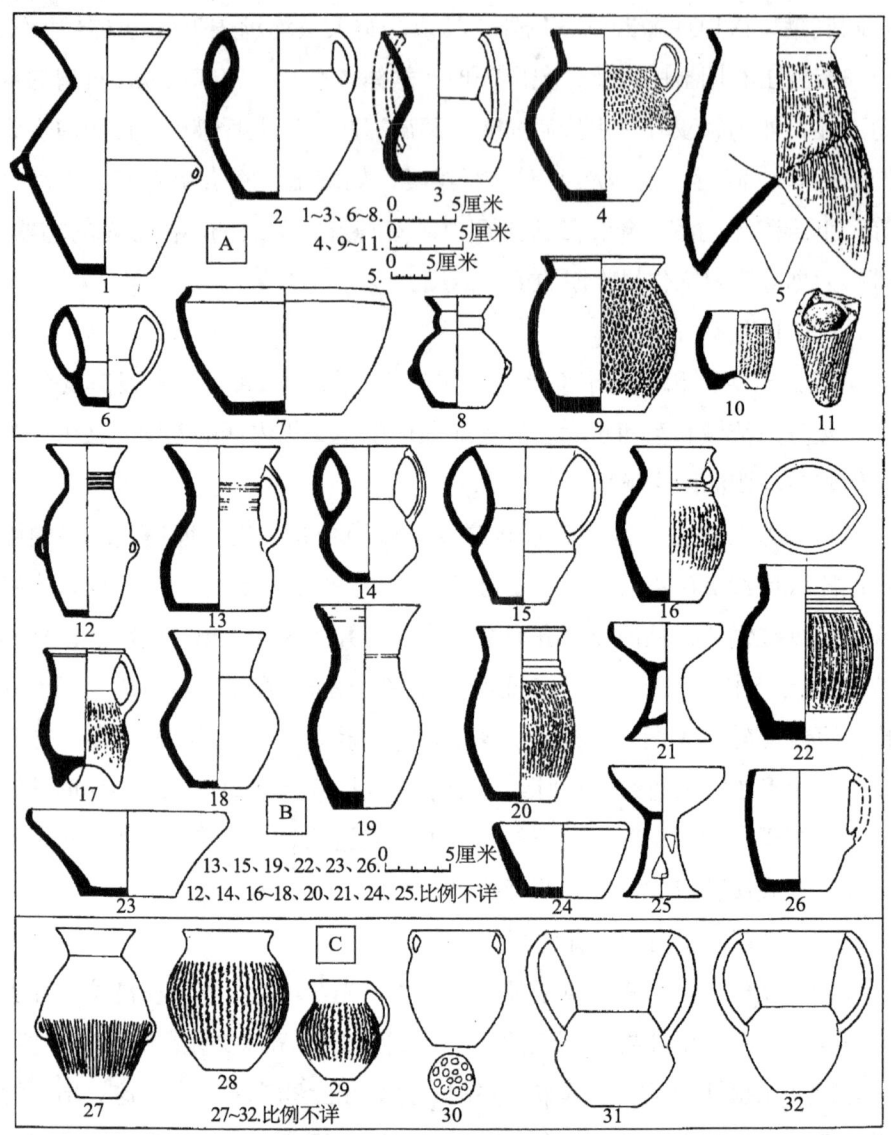

图一-1 齐家文化陶器(之一)

A. 秦魏家下层陶器 1.高领双耳罐(M89∶1) 2.双小耳罐(M89∶3) 3.三耳罐(T13∶6) 4.单耳罐(M89∶2) 5.鬲(H1∶1) 6.双大耳罐(M89∶7) 7.盆(M89∶4) 8.侈口曲领罐(M36∶2) 9.侈口罐(M98∶2) 10.四足器(H15∶4) 11.鬲足(H1∶3)

B. 秦魏家上层陶器 12.高领双耳罐(M91∶4) 13.单耳罐(M37∶2) 14.双大耳罐(M42∶1) 15.双大耳罐(M134∶4) 16.单耳罐(M23∶1) 17.鬲(M129∶2) 18.瓶(M17∶3) 19.瓶(M112∶1) 20.侈口罐(M58∶4) 21.豆(M22∶1) 22.侈口罐(M46∶4) 23.盆(M79∶3) 24.盆(M58∶3) 25.豆(M46∶3) 26.杯(M58∶5)

C. 七里墩类型陶器 27.高领双耳罐(七里墩) 28.侈口罐(七里墩) 29.单耳罐(七里墩) 30.陶甑(七里墩) 31.双大耳罐(佐李村) 32.双大耳罐(刘堡)

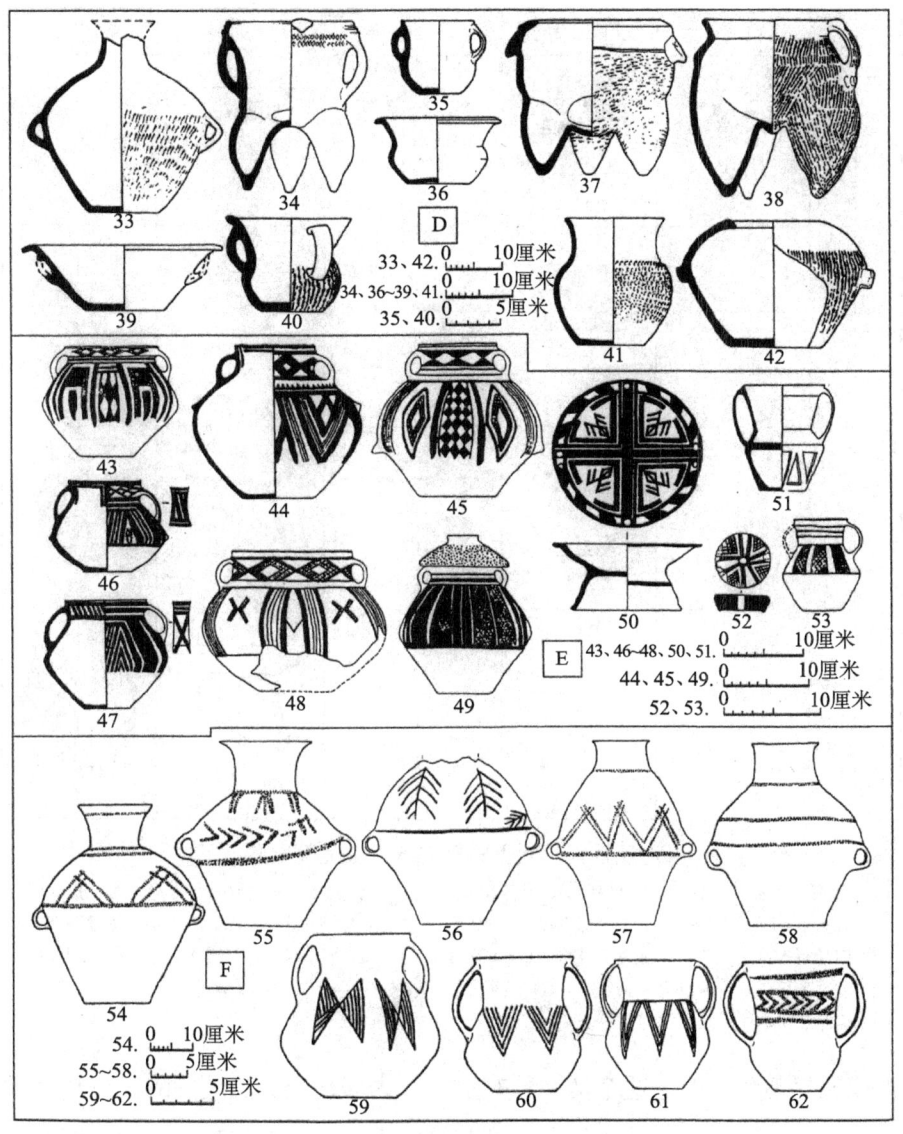

图一-2 齐家文化陶器(之二)

D. 师赵村齐家文化陶器 33.高领罐(T307②:9) 34.盉(T403F24:2) 35.双大耳罐(T308②:10) 36.尊(T335③:7) 37.斝(T403F25:1) 38.鬲(T317③:1) 39.盆(T390H1:1) 40.三耳罐(T320F9:1) 41.侈口罐(T406F26:1) 42.瓮(T308④:15)

E. 皇娘娘台遗址出土陶器 43.双耳罐(57M1) 44.双耳罐(M32:5) 45.双耳罐(57M9) 46.双耳罐(M30:2) 47.双耳罐(M31:1) 48.双耳罐(M6) 49.盖罐 50.豆(M47:10) 51.双大耳罐(M47:11) 52.纺轮(T6:3) 53.双大耳罐

F. 柳湾齐家文化彩陶 54.彩陶壶(M992:6) 55.彩陶壶(M1241:4) 56.彩陶壶(M843:14) 57.彩陶壶(M843:6) 58.彩陶壶(M965:4) 59.双耳彩陶罐(M1325:3) 60.双耳彩陶罐(M155:6) 61.双耳彩陶罐(M977:5) 62.双耳彩陶罐(M1325:2)

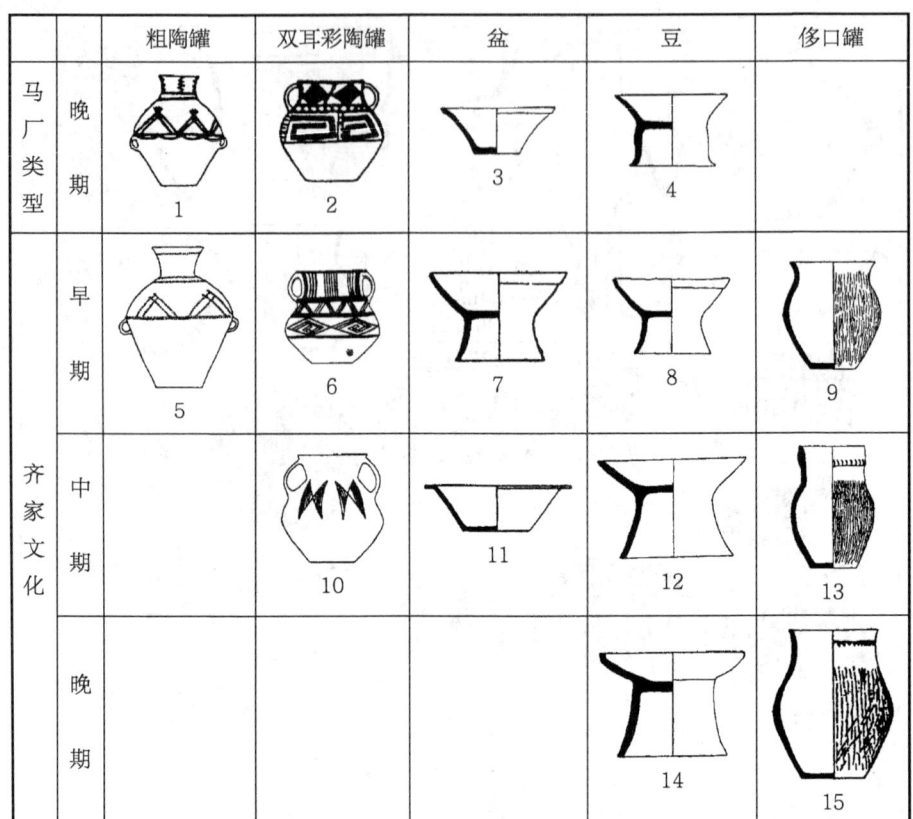

图二-1 柳湾遗址马厂类型晚期与齐家文化陶器分期图（之一）

1.彩陶罐（M914：10） 2.双耳彩陶罐（M805：3） 3.盆（M996：8） 4.豆（M105：26） 5.彩陶罐（M992：6） 6.双耳彩陶罐（M965：7） 7.盆（M855：14） 8.豆（M278：4） 9.侈口罐（M970：7） 10.双耳彩陶罐（M954：7） 11.盆（M972：17） 12.豆（M1332：10） 13.侈口罐（M968：1） 14.豆（M271：3） 15.侈口罐（M141：2）

别或偶然现象，而是这个类型特有的文化内涵之一。这些彩陶虽然与武威皇娘娘台彩陶存在共性，但在造型与纹饰上却有明显的差异。如柳湾彩陶壶较多见，而皇娘娘台则不见；皇娘娘台发现有彩陶豆，而柳湾却不见。在彩纹方面，柳湾的蝶形纹与皇娘娘台的粗细相间的弧线纹、变形蛙纹等，却是各自的特有纹样。柳湾类型在葬俗方面也不同于其他文化类型，如流行土洞墓与以独木棺为葬具等，在皇娘娘台等类型中皆不见。该类型以湟水中、下游地区为分布中心。

东区齐家文化可分为早、晚两期，早期以师赵村类型为代表，晚期以

		粗陶双耳罐	壶	双大耳罐	高领双耳罐	鬲
马厂类型	晚期	16	17	18	19	
齐家文化	早期	20	21	22	23	24
	中期	25	26	27	28	
	晚期	29	30	31	32	33

图二-2 柳湾遗址马厂类型晚期与齐家文化陶器分期图（之二）

16.粗陶双耳罐（M878：1） 17.壶（M1284：9） 18.双大耳罐（M1214：1） 19.高领双耳罐（M1137：5） 20.粗陶双耳罐（M267：3） 21.壶（M1128：1） 22.双大耳罐（M992：16） 23.高领双耳罐（M543：8） 24.鬲（M1103：13） 25.粗陶双耳罐（M1008：3） 26.壶（M1127：5） 27.双大耳罐（M965：12） 28.高领双耳罐（M972：26） 29.粗陶双耳罐（M728：1） 30.壶（M369：6） 31.双大耳罐（M696：3） 32.高领双耳罐（M951：1） 33.鬲（M771：2）

七里墩类型为代表。目前，虽然尚未找到两者的层位关系，但从器物标型学上分析，师赵村类型要早于七里墩类型。如师赵村出土的双大耳罐和高领双耳罐等陶器，造型较粗胖，腹部较圆鼓，绳纹等纹饰排列欠规则，作斜形或交错排列等形态，都具有齐家文化早期的特点。而七里墩出土的同类陶器，其造型都显得高大，腹部较瘦长，绳纹和篮纹等纹饰均作竖形排列，且密集而整齐，这种造型和纹饰风格都具有齐家文化晚期的特点。

中区齐家文化亦可分为早、晚两期，早期以秦魏家下层遗存为代表，晚期以秦魏家上层为代表。秦魏家上、下层文化遗存是有明确的层位叠压关系，故其早、晚关系是毋庸置疑的，表现在器物上的早晚期的特点已在前面叙述。

西区齐家文化分为早、中、晚三期，可以柳湾齐家文化墓葬材料为依据（图二-1）。在柳湾300多座墓葬中有叠压或打破关系的墓共20多座，从中可分出三组具有代表性的典型墓葬，分别作为早、中、晚期的代表。以M399等墓为代表的为早期，以M398等墓为代表的为中期，以M271等墓为代表的为晚期。各期器物存在着共性，又各有自己的特点。早期代表性的陶器有彩陶壶、双耳彩陶罐、双大耳罐、高领双耳罐、侈口罐、豆、鬲等，彩陶器较多。中期器类除与早期共有的双大耳罐、高领双耳罐、侈口罐、豆等外，新出现了陶盉、带嘴罐等，彩陶器减少。晚期陶器除继承前期的双大耳罐、高领双耳罐和侈口罐等器类外，还增加了制作精致的高足杯和造型罕见的四耳罐等新器物，不见彩陶器。这三期器物突出的变化是：造型从粗矮往瘦长发展，彩陶从多到少以致逐渐消失。

四、聚落与建筑

聚落遗址一般都位于河流两岸的黄土台地上，选择离水源较近的地方。遗址的规模大小不同，大者如皇娘娘台遗址面积达12.5万平方米，小者不足1万平方米，一般为5万～7万平方米。聚落遗址内有房子、窖穴、陶窑、墓葬与石圆圈遗迹等多种建筑遗存。这些遗迹的布局，在各遗址中不尽相同，有的遗址中不同类别的遗迹是交错分布的，不易划分各自的区域；有的是墓地与住地分开，单独成为一处氏族公共墓地，如柳湾与秦魏家北部墓地，就是单纯的墓地，在已知范围内不见其他遗迹。但多数遗址如大何庄、皇娘娘台与师赵村等，都是集居址与墓葬于一处的。

大何庄与师赵村两遗址是保存较完整的聚落遗址，发现的房子与窖穴较多。大何庄发现房子7座，窖穴15个。师赵村出土房子26座，窖穴17个。房基大多保存较好。

房子多属半地穴式建筑，平面形状呈圆形或椭圆形、方形或长方形、多边形与凸字形等多种形式。大多数房子的居住面及其四壁的近底部抹有一层白灰面，平整光洁，坚固美观，而且能起着防潮作用。这种白灰面房子是齐家文化在建筑技术上的一个突出特点。如大何庄第 7 号房子，为一座方形半地穴式的建筑，面积约 36 平方米。门向西南，门道略呈长方形，长 1.2～1.4 米，宽 0.4 米。居住面及四壁均先涂一层草拌泥，然后再抹一层白灰面。房内四角各有柱洞一个，大小相同。在房内中间面对门口处，设有一个高出居住面约 3.5 厘米的圆形灶址，灶面平整，直径 1.2 米。在灶址周围发现有 10 余件碗、盆、罐和器盖等日常用的陶器；在一件粗陶侈口罐 F7∶10 内，还保存着小半罐被火烧焦了的粟粒。在房子周围距四壁 1～1.4 米处，共发现柱洞 10 个，大体作对称排列。柱洞至四壁间地面不涂白灰，但平整结实，这一空间似一回廊式建筑。根据发掘现象，可以复原成一座方形平顶带回廊的建筑。

师赵村发现的 26 座房子中，有 22 座都是平面呈方形或长方形的，可见这是当时最流行的建筑形式。房子一般设有斜坡式或台阶式门道，方向不一，但以朝南居多。居住面中央都设有圆形的灶址或灶坑，有的在灶上还放着陶罐、鬲、斝等炊器。居住面及四壁近底处均抹有一层白灰面，平整光洁，坚固耐用。这些房子面积都不大，一般为 5～6 平方米，大者也不超过 10 平方米。适合于小家庭居住。

师赵村聚落遗址可分为五组建筑群，第一组位于遗址南部，有房子 3 座，编号为 F1～F3，门朝南。第二组建筑群位于一组北面，房子共 5 座，编号为 F13、F15、F19～F21，门向除 1 座外均朝北。第三组建筑群位于遗址北部，房子分布较密，共 8 座，编号为 F5～F12，门向 2 座向东、6 座朝南。第四组建筑群位于第二组的西边，房子共 5 座，编号为 F16～F18、F22、F23，门向除 1 座外，均朝南。第五组建筑群位于遗址西边，房子 2 座，编号 F26、F27，门向朝东。每一组房子的数目虽不等，但房子的排列方式基本相同，都作半圆形排列。但有一座房子（F14）较特殊，位在第三组建筑群南面，处于整个聚落的中心位置，结构较特别，两长边房壁呈曲折形，形成里外套间式结构，居住面铺一层白灰面，中央设一灶址，在灶的旁边还有器物的器座坑，筑造得比较讲究。推测这座房子的主人身份可能有别于其他氏族成员，也许是氏族首领一类人物①。

在聚落遗址内有不少储存粮食或其他物品的窖穴，它与房子是交错分布的，一般都位于房子附近或周围。窖穴形制有口大底小的锅形、口小底大的袋形和口底径相若的桶状坑。壁面平齐规整，大小不一。小者口径约1米，大者口径可达2米。在大何庄发现一种窖穴比较特殊，例如第7号窖穴，椭圆形平底，口径1.3～1.6米，底径0.6～0.8米，深0.5米。周壁先涂上一层草拌泥，然后再抹一层红胶泥，底部完全涂以红胶泥。中间放置一块扁平的砾石，穴内出土石刀和陶片等遗物。第1号窖穴，为小口袋状窖穴，内出一陶罐，罐内残存有粟粒皮壳。可见这种窖穴是作为储存粮食用的②。

五、经济生活

（一）农业与饲养业

以原始农业为主，种植的作物主要是粟。在大何庄遗址中，房子及墓葬内都普遍发现粟的朽迹，在一个陶罐内还盛有炭化的粟粒，可知是以粟为主要粮食。农业生产中一般使用石、骨质制造的工具。石器多选取石质硬度较高的石料加工而成，工具种类有石镰刀、斧、穿孔刀、磨棒、磨盘、敲砸器和骨铲。其中，带手窝的敲砸器是齐家文化具有特征性的器物。石刀多是长方形或椭圆形两侧带缺口与长方形穿孔刀。石斧多呈长方形，磨制的居多，有的两侧带肩，便于用手握持，或可装柄，成为复合工具。骨铲是用动物肩胛骨或下颌骨制作，刃宽而锋利，是可以提高生产效率的一种较好的工具。

饲养业较发达，从各遗址出土大量的动物遗骸中可知，饲养的家畜有猪、羊、牛、马、驴、狗等。据各遗址出土的兽骨统计，大何庄猪占兽骨

---

① 中国社会科学院考古研究所：《师赵村与西山坪》，中国大百科全书出版社，1999年，第151～166页。
② 中国科学院考古研究所甘肃工作队：《甘肃永靖大何庄遗址发掘报告》，《考古学报》1974年第2期。

总数的 72.94%，羊占 21.6%，牛占 2.26%；师赵村猪占 85%；西山坪猪占 82%。可见猪占绝大多数，是主要的饲养对象，其次是羊。当时还进行狩猎活动，被狩猎的动物有鹿、麂，还发现鼠、鼬、鼢鼠等。所用的狩猎工具有石矛、镞、石弹丸和骨镞等，以骨镞为常见。

（二）制陶业

在手工业中占重要地位。迄今发掘出土的完整与已复原的陶器皿 3000 余件。在师赵村发现有烧制陶器的窑址 3 座，均属横穴窑。现以第 4 号窑为例加以说明。陶窑由窑室、火膛与火道等组成。窑室平面呈椭圆形，直径 0.7～0.85 米，窑底有环状火道与一直火道构成 3 股火道，火膛位于窑室的前面，呈圆角方形，火膛口长 0.73 米，宽 0.55 米；底部略宽于口部，底长 0.87 米，宽 0.8 米。火膛一侧直通火道，在窑室与火膛之间有一隔梁，宽 0.4 米。在窑室、火膛与火道的表面都涂抹一层草拌泥，经火长期烧烤形成坚硬的琉璃体，呈青灰色或灰黑色。这几座窑同在一地，系同时使用，反映当时制陶生产有了一定的规模。

制陶方法仍以手制为主，次为模制，兼用慢轮修整。制陶工具有陶垫和陶拍。已能熟练掌握烧窑技术，陶色纯正，多呈橙黄色或砖红色，很少出现颜色不纯的斑驳现象。器表往往施有一层白陶衣，纹饰以篮纹和绳纹为主，次为弦纹、划纹和附加堆纹。还有少量彩陶，彩色用红、黑两色。红彩画成的花纹有蝶形纹、横人字纹和蕉叶纹，较为新颖。造型以平底器为主，次为三足器和圈足器。常见的器类有碗、盆、豆、斝、盉、鬲和单耳、双耳、三耳的各式罐。其中，双大耳罐、高领双耳罐等是齐家文化带有标志性的器物，双耳或双鋬的盉或斝、重耳罐和双耳彩陶罐等是有特色的器物。此外还有捏出的陶塑品，包括人物像和鸟、羊、狗等各种禽兽形象，均形体小巧，姿态生动。

（三）纺织业

据皇娘娘台、大何庄、秦魏家、师赵村和西山坪 5 处遗址统计，出土的骨针和陶纺轮、石纺轮等纺织缝纫工具共 205 件，其中骨针 86 件，纺轮 119 件。这个数字表明当时纺织业是一项较普及的家庭手工业。在大何庄和秦魏家的墓内人骨架及随葬陶器上均发现有清晰的布纹痕迹。

布似麻织，经纬线清晰，每平方厘米经纬线各有 11 根，可能以大麻为原料。在人头和身躯上发现布纹，说明死者全身是裹着或穿着麻布埋葬的。从这些布纹纹理结构和细密程度观察，可知纺织技艺已达到相当高的水平。

（四）玉石制造业

玉石的制造已有了一定的规模。据海藏寺、皇娘娘台、大何庄、秦魏家和师赵村等遗址统计，出土玉石器 3200 多件，其中细石器 1095 件、石器 1879 件、玉器 300 余件。海藏寺遗址出土 161 件玉石器，有石斧、刀、锛、璧、纺轮和玉璧、锛、凿、斧、刀、镯，以及玉器的边角料、毛坯、半成品等，其中一块玉板尚留有清晰的切割痕。可推知该处是玉石制造场所，也说明这批玉石器系当地生产，并且有了一定的生产规模，制造者已较熟练地掌握切、割、打、磨等工序的全套技术。在材料上多选用硬度较高或色泽晶莹的石料，如大理石、石英、细碧岩、蛇纹岩、叶蜡石、透闪石、铁碧玉等。加工精细，产品的器形规正，通体磨光，棱角分明，表明玉石器的制作工艺已达到较高水平。

齐家文化治玉工艺的一个突出特点是不尚装饰。玉器中绝大多数都是平素无纹的。在制作技术上是采用相向对锯的方法将玉料锯剖成片，因此在锯剖相接处往往错位形成台阶。钻孔乃采用圆头钻或管钻。加工一般较粗糙，但也有例外的，如在静宁县治平乡后柳河村采集了两件玉琮，一件是三节绿玉琮（Y0013），每节阴琢五至六道粗阴线；另一件是瓦垅纹饰绿玉琮（Y0012），在每一转角处琢一平凸长带，并在平凸长带上阴刻瓦垅纹十三道，间隔加阳线瓦垅纹十二道，便呈现出阴阳线相间的瓦垅纹粗细线纹饰。这种装饰手法始见于红山文化的勾云形器，但如此集中而繁密的凸凹交替，则是齐家文化治玉者的创造①。

齐家文化玉器在甘、青地区史前文化中独树一帜，富有浓厚的地方色彩，它在我国古代玉器发展史上占有十分重要的地位。

值得重视的是在师赵村遗址出土了 13 件玉器，玉器质地莹润，呈墨

---

① 杨伯达：《甘肃齐家玉文化初探》，《陇右文博》1997 年第 1 期。

绿、淡绿、棕褐、灰白等色，皆为软玉。器类有玉璜、环、琮、璧等（图三），以玉璜为主，计9件，皆作扇面形。三璜联璧，即三璜缀合为一块完整玉璧。制作精致，通体磨光，两端穿孔，均系单面钻，孔小，呈锥形。璜长8.2～10.2厘米，重量12～47.7克不等。玉环2件，精致美观，其中一件完整，外径9.5～9.7厘米，厚0.6厘米，重92.2克。玉琮与璧各1件，出在齐家文化第8号墓内，位在墓主人头部的右下方，玉琮与玉璧上下并排在一起。玉琮呈浅绿色，方柱形，中央纵穿一圆孔，上下两面作圆圈突起，通体磨光，琮边长5.2～5.5厘米，边高2.1～2.3厘米，孔内径4.2～4.5厘米，射高0.4～0.8厘米，通高3.4～3.9厘米，重138克。玉璧呈墨绿色，致密光润，一面平整磨光，另一面留有一道切割的锯痕。在光面上还有不规整的方格形紫色彩纹。在璧的一侧边缘尚留有一段约3.5厘米的切割直边。璧肉径18.4～18.6厘米，好径为4.8～5.1厘米，厚0.4～0.5厘米，重474.4克。这里发现的玉琮和玉璧同出于一座墓中，在甘、青地区是首次发现，说明齐家文化居民曾存在以璧、琮随葬的丧葬习俗。

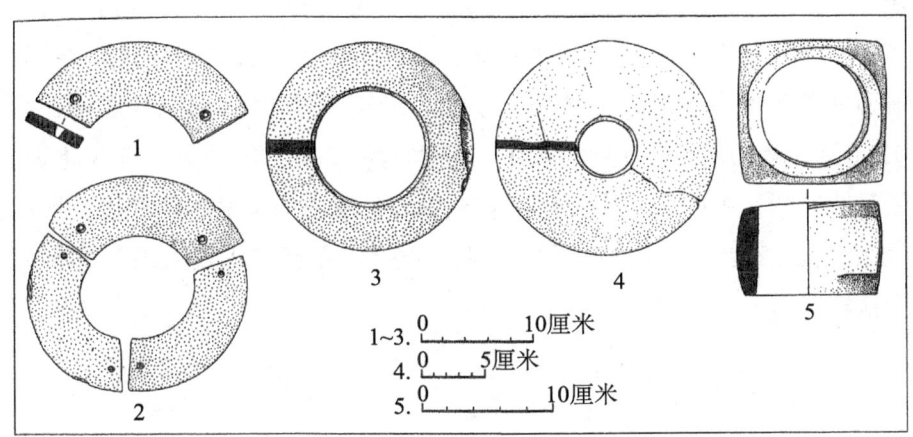

图三　师赵村遗址出土齐家文化玉器
1. 璜（T403②：11）　2. 复合璧（T403②：9、8、24）　3. 环（T403②：7）
4. 璧（ⅢM8：2）　5. 琮（ⅢM8：1）

璧、琮在中国古代是特殊的器物，它作为礼器郑重地用于贵族阶级的祭祀、聘礼、馈赠、贡献、赏赐和丧礼中，同时是权力、地位和身份的象征①。《周礼·大宗伯》云："以玉作六器，以礼天地四方。以苍璧礼天，以黄琮礼地。"郑玄注："礼神者，必象其类，璧圜象天，琮八方象地……"在原始社会晚期产生的圆璧、方琮可能是反映先民们已初步形成天圆地方的宇宙观念②。

关于齐家文化玉器的来源问题，近年来学术界多有讨论，有的学者认为：甘肃玉文化是我国西北地区的一支独立的、富有地方色彩的玉文化。可以肯定甘肃玉文化滥觞于仰韶文化时期，形成于齐家文化时期③。有的学者则认为：齐家璧与良渚璧在制法与使用上基本相同……所以齐家璧与琮是受良渚影响的产物④。这些意见对探讨齐家文化玉器的来源是有益的。但后者提出齐家文化玉器受到良渚文化的影响，而它们之间是通过什么途径、以何种方式发生接触的？这都是值得深入研究的。

（五）冶铜业

冶铜业的出现是齐家文化先民的一项巨大成就。在皇娘娘台、大何庄、秦魏家、魏家台子⑤、齐家坪、西坪、杏林⑥、沈那、厹马台、总寨等10余处遗址内都发现有红铜器和青铜器。器类有刀、锥、斧、镰、矛、凿、匕、环、泡、镜、铜饰品和铜渣等（图8-30），据统计现共有60多件（表8-2）。沈那的铜矛，杏林的铜刀、斧是近年的新发现。铜刀完整，曲背弧刃，柄端有一小孔，全长22厘米，刃宽3厘米，厚0.7厘米。铜斧呈长方形，带銎，中间穿孔，长13厘米，宽5厘米。矛呈阔叶状，有中脊，中部还附有一倒勾，銎内尚留有木柄残迹，器形较大，长62厘米，宽20厘米，是迄今所知齐家文化最大最长的一件青铜器。

---

① 张光直：《谈琮及其在中国古史上的意义》，《文物与考古论集》，文物出版社，1986年。
② 邓淑苹：《古玉图考导读》，艺术图书公司，1992年，台北。
③ 杨伯达：《甘肃齐家玉文化初探》，《陇右文博》1997年第1期。
④ 黄宣佩：《齐家文化玉礼器》，《东亚玉器》第一册，香港中文大学中国考古艺术研究中心，1998年。
⑤ 田毓章：《甘肃临夏发现齐家文化骨柄铜刃刀》，《文物》1983年第1期。
⑥ 甘肃岷县文化馆：《甘肃岷县杏林齐家文化遗址调查》，《考古》1985年第11期。

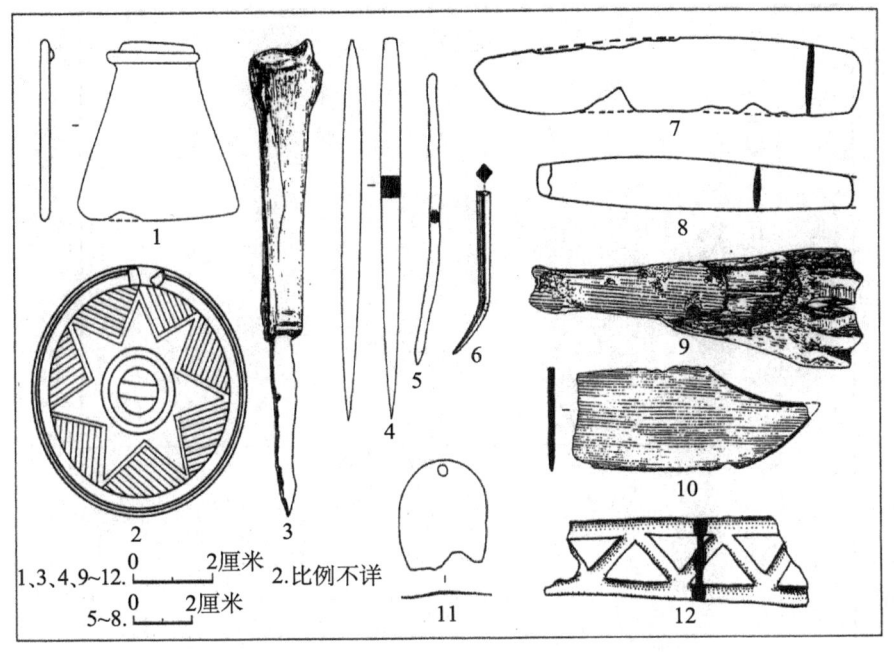

图四　齐家文化铜器

1. 铜斧（秦魏家 H72：1） 2. 铜镜（尕马台） 3. 骨柄铜锥（总寨 M5：10） 4. 铜锥（秦魏家 T6：2） 5. 铜锥（皇娘娘台 H6） 6. 铜锥（皇娘娘台 BT2②） 7. 铜刀（总寨 M5：10） 8. 铜刀（总寨 M7：4） 9. 骨柄铜刀（总寨） 10. 铜刀（皇娘娘台 AT3②） 11. 铜饰（秦魏家 H4：1） 12. 铜饰（皇娘娘台 H9③）

齐家文化遗址中还出土铜、骨复合工具。总寨和魏家台子发现骨柄铜刀、骨柄铜锥共5件，均是把铜刃器嵌入骨柄内。骨柄铜刀长5厘米，骨柄铜锥长6.7厘米。铜器的制作采用冷锻法和范铸法，刀、锥以锻为主，斧、镰以范铸而成。铜器经光谱定性和电子探针等方法鉴定，皇娘娘台出土的铜器皆为红铜器，秦魏家和齐家坪等处出土者有红铜器也有青铜器，后者包括铅青铜、锡青铜和铅锡青铜。青铜器的发现表明齐家文化的炼铜技术已从冶炼红铜发展到冶炼青铜的阶段。齐家文化晚期已进入青铜时代。

迄今所知，我国早期铜器发现最多的是在甘、青地区的史前文化遗存中。据统计，仅甘肃省史前文化遗址中已发现铜器300余件。其文化属性除齐家文化外，有比齐家文化早的马家窑文化，有比齐家文化晚的四坝文化、卡约文化、辛店文化和寺洼文化等。以东乡林家发现的铜刀和铜渣年代为最早，属马家窑类型。林家遗址年代经碳十四测定为公元前3369年

表 8-2 齐家文化铜器统计表①

出土地点	器名及编号	材料及鉴定结果	制作方法及鉴定手段①	参考资料
甘肃武威皇娘娘台	条形铜器 H9（3）	红铜	模制（考古观察）	孙淑云、韩汝玢：《甘肃早期铜器的发现与冶炼、制造技术的研究》，《文物》1997 年第 7 期
	铜锥 T13：1	红铜		
	铜刀 15：249	红铜		
	铜环 T18（2）		铜片卷合	
	残刀		单范铸造	
	铜刀 F3		捶击	
	铜锥 T6：3	红铜	捶击	
	铜锥 T10：3	红铜	捶击	
	残锥 T2（2）	红铜	捶击	
	铜锥 H9（3）	红铜	捶击	
	铜凿 T19（2）	红铜		
	铜锥 19948	红铜		
	铜锥 2281	红铜	铸造（金相检验）	
	铜锥 267	红铜	锻制（金相检验）	
	铜刀 75WXT17.19946		锻制（金相检验）	
	铜刀 75WXT18（3）.19947			
	铜锥 75WXI5.19668（长）			
	铜锥 75WXT5.19668（短）			
	铜锥 75WXT17（2）			
	铜锥 75WXT14（3）.19951			
	铜锥 75WX 采.19950			

① "鉴定手段" 除注明 "金相检验" 者外，均为考古观察。

续表

出土地点	器名及编号	材料及鉴定结果	制作方法及鉴定手段①	参考资料
甘肃永靖秦魏家	铜锥 T6：2 铜斧 H72：1 铜环 M99：6 铜环 M70：2 铜饰 H4：1 铜饰 H19：6	铅锡青铜 红铜 铅青铜 红铜 红铜	锻制（金相检验） 铸造（金相检验） 捶击 捶击	
甘肃永靖大何庄	铜匕 TF：7 残铜片 T30：27	红铜		
甘肃临夏魏家台子	骨柄铜刃刀临夏博187	锡青铜		
甘肃广河齐家坪	铜镜 75GT1M91 铜斧 75GT1F1：1	锡青铜 红铜		
甘肃广河西坪	铜镰临夏博137	红铜		
甘肃岷县杏林	铜刀 铜斧	红铜 红铜	铸造 铸造	
青海西宁沈那	铜矛 铜环		铸造（金相检验）	王国道：《西宁市沈那齐家文化遗址》，《中国考古学年鉴（1993）》，文物出版社，1995年；吴平：《西宁市沈那遗址》，《中国考古学年鉴（1994）》，文物出版社，1997年
青海贵南尕马台	铜环 铜泡 铜镜	锡青铜		《我省考古工作的一项重大发现》，《青海日报》1978年2月18日
青海互助总寨	铜刀 M5：10 铜刀 M7：4 骨柄铜锥 骨柄铜锥 骨柄铜刀 骨柄铜刀			青海省文物考古队：《青海互助土族自治县总寨马厂、齐家、辛店文化墓葬》，《考古》1986年第4期

至前3098年。铜刀经激光微区光谱分析是锡青铜。铜渣经岩相鉴定由孔雀石组成,它是铜铁共生矿冶炼不完全的冶金产物,其冶金技术处于利用铜的氧化共生矿还原熔炼阶段,说明当时的冶金技术正处于初始阶段[①]。

齐家文化遗址出土一批数量可观的红铜器和青铜器,为中国古代冶金史的研究提供了珍贵的实物资料。据研究,齐家文化的铜器与马家窑、马厂类型铜器相比,有四点明显不同:(1)齐家文化遗址出土铜器的数量有较大增加。(2)齐家文化出土铜器比较集中,如皇娘娘台一处遗址,就出土30件铜器。(3)齐家文化晚期开始出现装饰品及斧、镰等工具。(4)铜器的材质以红铜为主,不仅小件刀、锥由红铜制成(锻制为主),工具中的斧也由红铜制作(铸造)。以上反映齐家文化时期红铜的冶炼与制作技术渐趋成熟,已脱离原始铜合金阶段而发展到冶炼和制作红铜技术较进步的阶段并逐步过渡到冶炼青铜的阶段[②]。

六、文化与艺术

文化艺术主要是通过彩陶和人物、动物的雕塑品来表现的。彩陶在皇娘娘台和柳湾等遗址中均有出土,共计百余件。彩陶纹饰有黑彩、红彩和紫红彩,红彩占有相当大的比例,与马家窑文化以黑彩为主的风格形成鲜明的反差。纹样有蝶形纹、蕉叶纹、倒三角纹、横人字纹和方块连续带纹等。蝶形纹、蕉叶纹、方块连续带纹独具一格,是齐家文化富有特征的纹饰。雕塑品均为陶塑,有人头像和鸟、鸮、绵羊等形象以及兽首葫芦形陶铃、瓶形陶铃、刻划纹鼓形玩具等。鸟类造型居多,有的是作为器物的附件,有的作成鸟形容器,如齐家坪出土的鸟形器,小圆头、凸眼睛、椭圆腹、筒形尾、三柱足,通高12厘米。康乐出土的鸟形器,扁圆头、长喙、细颈,头顶有冠,椭圆腹、翘尾、双蹼足,形似水鸟,高12厘米[③]。柳湾

---

① 孙淑云、韩汝玢:《甘肃早期铜器的发现与冶炼、制造技术的研究》,《文物》1997年第7期。

② 孙淑云、韩汝玢:《甘肃早期铜器的发现与冶炼、制造技术的研究》,《文物》1997年第7期。

③ 张朋川:《甘青地区新石器时代陶塑》,香港《中国文物世界》1990年第58期。

出土 10 件鸮面形单耳罐，造型新颖。它在罐口用堆塑、锥刺、穿孔等手法做成鸮面的形象，面部的羽毛清晰，通高 12～22 厘米。

双耳彩陶罐，柳湾出土多件，侈口高领，椭圆腹，颈肩间置一对称环耳，造型典雅，腹部彩绘蝶形纹、蕉叶纹与红、白相间的方块纹等，别具风格。彩陶豆，皇娘娘台出土，浅盘宽圈足，其一保存完整，黄褐陶，豆高 8.8 厘米，口径 18.4 厘米，内外均施黑彩，外壁画平行条纹，豆盘内画十字纹，间隙处填变形蜥蜴纹或蛙纹，极为罕见。为彩陶中的珍品。还有羊形陶哨，在秦安县堡子坪发现，形似站立的绵羊，外施一层白色陶衣，羊鼻有两孔，尾部还有一孔，外表饰有大小不一的圆点纹，高 3.5 厘米，系首次发现，是一件难得的工艺品[①]。

七、信仰与祭祀

在大何庄和秦魏家均发现由砾石筑成的石圆圈遗迹共 6 处。形制大体相同，皆由大小相若的天然砾石围筑成圆圈形，直径约 4 米。在圈的附近置有卜骨或牛、羊的骨骼。大何庄一号石圆圈遗迹，保存较完整。在它的东边有 1 具被砍掉了头的母牛骨架，腹内还有尚未出生的小牛骨骼。在它的西边有 1 具羊骨架。这种石圆圈显然属于祭祀性的遗迹，在它附近发现的卜骨和动物骨骼等是在此进行祭祀活动所遗留。在西山坪还发现有祭祀坑（H17），亦呈圆形，坑体较大，口径 3.8 米，深 1.4 米。坑壁规整，底部平坦，坑底有猪骨架 5 具，其中，有 3 具猪骨架比较完整，作 T 字形排列，其余 2 具分散在其外围部位。经鉴定，均属 3 个月至 12 个月的幼猪。这是当时人们有意识地把幼猪宰杀后埋入坑内的，反映齐家文化居民存在用猪作为祭品的风俗[②]。

当时盛行占卜。在皇娘娘台和秦魏家等遗址普遍发现卜骨，共 70 余

---

① 张朋川：《中国彩陶图谱》，文物出版社，1990 年，图版 1208。按：原图谱作者将其定为"马厂类型"遗物。

② 中国社会科学院考古研究所：《师赵村与西山坪》，中国大百科全书出版社，1999 年，第 273 页。

件。卜骨的材料以羊肩胛骨为主,次为牛、鹿肩胛骨。一般只有烧灼的痕迹。在秦魏家23号墓内发现1件卜骨被放在高领双耳罐中,罐完整,而罐腹部作一缺口,略大于卜骨,缺口的原陶片仍扣合于腹上。该卜骨和墓主人应有密切的关系,或者墓主人生前是专职巫师一类的人物。

八、埋葬习俗及其反映出的社会现象

墓葬具有鲜明的时代特征,它集中地反映了当时的丧葬习俗,故探讨葬俗,先得介绍墓葬和墓地的情况。

齐家文化已发掘比较大的墓地有大何庄、秦魏家、皇娘娘台和柳湾等。迄今已发掘墓葬约1000座,多是成组成排的氏族公共墓地,但规模大小不一,规模大的如柳湾墓地达366座墓。墓坑多作平行式排列,也有作竖条形或块状安排的。墓地保存最完整,墓葬排列最有序的是秦魏家墓地。该墓地分南北两部分。南部墓地的墓葬分上下两层,上层共99座墓,分6排安置,方向一律朝西北;下层共8座墓,分散排列。北部墓地共29座墓,分3排安置,方向一律朝西(图五)。坑位安排井然有序。以长方形或圆角长方形竖穴土坑墓为主,其次为平面呈凸字形的土洞墓。葬具仅发现于柳湾墓地,有木制的长方形木棺、独木棺和垫板。独木棺是用一段圆木加工成船舱形,长约2米。墓葬方向以朝西或西北为居多。墓内一般都有随葬品,以陶器为主,也有骨器、石器,用猪下颌骨等动物随葬也属常见。葬法有单身葬和合葬两种。单身葬以仰身直肢葬为主,其次为侧身葬和俯身葬,屈肢葬占少数。合葬墓有成年男女合葬、成年和儿童合葬、多人合葬诸种,以双人男女合葬较为常见。秦魏家男女合葬,男性位右,仰身直肢;女性居左,侧身屈肢,面向男性。皇娘娘台成年一男二女三人合葬,男性位正中,二女分居左右,侧身屈肢,面向男性。这种合葬的出现,既说明男子在社会上处于居尊或统治地位,女子降至从属和被奴役的境地,同时又反映了婚姻形态已由对偶婚过渡到一夫一妻制,并有少数较富裕的家长过着一夫多妻的生活。在合葬墓中,成年男子和儿童合葬也反映当时存在着父系制的传统习惯。

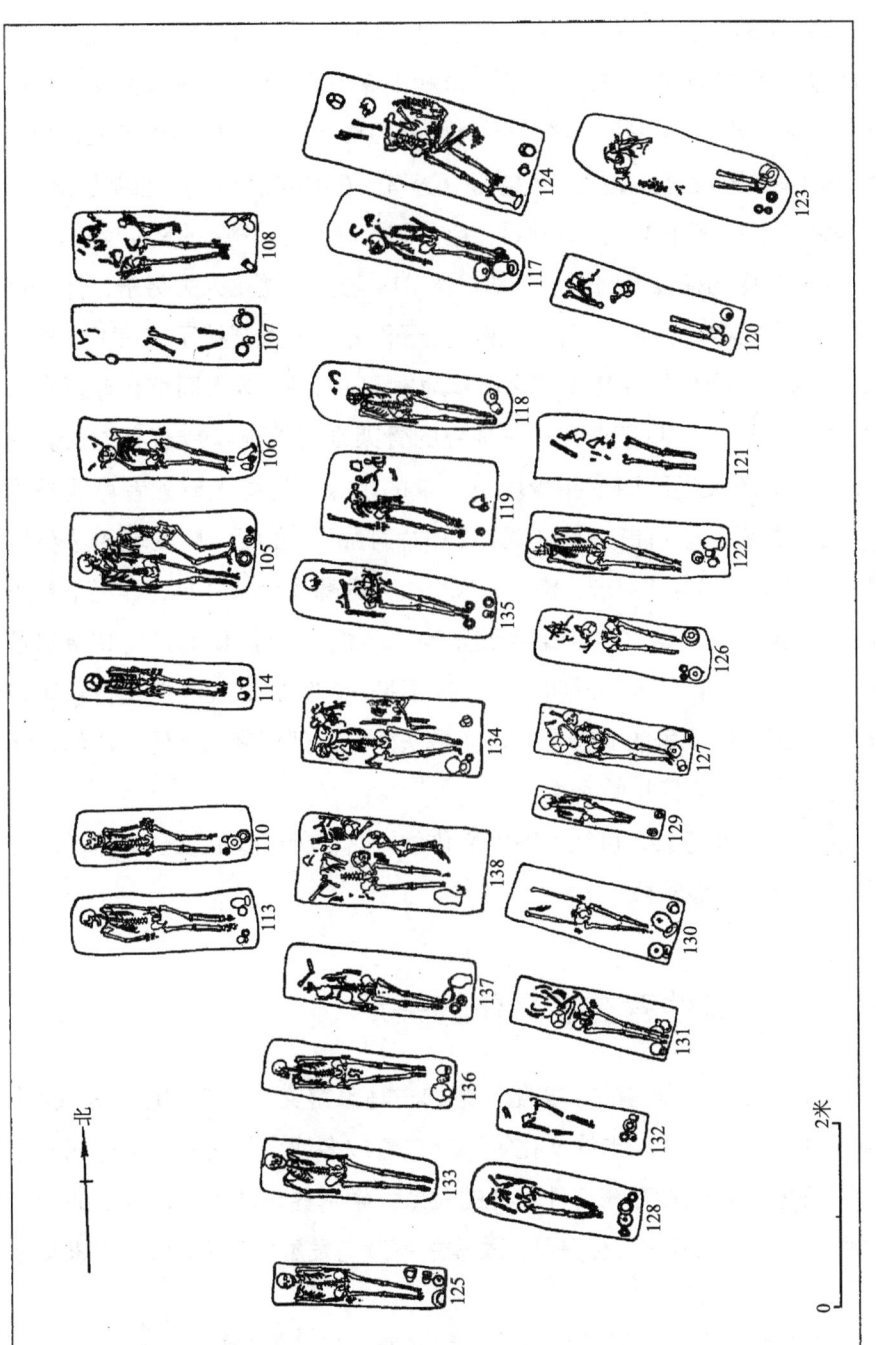

图五 秦魏家北部墓地平面图

从墓葬结构和随葬品的质量、数量上分析，大墓和小墓的差别是很明显的。如柳湾972号墓，为一大墓，有墓道，与墓室通长4.2米，随葬品较多，计33件，其中陶器26件、绿松石6颗和串珠1串。小墓如971号墓，墓坑长仅1.5米，没有随葬品。秦魏家墓葬随葬的猪下颌骨，多者达68块，少者1块，而多数墓没有。皇娘娘台墓葬中随葬玉石器数量不等，有的达83件，有的只有1件或者不见。这是社会上存在私有制、贫富分化的具体反映。

齐家文化已存在人殉现象，如柳湾314号墓的墓主人为男子，仰身直肢平躺于木棺内，另一女子侧身屈肢置于棺外，一条腿被压在棺下，她显然是为墓主人殉葬的。又如齐家坪墓地发现8人和13人同坑合葬墓，墓主为男性，居中，仰身直肢，在其旁的骨架则有头无身或有身无头。同时在该墓地还发现三四个头骨埋于一坑的现象，这些无躯死者可能是墓主人的殉葬者，也可能是被作为祭祀的牺牲品。在西山坪发现的丛葬坑（M3），圆形，口径1.4米，深0.5米，坑内埋葬人骨架9具，作上下叠压或相互交错排列。这些人骨架经鉴定均为男性，40岁仅两人，其余都是20岁至25岁的青年人。说明这些人都不是正常死亡，死者应是日趋频繁的部落或部族间战争的受害者，可能是从外部落俘虏来的战俘，他们或惨遭杀害，或被作为祭祀的人牲。

从诸多方面考察，可认为齐家文化的社会已处于氏族社会解体、向文明和国家社会过渡阶段。

九、与其他考古学文化的关系

齐家文化与其他考古学文化，诸如与马家窑文化、客省庄二期文化、四坝文化、辛店文化与卡约文化等都存在着或多或少的关系。但这些文化遗存与齐家文化究竟存在着什么样的关系？学术界说法不一，主要的论点有7种。（1）认为齐家文化是马厂类型的继续与发展[①]。（2）认为齐家文化

[①] A. 甘肃博物馆：《甘肃古文化遗存》，《考古学报》1960年第2期。
B. 青海省文物管理处考古队、北京大学历史系考古专业：《青海乐都柳湾原始社会墓葬第一次发掘的初步收获》，《文物》1976年第1期。

不是从半山—马厂文化独立发展而来的，它和东边的以客省庄为代表的陕西龙山文化非常相近。齐家文化是受陕西的龙山文化影响而形成的[①]。（3）认为齐家文化是马家窑文化（包括马家窑、半山、马厂三个类型）的继续和发展[②]。（4）认为马厂期已分化为东西两区、其后东区发展为齐家文化，西区发展为四坝文化[③]。（5）认为齐家文化是镇原县常山下层文化的继续和发展，而后者是前者的先驱[④]。（6）认为宁夏西吉兴隆和上齐家遗存是目前推知的齐家文化的较早的源头[⑤]。（7）认为宁夏海原菜园林子梁文化遗存所处的时代晚于石岭下类型，早于齐家文化，可能是陕甘宁交界地区齐家文化的主要源头[⑥]。

上述诸多意见，都是围绕一个中心话题，就是齐家文化的渊源问题，对这个问题，由于各研究者考虑的角度不同，所依据的资料有别，出现分歧是很自然的。为了进一步探索、追溯齐家文化的源头，有必要根据近年新发现的天水师赵村的发掘资料与青海柳湾等地的研究成果，做些分析。

在上述关于齐家文化分期与类型的讨论中，已提出该文化可分为师赵村、七里墩、秦魏家、皇娘娘台与柳湾五个类型，现在对师赵村与柳湾两类型进行分析比较。

师赵村遗址是渭河上游保存较好、发掘规模较大的史前文化聚落遗址，文化内涵丰富，包括大地湾一期文化、马家窑文化、齐家文化、辛店文化的地层叠压关系。其中，齐家文化的下层为师赵村六期文化遗存（近似半山、马厂类型），地层关系明确地揭示了两者的前后关系，而年代比齐家文化晚的是辛店文化。同时，通过类型学的研究，不难发现齐家文化的器物如常见的双大耳罐、碗、粗陶侈口罐与粗陶瓮等陶器与师赵村六期文化的同类器相同。师赵村齐家文化双大耳罐（T388②：11）与师赵

---

① 夏鼐：《碳-14测定年代和中国史前考古学》，《考古》1977年第4期。
② 谢端琚：《齐家文化是马家窑文化的继续和发展》，《考古》1976年第6期。
③ 严文明：《甘肃彩陶的源流》，《文物》1978年第10期。
④ 胡谦盈：《试论齐家文化的不同类型及其源流》，《考古与文物》1980年第3期。
⑤ 张忠培：《齐家文化研究（下）》，《考古学报》1987年第2期。
⑥ 宁夏文物考古研究所、中国历史博物馆考古部：《宁夏海原县菜园村遗址、墓地发掘简报》，《文物》1988年第9期。

村六期的同类器（T381M∶9）相似，粗陶单耳罐（T322②∶7）与师赵村六期单耳罐（T304M1∶6）不仅器形相同，且纹饰也是一样的。这里还可以参考宁夏海原菜园村切刀把墓地的材料加以比较，切刀把墓地的文化性质目前学术界看法尚不一致，但其年代经碳十四测定，大体在公元前2600年至前2000年，与半山、马厂类型的年代同时。从其出土的陶器观察，有一部分陶器是与半山或马厂类型相似，有的与齐家文化相同。例如切刀把出土的彩陶双耳瓮（M2∶22）上部饰彩绘红、黑相间锯齿纹与水波纹，是典型的半山类型彩绘风格，与兰州焦家沟发现的同类器是相同的；又如切刀把出土的鸭形壶（M9∶6），也是半山类型的典型器物，腹部饰红、黑相间的圆圈纹，内填小网格纹，颈部饰网格纹[①]。这件标本的造型与半山类型鸟形壶相似。同时，切刀把墓地出土的双大耳罐、单耳罐、双耳壶等陶器与师赵村齐家文化的同类器都基本相同。这些迹象表明，半山、马厂类型和齐家文化的关系极为密切。后者是前者的继续与发展。还需指出，齐家文化师赵村类型在形成发展过程中，还吸收了客省庄二期文化的某些因素，如鬲、罪等陶器，具有客省庄二期文化的风格。

柳湾类型是齐家文化西区的典型代表，它与马家窑文化马厂类型的关系特别密切，下面从层位关系、葬俗与器物等方面进行分析。

在层位关系上，柳湾墓地齐家文化与马厂类型之间有打破或叠压关系的14组墓葬，如M392打破M391；M271打破M281；M292打破M291等等。前者皆属于齐家文化，后者即被打破者均属于马厂类型。这为两者的相对年代提供了确凿的地层证据，判明齐家文化的年代晚于马厂类型。

在墓葬形制、葬具与葬式等方面，齐家文化都是继承了马厂类型的传统。墓的形制都是长方形竖穴土坑墓与呈凸字形的土洞墓。葬具方面，齐家文化有榫卯结构的长方形木棺、独木棺与垫板等，这些与马厂类型也基本相同，有所差别的是独木棺在马厂类型中占少数，而到了齐家文化却成为主要的葬具形式。木垫板作为葬具在马厂类型较流行，而齐家文化只有

---

① 宁夏文物考古研究所：《宁夏海原县菜园村遗址切刀把墓地》，《考古学报》1989年第4期。

少数的遗留。在葬式上两者都有单人葬与合葬墓，有仰身直肢葬、二次葬与屈肢葬等，均以仰身直肢葬占绝大多数。

在随葬陶器方面，首先从陶器的质料、色泽、制法上看，齐家文化与马厂类型是相同的。再从陶器的组合、器形与纹饰的演变，均可看出从马厂类型到齐家文化是一脉相承发展下来的。特别是马厂类型晚期和齐家文化早期，许多器物的器形几乎雷同，甚至都很难区分开。如彩陶壶、双耳彩陶罐、盆、豆、侈口罐，粗陶双耳罐、壶、双大耳罐与高颈双耳罐等。不仅两者器形相似，器物的种类组合也相同，并存在着上下演变关系。只是在彩陶花纹方面存在差别，如马厂类型常见的四大圆圈纹、全蛙纹或半蛙纹，到齐家文化都不见，而齐家文化新出现了蝶形纹、蕉叶纹等，齐家文化的彩陶已处于衰落阶段。

齐家文化与马厂类型共有的陶容器如彩陶壶、双耳彩陶罐、盆、豆、双耳罐、双大耳罐，高领双耳罐等，演变的轨迹是清楚的。彩陶壶（包括彩陶瓮）由小口细颈演变成侈口高颈，腹部由椭圆形变成长腹形，体形由粗矮变成瘦长。双耳彩陶罐是由侈口短颈演进成侈口高颈，两耳由环形小耳发展成弧形大耳。盆由弧壁深腹演变为斜壁浅腹宽沿。双大耳罐最明显的变化是两个耳把由小环耳发展成弧形大耳，腹部由椭圆形演变成长圆形。豆由矮圈足发展成高圈足，由彩陶豆演变成素陶豆。高领双耳罐器形较大，腹部由圆形发展成长圆形，肩腹间的折棱由明显折角往圆弧角演变，体形由粗胖演变成瘦长形。总之，这些器物的演变发展有一定规律，即器物的体形是由粗矮往瘦长发展，腹部由扁圆、浑圆向长圆形发展，耳把由小环耳往弧形大耳发展，豆是由矮圈足往高圈足发展（参见图二-2）。

根据上述地层叠压关系与器物形制特点及其演变规律，不难看出柳湾齐家文化与马家窑文化马厂类型的关系是非常密切的，特别是马厂类型晚期与齐家文化早期尤为明显，两者之间存在着紧密的联系，所以说，齐家文化是马家窑文化的继承与发展。

关于齐家文化的去向问题，尚无专文讨论，过去有关论著中涉及此问题的有三种观点：一种认为齐家文化进一步发展，产生辛店文化，两者存在着发展关系①。另一种认为在河西走廊,齐家文化之后是四坝文化;在青海西部,齐家文化之后是卡约文化②。还有一种认为卡约文化是直接承袭齐家文化而来的③。从遗迹分布情况与某些器物分析,齐家文化确实与上述文化存在着一些共性,如双大耳罐、双小耳罐、腹耳罐、粗陶侈口罐等陶器造型上有些相同;但其间差别也是明显的,如卡约文化的特有器形、常见的凹底器,在齐家文化中却未见,齐家文化是以平底器为主的。在彩陶方面齐家文化与卡约文化都较少见,而纹样上也存在着差别。齐家文化与辛店文化比较,虽然也能找出两者的共同点,但要找出两者前后演变或继承关系还比较困难。要解决齐家文化的去向问题,恐怕还需要发掘更多的实物资料来做深入的研究。

齐家文化与邻近地区古文化有着密切关系的,还有东边的陕西客省庄二期文化与北边的内蒙古伊克昭盟朱开沟文化遗存。齐家文化中最常见的双大耳罐、高领双耳罐和侈口罐等陶器均可在客省庄二期文化中找到相同或相似的同类器④。这是由于两者所在地区邻近,彼此间有较频繁的文化交流的结果。在朱开沟部分墓葬中所反映出来的墓葬形制、葬式和随葬品等方面与秦魏家墓葬有不少共性。最明显的如都有男女合葬墓,男性居墓中,仰身直肢,女性位于男性身侧,侧身屈肢,面向男性。随葬品中两地均有陶器和猪下颌骨⑤。朱开沟出土的陶器双大耳罐、高领双耳罐等与秦魏家同类陶器相似⑥。这或许反映了齐家文化与朱开沟文化也有交流和联系。

(本文原载《中国考古学·夏商卷》,2003年)

---

① 吴汝祚:《甘肃地区原始文化的概貌及其相互关系》,《考古》1961年第1期。
② 严文明:《甘肃彩陶的源流》,《文物》1978年第10期。
③ 俞伟超:《关于卡约文化和辛店文化的新认识》,《中亚学刊》1983年第1期。
④ 中国科学院考古研究所:《沣西发掘报告》,文物出版社,1963年,第55~63页。
⑤ 内蒙古文物考古研究所:《内蒙古朱开沟遗址》,《考古学报》1988年第3期。
⑥ A. 内蒙古文物考古研究所:《内蒙古朱开沟遗址》,《考古学报》1988年第3期。
  B. 中国科学院考古研究所甘肃工作队:《甘肃永靖秦魏家齐家文化墓地》,《考古学报》1975年第2期。

论大何庄与秦魏家齐家文化的分期

大何庄①与秦魏家②是两处比较典型的齐家文化遗址（包括墓地）。从一九五九年至一九六〇年对这两处遗址进行了较大规模的发掘工作。发现的房子、窖穴等遗迹保存比较完好，同时，各种石、骨、陶、铜器等文化遗物十分丰富多彩。这为研究齐家文化的特征、分期及其与其他古文化的关系等学术问题打下了一定的基础。

本文试图抓住典型遗址采取解剖一两个麻雀的办法，利用大何庄与秦魏家两遗址发掘的实物资料，并根据该遗址的地层与墓葬的叠压或打破关系，对齐家文化器物群所确立的相对年代、器形组合的变化、器物分期以及若干器物形制演变的序列等方面进行较细致的分析。从中对齐家文化的年代早晚关系理出一个大概的眉目来，以利于进一步探索黄河上游齐家文化的分期等问题。

一

大何庄遗址位于甘肃省永靖县莲花城的西南约 1.5 千米。遗址总面积共约 53000 平方米。两次发掘面积共 1589 平方米。发现有房屋与居住面等建筑遗存七处、窖穴十五个、"石圆圈"遗迹五处、墓葬共八十二座。同

---

① 《甘肃永靖大何庄遗址发掘报告》，《考古学报》1974 年第 2 期。
② 《甘肃永靖秦魏家齐家文化墓地》，《考古学报》1975 年第 2 期。

时，还出有丰富的石、骨、陶器与铜器等遗物①。

大何庄遗址的地层堆积比较清楚，揭去耕土层后即为齐家文化堆积，可分为上下两个文化层：上层主要是黄褐土与红褐土堆积；下层为浅灰土堆积。两层都出有齐家文化的石、骨器与陶器。

大何庄遗址主要分东、西两发掘区。西发掘区发现有齐家文化居住面四处、窖穴九个、"石圆圈"遗迹四处、墓葬三十五座。这些遗迹在上下层均有发现，其中有的还有上下叠压或打破关系。属于上层的有建筑遗存F1、4、12，窖穴H1—4和墓葬M1、5、9、13—18、30、32、34—36、46以及牛骨架（在F1的东边）；属于下层的有F2、3、5、9、10，H5、6、11、13、14和M4、6、8、10—12、19—24、27、28、56、58、63、65、91。M15（上层）压在M20（下层）的上面，M16压在M17的上面（均属上层）；M11、12压在F9的上面，M20、24、91分别压在F2、10的上面（均属下层），M9（上层）压在H13（下层）的上面，M56被压在F3的下面（下层），M34—36打破F4(均上层)，M46(上层)打破F5（下层）②。

东发掘区发现有齐家文化居住面一处，窖穴二个，"石圆圈"一处，墓葬九座，其中居住面与窖穴分布于下层，其余在上层。

另在西南部和南部发掘区发现有齐家文化房屋一座，墓葬三十八座，窖穴四个。房屋出在下层。墓葬与窖穴上下层都有。

秦魏家墓地位于大何庄遗址的西边，墓地范围约三万平方米。两次发掘，揭露面积共一千零一十一平方米。发掘的主要收获是发现了一个规模较大保存较好的齐家文化氏族公共墓地，共一百三十八座，分为南北两个墓区，南部墓区较大，共一百零七座墓葬，方向一律朝向西北方，北部墓区较小，共二十九座，方向一律朝西。葬法除单身葬外，还有成年男女合葬：男为仰身直肢；女为侧身屈肢葬。随葬品有石、骨、陶、铜器和猪下颚骨等。这个墓地保存较好，材料丰富多样，为研究齐家文化的葬俗及其

---

① 《甘肃永靖大何庄遗址发掘报告》，《考古学报》1974年第2期。
② 《甘肃永靖大何庄遗址发掘报告》，《考古学报》1974年第2期。

意识形态等方面提供了极为重要的资料①。

　　这里的地层堆积比较单纯，揭开耕土层后都属于齐家文化堆积。南部墓区的齐家文化层根据土质土色和出土物可分为上下两层：上层即第二层，属于这一层的有墓葬九十九座和"石圆圈"遗迹一处，其中墓葬都在一个平面上，排成六排。下层即第三层，属于下层的墓葬有八座，排列较分散，窖穴六十个。北部墓区发现的二十九座墓葬，也在一个平面上。另在北部西边还发现两座墓葬都出在第二层内②。其中有的墓葬有清楚的叠压或打破关系，如 M30 压在 M43 上，M9 压在 M89 上，墓 68 压在墓 74 与墓 75 上面，墓 41 压在墓 53 上面。有的墓葬与窖穴有叠压或打破关系，如墓 6、5、24 三座墓打破窖穴 14，墓 8 压在窖穴 45 上，墓 40 压在窖穴 51 上面，墓 74、75 又打破窖穴 49、22，墓 90、99 打破窖穴 58，墓 91 打破窖穴 59，墓 10、20、78 打破窖穴 42，墓 21 压在窖穴 43 上面等等。这些清楚的地层与墓葬的叠压或打破关系，为齐家文化的分期工作提供了可靠的依据。

二

　　地层、墓葬的叠压或打破关系，使我们有条件将不同层位出土的器物进行排比，找出陶器的组合关系，进而推定其他同类文化遗址的相对年代。

　　这里的器物组合是指一群陶器有其独具特征的器类或器型在墓葬内配套共存，各个组合之间既有共性，又有其独特性。现在以大何庄与秦魏家墓葬的陶器组合为例，予以说明。

　　大何庄墓葬出土的陶器较多，其中比较常见的器形有碗、侈口罐、单耳罐与双大耳罐等。随葬陶器一般是 2 件，即侈口罐与双大耳罐。少数在 3 件以上。这里上下层墓葬的陶器组合是不同的。上层的陶器组合共五种，下层的陶器组合共六种。

　　下层第一种陶器组合是：小口罐、单耳罐各一件，如墓 20。第二种

---

① 《甘肃永靖秦魏家齐家文化墓地》，《考古学报》1975 年第 2 期。
② 《甘肃永靖秦魏家齐家文化墓地》，《考古学报》1975 年第 2 期。

是：圜底罐、侈口罐各一件，如墓 47。第三种是：侈口罐、双耳罐、双大耳罐各一件，如墓 58。第四种是：豆、侈口罐两件、高领双耳罐一件，如墓 27。第五种是：豆、侈口罐、双大耳罐各一件，如墓 63。

上层第一种陶器组合是：侈口罐、双大耳罐各一件。如墓 39、42、43。第二种是：碗、侈口罐、双大耳罐各一件，如墓 36。第三种是：豆、侈口罐、单耳罐、高领双耳罐各一件，如墓 88。第四种是：侈口罐、双耳罐、高领双耳罐各一件，如墓 18。第五种是：豆、侈口罐、单耳罐、双大耳罐各一件，如墓 35。第六种是：豆、侈口罐两件、双大耳罐两件，高领双耳罐一件，如墓 34。

秦魏家墓地出土的陶器常见的有：侈口罐、双大耳罐、高领双耳罐、单耳罐、碗与豆等六种。但碗与豆互不见于同一墓中。这里上下两层墓葬的陶器组合有明显的区别。下层的陶器组合共五种，上层的陶器组合共九种。

下层陶器组合第一种是：侈口曲领罐、鬲各一件，如墓 36。第二种是：折腹罐、单小耳罐各一件，如墓 53。第三种是：单耳罐、单小耳罐各一件，如墓 74、75。第四种是：双大耳罐、高领双耳罐、双耳罐、单小耳罐、盆各一件，如墓 89（图一，2）。第五种是：双大耳罐、双小耳罐、侈口罐、单耳罐各一件，单小耳罐两件，如墓 98（图一，4）。

上层第一种陶器组合是：双大耳罐、高领双耳罐、侈口罐、豆各一件，如墓 39、40、65、82、103、132（图一，5）。第二种是：双大耳罐、高领双耳罐、侈口罐、碗各一件，如墓 42（图一，6）、20、24、44、88、126、127、128 等。第三种是：双大耳罐、侈口罐、豆各一件，如墓 10、27、47、54、78、131 等（图一，3）。第四种是双大耳罐、高领双耳罐、侈口罐，如墓 11、81、95、136 等。第五种是：高领双耳罐、侈口罐、单耳罐、豆各一件。如墓 22、29、30、35、37 等。第六种是：高领双耳罐、侈口罐、单耳罐、碗各一件，如墓 3、34、87，96 等（图一，8）。第七种是：双大耳罐三件、侈口罐二件、高领双耳罐、碗各一件，如墓 123。第八种是：杯、碗、高领双耳罐、单耳罐、侈口罐各一件。如墓 58（图一，1）。第九种是：碗、瓶、双大耳罐、侈口罐、双耳罐各一件，如墓 118（图一，7）。

1. 58号墓 2. 89号墓 3. 54号墓 4. 98号墓

5. 65号墓 6. 42号墓 7. 118号墓 8. 87号墓

图一　秦魏家墓葬随葬陶器组合情况

三

　　这里根据不同层位的陶器组合与陶器早晚相对年代的不同特点，我们把大何庄与秦魏家出土的齐家文化陶器暂分为四期：一期，大何庄下层（原第三层）；二期，即大何庄上层（原第二层）；三期，即秦魏家下层（原第三层）；四期，即秦魏家上层（原第二层）。现将各期的陶器特点概述如下：

一期　制陶术尚处于手制阶段，以泥质红陶与夹砂红褐陶为主，灰陶不见。陶器的器类比较简单。最富有特征的陶器有：Ⅱ式圜底罐（F2∶2，器物名称式别依原报告，下同）、小口罐（M20∶2），Ⅰ、Ⅱ式盆（T7∶2；T57∶9），Ⅱ式单耳杯（T56∶8），Ⅱ、Ⅲ式单耳罐（M22∶1；M74∶1），Ⅱ式双大耳罐（M63.4），高领折肩罐（F7∶3），瓶形响铃（T41∶6），Ⅰ式双耳罐（M75∶2），Ⅲ式豆（M27∶4），Ⅱ式侈口罐（M89∶4），还有鼎（T11∶6、5）与鬲（T57∶14；T58∶10）等。其中，Ⅰ式盆是大口深腹，器内壁划有不整齐的方格纹。瓶形响铃，口部封闭。高领折肩罐，肩腹交接处折棱明显。Ⅲ式豆为圜底盘，口部带流（图二）。

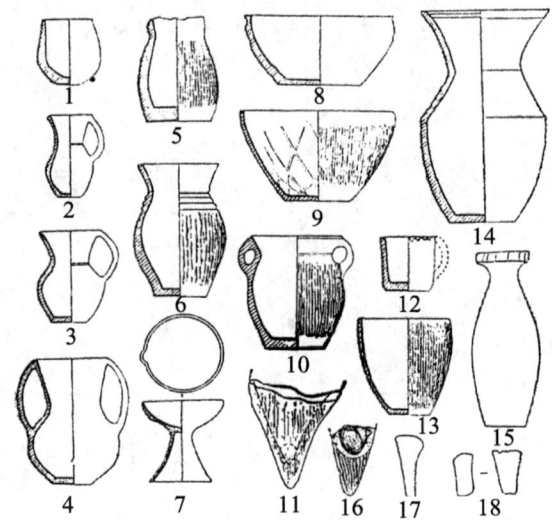

图二　大何庄下层陶器

1.圜底罐（F2∶2）　2、3.单耳罐（M22∶1、M74∶1）　4.双大耳罐（M63∶4）　5.小口罐（M20∶2）　6.侈口罐（M89∶4）　7.豆（M27∶4）　8、9.盆（T54∶8、T7∶12）　10.双耳罐（M75∶2）　12.单耳杯（T56∶8）　13.盆（T57∶9）　14.高领折肩罐（F7∶3）　15.瓶形响铃（T41∶6）　11、16.鬲足（T57∶14、T58∶10）　17、18.鼎足（T11∶6、5）

二期　代表性的陶器有：Ⅰ式圜底罐（TA∶10），Ⅰ式盘（T18∶7），Ⅳ式碗（M36∶3），折腹罐（T27∶5），侈口长领罐（M87∶3），高领深腹罐（M7∶1），Ⅵ式单耳罐（M88∶3），Ⅰ式双大耳罐（M36∶2），夹砂矮颈罐（T20∶4），鼓形响铃（TB∶7），穿孔罐（T5∶6），Ⅱ式豆（M87∶1），Ⅷ式器盖（T20∶8；T34∶6），甗（T39∶5），方口杯

(TA∶9)等。其中,折腹罐口沿内外各饰一周小圆圈纹,腹部也饰有两周同样的纹饰。Ⅷ式器盖,钮部分别塑成羊头或犬头的形象。鼓形响铃,两鼓面有穿孔,在其上下又有波折状划纹。仅见于此层。还有小型方口杯、穿孔罐等小陶器,小巧玲珑,很有特色(图三)。

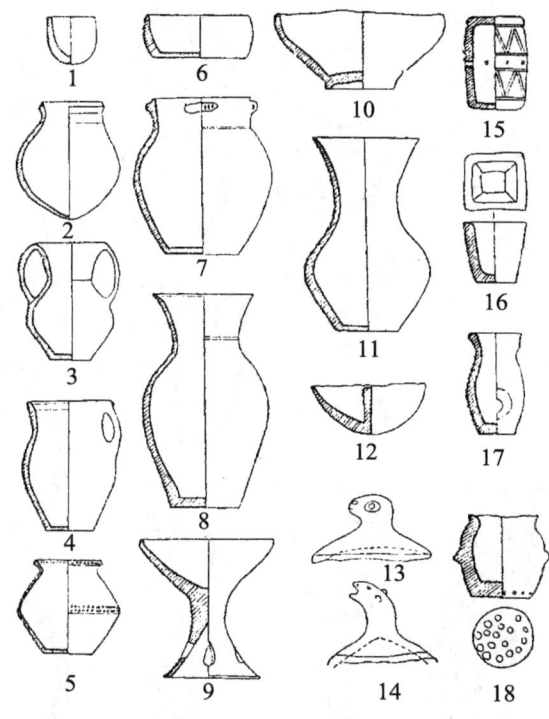

图三 大何庄上层陶器

1、2.圜底罐(TA∶14、T46∶1) 3.双大耳罐(M36∶2) 4.单耳罐(M88∶3) 5.折腹罐(T27∶5) 6.盘(T18∶7) 7.矮领罐(T20∶4) 8.高领深腹罐(M7∶1) 9.豆(M87∶1) 10.碗(M36∶3) 11.侈口长颈罐(M87∶3) 12、13、14.器盖(T38∶4,T20∶8,T34∶6) 15.鼓形响铃(TB∶7) 16.方形杯(TA∶9) 17.穿孔器(T5∶6) 18.甑(T39∶5)

三期 器类增多,造型较精美,有其独自的风格。最典型的器物有:Ⅶ式盆(M89∶4,器物名称式别依原报告,下同),Ⅵ式单耳罐(M75∶3),Ⅴ、Ⅵ式单小耳罐(M89∶2;M98∶6),Ⅰ式双小耳罐(M98∶1;M89∶3),Ⅰ式双大耳罐(M89∶7),三耳罐(T13∶6),侈口曲领罐(M36∶2),Ⅶ式高领双耳罐(M89∶1),Ⅴ式侈口罐(M98∶2),Ⅰ式鬲(H1∶1),四足器(H15∶4)等。其中,Ⅶ式盆口沿呈子母口。三耳罐,宽底大耳。侈口曲领罐，颈部弧曲。四足器，足呈方柱状，器形较小。Ⅴ式单小耳罐，腹上部饰方格纹，这与常见的在腹下部饰有花纹的作风迥然不同。Ⅰ式双大耳罐，腹部呈杯形，两耳特宽扁，颈部特高，造型美观，为齐家文化最富有特征的器物（图四）。

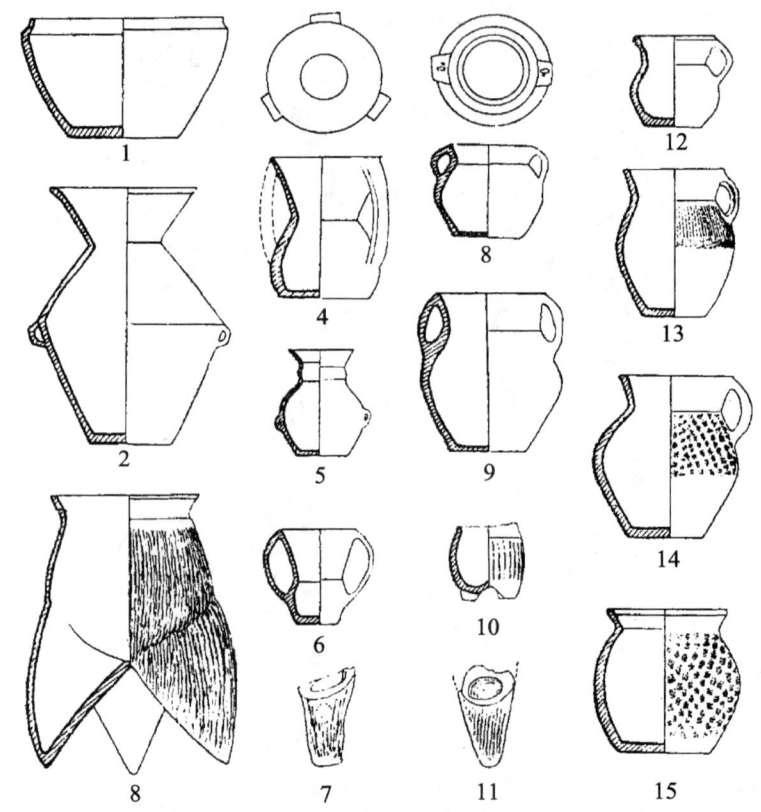

图四　秦魏家下层陶器

1.盆（M89：4）　2.高领双耳罐（M89：1）　3.鬲（H1：1）　4.三耳罐（T13：6）　5.侈口曲领罐（M36：2）　6.双大耳罐（M89：7）　7、11.鬲足（T7：4、H1：3）　8、9.双耳罐（M98：1、M89：3）　10.四足器（H15：4）　13.单耳罐（M75：3）　15.侈口罐（M98：2）　12、14.单小耳罐（M98：6、M89：2）

四期　制陶术有了明显的突破，已开始慢轮技术的生产。陶器的造型与装饰方面都有显著的进步。器类与式别比较复杂多样，据统计有二十多种，其代表性器物有：Ⅱ式杯（M58：5），Ⅰ、Ⅴ式盆（M58：3；M79：3），Ⅰ、Ⅱ式瓶（M17：3；M112：1），Ⅷ式单耳罐（M37：2），Ⅲ、Ⅵ

式双大耳罐（M42∶1；M134∶4），Ⅲ、Ⅴ、Ⅵ式高领双耳罐（M127∶1；M40∶2；M91∶4），Ⅱ、Ⅵ、Ⅶ式侈口罐（M106∶3；M58∶4；M46∶4），Ⅴ、Ⅶ式豆（M22∶1；M46∶3），Ⅱ式鬲（M129∶2），Ⅳ式双耳罐等。其中，Ⅷ式单耳罐、宽底大耳、颈部饰三周弦纹。Ⅱ式侈口罐，腹呈桶状，口沿饰齿状花边。Ⅶ式豆，把上有两排上下错对的三角形镂孔，每排四个。Ⅴ式豆，豆把下部用泥块封住。Ⅱ式鬲，颈旁附一宽扁环耳，矮裆，足尖小呈尖锥状。上述陶器都是秦魏家上层具有特征的器物（图五）。

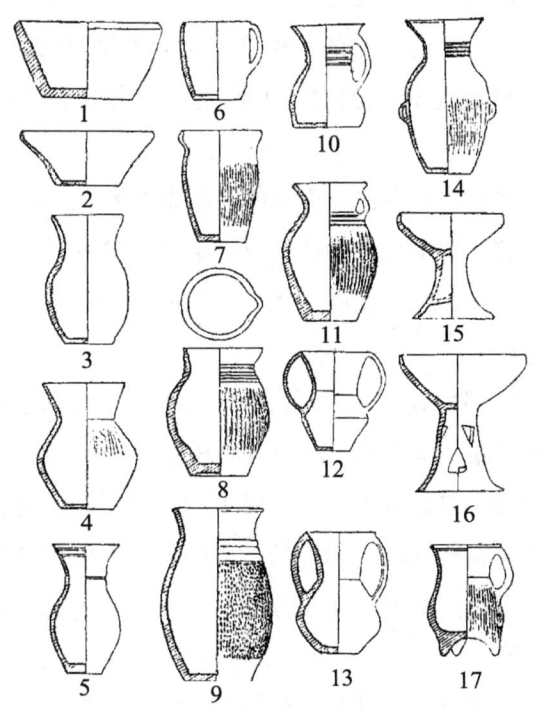

图五 秦魏家上层陶器

1、2.盆（M58∶3） 3、4、5.瓶（M45∶6、M17∶3、M112∶1） 6.杯（M58∶5）
7、8、9.侈口罐（M106∶3、M46∶4、M58∶4） 10、11.单耳罐（M37∶2、M23∶1） 12、13.双大耳罐（M134∶4、M42∶1） 14.高领双耳罐（M91∶4）
15、16.豆（M22∶1、M46∶3） 17.鬲（M129∶2）

通过上述四期陶器的分析比较，不难看出，这四期陶器有它的共同性，又有各自的特点。以器类说，四期都有鬲、双大耳罐、高领双耳罐、侈口罐、单耳罐等。以纹饰说，四期都有绳纹与篮纹、弦纹、划纹等。但仔细观察，它们还存在着不少的差异。例如：一期的Ⅰ、Ⅱ式深腹划纹盆、Ⅲ式带流豆与瓶形响铃等；二期的Ⅰ式浅腹盘、侈口长颈罐、矮领罐、穿孔罐、圈纹折腹罐、鼓形响铃和Ⅷ式羊头或犬头形器盖等；三期的Ⅵ式单耳罐、Ⅰ式双小耳罐、Ⅰ式双大耳罐、Ⅵ式高领双耳罐、侈口曲领罐、Ⅴ式侈口罐、Ⅴ、Ⅵ式单小耳罐、Ⅲ式鬲等；四期的Ⅷ式宽底单耳罐、Ⅶ式带流侈口罐、Ⅶ式细把镂孔豆、Ⅱ式单把宽裆矮足鬲，等等。都明显地具有各期的特点，与他期陶器的风格不同。

上面已将四期的陶器特征进行了分析比较，下面再试图从中找出陶器的演变规律。大何庄、秦魏家的齐家文化像其他原始文化发展过程一样，陶器的器形和花纹也是经历了由简单到复杂、由低级到高级循序渐进的过程。

这里摘选四种有明显变化趋势的典型器物为例，加以介绍：

1. 圜底罐　这种罐变化的趋势，是从通体粗矮到越来越瘦长，腹部由浅至深，口部由敛口、直口发展到侈口，领部由矮领发展成高领。发展到晚期就不见这种器形。

2. 单耳罐　领部由矮到高，耳由小环形耳发展成宽边弧形耳，底部从小平底发展成大平底，耳把上端由与口沿平齐变成低于口沿或移至领部。

3. 高领双耳罐　这是齐家文化最常见的一种陶器，它从早至晚的变化趋势是从通体硕大发展到越来越细长、肩腹间的折棱是由折角明显至不明显，发展到最后肩腹间的分界不易分清。这种器形往往肩部磨光，腹下部饰有篮纹或绳纹等。

4. 鬲　通体从大变小，从高裆至矮裆，由高袋足至矮足，足内填有小泥球，它是从有到无的演变过程。

我们从陶器的演变规律可以看出大何庄与秦魏家一至四期是互相区别又互相联系的同一文化的不同发展阶段，换句话说，就是它们从早至晚是一脉相承发展下来的。

除陶器外，还得注意到大何庄和秦魏家其他各方面的演化趋势：（1）生产工具由少至多，形制由粗犷至精致，大何庄以两侧带缺口刀占多数，秦魏家却以长方形穿孔磨制刀为主，但装饰品的情况不同，大何庄出土的装饰品不仅数量多，而种类式别也多，秦魏家则较少。（2）随葬猪下颚骨的习俗，时间越晚随葬数量越多，晚期最多的一座墓达六十八块。（3）在葬式方面，时间越晚合葬墓越普遍。如大何庄小孩墓共五十五座，小孩墓占总墓数的百分之六十强，合葬墓只有三座[①]，秦魏家则相反，合葬墓猛增至二十四座，而小孩墓却很少，仅两座[②]。屈肢葬情况相似，大何庄较多，共十四座；秦魏家较少，仅两座。（4）冶铜工艺方面，秦魏家要比大何庄进步。大何庄发现铜匕与残铜片各一件，其中，残铜片（T30：2），经鉴定为红铜，其成分是铜96.96%，锡0.02%，铅仅痕迹量。秦魏家铜器的种类较多，有锥、斧、环与穿孔铜饰等。其中，铜环（M99：6），经鉴定为铅青铜，其成分是铜约95%，铅约5%，未发现第三种元素[③]。铜斧与铜锥经北京钢铁学院光谱分析室进行了光谱定性分析。铜斧（H72：1），其成分有铜、铅、锑三种元素。金相组织是铸造的青铜器。铜锥（T6：2），其成分有铜、锡、铅三种元素。是锻造的青铜器[④]。这种青铜的铸造水平似比纯红铜的制造技术进步。

关于齐家文化的绝对年代问题，从大何庄齐家文化一期第七号房屋柱洞内出土的两件木炭标本，经放射性碳素测定，分别为距今3690±95年（公元前1725±95年）和距今3660±95年（公元前1695±95年），平均值距今为3775±95年，即公元前1710±95年。树轮校正年代为公元前2000年左右[⑤]。

---

① 《甘肃永靖大何庄遗址发掘报告》，《考古学报》，1974年第2期。
② 《甘肃永靖秦魏家齐家文化墓地》，《考古学报》，1975年第2期。
③ 端居：《齐家文化是马家窑文化的继续和发展》，《考古》1976年第6期。
④ 秦魏家出土的铜斧与铜锥由北京钢铁学院光谱分析室进行光谱定性分析。金相鉴定的初步结果：1.铜斧（H72：1），金相组织是铸造青铜的α—固溶体树枝状晶组织，有少量的灰色小颗粒是不溶于铜的自由金属铅，铅不溶于铜，而且铅的熔点低，所以铅的自由态金属分布在最后结晶的树枝状晶粒边界。2.铜锥（H7.2：1），是锻造的青铜器物，基体是经过再结晶的∞固溶体晶粒，晶粒较大，估计曾加热到400℃左右。有较多的灰色金属铅及较多的α+δ共析组织。低倍观察共析组织沿加工方向排列，铜锥中α+δ较多，锡、铅含量较铜斧为高。
⑤ 夏鼐：《碳-14测定年代和中国史前考古学》，《考古》1977年第4期。

四

齐家文化与其他原始文化一样，也是经过了一个漫长的发展过程，有它从早至晚的各个发展阶段。从地层关系与器物的排比分析，可明显地看到秦魏家齐家文化的人们在生产力与生产关系方面都要比大何庄的进步。我们认为秦魏家在时间上应处于齐家文化的晚期，而大何庄则比秦魏家的齐家文化略为早一些。

大何庄生产工具以石制为主，骨制次之。器类简单，制造较粗糙，如石刀较多，绝大部分是两侧带缺口刀，石斧一般只是在刃部磨光；通体细磨的很少。制陶业尚处于手制阶段，以泥条盘筑法为主。陶质以泥质红陶与夹砂红褐陶为主，不见灰陶，陶器一般打磨不甚精细，表面缺乏光泽，反映了当时的生产力还是不很高的。秦魏家出土的生产工具比大何庄的要进步，生产力有了较大的发展。表现在生产工具种类增加，制造较细致。如用动物肩胛骨制成的骨铲，刃宽锋利，是一种劳动效率较高的挖土工具；长方形石刀，磨光穿孔，比两侧带缺口刀要进步。制陶业较发达，开始有了慢轮技术的生产，发现有圆形带柄的制陶工具，在陶器的内外表进行较精细的加工，有的陶器表面打磨得光滑发亮。陶质除夹砂红褐陶与泥质红陶外，泥质灰陶相对的增加了。在陶器造型方面比较复杂多样，共有碗、豆、双大耳罐、高领双耳罐和侈口罐等二十多种。显然秦魏家的手工业水平要比大何庄的进步。

大何庄墓葬随葬品数量较少，虽然各墓随葬品的数量也有差别，但还没有出现严重不均的现象。秦魏家的情况与之不同，已出现了私有制，从其社会发展阶段说，应处于父系氏族公社的晚期阶段。这时墓中出土的随葬品种类、数量均有显著差别，其中最可说明问题的是家畜。秦魏家有四十八座墓随葬猪下颚骨，总数达四百三十块。随葬的数量各墓不等，少的一块，多的达六十八块。这种以猪为主的家畜应是当时作为衡量财富的标尺，数量的差别，说明了当时已出现财产分化、贫富不均的现象。

私有制和阶级的出现，先是在生产劳动中，继而在家庭中男女地位才发生了变化。秦魏家成年男女合葬的出现，显示了当时男子在社会上居于统治地位。女子是作为殉葬者处理的，其身份应是墓主人的妻或妾。同时，成年男女合葬墓的出现，反映了当时的婚姻形态已由对偶婚过渡到一夫一妻制。

秦魏家墓地有一部分骨架，存在有身无头、身首分离和四肢不全的现象。这些死者与其他墓葬的死者待遇一样，不仅并排埋葬在同一平面上，而且也有陶器等随葬品，他们很可能是当时日趋频繁的部落间战争的受害者。如果这个看法不误，似可说明当时部落与部落之间的战争已很普遍。这表示这时氏族社会已发展到军事民主制阶段了。

总之，从社会发展阶段来说，秦魏家齐家文化应处于父系氏族公社的晚期阶段，而大何庄齐家文化又要比秦魏家略为早一些。换言之，大何庄齐家文化的人们如果是处于原始氏族公社正在瓦解、阶级社会行将诞生的时期，那么，秦魏家的人们无疑已经向着最初的阶级社会的门槛迈进了。

（本文原载《考古》1980年第3期）

齐家文化是马家窑文化的
继续和发展

黄河流域是我国古代文化的重要发源地。深入探讨黄河流域各种原始文化的类型、年代和相互关系，是阐明我国古代文化渊源的必要条件，也是研究我国原始公社发展和阶级社会产生的前提。经过我国考古人员多少年来的共同努力，特别是无产阶级"文化大革命"以来，以阶级斗争为纲，努力贯彻古为今用的方针，广泛开展调查发掘和专题研究，使黄河流域原始文化的研究取得了许多重要的进展。进一步弄清楚齐家文化的渊源，肯定它是马家窑文化的继续和发展，就是这些可喜成果中的一项。

苏修叛徒集团出于对外侵略扩张政策的反动需要，利用包括考古学在内的各种舆论阵地，猖狂进行反华宣传。大家比较熟悉的《古代中国文明的起源》[①]仅仅是苏修反华政策的统治下炮制出来的许多黑文中的一篇。这篇反华的考古文章，把我国远古文化发展中的每一重大进步，都说成是"外来信息"所决定的。按照他们的逻辑，齐家文化的产生是"从外界吸收了极重要的新事物，这很可能是由于同经营畜牧的甘肃以北和以西北的地带有接触的缘故"。胡说龙山文化共同体的最初阶段，"最大可能应认为是甘肃的齐家文化"，"吸收了西亚栽培的谷物，西亚饲养的家畜，"因而"在龙山文化的形成过程中，外因成分起了作用"。

因此，根据现有的丰富考古资料，论证齐家文化如何直接继承马家

---

① 原载苏联《历史问题》1974 年第 12 期。

窑文化，并且吸收了年代稍早的陕西龙山文化即陕西客省庄第二期文化因素，进而发展起来，这是一件具有重要历史意义和现实斗争意义的事情。

关于齐家文化的起源问题

大量的考古资料充分证明，齐家文化是由仰韶—马家窑文化发展起来的。马家窑文化（包括马家窑、半山、马厂三个类型）早于齐家文化的年代序列，这在我国考古界是早已解决了的问题。中华人民共和国成立后，我国文物考古工作者，先后在甘肃省天水西山坪、渭源寺坪、临洮马家窑——瓦家坪和永靖刘魏家等遗址都发现有明确的地层叠压关系：即上层为齐家文化堆积，下层为马家窑文化堆积①。这些确凿的证据，有力地证实了齐家文化在年代上晚于马家窑文化。据放射性碳素年代的测定结果，齐家文化为 B.P.3690±95 年，马家窑文化为 B.P.4540±100 年（马家湾遗址为 B.P.4150±100 年，青岗岔遗址为 B.P.4030±100 年）②。齐家文化要比马家窑文化晚好几百年。同时，我们还可以最能代表这两种文化特征的日常生活用的陶器分析着手，它对于说明马家窑文化与齐家文化的关系是极为重要的。在陶器中，这里最突出的是齐家文化的带彩双耳罐，无论是从陶质、制法上，还是从纹饰的图案上都清楚地表明了是从马家窑文化同类器形发展而来的。又如齐家文化常见的双大耳罐、高领双耳罐以及腹部饰有绳纹的侈口罐等，都明显地保留了马家窑文化的作风。两者之间先后演变的迹象在陶器上的表现是十分清楚的，因此，根据地层叠压关系和陶器的演变规律，可以得出这样结论：齐家文化是马家窑文化的继续和发展。

值得注意的是，在马家窑文化和齐家文化的遗存中都普遍发现有粟等作物，如青海乐都柳湾和甘肃永靖马家湾以及大何庄等遗址出土的粟，至今犹保存完好。根据考古发掘资料，世界各大洲的古遗址中出土的谷物是

---

① 《甘肃古文化遗存》，《考古学》1962 年第 2 期。
② 《放射性碳素测定年代报告（一）》，《考古》1972 年 1 期；同上《报告（二）》，《考古》1972 年第 5 期。

不同的，古代非洲北部、欧洲和亚洲西、中部栽培的谷物主要是小麦和大麦，亚洲东部主要是粟和稻，美洲主要是玉蜀黍。粟是我国黄河流域古代遗址中最常见的一种农作物。它应是马家窑文化和齐家文化居民们的一种主要粮食。这种粟不仅说明了两者的共同性，更重要的是证明了它们是在我国这块广阔富饶的土地上发展起来的远古文化。

  关于齐家文化的年代，从考古资料看，还有早晚的关系问题。齐家文化的遗址在我国分布较广，东起黄河的支流渭水流域，西达湟水，南抵西汉水上游，北入黄河支流清水河流域。在如此广大的区域内，发现这类文化遗址（包括墓地）达350多处，这几百处遗址当然不是都在同一短时间内形成的，必然有它的发展过程。也就是说，齐家文化在年代上还有早晚之分。现以发掘规模较大与资料较多的永靖秦魏家与大何庄遗址为例，来看齐家文化的年代早晚关系。大何庄位于秦魏家的东边，根据大量的发掘资料分析，它的年代要比秦魏家的早。首先表现在生产力发展的水平上，秦魏家齐家文化的人们经过长期的劳动实践，积累了一定的生产经验，改进了生产工具与生产方法，提高了生产效率，使生产力有了较大的发展。例如在农业生产方面，大何庄收割庄稼的工具绝大多数是两侧带缺口的刀，而秦魏家却以穿孔磨光有棱角的长方形的刀为主。显然后者要比前者进步。同时大何庄作为储藏东西的窖穴少，体积也小，秦魏家的窖穴数量多，体积亦较大，而且还出现了长方形的窖穴。这种窖穴的增多和扩大，反映了农业生产的进一步提高。在手工业方面，秦魏家的冶铜工艺水平要比大何庄进步，大何庄仅发现一件铜匕和一件残铜片；秦魏家则发现有锥、斧、指环和穿孔铜饰等各种不同用途的铜器。秦魏家墓地出土的铜器（标本M99∶6）经冶金部有色金属研究院用电子探针进行成分检验，鉴定结果是：铜（Cu）约95%，铅（Pb）约5%，未发现第三种元素。铅质软，富延展性，铜与铅合金可以加强铜液的流动性，易于铸造各种不同类型的器物，这种冶铸水平显然要比纯红铜的制造技术又提高了一大步。

  在制陶业方面，秦魏家的制陶业，也比大何庄的进步。大何庄的陶器不仅数量少，类型也较简单；秦魏家数量多，类型也比较复杂多样。同时前者鬲少有鼎；后者鬲多无鼎，并在豆把上带镂孔的较多。这种数量的增多，类型的改进更新，也是生产水平进一步提高的一种表现。

更重要的还反映在私有制的产生和阶级的出现等问题上，大何庄与秦魏家有明显的不同。秦魏家墓葬中的随葬品，在各墓出土的数量和种类方面有较大的悬殊，这显示了当时氏族内部已有了贫富的分化，其中最能说明问题的是家畜。这里有46座墓随葬猪下颌骨，总数达430块，随葬的数量各墓不等，少的一块，多的达68块，这种以猪为主的家畜，应是当时作为财富的标志。大何庄虽然也出现私有制，但不如秦魏家那样显著。而特别重要的是秦魏家出现了成年男女合葬墓，这种男女合葬墓，其骨架摆放的方式是：男性皆仰身直肢；女性是侧身屈肢，面向男子。这种成年一男一女合葬，一方面反映了当时的婚姻形态已出现了一夫一妻制，另方面这种女性依附、屈膝的状貌，也是当时已出现男性对女性的奴役和最初阶级压迫的真实写照。正如恩格斯所指出的那样："在历史上出现的最初的阶级对立，是同个体婚制下的夫妻间的对抗的发展同时发生的，而最初的阶级压迫是同男性对女性的奴役同时发生的。"（《家庭、私有制和国家的起源》）秦魏家齐家文化正处于这样一个最初的阶级对立时代，这时出现的个体婚制是一个伟大的历史进步，它同私有财产一起，都开辟了一个一直继续到今天的时代。但大何庄齐家文化却没有发现这种情况。

综上所述，秦魏家墓地所反映出来的生产力与生产关系都要比大何庄的进步。

我们再从陶器上分析，也不难看出，大何庄与秦魏家是互相区别又互相联系的同一文化的不同发展阶段，例如：秦魏家常见的深腹双大耳罐是由大何庄圆底双耳罐发展起来的，又如秦魏家的平底单耳罐、高领双耳罐与细把豆等分别是由大何庄同类器型圆底单耳罐、高领折肩罐与大圈足豆发展演变来的。说明大何庄与秦魏家是一脉相承发展下来的。

同时，在甘肃东部秦安和天水等地出土的齐家文化遗迹或遗物皆与大何庄所出的较接近，而与秦魏家出土的有较大的区别。在住房方面秦安寺咀坪与大何庄都发现有白灰面住房，但在建筑技术上后者要比前者进步，寺咀坪房子穴壁深、单室，呈穹庐形；而大何庄的房子总面积约64平方米，除中间主室外，在其周围还有1至1.4米的空间距离，这种大空间的分隔，虽然是出于实用功能的需要，它在建筑史上标志空间处理的新阶段。在陶器方面，如秦安寺咀坪与天水七里墩出土的高裆鬲、带耳甗以及折肩显著的高领双耳罐等都具有明显的齐家文化早期的特点，这些事实说明了齐家文化的年代在东边的要比西边的为早。

关于齐家文化与陕西龙山文化的关系问题

陕西龙山文化即"客省庄第二期文化"（以下简称"客省庄"）早于齐家文化是有实物为依据的。首先，表现在两者陶器上，例如齐家文化常见的双大耳罐、高领折肩双耳罐、侈口罐与高裆鬲等均可以从"客省庄"中找到它的同类器物，并且"客省庄"发现的高领折肩罐、肩腹间折角明显、鬲裆高、豆座粗矮与圆底罐等都明显地具有齐家文化早期的特征。这说明了齐家文化与"客省庄"由于所在的地区邻近，彼此间有一定的关系。但是，"客省庄"文化和齐家文化仍有显著的差别。它的文化面貌比较接近于河南洛阳王湾的龙山文化。

"客省庄"文化早于齐家文化，还可以从生产力发展水平与碳－14测定的结果中找到证据。

冶铜业的出现是齐家文化的一项突出成就，现在齐家文化遗址或墓地都普遍地发现了红铜器，除甘肃永靖大何庄与秦魏家外，还有武威皇娘娘台与广河齐家坪等处。但"客省庄"文化类型至今尚未发现铜器，这是齐家文化比"客省庄"文化生产力进步的一个重要标志。同时，"客省庄"还保留了较原始的生产工具，如陶刀等，这也是前者不如后者进步的一个旁证。

其次，还可以从碳－14测定的年代看。上面已提到"客省庄"文化接近于洛阳王湾的龙山文化。据碳－14测定结果，洛阳王湾龙山文化的年代为 B.P.3965±95 年，树轮校正年代为 B.P.4340±95 年，齐家文化为 B.P.3690±95 年，树轮校正年代为 B.P.4000±95 年[①]，这是"客省庄"文

---

① 《放射性碳素测定年代报告（一）》，《考古》1972 年第 1 期；同上《报告（三）》，《考古》1974 年第 5 期。

化早于齐家文化的最有力证据。

上面我们已经提到马家窑文化和齐家文化的主要农作物是粟，在其家畜中主要的是猪，同时，在生活用品方面，如三空足鬲和甗等都具有中国古文化的特点，另外在住房方面不管龙山文化还是齐家文化房子的结构都是半地穴式的，在房内的地面还普遍铺有一层白灰面，这种白灰面不仅坚固，并且还有一定的防潮作用，这种建筑技术是我国古代劳动人民的杰出创造，是有其悠久的历史渊源的，它是中华民族的独特风格和突出的成就。这是谁也不能否认的客观事实，根本不存在什么外来的因素决定的问题。苏修宣传"这些外来影响的作用不仅会比较大，而且能够在某种程度上决定进一步进化的途径和速度""外来信息是中国新石器时代起源的决定性因素"。这完全是一种反马克思主义的谬论。我国远古文化与西亚相隔数千里，实际上是难以发生任何直接关系的。马克思、恩格斯指出："某一个地方创造出来的生产力，特别是发明，在往后的发展中是否会失传，取决于交往扩展的情况。当交往只限于毗邻地区的时候每一种发明在每一个地方都必须重新开始……在历史发展的最初阶段，每天都在重新发明，而且每个地方都是单独进行的。"(《德意志意识形态》)把"外来信息"说成是中国远古文化发展的"决定因素"，这是有意诋毁我们伟大的中华民族有自立于世界民族之林的能力与对世界文明的贡献。我国是世界文明发达最早的国家之一，"从很早的古代起，我们中华民族的祖先就劳动、生息、繁殖在这块广大的土地之上。"(《中国革命和中国共产党》)我国自古以来，便是世界文明的发源地之一，苏修所以要这样贬低她的意义，正如他们的自白那样是为了"力图利用被曲解了的历史资料为一定的政治目的服务"。

"中国文化西来说"谬论的出笼已有一百多年了，它始终是为了适应资本主义、殖民主义侵略我国需要而炮制出来的。

毛主席指出"我们现在思想战线上的一个重要任务，就是要开展对于修正主义的批判。"苏修叛徒集团采用实用主义的卑劣手法，利用考古资料宣传唯心主义和形而上学的历史观，为霸权主义的侵略扩张政策服务，我们必须给予彻底地揭露与批判。

让我们高举马克思主义、列宁主义、毛泽东思想伟大红旗，继承毛主席的遗志，把无产阶级革命事业进行到底。我们一定要努力学习马列著作与毛主席著作，坚决贯彻毛主席的无产阶级革命路线，紧密地团结在以华国锋主席为首的党中央周围，坚持党的基本路线，彻底揭发批判"四人帮"祸国殃民的滔天罪行，愤怒地批判他们崇洋媚外，里通外国，大搞投降主义和卖国主义的罪行，巩固无产阶级专政，并要坚定不移地贯彻执行毛主席的革命外交路线和政策，把反对帝国主义、社会帝国主义和现代修正主义的斗争进行到底。

（本文原载《考古》1976年第6期）

试论齐家文化与陕西龙山文化的关系

齐家文化与龙山文化都是黄河流域重要的原始文化遗存。但它们文化遗迹的分布地域不同，齐家文化主要分布在黄河流域上游，龙山文化则分布在黄河流域中下游的广大地区。龙山文化由于分布地区的广泛与各个地区文化特征的差别，我们又把龙山文化分为陕西龙山文化、河南龙山文化与山东龙山文化等等。这里所要讨论的龙山文化是指陕西龙山文化，即陕西"客省庄第二期文化"。

齐家文化与客省庄二期文化，两者所在的地区比较邻近，它们的文化面貌既有共性又有特性，因此在教学与研究工作中大家经常提出这样一些问题：齐家文化与客省庄二期文化究竟是什么关系？它们是同属一个文化性质，还是分属于不同的文化系统？换句话说，就是齐家文化与客省庄二期文化是承袭关系，还是平行发展的关系？还有齐家文化的来龙去脉，发展方向等等，这些问题都是大家所十分关心的。本文主要根据1949年后考古调查和发掘的资料，探索齐家文化与客省庄二期文化的关系，并试图阐明齐家文化的发展方向等问题，这仅仅是一种探索，现在提出来供大家进一步研究参考。

一

关于齐家文化的渊源问题，目前，文物考古学界还存在不同的看法：

第一种认为齐家文化是马厂类型的继续与发展①；第二种认为齐家文化不是从半山—马厂文化独立发展而成的，它和东边的以客省庄为代表的陕西龙山文化，非常相近。如果齐家文化的发现，在客省庄的发现之后，可能会被称为"甘肃龙山文化"②；第三种认为齐家文化是马家窑文化（包括马家窑、半山、马厂三个类型）的继续和发展，并吸收了年代稍早的客省庄二期文化的因素发展起来③；第四种认为到马厂期已分化为东西两区，其后东区发展为齐家文化，西区发展为四坝文化④。以上各种看法，由于尚未展开充分的讨论，一时还难以取得一致的意见。为了进一步探索这些问题，我想有必要首先了解有关遗址的调查和发掘资料，以便分析研究。

"客省庄二期文化"：这种文化因首先发现在陕西长安县沣西客省庄而得名⑤。它的分布区域主要在黄河流域中游及其支流渭水流域，经过正式发掘的只有客省庄一处。客省庄又名"开瑞庄"，在西安市的西南部，距现在的西安城二十余公里。1955年，进行了一次发掘，共开五十八个探方，揭露面积为2838平方米，发掘的主要收获是发现有房屋十座，袋状窖穴四十三个，陶窑三座和陶、石、骨器等遗物。其中发现的"吕"字形的房屋是个新发现，它是由内室和外室两个房间组成，中间连有过道，居住面是平而硬的土地面，不见"白灰面"，室内中间及靠东壁各有一个凹入地面的圆形小灶，都被火烧得通红。外室北壁的中部有一个大的"壁炉"，附近还有五个小灶，这种房屋都是半地穴式的建筑。推测是木架的屋顶，上面还铺盖有柴草等覆盖物。

另外，在陕西神木县石峁遗址也发现与客省庄二期文化相类似的器物。据报道，该遗址发现的Ⅳ式双耳罐和客省庄遗址出土的同类器形十分近似，石峁的陶鬲和客省庄的Ⅱ式鬲属于同一类型，Ⅲ式单耳罐和客省庄

---

① 青海省文物管理处考古队、北京大学历史系考古专业：《青海乐都柳湾原始社会墓葬第一次发掘的初步收获》，《文物》1976年第1期。
② 夏鼐：《碳–14测定年代和中国史前考古学》，《考古》1977年第4期。
③ 端居：《齐家文化是马家窑文化的继续和发展》，《考古》1976年第6期。
④ 严文明：《甘肃彩陶的源流》，《文物》1978年第10期。
⑤ 《沣西发掘报告》，中国田野考古报告集——考古学专刊丁种第12号。

出土的罐（H173∶11）器形相像①。因此，我们可以认为石峁遗址有客省庄二期文化层。

齐家文化分布的范围比较广泛，东起渭水流域，西至湟水流域，南达西汉水上游，北入黄河上游宁夏阿拉善左旗附近。在这个广泛的地域内共发现齐家文化遗址共三百五十多处②。

现试把甘青地区的齐家文化分布分成：

甘肃东部地区：包括渭河流域、泾河上游与西汉水上游等，在天水、武山、秦安、陇西、静宁、平凉、镇原、泾川、庆阳、宁县和西礼县等地共发现齐家文化遗址一百九十五处，其中经过正式发掘的只有秦安寺咀坪遗址。另外，天水七里墩遗址也比较重要。

甘肃中部地区：包括黄河上游及其支流洮河、大夏河流域。在临洮县、广河、岷县、临夏市、东乡自治县、永靖县、兰州市和榆中县等地共发现齐家文化遗址一百二十八处。其中经过正式发掘的有永靖大何庄、秦魏家、广河齐家坪、阳洼湾、兰州青岗岔等。

甘肃西部和青海东部地区：包括庄浪河流域、湟水流域及其支流大通河，还有河西走廊等地，这一地区普查材料未经全面整理，发现的遗址数未作全面的统计，据零星报道约有几十处。其中经过发掘的有武威皇娘娘台、青海乐都柳湾、大通上孙家寨、贵南尕马台等遗址。

二

上述各个不同地区的典型遗址在年代上是什么关系呢？现在为了确定各遗址的相对早晚关系，必须对这些典型遗址的出土物进行分析比较。

客省庄二期文化，从陶器的器形看，最主要的是三足器，其次是平底器，有少量圈足器。如有碗（H7，器物名称，标本号依原报告，下同）、豆（H179）、小陶杯（T44∶3）、双耳罐（H174∶1）、三耳罐（H96∶7）、壶（H68）、鬲（H174）、斝（H13）、鼎（H17）、瓮（H168）、盉

---

① 戴应新：《陕西神木县石峁龙山文化遗址调查》，《考古》1977年第3期。
② 甘肃省博物馆：《甘肃古文化遗存》，《考古学报》1960年第2期。

（H74）和鬶（H6）与器盖（H168）等。其中鬲多附有单把手，外表饰满绳纹，它都利用圜底罐来作鬲的上半部；壶又称高领折肩罐，它底小肩宽，肩腹间有明显的折棱，肩部以上磨光、腹部饰篮纹；瓮的盖子很特别，它是和瓮身一起制成坯胎后才割开的，盖与瓮口接合处还划上记号，以便盖得更严密（图一）。

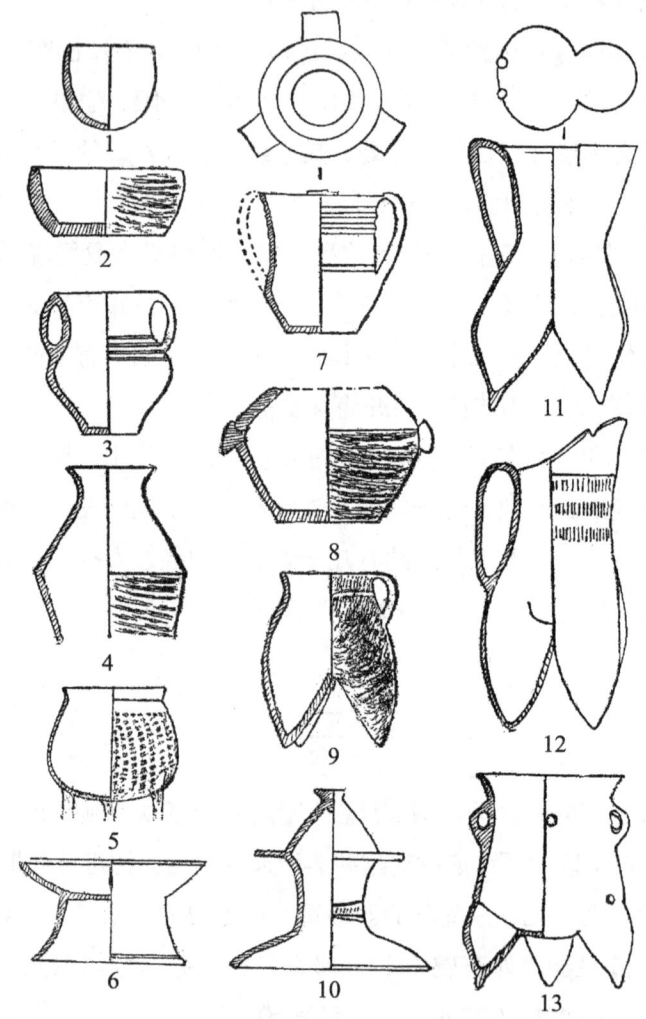

图一　客省庄二期文化陶器
1. 圜底杯（T44：3：1）　2. 碗（H7）　3. 双耳罐（H174：1：3）　4. 高领折肩罐（H68）
5. 鼎（H17）　6. 豆（H179）　7. 三耳罐（H96：7）　8. 瓮（H168）　9. 鬲（H174）
10. 器盖（H168）　11. 鬶（H6）　12. 盉（H74）　13. 斝（H13）

甘肃东部地区，过去调查工作做得较多，但发掘工作却屈指可数。因此，在这个地区采集到完整的标本很有限。据已发表的材料，有一些石、骨器和陶器等。其中最可贵的是在天水七里墩和秦安寺咀坪等遗址所采集的几件陶器，保存比较完整。其器形有高领折肩罐、单耳罐、罐形甑、粗侈口罐、绳纹高裆鬲和双耳罐等。其中高领折肩罐，肩腹间折角明显，器形特别高大，大者高达61厘米，稍小的高度也分别为45.5厘米与58厘米。甑除底部穿有箅孔外，近底处的腹壁上还有一周气孔；侈口罐，器形粗矮，腹部饰满绳纹等。上述陶器都明显地具有齐家文化早期的特点，同时与客省庄二期文化的同类器物很相似。

甘肃中部地区，发掘工作做得较多，材料比较丰富，现以大何庄遗址与秦魏家墓地的出土器物为例，加以说明。

大何庄遗址出土的陶器以平底器为主，三足器与圈足器较少，但有一部分圜底器。其器形有侈口罐（T7∶10）、双耳罐（M75∶2）、盘（T18∶7）、双大耳罐（M36∶2）、圜底罐（TA∶10）、高领折肩罐（F7∶3）、折腹罐（T27∶5）、鬲（T58∶10）、甑（T39∶1）、瓶，形响铃（T41∶6）、鼓形响铃（TB∶7）、穿孔器（T5∶6）、方形器（TA∶9）与器盖（T20∶8 T34∶6）（图二）等。其中最富有特征的有：折腹罐，肩腹间折棱明显，口沿外与腹中部均饰有整齐的小圆圈纹。大口深腹盆，盆内划有不整齐的方格纹。高领折肩罐，肩腹间折棱突出。鬲，鬲足内填一小泥球。甑，除底部穿箅孔外，近底部的腹壁还有一周气孔。瓶形响铃，口部封闭，腹内装有小石块，摇之即响。鼓形响铃，两鼓面正中穿有一孔，腹中部有一周小孔，在其上下还饰波折状划纹。器盖，钮部塑成羊头与狗头的形状，形象生动逼真。这些器物都是其他遗址所少见或不见。

秦魏家墓地出土的陶器比大何庄的有了很大的变化，在制陶术方面有了很大的突破，出现了慢轮生产。陶器类型增多，造型较精美，据统计陶器可分二十二种七十九式。最典型的器物有杯（M58∶5）、盆（M79∶3）、瓶（M112∶1）、单耳罐（M37∶2）、双大耳罐（M134∶4）、高领双耳罐（M91∶4）、三耳罐（T13∶6）、豆（M46∶3）、侈口罐（M106∶3）与鬲（M129∶2）等（图三）。其中单耳罐，宽底大耳，颈部饰三周弦纹；高领双耳罐，整个器身变成瘦长，肩腹间折角不明显；侈口罐，腹深呈桶状，口饰齿状花边。豆，豆把上有两排上下错对的三角形镂孔，每排四个。鬲，较低矮，附一环形耳，矮裆，足尖呈尖锥状。这些陶器都有其独具的特点。

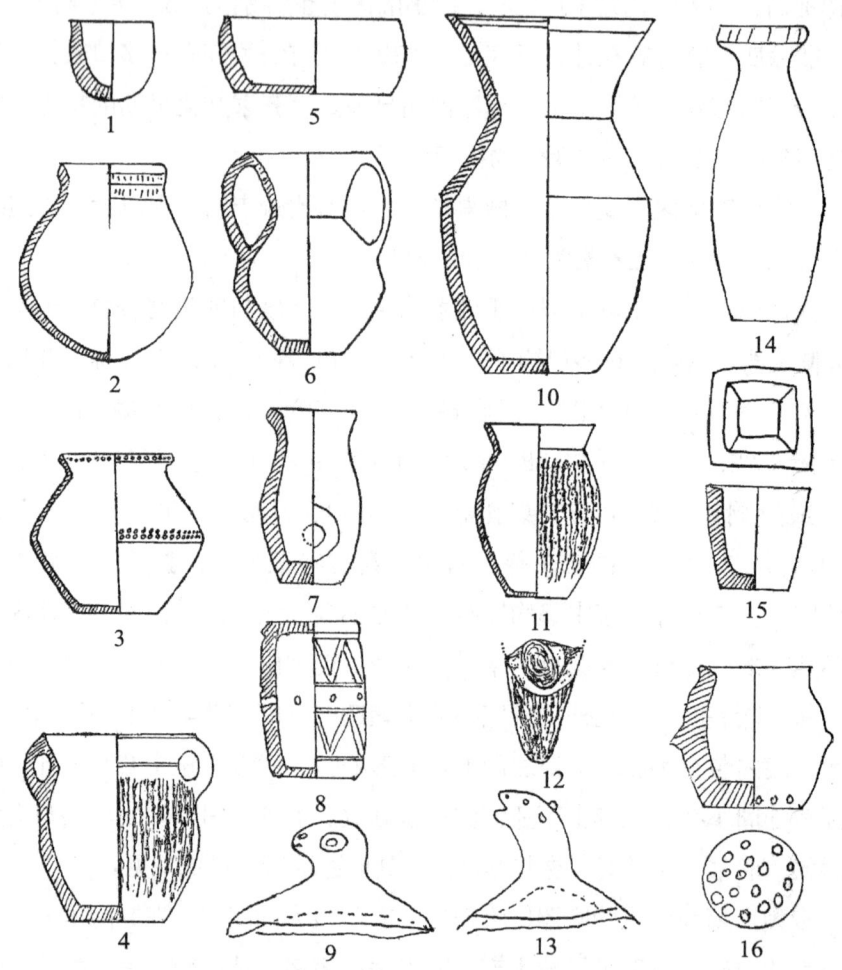

图二　大何庄齐家文化陶器

1.圜底罐（TA：10）　2.圜底罐（T46：1）　3.折腹罐（T27：5）　4.双耳罐（M75：2）　5.盘（T18：7）　6.双大耳罐（M36：2）　7.穿孔器（T5：6）　8.鼓形响铃（T13：7）　9、13.器盖（T20：8，T34：6）　10.高领折肩罐（F7：3）　11.侈口罐（T7：10）　12.鬲足（T58：10）　14.瓶（T41：6）　15.方形器（TA：9）　16.甑（T39：1）

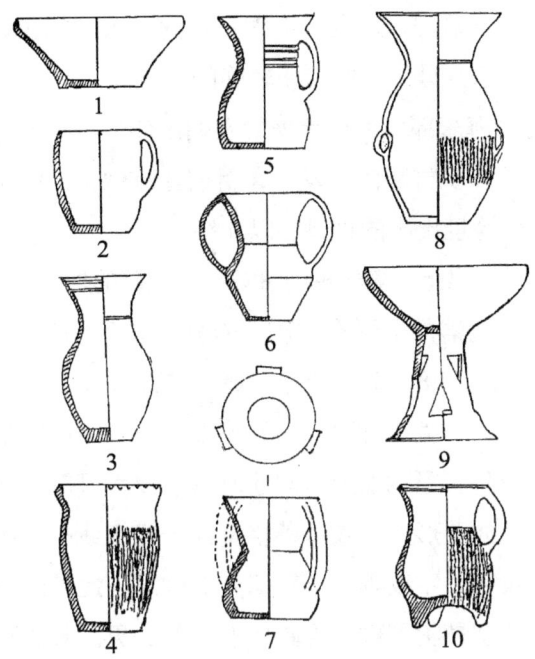

图三　秦魏家齐家文化陶器
1.盆（M79∶3）　2.杯（M58∶5）　3.瓶（M112∶1）　4.侈口罐（M106∶3）　5.单耳罐（M37∶2）　6.双大耳罐（M134∶4）　7.三耳罐（T13∶6）　8.高领双耳罐（M91∶4）　9.豆（M46∶3）　10.鬲（M129∶2）

除陶器外，在石、骨器等生产工具方面，秦魏家显然要比大何庄的进步，如大何庄的石器以打制的为主，器形较简单，制造较粗，石刀绝大多数是两侧带缺口刀。石斧一般只在刃部磨光，通体细磨的很少。秦魏家的石、骨器生产工具，种类增加，制造较精致。骨铲器身较大，刃宽，锋利。石刀形状较规整，穿孔磨光，它无疑比两侧带缺口刀的劳动效率要高。至于随葬品，大何庄与秦魏家也显然不同。大何庄墓葬的随葬品较少，虽然各墓的随葬品数量也有差别，但还没有发现多少悬殊的现象，说明当时私有制已萌芽，但还不甚明显。而秦魏家出现私有制却是非常明显的，表现在墓中随葬品的种类和数量均有明显的差别，其中最能说明问题的是家畜。秦魏家发现有四十六座墓都有猪下颌骨随葬，总数达四百三十块。但各墓数目不等，少的仅一块，多的竟达六十八块。这种以猪为主的家畜应是当时作为衡量财富的标尺，数量上的差别，正说明了当时已明显地出现了贫富不均的现象。因此，有理由认为，大何庄应处于齐家文化较早的阶段，而秦魏家则处于齐家文化较晚的阶段。

甘肃西部与青海东部地区近年来的发掘工作也做得较多，并且有许多新的发现，但由于许多材料尚未发表，目前还难做全面综合的研究。这里仅以武威皇娘娘台遗址出土的材料加以介绍。

皇娘娘台遗址，出土的陶器相当可观，除破碎的外，完整和可复原的陶器，计约五百件。陶器的器形有：碗、彩豆（M47：10）、尊（M37：5）、双大耳罐（M47：11，F8：6）、双小耳罐（M31：1，M32：5，M30：2）、三耳罐（M48：3）、与壶（M30：15）等（图四）。这里值得注意的是这里出现了较多的彩陶，彩陶器形有双小耳罐、双大耳罐与豆等。花纹一般都是几何形图案，如菱形方格纹、菱格网纹、粗细线相间的弧线纹、三角网纹、连续田字纹和十字纹等，个别似变形蛙纹。此外还有圈足双耳尊与镂孔双大耳罐，造型精美别致，为其他遗址所少见。彩陶豆对齐家文化来说，是一个新发现，其器形与马厂同类器物相似。

若从生产工具等方面比较，皇娘娘台齐家文化比秦魏家更为进步。这里出现一批玉石铲，质优工细，器身扁薄，刃锋利，通体磨光，其工艺水平是相当高的。石刀、石斧盛行钻孔技术，长方形石刀普遍穿单孔，有的还穿双孔，石斧近顶端处穿孔，形制一般较大。这里随葬品的种类数量的差别更为悬殊，如随葬陶器，有的墓仅一件，有的墓则多达三十七件，随葬玉石璧，少者一件，最多者达八十三件，明显的是当时氏族成员之间财富不均，社会地位不同的反映。同时这里还发现几座一男二女合葬墓，说明当时男子不仅拥有一个妻子，还占有更多的妾奴。这显示出皇娘娘台的齐家文化要比秦魏家的齐家文化发展到更高的阶段。换句话说，皇娘娘台齐家文化在时间上要比较晚些。

从上面的分析比较中，我们可以将齐家文化各区典型遗址的相对年代排成这样的顺序：天水七里墩（包括秦安寺咀坪）——大何庄——秦魏家——皇娘娘台，即东边的相对年代要比西边的早。

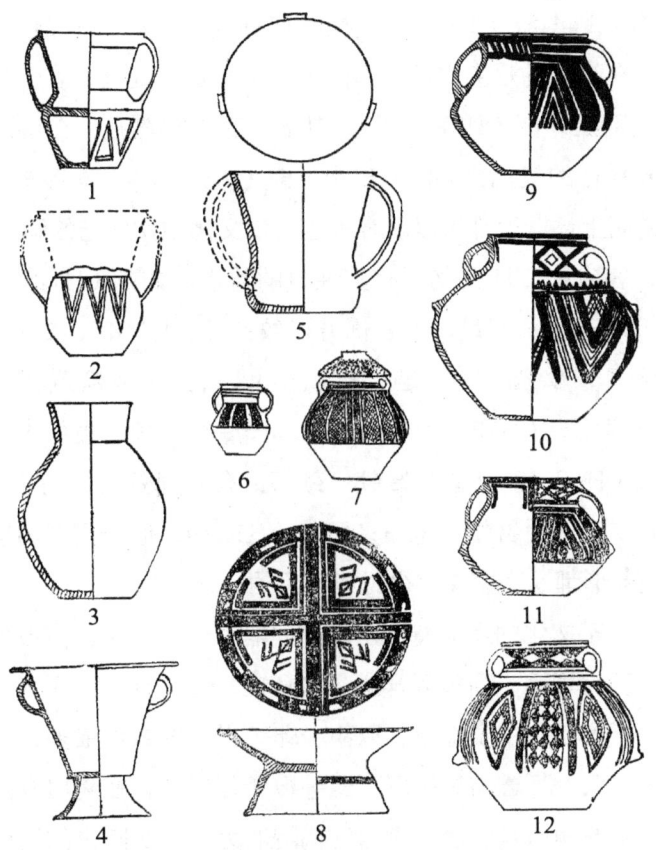

图四 武威皇娘娘台齐家文化陶器

1、2.双大耳罐（M47：14，F8：6） 3.壶（M30：15） 4.尊（M37：5） 5.三耳罐（M48：3） 6、7.双耳罐（皇娘娘台） 8.豆（M47：10） 9、10、11、12.双小耳罐（M31：1，M32：5，M30：2，M9）

三

要研究齐家文化与客省庄二期文化的关系问题，我们首先要分析一下齐家文化与客省庄二期文化两者之间存在的共同性和它们的差异性。

从最能代表某一文化特征的陶器着手，从陶器标型来说，客省庄二期文化出土的双耳罐、圜底罐、壶、粗侈口罐、鬲和甗等与齐家文化的双大耳罐、圜底罐、高领双耳罐、侈口罐、鬲、与甗等是很相似的。如壶（又称高领折肩罐 H68），高领、折肩，腹部饰篮纹与齐家文化同类器形相仿；

圜底小陶罐（T44∶3∶1）与大何庄圜底罐酷似；鬲（H174∶1∶1），高裆，袋足，在鬲足的足尖内部总是附加一块泥或一泥球，在大何庄也发现同样特点的鬲足；甑（H27），器形似罐，底上穿箅孔，在接近底部的腹壁上有一周斜行的气孔，大何庄出土的甑（T39∶5），器形与其相仿。凡此种种，说明上述器形都可以从客省庄二期文化中找到它的同类器物。

同时，客省庄二期文化还有其独自的特点。如鼎（H12），上半段为圜底罐，下附三个扁圆足，外表饰方格纹；盉（H174），口部前高后低，带流，宽大耳，窄裆，高袋足。鬶（H6），口部捏成葫芦状，带流，单耳，器壁特薄；斝（H13）上半身为双耳圜底罐，颈、腹部均有铆钉形装饰。三耳罐（H96∶7），直口高领，颈部饰有四周弦纹。瓮（H168），敛口，肩腹间安有一对钉帽式錾钮；器盖（H168），似一帽形的顶，造型较特殊。上述器形都是齐家文化少见或不见的。

总之，齐家文化的陶器特点是以平底器为主，三足器占很少比例，常见的器形是双大耳罐、高领双耳罐、单耳罐、侈口罐等。而客省庄二期文化却相反，三足器占主要地位，以鬲、斝等出土的数量最多，它是客省庄的典型器物，双大耳罐与高领双耳罐等数量却很少，在陶质方面也显然不同，齐家文化的陶质是以橙黄陶与红褐陶器为主，灰陶占的比例很少。据统计，大何庄的陶系均属于泥质橙黄陶与夹砂红褐陶，不见灰陶。秦魏家泥质橙黄陶与夹砂红褐陶占全部陶器97.64%，而灰陶占2.36%。但客省庄的则相反，它以灰陶系为主要成分，据统计灰陶系占全部陶器80%以上，红色陶器仅占18%。同时，在彩绘花纹方面，客省庄二期文化只有朱绘一种，并且只发现一件红色陶片，而齐家文化却较多地发现了彩陶器，甘肃西部和青海东部地区，近年来发现的更多。所以，从陶器群的整体看，齐家文化与客省庄二期文化的关系只能说它们由于所在地区邻近，彼此间可能有较频繁的交流，互相影响较深，关系较为密切，但不能说它们属于同一文化系统。

关于齐家文化与客省庄二期文化的绝对年代问题。客省庄遗址本身未曾进行碳-14测定，这里借用龙山文化的几个数据作为参考。河南的龙山文化是与客省庄二期文化很接近，它的碳-14年代约在公元前2500～前

2300年，那么，客省庄二期文化的年代也应该相去不远。

齐家文化与龙山文化的绝对年代基本上是清楚的，现在将中原地区龙山文化几个标本与齐家文化的标本测定的数据列表比较如下。附碳-14测定数据表。

表中列举了七个标本的数据，其中四个标本数据是属于龙山文化，三个数据属于齐家文化。在四个龙山文化年代的数据中，不管是庙底沟还是王湾，或是下潘汪、后岗的数据都比齐家文化的年代要早。客省庄二期文化比较接近于王湾龙山文化，约在公元前2300年。齐家文化的三个碳-14数据，分别为公元前 2050±115、2015±115、1915±155 年，柳湾齐家文化要比大何庄晚一百年。如果把大何庄齐家文化的年代数据与王湾龙山文化相比，要晚三百多年。由此可证龙山文化要早于齐家文化。

四

综上所述，甘青地区齐家文化从早到晚、从东到西是一脉相承发展下来的，各地区不同遗址之间是互相区别又互相联系的同一文化系统的不同发展阶段。

同时，值得注意的是在甘肃东部天水、秦安等地出土的高裆鬲、罐形甗、高领折肩双耳罐等与客省庄二期文化的同类器物很少区别，相反，在甘肃西部尤其是河西走廊出土的器物与客省庄二期文化却有较大的差别。在绝对年代方面，经碳-14测定结果，确证龙山文化早于齐家文化，而且齐家文化本身的年代也是东的比西边的要早。因此，我们可以这样说，越靠近东边的齐家文化受客省庄二期文化的影响就越深，年代也越早；越靠近西边的齐家文化与客省庄二期文化的差别就越大，年代也越晚。所以，我们认为齐家文化是从东边往西边发展的，具体地说，它可能是从渭河流域往西发展，中经洮河、大夏河，再往黄河上游及其支流庄浪河、湟水流域等方向发展的。

（本文原载《文物》1979年第10期）

龙山文化、齐家文化碳-14年代一览表

实验室标本号	地点	地层或墓号	材料	文化性质	距今年数（bp.1950年起算）		历年（公元前）	树轮校正（D.L.W.）B.C.
					（5570年）	（5730年）	（5730）B.C.	
2K111	陕西庙底沟	H588	木炭	龙山早期	4140±95	4260±95	2310±95	2787±145
2K200	河北磁县上潘汪	第三层	蚌刀	龙山	3935±95	4050±95	2100±95	2515±145
2K126	洛阳王湾	H79（三期）	木炭	龙山	3838±95	3950±95	2000±95	2390±145
2K133	安阳后冈	H2	木头	龙山	3800±90	3910±90	1960±90	2340±140
2K15	永靖大何庄	F7木柱	木头	齐家	3571±95	3675±95	1725±95	2050±115
2K23	永靖大何庄	F7柱洞内	木炭	齐家	3542±95	3645±95	1695±95	2015±115
2K347	乐都柳湾	M392	棺木	齐家	3470±140	3570±140	1620±140	1915±155

关于齐家文化研究中的几个问题

齐家文化是黄河流域原始社会考古研究的重要课题之一。解放后，我国考古工作者对齐家文化遗址（包括墓地）做了大量的调查发掘工作，并发表了不少论著，它是新中国考古研究中的重要成果之一。

近年来，不少学者对发掘规模较大、资料较完整的齐家文化典型遗址，如甘肃武威皇娘娘台、永靖大何庄与秦魏家等遗址进行了较为系统的综合或专题研究。特别对齐家文化的源流、分布与具体遗址的分期诸问题进行了深入的讨论，为齐家文化及其有关问题的研究做了有益的探索，取得了可喜的成绩[①]。《考古学报》1987年1、2期发表的《齐家文化研究》（以下简称《齐文》）[②]一文中，用较大的篇幅对齐家文化进行了较全面的论述，特别是对皇娘娘台、大何庄、秦魏家等遗址的分期、分段做了相当详细的分析、排比，并提出了齐家文化可分成三期八段的新见解。但是由于《齐文》在考古学方法和资料处理上的不当，故其结论是难以成立的。为此，我们拟提出一些意见，与《齐文》作者商榷。

（一）考古学的任务是研究人类古代的社会历史，就考古学的研究方法而言，在原始社会时期的研究重点必须放在诸原始文化的整体系列与类

---

① 夏鼐：《齐家期墓葬的新发现及其年代的改订》，《考古学论文集》，科学出版社，1961年；安志敏：《甘肃远古文化及其有关的几个问题》，《考古通讯》1956年第6期；张学正：《甘肃古文化遗存》，《考古学报》1960年第2期；谢端琚：《试论齐家文化与陕西龙山文化的关系》，《文物》1979年第10期；《论大何庄与秦魏家齐家文化的分期》，《考古》1980年第3期；胡谦盈：《试论齐家文化的不同类型及其源流》，《考古与文物》1980年第3期。

② 张忠培：《齐家文化研究》（上、下），《考古学报》，1987年第1、2期。

型上，而不是放在孤立的、单独一件器物上。关于考古学文化的分期，应根据地层关系与共出的器物群特征及其组合关系。在陶器方面还得注意不同器类之间的共存关系。如果仅依据个别器物或某些器物的细部变化进行分期或分段，那就不可能避免错误。《齐文》在讨论几个重要遗址的分期分段问题上，似乎也存在了这方面的问题。

关于皇娘娘台的分段问题。《齐文》是把皇娘娘台遗存分为自早至晚四段：一段以F8为代表，二段为M29组，包括M37、40、42、47、52、55、59、60、65、73、87；三段为M38组，包括M46、54、82；四段为M27组，包括M24、30、32、33、48、56、57、67、68、76、83、88等。

据《武威皇娘娘台遗址第四次发掘》[①]报道，皇娘娘台遗址地层堆积共分三层：第一层，耕土；第二层，发现房屋残迹，还有墓葬；第三层，发现房址、窖穴和大部分墓葬。齐家文化遗存主要是第二层与第三层，若把它相对年代分为早晚两期是无疑义的。但《齐文》把它分为四段，从地层关系上说，未免缺乏根据，从出土器物群的演变上看，同样也难以成立。

现在，就拿《齐文》中所提到，并把它归入M27组即第四段的M24为例。

我们根据发掘报告《甘肃皇娘娘台遗址发掘报告》[②]报道，M24出土情况是：三人合葬，一男二女。头南足北，都是成年人。男性仰卧正中；左右两侧各有女性骨架一付。随葬陶器十六件，横列头足两侧。其中，陶器见于发掘报告的有：陶盆1件，陶豆1件，双耳瓶（双大耳罐）2件，双耳短颈罐1件，双耳长颈罐1件，大口双耳罐1件，侈口圆肩罐1件，共8件。这是一组比较完整具有皇娘娘台齐家文化特征的陶器物群，它应是该遗址陶器分期的最好标尺。但奇怪的是《齐文》却把这样一组比较完整的陶器群人为地分别划入不同的段别。例如M24出土的双大耳罐共二件，一件同于《齐文》四段M27组的Ⅱ式双大耳罐（M32：3），另一件同于三段M38组的Ⅰ式双大耳罐（M38：1），M24陶尊同于三段的Ⅱ式尊（M38：3），M24陶豆同于二段M29组的Ⅱ式豆（M40：6），而M24

---

① 甘肃省博物馆：《武威皇娘娘台遗址第四次发掘》，《考古学报》1978年第4期。
② 甘肃省博物馆：《甘肃武威皇娘娘台遗址发掘报告》，《考古学报》1960年第2期。

双小耳罐同于三段 M38 组的 Ⅰ 式双小耳罐（M46：6）等（图一）。一个墓所出器物经主观排比，分别划入了二、三、四段，这样划分段别法，显然是十分不科学的，而且，也失却了分期分段的价值。

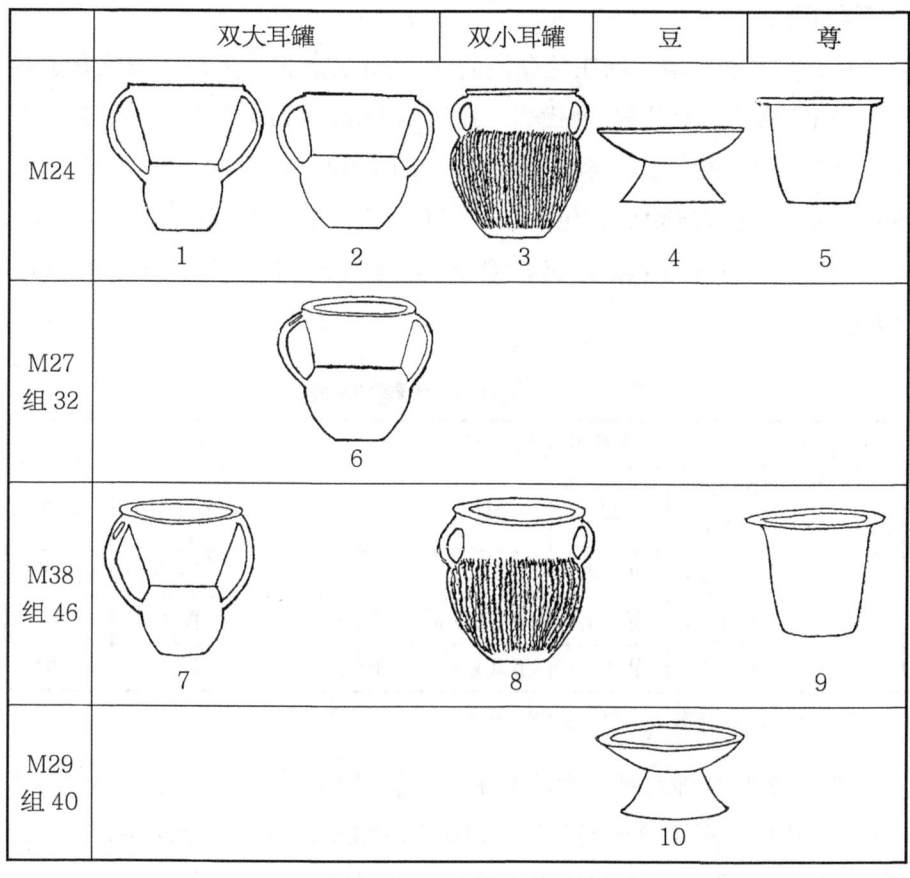

图一　皇娘娘台随葬陶器

1～5.M24　6.M32：3　7.M38：1　8.M46：6　9.M38：3　10.M40：6
（注：本图是根据原报告图版照片绘制的。）

我们再从《齐文》所分皇娘娘台陶器三段（二、三、四段）的比较中，不难看出有不少器都是三段共有，并且是同型式的。例如 Ⅱ 式双耳折肩罐、Ⅱ 式豆、Ⅱ 式单耳罐、Ⅱ 式尊、Ⅱ 式和 Ⅳ 式双小耳罐等，都是完全相同的。可见这种三段共有器物现象并非孤例，而且还可以列出不少实例来，这些陶器在皇娘娘台遗址（包括墓葬）中，都是常见的，也是带有代表性的器物（表一）。既然具有这么多共性的器物，所以就很难总结出这三段器物群的各自鲜明特征来。难怪《齐文》也不得不承认:"这三组墓葬有相当多的器物的型式相同,或虽有区别,但变化不大。"这就使我们很难理解,既然看到这个客观事实,为什么还把皇娘娘台墓葬与随葬陶器分成三段呢?

(二)关于永靖大何庄的分段问题。《齐文》把大何庄齐家文化遗存亦分为四段:一段以 F7 为代表;二段为 M66 组,包括 M1、4、7、13、17、18、20、22、35、43、47、58、61、62、70、74、75、76、79、86、90;三段为 M89 组,包括 M6、24、27、34、36、39、53、54、55、57、63、87、88;四段为 M40 组,包括 M16、37、42、48、56、60、69 等。

表一 皇娘娘台随葬陶器表

墓组\器型	泥质红(灰)陶				夹砂红褐陶	《齐文》分段
	双耳折肩罐	豆	单耳罐	尊	双小耳罐	
M27	Ⅱ(6)	Ⅱ(1)	Ⅱ(8)	Ⅱ(3)	Ⅱ(2)、Ⅳ(5)	四段
M38	Ⅱ(2)	Ⅱ(1)	Ⅱ(2)	Ⅱ(2)	Ⅱ(1)、Ⅳ(1)	三段
M29	Ⅱ(4)	Ⅱ(1)	Ⅱ(9)	Ⅱ(4)	Ⅱ(3)、Ⅳ(6)	二段

注:罗马字代表式别,阿拉伯字代表件数。

据《甘肃永靖大何庄遗址发掘报告》[①]报道,该遗址地层堆积情况:"揭去现代耕土层(第一层)后,即见遗址堆积,可分上下两层,上层即第二层,主要是黄褐土和红褐土堆积;下层即第三层,以浅灰土为主。"并以 TA 的西壁与 T57、58 的南壁的剖面为例,加以说明。同时,根据上下两层出土物进行分析比较后,在报告的结语中指出,大何庄齐家文化遗存上下两层出土的陶器,在相对时间上存在着早晚的差别。现在看来,根据地层堆积与出土器物,把大何庄遗存分为上、下层,即早晚两期是比较稳妥的,也为大家所接受。但《齐文》却从上、下两层中再分出一段别

---

① 中国科学院考古研究所甘肃工作队:《甘肃永靖大何庄遗址发掘报告》,《考古学报》1974 年第 2 期。

来，即所谓三段的 M89 组，因而，这里首先需着重讨论这个三段的问题。

《齐文》所谓三段的 M89 组，共 14 座墓，即指 M6、24、27、34、36、39、53、54、55、57、63、87、88、89 等。我们综观这组随葬陶器，它既含有二段 M66 组的陶器，又有四段 M40 组的陶器。例如Ⅰ式碗、Ⅱ式双大耳罐、Ⅲ式豆、Ⅱ式、Ⅲ式、Ⅴ式侈口罐等，这些型式的陶器在三段与四磁中都是共有的。又如Ⅰ式双关耳罐、高颈双耳罐、Ⅰ式与Ⅱ式豆、Ⅰ式、Ⅳ与Ⅴ式侈口罐、Ⅰ式双耳罐等，在三段与二段相同，没有什么明显的差别。并且，上述的双大耳罐、高颈双耳罐、豆和侈口罐等都是大何庄齐家文化墓葬中较为常见且具有代表性的陶器物群（表二）。

表二　大何庄随葬陶器表

陶系	泥质红陶（A）				夹砂粗红褐陶（B）		《齐文》分段
器型 墓组	碗	双大耳罐	高领双耳罐	陶豆	侈口罐	双耳罐	
M40 组	Ⅰ	Ⅱ		Ⅲ	Ⅱ、Ⅲ、Ⅴ		四段
M89 组	Ⅰ	Ⅰ、Ⅱ	A	Ⅰ、Ⅱ、Ⅲ	Ⅰ、Ⅱ、Ⅲ、Ⅳ、Ⅴ	Ⅰ	三段
M66 组		Ⅰ	A	Ⅰ、Ⅱ	Ⅰ、Ⅳ、Ⅴ	Ⅰ	二段

注：①陶系格内 A、B 代表不同陶系；
②器型格内 A 为未分式别的代号。

从表中清楚地看出，所谓三段 M89 组的随葬陶器是并合二、四段的陶器组合群，它本身并没有区别于两者而独具特征的陶器组合群，因此，另分出这一段别来，就是毫无意义的了。

问题的症结在于，M89 组所包括的墓，有的是属于上层，有的是属下层，它变成了一个杂烩组，如 M6、24、27、63、89 等五座墓属于下层，M34、36、39、53、54、55、57、87、88 等九墓属于上层。

再说《齐文》所谓大何庄一段，仅举房子 F7 出土的一件标本，即高领折肩罐。既然作为一段，就得具有一定的时间概念。在这一定时间内很难想象只存留了一件器物，而没有与其相联系的遗迹或遗物与之共存。因此，这种割裂联系，孤立地设立一段的分段法，是难以使人表示赞同的。

同时,《齐文》认为:"大何庄一段的年代,在秦魏家二、三段之间。"这可能是《齐文》作者对大何庄齐家文化遗存缺乏全面的了解,或者没有看到大何庄下层有一组具有明显早期特点的陶器群。例如:大何庄下层出土的锥形足鼎、绳纹鬲或斝、罐形甗、陶盆、圜底罐、双耳罐、筒形杯与高领折肩罐等,都是齐家文化早期的器物。并且从年代比它早的客省庄二期文化中可以找到同类的器物①。这里不妨做个比较,大何庄下层的Ⅰ式双耳罐(M75∶2)与客省庄双耳罐(T20∶3),器形雷同,皆在颈部置一对称的环形耳,腹最大径偏上,外差遍饰绳纹。大何庄出土的两件鬲足(T57∶14,T58∶10),其特点与客省庄的Ⅲ式鬲(H179∶2)是一样的,在足尖内部附加一泥块或一泥球,外饰粗绳纹。大何庄Ⅰ式筒形杯(T7∶11)与客省庄杯形小陶器(H27)为同类器,器身皆呈圆筒形。大何庄Ⅰ式圜底罐(F2∶2)与客省庄的圜底小陶器(T44∶3∶1)相似,均是圜底,器形小巧。大何庄陶甗(T39∶5,TB∶6)与客省庄陶甗(H27)近似,皆罐形,平底有气孔,在接近底部的器壁上有一周斜穿的气孔(图二)。我们知道客省庄二期文化的相对年代要比齐家文化早,既然两者在不少器物上是雷同或相似,表明大何庄下层的年代也是比较早的。因此,我们有理由认为大何庄下层的年代绝不会晚于秦魏家下层的年代。《齐文》把大何庄一段的年代,划在秦魏家二、三段之间是不妥当的。

(三)关于秦魏家南墓地的分段问题。《齐文》把秦魏家南墓地分成六段:一段以H1为代表;二段以H68为例;三段即指原报告的下层墓葬(第三层),包括M36、43、53、74、75、89、98、109;四段即指原报告上层(第二层)的部分墓葬,包括M10、12、17、19、21、23、24、30、34、37、41、45、47、51、56、60、61、65、69、82—86、88、91、96、100、104、112、115;五段包括M9、20、52、90、95、103;六段包括M1、3、6、8、11、13、22、27、29、33、35、38—40、42、44、49、54、55、57、58、62、67、78、80、81、87、99等。四至六段墓都是出自墓地的上层,即第二层。

---

① 中国科学院考古研究所:《沣西发掘报告》,文物出版社,1962年。

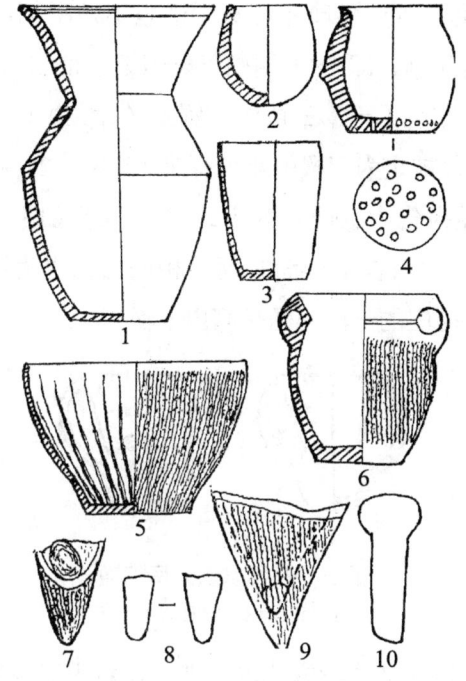

图二　大何庄早期陶器

1. 高领折肩罐（F7∶10）　2. 圜底罐（F2∶2）　3. 杯（T7∶11）　4. 甑（T39∶5）
5. 深腹盆（T19∶2）　6. 双耳罐（M75∶2）　7、9. 鬲足（T58∶10、T57∶14）
8、10. 鼎足（T11∶5、6）

（采自《考古学报》1974年第2期,《甘肃永靖大何庄遗址发掘报告》等。）

据《甘肃永靖秦魏家齐家文化墓地》[①]报道，该遗址地层堆积情况是这样的：第一层，农耕土；第二层，为齐家文化墓地，共发现墓葬99座和"石圆圈"遗迹一处；第三层，亦为齐家文化墓地与住地，共发现墓葬8座与窖穴60个。不论上层墓葬，还是下层墓葬，人骨架头面皆朝西北方向，并且，墓坑都各自处于同一层面上，排列有序，是一处完整而不可分割的氏族公共墓地。

秦魏家南墓地的地层堆积，很清楚的属于齐家文化遗存的就是二层与三层。从出土的器物来说，两层的区别是明显的，所以把南墓地分为早晚两期是合乎客观实际的。《齐文》无视地层关系，把秦魏家南墓地分成

---

① 中国科学院考古研究所甘肃工作队：《甘肃永靖秦魏家齐家文化墓地》，《考古学报》1975年第2期。

六段不仅证据不足，而且繁琐无意义。这里不妨举例加以说明。如六段中，一、二段都是孤例，即一件器物代表一段，而且二段代表性器物并不是某段所特有的，它也见于第三段中。例如《齐文》认为二段的双大耳罐（H68∶3）与另一件被定为三段的双大耳罐（M89∶1）同出于下层位，两件陶器相同。在原报告中被同定为Ⅰ式双大耳罐（图三），因型式相同，划归一式自无疑义。《齐文》作者把两个相同器物人为地划分一、二级的谬误与上述划分大何庄的一段问题是同出一辙。

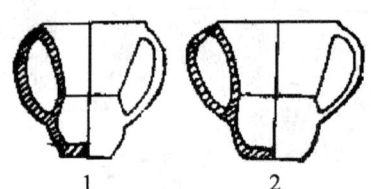

图三　秦魏家双大耳陶罐
1. M89∶1　2. H68∶3

众所周知，要进行考古学文化的分期，仅着眼于少数几件器物，甚至是孤例的比较，它就很难具备分期或分段的代表性。分期必须从数量多，经常出现的有代表性的一组器物中去探求。只有这样，归纳出来的文化特征才比较真实，作为分期的依据也较准确可靠。像《齐文》那样仅根据孤例（一件陶器）器物即定为一段别，这是很不恰当的。

《齐文》所说的一、二、三段，实际上就是原报告的下层（即第三层），均属秦魏家早期遗存。

现在再讨论《齐文》关于秦魏家南墓地的四、五、六段问题。这三段遗存从地层关系上都属于同一层堆积的第二层。从出土器物来说，大部分是相同的。我们不妨以《齐文》的《秦魏家南墓地四至六段墓葬随葬陶器类型表》为例。表中所列Ⅳ式碗、Ⅲ式敞口罐、Ⅴ式双大耳罐、Ⅳ式高领双耳罐、Ⅱ式、Ⅴ式豆等器类，在五段与六段都是共有的。同时，Ⅳ式双大耳罐、Ⅲ式高颈双耳罐、Ⅱ式、Ⅴ式豆、Ⅲ式、Ⅳ式侈口罐等式别的陶器，在五段与四段也是共有的。对秦魏家南墓地上层的陶器来说，上述的双大耳罐、高颈双耳罐、碗、豆与侈口罐等是这里最常见也是最有代表性的陶器组合群。既然，主要的陶器组合群在各段都是相同或基本相同的，那么，强行分段就是不合适的了。

（四）关于秦魏家北墓地的分段问题。《齐文》把该墓地的随葬陶器分为三段：一段包括M107、108、118、119、125、132；二段包括M105、106、110、113、114、122、123、128；三段包括117、120、121、124、127、129—131、133、134、136—138等。

据《甘肃永靖秦魏家齐家文化墓地》报道："秦魏家北部的地层堆积较薄，农耕土下即见齐家文化墓地，共发现墓葬29座"。[1]北墓地规模较小，29座墓排列成整齐的三排，人骨架头向一律朝西。墓葬坑口都开在第二层，并且都处在同一地面上，墓坑排列有序，甚至排与排之间的间距也大体相等。墓坑与墓坑之间也不存在叠压或打破的地层关系，其年代应属于同一时期。在随葬器物上，也没发现不同期的器物群。

我们从北墓地随葬陶器中可看出：所谓三段陶器明显存在着共同性，找不出各段各自特征的器物群。例如：随葬陶器除某些孤例或少数陶器外，绝大多数的陶器具有共存关系。如Ⅲ式碗、Ⅲ式单耳罐、Ⅲ式高领双耳罐、Ⅳ式与Ⅴ式侈口罐等都是共有的（表三）

表三　秦魏家北墓地随葬陶器表

器型段别	碗	折腹罐	豆	单耳罐	高领双耳罐	单小耳罐	双大耳罐	侈口罐
三段	Ⅲ(3)、Ⅳ(2)	Ⅰ(1)	Ⅱ(1)	Ⅲ(1)	Ⅲ(7)	Ⅱ(1)	Ⅳ(10)	Ⅲ(6)、Ⅳ(4)、Ⅴ(13)
二段	Ⅲ(2)、Ⅳ(1)	Ⅲ(1)	Ⅰ(1)	Ⅲ(1)	Ⅲ(6)	Ⅰ(1)	Ⅲ(8)、Ⅳ(8)	Ⅲ(2)、Ⅳ(2)、Ⅴ(12)
一段	Ⅲ(1)	Ⅰ(1)	Ⅱ(1)	Ⅲ(1)	Ⅲ(6)	Ⅱ(1)	Ⅲ(6)	Ⅳ(1)、Ⅴ(13)

注：①罗马字代表式别；
　　②阿拉字代表件数。

---

[1] 中国科学院考古研究所甘肃工作队：《甘肃永靖秦魏家齐家文化墓地》，《考古学报》1975年第2期。

总之，在北墓地三段陶器中，除少数器类外，主要器类的组合及器物本身的形态等没有发生什么明显的变化，更总结不出各自的文化特征，这样分段是没有什么分期的意义。

秦魏家北墓地被《齐文》分为三段的29座墓，既出于同一层位，随葬陶器又大致相同，在墓葬的分期上，应当归为一期比较稳妥。

同时，《齐文》在具体器物的分段或早晚关系上，还出现很多矛盾之处，如《齐文》说："北墓地双大耳罐出现的年代顺序只能是Ⅲ式最早，Ⅳ式居中，Ⅴ式最晚"。但实际情况并不是这样，只要仔细查阅原报告，就会发现很多不同式别的双大耳罐是同出的，因此，很难确定某一式是早，某一式是晚的。如Ⅳ式与Ⅴ式双大耳罐是在一座墓出的（M135），Ⅲ式与Ⅳ式双大耳罐是在8座墓中同出的（M105、106、110、113、114、122、123、128），约占北墓地总数的四分之一强。并且，Ⅴ式双大耳罐在北墓地还是孤例，并与Ⅳ式双大耳罐共存，它本身就不典型，不能作为分期的代表。因此，这种既无地层叠压关系，又无伴出的成组陶器，仅凭个别现象即做出判断，便缺乏可靠的基础，而分期的结果必然是不符合客观实际的。

（五）关于齐家文化墓地的排列结构问题。上面已提到秦魏家北墓地共29座墓，都处于同一层位，自北至南分成三排墓坑，划一整齐，排列有序，它是一处较完整的氏族公共墓地。但《齐文》却"将北墓地分为排列位置联接和年代早晚基本衔接的四个墓组，即：一排及二排的M124、117为一组；二排中部，即除去两头的M124、117、125后，剩下的八座墓葬为二组；二排的M125与三排北边的九座墓葬为三组；三排南头的M132、128列为四组"。

前已提及北墓地随葬陶器三个级别的划分，由于缺乏地层及其伴出的有区别的器物为依据，这种分段法纯是主观的。因此，《齐文》以段别为基础再划分出四个墓组，当然就是无本之木，更总结不出四个墓组各自的特点，所以，这种墓组的划分，既无根据，也不说明什么问题，这里也无需多讨论。

关于皇娘娘台墓地的排列形式问题。《齐文》说："展现在人们面前的《皇娘娘台第四次发掘墓葬平面图》（见《齐文》图六），显示出来的墓地布局，和前二处墓地呈排列式的条形结构不同，是块状形的结构。……第四次发掘的墓葬大致可分成由南至北的三块，块间略有空隙。一块位于墓地的南部，M68、65 等几座是它的北端。二块位于墓地中间，其南以 M32、67、45 为其南缘，北境可包括 M70、59、36。三块的南境至 M77、69、83 为止"。其分块的根据是"每块中间未埋墓葬，留着一大小约略相等的空地，墓葬绕中间空地略呈环形排列。空间是区分墓块的唯一因素"。

我们仔细看了皇娘娘台第四次发掘的墓葬坑位图，既不像是块形结构，也不是呈环形排列的。它是一个大体排列有序的完整统一体——氏族公共墓地，因此，很难把它分割开，即使中间有些空隙，也不像有意留出的，何况所谓的空隙处也有墓葬。《齐文》说，三块之间的墓葬可明确归属其中的某一块。实际上空隙间的墓葬是很难划归某一块属的。例如，在一、二块间隙的 M35，它南与 M38 为邻，北与 M46 接近，它们之间的间距相差无几。又如 M68，它南与 M56 为邻，北与 M67 靠近，相互间的距离也差不多。另如 M81、82 跟它两边的墓间距也大体相等。同样情况，在二、三块之间的 M70，它南与 M41、北与 M69 之间的间距差别不大，甚至更靠近三块的 M69，但《齐文》却把它划分到二块内。因此，不论把它划分到那一块，都是不确切的。我们认为，皇娘娘台墓坑排列，与其说是块状形排列结构，倒不如说它是条形结构。若从墓地的西南往东北方向观察皇娘娘台墓葬坑位，你会发现除少数墓外，大部分墓坑基本上是成排排列的。例如皇娘娘台墓坑图上，其中，M29、28、46、39 等为一排；M30、58、65、45、49、50、59 等为一排；M32、33、67、42、48 为一排；M37、55、54、66、68、52、43、41、70 等为另一排等，基本上呈一直线，并且还是较整齐的一排。这里墓坑的排列，虽然不如秦魏家墓地排列得那样井然有序，但从整体结构来说，它也还是属于条形排列的。

《齐文》说："南墓地（指秦魏家墓地）的墓组往往由两个墓葬组成。合葬墓数量这样少的墓组，很可能是当时盛行的单偶婚制下夫妻异穴合葬墓，有的也可能是父子异穴合葬墓。……M10、M19 两座墓在三排中部，两座墓中间是 M20；M13、M11 在五排，也位在该排的中部。这两墓中间夹着 M12。……这四座墓葬，前一对是年龄相近，成年男性，后一对恰巧是成年女性。假设这里都是夫妻异穴合葬墓，那么，凡位于墓排中部任何中间隔着一座的两座墓，性别必定是同属男性，或同属女性。"

实际情况并非如此。我们不妨看看秦魏家墓葬人骨鉴定的具体材料吧！南墓地第五排的 M11、M13 均女性，但她们的年龄却不很清楚。在颜訚先生鉴定的人骨性别、年龄登记表上，M13 墓主人年龄是打着问号的，也就是说，还不能肯定是成年，而对 M11 墓主人的年龄数，亦未予判明①。但《齐文》作者却说两者恰巧是成年女性，这未免过于武断。在人类学上还得不到肯定，哪能轻易地做出结论？同时，在 M11、M13 之间的 M12 与 M10、M19 之间的 M20，这两座墓的人骨均未经鉴定，现在无法判断其性别。但《齐文》作者却主观的推定 M12 是男性，M20 是女性，这样与其相邻的异性墓必定是成年夫妻异穴葬墓，这显然是纯属主观臆测。这里还可以查看这几座墓的邻墓情况，M11 东边紧邻的是 M18，若按《齐文》逻辑必定是男性，但实际上不是男性墓，而是男女合葬墓。在 M18 东边的也还是男女合葬墓。在五排东边 M111 为女性墓，其东边为男女合葬墓，在这一排已知性别的墓中，除合葬墓外，都是女性墓，独不见单身男性墓（当然不包括未鉴定的人骨）。再如第三排，在已鉴定的墓中，除一座 M3 为合葬墓外，经鉴定的五座墓（M10、19、74、31、89）都是男性墓，未见女性墓。又如第二排 M41，经鉴定为男性中年人，按《齐文》观点，在其东边的 M52，必定是女性墓，但实际上也是男女合葬墓，不见一例是成年男女异穴合葬墓（图四）。另外，再看秦魏家北墓地的情况，第三排 M121、122 两座墓，它们是紧邻并排的，这两座墓人骨架经鉴定都是女性，并不是夫妻异穴墓。又如第二排 M118、M117 也是相邻并排的两座墓，M118 系女性中年，年龄为 36～55 岁，M117 为男性，年龄为 21 岁，两者年龄级别相差约隔一代人，因此，两个墓主人不大可能是夫妻关系（图五）。上述实例充分说明了这些墓葬并不是夫妻异穴合葬墓。《齐文》说墓排中隔着一座的两座墓，性别必定是同属男性，或同属女性，企图证明他们是夫妻异穴合葬墓，这是不符合客观实际情况的。

---

① 《秦魏家齐家文化人骨性别、年龄鉴定表》，见⑦附表。

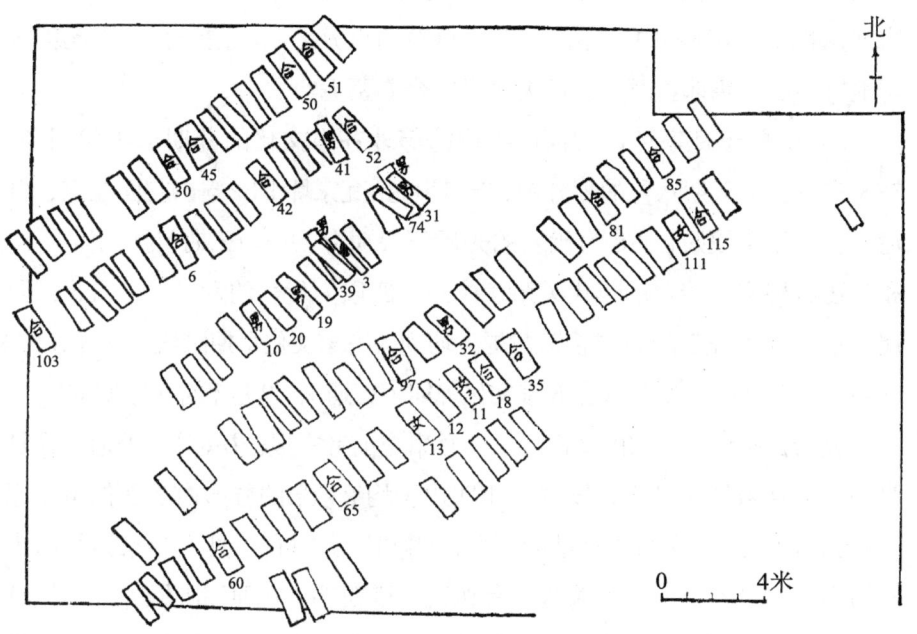

图四　秦魏家南墓地墓葬分布图

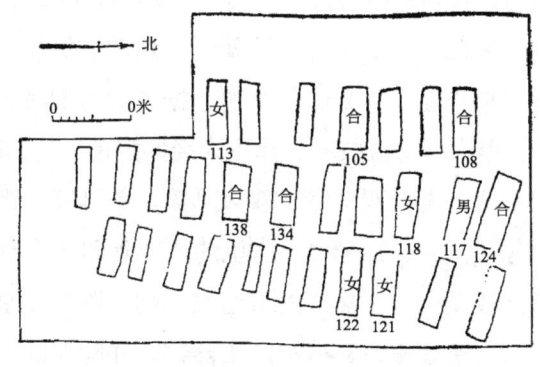

图五　秦魏家北墓地墓葬分布图

同时，还应当指出《齐文》在讨论夫妻异穴合葬问题上，尚嫌有以偏概全的毛病。他仅举的四个墓例，即使他所说都符合事实，那么，在秦魏家南墓地的99座墓中，亦仅占墓葬总数的百分之四。这怎么能因此就轻率地概括出该墓地当时是盛行夫妻异穴合葬墓呢？

（六）关于瓦家坪、大何庄、柳湾等地齐家文化的分期与年代问题。在《齐文》的三期八段的划分中："一期包括瓦家坪K82.5白灰面住室、柳湾M267和皇娘娘台F8为代表的先后三段遗存。……三期包括大何庄F7和前述秦魏家诸遗存的年代关系表中三、四段为代表的六、七、八这三段遗存。"明确地把瓦家坪与柳湾并提，均列入齐家文化早期阶段（即《齐文》一期），把大何庄F7等放在齐家文化晚期（三期），这是不符合事实的。

先看瓦家坪与柳湾的情况。据《甘肃史前考古报告初稿》[①]报道：在甘肃临洮县瓦家坪遗址中，发现一座四边长均2.6米的方形白灰面住室（原编号为K82.5）。我们从房址的平面图得知，房内有三具人骨架，并出土一组陶器与骨锥等。其中陶器计有绳纹陶罐四件（在原图陶罐外表的绳纹未绘）、陶鬲一件。据裴文中先生意见，这件陶鬲"其形制甚为特殊，他处无相似者发现"。的确，据现有资料，在皇娘娘台与柳湾等地均未见此式陶鬲。就是瓦家坪房内出土的四件陶罐，其形制与皇娘娘台等地所出的同类器物亦有差别，有其独自的特点（图六，6～10）。地区不同，出土的器物也截然有别，因此，它们不可能同属于二期的。例如《齐文》所举出的关于青海乐都县柳湾墓地M267的情况，据《青海柳湾》[②]报道：M267是齐家文化墓葬，单人仰身直肢葬，墓主人经鉴定是男性。随葬品较丰富，其中，陶器有双耳罐、高领双耳罐、双大耳罐、单耳罐、粗陶双耳罐与彩陶壶（原物残）等（图六，1～5）。这里的随葬陶器组合及不同器类的特点，若与瓦家坪比较便一目了然，两者迥然不同。既然瓦家坪K82.5白灰面住室内所出器物与皇娘娘台、柳湾所出器物，在陶器的组合及其特点上极不相同，不知《齐文》作者何以会把它们放在一起作为一个期来处理。

---

① 裴文中等：《甘肃史前考古报告初稿》，未刊稿，1948年。
② 青海文物管理处考古队、中国社会科学院考古研究所：《青海柳湾》，文物出版社，1984年。

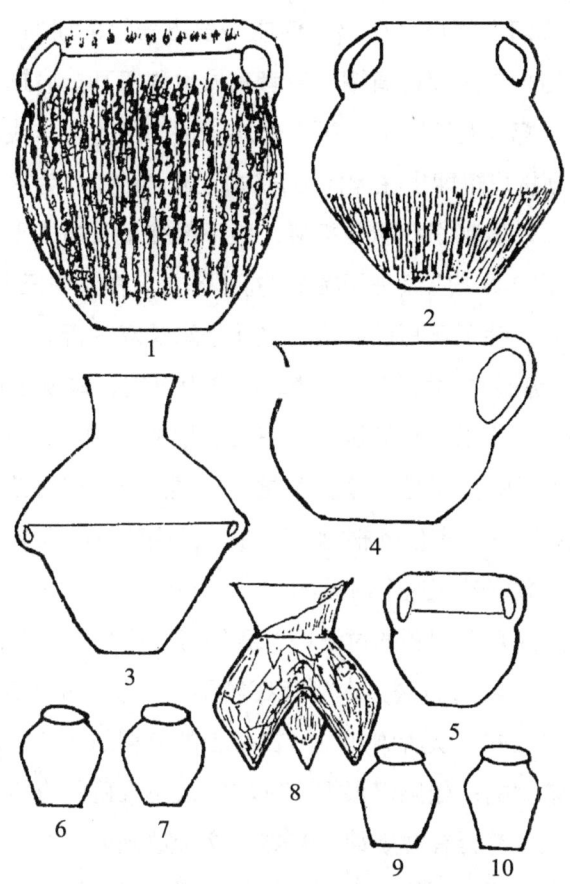

图六 柳湾 M267 与瓦家坪 K82.5 陶器

1～5.M267（根据《青海柳湾》绘制） 6～10.K82.5

（根据《甘肃史前考古报告初稿》图七，瓦家坪 K82.5 住室平面图绘制的陶器示意图。）

《齐文》作者在分期中，还主观地把柳湾划入齐家文化一期，却把大何庄划入三期。这是明显不对的。这里恰好有一组碳-14年代测定数据，足以说明《齐文》这种分期是很不妥当的。据柳湾齐家文化分期，柳湾 M267 与 M392 等同属于柳湾齐家文化早期。M392 年代经碳-14测定，其树轮校正年代为公元前 1915±155 年。大何庄下层 F7 已测定的两个碳-14测定数据，树轮校正年代分别为公元前 2050±115 年与 2010±115 年。据此我们可以得出结论，柳湾齐家文化要比大何庄为晚，而不能是相反。

再则《齐文》说，三期陶鬲已进入衰落形态，高领双耳罐代替了双耳折肩罐等等。我们上面已经指出大何庄下层出一组早期的齐家文化陶器，其中就包括高裆鬲与高领折肩罐。后者有人也称双耳折肩罐，其造型特点是肩腹间的外轮廓线有明显的转折，形成一道明显的棱角线。齐家文化早期最典型的高领折肩罐即出在大何庄F7内，此罐的编号为F7：10[①]。此罐特点是侈口高领，肩腹间有明显折棱，腹下部往里收缩成平底。这是齐家文化早期的典型陶器，应该是无疑义的。《齐文》在说明三期文化特征中，认为高领双耳罐代替了双耳折肩罐，也就是承认双耳折肩罐要早于高领双耳罐，但对出土高领折肩罐的F7，却划它为三期，这就出现了早晚颠倒自相矛盾的现象。所以，我们认为《齐文》把柳湾M267的年代放在大何庄下层之前是不妥的。同时,《齐文》把"一期的年代当在公元前三千年后半叶之前段左右"亦没有任何根据。现在，已经碳-14测定的齐家文化标本中，没有一个数据是在这个时期的。

　　总之，从上述几个问题的讨论中，我们可以清楚地看出,《齐文》把齐家文化分成三期八段的提法，本身存在着不少矛盾，是缺乏事实根据的，因其结论是不正确的。众所周知，考古学上的分期断代，是以地层和共存的器物关系为依据的；如果仅根据个别器物或不准确的资料主观地进行分期分段，那就很难符合客观规律。当然，这牵涉到如何对待考古学方法和实践检验等重大课题，不能不引起我们的重视。我们愿意与《齐文》作者共同努力，并在讨论中来提高共同的认识，以促进共同关心的研究课题再提高一步。

（本文原载《考古》1988年第6期）

[①] 谢端琚：《论大何庄与秦魏家齐家文化的分期》，《考古》1980年第3期。

略论辛店文化

辛店文松是我国西北地区晚于齐家文化的一种青铜器时代文化。其遗址的分布有一定范围，文化面貌独具特征，且与齐家文化以及寺洼文化有着不可分割的关系；同时，又与殷周文化联系密切。因此，对辛店文化的研究，在学术上有着重要的意义。

解放以来，我国文物考古工作者对辛店文化遗址（包括墓地）做了大量的调查与发掘工作，积累了不少资料。据不完全统计，迄今已发现辛店文化遗址一百七十九处，其中，经过正式发掘的有甘肃永靖张家咀、韩家咀、姬家川、莲花台；青海大通上孙家、乐都柳湾、共和合洛寺、民和核桃庄等八处。共发现房屋、窖穴等建筑遗存四百多座，墓葬五百多座，还出土了大量的石、骨、陶、铜器等文化遗物。但由于不少资料尚未整理发表，目前很难做深入全面的综合研究。本文仅就已发表的资料，做一粗略的概述，着重对辛店文化的类型划分及其文化内涵、生产与生活状况、埋葬习俗等方面予以剖析，以期引起学术界更深入的讨论和研究。文中错误在所难免，请读者不吝指教。

一、考古调查与发掘工作

辛店文化是1924年在甘肃临洮县辛店村首先发现而得名的。辛店实为辛甸之误，但因沿用已久，我们仍从惯称。辛店旧属洮沙县，1951年并入临洮县。

解放前，我国老一辈考古学家，对辛店文化遗址曾做过调查工作，并搜集整理过一些资料。但由于当时条件所限，没能进行科学发掘。

抗日战争时期，黄文弼教授曾在洮河流域做过考古调查工作，但未见其调查报告，工作情况不明。

1947年6月，裴文中教授等曾对洮河流域的灰咀、裴家湾、辛店北、辛店东、辛店西、新添铺、秦家堡与王家坪等几处辛店文化遗址进行了调查，工作成果曾写成《临洮临夏附近史前人类遗址调查简报》(油印稿)①。

1949年后，甘肃、青海两省文管会、博物馆，黄河水库考古队，中国科学院考古研究所等单位配合我国基本建设，做了大量的考古普查、发掘工作，积累了很多实物资料，并发表不少调查发掘报告与研究成果。

1956年5、6月间，黄河水库考古队首次在刘家峡水库区及其附近的黄河、洮河、大夏河流域开展了较大规模的调查工作，共发现古文化遗址一百七十六处。其中辛店文化七十九处，"唐汪式陶器"一处。这是对辛店文化调查了解较多的一次②③，材料比较重要。

1957年7月至10月，甘肃省文管会对临洮县与临夏县进行调查工作，发现古遗址四十四处，其中辛店文化两处④。

1958年至1959年，黄河水库考古队甘肃工作队发掘永靖县张家咀遗址。这是解放后首次对辛店文化遗址进行的较大规模的发掘，发现有辛店文化窖穴一百六十五个和大量的石、骨、陶、铜器等文化遗物。发掘的主要收获是发现了一种新的文化类型。它的特点既含有"唐汪式陶器"，又包括了辛店文化乙组的遗物，与辛店文化甲组遗物有明显区别，我们把这一类文化遗存暂名为"张家咀类型"⑤⑥。

---

① 裴文中等：《甘肃史前考古报告初稿》(油印本)，经济部中央地质调查所印，1948年。
② 安志敏：《甘肃远古文化及其有关的几个问题》，《考古通讯》1956年第6期。
③ 安志敏：《略论甘肃东乡自治县唐汪川的陶器》，《考古学报》1957年第2期。
④ 甘肃省文管会：《甘肃临洮、临夏两县考古调查简报》，《考古通讯》1958年第9期。
⑤ 黄河水库考古队甘肃工作队：《甘肃永靖县张家咀遗址发掘简报》，《考古》1959年第4期。
⑥ 中国社会科学院考古研究所甘肃工作队：《甘肃永靖县张家咀与姬家川遗址的发掘》，《考古学报》1980年第2期。

1959年4月至12月，黄河水库考古队甘肃工作队对黄河上游盐锅峡与八盘峡水库区进行考古调查工作，发现古遗址二十八处，其中，辛店文化九处①。

1959年3月，黄河水库考古队甘肃工作队发掘永靖县莲花台遗址（包括瓦渣咀、黑头咀），发现辛店文化房址一处，窖穴二百一十九个，墓葬三座。出有石、骨、陶、铜器等。文化内涵包括了张家咀和与辛店文化甲组遗物相似的两种不同类型的文化遗存②。

1960年6、7月，发掘了永靖县姬家川遗址，发现辛店文化房屋遗址一处，窖穴十一个，墓葬一座和石、骨、陶器等遗物，其文化内涵与张家咀类型不同，为了便于研究，我们把姬家川这一类文化遗存，暂名为"姬家川类型"③。

1965年至1966年，甘肃省博物馆文物队在陇西县西河滩遗址进行一次发掘，发现有类似姬家川类型的辛店文化窖穴五个④。

1973年至1980年，青海省文物处考古队对大通县上孙家墓地进行了较大规模的发掘工作，发现一千多座墓葬，其中有一批属于辛店文化张家咀类型墓葬⑤。

1977年，青海省文物处考古队对海南藏族自治州共和县曲沟合洛寺遗址进行发掘，除发现有房址、窖穴等建筑遗存外，还有一批墓葬。同年9月，甘肃省博物馆文物队在东乡崖头清理了四座墓葬。文化性质属于辛店文化张家咀类型⑥。

1978年至1980年，青海省文物处考古队发掘民和县核桃庄墓地，发

---

① 黄河水库考古队甘肃工作队：《黄河上游盐锅峡与八盘峡考古调查记》，《考古》1965年第7期。
② 中国社会科学院考古研究所甘肃工作队：《甘肃永靖县莲花台辛店文化遗址》，《考古》1980年第4期。
③ 黄河水库考古队甘肃工作队：《甘肃临夏姬家川遗址发掘简报》，《考古》1962年第2期。
④ 《文物考古工作三十年·甘肃省文物考古工作三十年》，文物出版社，1979年。
⑤ 《文物考古工作三十年·青海省文物考古工作三十年》，文物出版社，1979年。
⑥ 甘肃省博物馆文物队：《甘肃省东乡崖头辛店文化墓葬清理记》，《文物》1981年第4期。

现几百座辛店文化墓葬[①]。随葬品既有张家咀类型,又有姬家川类型的遗物。墓地保存较好,并有不少新发现,为研究辛店文化的有关问题,提供了比较丰富的实物资料。

二、遗址分布与文化类型

辛店文化分布在黄河上游及其支流洮河、湟水、大夏河流域,在渭河上游也有少量的分布。其行政区域即包括甘肃、青海两省的十六个县、市。在一百七十多处的辛店文化遗址中,甘肃永靖为四十四、临洮二十六、东乡二十一、兰州三、永登一、临夏一、广河二、陇西一处;青海民和二十二、乐都十四、化隆二十、循化十三、西宁二、湟中三、大通三、互助二、共和一处。在这些遗址中有部分遗址是含有两种或多种文化类型,即在同一遗址中除辛店文化外,还含有马家窑文化等遗存(见附表)。

从不完全的统计中,不难看出辛店文化在永靖、临洮、民和、化隆、东乡五县的分布最为集中。其次是在循化和乐都等地。这说明上述地区是辛店文化分布的中心(图一)。

对辛店文化的类型划分问题,在学术界尚存在着不同的看法,这些意见主要有以下几种:第一种把辛店文化分为甲乙两组,同时,还提出"唐汪式陶器"或"唐汪文化"的新命名[②];第二种据甘肃彩陶特点的分析,认为辛店文化至少包括四组陶器,按照年代顺序排比,可能是唐汪组、张家咀组、四时定组和辛店组[③];第三种据甘肃各辛店文化遗址发掘的资料,把辛店文化分为张家咀类型与姬家川类型[④];第四种把上孙家的辛店文化命名为"上孙家类型"[⑤]。虽然划分文化类型所依据的标准不

---

① 《文物考古工作三十年·青海省文物考古三十年》,文物出版社,1979年。
② 安志敏:《甘肃远古文化及其有关的几个问题》,《考古通讯》1956年第6期。
③ 严文明:《甘肃彩陶的源流》,《文物》1978年第10期。
④ 中国社会科学院考古研究所甘肃工作队:《甘肃永靖县张家咀与姬家川遗址的发掘》,《考古学报》1980年第2期。
⑤ 《文物考古工作三十年·青海省文物考古三十年》,文物出版社,1979年。

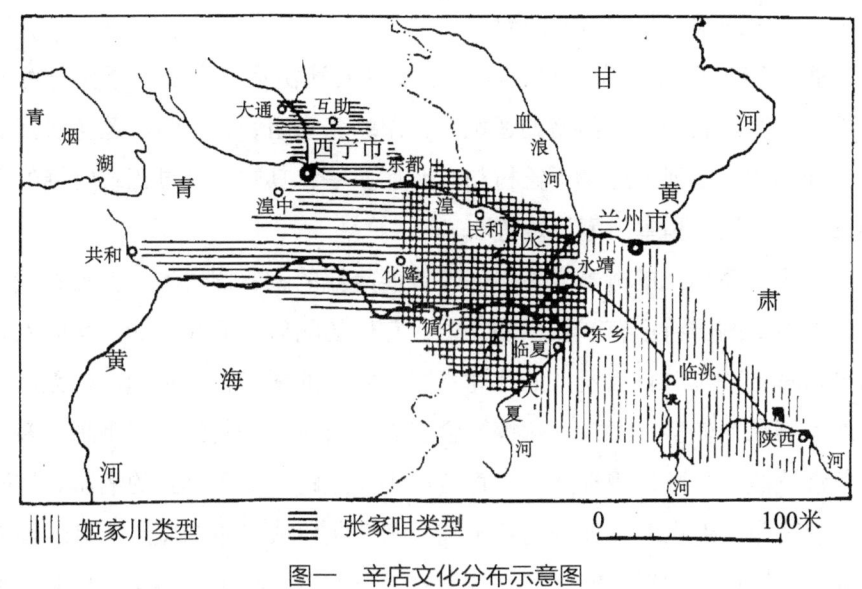

图一　辛店文化分布示意图

同，各抒己见。但有一共同认识，即辛店文化必须划分为不同的类型（或组）。

根据辛店文化遗址的分布情况与文化遗物的特点，目前，把辛店文化暂分为两个类型为宜，即"张家咀类型"与"姬家川类型"。这两个类型的分布既有交错又有各自的分布区域，大体上说，张家咀类型东起甘肃东乡回族自治县，西至青海海南藏族自治州；姬家川类型东起陇西，西至乐都附近（近年来，在天水、庄浪等地也发现少量姬家川类型的器物），从永靖至乐都之间为两个类型的交错地区。同时，这两个类型的文化内涵既有共同性，又有其各自的特点。另外，在临洮灰咀①等地还出有一组别具风格的陶器，但由于材料较少，暂不划出新的文化类型。近年在大通上孙家还发现一批与张家咀类型相近似的文化遗存，暂名为"上孙家类型"。由于材料尚未全部发表，这里暂不论及。

（一）张家咀类型

张家咀类型是1949年后发现并经正式发掘的一个新的文化类型，因

---

① Andersson, J.G.Researches into the Prehistory of the Chinese BMFEA, 15: 119—124, 1943.

首先在甘肃永靖县张家咀发现而得名[①]。

张家咀类型主要分布在黄河上游及其支流洮河、大夏河下游与湟水中下游地区。属于这个类型的遗址有：永靖张家咀、韩家咀、莲花台瓦渣咀、刘魏家、西河上庄、下铨村与东乡崖头等，其中，经过正式发掘的有张家咀、瓦渣咀和崖头等几处遗址。

这个类型出土的陶器较多，完整或能复原的陶容器也不少。因此我们对这类型的陶器特征有了较多的认识。它们的陶质一般较粗糙，均属入碎陶末与石英砂粒。且因器类的用途不同，掺入的羼和料也不同，如甑、鬲等炊器羼和料较多，而杯、盆等饮食器羼和料较少。制法皆系手制，多用泥条盘筑法，少数采用捏塑法，直接用手捏塑的多限于小型的陶器。陶器多呈橙黄色，但也有一部分陶色不纯，杂有灰色或黑色的斑点。有的陶表面施上一层白色、红色或紫红色的陶衣。还的器表经过较精细的打磨，光滑发亮。器表以素面为主，纹饰有彩绘，附加堆纹占一定比例，绳纹与划纹较少。附加堆纹作乳丁状和扁圆状，也有作鸡冠形和带状的。绳纹较细，多作平行、斜行或交错排列，纹道较浅。划纹笔道简单，多作横行的平行线。彩绘以黑彩为主，部分为红彩或紫红彩。彩绘的方法有两种：一种是在抹平或磨光的陶面上直接绘彩；另一种是在红彩或紫红彩的地上描绘黑色花纹。花纹繁缛多样，颜色浓艳，构图多采用上下平行、左右对称的技法。主要花纹有连续回纹、带状纹、宽彩纹、涡形纹、双勾纹、勿字纹、菱格纹、连勾纹、垂线纹、S形纹或变形S纹等（图二）。其中，宽彩纹是在一宽面的彩带上描绘曲折纹与三角纹等各种纹样。双勾纹多以三线组成，在双勾衔接处的上方饰有一对羊角状的小花纹，下方还加缀弧线纹，另在勾抱中又点缀一对太阳纹或小S纹，多饰于双大耳罐和高领双耳罐的肩部，这是张家咀类型最具有代表性的花纹。它与姬家川类型的单一粗线双勾纹的风格迥然不同。同时，还有形象生动、构图新颖的鱼形、蟹形等动物纹。

---

① 中国社会科学院考古研究所甘肃工作队：《甘肃永靖县张家咀与姬家川遗址的发掘》，《考古学报》1980年第2期。

图二　张家咀类型彩陶花纹展开图

陶器造型以平底器为主，圈足器与三足器次之，圜底器较少，未见凹底器。器形可分为盘、盆、钵、杯、碟、罐、瓮、甑、鬲、鼎等十多种（图三、四），其中有代表性的器物有：盆、杯的数量较多，型式较多样。盆可分为折腹盆、圈足盆、双耳盆等；杯可分为单耳杯、束腰杯、筒形杯、双钮杯等。双大耳罐有两种，一种是平底的；另一种是在底部附三个矮足，口腹间附一对称弧形大耳，耳端与口沿平齐。甑，大口深腹，中间为一大箅孔。碟呈长方形，内壁有网状划道，尚遗有赤铁矿的痕迹。豆，单耳，并且耳端高出口沿上，很有特色。鼎分盆形鼎与罐形鼎，足呈尖锥状，器形较小。鬲多是窄裆鬲，袋状足，足尖呈乳头状，还有少数施有彩绘的矮裆彩陶鬲。这些器形，为其它类型所罕见或不见。有些器形虽然在别的类型中也能找到类似物，但仔细比较，仍有明显的差别。

（二）姬家川类型

姬家川类型是 1960 年首次在永靖姬家川正式发掘命名的。这个类型的发现地姬家川遗址是位在永靖县的南部，处在黄河西岸的台地上，西距姬家川村约 1.5 公里[①]。

这个类型主要分布在黄河上游及其支流洮河中下游以及湟水流域的中

---

① 黄河水库考古队甘肃工作队：《甘肃临夏姬家川遗址发掘简报》，《考古》1962 年第 2 期。

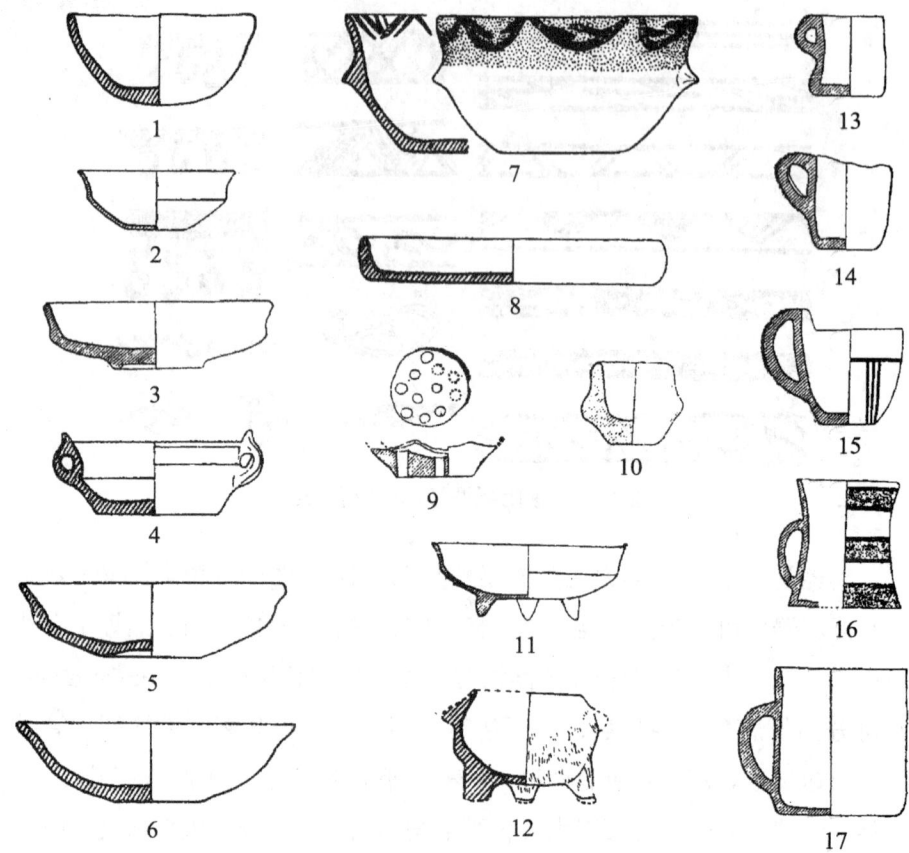

图三　张家咀类型陶器

1.钵　2～7.盆　8.盘　9.甑　10.小杯　11、12.鼎　13～17.杯
（1、4～8、12出自张家咀，余皆出自莲花台，瓦渣咀）

下游地区。属于这个类型的遗址有：临洮郭家坪、永靖莲花台黑头咀、黄李村、姬家川、沈家园、白崖村、金家园、下铨村和刘家峡地区的乱米咀、罗家川、孔家寺村、魏家川、尤家塬等，其中，经过较大规模发掘的就是姬家川遗址与莲花台黑头咀遗址。

姬家川类型的陶器有其自身的特点，陶器的质料可分夹砂粗红陶与泥质灰陶两种，但以夹砂粗红陶为主。陶土皆掺入石英砂粒、碎陶末、蚌壳末、云母片等。在碎陶末中，有的还夹入彩陶碎末，这在残破陶器的断面上可以看到。制法皆系手制，主要是采用泥条盘筑法。泥条较粗，有些陶器内壁尚保留有泥条粘结痕迹。表面装饰有着彩与未着彩的分别：着彩

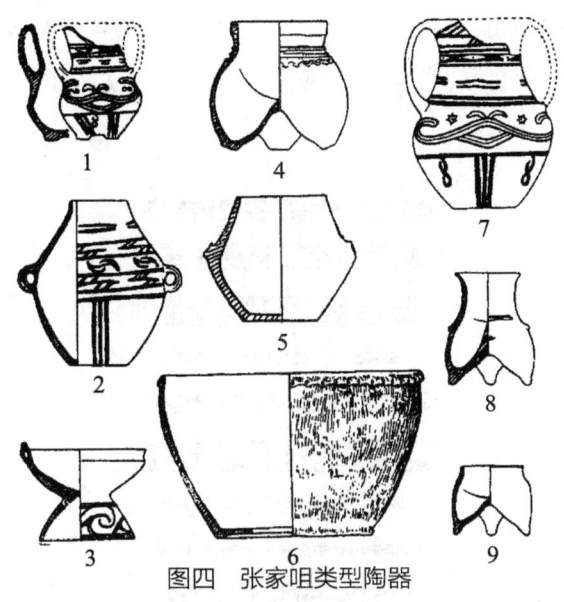

图四 张家咀类型陶器

1、7.双大耳罐 2.高领双耳罐 3.彩陶豆 4、8、9.鬲 5.双耳罐 6.瓿
（皆出自张家咀）

的陶器表面多磨光，有的还施上一层白色或砖红色的陶衣；未着彩的陶器表面多经拍打过，并在陶器的肩腹部拍印有纹饰。以绳纹为主，彩绘次之，还有少数附加堆纹。绳纹细密，排列整齐。附加堆纹呈多锯齿形与圆饼形，多饰在陶鬲和器盖上。彩绘多是黑彩，少数为红彩或紫红彩。彩绘多施在杯、罐类的肩腹部。表面装饰的突出特点是采用彩绘与拍印绳纹相结合的手法，即在拍印有绳纹的陶面上描绘花纹。这也许是制陶技法上的一种创新。花纹色彩斑斓，层次分明。并且，不同的花纹图案与陶容器的不同部位相配合，例如连续回纹、宽带纹一般多饰在陶器的颈部，双勾纹多饰在肩部，垂线纹多饰在陶器的腹下部等等。花纹图案主要的有连续回纹、宽带纹、云雷纹、宽彩纹、双勾纹、波折纹、锯齿纹、大S纹、圆圈纹、垂线纹等。这些花纹的线条均较匀称，出现了宽面的图案。其中，双勾纹是单粗线组成，在双勾衔接处的上方饰一对羊角状花纹，并在其下方还加缀一斜道或斜十字纹。宽彩纹即画面宽，其间饰有对错三角纹。圆圈纹是多线同心圆圈纹。回纹是宽带左右连作的回形纹（图五）。这些花纹的母题都是姬家川类型具有代表性且有特色的纹饰。同时，还有较多类似

文字的符号花纹，如 T 字、X 字、个字、⊠字、S 字、水字、兀字等，多饰在陶器的耳、把上。这里还发现有姿态逼真生动的单个犬形纹等动物花纹。

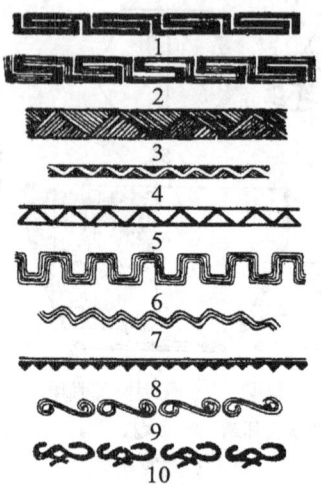

图五　姬家川类型彩陶花纹展开图

陶器的器形特点是以凹底器为主，其次为三足器与圜底器，平底器与圈足器较少。器形大小悬殊，小者器高不到 10 厘米，大者器高达 50 厘米。器类可分为盆、杯、罐、瓮、鬲、器盖等十多种（图六、七），其中，杯与罐类较多，杯有圜底杯、筒形杯、单耳杯等几种。罐有扁腹罐、双耳罐、双大耳罐等多种。双大耳罐皆侈口高领，鼓腹凹底，器耳半环形，耳上端与口沿平齐或稍低于口沿，有的下移至颈部。鬲多是袋足，颈侧附一对称环耳。足尖作乳头状，口沿饰有齿状附加堆纹，呈齿状花边。粗陶瓮，器形特大，圜底。器盖有平板式的彩陶盖和附有凸饰的环钮盖等，其中彩绘器盖是首次发现。这些陶器皆是姬家川类型具有代表性的器物。

值得特别提出的是在临洮灰咀[①]等地还有一组较新颖的陶器，不论是纹饰还是器形，都有其独具的风格。这组陶器的彩绘方法，是先在一宽带内施一层紫红彩为衬地，然后再描绘各种不同的花纹图案。花纹的线条多

---

① Andersson, J.G.Researches into the Prehistory of the Chinese BMFEA, 15：119—124, 1943.

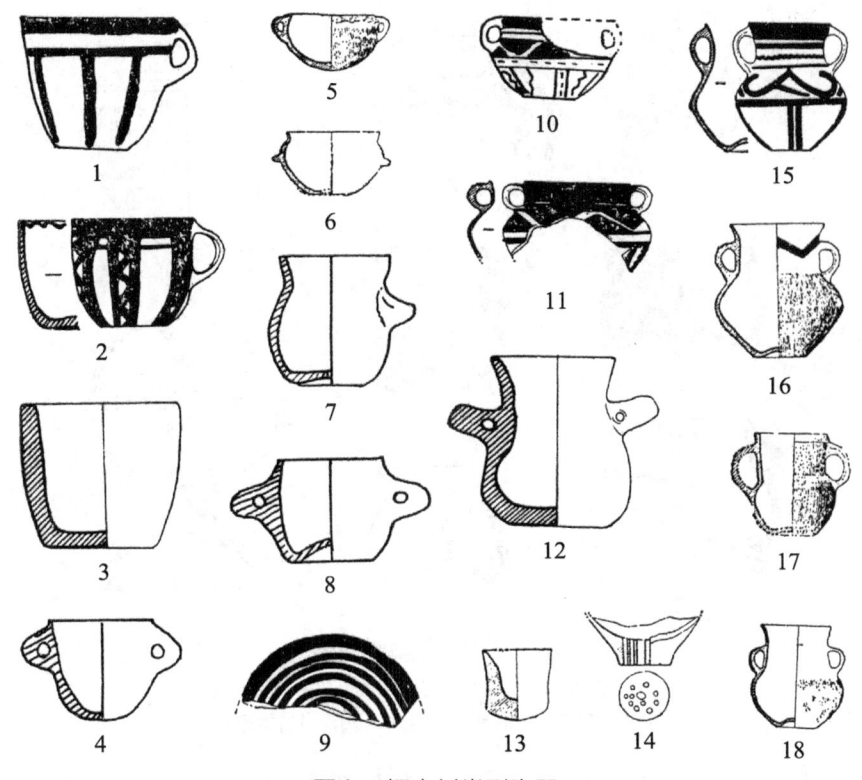

图六 姬家川类型陶器

1～3.杯 4、8、10～12.双耳罐 5、6.扁腹罐 7.单耳罐 9.彩陶盖 13.小杯 14.甑 15～18.双大耳罐（除1～4、7、8、12出自姬家川外，余皆出自莲花台黑头咀）

是复线，即是二、三条甚至多条细线组成。主要的花纹有多线双钩纹、多线波折纹、交错三角纹、菱格纹、多层W字形纹、横向∽纹等。其中双勾纹的边沿往往还有毛刺状的花边，并在勾抱中还填以N字与北字纹。还有引人注目的是成对的犬形纹，两犬昂首凝视，尾巴高翘，姿态生动。造型特点以凹底器为主，其次是三足器与平底器。主要的器形有单耳杯、单耳罐、双大耳罐、马鞍口双耳罐、高领双耳罐、敛口罐、单耳鬲与彩陶鬲等。其中，马鞍口彩陶罐是灰咀最具有特征的陶器，其口沿的两端靠耳端处较高，中间较低，颇似马鞍的样式。高领，宽肩，鼓腹，腹下部急内收，底小微内凹，颈侧置一对称的环形耳，彩绘。花纹有宽彩纹，其间饰有上下对错三角纹、波折纹、"ς"形纹，有双勾纹，下方加饰一个勾纹，有垂线纹，多是二线或三线组成的，纵行，均施在陶容器的腹下部。在永

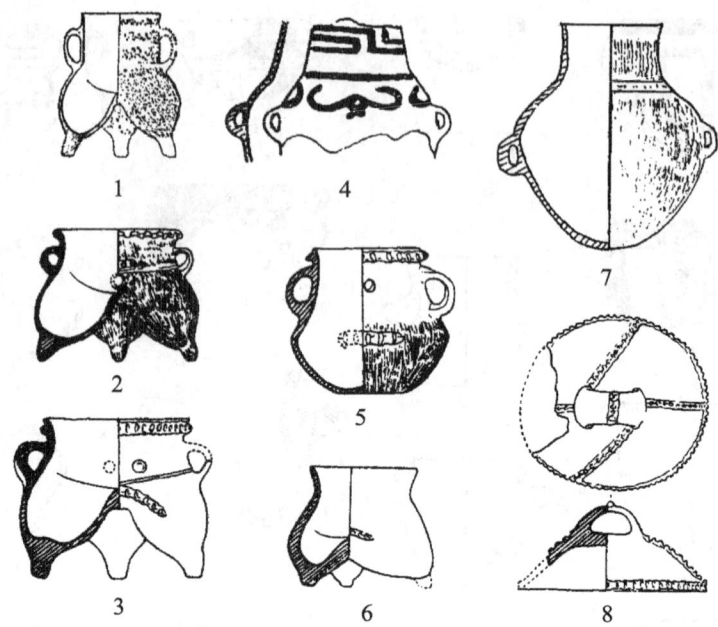

图七　姬家川类型陶器

1～3、6.鬲　4.彩陶瓮　5.双大耳罐　7.粗陶瓮　8.器盖
（除1、7出自莲花台黑头咀外，余皆出自姬家川）

靖县出土的一件标本（图八：4）花纹较为新颖，在多线双勾纹的勾抱中加缀一对栩栩如生的犬纹，与犬纹相应在双勾纹下方还有一对称圆圈纹，并在圆圈纹下面饰有两道横行的波折纹。这个画面的寓意是什么，是很耐人寻味的。双耳罐，侈口短颈，扁圆腹，底微凹，颈侧置一对称环形耳。彩绘花纹为宽彩纹、波折纹与横同S形纹等，腹下部还有二道垂线纹。双大耳罐，喇叭口，高领鼓腹，底微凹，口肩间置一对称弧形大耳。皆彩绘，主要花纹是上下对错三角纹、菱形S纹、短道平行波折纹与垂线纹等，比较少见的是在腹下部垂线纹的两侧还加饰一对小勾纹（图八：10）。鬲，侈口短颈，窄裆，袋状足，足尖呈乳头状，颈侧置一环形耳。彩绘或饰绳纹，绳纹作纵行排列，纹道细密整齐。在口沿还有附加堆纹一周，呈齿状花边。有的彩绘花纹呈多层双勾状与人字形，还有呈横向的S形纹。在陶鬲上描绘各种图案花纹是辛店文化彩陶艺术中的一大特点，在其他文化系统中是少见或不见的（图八）。

上述陶器都是自具特征别于其他类型的器物，尤其是马鞍口彩陶罐

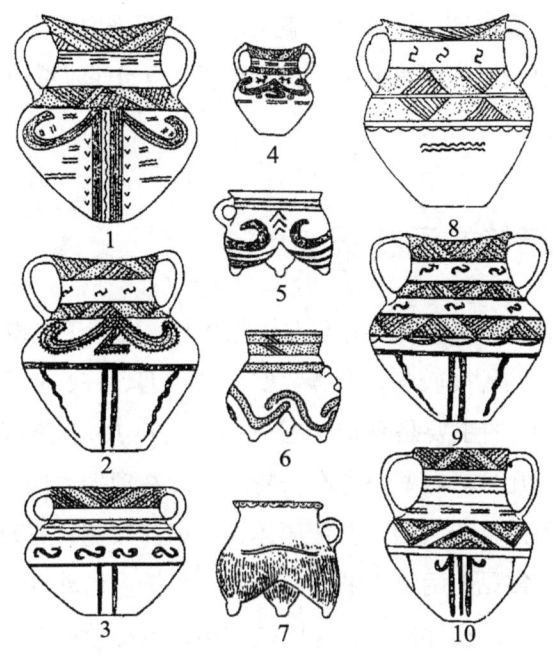

图八 辛店文化陶器

1、2、4、8、9.马鞍口彩陶罐 3.双耳罐 5～7.鬲 10.双大耳罐
（除4、5分别出自永靖、临洮外，余皆出自灰咀）

与单把彩陶鬲最有特色。马鞍口陶罐本是寺洼文化的一个突出特点，这里出现了类似的器形，这就很值得我们注意。据夏鼐教授在四十年代时的研究，他认为："这种马鞍口原是制陶过程中所遗留的痕迹，不过到了寺洼期，或已带有美观的作用；他们喜欢这种样式的口部，故意做成这样高度的马鞍形的口部；又各器马鞍形的程度深浅不同。我们曾将口缘最低凹的部分和在耳部上端的口缘最高的部分的高低差数，加以测定，最大的高低差数有达25至39公厘。……不过一般的说来，凡口部高低差数在3～6公厘之间的，都仅略呈马鞍形，但差数在8公厘以上者，马鞍口便较为显著。"①据我们仔细观察，辛店文化的马鞍口陶罐的口部，弧度都较小，高低差数一般都比较小，同时，还有一点更明显的区别：寺洼文化的马鞍口陶罐，器形一般较大，且均无彩绘，而辛店文化的马鞍口陶罐则多彩绘，

---

① 夏鼐：《临洮寺洼山发掘记》，《中国考古学报》，第五册，1951年。

相对地说，其器形也较小。总之，就马鞍口陶罐来说，辛店文化若与寺洼文化比较，可以说它们既有共性，又有差异，至于它们的关系如何，尚有待进一步探讨。

三、生产与生活状况

辛店文化居民的经济生活是以农业为主，生产工具既有石制的，也有骨制的。石制的种类较多，有斧、铲、锛、刀、杵、研磨器、磨盘、臼等（图九）。骨制的主要是骨铲（图一〇）。其中，石斧可分为梯形、长方形、带肩斧等几种。这些石斧有一特点，即在顶端或柄部有肩或附一周突棱，便于用手握持或装柄。石铲形体大，刃部较宽。石刀的刃部两旁各打一缺口，这与常见的两侧带缺口刀不同。骨铲多用动物的肩胛骨或下颚骨制成，坚固耐用，刃部犀利，是比较实用、劳动效能较高的一种生产工具。同时，还普遍发现石杵与磨盘等粮食加工工具，说明当时居民对粮食有了比较精细的加工，也是农业比较发达进步的反映。

畜牧业也比较发达，当时被驯养的动物有牛、羊、狗、猪与马等，但以羊为主。还有鹿等野生动物，可能是人们狩猎的主要对象。这里值得提出的是在莲花台发现了一种骨哨，它既是我国最古老的一种吹奏乐器，又是人们的狩猎工具。这种骨哨呈圆管形，中间有一音孔。前此，在西宁朱家寨与都兰县诺木洪搭里他里哈（诺木洪文化）等地[①]也发现过相类似的骨哨，但后者音孔较多，达四至八个音孔。据有的同志研究，这种骨哨并非单纯地当作乐器使用，而是兼作狩猎时诱杀动物的工具。例如鄂温克在每年八、九月间鹿交配的季节里，用木哨吹出母鹿的叫声后，诱出公鹿，猎人伺机捕杀[②]。在张家咀等地还发现一种骨梳，多用动物肋骨加工而成，它是先在骨料的一端制成平板状，然后再刻划成梳齿，齿数一至八个不等。这种骨梳可能是梳鞣动物毛皮的一种工具。

[①] 青海省文管会、中国科学院考古所青海队：《青海都兰县诺木洪搭里他里哈遗址调查与试掘》，《考古学报》1963年第1期。

[②] 秋浦等：《鄂温克人的原始社会形态》，中华书局，1962年。

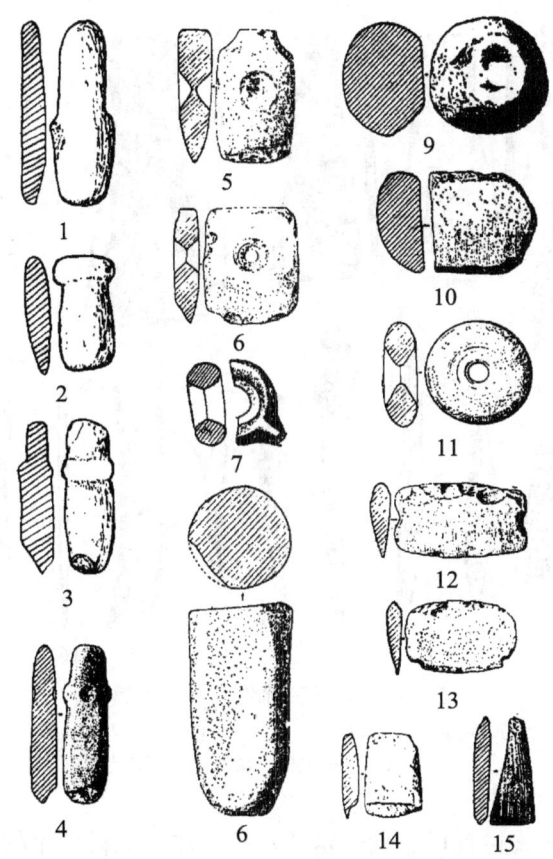

图九　辛店文化石制生产工具

1～6.石斧　7.环形尖状器　8.石杵　9.研磨器　10.磨盘　10.纺轮　12、13.石刀　14、15.石镞（除1～3出自张家咀外，余皆出自莲花台遗址）

作为生产力发展重要标志的冶铜技术，辛店文化比齐家文化有了更进一步的发展。铜器在各种类型的遗址中普遍地发现。其种类有容器（口沿残片）、锥、刀、矛、凿、削、匕、扣、铃、泡与铜渣等（图一一），铜锥与铜刀比较常见。铜锥形体较小，多呈长条形。铜刀多是曲背弧刃，刃尖往上翘。这批铜器分别经光谱定性分析与化学定量分析均鉴定为青铜器。铜渣即炼铜炉的炉衬外沿挂的一层铜渣。我们采集的标本是炉衬残块，它的矿物组成为黏土、石英、莫来石等。莫来石熔点较高，开始形成温度在1000°左右[①]。

---

① 中国社会科学院考古研究所甘肃工作队：《甘肃永靖县张家咀与姬家川遗址的发掘》，《考古学报》1980年第2期。

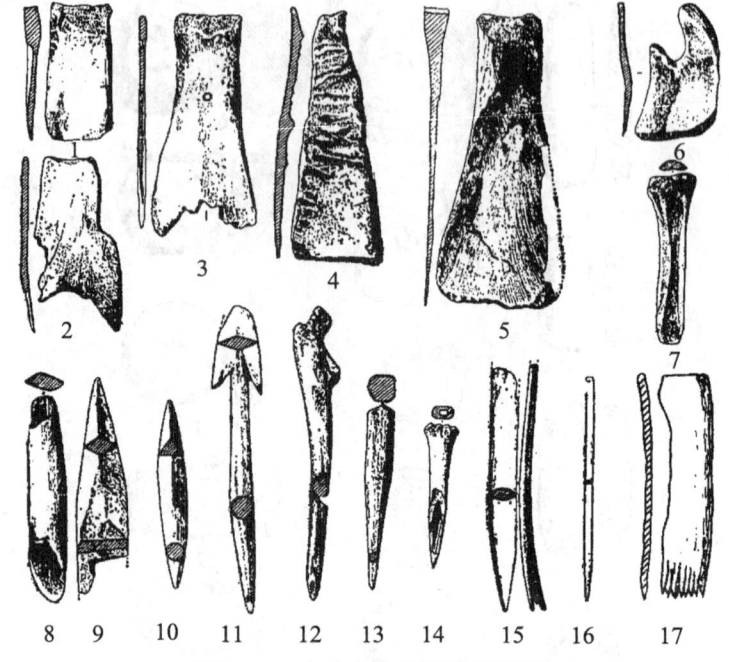

图一〇 辛店文化骨制生产工具

1～6.铲 7、8.凿 9～11.镞 12～14.锥 15.叉 16.针 17.梳
（除17出自张家咀外，余皆出自莲花台）

由此可见当时耐火材料已达到一定的水平。作为原料使用的金属铜已从天然阶段进入到冶炼的阶段，同时，铜渣的发现说明了这里的铜器系当地生产，并非从外地交换来的。

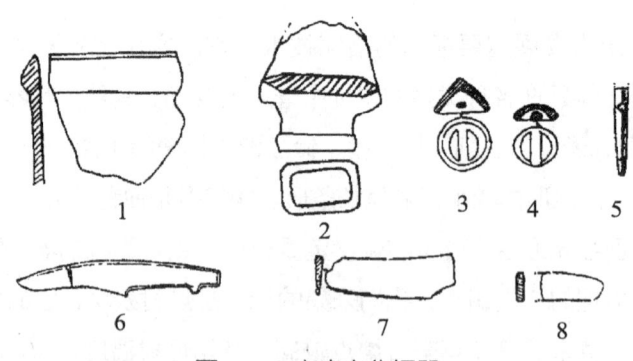

图一一 辛店文化铜器

1.铜器残片 2.矛 3、4.铜扣 5.锥 6～8.刀
（除1、2出自张家咀外，余皆出自莲花台）

辛店文化建筑遗存发现不少，例如张家咀发现窖穴一百六十五个；莲花台发现窖穴二百一十九个、房子一座；姬家川发现窖穴四十一个、房子一座。其中，莲花台发现的房子为圆角长方形，长8.25米，宽5.5米，两长边各有一排柱洞，排列整齐；中间有一圆形灶坑，灶坑内留有一狗骨残骸（图一三）。姬家川发现的房子保存较好，为半地穴式的长方形房屋，长4.6～5米、宽3.3～3.5米、残高0.2米，西边有一斜坡状门道，宽0.9米。在居住面中间有一锅形灶坑，直径1米（图一二）。这种房子若与齐家文化比较，有其独具的风格：(1) 房子较窄长；(2) 齐家文化常见的白灰面建筑，这里不见；(3) 灶坑呈锅形，与齐家文化高出居住面的灶址迥然不同。

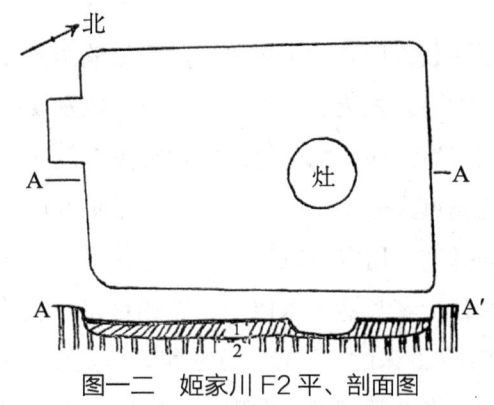

图一二　姬家川F2平、剖面图
1.灰褐土　2.生土

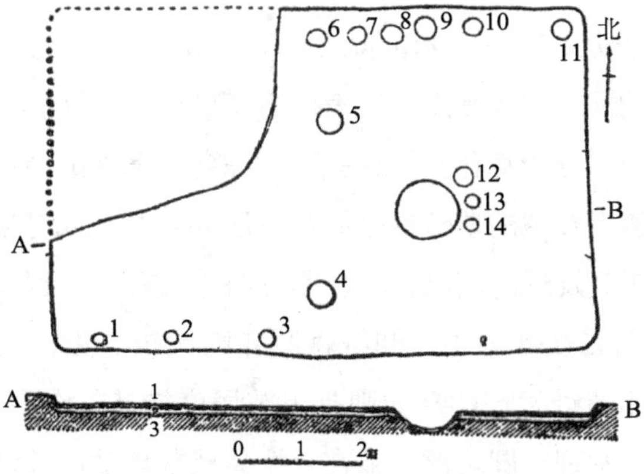

图一三　莲花台黑头咀F1平、剖面图
剖面图：1.草拌泥　2.灰褐土　3.生土
平面图：1～11.柱洞　12～14.小圆坑

四、墓葬与埋葬习俗

辛店文化的墓葬发现的不少，特别近几年来对墓葬的发掘工作做得较多。除永靖莲花台、姬家川与东乡崖头发现的几座墓葬外，在大通上孙家、民和核桃庄、共和合洛寺等地还发现有规模较大、保存较好的氏族公共墓地。据不完全统计，迄今发现辛店文化墓葬约有四百座。这是研究辛店文化葬俗及其有关问题的主要依据。

现在，根据各墓地已发表的资料，对辛店文化的葬制、葬式做一初步叙述。

墓葬形制主要是长方形竖穴土坑墓，其次是偏洞墓，但这种偏洞墓仅限于少数墓地，甘肃地区未见。如永靖、东乡等地发现的墓坑，都是长方形竖穴状，只是在青海大通、民和等地发现有少数偏洞墓。这种偏洞墓就是在长方形竖穴的侧壁掏一个洞，洞底平面多呈长方形，洞壁呈拱形，洞室与竖穴土坑相向并列，用以放置死者骨或随葬品。墓葬大小不一，小者长约2米，宽1米，大者长达3米以上，宽约2米。有的墓葬在墓底沿着墓壁四周还设置宽约0.5米的二层台。在甘肃地区发现的辛店文化墓葬中不见葬具痕迹，但在青海地区却屡有发现，尤其在上孙家墓地还保存有较好的木棺，其形制可分为长方形、梯形与井形等几种。木棺的四角皆采用榫卯加固。木棺一般长1.6～2米，宽约0.5～0.7米。也有少数木棺比较大。

辛店文化的葬式比较复杂，既有仰身直肢葬和二次葬，也有屈肢葬与侧身葬，还有一部分俯身葬。但这些葬式在各个墓地的情况不尽相同，如永靖莲花台瓦渣咀发现的墓葬都是仰身直肢葬，并且人骨架保存得都比较完好，在东乡崖头发现的四座墓葬也是仰身直肢葬。大通上孙家发现的辛店文化墓葬是以二次葬为主，仰身直肢葬则比较少见，人骨架均保存欠佳。永靖姬家川遗址发现的墓葬则是下肢屈度特甚、作蹲踞状的屈肢葬。莲花台黑头咀还发现一圆坑葬，即在一个袋状灰坑的底部埋一对成年男女骨架：男性仰身直肢，女性侧身屈肢。这种葬式与秦魏家齐家文化男女合葬墓颇为相似。

随葬品普通是一至三件，多者五六件。但值得注意的是属于装饰品一类的小件器物却很丰富，既有石、骨制的，又有铜制的器物，随葬陶器主要的是双耳罐、双大耳罐、盆和粗陶罐等。石器有斧、刀、铲、凿等。骨器有针、锥、镞、铲（图一〇）、纺轮等。铜器有锥、刀、凿、削等。装饰品有玛瑙珠、绿松石饰、骨管（图一四）、铜泡、铜珠、铜铃等（图一一），制作小巧玲珑，精致美观。同时，还有海贝与石贝等小件器物。上述这些随葬品的陈放位置都有其一定的规律，如陶器多放在头部上方或足的附近，石、骨制的生产工具多放在腰侧或手旁，装饰品多放在头部、颈部或胸前。当然也有例外的情况，如莲花台 M1 随葬的骨管却放在墓主人小腿骨的旁边。

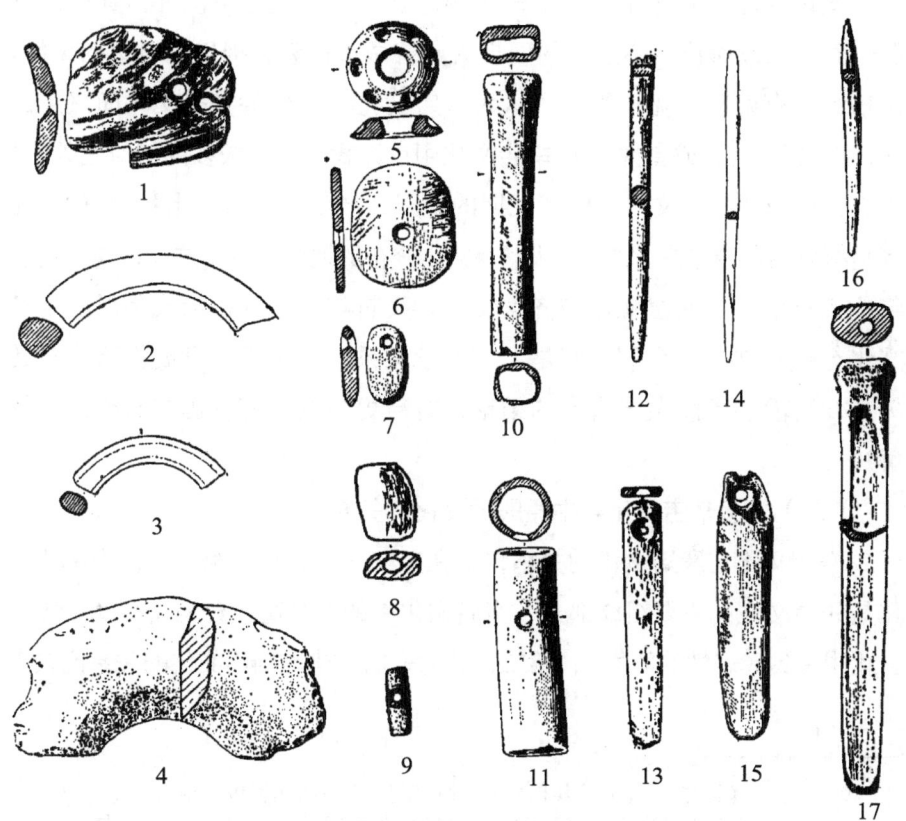

图一四　装饰品及其他

1. 蚌饰　2、3. 陶环　4. 石环　5、6. 圆形骨器　7、8. 绿松石珠　9、10. 骨管　11. 骨哨
12、14、16. 骨笄　13、15、17. 骨匕（除 8 出自张家咀外，余皆出自莲花台）

辛店文化墓葬除普遍随葬石、骨、陶器外，还流行随葬动物的习俗。比较常见的动物是牛与羊等，但作为随葬的动物仅是躯体的某一部分。例如大通上孙家墓地有的墓随葬一条腿，有的是一双蹄子、一条尾巴或其他部位，其中，随葬一条腿者比较多见。其陈放的位置或与陶器并列或放墓室的一侧。如在姬家川 M2 发现羊的肩胛骨、脊椎骨与陶容器一起陈放在墓主人的头上方。

五、尚待探索的几个问题

（一）关于辛店文化的渊源问题

文化的渊源问题是学术上一大难题。辛店文化也不例外，其渊源问题一时亦难以解决。不过有的同志对此曾做过探索，提出了自己的见解。概括起来有两种意见：第一，认为辛店文化"是代替齐家文化而兴起的一种新文化"[1]，或者说，"在辛店文化中可以找到与之较多的相似之处"[2]；第二，认为"齐家文化经过了长期的发展，产生了辛店文化"，它们"无疑是有先后的继承关系"[3]。从辛店文化分布的地域来看，这里，既发现有年代比它早的马家窑文化与齐家文化，又有年代与其相当或稍后的卡约文化与寺洼文化，它们之间是上下继承关系，还是平行发展相互影响的关系，目前还不能做出肯定的结论，有待更多的田野发掘与研究工作去解决。

（二）关于辛店文化与中原殷周文化的关系

辛店文化与殷周文化的关系，现在存在三种意见：第一，认为辛店文化是先周文化的主要组成部分，辛店文化中的双耳高领分裆陶鬲就是先周文化中最具代表性的器物[4]；第二，认为辛店文化与西周文化的关系比较密

---

[1] 安志敏：《甘肃远古文化及其有关的几个问题》，《考古通讯》1956 年第 6 期。
[2] 石陶：《黄河上游的父系氏族社会——齐家文化社会经济形态的探索》，《考古》1961 年第 1 期。
[3] 吴汝祚：《甘青地区原始文化的概括及其相互关系》，《考古》1961 年第 1 期。
[4] 《中国考古学会第一次年会论文集》，文物出版社，1979 年。

切，即受西周文化的影响较深[①]；第三，认为辛店文化是西戎文化的一支，其年代较晚，应在西周中期以后，晚的应到东周[②]等。说法很不一致，各自估计的年代相距很远。据大通上孙家M333出土的椁木，经碳十四测定结果为公元前990±90年，距今2940±90年[③]。如果这个数据不误，那么它就是相当于西周初期，我们认为这是比较符合实际的。至于辛店文化是否是先周文化的组成部分，那就需要更多的发掘资料来证实。

（三）关于辛店文化的族属问题

考古学上各文化的族属问题是一个比较复杂的问题，也是比较难以解决的问题。用甘肃地区考古材料来研究古文化的族属问题，最早是夏鼐教授。他在《临洮寺洼山发掘记》一文中说："洮河流域在古代适在氐羌的区域中，并且由文献方面我们知道由春秋直至唐代，氐羌中有些部落确曾行过火葬制的。这次火葬制遗迹的发现，增强了寺洼文化和氐羌民族的关系。"[④]这个论证我们是同意的。现在有些同志又引申出甘青地区诸远古文化也是羌人的文化遗存，如有人说"在湟水一带的辛店文化，按其地望来说，显然应当还是羌人的文化遗存"[⑤]；还有的同志"把齐家文化、马厂乃至上溯到半山、马家窑类型，看作是羌人文明的前驱"[⑥]等等。这些都是有益的探索。

目前，学术界对探索考古学文化的族属问题是极为关注的。尤其对羌族本身的由来、羌族在不同历史时期的发展情况等有关问题，既有从文献方面去考证，又有从考古资料方面去论证。我们相信，在学术上本着百家争鸣、实事求是的精神，经同志们辛勤劳动，共同努力，辛店文化的族属问题是能够得到解决的。

---

① 中国社会科学院考古研究所甘肃工作队：《甘肃永靖县张家咀与姬家川遗址的发掘》，《考古学报》1980年第2期。

② 俞伟超：《古代"西戎"和"羌"、胡文化归属问题的探讨》，《青海省考古学会会刊》1980年第1期。

③ 北京大学历史系考古专业碳十四实验室：《碳十四年代测定报告（续一）》，《文物》1978年第5期。

④ 夏鼐：《临洮寺洼山发掘记》，《中国考古学报》，第五册，1951年。

⑤ 俞伟超：《古代"西戎"和"羌"、胡文化归属问题的探讨》，《青海省考古学会会刊》1980年第1期。

⑥ 严文明：《甘肃彩陶的源流》，《文物》1978年第10期。

附：辛店文化遗址（包括墓地）一览表

原编号	名称	位置	文化性质	备注
K.M.1	洮沟坪	甘肃临洮红咀村	辛店	《甘肃古文化遗存》
K.M.7	香台	临洮石坡湾刺坦村	辛店	《考古学报》1960年第2期
K.N.1	红崖头	临洮巴下坎沟南	辛店、马家窑	《刘家峡水库区古文化遗址登记表》
K.N.3	牟家	临洮巴下牟家东南	辛店	同　　上
K.N.4	上马家	临洮上马家村东	辛店	同　　上
K.N.7	克尔混梁	临洮李家湾	辛店	同　　上
K.N.8	喇嘛咀	临洮李家湾	辛店	同　　上
K.O.1	圆咀	临洮郭家庄	辛店	同　　上
K.O.2	大水沟咀	临洮太石铺	辛店	同　　上
K.O.3	堡子咀	临洮裴家湾	辛店	同　　上
K.O.4	庙咀	临洮庙咀村	辛店	同　　上
K.O.5	郭家坪	临洮郭家庄	辛店	同　　上
K.O.6	辛甸北	临洮辛甸村北	辛店、马家窑	同　　上
K.O.11	何家咀	临洮太石铺何家庄	辛店	同　　上
K.O.13	灰咀	临洮沙楞村灰咀呱	辛店	同　　上
K.O.16	洮沙	临洮洮沙城东	辛店	同　　上
K.O.17	清水沟	临洮沙楞下堡子	辛店	同　　上
K.O.18	火把岭梁	临洮安家咀	辛店	同　　上
K.P.3	韭菜湾	临洮新添铺	辛店、齐家	同　　上
K.P.9	白马浪	临洮康家崖	辛店	同　　上
L.T.7	任家坪	临洮新民任家坪	辛店	《考古学报》1960年第2期
K.78	辛店南	临洮辛店村南	辛店	《甘肃史前考古报告初稿》（油印本）1948年
K.91	王家坪	临洮王家坪西	辛店	同　　上
K.94	秦家堡	临洮秦家堡东	辛店	同　　上
K.99	辛店东	临洮辛店村东	辛店、齐家	同　　上
	四时定	广河四时定	辛店	同　　上
	石巴湾	临洮石巴湾村	辛店	同　　上

续表

原编号	名称	位置	文化性质	备注
L.W.1	西河滩	陇西西河滩	辛店	《文物考古工作三十年》
K.P.7	水家村	广河水家村南	辛店	《考古学报》1960年第2期
K.K.14	白崖村	东乡四家区白崖村	辛店	《刘家峡水库区古文化遗址登记表》
K.M.8	马巷坪	东乡红塔马巷坪	辛店	同 上
K.M.11	庙坪寺	东乡唐汪区庙坪寺	辛店、齐家、马厂	同 上
K.M.12	唐汪川	东乡唐汪川山神	辛店、齐家	同 上
K.M.13	牛牪山	东乡牛牪山	辛店	同 上
K.M.14	葡萄山	东乡大板葡萄山	辛店	《刘家峡水库区古文化遗址登记表》
K.M.17	照壁山	东乡红塔下三庄	辛店	同 上
K.M.18	活活罗罗	东乡唐汪区红塔	辛店、齐家、马家窑	同 上
K.M.20	葡萄山南	东乡葡萄山南	辛店	同 上
K.M.21	圪瘩岭	东乡塔石沟	辛店、齐家、马家窑	同 上
K.M.22	照壁山西	东乡红塔下三庄	辛店	同 上
K.M.27	大巴岭	东乡白咀大巴岭	辛店	同 上
K.N.12	槺子坪	东乡野松达板	辛店	同 上
K.N.16	红庄	东乡唐汪区红庄	辛店	同 上
K.N.17	上黑石山	东乡达板上黑石山	辛店	同 上
K.O.19	上堵坪	东乡唐汪区科妥	辛店	同 上
K.O.20	下堵坪	东乡科妥下堵坪	辛店、齐家	同 上
K.O.21	教里马山	东乡老庄村	辛店	同 上
K.O.23	甘程家大坡[甲]	东乡科妥甘程家大坡	辛店	同 上
K.O.25	甘程家大坡[乙]	东乡科妥甘程家大坡	辛店	同 上
	崖头	东乡东原崖头	辛店	《甘肃东乡崖头辛店文化墓葬清理记》《文物》1981年第4期
K.C.3	鲁家村	永靖鲁家村	辛店	《考古学报》1960年第2期

续表

原编号	名称	位置	文化性质	备注
K.D.6	刘魏家	永靖唵歌集	辛店、马家窑	同　　上
K.D.9	尕马村	永靖银川尕马村	辛店	同　　上
K.E.2	金家园	永靖孔家寺金家园	辛店	《考古》1965年第7期
K.E.3	大石头河沿	永靖刘家峡大川村	辛店	同　　上
K.E.4	孔家寺村	永靖刘家峡孔家寺村	辛店	
K.G.1	莲花台	永靖莲花村东南	辛店	《考古学报》1960年第2期
K.G.2	本赤沟沟口	永靖河南本赤沟	辛店	《刘家峡水库区古文化遗址登记表》
K.G.5	张家咀	永靖张家咀村东北	辛店、齐家	同　　上
K.G.6	韩家咀	永靖韩家咀村	辛店	同　　上
K.G.9	崇王庄	永靖潘徐乡崇王庄	辛店	同　　上
K.G.10	党家滩	永靖党家滩东南	辛店	同　　上
K.G.11	黄李村	永靖黄李村西南	辛店	同　　上
K.G.14	盐场村东	永靖盐场村东	辛店	同　　上
K.G.17	盐场村西	永靖盐场村西	辛店	同　　上
K.G.19	吴家西	永靖吴家村西	辛店、齐家	同　　上
K.G.20	金家沟	永靖金家沟东北	辛店	同　　上
K.G.21	何家堡	永靖何家堡北	辛店	《刘家峡水库区古文化遗址登记表》
K.G.25	白茨沟	永靖杨家坡白茨沟	辛店、马家窑	同　　上
K.H.2	余李家	永靖余李家东南	辛庙	同　　上
K.H.4	高家咀	永靖高家咀东	辛店、齐家	同　　上
K.H.5	屯地村	永靖屯地村东	辛店、齐家	同　　上
K.J.1	乱米咀	永靖刘家峡乱米咀	辛店、齐家	同　　上
K.J.2	尤家塬	永靖沙底咀	辛店、齐家、马家窑	同　　上
K.J.4	罗家川	永靖罗家川村南	辛店	同　　上
K.J.6	魏家川	永靖刘家峡魏家川村	辛店	同　　上
K.K.1	姬家川	永靖白塔姬家川村东	辛店、齐家	同　　上
K.K.2	沈家园	永靖三塬沈家园村	辛店、马家窑	同　　上
K.K.5	高白家	永靖红沟岭高白家村	辛店、齐家	同　　上
K.K.6	白塔村	永靖红土坡白塔村	辛店	同　　上

续表

原编号	名称	位置	文化性质	备注
K.K.7	刘家村	永靖外拉咀刘家村	辛店	同　上
K.K.8	火把山	永靖刘家村火把山	辛店	同　上
K.K.9	罗家小塬	永靖三源罗家小塬	辛店	同　上
K.K.11	扎木池村	永靖河南扎木池村	辛店、马家窑	同　上
K.K.12	大咀小塬	永靖白塔大咀小塬	辛店	同　上
K.K.16	里河沟	永靖下塬里河沟	辛店	《考古学报》1960年第2期
K.K.17	马陆源村	永靖下塬马陆源村	辛店	同　上
K.K.19	青咀	永靖白塔青咀	辛店	同　上
K.K.20	外拉咀	永靖马家寨外拉咀	辛店	同　上
K.K.21	白崖村	永靖白塔白崖村	辛店	同　上
K.K.22	马家崖头	永靖三源马家崖头	辛店	同　上
K.Q.2	罗家堡	永靖罗家堡东	辛店、马家窑	《考古》1965年第7期
K.R.3	上庄	永靖西河上庄村	辛店	同　上
K.R.5	下铨村	永靖西河下铨村	辛店、马厂	同　上
D.L.1	杨家坪	临夏新集杨家坪	辛店、齐家	《考古学报》1960年第2期
L.A.3	牟家台	兰州牟家台	辛店	同　上
L.B.3	张家台碉堡	兰州张家台碉堡	辛店	同　上
Y.Z.5	大沙沟口	永登大沙沟口	辛店、马厂	同　上
	华林坪	兰州西华林坪	辛店、齐家、马家窑	同　上
	古鄯	青海民和古鄯	辛店、马厂	《青海彩陶》文物出版社1980年
	河西庄	民和河西庄	辛店	同　上
L.C.9	南原	民和巴州南原	辛店、马家窑	《中国原始社会遗址地名表》，考古所图书资料室编1976年
	大塬	民和大塬村	辛店、马厂	同　上
L.C.10	马厂塬	民和马厂塬	辛店、马厂	同　上
M.H.1	核桃庄	民和核桃庄小旱地	辛店、马家窑	同　上
	边墙	民和边墙	辛店	《青海彩陶》文物出版社1980年

续表

原编号	名称	位置	文化性质	备注
	河西庄	民和中川河西村	辛店	同 上
	清泉	民和中川清泉	辛店	同 上
	高家	民和转导高家村	辛店	同 上
	杨家泉	民和转导杨家泉村	辛店、马家窑	《中国原始社会遗址地名表》
	肖家	民和转导肖家	辛店、马家窑	同 上
	当中岭	民和边墙	辛店、马厂	同 上
	总堡塬	民和松树总堡塬	辛店、马厂	同 上
	山城	民和川口山城	辛店、马厂	同 上
	毛家	民和曼坪毛家村	辛店	同 上
	下甘家	民和曼坪下甘家	辛店、齐家、马家窑	同 上
	阚家咀	民和曼坪张家村	辛店、齐家、马家窑	同 上
	王石沟	民和官亭光明	辛店	同 上
	甘家	民和官亭美田	辛店	同 上
	鄂家	民和官亭美田	辛店	同 上
	文家	民和官亭美田	辛店	同 上
L.C.13	蒲家墩	乐都高庙蒲家墩	辛店	同 上
L.C.14	西旱台	乐都洪水西旱台	辛店、马家窑	同 上
L.C.15	段堡子	乐都高庙段堡子	辛店、马家窑	同 上
L.C.16	山地	乐都县城东关	辛店	同 上
	刘家村	乐都雨润深沟	辛店	同 上
	东岗子	乐都岗沟东岗子	辛店	同 上
	东旱台	乐都高庙东村	辛店、齐家	同 上
	大湾	乐都中坝大湾	辛店	同 上
	东坪	乐都洪水	辛店	同 上
L.C.20	西岗子	乐都岗沟西岗子村	辛店、卡约	同 上
L.L.1	柳湾	乐都高庙柳湾村北	辛店、齐家、马厂、半山	《青海柳湾》文物出版社 1984 年
L.H.3	马家岭	乐都洪水马家岭	辛店、齐家	《考古》1976 年第 6 期
	申家旱台	乐都申家旱台	辛店、半山	《青海陶彩》文物出版社 1980 年
	余家庄	乐都瞿昙柯西	辛店、马家窑	同 上

续表

原编号	名称	位置	文化性质	备注
	包家寨	西宁市大堡子包家寨	辛店	《青海彩陶》文物出版社1984年
L.C.3	十里铺	西宁市十里铺	辛店、卡约	同 上
D.S.1	上孙家	大通后子河上孙家寨	辛店、卡约、齐家、马家窑	同 上
	贝寺儿	大通城关贝寺儿塌山	辛店、卡约	同 上
	乱圪瘩	大通东峡台子	辛店	同 上
	张卡山	互助红崖子沟盘路村北	辛店	《考古》1959年第4期
	加堂台台	互助加堂台台	辛店	《青海彩陶》文物出版社1984年
G.X.10	毛家寨	湟中毛家寨南场门道	辛店、卡约	《中国原始社会遗址地名表》
H.Y.1	鱼儿圪瘩	湟中金星上西河大场	辛店、卡约	同 上
L.C.4	清水河	湟中总寨清水河	辛店	同 上
	南城台	化隆县城关	辛店、马家窑	同 上
	白土窑窝	化隆昂思多	辛店、卡约	同 上
	拉龙哇	化隆昂思多	辛店、卡约	同 上
	塔尔沟	化隆昂思多	辛店	同 上
	梅家	化隆昂思多	辛店、齐家	同 上
	麻卡拉	化隆昂思多	辛店、齐家	同 上
	尔尕昂	化隆昂思多	辛店、卡约	同 上
	山卡拉	化隆昂思多	辛店、卡约	同 上
	上滩	化隆关沙尔	辛店、卡约	同 上
	伊沙滩	化隆群科	辛店、卡约	同 上
	麻昂日索	化隆群科	辛店	同 上
	金刚城	化隆群科	辛店	同 上
	烂下滩	化隆群科	辛店	同 上
	卡昂	化隆群科	辛店、马家窑	同 上
K.G.2	牙木	化隆甘都河西	辛店	同 上
K.G.3	化崖	化隆甘都阿化村	辛店	同 上
K.G.4	西滩（甲）	化隆西滩村南	辛店	同 上
K.G.5	西滩（乙）	化隆西滩村西南	辛店	同 上

续表

原编号	名称	位置	文化性质	备注
K.G.6	西滩（丙）	化隆西滩村西	辛店	同　上
K.G.7	水车	化隆甘都水车村	辛店	同　上
K.G.8	三大湾（甲）	循化黄河沙坡湾村	辛店	同　上
K.G.9	三大湾（乙）	循化黄河沙坡塘	辛店	同　上
K.G.10	加马山	循化沙坡塘西南	辛店	同　上
K.G.11	西沟坪	循化黄河尕拉村	辛店、马厂	同　上
K.G.12	台尕	循化上滩村	辛店、齐家	《中国原始社会遗址地名表》
K.G.13	双渠	循化东风石巷村	辛店	同　上
	坡伊江	循化东风白庄	辛店、卡约	同　上
	苏哈扎	循化东风科哇	辛店、马家窑	同　上
	塌城	循化东风科哇	辛店	同　上
	若曼多	循化东风丹麻	辛店	同　上
	瓦匠庄	循化东风大寺古	辛店、齐家	同　上
	审利	循化黄河查加	辛店、马家窑	同　上
	果什滩	循化黄河查加	辛店、马家窑	同　上
	合洛寺	共和曲沟合洛寺	辛店	《文物考古工作三十年》

（本文原载《文物资料丛刊》第九辑）

甘肃永靖张家咀与姬家川遗址的发掘

张家咀与姬家川位于甘肃省永靖县的南部。永靖县政府原驻莲花城，1962年迁驻刘家峡小川[①]。姬家川离新县城不远，张家咀北距新县城约20公里。现在张家咀与姬家川分别由永靖县莲花公社与白塔公社管辖（图一）。

张家咀与姬家川遗址均包含齐家文化和辛店文化两种不同性质的文化遗存，而且都以辛店文化为主。张家咀辛店文化是解放后在黄河上游新发现的一种文化类型，材料比较重要。它有其独自的特征：在同一文化层里既包含有东乡"唐汪式陶器"；又包括了辛店文化乙组遗物[②]。为了把这个遗址作为一个自具特征的典型来介绍，也为了与姬家川辛店文化相区别，我们把这个类型的遗址暂名为辛店文化张家咀类型，并与姬家川遗址相类似的遗址暂名为辛店文化姬家川类型。下面简称为"张家咀类型"与"姬家川类型"。

张家咀遗址的发掘分为两次进行：第一次在1958年10、11月间；第二次在1959年4月至7月。两次发掘计开六条深沟（T1—6）和三十六个探方（T11—21、51—70、74—76，101—102），揭露面积共995平方米（图二）。发现齐家文化与张家咀类型的遗迹、遗物等。

---

① 《中华人民共和国行政区划简册》，地图出版社，1962年。
② 安志敏：《略论甘肃东乡自治县唐汪川的陶器》，《考古学报》1957年第2期。

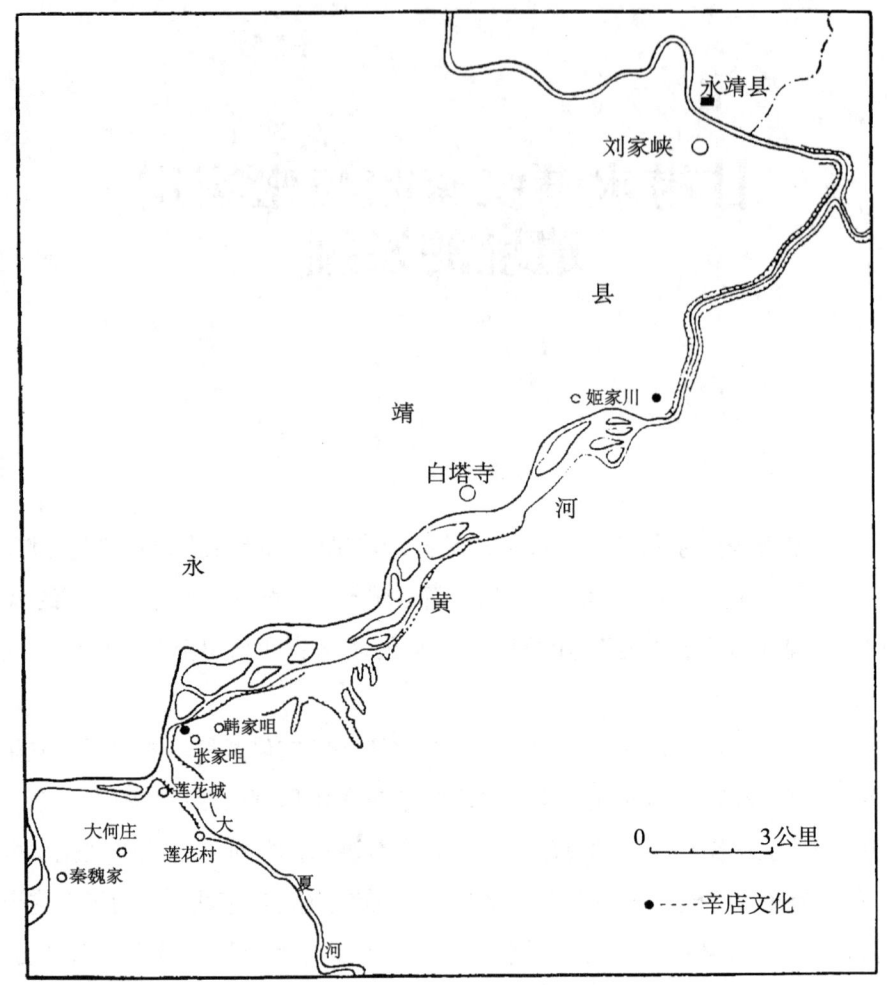

图一 张家咀、姬家川遗址位置图

姬家川遗址的发掘在1960年6、7月间，计开探沟七条（TA—G）和探方十一个（T1—11），揭露面积为675平方米，发现有齐家文化房屋、窖穴和姬家川类型的房屋、窖穴、墓葬以及石、骨、陶器等。两遗址发掘的主要收获曾在《考古》1959年第4期和1962年第2期作过简要的报道。

张家咀和姬家川遗址的发掘工作先后参加的人员有：黄河水库考古队甘肃工作队赵瑞亭、戴复汉、丁六龙、张国柱、唐士和、李进、张长庆、郑大成、郑乃武与谢端琚等同志；甘肃省博物馆赵之祥、朱瑞明同志；永

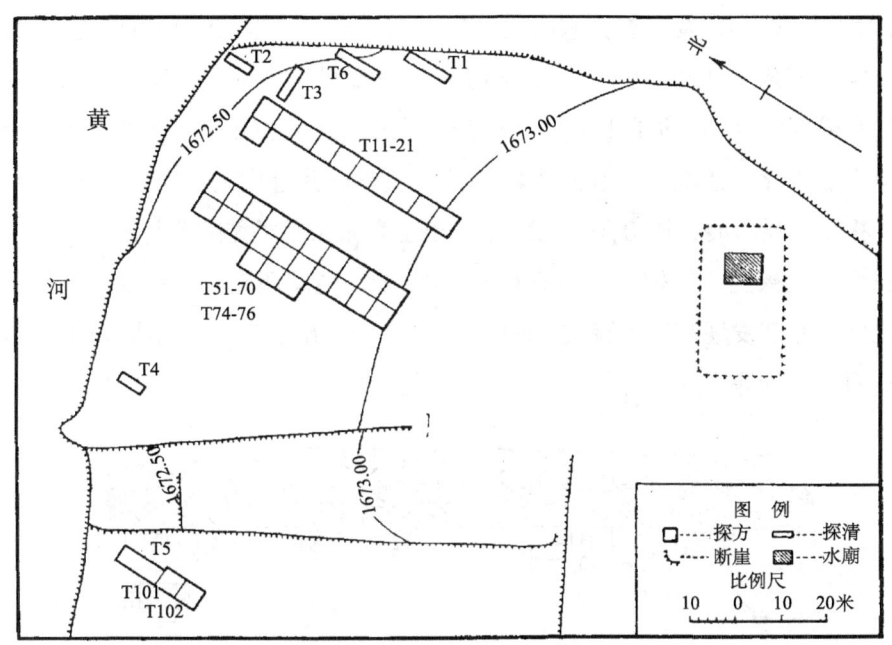

图二 张家咀遗址发掘坑位图

靖县炳灵寺保管所王万青同志。动物骨骼由周本雄同志鉴定。在工作中曾得到甘肃省文化局、甘肃省博物馆、永靖县文化馆、永靖县炳灵寺保管所等有关单位的大力支持与热情帮助。

张家咀遗址

张家咀遗址处在大夏河汇入黄河的三角地带，西北面临黄河，西南临大夏河。遗址面积约两万平方米，现在地面南部略高，北部平坦，在南边的一个高坡上有一近代小庙，在东北边有一现代渠道蜿蜒于遗址的边缘，在边缘断崖上暴露有厚1米多的灰层和石器、陶器等。遗址除边缘因开渠翻土遭到一些破坏外，大部分保存较好。

（一）地层堆积

张家咀遗址东部纯属张家咀类型堆积；西部除了张家咀类型文化层外，还有齐家文化层。

遗址的东部包括四十八个探沟、探方（T1—3、6、11—21、51—

70，74—76），发现有张家咀类型窖穴一六五个。地层一般可分为三层，除第一层农耕土外，第二、三层都属于张家咀类型堆积。现以T11、12的东壁剖面为例，加以说明：第一层，农耕土，厚0.25～0.4米，出土物除辛店文化乙组与"唐汪式陶器"外，还有一些近代瓦、瓷片；第二层，红褐土，质较硬，厚0.2～0.25米，出土有张家咀类型陶器与石刀等；第三层，灰褐土，质较软，厚0.15～0.45米，中间还夹着一小层粗沙，并在此层底部发现有三个窖穴（H13、14、16），出土有张家咀类型的陶器、石刀与兽骨等（图三）。

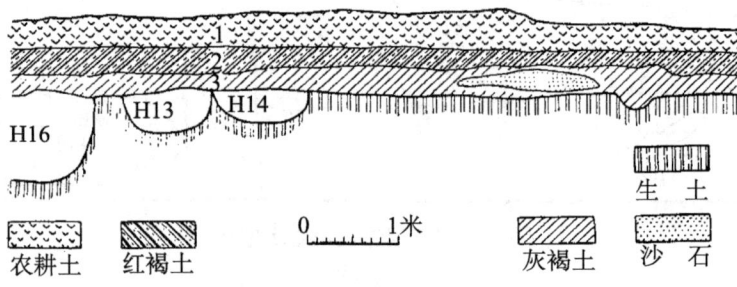

图三　T11、12东壁剖面图

遗址的西部包括有四个探沟、探方（T4、5、101、102），发现有齐家文化与张家咀类型的地层叠压关系，齐家文化层中出有窖穴十三个。现以T102东壁剖面为例，加以说明：第一层，农耕土，厚0.12～0.3米，出土张家咀类型陶片及现代瓦片；第二层，张家咀类型文化层，灰褐土，质较松，厚0.1～0.38米，出土物纯属张家咀类型陶片。在此层下面压有两个齐家文化窖穴（H203、204），出土有陶器、敲砸器、石刀和兽骨等（图四）。

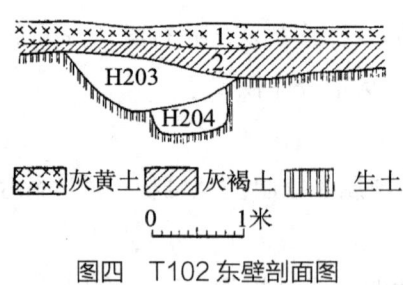

图四　T102东壁剖面图

（二）建筑遗存

齐家文化窖穴

齐家文化窖穴共发现十三个，按其形制可分为大口和小口的两种。

1. 大口窖穴　六个。圆形或椭圆形，口径1米左右，以平底为主，也有部分是圜底的。

2. 小口窖穴　七个。皆为袋状，大小不同。小者口径仅0.7米、深0.5米；大者口径2.5米、深1.25米。值得提出的是这里发现有用废弃的窖穴来埋藏死者的葬俗。例如H35，是一个口径1.53米的圆坑，在坑底的一侧发现一具人骨架，保存尚好。头朝西南，脚东北，骨架平躺仰卧，右手垂放身旁，左手弯屈胸前，右下肢微屈（图版捌，1）。在骨架的周围及填土中都有齐家文化陶片和敲砸器等。

张家咀类型窖穴

张家咀类型窖穴共发现一六五个，皆出在遗址的中部和东部。这里窖穴分布密集，在T11至T21揭露176平方米的范围内便出有七十八个窖穴，其中T17最为集中，在仅约26平方米范围内就有十九个窖穴。

窖穴按其形制可分为圆形大口、袋形小口和长方形三种，以大口的为主，其次为小口的，长方形的较少。

1. 大口窖穴　一三〇个，圆形或椭圆形，大小不一，口径0.5～3.6米不等，圜底的较普遍。如H27，底部如锅，口径16米、深0.5米。

2. 小口窖穴　三十三个，皆为袋状，周壁较整齐。口径以1～1.5米的占多数。如H9，口径0.9米、底径1.6米、深0.68米，保存较完整。

3. 长方形窖穴　二个。穴壁平直，底平。H89，口长1.15米、宽0.8米、深0.84米。

（三）文化遗物

齐家文化

这里发现的齐家文化遗物，数量较少。按用途可分为生产工具与生活用具两种。

1. 生产工具　皆为石制的，可分为敲砸器、刀、斧、杵、铲和纺轮、球等。

（1）敲砸器　分两式。

Ⅰ式：四件。圆形，利用扁平的砾石在其两面交互打击成锋刃。H203：6，直径16.3厘米、厚5.9厘米。器形与秦魏家[①]Ⅰ式敲砸器相似。

Ⅱ式：二件。利用扁平的砾石从一面打制成锋刃。器形与秦魏家Ⅱ式敲砸器相似。H204：1，直径10.1厘米、厚3.9厘米。

（2）刀　分三式。

Ⅰ式：一件。长方形，磨制。器形与秦魏家Ⅰ式刀相似。

Ⅱ式：二件。长方形，两侧缺口，磨制，器形与秦魏家Ⅱ式刀相似。H201：2，长9厘米、宽5厘米。

Ⅲ式：一件（H203：2）。长方形，中间穿孔，长11.1厘米、宽5.4厘米。

（3）斧　一件（T4：1）。长方形，顶端已残，横剖面作圆角长方形，刃部磨光，残长16.7厘米（图版壹，10）。

（4）铲　一件（H5：3）。铲身宽扁，略呈椭圆形，长21.5厘米、刃宽17.8厘米（图五，2）。

（5）杵　二件。横剖面呈椭圆形，磨面的一端存有赭色粉末。H4：3，顶端已残，横剖面作圆角长方形，长12.7厘米（图版壹，12）。

（6）纺轮　二件。圆形，中间穿孔。H5：1，器形较大，直径10厘米、厚2厘米（图五，1）。

（7）石球　一件（H5：2）。正圆形，通体磨光，直径7.4厘米。

2.生活用具　全为陶制器皿，陶器的质料、颜色和制法等与秦魏家齐家文化的基本相似。下面按泥质红陶与夹砂红褐陶分别叙述。

泥质红陶

（1）碗　一件（T5：5）。侈口，浅腹，底下带圈足，表面磨光，呈橘红色，在圈足的外面还有一周整齐的锥刺纹，口径6厘米、高2厘米（图六，1）。

（2）杯　一件（H203：3）。敞口，腹壁往下收缩成小平底，素面，口径7.2厘米、高6.6厘米（图六，2；图版柒，3）。

[①] 中国科学院考古研究所甘肃工作队：《甘肃永靖秦魏家齐家文化墓地》，《考古学报》1975年第2期。

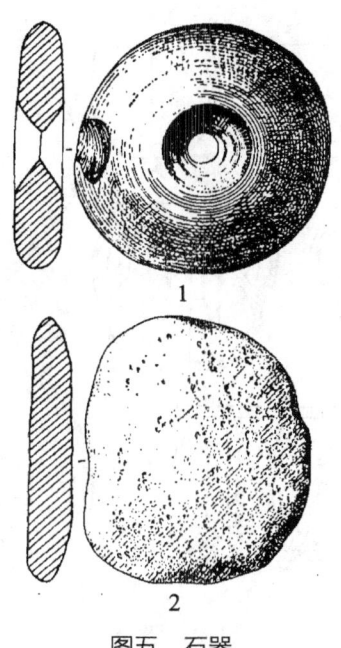

图五　石器
1. 纺轮（H5∶1）
2. 铲（H5∶3）
（1.1/3，2.1/6）

（3）折腹罐　一件（H201∶1）。口已残，短颈，肩腹间有明显的分界，中间特为鼓出，素面，残高16.5厘米（图六，3）。

（4）双大耳罐　二件。喇叭口，高领，圆腹，平底，颈部附有两个对称的大耳。H33∶3，口径9厘米、高9.3厘米（图六，4）。

（5）三耳罐　一件（H201∶2）。器形与双大耳罐不同处在于多加一个大耳，口径8.7厘米、高10.2厘米（图六，5；图版陆，8）。

（6）高领双耳罐　不能复原，器形与秦魏家Ⅲ式高领双耳罐相似，腹部饰有篮纹。

（7）豆　不能复原，盘如敛口盆，高圈足座，器形与秦魏家Ⅴ式豆大体相似。

夹砂红褐陶

夹砂红褐陶多属残片，能辨出器形的有盆、侈口罐、单耳罐和甗等，残片能复原的有侈口罐和单耳罐。

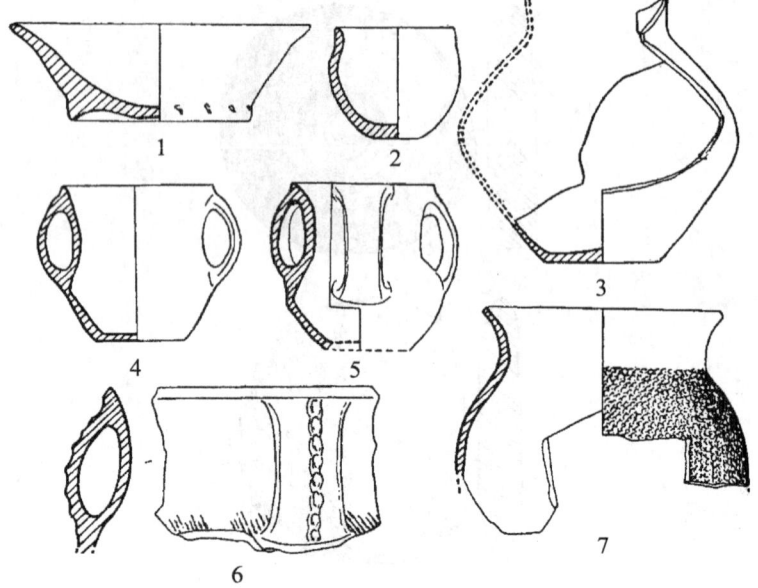

图六　陶器

1. 碗（T5：5）　2. 杯（H203：3）　3. 折腹罐（M201：1）　4. 双大耳罐（H33：3）
5. 三耳罐（H201：2）　6. 单耳罐（T5：4）　7. 侈口罐（H201：5）（1.2/3，余2/9）

（1）侈口罐　二件。侈口，短颈，鼓腹，平底。H201：5，底部已残，腹部饰有绳纹，口径13.8厘米（图六，7）。

（2）单耳罐　一件（T5：4）。不能复原，耳上饰一道附加堆纹（图六，6）。

张家咀类型

生产工具　分石制、骨制和陶制的三种。以石制的为主，其次为骨制的，陶制的较少。

1. 石制工具　石器质料有：闪长岩、辉长岩、矽质灰岩、玄武岩、辉绿岩、云母角闪岩、砂岩、黑色页岩、角闪岩、灰岩与泥灰岩等十一种，其中闪长岩和辉长岩较为常见。器形可分为敲砸器、刀、镰、斧、杵、纺轮与石臼等七种。

（1）敲砸器　分三式。

Ⅰ式：十三件。圆形或椭圆形。边缘由两面交互打制成。H166：1，器身较扁平，辉长岩。直径8.4厘米、厚1.8厘米（图版贰，5）。

Ⅱ式：二十九件。边缘由一面打制成。大小不一，小者的直径6.6厘米、大的16.5厘米。T2∶1，闪长岩，直径10.5厘米、厚3厘米（图七，1）。

Ⅲ式：二十五件。与Ⅰ式不同处在于边沿仍保留一段原来的砾石面。T2∶4，直径14厘米、厚3.2厘米（图七，2）。

（2）刀 分四式。

Ⅰ式：十件。长方形，打制。T1∶1，闪长岩，器身两侧边较窄，长12厘米（图版贰，8）。

Ⅱ式：十四件。长方形，两侧带缺口，打制。一面为破裂面，另一面尚保留原来的砾石面。T66∶4，矽质灰岩，长6.4厘米、宽4厘米（图七，5）。T56∶5，刀背稍内凹，闪长岩，长9.1厘米、宽4.4厘米（图版贰，3）。

Ⅲ式：十五件。半月形或长方形，在刃部两侧各打成一缺口。T56∶1，长方形，两侧边外凸成弧形，长约11厘米。T75∶2，半月形，矽质灰岩，长11.9厘米、宽5.1厘米（图七，6；图版贰，2）。

Ⅳ式：四件。长方形，中间穿孔，孔由两面穿透，磨制。T17∶1，孔靠近刃部，磨制精致，玄武岩，长8.7厘米、宽5.2厘米（图七，7；图版贰，4）。

（3）镰 一件（T11∶1）。半月形，长12厘米、厚1.5厘米（图七，4；图版贰，7）。

（4）斧 分四式。

Ⅰ式：四件。扁平长方形，斧身较宽，刃部作弧形。T21∶3，角闪岩，顶端已残，长12.4厘米、宽8.4厘米（图七，8；图版贰，1）。H12∶2，近椭圆形，器形较小，长10厘米（图版贰，9）。

Ⅱ式：一件（T51∶2）。在器身中部的两侧打成窄肩，横剖面呈椭圆形，闪长岩，长15.6厘米、刃宽3.6厘米（图八，3；图版壹，1）。

Ⅲ式：一件（H128∶5）。长条形，斧身的上部有一周凹棱，横剖面呈椭圆形，闪长岩，长12.7厘米、刃宽2.4厘米（图八，4；图版壹，2）。

Ⅳ式：一件（H147∶1）。器形较为特殊，顶部两侧向外凸出，呈"T"形，横剖面呈椭圆形，灰岩，长9.6厘米、刃宽4厘米（图八，5；图版贰，10）。

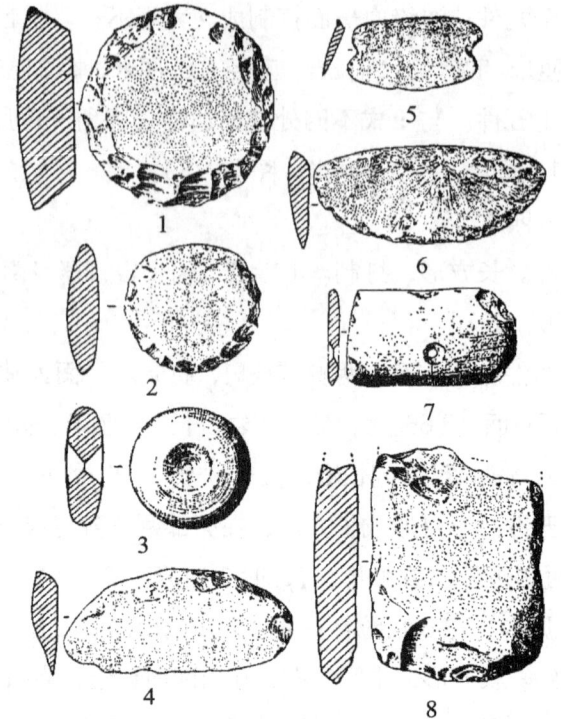

图七 石器（2.1/8，余1/4）

1. Ⅱ式敲砸器（T2∶1） 2. Ⅲ式敲砸器（T2∶4） 3. 纺轮（T75∶1） 4. 镰（T11∶1）
5. Ⅱ式刀（T66∶4） 6. Ⅲ式刀（T75∶2） 7. Ⅳ式刀（T17∶1） 8. Ⅰ式斧（T21∶3）

（5）杵　分三式。

Ⅰ式：五件。圆棒形，两端齐平或一端作球面，横剖面呈圆形。T66∶1，两端齐平，辉长岩，长15.5厘米、径6.4厘米（图八，1；图版贰，6）。

Ⅱ式：三件。器身较细长，中间粗两端小。T56∶4，器形较大，长21.2厘米、径6.2厘米（图八，2）。

Ⅲ式：一件（H63∶1）。顶端已残，使用的一端呈圆球状，辉长岩，残长16.1厘米、径8厘米（图八，6；图版壹，3）。

（6）纺轮　八件。圆形，小者直径4.3厘米、大者直径9.1厘米，皆磨制。T75∶1，孔较小，云母角闪岩，直径6.6厘米、厚1.8厘米（图七，3）。

（7）石臼　一件（H29∶1）。仅残存一段口腹部，不能复原，敞口圆唇，弧壁，腹侧置横耳，高6厘米（图九，7）。

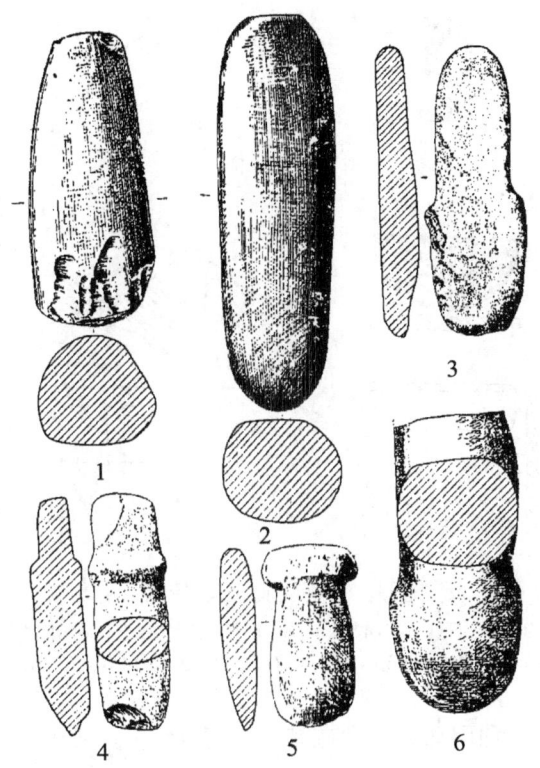

图八 石器（1/4）

1. Ⅰ式杵（T66:1） 2. Ⅱ式杵（T56:4） 3. Ⅱ式斧（T51:2） 4. Ⅲ式斧（H128:5）
5. Ⅳ式斧（H147:1） 6. Ⅲ式杵（H63:1）

2. 骨制工具

（1）镞 分二式。

Ⅰ式：二件。长条形，前端聚成尖锋，圆铤。H131:1，长4.3厘米、径0.7厘米（图一〇，1）。

Ⅱ式：一件（H128:3）。三棱形，前锋聚成尖刃，表面磨光，长5.2厘米（图版壹，7）

（2）针 一件（H29:3）。顶端已残，横剖面呈方形，长3.9厘米（图版壹，15）。

（3）锥 分二式。

Ⅰ式：十一件。利用动物的肢骨加工磨制成，顶端尚保留原来的关节部分。H17:5，长7.7厘米、顶宽1.8厘米（图一〇，3）。

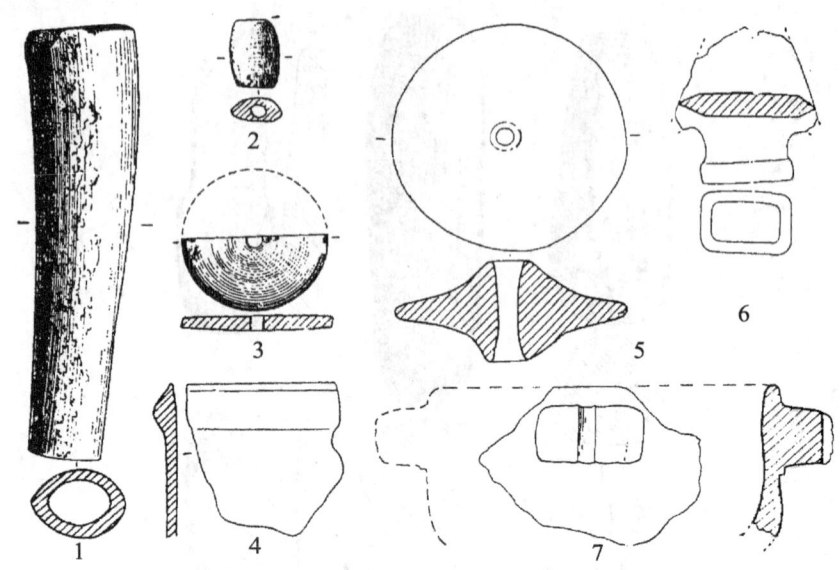

图九　陶、铜、石、骨器

1. 骨管（T51：5）　2. 绿松石珠（T74：1）　3、5. 陶纺轮（T55：6，H171：3）　4. 铜器残片（T65：2）　6. 铜矛（T56：9）　7. 石臼（H29：1）（3、7.2/5，余4/5）

Ⅱ式：三件。利用动物骨片在其一端磨成尖刃。M19：2，长9.1厘米、顶宽1.7厘米（图一〇，2）。

（4）凿　二件。亦利用动物的肢骨磨制成，平刃。T13：2，长5.8厘米、顶径2.4厘米（图一〇，4；图版壹，16）。

（5）铲　分二式。

Ⅰ式：十五件。利用牛、马的肩胛骨或下颌骨制成，以前者为主，在其一端往往还保留原来的关节部分。刃部宽窄不同，窄的2.5厘米、宽的8.5厘米。T2：1，顶端已残，长11.5厘米、刃宽6.5厘米（图一〇，6；图版壹，9）。

Ⅱ式：二件。器身较长，刃亦较窄。H180：1，长16.5厘米、刃宽2.4厘米（图一〇，5；图版壹，5）。

（6）梳　十件。大部分利用动物的肋骨加工磨制成，一端锯平，另一端先加工成平板状，然后再刻划成梳齿，齿数不等，小者四齿，多者八齿。H27：6，较细长，四齿，长15.3厘米、宽1.3厘米（图一〇，7；图版壹，18）。H121：6，器身较粗，横剖面呈椭圆形，六齿，长13.8厘米、宽2.2厘米（图一〇，8；图版壹，17）。H121：5，七齿，其中有一齿已

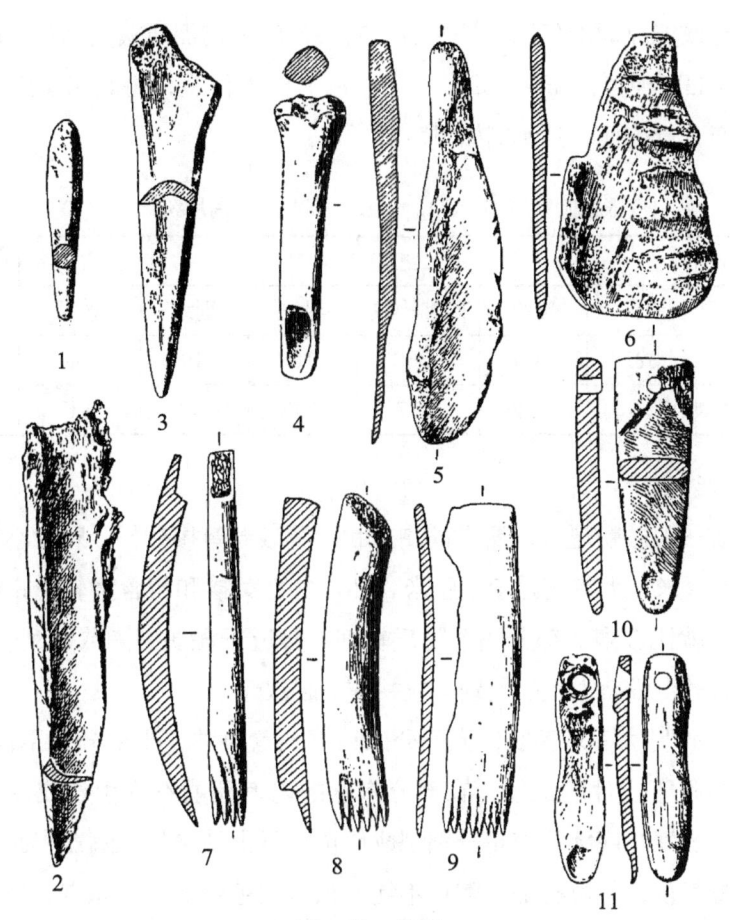

图一〇 骨器

1. Ⅰ式镞（H131：1） 2. Ⅱ式锥（H19：2） 3. Ⅰ式锥（H17：5） 4. 凿（T13：2）
5. Ⅱ式铲（H180：1） 6. Ⅰ式铲（T2：1） 7～9. 梳（H27：6、H121：6、T17：4）
10. Ⅰ式匕（H121：3） 11. Ⅱ式匕（H28：1）（1～3、10、11.2/3，余1/3）

残，长约13.2厘米。T17：4，器身较宽，一侧稍残，八齿，长13.6厘米、宽2.8厘米（图一〇，9）。

3. 陶制工具 仅有纺轮四件，圆形，中间穿孔，孔沿两面突起。细泥红陶，表面磨光。H171：3，直径4.4厘米、厚2厘米（图九，5）。T55：6，器身扁平，直径5.6厘米、厚0.5厘米（图九，3）。

生活用具

1. 陶容器、炊器

张家咀遗址出土的辛店文化陶器，为数不少，但大部分是破碎的陶片，完整或能复原的仅四十件左右。有夹砂红陶与泥质灰陶两种，前者为主。现选四个窖穴（H9、39、118、171）作为代表，将其出土陶片按陶系、纹饰进行统计，其比例如下表：

张家咀窖穴 9、39、118、171 出土陶片统计表

陶系	夹砂红陶					泥质灰陶	总计
纹饰	素面	彩绘	附加堆纹	绳纹	划纹	素面	
数量	321	245	36	10	2	10	624
百分比	51.44	39.26	5.77	1.6	0.32	1.6	99.99

夹砂红陶

陶质一般较粗糙，均羼有碎陶末和石英砂粒等掺和料，颗粒小者直径不到 0.1 厘米，大者可达 0.3 厘米。杯、盆之类掺和料含量较少；甑、鬲之类含量就比较多。部分陶器陶质较细，接近于泥质红陶或别列一陶系，由于在器形上没有太大的差别，故并在一起叙述。

陶器的制法皆系手制，大部分采用泥条盘筑法，小部分采用捏塑法，但后者多限于小件的陶器，在部分陶器的内壁还能看到手捏或泥条接合的痕迹。器耳与底部等都是分别制成后再往器上粘结的。陶器表面多作砖红色或橙黄色，但也有部分陶色不纯，杂有灰色或黑色的斑点。陶器的外表或加修饰，修饰的方法主要有两种：一种是当陶坯制成后，用湿手将表面抹平；另一种是当陶坯制成后，用陶拍在器的外表或器的口沿内打磨光滑，有的还蘸上一层白色或紫红色的陶衣。

陶器除素面以外，还有彩绘、绳纹、划纹和附加堆纹等。素面为主，其次为彩绘，附加堆纹占一定比例，绳纹和划纹较少。绳纹多平行、斜行或交错排列，纹道一般较浅。附加堆纹既有乳丁伏和扁圆状的，也有 W 形和带状的。划纹较少，多作横行的一道。彩绘除部分是红彩或紫红彩外，大部分是黑彩。彩绘的方法有两种：一种是在抹平或磨光的陶面上直接绘彩，另一种是先涂上一层红色或紫红色的宽彩带，然后再用黑彩描绘各种花纹。花纹繁缛且富于变化，组织布局有一定的规律，并且能与器形相配合。现在根据花纹图案的不同，分别加以说明。

（1）连续回纹　用黑彩绘成相连接的回形纹，大部分饰在高领双耳罐和瓮的领部（图一，1）。

（2）宽带纹　可分为两种：一种是由红色或紫红色彩绘成的，似一条带子（图版叁，1）；另一种是用黑色彩绘成一条宽彩带，其间缀有一周等距排列的菱形纹，在菱形内填一小圆点（图一一，5）；有的在菱形格内加缀一道短横线（图一一，6），多饰在双大耳罐的领部。

（3）宽彩纹　在二平行线间缀以不同的花纹，组成一周宽彩带，多饰在罐、瓮的领部或肩部，也有饰在腹部的。这种花纹比较多样，其中主要的有以下四式。

Ⅰ式：以二、三道平行斜线为母题，等距地排列在二平行横线间（图一一，2）。

Ⅱ式：以两条短斜线为一组，交接在二平行线间（图一一，3）。

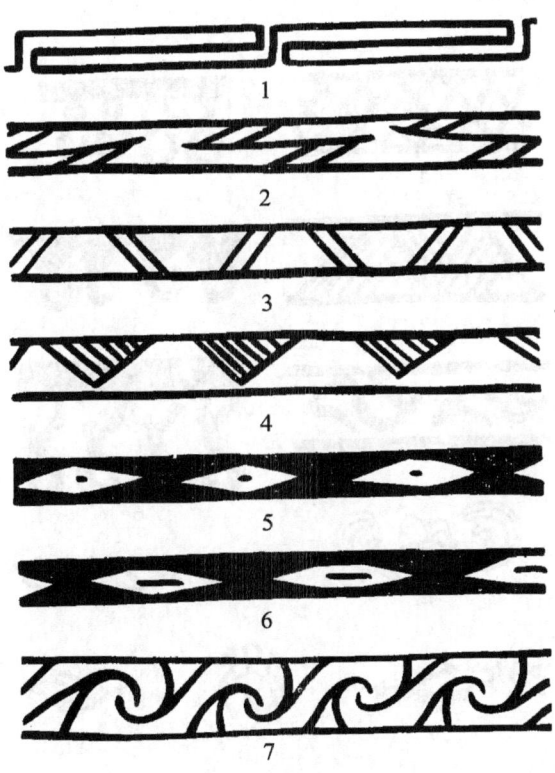

图一一　彩陶花纹展开图

Ⅲ式：以缀有平行斜线的三角纹为母题，连接在一条平行线上（图一一，4）。

Ⅳ式：以正、倒互错的三角形组成（图一二，2；图版叁，2）。

（4）涡形纹 作旋涡状，线条粗细不一。多饰在双大耳罐、高领双耳罐的领肩部和豆的圈足部（图一一，7；图版叁，6）。

（5）双勾纹 这是张家咀类型较常见的一种花纹，由三条细线为一组构成似一个羊角状的花纹，其间往往以红色或紫红色为地，在勾抱中还缀有一对对称的太阳纹或小"S"纹，勾的衔接处多加饰三道弧线纹，这种双勾纹多饰在双大耳罐和高领双耳罐的肩部（图一二，7；图版陆，1）。

（6）勿字形纹 勿字形纹往往是三个连排在一起的，大部分饰在盆和豆的口沿内，也有的绘在豆和罐的肩部（图一二，8）。

（7）"S"纹或变形"S"纹似S的横写，多饰在罐的领、腹上部和豆形器上（图一二，3）。

图一二 彩陶花纹展开图

（8）菱格纹　由斜线交织成菱格形纹样。多饰在罐的口、领部（图一二，1）。

（9）连勾纹　以各种不同形式的勾纹，分别接连在一条横线上，饰在双大耳罐、高领双耳罐和瓮的腹部。根据勾的形伏不同又可分为三式。

Ⅰ式：勾的顶端作实心三角形（图一二，5；图版叁，14）。

Ⅱ式：勾作"S"字形（图一二，4；图版叁，15）。

Ⅲ式：勾作反向的"5"字形，线条粗细不一（图一二，6；图版叁，16）。

（10）垂线纹　以二道或三道垂直线为一组，在其上端接一横线，饰在罐的腹下部（图版陆，1）。

除上述十种主要的花纹外，还有菱格缀点纹、草叶纹、花苞纹与太阳纹以及X字形、中字形、井字形等符号花纹。另有象生的龟纹与鱼纹，形象生动（图一二，9、10；图版叁）。陶豆上的彩绘花纹有二十多种，除与上述花纹相似的外，还有贝形纹、菱格网纹与斜十字纹等（图一三）。

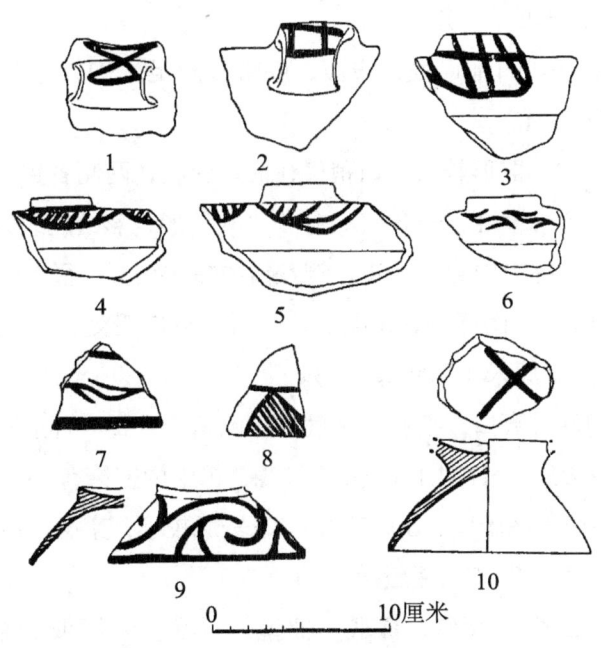

图一三　陶豆花纹（约1/5）

1.H144∶7　2.H130∶4　3.H130∶5　4.T56∶3　5.H118∶9　6.H114∶4　7.T66∶4　8.H161∶3　9.H20∶7　10.H121∶10

器形可分为钵、盘、盆、碗、杯、罐、瓮、甑、鬲、鼎和器盖等十多种。其中以双大耳罐和高领双耳罐为较常见，其次为豆和鬲，盆和杯也占一定比例，其余的器形较少。

（1）钵　完整的仅一件（H130∶1）。大口，浅腹，圜底，素面，口径10厘米、高5厘米（图一四，1；图版肆，9）。

（2）盘　一件（H39∶7）。浅腹，平底，表面磨光，口径10.8厘米、高2.5厘米（图一四，9；图版肆，10）。

（3）盆　分六式。

Ⅰ式：三件。大口，浅腹，小平底，素面或彩绘。H144∶4，素面，口径15.3厘米、高4.4厘米（图一四，2；图版肆，6）。

Ⅱ式：五件。大口，折腹，小平底。H17∶8，素面，口径14.7厘米、高5.3厘米。H171∶7，近口沿处饰一周宽带纹，口径15.4厘米、高5厘米（图版肆，7）。

Ⅲ式：一件（H171∶6）。器形与Ⅱ式相似，凹底，口径14.4厘米、高4.2厘米（图一四，3）。

Ⅳ式：四件。口部已残，浅腹，底带矮圈足。H171∶10，腹径12.6厘米（图一四，4）。

Ⅴ式：三件。器形较大，口稍侈，曲壁深腹，两侧各置一突钮，呈鸡冠形或"W"形，彩绘。H63∶2，钮作"W"形，彩绘花纹为一周等距排列的半圆形纹，并有内彩，为正、倒互错的短线纹，口径14厘米、高7.8厘米（图一四，6；图版肆，5）。H174∶1，近口沿处饰一周宽带纹，口径20厘米、高7厘米（图版肆，1）。

Ⅵ式：四件。直口，折腹，平底，口侧两旁各置一环形耳，耳端高出口沿，素面或彩绘。H134∶5，腹部较浅，口沿内壁饰有斜线纹，口径16厘米、高4厘米（图版肆，3）。T13∶3，器形较小，素面，口径9.5厘米、高4.2厘米（图一四，7；图版肆，8）。

（4）碗　二件。大口，深腹，曲壁，平底，素面或彩绘。H17∶7，彩绘宽带纹，口径12.3厘米、高8.7厘米（图一四，12；图版肆，2）。H67∶1，素面，口径11.3厘米、高9.1厘米（图版肆，4）。

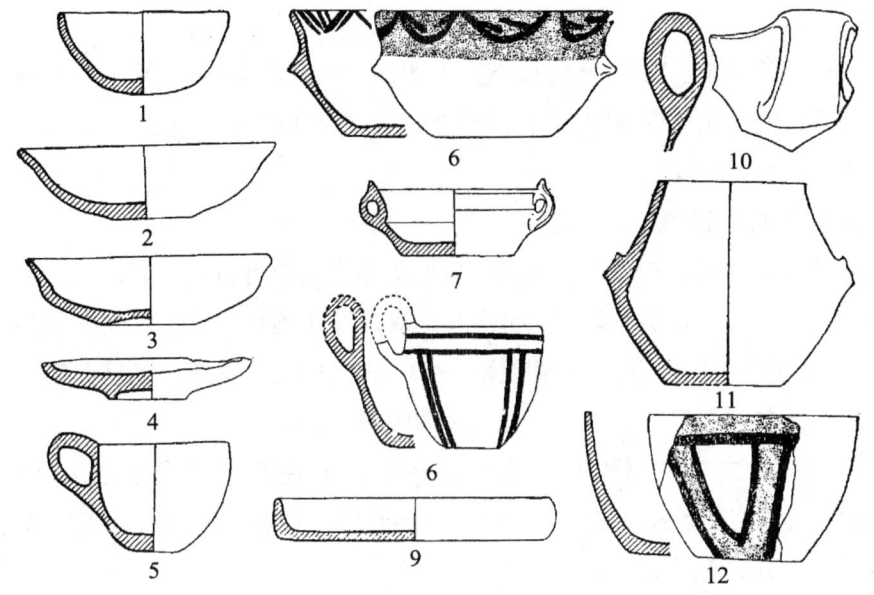

图一四 陶器

1.钵（H130∶1） 2.Ⅰ式盆（H144∶4） 3.Ⅲ式盆（H171∶6） 4.Ⅳ式盆（H171∶10） 5.Ⅰ式杯（H164∶1） 6.Ⅴ式盆（H63∶2） 7.Ⅵ式盆（T13∶3） 8.Ⅲ式杯（T21∶4） 9.盘（H39∶7） 10.单耳罐（T24∶5） 11.双耳罐（H173∶4） 12.豌（H17∶7）（9.2/5，余约1/3）

（5）杯 分五式。

Ⅰ式：五件。口微敛，曲壁深腹，平底，口侧置一耳，素面。H164∶1，口径8厘米、高6.6厘米（图一四，5；图版伍，3）。

Ⅱ式：七件。器形与Ⅰ式不同处在于腹壁较斜直，耳亦较长。T61∶4，口径8.3厘米、高7.3厘米（图版伍，2）。

Ⅲ式：三件，耳端高出口沿。T21∶4，彩绘花纹为垂线纹，口径8厘米、高7.5厘米（图一四，8；图版伍，4）。H1∶1，耳部较宽，器形较小，口径6厘米、高5.5厘米。

Ⅳ式：二件。大口，直壁，略呈桶形。H180∶4，彩绘花纹为三周宽带纹，口径10厘米、高8厘米（图版伍，10）。

Ⅴ式：五件。喇叭口，腹中部内凹成弧形，大平底，腹下部置一个环形耳，素面或彩绘。H29∶2，彩绘花纹为宽带纹（图版陆，6）。

（6）单耳罐 三件。敛口，短颈，腹部鼓出，口侧置一耳，耳端高出口沿，素面或彩绘。T24∶5，已残，素面，表面蘸有一层白色陶衣（图一四,10)。

（7）双耳罐　二件。敛口,宽肩,鼓腹,两侧各置一耳,平底。H173：4,耳稍残,腹下部遗有烟炱的痕迹,口径88厘米、高12.3厘米（图一四,11；图版柒,4）。

（8）双大耳罐　分四式。

Ⅰ式：六件。喇叭口,高领,腹部鼓出,两侧各置一大耳,平底,彩绘。H118：1,彩绘,花纹为宽带纹、双勾纹和垂线纹等,口径13厘米、高24.6厘米（图一五,1；图版陆,1）。H141：2,腹部花纹已剥落,器形较大,口径16厘米、高27厘米（图版陆,2）。

Ⅱ式：二件。器形与Ⅰ式大体相似,唯底部带三个矮足,彩绘。H39：1,花纹为宽带纹,双勾纹和垂线纹等,口径8.1厘米、高15.3厘米（图一五,2；图版陆,9）。

Ⅲ式：一件（H20：1）。器形较小,宽肩,腹部浑圆,彩绘花纹已剥落,口径7厘米、高10.5厘米（图版柒,6）。

Ⅳ式：四件。高领,器的最大径在腹的下半部,耳窄长,横剖面呈三角形,小平底,彩绘。H39：5,已残,彩绘,花纹为涡纹和平行条纹等。此式与东乡唐汪川所采集的Ⅳ类Ⅰ式双大耳罐相似[①]。

（9）高领双耳罐　分二式。

Ⅰ式：四件。高领,鼓腹,两侧各置一环形耳,平底,彩绘。H144：1,花纹为变形S纹与垂线纹等,口径10厘米、高28.8厘米（图一五,3；图版柒,1）。

Ⅱ式：一件（H121：1）。器形与Ⅰ式不同处在于腹下部较斜直,器形也较小,素面,口径2.7厘米、高8厘米。

（10）瓮　四件。侈口,高领,深腹鼓出,器形较大,彩绘。H118：2,不能复原,花纹为宽带纹、连续回纹和涡纹等（图一五,5）。H121：8,不能复原,器壁较厚,厚1厘米,表面蘸有一层白陶衣,花纹为勾纹和垂线纹等。

（11）豆　十件。上为浅腹盆,口沿置一横耳,耳端高出口沿,下为矮而外侈的圈足,彩绘。H20：3,器内外皆磨光,豆座表面饰涡纹,口

---

① 安志敏：《略论甘肃东乡唐汪川的陶器》,图版壹,8,《考古学报》1957年第2期。

径 15 厘米、高 12 厘米（图一五，10；图版陆，3）。

（12）圜底罐　一件（H160∶2）。大口，深腹，圜底。陶胎厚，表面遗有烟炱的痕迹，口径 23.5 厘米、高 17 厘米（图版伍，7）。

（13）甑　二件。大口，深腹，底部中间有一大圆孔。H173∶3，口沿饰有一周齿状附加堆纹，腹部饰有疏朗的绳纹，底部遗有烟炱的痕迹，器形较大，口径 44 厘米、高 28.4 厘米（图一五，6；图版柒，5）。

（14）鬲　分四式。

Ⅰ式：四件。侈口，高领，高裆，袋形足，足尖作圆锥形或乳头状，腹部饰有长条形或扁圆形的凸饰，腹下部遗有烟炱的痕迹。T66∶2，口径 8.4 厘米、高 13.3 厘米（图一五，9；图版陆，7）。

Ⅱ式：三件。直口，矮领，三空足较粗短。H118∶3，口沿加饰一周附加堆纹，肩部饰有两周带形和一周波浪形的附加堆纹，口径 12.3 厘米、高 16.8 厘米（图一五，7；图版伍，1）。

Ⅲ式：一件（T65∶3）。直口，矮领，足作乳头状，器形较小，口径 8.2 厘米、高 9.1 厘米（图一五，4；图版陆，4）。

Ⅳ式：二件。大口，矮裆，浅腹，腹侧附一单耳，彩绘。T54∶3，表面饰两周宽红彩，口径 10 厘米、高 9.6 厘米（图版陆，5）。H88∶1，仅存一鬲足，饰有宽带纹（图一五，8）。

（15）鼎　三件。口微敛，鼓腹，腹侧置一对耳，底附三个柱形足，腹下部遗有烟炱痕迹。T2∶4，口径 8 厘米、高 8.1 厘米（图一五，11；图版柒，2）。

另外，值得提出的还有几件鼎足：T66∶7，圆锥形，饰有 S 形纹；T66∶3，足身较粗，作圆条形；T52∶2，足短，横剖面作椭圆形。

（16）器盖　分二式。

Ⅰ式：五件。球面，钮作圆锥形，素面。H111∶1，直径 12 厘米、高 5.2 厘米（图一五，12；图版伍，8）。

Ⅱ式：二件。与Ⅰ式相似，唯盖钮横剖面呈椭圆形。H142∶4，直径 10.6 厘米、高 6.3 厘米（图一五，15）。T56∶3，壁薄，盖面粗糙。直径 8 厘米。

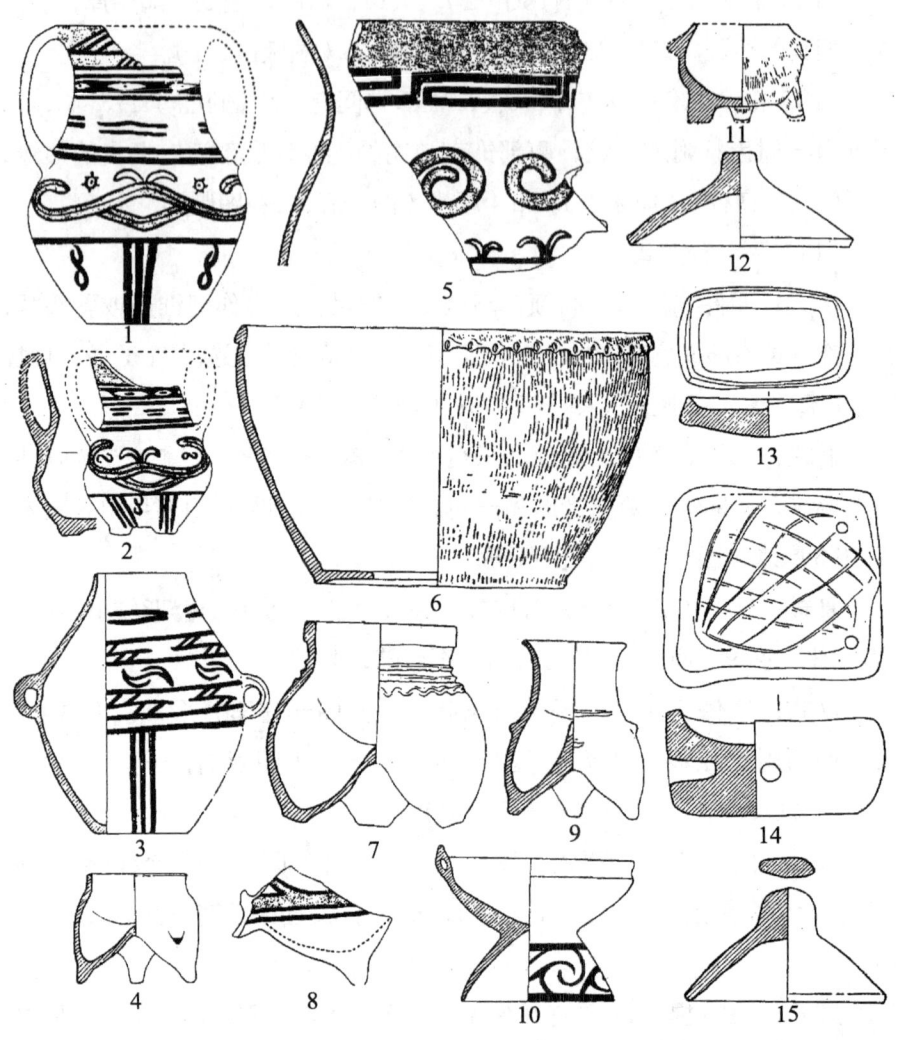

图一五 陶器

1. Ⅰ式双大耳罐（H118：1） 2. Ⅱ式双耳大罐（H39：1） 3. 高领双耳罐（H144：1） 4. Ⅲ式鬲（T65：3） 5. 瓮（H118：2） 6. 甑（H173：3） 7. Ⅱ式鬲（H118：3） 8. Ⅳ式鬲（H88：1） 9. Ⅰ式鬲（T66：2） 10. 豆（H20：3） 11. 鼎（T2：4） 12. Ⅰ式器盖（H111：1）1 13、14. 碟（H134：1，H146：1） 15. Ⅱ式器盖（H142：4）
（3、6.1/7，12、15.2/5，13、14.3/5，余1/5）

（17）陶碟　分二式。

Ⅰ式：一件（H146∶1）。长方形，浅槽，槽内划有网状的划纹，并遗有红颜料的痕迹，侧面穿孔，平底，口长 5.6 厘米、宽 4.8 厘米、高 2.7 厘米（图一五，14）。

Ⅱ式：二件。底部成弧形，器形较小。H134∶1，口长 4.5 厘米、宽 2.5 厘米、高 1 厘米（图一五，13）。

陶碟内尚遗有红颜料的痕迹，可见这种陶碟是磨调彩绘颜料用的。

泥质灰陶

数量不多，完整或能复原的仅十件左右。陶质比夹砂红陶细而硬，器表多打磨光滑，大部分呈灰褐色。器形有碗、杯、双耳罐、双大耳罐和三足器等。

（1）碗　二件。浅腹，平底，表面磨光。T15∶4，口径 10.5 厘米、高 5.5 厘米（图版伍，9）。

（2）杯　二件。器形与夹砂红陶Ⅴ式杯相似。

（3）双耳罐　一件（H144∶7）。敛口，矮领，腹部鼓出，两侧各置一环形耳，口径 15 厘米。

（4）双大耳罐　四件。侈口，高领，鼓腹，两侧各置一大耳。T76∶3，底已残，表面磨光，口径 11 厘米、高 11.2 厘米（图版伍，5）。

（5）三足器　一件（H168∶1）。上似一个直壁小杯，下附三个实心矮足，横剖面方形，口径 2.2 厘米、高 2.7 厘米（图版伍，6）。

2. 骨匕　分二式。

Ⅰ式：二件。利用骨片加工磨制成，顶端穿一孔，另一端挖一个圆形浅窝，磨制精致。H121∶3，长 5.3 厘米、顶宽 1.6 厘米（图一〇，10；图版壹，8）。

Ⅱ式：二件。身较窄，两侧内凹。H28∶1，长 4.7 厘米、宽 0.8 厘米（图一〇，11；图版壹，11）。

3. 装饰品

（1）绿松石珠　三件。椭圆角长管形。T63∶4，长 1.7 厘米（图版壹，13）。T74∶1，长 1.2 厘米、径 1 厘米（图九，2）。

（2）骨管　三件。利用动物肢骨加工磨制，长条形。T51：5，长8.5厘米、管径1.2～2厘米（图九，1）。H121：2，管较细长，长10.3厘米、径0.7厘米。

（3）骨牌　三件。扁平长方形。边缘穿孔，表面磨光。T66：8，一角稍残，边缘钻有八孔，长8.5厘米（图版壹，6）。

（4）刻花骨器　一件（H39：4）。已残，扁平骨片，表面磨光，刻划有六个圆圈，残长2.4厘米（图版壹，14）。

4. 铜器

（1）铜器残片　一件（T65：2）。系一铜容器口腹部残片，侈口，弧壁，口沿厚0.4厘米（图九，4；图版壹，4）。

（2）铜矛　一件（T56：9）。略呈三角形，前锋已残，銎作长方形。残长3厘米、銎长1.8厘米、宽0.7厘米（图九，6）。

（3）铜渣　两块。这是冶炼青铜炉内壁残块，在炉衬的外沿附有一层铜渣。T17H50：1，长6.5厘米、宽3.5厘米、厚1.1厘米（图版捌，2、3、4）。分析结果见附录一。

附录一　张家咀遗址辛店文化铜渣分析

一、矿相分析

一九七八年春，中国社会科学院考古所甘肃队送来铜渣两块，编号为58KG5T17H50：1。我们对其中的一块（图版捌，2）进行了切割，磨制成光面样品一个，薄片样品一个。对另一件断面进行了磨光制成光面样品一个。镜下观察，主要矿物的组成为黏土、石英、莫来石，其次有赤铁矿、赤铜矿和孔雀石等。样品表现有明显的分带现象，如图版捌，4所示，第一层为石英加黏土，第二层为莫来石加玻璃相，第三层为铜渣。对铜渣观察如图版捌，3所示，白色圆点为金属铜和赤铜矿，灰色物为赤铁矿，黑色部分为莫来石加玻璃相。在第二层也可观察到较多的铜矿物：赤铜矿和孔雀石，并有少量的金属铜。

根据上述分带和含铜矿物富集的现象，可知样品应当是带有挂渣层的炉壁，炉壁材料属于石英—黏土质耐火材料，在冶炼过程中因受热而生成莫来石，并有铜矿物侵入，莫来石熔点较高，其开始形成温度也要在1000℃左右，由此可推断当时耐火材料已达到一定的水平。炉壁上挂渣含有大量金属铜，赤铜矿和孔雀石（赤铜矿和孔雀石系铜长期埋藏地下风化产物），炉壁二层侵入有铜的矿物，所以本样品是与炼铜或熔铜密切相关，估计是当时炼铜或熔铜遗留下来的炉壁残块。

二、光谱定性分析

铜渣是含有铜（Cu）、锡（Sn）、铅（pb）的青铜渣。

附录二　张家咀遗址辛店文化铜器分析

一、光谱定性分析表

器号、器名	铜（Cu）	锡（Sn）	铅（Pb）	砷（As）	锑（Sb）
KG5T65：2铜片	有	有（较少）	有（较少）	无	无
KG5T56：9铜矛	有	有	有	有	有

二、金相鉴定

1.铜器残片（KG5T65：2）　金相组织是铸造青铜α—固溶体树枝伏结晶组织，有少量的灰色小颗粒，分布在树枝状晶边界是金属铅，有少量的α+δ共析组织。

2.铜矛（KG5T5S：9）　金相组织是铸造青铜α—固溶体树枝伏结晶组织，有少量的灰色小颗粒，有少量的羽毛状的α-δ共析组织，其具体成分需进一步测定。

这几件铜器的金相组织还需进一步细致观察，其共析组织的成分还要作微区成分分析，待进行鉴定后再提供报告。

《中国冶金史》编写组　一九七八年四月二十九日

（四）自然遗物

在遗址的灰层或窖穴中有哺乳类动物骨骼。它们的种属经鉴定有牛、羊、马、猪、狗和鹿六种。供鉴定的标本有：牛（*Bos* sp.），有上下颊齿、角鞘、下颌骨，牙齿与肩胛骨等十枚。羊（*Ovis* sp.），有角鞘、下颌骨等四枚。马（*Equus* sp.），有上下颊齿与上牙等三枚。猪（*Sus* sp.），有左上颊齿、下颌骨右侧、乳牙四枚。狗（*Canis familiars*）系家狗，有下颌骨左侧与下颌骨等四枚。鹿（*Cervus* sp.），有角枝一枚。鹿系野生动物，为当时人们狩猎的主要对象。

姬家川遗址

姬家川村为永靖县白塔公社姬家川生产队的所在地。遗址在村东约1.5公里。遗址处在黄河西岸的一个台地上，台地东面紧临黄河，北边为羊圈沟，由西往东流入黄河，西南面则是一片庄稼地。

遗址的地貌略呈椭圆形，面积约一万平方米，地势东北高，西南低，地面不甚平坦。遗址分成东西两部分，东部范围较大，西部较小，整个遗址因长期被河水冲刷和深耕翻土的破坏，保存欠佳。

（一）地层堆积

姬家川遗址的地层堆积，西部与东部不同：西部纯属辛店文化姬家川类型的堆积；东部除辛店文化外，还有齐家文化的堆积。在遗址的东部，计开六条探沟（TB—G）与十七个探方（T1—17），发现齐家文化房子一座、窖穴一个和辛店文化窖穴三十八个、墓葬一座。地层堆积较厚，一般可分为三层。例如T6，第一层，农耕土，厚约0.1～0.15米，出土物有辛店文化陶片与近代瓦片；第二层，为辛店文化层，灰褐土，质松软，厚0.16～0.25米，出土物有姬家川类型的陶器、石器和兽骨等；在此层的下面压有一窖穴，出土物纯属齐家文化的陶器和石器等。

遗址的西部，只开一条探沟（TA），发现有辛店文化房子一座和窖穴三个。地层堆积比较简单，只有上下两层，上层为农耕土，厚约0.2～0.35米；下层为辛店文化层，灰褐土，质较松，间杂有零星的红烧土，厚0.3～0.9米，出有陶器、石器和兽骨等。

（二）建筑遗存

属齐家文化的有房址一座、窖穴一个。

房址（F1），西半部已残破，位于 T4 的西边，是一座近方形的半地穴式建筑。距地表深 20 多厘米，南北长 3.6 米，穴壁残高 0.15 米。居住面平坦，表面敷一层厚约 0.2 厘米的白灰面，在其下面还铺有一层草拌泥，厚约 0.5 厘米。在居住面的中间有一个高出白灰面约 5 厘米的圆形灶址，直径 1.1 米。灶址的表面一层为红褐色的硬烧土，厚约 2 厘米。在其西边还有一个锅形的小坑，直径 0.2 米、深约 0.3 米，坑内填满齐家文化的泥质红陶片，从该坑的位置、形状与出土物分析，可能是作为放置陶容器用的。

窖穴（H11），位于房屋的东边，相距约 8 米。圆形，口径 2.7 米、深 0.5 米。出土物纯属齐家文化的石器与陶器等。

属姬家川类型的有房址一座、窖穴四十一个。

房址（F2），位于遗址的西部，保存尚好。是一座长方形半地穴式的建筑，距地表深 0.5 米、东西长 4.6～5 米、南北宽 3.3～3.5 米，穴壁残高 0.2 米。在房屋的西边有一呈斜坡状的出入门道，宽 0.9 米。在居住面的中间有一个呈锅形的灶坑，直径 1 米、深 0.2 米，内填满红烧土和木炭屑。居住面是一层灰土混杂料礓石面组成的硬土面，厚约 0.2 厘米。在居住面的北壁还遗有木柱腐朽了的痕迹。在房屋的里面，除发现有姬家川类型的陶片外，还有三个完整的陶纺轮。这是一座木架结构，土墙涂草拌泥的茅屋（图一六）。

窖穴按其形制可分为小口大底（袋形）、大口小底（锅形）和长方形三种，其中以大口的最为常见，约占总数的二分之一。

（1）大口窖穴　二十一个。圆形或椭圆形。大口，底部大部分平坦，少数为圜底。一般容积较小，口径多在一米左右，深 0.5～1 米之间。H7 的形状较特殊，呈瓢形，窄的一边作斜坡状直通坑底，宽的一边坑壁成弧形，容积较大，口径长 3.3 米、宽 2.45 米、深 1.2 米。出土物有陶器、石刀、骨铲和兽骨等。

（2）小口窖穴　十九个。均呈口小底大的袋状坑，坑壁较整齐。窖穴大小不同，小者口径不到 0.5 米，大者口径在 2 米以上。H8 是一个较大的窖穴，口径 2 米、底径 2.7 米、深 2.5 米。出土物较丰富，有陶器、石器、骨器和兽骨等。陶器完整的及可以复原的有十五件。

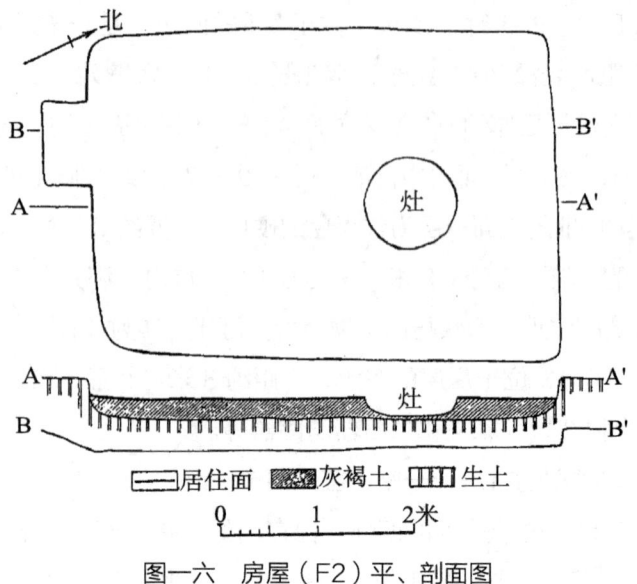

图一六　房屋（F2）平、剖面图

（3）长方形窖穴　一个（H35）。圆角长方形，长3米、宽0.8米、深0.5米。出土有陶、石器等。

（三）墓葬

一座（M2），位于遗址的东南部，T1的下层。为长方形竖穴土坑，长1.7米、宽0.8米、深0.4米，无葬具。单身葬，头朝北，葬式为侧身屈下肢，屈度特甚。人骨经鉴定为男性，保存完好。在头部附近随葬有陶盆、罐各一件与羊骨架一具（图一七）。

（四）文化遗物

齐家文化

1. 生产工具

（1）石刀　一件（H11：3）。呈长方形，中间穿有两孔，通体磨光。长8厘米、宽3.5厘米（图一八，5；图版玖，2）。

（2）陶垫　一件（H11：6）。梯形，正面磨光，背面外鼓，顶端有銎。已残，长8.5厘米（图一八，2）。

2. 生活用具　仅陶制器皿一种，能复原的不多。陶系可分为泥质红陶、夹砂红褐陶、泥质灰陶三种，以泥质红陶为主。

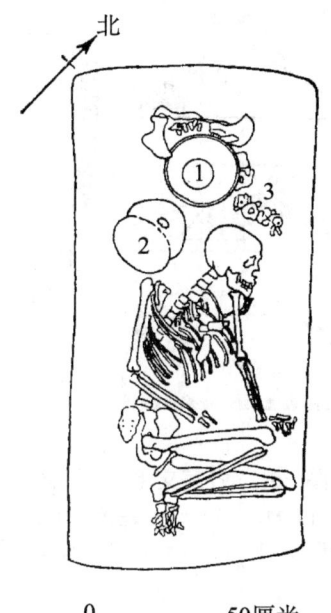

图一七 M2 平面图
1.陶盆 2.陶罐 3.羊骨

泥质红陶

（1）杯 一件（H11∶1）。直口，曲壁深腹，底部稍内凹，表面磨光。口径10厘米、高11厘米（图一八，6；图版拾肆，5）。

（2）盆 二件。敞口，宽唇，平底。H11∶7，不能复原，表面施有一层红陶衣。

（3）双大耳罐 三件。喇叭口，圆腹，颈两侧各置一大耳，平底。

（4）高领双耳罐 二件。侈口，高领，在腹部两侧各置一环形耳。

夹砂红褐陶

（1）侈口罐 三件。侈口，短颈，垂腹，平底。为齐家文化最常见的一种器形。

（2）单耳罐 二件。陶质较薄，皆为残片，不能复原。

（3）器盖 二件。球面，钮顶内凹。H11∶8，盖面饰有辐射状的锥刺纹，口径14.3厘米、高4.8厘米（图一八，4；图版拾肆，3）。H11∶4，盖面布满细绳纹，在钮的边缘饰有锯齿状花边，口径14厘米、高5.7厘米

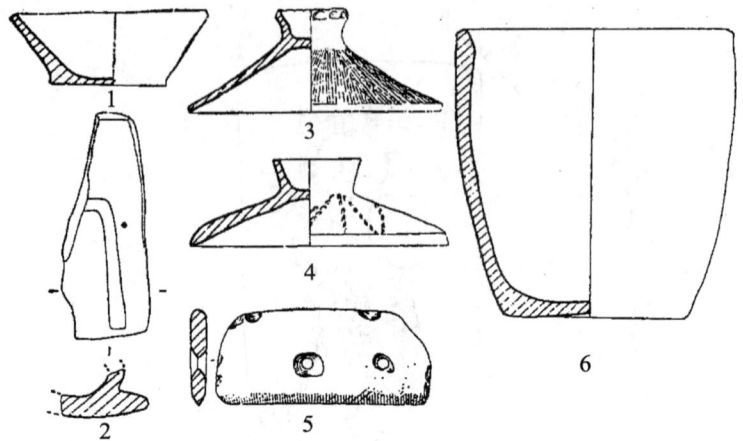

图一八 齐家文化陶、石器

1.陶碗（H11∶2） 2.陶垫（H11∶6） 3、4.器盖（H11∶4.8） 5.石刀（H11∶3）
6.陶杯（H11∶1）（2、5、6.1/3，余2/9）

（图一八，3）。

泥质灰陶

（1）碗 一件（H11∶2）。浅腹斜壁，小平底，口径11厘米、高4厘米（图一八，1）。

（2）双大耳罐 一件（H11∶9）。器形与秦魏家的Ⅲ式双大耳罐相同。

姬家川类型

1.生产工具 石制工具的质料有砂岩、矽质页岩、角页岩、矽质灰岩、闪长岩等。以砂岩与矽质页岩为主。器形有刀、斧、锛、铲、凿、杵、纺轮与网坠。

（1）刀 分二式。

Ⅰ式：二十五件。椭圆形，两侧带缺口，打制，一面为破裂面，另一面仍保留原来的砾石面。H10∶2，缺口较小，砂岩，长7.5厘米、宽4.9厘米（图一九，1）。H15∶1，器身较扁薄，矽质页岩，长6.6厘米（图版玖，3）。

Ⅱ式：二件。长方形，弧刃。T3∶2，矽质页岩，长8.3厘米、宽4.9厘米（图一九，2；图版玖，6）。

（2）斧 一件（T16∶1）。略呈梯形，刃部较宽，横剖面呈椭圆形，长20厘米、刃宽9.2厘米（图一九，6；图版玖，4）。

(3) 锛 一件（T2∶2）。长条形，单面刃，顶部稍残，横剖面呈长方形，长 11.7 厘米、刃宽 3 厘米（图一九，5；图版玖，8）。

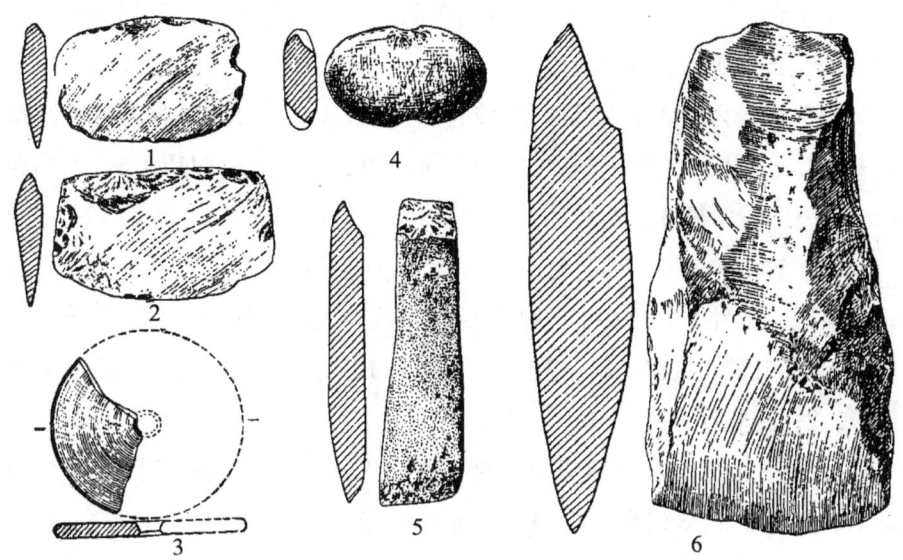

图一九　石器（约 1/3）

1. Ⅰ式刀（H10∶2）　2. Ⅱ式刀（T3∶2）　3. 纺轮（H18∶6）　4. 网坠（H20∶3）
5. 锛（T2∶2）　6. 斧（T16∶1）

(4) 铲 一件（T12∶1）。呈梯形，铲身宽扁，器形较大，矽质灰岩，长 22.4 厘米、刃宽 18.7 厘米（图版玖，1）。

(5) 凿 一件（H5∶1）。长条形，横剖面近方形，顶部略残，角页岩，长 8 厘米、宽 1.5 厘米（图版玖，5）。

(6) 杵 二件。呈圆棒形，平顶，磨面留有使用的痕迹。TB∶3，杵身中部稍内凹，横剖面呈椭圆形，闪长岩，长 15.2 厘米、径 3.9～5.7 厘米。

(7) 纺轮 二件。圆形，中间穿孔。H18∶6，已残，直径 7.7 厘米、厚 0.5 厘米（图一九，3）。

(8) 网坠 一件（H20∶3）。椭圆形，中腰两侧各打一缺口，系利用天然的河卵石打制成。长 6.1 厘米、径 1.3～3.8 厘米（图一九，4；图版玖，14）。

骨制工具有镞、针、锥、铲。陶制工具有纺轮。

(1) 镞 二件。柳叶形，横剖面作菱形。T1∶9，前锋聚成尖刃，中脊线隆起，后端中间钻一圆孔，磨制精致，长5.3厘米（图版玖，11）。另外，在后端圆孔内还留有一小段折断了的骨铤。

（2）针　一件（H18∶2）。器身细长，横剖面呈方形，通体磨光，长10.2厘米（图版玖，10）。

（3）锥　六件。利用动物的肢骨磨制成。H27∶2，顶端仍保留原来的关节部分，长8.8厘米、顶径2.2厘米（图二〇，1）。H18∶5，顶端穿孔，尖刃已残，长9.4厘米。

（4）铲　分四式。

Ⅰ式：五件。利用牛、马的肩胛骨制成，顶端仍保留原骨臼部分，另一端磨成刃部。H10∶3，略呈梯形，长12.4厘米、刃宽6.5厘米（图二〇，2；图版玖，9）。

Ⅱ式：五件。器身细长，刃部较窄。T1∶7，一侧残，平刃，长14厘米、刃宽6厘米（图二〇，3；图版玖，13）。

Ⅲ式：四件。哺乳动物的下颚骨制成，留有牙槽的痕迹。H17∶2，柄端穿孔，弧刃，一面光滑，长9.8厘米、刃宽6.8厘米（图二〇，4）。

Ⅳ式：一件（T3∶1）。顶端带柄，留有凹槽，长10.5厘米、刃宽9.8厘米（图二〇，5；图版玖，7）。

（5）陶纺轮　四件。圆形，中间穿孔。H30∶1，孔沿稍突起，直径4.8厘米。F1∶2，器身扁平，直径4.8厘米。

2.生活用具　绝大多数是陶制的陶容器和炊器。出土时大部分是破碎的，完整的或能复原的有三十多件。陶质除一部分为泥质灰陶外，绝大部分是夹砂红陶。陶质一般较粗糙，皆夹入不同质的羼和料，羼和料主要的是石英砂粒、蚌壳碎末、云母片和碎陶末等，粗细不一，细者直径不到0.2厘米，粗者0.4厘米。在碎陶末中，部分还夹杂有彩陶碎末。但因器面经过修整，很容易被隐蔽，不大显露，尤其是表面磨光的彩陶。如果细加观察，特别在粗厚的陶片断面上，还是可以很清楚地看出来。

制法主要是采用泥条盘筑法，泥条接合的痕迹，在器内尚隐约可见，小件陶器则系手捏制成，部分的器物内壁仍留有清楚的指压痕迹。至于器耳与底部等都是分别制成后，再往器上黏合的。接底的方法有两种：一

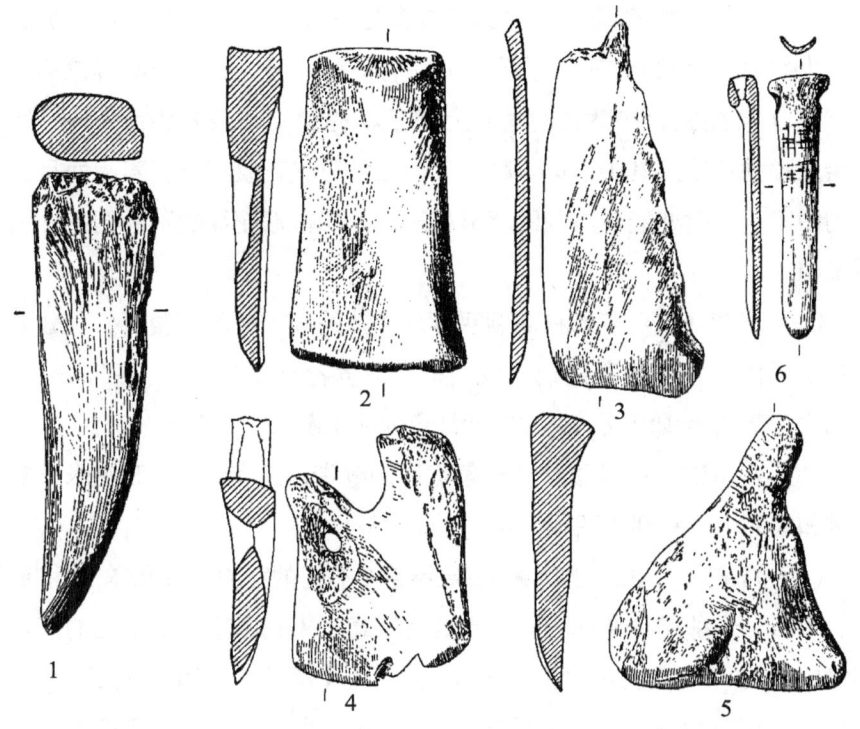

图二〇 骨器
1.锥（H27:2） 2. I式铲（H10:3） 3. II式铲（T1:7） 4. III式铲（H17:2）
5. IV式铲（T3:1） 6. II式匕（H19:1）（1.2/3，余1/3）

种是将底部从器内塞进去，因此，在底部周缘便留有粘接的痕迹，有的还留有一周泥圈；另一种是将底部从外面与腹壁接合，周缘也留有套接的痕迹。鬲则是由分制的三个空足与器身接合，然后再附上耳把的。

表面有着彩与未着彩之别：着彩的陶器表面多磨光，部分蘸上一层白色或砖红色的陶衣；未着彩的陶器，表面不甚平整，器内则多粗糙不光滑。

陶器的外表除素面的以外，还有绳纹、彩绘和附加堆纹等纹饰，以绳纹为主，彩陶次之，附加堆纹较少。现选用两个窖穴（H6、8）作为代表，将其出土的陶片按纹饰的不同进行统计，比例如下表：

纹饰	绳纹	彩绘	素面	附加堆纹	总计
数量	763	574	49	34	1420
百分比	53.73	40.42	3.45	2.39	100%

绳纹的排列整齐细密，附加堆纹多呈锯齿形和圆饼形，彩绘多是黑彩，少数为红彩或紫红彩。施彩的方法有三种：（一）绘在饰有绳纹的陶面上；（二）直接施彩在磨光的陶面上；（三）先涂上一条宽彩带为地，然后再绘上各种花纹。其中以第一种情况为较常见。花纹丰富多彩，而且是成组的图案，同时亦能与不同的器形相配合。现根据花纹的不同图案分别加以说明。

（1）连续回纹　多饰在高领双耳罐和瓮的领、肩部或腹部，可分为二式：Ⅰ式由一条宽黑彩绘成，纹面宽，最宽者有5.5厘米（图二一，1）。Ⅱ式由几条细黑线组成，其间以紫红色为地（图二一，2）。

（2）宽带纹　由黑彩绘成一条宽面的纹带，最宽者达7.5厘米，多饰在罐和瓮的口、领部（图版拾壹，1）。

（3）宽彩纹　在二平行线间绘上各种不同的花纹，多饰在罐和瓮的肩、领部。这种花纹变化较多，主要有三式：Ⅰ式由正、倒互错的三角形连接成，其间不留空隙（图二一，3）。Ⅱ式在两排三角形之间形成一条曲折带，并在三角形内涂黑彩或绘平行短线（图二一，4）。Ⅲ式以红色为地，其间绘一曲折线（图二一，5）。

（4）云雷纹　由数条细黑线或红线为一组，绘成云雷状花纹。多饰在高领双耳罐或瓮的领部（图二一，6）。

（5）双勾纹　这是姬家川辛店文化比较常见的一种花纹，饰在罐的领、肩部。花纹细部分三式：Ⅰ式由一条粗黑线绘成羊角状的花纹，在两勾衔接处加饰一个×字形（图二一，10）。Ⅱ式由两条黑彩绘成羊角状的花纹，以紫红色为花纹的底色（图二二，4）。Ⅲ式在两勾的衔接处，加饰一螺旋纹，并在勾抱中加饰两个相对的小勾纹（图版拾，9）。

（6）波浪纹　饰在陶面上的部位不甚固定，有在罐的领、腹部，也有在耳把上（图二一，7）。

（7）锯齿纹　由一排三角形连接成锯齿状的花纹，饰在罐的领部和腹部（图二一，8）。

（8）大S纹　以紫红色为地，由三条黑彩绘成，饰在罐和瓮的腹上部（图二一，9）。

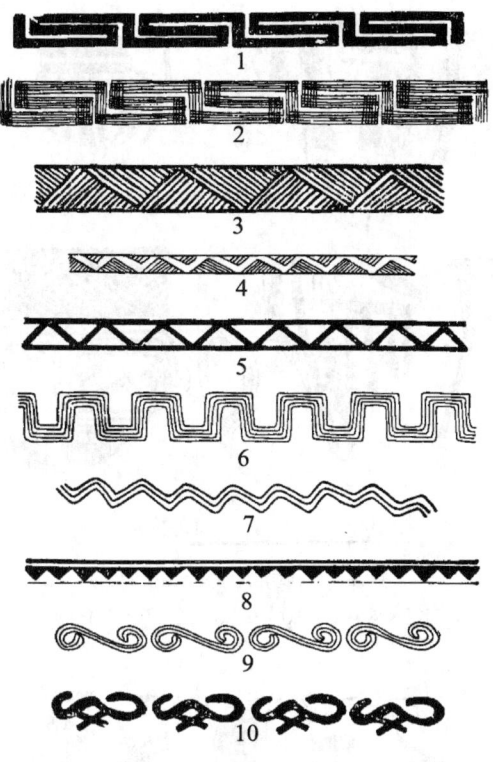

图二一 陶器花纹展开图

（9）圆圈纹，由黑彩绘成同心圆圈纹，多饰在罐的肩、腹部。可分二式：Ⅰ式为单线圆圈纹（图二四，13）。Ⅱ式为多线圆圈纹（图版拾壹，6）。

（10）曲折纹 由黑彩或红彩绘成一曲折线，除饰在盆、罐的口与腹部外，还绘在口沿的内壁，即内彩（图版拾，1）。

（11）垂线纹 由一至三道垂线组成，在其上端接一横线，大部分饰在罐、杯的腹部。由于垂线间还饰有各种不同的花纹，可再细分三式：Ⅰ式在垂线间饰一种紫叶形花纹（图二四，2）。Ⅱ式在垂线间饰一曲折纹（图二四，3）。Ⅲ式在垂线间饰一排粗短线（图二四，9）。

此外有多线十字纹、多层人字纹、兀字纹、小S纹、水字纹和象生的犬纹，等等（图版拾，11）。在器物的耳把上还有各种彩绘花纹二十多种。除与上述的花纹相似的外，主要是符号花纹，如T字形、X字形、个字形、⊠字形，等等（图二三）。

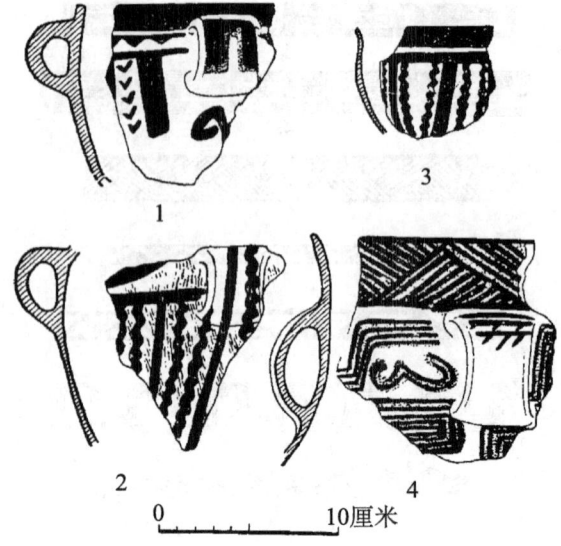

图二二　陶器花纹（约 1/5）
1. H26：4　2. H10：6　3. T3：5　4. H19：4

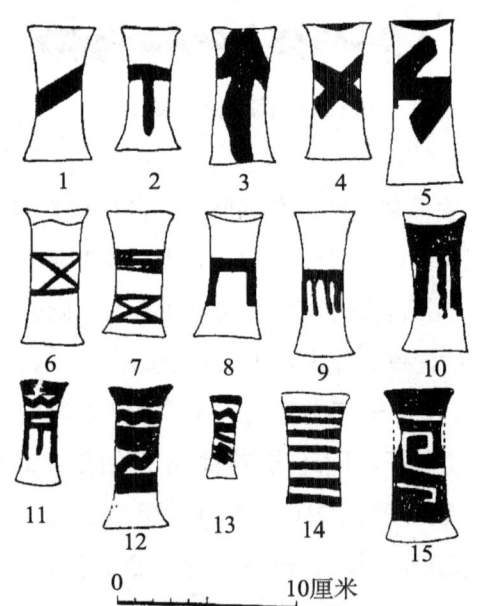

图二三　器耳花纹（约 1/5）
1.H35：4　2.H7：2　3.H16：5　4.H6：3　5.H7：7　6.T8：3　7.T10：2　8.T11：5
9.T6：1　10.H35：8　11.T14：3　12.H3：1　13.H8：11　14.T13：8　15.H9：3

器形可分为盆、杯、罐、瓮、鬲和器盖等十种，其中以双大耳罐与高领双耳罐最为常见，鬲与浅腹罐次之，盆形器较少。

（1）盆 一件（H8：10）。已残。大口，曲壁浅腹，彩绘，腹上部绘一曲折纹（图版拾壹，5）。

（2）杯 分三式。

Ⅰ式：一件（H35：1）。直口，深腹，平底，素面，器形较小，口径4.2厘米、高3.9厘米（图二四，1）。

Ⅱ式：五件。大口，腹壁弧曲往下收缩，腹旁置一耳，平底，彩绘。T1：5，表面饰有绳纹与彩绘，花纹是宽带纹与垂线纹等，口径8.4厘米、高7.7厘米（图二四，2）。H8：18，腹部较深，彩绘，花纹有宽带纹与垂线纹等，表面蘸有一层白陶衣，口径9.6厘米、高8.4厘米（图二四 3；图版拾贰，8）。

Ⅲ式：二件。器形与Ⅱ式不同处在于腹壁较斜直，器形亦较大。H8：13，表面磨光，彩绘，花纹有宽带纹和垂线纹，口径12厘米、高10.5厘米（图二四，4）。

（3）单耳罐 分两式。

Ⅰ式：一件（H27：3）。侈口，矮领，腹部圆鼓，底稍内凹，腹侧附一钮耳，口径2.9厘米、高3.5厘米（图二四，5；图版拾肆，6）。

Ⅱ式：一件（H13：4）。侈口，高领，腹部往里收缩，凹底，口侧附一环形耳，口沿饰有一周齿状的花边，口径4.5厘米、高6.2厘米（图版拾贰，2）。

（4）双耳罐 分四式。

Ⅰ式：二件。大口，腹壁往下收缩，腹部两侧各附一耳，圜底。H10：4，器形较小，口径2.8厘米、高2.7厘米（图二四，6；图版拾肆，4）。

Ⅱ式：一件（H27：1）。口稍敛，曲壁，凹底，腹部两侧各置一耳，口径2.7厘米、高2.8厘米（图二四，7）。

Ⅲ式：一件（H42：1）。侈口，短颈，鼓腹，平底，肩部两侧各置一耳，耳的横剖面略呈方形，口径3.3厘米、高4.6厘米（图二四，8；图版拾肆，7）。

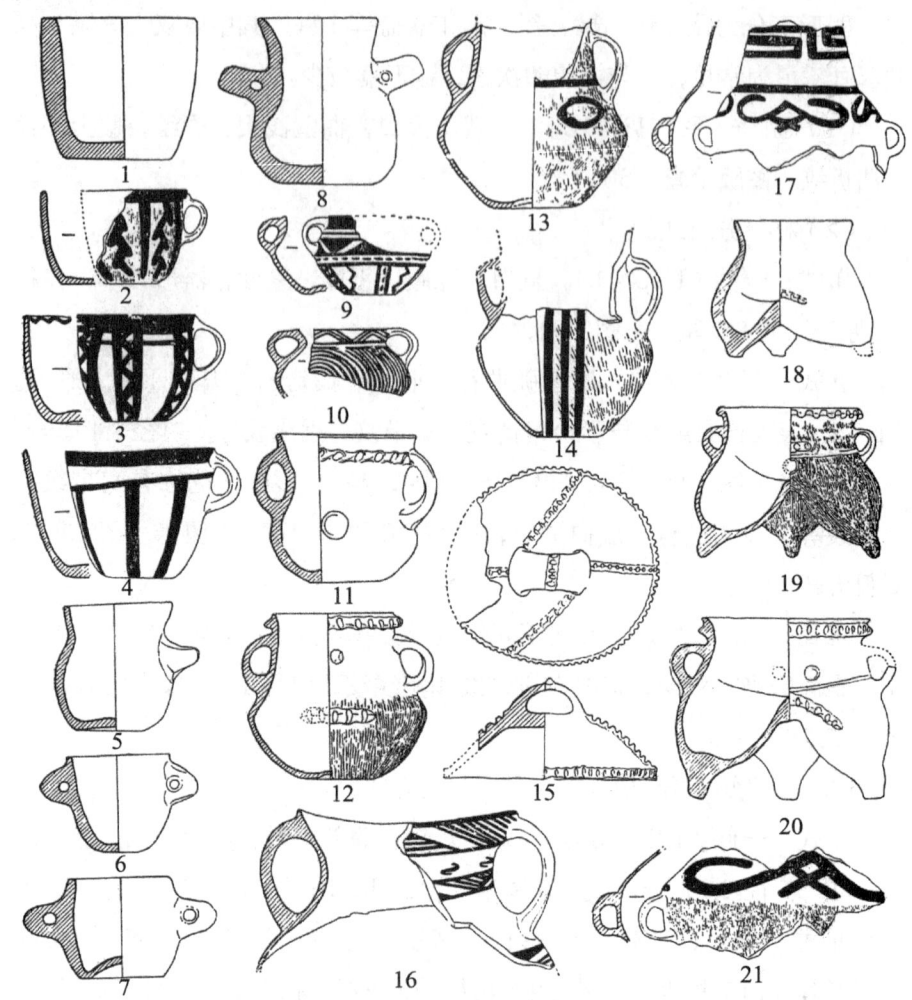

图二四 陶器

1. Ⅰ式杯（H35:1） 2、3. Ⅱ式杯（T1:5,H8:18） 4. Ⅲ式杯（H8:13） 5. 单耳罐（H27:3） 6~8. Ⅰ~Ⅳ式双耳罐（H10:4,H27:1,H42:1） 9、10. Ⅱ式浅腹罐（H8:11,H10:1） 11~14. Ⅰ~Ⅳ式双大耳罐（H9:1,H13:3,Tc:1,T12:2） 16. Ⅴ式欢大耳罐（H28:1） 17. 瓮（H8:16） 18. Ⅰ式鬲（T1:6） 19、20. Ⅱ式鬲（H13:3,2） 21. 高领双耳罐（H13:1） 15. Ⅱ式器盖（TF:1）（1、5~8.3/5,11、12、16、18、20.2/5,17.3/40,19、21.3/20,余1/5）

Ⅳ式：一件（M2:2）。直口，深腹，平底，腹部两侧各置一钮耳，口径16.4厘米、高24.6厘米（图版拾叁，5）。

（5）浅腹罐 分二式。

Ⅰ式：四件。敛口，折肩，浅腹，腹部两侧各置一横耳，凹底，彩绘。H29：1，表面花纹有宽带纹、宽彩纹等，口沿内饰有曲折纹，口径12厘米（图版拾贰，1）。

Ⅱ式：四件。器形与Ⅰ式不同处在于双耳置于口侧，耳呈半环形，彩绘。H8：11，表面蘸有一层白陶衣，彩绘，花纹有宽带纹、宽彩纹和垂线纹等，内彩为一黑线，耳上饰有变形〜纹，口径7.5厘米、高6.5厘米（图二四，9；图版拾贰，9）。H10：1，底已残，肩部较宽，彩绘，有波浪纹、同心圆圈纹等，口内饰有曲折纹，耳部饰有短线平行纹，口径7.5厘米（图二四，10；图版拾壹，6）。

（6）双大耳罐 分五式。

Ⅰ式：五件。侈口，高领，鼓腹，腹两侧各置一大耳，凹底。H9：1，颈部饰有一周锯齿状的附加堆纹，腹部中间饰一圆泥饼，口径7.4厘米、高8.2厘米（图二四，11；图版拾贰，4）。

Ⅱ式：三件。口稍侈，折肩，腹部鼓出，领部两侧各置一耳，凹底。H13：3，口沿与腹部都饰有一锯齿状的附加堆纹，领部饰一圆泥饼，表面饰满绳纹。口径6.5厘米、高9厘米（图二四，12；图版拾贰，3）。

Ⅲ式：四件。侈口，高领，腹部圆鼓，领部两侧各置一大耳，凹底，彩绘。Tc：1，表面饰有绳纹与彩绘，花纹有宽带纹和圆圈纹等，口径9.2厘米、高14.7厘米（图二四，13）。

Ⅳ式：一件（T12：2）。器形与Ⅲ式近似，唯在腹部中间有明显的折棱，腹部也较深。彩绘，有三道垂线纹，耳上绘有门形纹，口径11厘米、高18厘米（图二四，14；图版拾贰，7）。

Ⅴ式：二件。马鞍口，矮颈，领部两侧各置一环形耳，彩绘。H28：1，已残，彩绘有宽彩纹和2字纹，耳上饰有X字纹，口沿内饰有曲折纹。口径11.7厘米（图二四，16；图版拾壹，2）。

（7）高领双耳罐 四件。侈口，高领，折肩，腹部两侧各置一耳，饰有绳纹与彩绘。H8：17，底已残，彩绘花纹有宽带纹、曲折纹与连续回纹等，口径1.7厘米（图版拾壹，4）。H13：1，不能复原，表面蘸有一层白陶衣。腹部饰满绳纹，并绘有双勾纹和X字纹等（图二四，21）。

（8）瓮 十一件。高领，深腹鼓出，腹部两侧各置一宽面的环形耳，彩绘。H8：16，底已残，领较斜直，彩绘花纹有连续回纹与双勾纹等，口径20.8厘米（图二四，17；图版拾壹，3）。H8：7，器形较大，饰有连续回纹与宽带纹等，口径50厘米（图版拾壹，1）。

（9）鬲 分三式。

Ⅰ式：一件（T1：6）。侈口，高领，鬲足粗矮，足尖近平，器形较小。表面粗糙，腹部饰有一道锯齿状的附加堆纹，腹下部遗有烟炱的痕迹，口径6.4厘米、高7.5厘米（图二四，18；图版拾叁，3）。

Ⅱ式：六件。侈口，矮领，鬲足较高，足尖作乳头状，腹部两侧各置一环耳，饰有绳纹与附加堆纹。H13：3，壁薄，口沿饰有一周附加堆纹，腹部饰一圆泥饼，口径11.4厘米、高16.5厘米（图二四，19；图版拾叁，2）。H13：2，耳较宽，腹部中间饰有两个圆泥饼，口径9厘米、高10厘米（图二四，20）。H23：1，口沿饰一周附加堆纹，腹部饰满绳纹，口径15厘米、高18.5厘米（图版拾叁，1）。

Ⅲ式：六件。器形与Ⅱ式不同处在于领部较高，器形亦较大，足尖作椭圆形或圆锥形。H14：5，夹裆较宽，足尖作圆锥形，表面饰满绳纹，口沿饰有锯齿状附加堆纹，腹部饰有两个圆泥饼与一个人字形凸饰，腹下部遗有烟炱的痕迹，口径16.5厘米、高22厘米（图版拾叁，4）。H19：3，仅存一鬲足，足尖横剖面作椭圆形，表面饰有一个似螺钉形的凸饰。

（10）器盖 分二式。

Ⅰ式：四件。球面，盖钮作乳头状，盖背饰绳纹，口沿饰有齿状的花边。T4：1，盖背饰有四道对称的齿状附加堆纹，直径15厘米、高7厘米（图版拾肆，2）。

Ⅱ式：一件（TF：1）。器形与Ⅰ式不同处在于钮作半环形，盖背饰有绳索状的附加堆纹，器形较大，直径17厘米、高8.4厘米（图二四，15；图版拾肆，1）。

泥质灰陶发现的很少，而且是残陶片，能辨出器形的仅有双耳罐与盆形器等。

除陶制用具外，尚有骨匕。骨匕分二式：Ⅰ式二件。利用扁平的骨片磨制成，下端作弧形。H18：1，长8.5厘米、厚0.2厘米。Ⅱ式一件

(H19∶1)。利用动物的肢骨磨制成,顶端仍保留原来的关节部分,并横穿一孔,下端磨成弧形,长10厘米、顶宽2.2厘米(图二〇,6;图版玖,12)。

3. 装饰品　仅骨笄一件(H18∶4)。器身细长,横剖面呈方形,磨制精致,长10.5厘米。

4. 陶制品　二件。红陶质。H8∶15,一端略呈菱形,另一端带长柄。器面饰满平行对称划纹和圆圈纹,长6.2厘米(图二五,1;图版拾贰,5)。H36∶2,柄的顶端内凹成一圆窝,器面上饰有划纹与圆圈纹,长3.8厘米(图二五,2;图版拾贰,6)。

(五)自然遗物

在姬家川遗址发现有哺乳类的动物骨骼,多出在灰层或窖穴中,只有少数作为随葬品放在墓内。骨骼经鉴定有羊(*Ovis* sp.)、牛(*Bos* sp.)、猪(*Sus* sp.)、鹿(*Cervus* sp.)与鼠类(*Muridae G. et* sp. *indet*)等。提供鉴定的标本有:下颚骨、颈椎骨、盆骨、肢骨与角枝等。其中,以羊骨的数量较多,猪骨次之,其余种属的骨骼较少。

结　语

辛店文化是黄河上游青铜器时代的遗存,1924年在甘肃省临洮县辛店发现。辛店实为辛甸之误,但因沿用已久,仍从惯称。辛店旧属甘肃省洮河县,1951年被撤销,并入临洮县①。解放前,我国老一辈的考古工作者,曾对辛店文化做过一些调查工作,也零星地搜集一些资料,因条件所限,没有进行过科学发掘。解放后,我国考古工作者开展了较大规模的考古调查和发掘工作,取得了一些重要收获,其中值得提出的是1956年黄河水库考古队的普查工作②和本文报道的1958~1960年的发掘工作。1956年在黄河上游及其支流洮河、大夏河等流域的普查中,共发现古文化遗址一七六处:属于辛店文化七十九处;"唐汪式陶器"一处;齐家文化

---

① 《辞海》地理分册142页,上海人民出版社,1977年。
② 安志敏:《甘肃远古文化及其有关的几个问题》,《考古通讯》1956年第6期。

六十五处。在东乡自治县唐汪川山神发现的陶器是一次比较重要的发现，它的发现纠正了安特生曾把西宁十里堡遗址作为"马厂型"典型住地的错误，同时暂将辛店文化的陶器分为甲乙两组①。1958～1960年，在永靖张家咀和姬家川遗址进行发掘。发掘结果，发现了一批新资料，增添了对辛店文化的新认识。

（一）张家咀遗址是一处保存较好的古代聚落遗址，总面积约两万平方米，这次仅揭露遗址的一部分。因此我们不可能了解遗址的全貌。没有发现房子遗迹，但作为储存东西的窖穴发现很多，分布密集。在不到一千平方米的范围内就发现有一六五个窖穴，这表明当时居民相当密集。这里文化层堆积较厚，说明当时居民过着比较长期稳定的定居生活。

当时居民的经济生活是以农业为主，兼营畜牧业。这在大量发现农业工具、动物骨骼中可以得到说明。据统计，石制与骨制的农业生产工具有一百多种，石刀、石斧与骨铲是张家咀类型具有特色的农具。刀作椭圆形或长方形，在刃部的两旁带缺口，与两侧带缺口有别；斧身较扁平，顶端或柄部有一周凸棱，有的带肩；骨铲多利用哺乳类动物的肩胛骨制成。这种工具刃部锋利，应是一种较实用的松土或挖土的工具。石杵和石臼等加工粮食的工具，说明当时居民对粮食有了比较精细的加工，也是农业比较发达进步的反映。这里发现的动物骨骼经鉴定有羊、牛、猪、狗、马等，可能是被驯养的动物，鹿是野生动物，是当时人们狩猎的主要对象。狗是人类驯化最早的动物，也是捕猎野生动物的得力助手，这表明狩猎是人们谋生的辅助手段。

作为生产力发展重要标志的冶铜工艺，辛店文化比齐家文化有了进一步的发展。出土的铜器经鉴定为青铜器，种类有锥、矛等小件器物，而且出现铜容器（口沿残片），尤其是炉衬的发现更为重要，它是冶炼青铜炉内壁残块，在炉衬外沿还挂一层铜渣。经光谱分析，含有铜、锡、铅等元素。镜下观察，主要矿物组成为黏土、石英、莫来石等。莫来石熔点较高，开始形成温度在1000℃左右。由此可推断当时耐火材料已达到一定

---

① 安志敏：《略论甘肃东乡自治县唐汪川的陶器》，《考古学报》1957年第2期。

的水平。作为原料使用的金属铜已从天然铜的阶段进入到冶炼取铜的阶段，这对冶铜工艺水平来说是一个很大的飞跃。制造铜器需要采矿、冶炼、锤击、制模、熔铸等一系列生产过程，这比其他生产技术要复杂得多，需要有掌握专门技术的人从事生产，于是那些富有冶炼制造技术的成员专门从事这项生产，这样就促使手工业与农业的分工。这种冶炼技术的发明，为社会生产部门的发展开辟了广阔的前景。同时，铜渣的发现，有力地说明了这里的铜器系当地生产，并非从外地交换来的。

日常生活用具主要是陶器。陶质一般较粗糙，陶色多呈砖红色或橙黄色。以平底器为主，其次为三足器与圈足器，少数为圜底器。代表性的器形有折腹盆、曲壁杯、高领双耳罐、矮足双耳罐、彩陶豆和高裆鬲等。耳端高出口沿的盆、杯，曲壁单耳杯，带有横耳的大圈足豆和带彩的单耳鬲等，都别具风格，为其他文化类型少见或不见。纹饰有彩绘、绳纹和附加堆纹等，绳纹稀疏，纹道浅；附加堆纹多作泥条状与乳丁状等。彩绘除部分用红彩或紫红彩外，大部分是黑彩描绘的，彩绘方法比较常见的一种是：先描上一条宽带地，然后再画上各种不同的花纹，主要的花纹有连续回纹、宽带纹、宽彩纹、涡形纹、双勾纹、勿字纹、S形纹、菱格纹与连勾纹等，其中，双勾纹（在双勾衔接处还加饰三道弧线纹）、涡形纹、勿字纹、S形纹和连勾纹等为其他文化类型所少见。此外，还有太阳纹和象生的龟纹，形象非常逼真。

（二）姬家川遗址发现的辛店文化房子是这次比较重要的发现，保存较好。它是一半地穴式的长方形建筑，西边有一出入门道，在居住面中间设一锅形灶。应属于木骨土墙及涂草拌泥的茅屋，这样的房屋在辛店文化遗址中还是首次发现。它与齐家文化相比较，有如下的特点：（1）房子较窄长；（2）未见平整坚实的白灰面；（3）灶坑挖成锅形，与齐家文化的灶址高出居住面的特点不同。

姬家川辛店文化的经济仍然以农业为主，畜牧业为辅。这里发现的石刀、石铲与骨铲等生产工具所反映出来的生产力要比张家咀类型的进步，这里出现的大型宽刃石铲与较厚的宽刃骨铲等为同类型的文化遗址所少见。在骨铲中更多的用牛、马的下颚骨作为材料，这些工具比较坚固锋利,更能提高劳动生产率。同时还发现有骨镞和网坠等狩猎捕鱼工具以及羊、牛、猪和鹿等动物骨骼,这些遗物和遗骸的出土表明,狩猎和捕捞是当时人类经济生活的一种辅助手段。

日常生活用的陶器,也有明显的特征。器形以凹底器为主,三足器与圜底器次之,平底器较少。单耳杯、浅腹罐、双大耳罐、高领双耳罐和双耳鬲等为其代表性的器形,同时,出现了少量的带马鞍口的双耳罐。纹饰以绳纹为主,彩绘次之,附加堆纹与素面的占一定比例,绳纹细密,排列整齐。附加堆纹多作锯齿状和钉帽形。彩绘图案的线条匀称,出现了较宽的纹带,花纹主要的有连续回纹、宽彩纹、云雷纹、双勾纹、波浪纹、锯齿纹、大S纹、曲折纹与垂线纹等十多种。另有像生的犬纹,形象逼真,是一件很好的艺术品。

屈肢葬是黄河上游古文化中比较常见的葬俗。马家窑文化半山类型、马厂类型、齐家文化、沙井文化等都有发现。但是,在辛店文化中却发现的较少,像姬家川这样比较典型的屈肢葬尚属首次发现。下肢屈度特甚,似捆缚状。这种葬俗的意义,一般认为屈肢像是恢复人的胎儿的状态;也有同志认为这种姿势似用绳子捆缚,是为防止死者灵魂危害生者而加以捆结的①。对这种葬俗的解释尽管不同,但总是反映当时人们已有了宗教信仰和灵魂不灭的信念。

(三)辛店文化张家咀类型与姬家川类型的区别是清楚的。从生产工具与陶器的分析比较,我们认为张家咀类型要比姬家川类型的早些。

首先,石、骨制的生产工具,姬家川类型比张家咀类型显得进步些。例如:(1)保留具有早期特点的打制工具敲砸器,在姬家川不见,而张家咀却较多。(2)姬家川未见刃部两旁带缺口石刀,而张家咀则以刃部带缺口石刀为主。(3)姬家川出现大型的宽刃石铲与宽厚的骨铲(Ⅳ式铲),而张家咀则未见。

其次,陶器也是张家咀类型比姬家川类型带有较多的早期特点,它具有"马厂类型"与齐家文化的一些特征,例如V式盆、豆等与兰州白道沟

---

① 《西安半坡》218页,文物出版社,1963年。

坪①、永靖马家湾②等"马厂类型"遗址所出的深腹盆、大圈足豆相类似；又如盘、碗、Ⅲ式双大耳罐等则与齐家文化的同类器形相同。同时，在纹饰或彩绘图案方面与"马厂类型"也有不少相似之处，如两者都有宽彩纹、宽带纹、乳丁形的附加堆纹和器物内壁饰有彩绘等。看来"马厂类型"与张家咀类型关系比较密切。姬家川辛店文化既包含有辛店文化甲组的特点，又有一部分器形与寺佳文化近似。如Ⅴ式马鞍口双耳罐与临洮寺洼山的Ⅲ类双耳矮罐很相像③；鬲也有其共同的特点：在腹部的两旁各置一环形耳，而且在口沿都饰有齿状的附加堆纹。在彩绘花纹方面，姬家川类型图案较对称。线条粗细匀称，颜色鲜艳，画面瑰丽。如连续回纹和云雷纹等与中原青铜器时代的铜器花纹有近似之处。这明显的是受到中原青铜器花纹直接影响的结果。在彩绘符号花纹上，姬家川类型比张家咀类型更丰富多样，这些符号可能就是我国原始象形文字的雏形。

根据以上分析比较，我们认为辛店文化张家咀类型可能要比姬家川类型早些，张家咀类型既包括年代比它早的马厂类型的特点，又包含有齐家文化的某些因素。但姬家川类型中有些器物与寺洼文化相似，有的器物却与中原西周遗址出土的同类器物相同，表明它的年代较晚。同时，在张家咀与姬家川遗址都发现齐家文化被压在辛店文化层下面。因此，很清楚地表明了齐家文化早于辛店文化。这样，我们就可以把甘肃西南部地区这几个古文化类型的相对年代排列成以下的序列：

马家窑文化→半山类型→马厂类型→齐家文化→辛店文化张家咀类型→姬家川类型→寺洼文化

（四）辛店文化与中原殷周文化是什么关系？目前，在学术界还没有一致的意见，尚待今后的田野发掘工作与综合研究中去解决。从已有的考古资料分析，我们认为姬家川类型与西周文化的关系比较密切，也就是说辛店文化受西周文化的影响较深，可能还直接吸收了西周文化的某些因

---

① 甘肃省博物馆：《甘肃古文化遗存》，《考古学报》1960年第2期图版贰，7；甘肃省文管会：《兰州新石器时文化遗存》，《考古学报》1957年第1期。
② 黄河水库考古队甘肃队：《甘肃永靖马家湾遗址发掘简报》，《考古》1961年第11期。
③ 夏鼐：《临洮寺洼山发掘记》，《中国考古学报》第四册103页图12。

素。最突出地表现在姬家川类型的Ⅱ式鬲与西周常见的鬲非常相似。在宝鸡斗鸡台①、姬家店②、平凉县翟家沟村南山坡③等地发现的西周陶鬲，可以说与姬家川发现的完全一样。器形特点都是侈口、矮领、双环耳、锥形袋足，外饰绳纹，在双耳间的一面有带状或齿伏的横饰，有的口沿还加饰一周齿状的花边。同时，在不少陶器的彩绘花纹上如连续回纹或云雷纹等与西周青铜器的花纹也很相像，它们的年代也大体相当。这不仅说明辛店文化与西周文化关系密切，更重要的是再次证明我国自古以来，西北地区远古文化与我国中原光辉灿烂的古文化有着不可分割的关系。

（本文原载《考古学报》1980年第2期）

---

① 苏秉琦：《斗鸡台沟东区墓葬图说》，图版伍，一，1954年。
② 考古所渭水队：《陕西渭水流域调查简报》，《考古》1959年第11期图版壹，1。
③ 乔今同：《平凉县发现石器时代遗址》，《文物》1956年第12期75页。

图版壹

1. Ⅱ式斧（T51:2） 2. Ⅲ式斧（H128:5） 3. Ⅲ式杵（H63:1） 4. 铜器残片（T65:2）
5. Ⅱ式铲（H180:1） 6. 骨牌（T66:8） 7. Ⅱ式骨镞（H128:3） 8. Ⅰ式骨匕（H121:3）
9. Ⅰ式骨铲（T2:1） 10. 斧（T4:1） 11. Ⅱ式骨匕（H28:1） 12. 杵（H4:3） 13. 绿松石珠（T63:4） 14. 刻花骨器（H39:4） 15. 骨针（H29:3） 16. 骨凿（T13:2） 17、18. 骨梳（H121:6、H27:6）（10、12 为齐家文化，余张家咀类型）

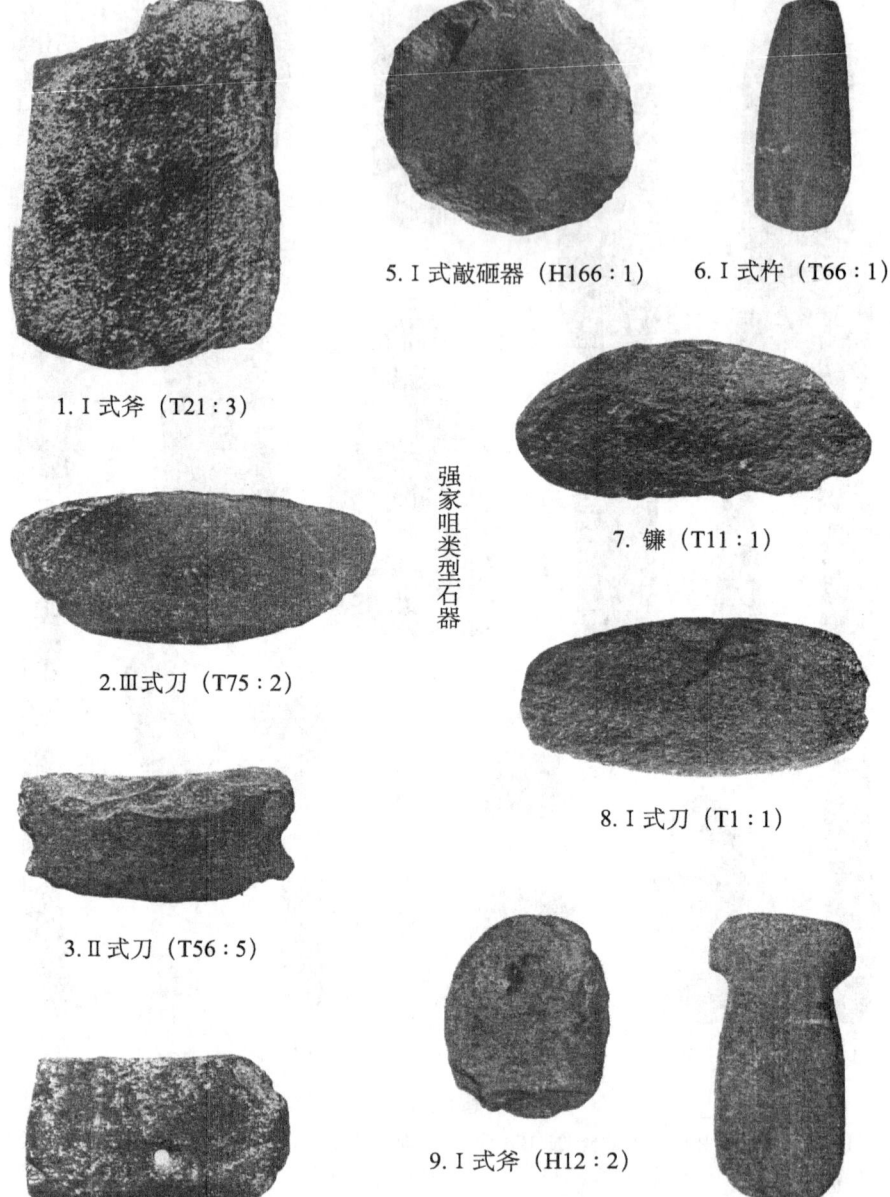

1. Ⅰ式斧（T21:3）
2. Ⅲ式刀（T75:2）
3. Ⅱ式刀（T56:5）
4. Ⅳ式刀（T17:1）
5. Ⅰ式敲砸器（H166:1）
6. Ⅰ式杵（T66:1）
7. 镰（T11:1）
8. Ⅰ式刀（T1:1）
9. Ⅰ式斧（H12:2）
10. Ⅳ式斧（H147:1）

图版贰　张家咀类型石器

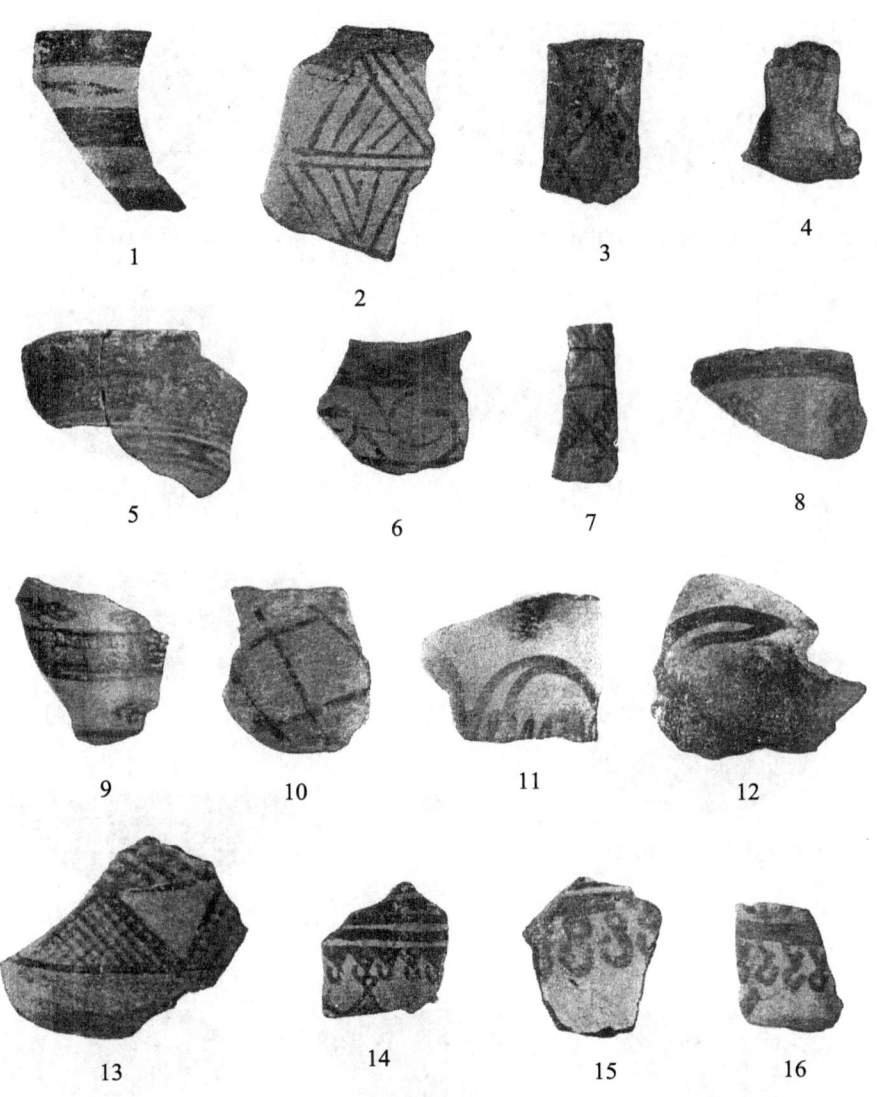

图版叁　张家咀类型陶器彩绘花纹

1.T19:2　2.T56:2　3.T65:5　4.T8:3　5.H39:8　6.H118:5　7.H76:2　8.T21:1
9.H144:3　10.H74:3　11.H168:3　12.T11:7　13.H20:5　14.H161:2　15.T66:9
16.H39:10

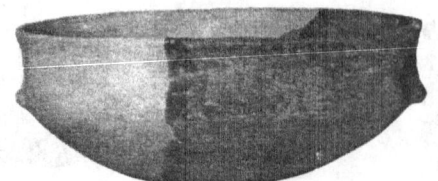 

1. V式盆（H174∶1）　　　　2. 碗（H17∶7）

3. VI式盆（H134∶5）　　　　4. 碗（H67∶1）

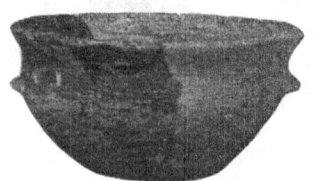 

张家咀类型陶器

5. V式盆（H63∶2）　　　　6. I式盆（H144∶4）

7. II式盆（H171∶7）

8. VI式盆（H13∶3）　　9. 钵（H130∶1）　　10. 盘（H39∶7）

图版肆　张家咀类型石器

1. Ⅱ式鬲（H118:3）

7. 圜底罐（H160:2）

2. Ⅱ式杯（T61:4）

5. 双大耳罐（T76:3）

8. Ⅰ大器盖（H111:1）

3. Ⅰ式杯（H164:1）

9. 碗（T15:4）

4. Ⅲ式杯（T21:4）

6. 三足器（H168:1）

10. Ⅳ式杯（H180:4）

强家咀类型陶器

图版伍　张家咀类型石器

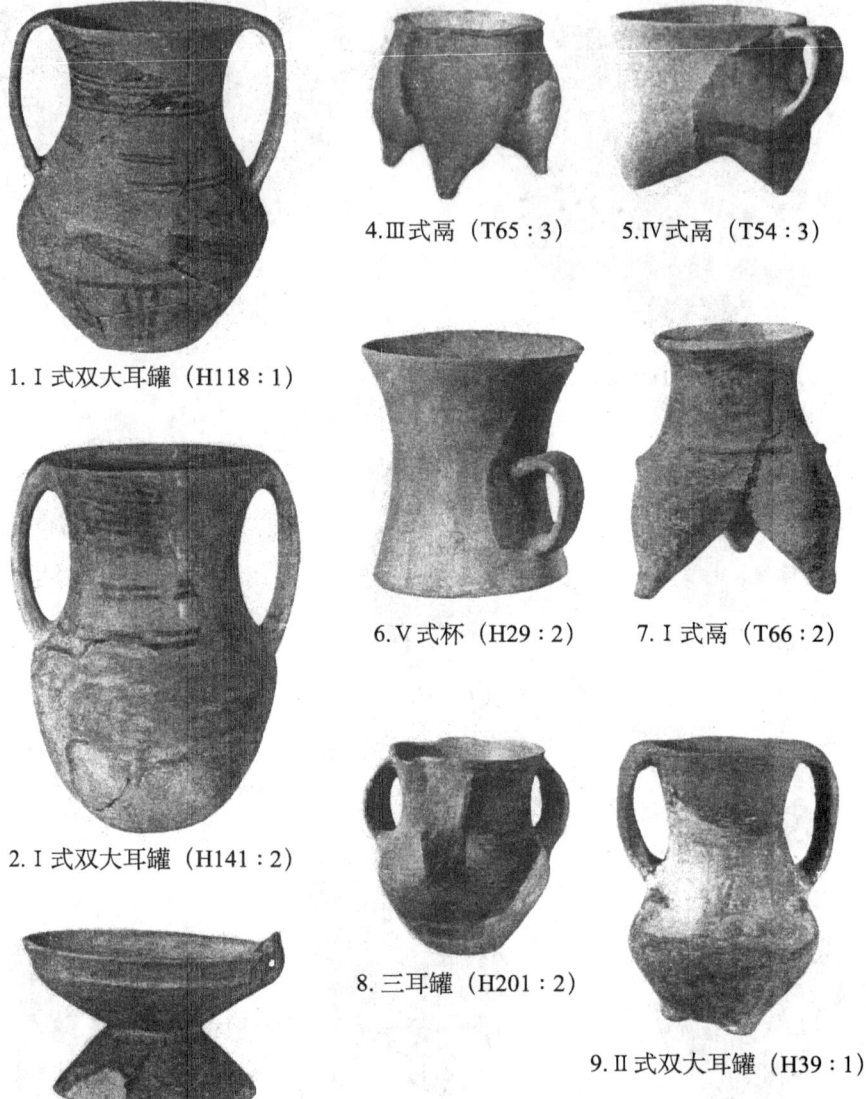

图版陆　张家咀类型与齐家文化陶器

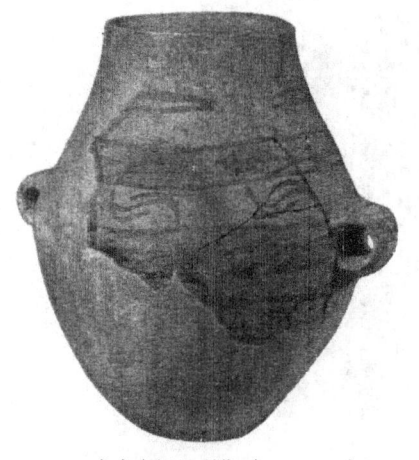
1. Ⅰ式高领双耳罐（H144:1）

5. 甑（H173:3）

2. 鼎（T2:4）

3. 杯（H203:3，齐家文化）

4. 双耳罐（H173:4）

6. Ⅲ式双大耳罐（H20:1）

图版柒　张家咀类型与齐家文化陶器

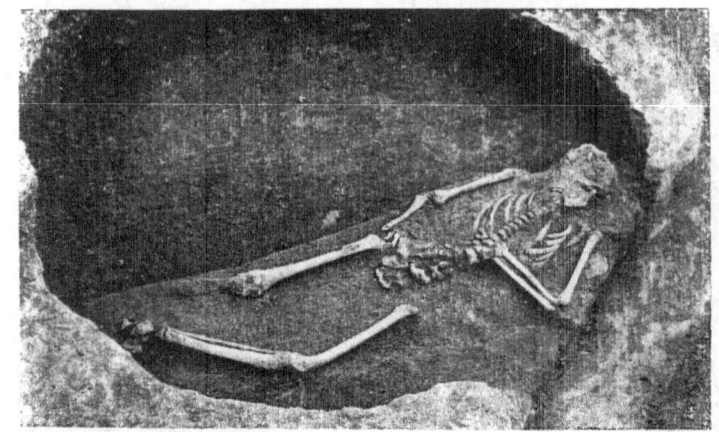

1. H35

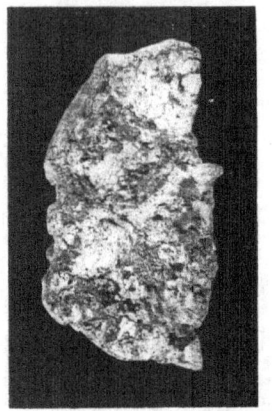

2. 铜渣（H50∶1）

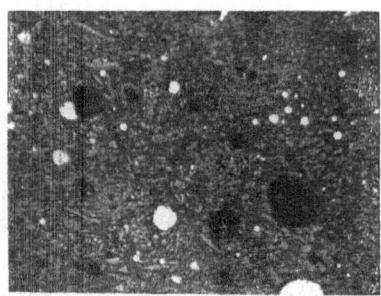

3. 铜渣矿相分析（250倍）
白色圆点为金属铜和赤铜矿
灰色物为赤铁矿
黑色部分为莫来石+玻璃相

4. 铜渣断面（2倍）
Ⅰ.石英+黏土
Ⅱ.莫来石+玻璃相
Ⅲ.铜渣

图版捌　张家咀遗址的窖穴与铜渣

图版玖

1. 石铲（T12∶1） 2. 石刀（H11∶3） 3. Ⅰ式石刀（H15∶1） 4. 斧（T16∶1） 5. 石凿（H5∶1） 6. Ⅱ式石刀（T3∶2） 7. Ⅳ式骨铲（T3∶1） 8. 石砭（T2∶2） 9. Ⅰ式骨铲（H10∶3） 10. 骨针（H18∶2） 11. 骨镞（T1∶9） 12. Ⅱ式骨匕（H19∶1） 13. Ⅱ式骨铲（T1∶7） 14. 石网坠（H20∶3）（2. 齐家文化，余姬家川类型）

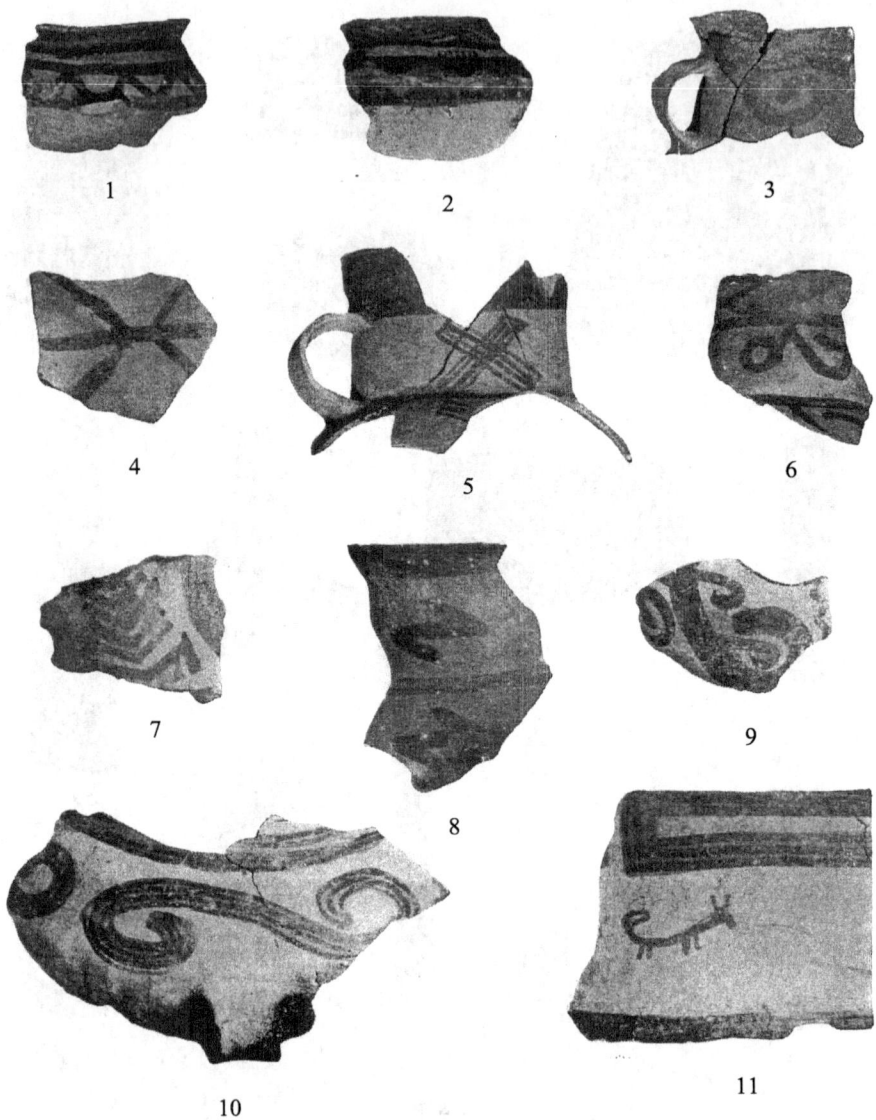

图版拾　姬家川类型陶器彩绘花纹
1.H13:4　2.H15:3　3.H27:7　4.H7:2　5.H6:2　6.H33:2　7.H8:9　8.H15:4
9.H15:5　10.T5:2　11.H8:1

1. 瓮（H8:7）

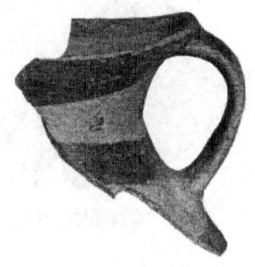
2. Ⅴ式双大耳罐（H28:1）

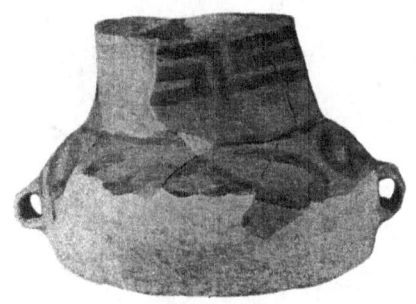
3. 瓮（H8:16）

4. 高领双耳罐（H8:17）

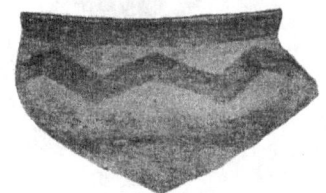
5. 瓮（H8:10）

6. Ⅰ式浅腹罐（H10:1）

图版拾壹　姬家川类型陶器

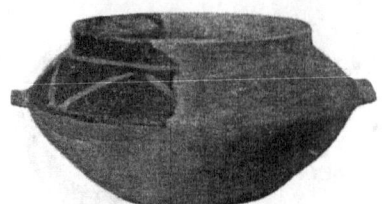

1. Ⅰ式浅腹罐（H29∶1）

7. Ⅳ式双大耳罐（T12∶2）

2. Ⅱ式单耳罐（H13∶4）

5. 陶制品（H8∶15）

8. Ⅱ式杯（H8∶18）

3. Ⅱ式双大耳罐（H13∶3）

6. 陶制品（H36∶2）

9. Ⅱ式浅腹罐（H8∶11）

4. Ⅰ式双大耳罐（H9∶1）

图版拾贰　姬家川类型陶器

1. Ⅱ式鬲（H23:1）

4. Ⅲ式鬲（H14:5）

2. Ⅱ式鬲（H13:3）

5. Ⅳ式双耳罐（M2:2）

3. Ⅰ式鬲（T1:6）

图版拾叁　姬家川类型陶器

1. Ⅱ式器盖（TF:1）

5. 杯（H11:1，齐家文化）

2. Ⅰ式器盖（T4:1）

6. Ⅰ式单耳罐（H27:3）

3. 器盖（H11:8，齐家文化）

4. Ⅰ式双耳罐（H10:4）

7. Ⅲ式双耳罐（H42:1）

图版拾肆　姬家川类型与齐家文化陶器

宁夏史前考古概论

宁夏回族自治区位于黄河的河套西部，与甘肃、陕西、内蒙古等省区为邻。宁夏与甘肃、青海等省一样，自古以来，就是华夏诸民族生息繁衍和集聚交融之地。它历史悠久，不论地上或地下都蕴藏有丰富多彩的古文化遗存，并具有突出的地区特点。

1920年法国地质古生物学家桑志华（E. Licent）在甘肃庆阳县（今属华池县）城北的赵家岔和辛家沟的黄土层和黄土底部砾石层中发现了3件旧石器。同年，比利时传教士肖特（P. Schotte）在宁夏灵武县水洞沟东5里横山堡一处冲沟的断崖中发现一具披毛犀头骨化石和一件人工打击的石英岩石器。1923年法国古生物学家德日进（P. Teilhard de Chardin）和桑志华在水洞沟遗址发现5处旧石器地点，并进行了发掘，发现大量的打制石器和哺乳动物化石犀牛、羚羊、鬣狗、黄羊、野牛、马和鸵鸟等[①]。这些发现揭开了宁夏旧石器时代考古的序幕。

宁夏从1920年发现水洞沟旧石器时代遗址算起，至今已有85年了。这几十年来，特别是1958年宁夏回族自治区成立以来，随着经济、科学、文化等各项事业的蓬勃发展，宁夏的文物考古事业也得到了飞速的发展。在文物考古工作者的辛勤劳动与专业人员的刻苦钻研下，本区在田野考古调查发掘工作和资料整理研究等方面，都获得了丰硕的成果。1984年3月至1985年6月，宁夏文物考古工作者对本区进行了全面的文物普查工

---

① 裴文中：《中国史前时期之研究》，商务印书馆，1948年。

作，共发现古文化遗址（包括古遗址、城址、墓葬）700多处，征集收购各种文物7000余件①。自1986年以来，对海原县菜园村、曹洼和隆德县页河子等遗址进行了较大规模的发掘，发现了房址、墓葬等遗迹和大量的陶、石器等文化遗物，并及时出版了《宁夏菜园——新石器时代遗址、墓葬发掘报告》和《水洞沟——1980年发掘报告》等考古学专刊。这些使我们有条件对宁夏考古的有关课题进行研究。本文拟就宁夏80多年来史前考古的发现和研究成果做一回顾，对已发表的资料进行梳理、归纳，从而对宁夏地区古文化名称、文化属性和史前文化发展序列等方面的问题做些粗浅的分析，提出不成熟的见解，抛砖引玉，与文物考古界的同仁相互交流，共同探讨。

一

宁夏回族自治区文物考古工作起步较早，在自治区成立前一年即已开始。1957年甘肃省文物管理委员会派出文物工作小组党国栋、倪思贤、宁笃学等，配合包兰铁路工程建设，在中卫县进行文物普查工作，发现沙坡头、一碗泉和长流水等多处新石器时代遗址，采集一批陶、石器等文物②。

1959年，为配合青铜峡水库的建设，中国科学院考古研究所叶小燕、赵春生、邓德宝和宁夏地志博物馆董居安、张心智等组成青铜峡水库考古工作组，在青铜峡市、吴忠、广武、中宁、中卫等地进行文物普查，发现广武县新田北和中宁县风塘子沟等新石器时代遗址，采集大量细石器和陶器等文物③。

1960年，中苏古生物工作者对水洞沟遗址进行发掘，获得各种石器材料约2000件④。同年，钟侃、张心智在西吉县调查，在兴隆镇西北部发

---

① 马鸣信:《文物普查硕果累累》,《宁夏文物》试刊号, 1986年。
② 宁笃学:《宁夏回族自治区中卫县古遗址及墓葬调查》,《考古》1959年第7期。
③ 宁夏地志博物馆:《宁夏青铜峡市广武新田北的细石器文化遗址》,《考古》1962年第4期。本文所用为中国社会科学院考古研究所调查资料。
④ 贾兰坡、盖培、李炎贤:《水洞沟旧石器时代遗址的新材料》,《古脊椎动物与古人类》第8卷第1期, 1964年。

现一处齐家文化遗址，清理墓葬 2 座①。1962 年董居安和隆德县文化馆解忠信等，在李世选村征集几件新石器时代陶器等文物②。1963 年中国科学院古脊椎动物与古人类研究所同宁夏博物馆合作，对水洞沟遗址进行再次发掘，除发现旧石器时代的石制品外，还有用火遗迹和用鸵鸟蛋壳进行穿孔而制成的装饰品等遗物③。同年李俊德、钟侃等在陶乐县调查，发现高仁镇、程家湾和察罕堡等 3 处新石器时代遗址，采集细石器和陶器等文物④。同时期在隆德县上齐家征集一批齐家文化陶器⑤。1964 年李俊德在海原县发现龚湾新石器时代遗址，征集有完整的彩陶罐等文物。同年宁夏博物馆在固原县海家湾清理齐家文化墓葬 3 座，出土 3 组随葬陶器⑥。1965 年该馆在固原县河川乡店河村，清理了齐家文化墓葬 6 座，出土一批较完整的随葬品⑦。

进入 20 世纪 70～80 年代，宁夏考古工作有了很大的发展。1973 年宁夏博物馆成立，同时组建了一支考古专业队伍，开展较大范围的考古调查和发掘工作，发现古文化遗址、墓葬 100 多处⑧。1980 年宁夏博物馆和宁夏地质局区域地质调查队再一次对水洞沟遗址进行发掘，揭露面积 52 平方米，获得动物化石 15 种 63 件，石制品 6700 余件⑨。1982 年宁夏回族自治区文物管理委员会成立。1984 年同心县文物普查队在罗山东麓发现上、下塬村新石器时代遗址，采集有马家窑文化陶、石器等文物 90 余件⑩。

1985～1988 年，宁夏文物考古研究所和中国历史博物馆考古部对海原县西安乡菜园村遗址进行发掘，发现新石器时代的房址、墓葬等遗迹和

---

① 钟侃、张心智：《宁夏西吉县兴隆镇的齐家文化遗址》，《考古》1964 年第 5 期。
② 董居安：《宁夏隆德李世选村发现新石器文化遗物》，《考古》1964 年第 9 期。
③ 邱中郎、李炎贤：《二十六年来的旧石器时代考古》，《古人类论文集》，科学出版社，1978 年。
④ 钟侃：《宁夏陶乐县细石器遗址调查》，《考古》1964 年第 5 期。
⑤ 钟侃、张心智：《宁夏西吉县兴隆镇的齐家文化遗址》，《考古》1964 年第 5 期。
⑥ 宁夏回族自治区展览馆：《宁夏固原海家湾齐家文化墓葬》，《考古》1973 年第 5 期。
⑦ 宁夏文物考古研究所：《宁夏固原店河齐家文化墓葬清理简报》，《考古》1987 年第 8 期。
⑧ 许成：《宁夏考古史地研究论集》，宁夏人民出版社，1989 年。
⑨ 宁夏文物考古研究所编著：《水洞沟——1980 年发掘报告》，科学出版社，2003 年。
⑩ 马振福：《同心红城水发现新石器时代遗址》，《宁夏文物》试刊号，1986 年。

大量的陶、石器等文化遗物[①]。1986年北京大学考古实习队和固原博物馆发掘海原县曹洼遗址，发现马家窑文化的窖穴等遗迹和陶、石器等遗物[②]。同年两单位合作又发掘了隆德县页河子遗址，发现仰韶文化和齐家文化遗存（原发掘报告称后者为龙山时代遗存），出土房址等遗迹和丰富的陶、石器等遗物[③]。1989年固原博物馆韩兆民、固原县文管所马东海和中国历史博物馆考古部李文杰等，在固原县七营乡柴梁村红圈子沟墓地调查，征集了100余件陶、石器等文物[④]，其中，彩陶多为完整器，弥足珍贵。2002~2003年，中国科学院古脊椎动物与古人类研究所和宁夏文物考古研究所组成联合考古队，先后两次在边沟河流域开展区域考古调查，新发现了近20处旧石器时代地点，并在水洞沟遗址第2地点进行了发掘[⑤]。

上述诸多的新发现为文物考古界所注目，它为开展宁夏地区史前时期考古学研究奠定了坚实的基础。

二

宁夏地区是我国最早发现和发掘旧石器时代遗址的地区之一，在旧石器时代考古中占有重要的地位。据报道，在宁夏境内的旧石器时代遗址或地点有灵武县水洞沟、清水营和中卫县长流水等处，石嘴山市也有分布。其中，最重要的是水洞沟遗址。它是迄今宁夏乃至西北地区发掘次数最多，收获最为丰富的旧石器时代遗址，考古界命名其为水洞沟文化。

水洞沟遗址位于灵武县城北的边沟河畔。自20世纪20年代发现以来，

---

① 宁夏文物考古研究所、中国历史博物馆考古部：《宁夏菜园——新石器时代遗址、墓葬发掘报告》，科学出版社，2003年。
② 北京大学考古实习队、固原县博物馆：《宁夏海原曹洼遗址发掘简报》，《考古》1990年第3期。
③ 北京大学考古实习队、固原县博物馆：《宁夏隆德页河子新石器时代遗址发掘报告》，北京大学考古学丛书《考古学研究（三）》，科学出版社，1997年。
④ 固原县文管所、中国历史博物馆考古部：《宁夏固原县红圈子新石器时代墓地调查简报》，《考古》1993年第2期。
⑤ 高星、王惠民、裴树文、冯兴无、陈福友：《中国学者重新发掘宁夏水洞沟遗址》，《中国文物报》2003年12月19日。

1960、1963、1980、2002～2003年都进行了不同规模的调查和发掘，共发现20余个地点，每次的发掘工作也都有不少的收获，发现有用火遗迹和数目不等的动物化石和丰富的石制品及石器材料，尤其是1980年和2002～2003年，发掘规模较大，出土遗物多而完整。

1980年，揭露面积52平方米，出土动物化石15种63件，石制品6700余件。石制品的种类可分为刮削器、尖状器、雕刻器、钻具和石核、石叶等。刮削器的形制较多样，大致有新月形、矩形、凹缺形、单直刃和双直刃等型式。石核以长身石核为主，龟背状石核占少数，小型石核则以圆锥体状居多。出土最多的是石叶或石片，其形式可分长石片和宽短石片等多种。石器的加工修理是以直接锤击法为主，锤击石片中修理台面者较普遍。石制品的原料是以白云岩为主，石英岩和燧石次之[①]。

2002～2003年，在第2、7、8地点进行发掘，获得石制品5463件和用骨片或用鸵鸟蛋壳制成的环状装饰品14件以及哺乳动物化石，清理出一具近于完整的人类头骨，有的地点发现用火烧烤面遗迹和灰烬。石制品中工具类各种不同型式的刮削器最为多见，石叶或石片也较多，但石斧和典型的砍砸器却较少。石叶或石片是水洞沟文化的主要内涵。这种石叶或石片可能多作为复合工具的刃片，这在内蒙古和甘肃、青海等地区都可以找到很多例证。哺乳动物化石种类有普氏野马、普氏羚羊、野驴、披毛犀和鸵鸟等。发现的石器明显具有旧石器时代晚期的特征，石器组合在中国旧石器文化体系中独具特色。遗址经碳十四测定，年代距今约40000～15000年。值得提到的是，在田野发掘的同时，还采取多学科同步协作的方式，在发掘现场采集地质、地层、年代和环境等样品以供多方面的分析和测试[②]，大大提高了学术研究水平。这次发掘极大地丰富了水洞沟文化的内涵，使我们了解到水洞沟文化与欧洲和蒙古、西伯利亚地区的旧石器时代中晚期石器文化有着较强的联系。所以，它在东、西方旧石器时代文化对比研究中具有重要的学术意义。水洞沟遗址1988年国务院公

---

① 宁夏文物考古研究所编著：《水洞沟——1980年发掘报告》，科学出版社，2003年。
② 高星、王惠民、裴树文、冯兴无、陈福友：《中国学者重新发掘宁夏水洞沟遗址》，《中国文物报》2003年12月19日。

布为全国重点文物保护单位。

三

宁夏地区新石器时代文化遗址亦有不少的发现，据统计共有30余处，主要分布在宁夏境内的黄河两岸台地上。经调查并采集有陶、石器等文物的遗址有：陶乐县高仁镇、察罕埂，贺兰县暖泉村，广武县新田北，中宁县风塘子沟，中卫县长流水和孟家湾等多处。其中比较重要的是新田北和风塘子沟遗址。

新田北遗址位于广武县新田村北1公里，东滨黄河，西北倚沙丘，遗址面积约70000平方米。1959年调查时采集有打制、磨制石器和陶器等文物，其中，完整的石器有30余件。石器的种类可分为石核、刮削器、石叶、砍砸器和石斧、石镞等多种。石器的原料主要是石髓、石英和玛瑙等。现把采集的实物标本并附部分插图介绍如下。

石核按其形制可分为拇指盖形、尖锥形、圆锥形和三角形等4种。这些石核器体大小不同，厚薄不一。标本59N11：9（图一，1），呈拇指盖形，比较规整，长3厘米，径2厘米。标本59N11：8（图一，4），呈尖锥形，打制精细，器体较小，长2.7厘米，径1.4厘米。标本59N11：6（图一，6），呈圆锥形，器体留有宽窄不等的长条石片剥离的痕迹，长3.2厘米，径0.7厘米。标本59N11：7（图一，8），三角形，器体较大，长4.3厘米，宽4厘米。

刮削器发现的较多，在其周边多留有加工或使用的痕迹。按其形制可分为椭圆形、圆角方形和树叶形等3种。标本59N11：11（图一，2），呈椭圆形，长径4.4厘米，短径3.5厘米。标本59N11：10（图一，3），圆角长方形，长2.6厘米，宽2.4厘米。标本59N11：12（图一，5），树叶形，刃锋锐利，一侧边留有细密的压剥痕迹，长3.5厘米，宽1.6厘米。

石叶多呈长条形，石料颜色有红、黄、黑、白诸色，一般在器体中间有棱脊。标本59N11：14（图一，7），横断面呈等边三角形，周边规整，长2.5厘米，宽1厘米。砍砸器呈圆形或椭圆形。标本59N11：3，椭圆形，径 3.2～4.7 厘米。标本 59N11：4，略呈圆形，径 3.7～6.7 厘米。石斧可分为长方形、梯形、椭圆形等不同形式，标本 59N11：1 为椭圆形，磨制，长 9 厘米，刃宽 6.1 厘米。石锛呈长方形，标本 59N11：2，器形较规整，磨制精致，长 12.9 厘米，刃宽 4.4 厘米。陶器均为残片，多属夹砂红陶罐一类的器物。

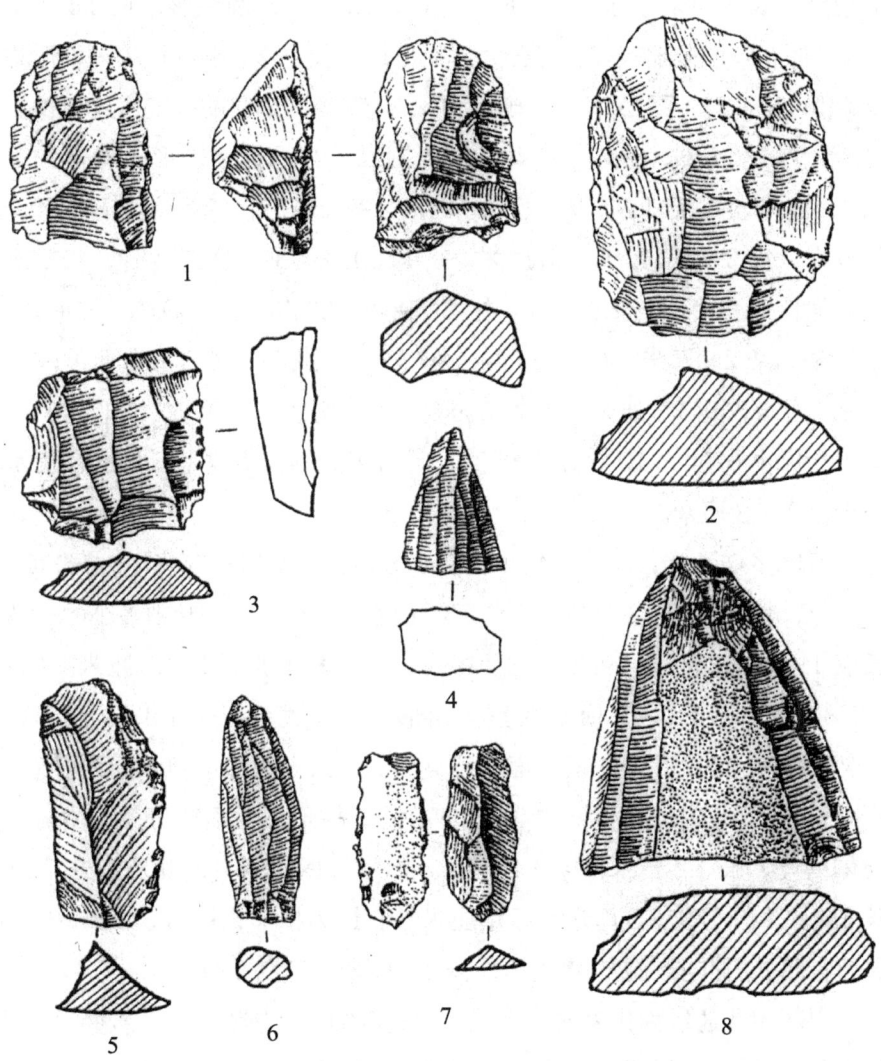

图一　新田北遗址石器

1、4、6、8.石核（59N11：9、8、6、7）　2、3、5.刮削器（59N11：11、10、12）
7.石叶（59N11：14）

凤塘子沟遗址位于中宁县新堡乡中宁中学之南部，遗址范围约160000平方米。1959年调查发现，采集打制、磨制石器和陶器等文物共29件。石器种类有石核、刮削器、石叶和石斧、锛、刀等。现把采集的实物标本并附部分插图介绍如下。

　　石核呈圆锥形或圆柱形。标本59N8：12（图二，14），圆锥形，器形规整，长3厘米。标本59N8：15（图二，15），圆柱形，长2.6厘米，径1.1厘米。刮削器较多，可分为拇指盖形、长方形、桃叶形等多种形式。标本59N8：24（图二，7），拇指盖形，边缘留有细密的打击痕迹，长1.6厘米，厚0.6厘米。标本59N8：25（图二，8），拇指盖形，器体较小，长1.2厘米，厚仅0.4厘米。标本59N8：22（图二，12），拇指盖形，器体较大，长2.8厘米，厚0.6厘米。标本59N8：39（图二，6），长方形，横断面作三角形，长2.5厘米。标本59N8：23（图二，9），长方形，器形规整，长2.8厘米。标本59N8：26（图二，11），长方形，器体较宽，长2.7厘米，宽1.3厘米。标本59N8：29（图二，10），尖锥形，长2.8厘米。标本59N8：10（图二，13），桃叶形，横断面略呈三角形，长4.5厘米，宽2.8厘米。

　　石叶多作片状，器体均较小。标本59N8：34（图二，1），横断面呈三角形，长2.3厘米。标本59N8：31（图二，2），为石叶中最小的一件，长仅1.4厘米。标本59N8：33（图二，3），柳叶形，长1.7厘米。标本59N8：32（图二，4）横断面呈三角形，规整精致，长1.8厘米。标本59N8：37（图二，5），横断面呈三角形，长1.5厘米，宽1厘米。石斧可分为长方形和梯形两种。标本59N8：3，梯形，窄顶宽刃，器体扁平，通体磨光，长7.7厘米，厚1.1厘米。标本59N8：2，两侧留有击痕迹，长6.6厘米，刃宽3.5厘米，厚1厘米。石锛为梯形，标本59N8：6，周边留有明显的打击痕迹，青灰色，长8.5厘米，刃宽5厘米[①]。

　　以新田北遗址为代表的文化遗存，是以细小打制石器为主要特征的文化遗存，并与陶器共存。这类文化遗存过去泛称为"细石器文化"或"细

---

①　宁夏地志博物馆：《宁夏青铜峡市广武新田北的细石器文化遗址》，《考古》1962年第4期。本文所用为中国社会科学院考古研究所调查资料。

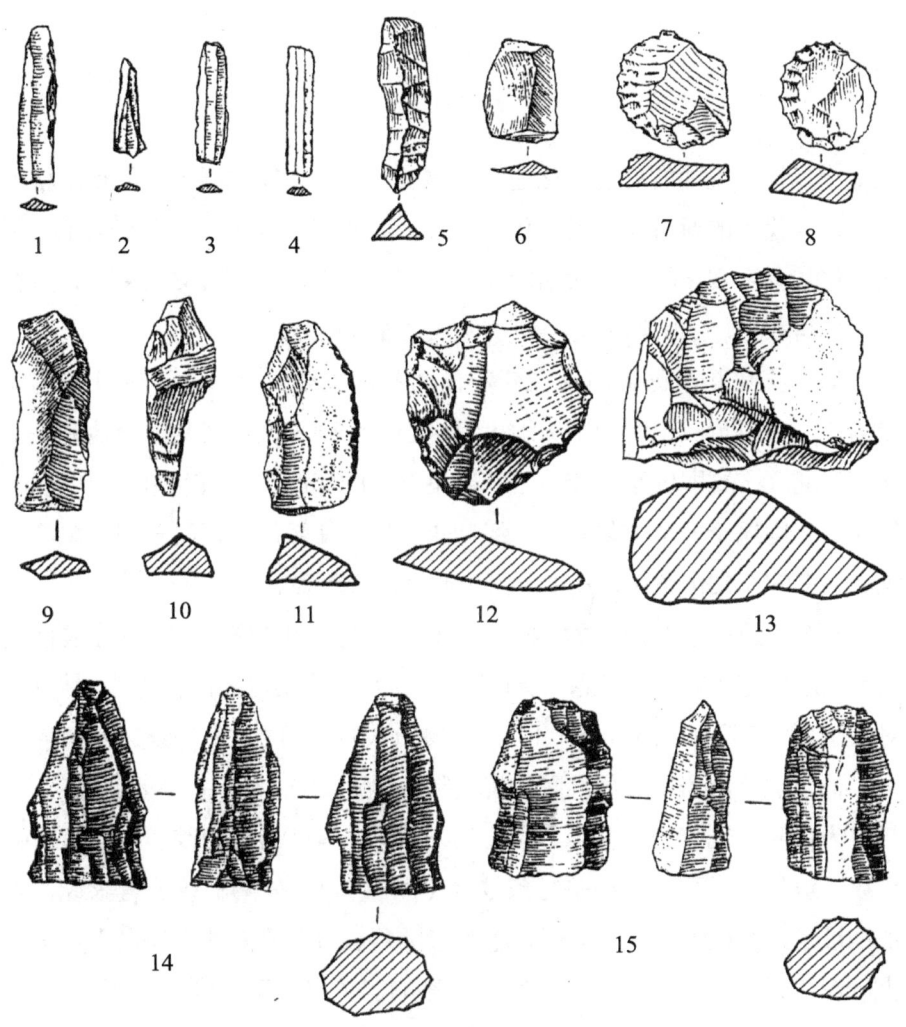

图二 风塘子沟遗址石器

1~5.石叶（59N8：34、31、33、32、37） 6~13.刮削器（59N8：39、24、25、23、29、26、22、10） 14~15.石核（59N8：12、15）

石器传统"。细石器遗存从东北、内蒙古往西至甘肃、青海和新疆等省区都有发现，它是北方草原地区以渔猎、畜牧经济为主的一种古文化遗存。这种遗存分布范围广泛，在不同地区的文化面貌各不相同，年代也存有较大差距，有的年代可延续到青铜器时代。但是，宁夏广武县新田北和中宁县风塘子沟遗址发现的与细石器伴出的陶器比较原始，应同属于新石器时代遗存。

四

宁夏地区境内的史前文化遗存丰富多彩，除上述水洞沟文化和以新田北遗址为代表的新石器时代文化遗存外，还有仰韶文化、马家窑文化、菜园文化和齐家文化等不同时期的文化遗存。其中，马家窑文化又可分为石岭下、马家窑、半山等不同类型。现依次加以论述。

仰韶文化是我国黄河流域新石器时代的主要文化遗存，其分布范围极为广泛，以黄河中游的中原地区为中心，北到长城沿线及河套地区，南达鄂西北。宁夏即位于河套地区，这里发现的仰韶文化遗存和中原地区的仰韶文化同属于一个文化系统。经调查发现，在隆德县页河子和北塬等遗址，均有仰韶文化遗存，其中页河子遗址比较重要。

页河子遗址位于隆德县城西南约20公里的渝河北岸，1984年宁夏回族自治区进行文物普查时发现，1986年北京大学考古实习队和宁夏固原博物馆对该遗址进行发掘。揭露面积400平方米，发现仰韶文化和齐家文化遗存。

仰韶文化陶器有泥质红陶和橙黄陶，以泥质红陶为主，彩陶较多，彩料多为黑彩，也有少量白彩。彩绘花纹常见的有弧边三角纹、圆点纹、网格纹、波折纹、弧线纹和平行条纹等（图三）。夹砂陶的纹饰有弦纹、附加堆纹、线纹或绳纹等。器形有卷沿彩陶盆、敛口彩陶钵、侈口彩陶罐和夹砂深腹罐、瓮或缸等。其中有一件彩陶器，出土于窖穴中，保存完好。标本H212：16（图三，8），泥质橙黄陶，侈口，深腹平底，器表饰有黑彩多道平行条纹、网格纹，在条纹下还加饰三个钩状纹，口沿面亦饰有网格纹，高12厘米，口径14厘米，底径6厘米[①]。

北塬遗址位于隆德县西部沙塘乡北源村，1984～1985年调查，征集到一件彩陶钵（图三，10），钵敛口弧壁，深腹圈底，通体饰黑彩波折纹，高13厘米，口径15.5厘米[②]。

[①] 北京大学考古实习队、固原县博物馆：《宁夏隆德页河子新石器时代遗址发掘报告》，北京大学考古学丛书《考古学研究（三）》，科学出版社，1997年。

[②] 宁夏回族自治区文化厅文管会编印：《文物普查资料汇编》，1986年。

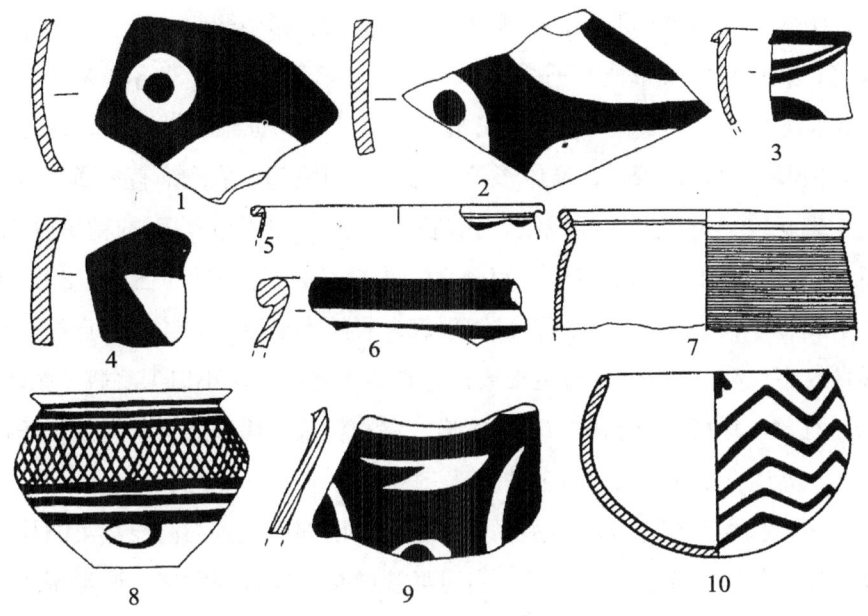

图三　仰韶文化陶器

1、2、4、9.彩陶片（T203④∶3、T203⑤∶37、T301⑤∶17、T203⑥∶38）　3、5、6.彩陶盆（T203⑦∶48、H212∶22、H128∶17）　8.彩陶罐（H212∶16）　10.彩陶钵（隆德北源村）（除10外，均采自《隆德页河子新石器时代遗址发掘报告》图一三、三五）

  这里发现的陶器与中原地区仰韶文化庙底沟类型形制基本相同，如卷沿彩陶盆完全一致。但饰有波折纹的彩陶圜底钵却在中原少见，也许是本地区独具特色的器物。

  马家窑文化是甘青地区新石器时代主要的古文化遗存，在宁夏境内也有广泛的分布，青铜峡市、中宁、中卫、同心、海原、固原、西吉和隆德等县市，都发现有马家窑文化的遗址。现依石岭下、马家窑、半山类型的顺序分别给予论述。

  石岭下类型的遗物在隆德县凤岭乡胜利村、沙塘乡页河子和西吉县城郊乡等地均有发现。陶器呈红褐色，部分施有白陶衣，彩陶花纹多为圆点、弧边三角、弧线组成的几何形纹样和鸟形纹等动物纹。鸟形纹以变形鸟纹或抽象形鸟纹最具代表性，主要表现鸟首、鸟颈及其羽毛等形态，它与全形鸟图像有别。器类有陶碗、盆、壶、瓶、罐等。例如：彩陶瓶（图四，1），由凤岭乡胜利村征集而来，器形完整，喇叭口、细颈、深腹平底，腹侧附一对半环形耳，器表施一层白陶衣，黑色彩绘，饰有多道平行条纹、弧线纹和变形鸟纹等多种纹样，器体较高大，高34.8厘米，口径8厘米，底径10厘米。细颈彩陶瓶（图四，2），征集于城郊乡，器形与前者相似，但颈部较长，通体彩绘，从口部到底部，依次饰有多道平行条纹、螺旋纹、宽带纹、弧线纹、弧边三角纹等，出现宽幅面的精美画面，高36.3厘米，口径8.5厘米，底径9.5厘米。鼓腹彩陶瓶（图四，3），征集于凤岭乡，喇叭口，长颈，鼓腹平底，彩绘多道平行条纹、圆点纹与变形鸟纹等，高20厘米，造型雅致，是彩陶中的精品。小口尖底瓶（图四，4），征集于凤岭乡胜利村，小口圆肩，深腹尖底，腹部通饰斜绳纹，器体高大，高达54.4厘米，口径11厘米[①]。

马家窑类型在宁夏境内主要分布在中、南部地区，在海原县菜园村马缨子梁、曹洼、隆德县页河子、中卫县沙坡头等遗址都发现有该类型的文化遗物。其中，经过发掘的有马缨子梁、曹洼、页河子等遗址。曹洼遗址的文化性质比较单纯，可作为该地区马家窑类型的代表。

曹洼遗址位于海原县城东南曹洼乡，1984年文物普查时发现。1986年北京大学考古实习队和固原县博物馆对该遗址进行发掘，揭露面积270平方米，发现有窖穴和陶、石器等文化遗物。

曹洼遗址出土的陶器均残不能复原。陶器有泥质陶和夹砂陶两类，陶色以橙黄色为主，彩陶较多，约占陶片总数的23%，彩绘有黑彩，亦有红彩，彩陶花纹繁缛，内彩发达，线条粗细均匀。彩纹以旋涡纹为主要母题，给人以旋转奔腾的感觉，流畅优美。夹砂陶器往往饰有绳纹和附加堆纹。陶器器类主要有盆、壶、瓶、罐等。彩陶盆均残，不能复原，标本O：6（图五，4），侈口卷沿，黑彩绘弧线纹，沿面饰垂弧纹，口径32厘米。标本T103①：6（图五，5），彩绘波浪纹，沿面饰弧边三角纹，口径24厘米。彩陶瓶多已残损，只有一件是完整的，标本O：1（图五，1），侈口细颈，深腹平底，腹侧附一对半环形耳。饰黑彩多道平行条纹或宽带纹、羽状纹，高29厘米，口径与底径均为9厘米。标本H101：3（图五，

[①] 宁夏回族自治区文化厅文管会编印：《文物普查资料汇编》，1986年；钟侃编著：《宁夏古代文物》。

图四 石岭下类型陶器

1、3.彩陶瓶（隆德凤岭） 2.彩陶瓶（西吉城郊乡） 3.小口尖底瓶（凤岭胜利村）

3），已残，口侧有一流，饰黑彩宽带纹、窄带纹、弧线纹，口径8厘米。标本O∶3（图五，8），已残，存口颈部分，饰黑彩宽带纹等，口径14厘米。彩陶壶完整的一件，标本O∶2（图五，2），侈口短颈，鼓腹平底，腹侧附一对半环形耳，饰黑彩窄带纹或宽带纹、连涡纹和相错波浪纹，高33.6厘米，口径10厘米，底径12厘米。罐又可分为彩陶罐和夹砂粗陶罐等。彩陶罐已残，标本O∶4（图五，6），侈口鼓腹，饰黑彩弧线纹，沿面饰弧边三角纹，口径17厘米。标本T102①∶17（图五，7），存罐的腹底部，饰黑彩竖条纹和窄带纹。腹耳罐已残，标本H105∶5（图五，9），饰柳叶纹、宽带纹和弧线纹。遗址的年代，据碳十四测定数据为公元前

图五 曹洼遗址马家窑类型陶器

1、3、8.彩陶瓶（0∶1、H101∶3、0∶3） 2.彩陶壶（0∶2） 4、5.彩陶盆（0∶6、T103①∶6） 6、7.彩陶罐（0∶4、T102①∶17） 9.腹耳罐（H105∶5）

3616～前2788年[①]。

  总观曹洼遗址的文化内涵应属于马家窑类型，出土陶器的主要器形和彩陶花纹母题，绝大多数和甘青地区典型的马家窑类型的同类器是相同或相似的，如彩陶盆、彩陶瓶、彩陶壶及其彩绘的多道平行条纹、波浪纹、涡纹、垂帐纹等，两者都是常见的。但也要看到这里还存在明显的地区特点，如彩陶纹样中的柳叶纹、羽状纹、叶脉纹、串葫芦状纹、细线波浪纹或弧线纹等，都是别具风格，不见或少见于甘青地区同类型的遗存中，可以作为一个地方类型来考虑，这对马家窑文化的区系类型的研究具有重要

---

① 北京大学考古实习队、固原县博物馆：《宁夏海原曹洼遗址发掘简报》，《考古》1990年第3期。

的学术价值。

半山类型在宁夏境内主要分布在海原、固原等县。在固原河川乡上台村、店河村、二十里铺、开城郭庙村、七营海塥村、中河、红圈子沟和海原龚湾等地均发现有半山类型的陶器。

彩陶壶在固原发现的较多，并且都保存完好。如河川乡发现的彩陶壶（图六，1），很完整，侈口短颈，鼓腹平底，腹侧附一对半环形耳，颈部饰黑彩齿带纹，肩腹部饰葫芦形纹等，高 38 厘米。还有一件彩陶壶（图六，3），征集于开城郭庙村，颈部饰三道宽带纹，肩腹部饰满竖条纹，高14.5 厘米，口径 6.5 厘米，底径 6 厘米。单耳罐（图六，2）征集于南郊乡二十里铺，泥质红陶，腹侧附一对半环形耳。通体饰黑、红彩相间的齿带纹，高 11.6 厘米，口径 6.9 厘米，底径 4.3 厘米。双耳壶（图六，4），征集于七营乡海塥村。泥质红陶，通体饰黑彩宽带纹、齿带纹、窄带纹和四大圆圈纹等。高 16.4 厘米，口径 6.9 厘米，底径 6.5 厘米。彩陶瓮，出土于店河遗址。标本 M2∶2（图六，5），口已残，鼓腹凹底，腹侧附一对半环形耳。肩腹部饰六个圆圈纹，圈内填网格纹，圈下饰宽带纹和波浪纹，残高 19.6 厘米，底径 8 厘米。双耳壶（图七，1），征集于河川上台村。腹侧附一对半环形耳外，在口沿两边还加一对鼻耳，或称盲耳，彩绘网格纹、齿带纹、圆圈纹和菱格纹等，高 23.5 厘米，口径 9.2 厘米，底径 10 厘米。高低耳壶（图七，2），征集于河川乡上台村，一耳在颈部，另一耳附在腹侧，腹上部饰红、黑相间的齿带纹，颈部饰网格纹，高 20.7 厘米，口径 9.5 厘米。鸟形壶（图七，3），征集于中河，形体似伸颈翘尾的水鸭，颈部饰齿带纹，腹上部饰圆圈纹和葫芦形网格纹等精美图案[①]。

红圈子墓地位于固原县七营乡柴梁村红圈子沟东峁，1988 年发现，1989 年对该遗址进行复查，得知该遗址是一处墓地，范围东西长 170 米，南北宽 45 米。征集一批新石器时代的文化遗物共 133 件，其中，石器 9 件，骨、牙器 6 件，陶器 118 件。陶器保存较好，并且数量可观，是一批极为难得的资料。陶器可分为泥质橙黄陶、泥质红陶、泥质灰陶、夹砂

---

① 宁夏回族自治区文化厅文管会编印：《文物普查资料汇编》，1986 年；钟侃编著：《宁夏古代文物》。

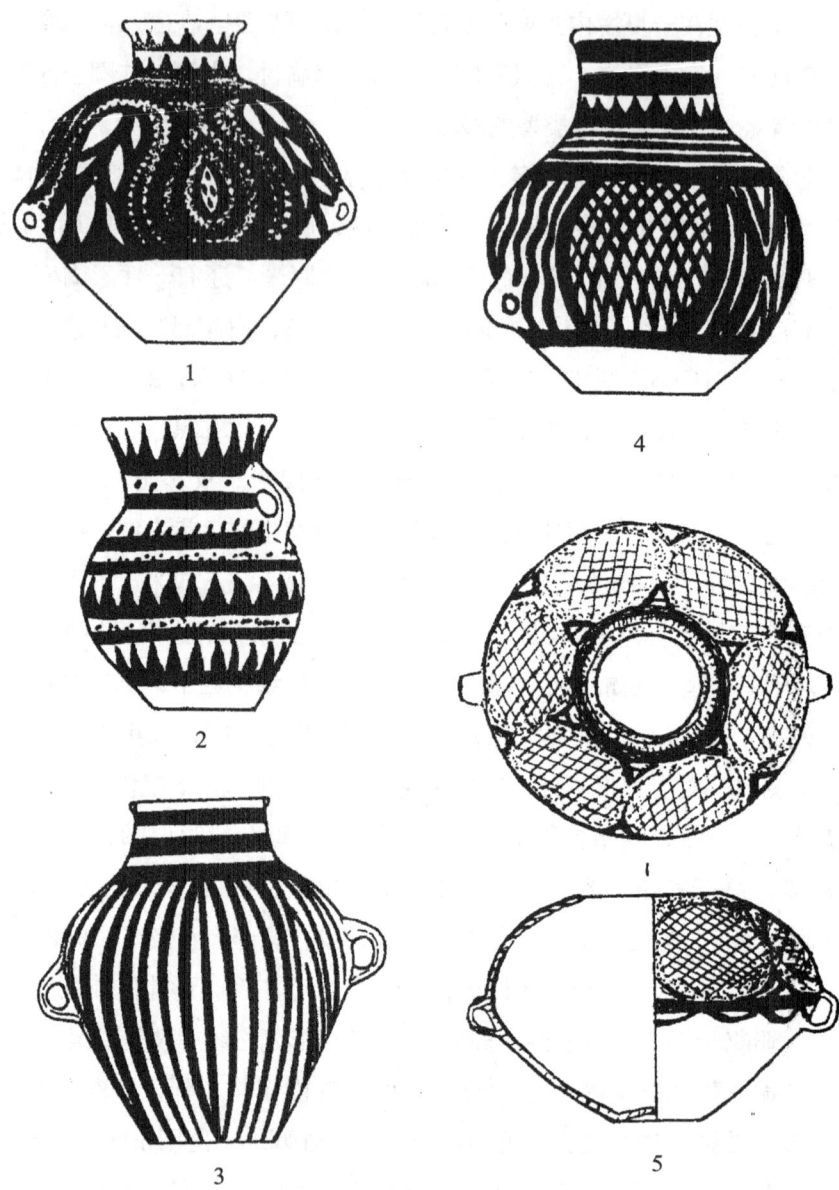

图六 固原半山类型陶器
1. 彩陶壶（河川） 2. 单耳罐（二十里铺） 3. 彩陶壶（郭庙村）
4. 双耳壶（海塬村） 5. 彩陶瓮（店河）

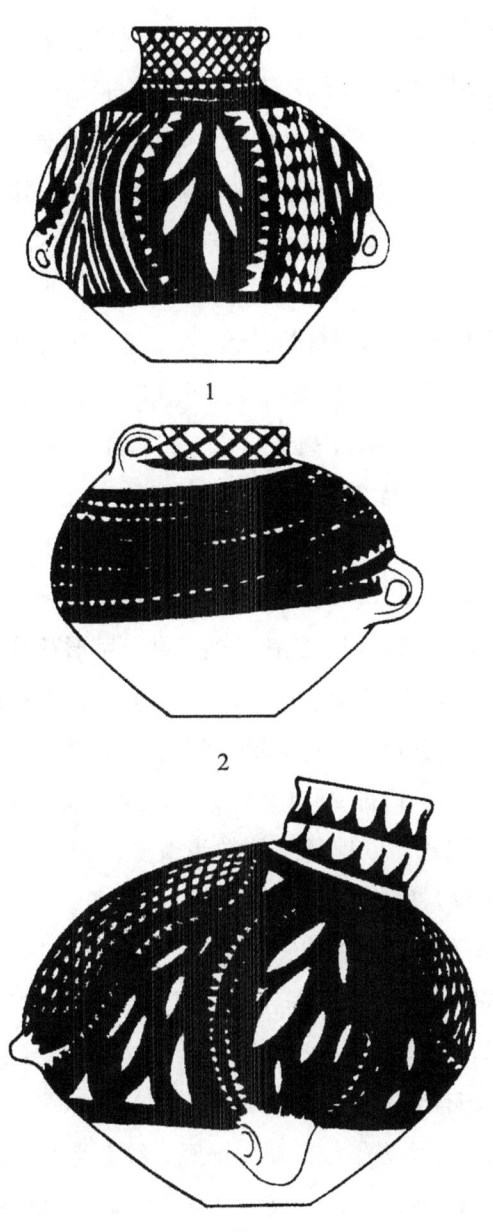

图七 半山类型陶器
1.双耳壶（固原河川） 2.高低耳壶（河川上台村） 3.鸟形壶（中河）

红陶、夹砂灰陶五种，以泥质红陶为主，次为泥质橙黄陶，制法均为手制，采用泥条圈筑法成型。纹饰有彩纹、绳纹、划纹、戳印纹、附加堆纹和镂孔等，其中以彩纹最多，共44件，占征集陶器总数37.29%，均为单色彩，除3件绘黑彩外，其余41件均为红彩，纹样有平行条纹、菱格纹、波折纹、叶脉纹、弧线纹和竖条纹等。同时还有较多的"十""井""火"字形等彩绘符号。这些纹饰有的作为内彩绘在陶器的内壁或内底面上。

陶器皆为平底器，器形有碗、钵、杯、盆、尊、壶、罐等。彩陶碗有侈口、敛口之分，侈口碗89:10（图八，3），口内壁饰红彩竖条纹，内底有"井"字形符号花纹，高7厘米，口径13.8厘米。敛口碗89:122（图八，9），腹上部附有突钮10个，器表遍饰红彩竖条纹7道，内壁饰斜线纹等，内底施"十"字符号，高8.8厘米，口径14.2厘米。彩陶钵均完整，标本88:123（图八，6），敞口，近口部附有4个对称的鸡冠耳，内壁饰有叶脉纹和菱格纹，内底施错位的"井"字形花纹，高10.2厘米，口径20.2厘米。标本88:133（图八，8），近口部附4个对称的环形小耳，绘红彩，口沿面饰波折纹，内壁饰竖条纹，底下施"火"字形符号，器体较高大，高15厘米，口径23厘米。罐类较多，又可分为小口罐、单耳罐和双耳罐等多种型式，以单耳罐的数量最多，如：标本88:134（图八，1），颈部饰戳印纹，肩腹部绘红彩菱格纹和竖条纹等，口内饰宽带纹，高16.8厘米，口径9厘米，底径6.6厘米。标本88:192（图八，2），肩腹部绘红彩波折纹和竖条纹等，耳上划"1"字纹，高15.4厘米，口径9厘米，底径7厘米。标本88:129（图八，4），器表绘红彩竖条纹6组，每组3道，口内也饰有竖条纹4组，高18.5厘米。标本88:111（图八，5），腹部和口内壁均饰红彩竖条纹，口内饰竖条纹6组，每组3道，高14.8厘米。标本88:138（图八，7），腹部饰红彩竖条纹和网格纹，耳上有"川"字形花纹，高16.4厘米[①]。

半山类型在甘青地区常见，陶器的突出特点是彩陶的比例骤然增加，

[①] 固原县文管所、中国历史博物馆考古部：《宁夏固原县红圈子新石器时代墓地调查简报》，《考古》1993年第2期。

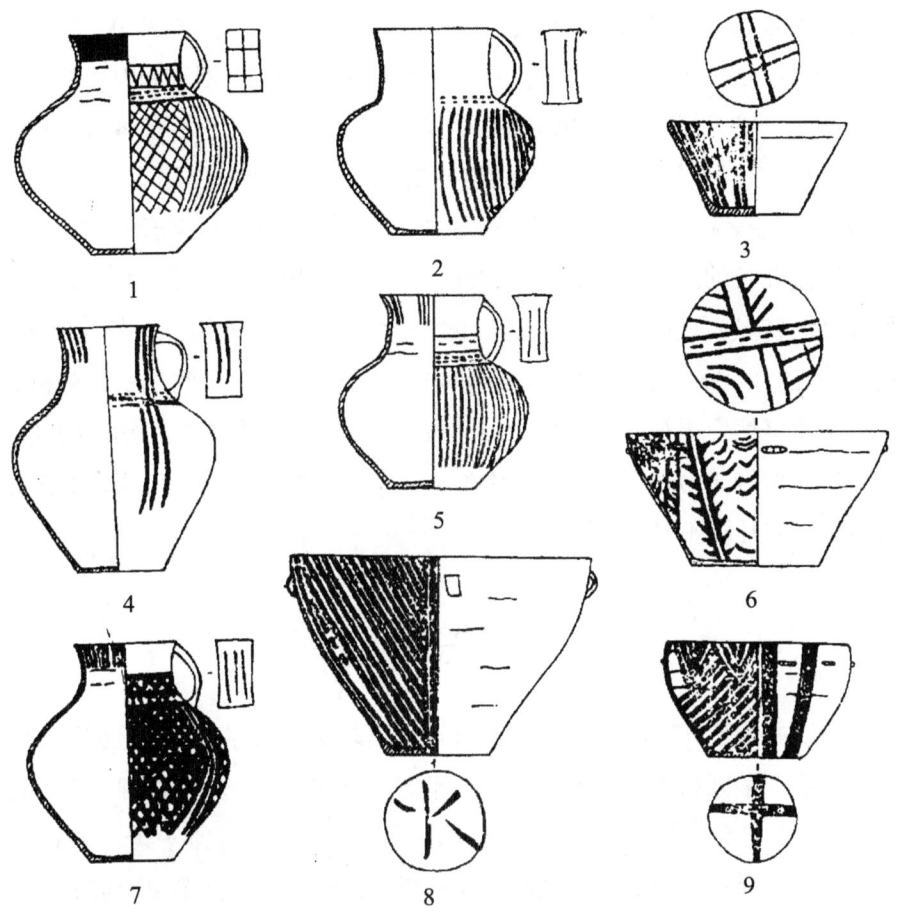

图八 红圈子墓地陶器

1、2、4、5、7.单耳罐（88：134、192、129、111、138） 3、9.碗（89：10、122）
6、8.钵（88：123、133）

有的遗址出土的彩陶量占全部陶器总数60%，彩陶图案绚丽多彩，花纹主要是以单线红彩和双侧带齿边黑彩组成的几何形纹饰，主要纹样有左右连续的旋涡纹、葫芦形纹、齿带纹和圆圈纹等，黑、红彩对比鲜明，画面富丽夺目，图案设计严谨巧妙，不论正视或俯视，都让人感到是一幅完整而美妙的画面。器形有盆、钵、壶、单耳罐和双耳罐等。固原地区征集的半山类型陶器，其器形或纹饰的特点与甘青地区别无两样，而红圈子墓地的陶器虽然亦属于半山类型的范畴，但却表现出明显的特点。如彩陶器都施单色彩，即黑彩和红彩不同饰在一个器物上，并以红彩为主。据统计，红彩占彩陶总数的93.18%，黑彩仅占6.82%，相差悬殊。这与甘肃、青海半山类型彩陶常见的黑、红彩相间组成的花纹风格显然有别。同时彩纹中最普遍的竖条纹，虽然在甘肃永靖县金泉七十亩地和兰州小坪子等遗址的彩陶中，也有这种花纹，但不是主流纹饰。甘青地区陶器上虽有彩绘符号，但数量不是很大，而这里出现了一批"十""井""火"等字形的符号，是较为引人注目的。另在夹砂陶器方面，也有与其他同期遗址不同之处，即附加堆纹较多，且纹样复杂多变，堆纹宽窄不同，排列有序，成为陶器的另一特点。红圈子遗址的文化内涵较丰富，但从目前所获得的资料分析其主体文化仍然属于马家窑文化半山类型，由于它在一些文化遗物上表现出的特色，能否成为一个新的地区性的文化类型，则有待于来日更多的田野考古工作的开展和研究的深入。

五

菜园文化是20世纪80年代新发现的史前文化遗存。菜园遗址位于海原县西安乡菜园村南，坐落在南华山北麓，1985～1988年发掘，遗址范围南北长260米，东西宽60～100米，发掘地点包括马缨子梁、林子梁、石沟3处遗址和切刀把、瓦罐嘴、寨子梁、二岭子湾、林子梁西坡5处墓地。发现新石器时代晚期房址15座、灰坑65个、灰沟1条、窑址1座、墓葬138座，出土文化遗物5000余件。其中切刀把、瓦罐嘴两处墓地文化内涵较丰富，可作为菜园文化的代表，这里略加介绍。

切刀把墓地位于菜园村南1.5公里的坡地上，1984年文物普查时发现，1985～1986年发掘，发现墓葬59座，房址2座，出土陶、石器等文化遗物1637件，其中陶器789件。墓葬形制分为竖穴土坑墓和竖穴侧龛墓两类，葬式以侧身屈肢葬为主，随葬品各墓数量不等，多者达50件，少者仅1件。随葬品多为陶器。陶器皆手制，陶质有夹砂陶和泥质陶两类，前者占全部陶器67%，后者占33%，以灰褐陶和黄褐陶为主，纹饰有篮纹、刻划纹、附加堆纹和彩绘纹饰等。彩陶皆黄褐陶，饰红彩或黑、红相间的几何形花纹；常见的有网格纹、齿带纹、圆圈纹、波浪纹和鳞形纹等，器类有罐、壶、瓮等，其中罐又分为小口罐、单耳、双耳罐等。如彩陶壶QM30∶7（图九，1），侈口细颈，深腹平底，腹侧附一对半环形耳，腹上部饰黑彩网格纹等，高19厘米，口径7厘米。彩陶壶QM37∶23（图九，6），腹上部饰红彩网格纹，腹下部饰横篮纹，高20.4厘米，口径10厘米。彩陶瓮QM19∶22（图九，2），侈口短颈，深腹平底，腹侧附一对半环形耳，器表饰红、黑彩相间的齿带纹和波浪纹，器体高大，高达43.5厘米，口径1.6厘米。鸭形壶QM26∶6（图九，3），整体造型似鸭，故名鸭形壶。腹上部饰5个圆圈纹，圈内填网格纹，高17.8厘米，口径7.8厘米。双耳彩陶罐QM40∶4（图九，4），侈口矮颈，深腹平底，颈侧附一对半环形耳，腹上部饰上下相错的三角网格纹，高16厘米，口径11厘米。双耳彩陶罐QM26∶5（图九，5），底微凹，腹上部饰红彩网格纹等，腹下部遍饰横篮纹，高18厘米，口径14.8厘米。

瓦罐嘴墓地位于切刀把墓地之西，1987年发掘，发现墓葬44座。墓葬形制和葬式与切刀把墓地相同，出土的随葬品共1434件，其中陶器360件。每墓均有随葬品，多者30件，少者2件。陶器的陶质分夹砂陶和泥质陶两类，前者为主，占陶器总数61.7%，后者占38.3%，纹饰以篮纹最多，有部分彩纹。器类有盆、钵、碗、杯、壶、罐、瓮和器盖等。其中罐类又可为小口、大口、单耳、双耳罐和彩陶罐等多种型式。彩陶罐WM35∶18（图一〇，1），侈口矮颈，鼓腹平底，口侧附一半环形耳，腹上部饰黑彩菱形网格纹，内彩垂弧纹，高12.4厘米，口径10厘米。双耳彩陶罐WM20∶23（图一〇，2），大口高颈，鼓腹平底，颈肩间附一对半环形耳，器表饰黑红彩相间的菱形网格纹和宽带纹等，高17.2厘米。双耳彩陶罐WM34∶15（图一〇，3），颈部饰斜十字纹，腹上部饰稀疏的网格纹，腹下部饰斜篮纹，高20厘米，口径10.8厘米。双耳彩陶壶WM5∶6（图一〇，4），侈口矮颈，深腹平底，腹侧附一对半环形耳，腹上部饰菱形网格纹，高20.4厘米，口径10厘米。长颈彩陶壶WM20∶8（图一〇，5），腹上部饰红彩网格纹等，腹下部施斜篮纹，高26厘米，口径10.4厘米。双耳彩陶罐WM18∶12（图一〇，6），侈口矮颈，扁圆腹，小平底，口肩间附一对半环形耳，颈部饰齿带纹，腹部饰菱形网格纹，口

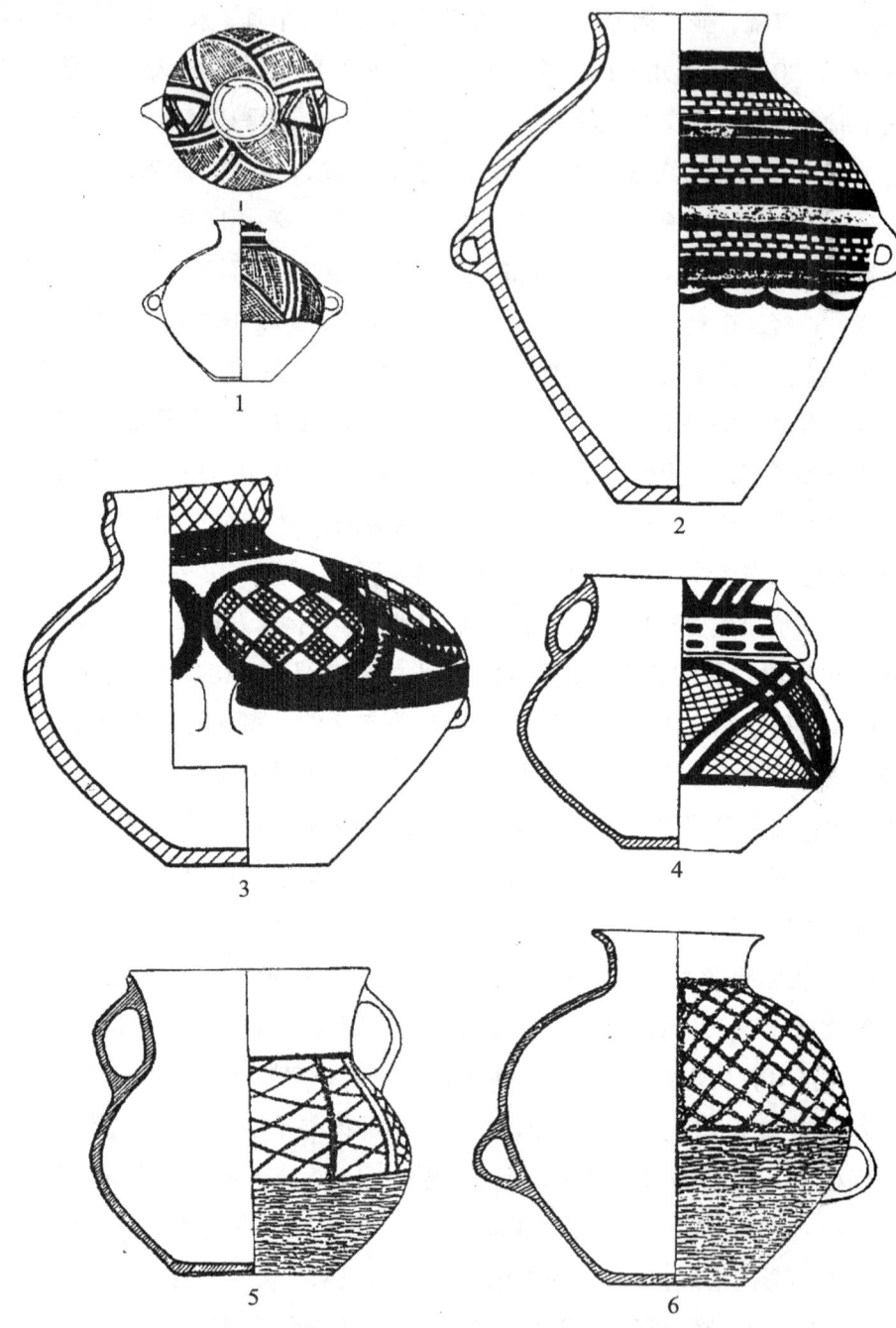

图九 切刀把墓地出土陶器
1、6.彩陶壶（QM30：7、QM37：23） 2.彩陶瓮（QM19：22） 3.鸭形壶（QM26：6）
4、5.双耳彩陶罐（QM40：4、QM26：5）

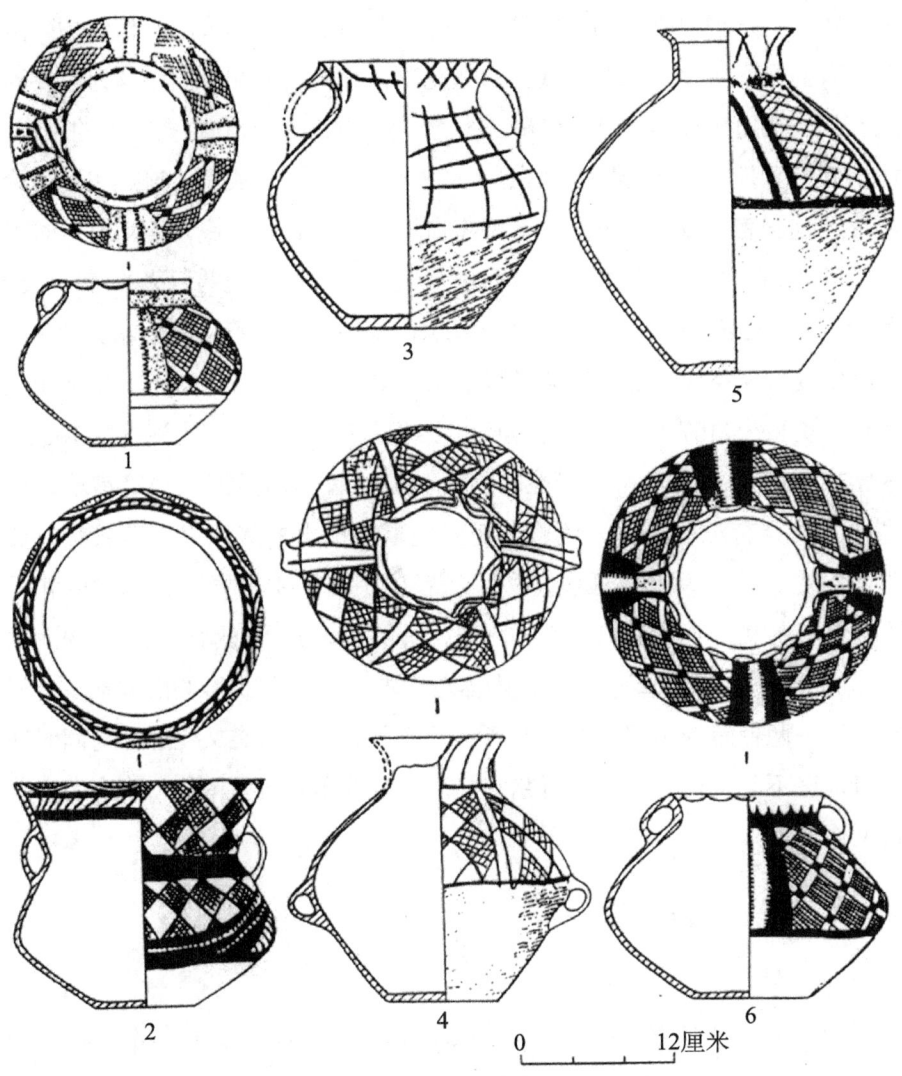

图一〇　瓦罐嘴墓地出土陶器

1. 彩陶罐（WM35∶18）　2、3、6. 双耳彩陶罐（WM20∶23、WM34∶15、WM18∶12）
4. 双耳彩陶壶（WM5∶6）　5. 长颈彩陶壶（WM20∶8）（图均采自《宁夏菜园——新石器时代遗址、墓葬发掘报告》图一四三）

内饰垂弧纹，高15.8厘米，口径12厘米①。

切刀把和瓦罐嘴墓地若与甘肃马家窑文化半山类型的兰州土谷台墓地比较，可发现有不少相同之处。首先在墓葬形制和葬式上是相似的，两者皆有竖穴土坑墓和土洞墓或竖穴侧龛墓，葬式均以侧身屈肢葬为主要葬式。其次在随葬陶器方面，在陶器的器形和纹饰上也存在很多共同的风格，如切刀把墓地出土的彩陶瓮（M19∶22）和土谷台同类瓮（M7∶6）不论器形还是器表彩纹都是一样的，皆侈口矮颈，深腹小平底，腹侧附一对半环形耳，饰红黑彩相间的齿带纹和波浪纹。又如切刀把鸭形壶（M26∶6）和土谷台同类壶（M47∶1），两者如出一辙，皆在颈部饰网格纹，在腹上部饰菱形网格纹。还有瓦罐嘴墓地出土的双耳彩陶罐（M18∶12）和土谷台同类罐（M57∶2）②，其器形和彩纹是完全一致的。上述器物都是马家窑文化半山类型具有代表性的陶器。但要看到切刀把和瓦罐嘴墓地更多的器物具有浓厚的地方色彩。切刀把墓地出土的陶器以夹砂灰褐或黄褐陶为主，纹饰以篮纹最多，彩陶却较少，器类中不同形式的陶匜和异形器独具特色。而土谷台墓地的陶器，其陶质为泥质红陶和夹砂红褐陶两类，不见灰陶，彩陶却较多，占陶器总数的56%，而且彩陶图案繁多，鲜艳华丽。两者差异是明显的。为了便于把宁夏地区这类文化遗存与同时期甘青地区不同文化进行比较研究，把菜园遗址作为典型单位，可命名为菜园文化。

六

宁夏地区史前文化晚于菜园文化的是齐家文化，主要分布在宁夏南部固原、隆德、西吉等县。经清理发掘的有固原县海家湾、隆德县页河子和西吉县兴隆镇等几处遗址。其中，海家湾和页河子两遗址发掘资料较完

---

① 宁夏文物考古研究所、中国历史博物馆考古部：《宁夏菜园——新石器时代遗址、墓葬发掘报告》，科学出版社，2003年。

② 甘肃省博物馆、兰州市文化馆：《兰州土谷台半山—马厂文化墓地》，《考古学报》1983年第2期。

整，略加介绍。

海家湾遗址位于固原县古城乡海家湾村北山丘上。1964年清理齐家文化墓葬3座，出土陶、石器等随葬品15件。墓葬形制为长方形竖穴土坑墓，葬式为仰身直肢葬和二次葬，随葬品共有石器1件、陶器14件。陶器多数完整，均为泥质红陶和夹砂红陶，纹饰有绳纹、篮纹、刻划纹等，器类有盆、瓶、侈口罐、单耳罐和双耳罐等。陶盆M2∶3（图一一，4），通体饰斜篮纹，底部印有席纹。瓶M2∶2（图一一，3），侈口细颈，深腹平底，腹下部施斜篮纹，高14.4厘米，口径10.2厘米。单耳罐M3∶2（图一一，5），通体饰斜篮纹，高11.4厘米，口径8厘米。M3∶1（图一一，2），通体施斜篮纹，耳面有三道划纹，口径6.6厘米。M1∶3（图一一，6），腹下部饰横绳纹、斜篮纹和竖行刻划纹，耳上饰竖绳纹，集多种纹饰于一身，口径8.4厘米。双耳罐M1∶2（图一一，1），颈肩间附一对半环形耳，鼓腹，反弧壁收缩成小平底，高6厘米，口径7厘米，造型小巧。M1∶1（图一一，7），颈肩间有戳印纹一周，高12.3厘米，口径厘米。侈口罐M2∶1（图一一，8），腹部遍饰蜂窝状绳纹，高18.5厘米[①]。

页河子遗址包含仰韶文化和齐家文化两种文化遗存，后者出土的遗迹和遗物都比较丰富，应是该遗址的主要文化内涵。1986年发掘，发现房址1座、白灰面残迹2处、窖穴81个，出土一批陶、石器等文化遗物。

房址F301为圆角长方形半地穴式建筑，在其北壁有一长方形斜坡门道，房址平面呈"凸"字形，东西长2.40米，南北宽2.33米，现深0.40米，房址中间有一直径0.60米的灶面。窖穴可分为圆形、椭圆形和长方形的几种，圆形窖穴的壁上设龛，这种形制是较为罕见的。出土有陶、石、骨、蚌器等文化遗物，以陶器为大宗。陶器以红褐陶和黄褐陶占多数，有少量灰陶或灰褐陶，以磨光和素面为主，纹饰有篮纹、绳纹、刻划纹、方格纹和附加堆纹，也有少量彩陶。器类以平底器占多数，次为三足器，主要器形有盆、罐、尊、鬲等，其中，罐类型式较多，又可分为高领折肩、侈口、单耳、双耳罐等多种。现选具有代表性的器物附图加以介绍。陶盆

---

① 宁夏回族自治区展览馆：《宁夏固原海家湾齐家文化墓葬》，《考古》1973年第5期。

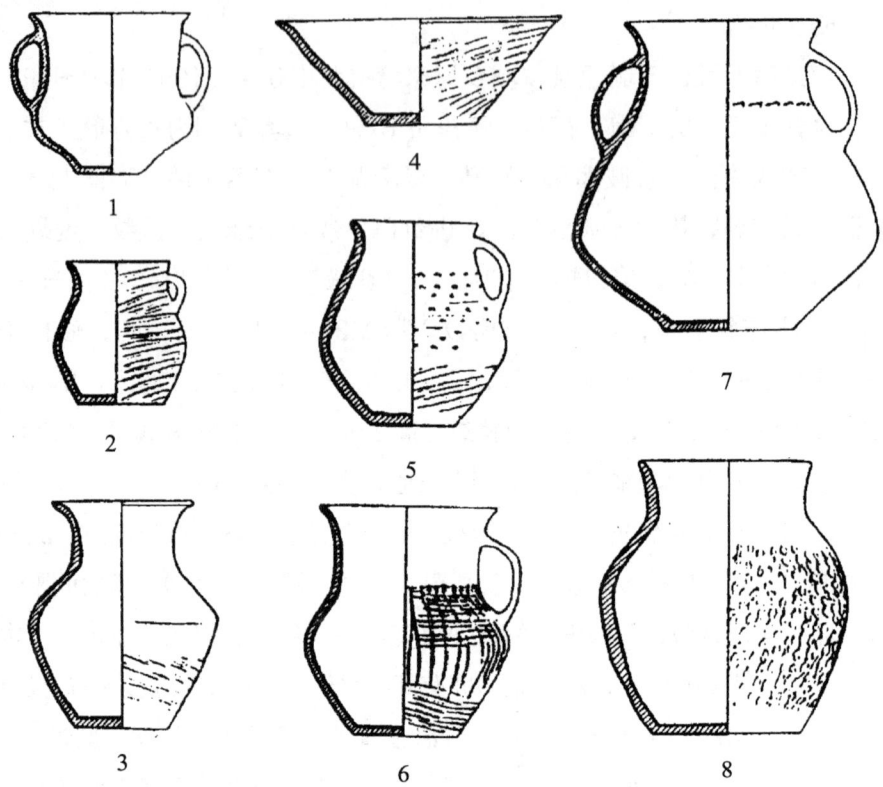

图一一 海家湾墓地出土陶器

1、7.双耳罐（M1∶2，1） 2、5、6.单耳罐（M3∶1、2，M1∶3） 3.瓶（M2∶2）
4.盆（M2∶3） 8.侈口罐（M2∶1）

H311∶11（图一二，1），大口宽沿，浅腹平底，素面。侈口罐 H311∶25（图一二，2），花边口，腹部施竖行绳纹。高领折肩罐 T303⑤∶34（图一二，3），口残，高领折肩，深腹平底，腹下部饰篮纹。残高 45.2 厘米，底径 12 厘米。H311∶32（图一二，5），系高领折肩罐的残腹部，腹下部饰竖篮纹，腹上部饰红彩网格纹。单耳罐 T303⑤∶23（图一二，4），侈口尖唇，鼓腹平底，口肩间附一半环形耳，腹饰绳纹，高 12.2 厘米，口径 9.8 厘米。高领双耳罐 T301②∶8（图一二，6），在腹侧附一对称半环形耳，腹下部饰竖篮纹。双大耳罐 H311∶26（图一二，7），器体瘦长，口腹间附一对称大耳，颈部饰红彩三角形网格纹，高 12.2 厘米，口径 8 厘米，底径 5 厘米，造型小巧别致，实为难得精品。尊 H308∶10（图

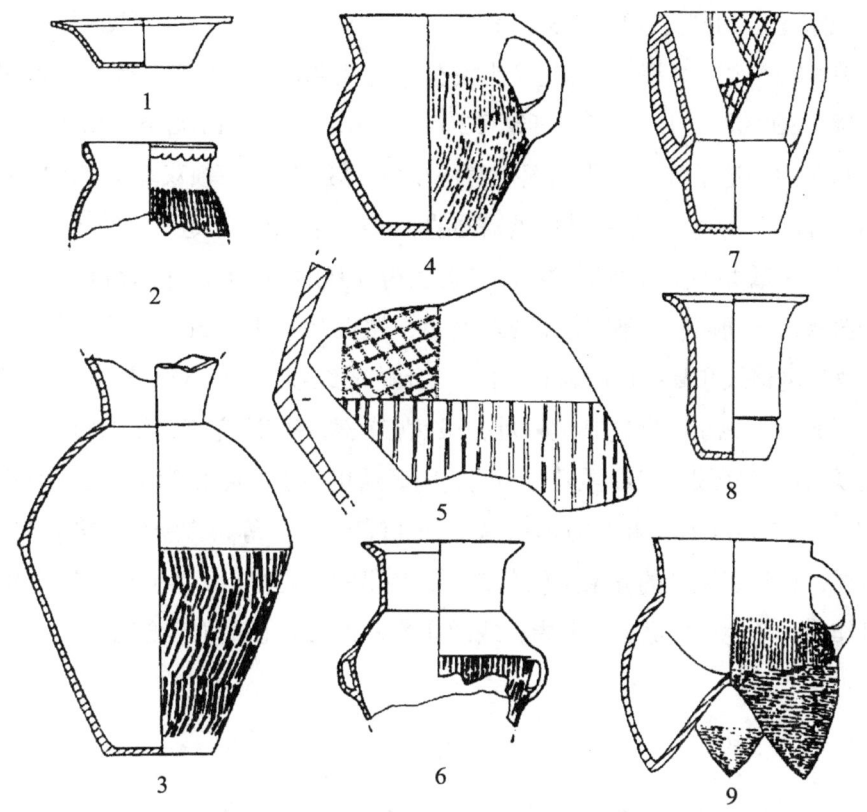

图一二　页河子遗址出土陶器

1. 盆（H311∶11）　2. 侈口罐（H311∶25）　3、5. 高领折肩罐（T303⑤∶34、H311∶32）
4. 单耳罐（T303⑤∶23）　6. 高领双耳罐（T301②∶8）　7. 双大耳罐（H311∶26）
8. 尊（H308∶10）　9. 鬲（T103⑥∶27）

一二，8），喇叭口，深腹平底，腹下部有一周凹弦纹。鬲 T103⑥∶27（图一二，9），为单耳袋足鬲，肩以下饰横篮纹和竖绳纹，通高13.2厘米，口径9厘米[①]。

页河子遗址出土的这批陶器，从宏观观察，它应同属于甘青地区的齐家文化系统，有一部分陶器和甘肃秦魏家遗址齐家文化相同，也有一部分和天水西山坪遗址出土的相同，如页河子遗址出土的陶盆 H311∶11、双大耳罐 H311∶26、侈口罐 H311∶25 和单耳罐 T303⑤∶23 等，分别和

---

① 北京大学考古实习队、固原县博物馆：《宁夏隆德页河子新石器时代遗址发掘报告》，北京大学考古学丛书《考古学研究（三）》，科学出版社，1997年。

秦魏家遗址的同类器形如盆 H38：7、双大耳罐 M89：1、侈口罐 M86：1 和单耳罐 M89：2 等①，在造型上没有什么大的差别。页河子遗址的高领折肩罐 T303⑤：34、高领双耳罐 T301②：8、单耳鬲 T103⑥：27 等，分别和西山坪遗址齐家文化高领折肩罐 T48H18：13、高领双耳罐 T2③：7 和单耳鬲 T49③：13 等②也是相同的。这些共同点，不是偶然的巧合，而是它们有着共同文化特征的反映。但值得注意的是，页河子遗址也出土一些器物，与同期遗址不同，而独具特色，如双大耳罐 H311：26 上饰的红彩三角形网格纹和高领折肩罐 H311：32 上饰的红彩长方形网格纹等，这种花纹图案，不见于同期的其他遗址，虽然曾在青海柳湾齐家文化的彩陶器中发现有红色彩纹，但纹样显然不同。同时这里出土的筒形双耳杯（H106：22、H303⑥：12）和长方形小盒（T108⑦：13）等，皆别具风格。综上所述，页河子遗址的齐家文化有其自身突出的文化特点，为便于比较研究，可作为一个地区性类型来考虑，或即命名为齐家文化页河子类型。

七

以上对宁夏回族自治区境内的史前诸文化的发现和研究成果，作了较肤浅的系统论述，现就诸文化的学术价值等方面做些探讨。

（一）水洞沟遗址和水洞沟文化的发现和研究成果，在我国旧石器时代考古史上占有重要地位。水洞沟遗址发现于 1920 年，1923 年即进行了发掘，是我国早期考古的重要成就之一。该遗址文化内涵丰富，出土了大量的石制品和动物化石以及精美的环状装饰品，其石器组合在中国旧石器文化体系中独具特色。在田野发掘中，采取多学科同步协作的方式，在发掘现场采集地质、地层和环境等样品以供多方面的分析和测试，提高了学术质量。它对探讨我国西北地区旧石器时代考古具有重要的学术意义。

（二）初步建立起宁夏地区史前时期考古学的发展序列。据 20 世纪

---

① 中国科学院考古研究所甘肃工作队：《甘肃永靖秦魏家齐家文化墓地》，《考古学报》1975 年第 2 期。

② 中国社会科学院考古研究所编著：《师赵村与西山坪》，中国大百科全书出版社，1999 年。

80年代以来田野考古新发现的资料和研究成果表明,在旧石器时代水洞沟文化之后,除广武新田北遗址以细石器为特征的文化遗存因文化属性难于确定外,该地区史前文化的发展序列是:仰韶文化→马家窑文化石岭下类型→马家窑类型→半山类型→菜园文化→齐家文化。它们基本上属于甘肃东部地区史前时期的考古学文化谱系。

(三)在固原红圈子墓地发现的一批陶器,多是完整器,从整体陶器观察,可归属马家窑文化范畴内,但明显具有自身的特点,尤其表现在彩陶器方面。这里彩陶是以红彩花纹为主,占彩陶总数的93.18%,并且花纹母题流行竖行条纹、网格纹和各种不同形式的彩绘符号。在器形方面以单耳罐和单耳壶为主,这两类陶器约占陶器总数的66%。这些特点罕见于同期的其他遗址,它可能是马家窑文化的一个地区性文化类型。我们期望能对该墓地进行正式发掘,相信会有更重要的发现。

(四)菜园文化是宁夏史前考古发掘工作的新发现,其文化内涵丰富多彩。切刀把和瓦罐嘴墓地发现的文化遗物,既含有马家窑文化半山类型的文化因素,又有一些类似齐家文化的器物。在马缨子梁遗址还出土有马家窑类型的彩陶器。当然,更多的器物具有浓厚的地区特色。所以,菜园文化的发现,对研究它自身的文化内涵以及它与甘肃马家窑文化和齐家文化的关系等问题,提供了重要的实物资料。它的丰富文化内涵,在宁夏史前文化考古研究中具有重要的学术价值。

(五)宁夏境内的齐家文化遗存,也称为龙山时代遗存,在宁夏南部地区有广泛的分布。页河子遗址出土的遗物比较丰富,其器物若与甘肃地区比较,不难看出,部分器物与永靖县秦魏家遗址齐家文化相似,更多的陶器与天水市西山坪遗址齐家文化相同,但显然也有不少器物独具特征。为了与同期遗址进行比较研究,可把页河子遗址作为典型单位,作为一个地区性的文化类型,可把它命名为齐家文化页河子类型。

(本文原载《二十一世纪的中国考古学——庆祝佟柱臣先生八十五华诞学术文集》,2006年)

简论我国中西部地区彩陶

彩陶是指有彩绘图案的古代陶器。它有着悠久的历史，远在八千年前的新石器时代即已出现。先民们创造的这一辉煌而又独具特色的文化遗产，在我国的文化艺术宝库中占有特殊的地位。同时，彩陶是人类最具代表性的艺术创造，在世界文化史上也有着重要的地位。

彩陶既是实用的日常生活用具，又是可供欣赏的艺术品，故而它为古代人们所喜爱。彩陶多系手制，采用捏塑法、泥片贴筑法和泥条盘筑法制成，有的还运用了慢轮修整法，使器形更加浑圆规正。器表多经打磨，有的光洁明亮。彩陶的陶土原料，并非都是就地取来的普通黄土，一般是经过选择的红土、沉积土和其他黏土。彩绘呈色有赭红（红）、黑、白三种。经光谱分析，赭红彩的主要着色剂是铁，黑彩主要着色剂是铁和锰，白彩除少量铁外，基本上没有着色剂。据此推测，赭红、黑、白彩的颜料可能分别采用赭石、含铁量很高的红土和配入了熔剂的瓷土[1]。在宝鸡北首岭、兰州白道沟坪、临潼姜寨等遗址中分别发现了颜料、调色碟、研磨工具等[2]。颜料呈粉末状或锭状。宝鸡北首岭出土的红色颜料经X射线分析为天然赤铁矿（$a-Fe_2O_3$）的矿物颜料[3]。说明当时已用赤铁矿即赭石为颜料，

---

[1] 周仁、张福康、郑永圃：《我国黄河流域新石器时代和殷周时代制陶工艺科学总结》，《考古学报》1964年第1期。

[2] 中国社会科学院考古研究所：《宝鸡北首岭》，文物出版社，1983年；甘肃省文管会：《兰州新石器时代的文化遗存》，《考古学报》1957年第1期；西安半坡博物馆等：《姜寨》，文物出版社，1990年。

[3] 同注②《宝鸡北首岭》。

自然也不排除将它用于彩绘陶器，这和光谱分析的结果是一致的。彩绘装饰的部位一般在陶器的口、颈、肩和腹上部，有的盆、钵、碗又在内壁施彩，称为"内彩"。彩绘部位的选择是与当时人们的生活习俗不可分的。原始人们生活条件简陋，生活用具都置于地上，绘于陶容器上部及大口器内壁的美丽花纹就能直接摄入眼帘，使人们获得美的享受，即达到了最佳的艺术效果。彩陶花纹都是在陶器入烧前绘上的，花纹附着牢固，不褪不脱。彩陶是用氧化焰烧成，故呈红色。其烧成温度经测试为800～950℃，最高者达1050℃。

彩陶在我国新石器时代遗址或墓地中是普遍出现的，一些青铜时代遗址或墓地中也见存在。这些遗址或墓地疏密不等地分布于全国各地，不仅黄河流域有较多的分布，在北方地区及长城内外、长江流域及南方地区都有发现，地跨豫、晋、陕、冀、鲁、皖、内蒙古、甘、宁、青、新、苏、湘、鄂、川、藏、辽、粤、闽、台、港、澳等20多个省区。由于分布的地域辽阔，不同地区不同时期的彩陶在艺术表现上，虽然存在着一定的共性，但更多地却呈现出不同文化的特征与艺术风格。若从考古学文化论，彩陶不是纯属某一文化系统，而是分属于各种不同的文化遗存，如：大地湾文化、仰韶文化、马家窑文化、齐家文化、四坝文化、卡约文化、辛店文化、沙井文化、大汶口文化、大溪文化、屈家岭文化、红山文化、马家浜文化、昙石山文化、大岔坑文化、圆山文化和凤鼻头文化以及粤、港、澳的新石器时代文化、新疆青铜时代文化等。在这些含有彩陶的文化中，彩陶所占比重是各不相同的。大地湾文化、仰韶文化、马家窑文化、四坝文化、辛店文化、大汶口文化、大溪文化和屈家岭文化的彩陶在陶器中占有显著的地位，不仅数量多，而且个性鲜明，成为各自文化的主要特征和标志。而有的文化，彩陶仅有少量的发现，但它终究也是该文化的一个组成部分。

黄河中、上游是彩陶最发达的地区。含有彩陶的遗存有大地湾文化、仰韶文化、马家窑文化、齐家文化、四坝文化、卡约文化、辛店文化、沙井文化等。在大地湾文化中发现了我国最早的彩陶，它孕育出最负盛名的仰韶文化彩陶。大地湾文化、仰韶文化和马家窑文化的彩陶在我国的彩陶发展史上占有极其重要的地位。

一

迄今已知的中国最早的彩陶出现在大地湾文化中。大地湾文化是因在1978年甘肃省秦安县大地湾首先发现而命名的①。年代距今已有8000年。主要分布在渭河中上游地区，地跨陕西和甘肃两省。经发掘的遗址除大地湾外，还有陕西临潼白家村②、华县老官台③、甘肃天水西山坪④等。彩陶的质料多系夹砂红褐陶，陶色斑驳不纯。这是因火候较低，燃烧不充分所致。制法以泥片贴筑和捏塑法为主。彩绘一般为红彩或赭红彩。纹样比较简单，最常见的是宽带纹、曲线纹、波折纹、圆点和圆圈纹。宽带纹宽者达4厘米，窄者仅半厘米。装饰的部位多在大口盆、钵的口沿外侧、三足器的足部。有的口沿内侧亦饰有彩绘，使口沿内外的红彩相连接。大口圜底钵的内彩有三或四个相同的花纹（如圆点、二道彩）作等距或对称排列的。西山坪出土一件陶钵，内壁用红彩画一"山"字形符号。白家村发现内彩器共34件，彩绘花纹除圆点纹、直线纹、弧线纹、波折纹等几何纹外，还有山字纹、S形纹、六角星纹、圆圈纹、M、F、E形组合纹等诸符号⑤（图一）。它们可能是我国最早的彩绘符号。

在这一地区年代上较之略晚的天水市赵村一期文化⑥、宝鸡北首岭早期文化亦出土有彩陶⑦。彩陶在红陶钵等一类器皿上，纹样除红彩带外，出现了黑彩带纹。可以窥见它们与大地湾彩陶的继承关系。这种在大口器盆、钵口沿外侧仅装饰一周宽带纹是早期彩陶的一个共同特征。

---

① 甘肃省博物馆等：《甘肃秦安县大地湾新石器时代早期遗存》，《文物》1981年第4期。
② 中国社会科学院考古研究所陕西六队：《陕西临潼白家村新石器时代遗址发掘简报》，《考古》1984年第11期。
③ 苏秉琦：《关于仰韶文化的若干问题》，《考古学报》1965年第1期。
④ 中国社会科学院考古研究所甘青队：《甘肃天水市西山坪早期新石器时代遗址发掘简报》，《考古》1983年第5期。
⑤ 中国社会科学院考古研究所：《临潼白家村》，巴蜀书社，1994年。
⑥ 中国社会科学院考古研究所甘青队：《甘肃天水师赵村史前文化遗址发掘》，《考古》1990年第7期。
⑦ 同注②《宝鸡北首岭》。

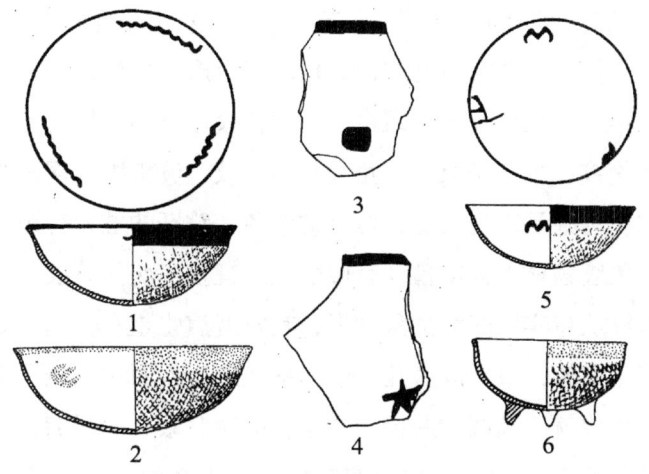

图一 大地湾文化彩陶
1、2、5.圜底钵 3、4.彩陶花纹 6.三足钵
(2.天水西山坪 6.秦安大地湾,余均出自临潼白家村)

二

仰韶文化以彩陶著名,过去曾称之为"彩陶文化"。随着考古工作的开展,发现彩陶不只属于仰韶文化,如上所述,许多文化遗存内涵都有彩陶。因此,按考古学惯例,以该文化1921年首先发现于仰韶村(在河南渑池县)而命名之。仰韶文化是黄河中游地区重要的新石器时代文化遗存。它分布范围广泛,在河南、山西、陕西、甘肃、宁夏、青海、湖北等省、区都有发现,而以河南、山西、陕西三省为中心区。仰韶文化彩陶的质料皆为泥质红陶,经淘洗,质地细腻,表面磨光。彩绘以黑彩为主,花纹母题有几何形纹和象生的动物形纹。器形以钵、盆、罐为常见。由于它分布地域广,时间早晚亦不同,又分出不同的文化类型,如半坡类型、庙底沟类型、西王村类型等。这些不同类型的彩陶,虽然都体现出仰韶文化的共同特征,但类型的差别亦很明显。

半坡类型 因1953年在陕西省西安市半坡村首先发现而得名[①]。年代

---

① 中国社会科学院考古研究所等:《西安半坡》,文物出版社,1963年。

为公元前4800～前3900年[1]。分布于陕西、甘肃东部和河南部分地区。彩陶花纹线条简朴，图案疏朗明快。构图组合形式多样，同一花纹母题有对称组合、不对称组合及连续组合，不同花纹母题相间排列等。常见的几何形纹有宽带纹、平行条纹、三角纹、斜线纹、波折纹、网格纹等。动物纹所表现的动物则是千姿百态，像游动的鱼、跳跃的蛙、奔跑的鹿，多用写实手法。鱼纹题材尤为丰富，有似鲢鱼、鲤鱼，变体鱼纹和图案化鱼纹最常见。鱼纹从写实嬗变为抽象图形，其发展演化是有轨迹可寻的，即从写实，经夸张变形，最后成为几何形图案花纹。人面纹代表了半坡类型彩绘艺术的卓越成就。圆圆的脸庞，图案化的额、眼、鼻、嘴，头顶三角形冠饰，耳侧饰双鱼或双钩，口侧有鱼纹或变形鱼纹。人面纹带有神秘色彩，使人联想起原始社会的图腾崇拜或巫术。彩纹一般饰在盆、钵的口沿、内外壁和罐、盂、细颈壶的腹上部。此外，在陶钵上发现有刻划符号，它们均刻在钵口沿外侧的黑宽带纹上。在半坡、姜寨、北首岭等遗址出土270件刻有符号的彩陶钵，共计50多种不同的符号。符号有"丨""一""‖""‴""十""X""T""个""巾""市""王"等形式（图二）。它们的含义在学术界曾引起了讨论。

庙底沟类型　因1956年首次发现于河南省陕县庙底沟村而得名[2]。年代为公元前3900～前3000年。其分布较广，而以河南、山西、陕西等省为中心。该类型是仰韶文化彩陶艺术发展的高峰。其彩陶的造型、构图风格、主纹图案等对周围地区的史前文化彩陶有较大的影响。彩陶在陶器中所占比例很大，据庙底沟出土的陶器统计，占总陶器的14.02%。彩绘主要用黑彩，少数用红彩，在彩绘前通常在磨光的陶坯上先施一层白色陶衣或红色陶衣，然后再绘各种花纹。这样使彩纹与底色形成强烈的对比，使彩绘出来的花纹更为鲜明醒目。彩绘纹样复杂而富于变化，与半坡类型的彩陶风格迥异。主纹图案是由圆点纹、弧边三角纹、涡纹三元素构成整组宽幅面的花纹带，颇有特色。也有由圆点和花瓣纹组成的花卉形图案，

---

[1] 中国社会科学院考古研究所：《中国考古学中碳十四年代数据集（1965～1981）》文物出版社，1983年，本文所引碳十四数据均引此书。

[2] 中国科学院考古研究所：《庙底沟与三里桥》，科学出版社，1959年。

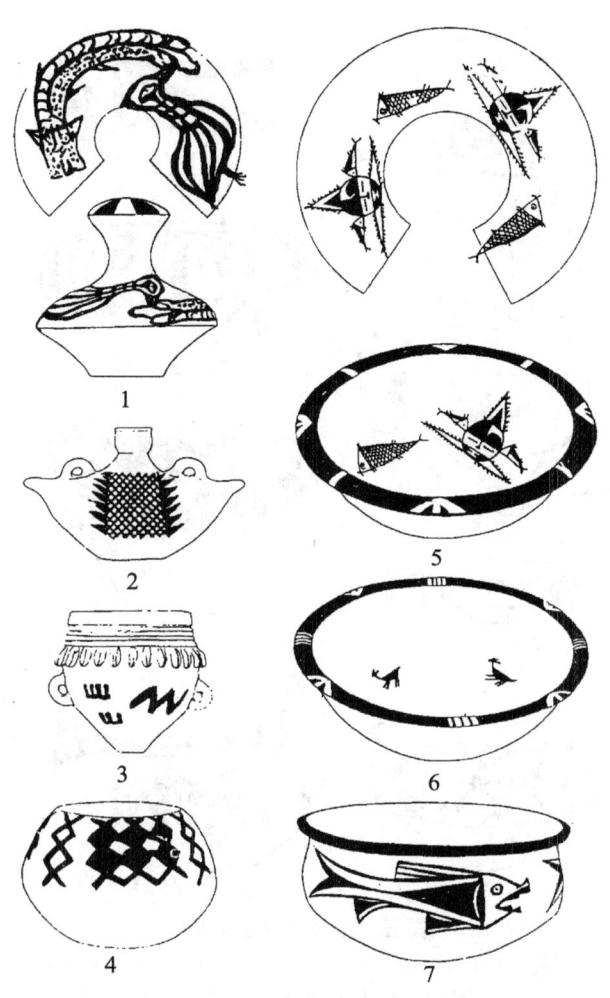

图二 半坡类型彩陶

1.壶 2.船形壶 3.尖底器 4.盂 5～7.盆 （1～3.宝鸡北首岭 4～7.西安半坡）

以及圆圈纹、网格纹、斜线纹、豆荚纹等。纹样另一重要母题是鸟纹、蛙纹等象生动物纹。蛙纹较写实，画出头、躯体、四肢整体轮廓。鸟纹形态多姿，有似在啄食，有似伫立张望，有似展翅欲飞，有似翱翔天空。这种鸟纹早期多写实，头、身、翅、尾、腿俱全，浑然一体。发展到晚期，鸟的各部位趋向图案化、抽象化。鸟纹在庙底沟类型，犹如鱼纹之于半坡类型，都是具有代表性的典型花纹（图三）。庙底沟类型的彩纹多绘于盆、碗、钵、罐的外壁上半部，而未见内彩，这有别于半坡类型和马家

图三 庙底沟类型彩陶

1.瓶 2.鸟纹陶片 3、5.碗 4、6、7.盆 8.蛙纹陶片

（1.垣曲下马村 2.华县泉护村，余均出自陕县庙底沟）

窑文化彩陶。

西王村类型 以1960年发掘的山西省芮城县西王村遗址上层文化遗存为代表①。时间上晚于庙底沟类型，它是从仰韶文化晚期遗存中分出来的一种新文化类型。该类型彩陶较少，器外表多施有一层红陶衣。彩绘主要用红彩，次是粉白彩，后者是陶器烧成后再绘上的，容易脱落。这种粉白彩在仰韶文化中是属于首创。纹样简单少变化，红彩有三斜线纹、双层

---

① 中国科学院考古研究所山西工作队：《山西芮城东庄村和西王村遗址的发掘》，《考古学报》1973年第1期。

人字纹，白彩有圆点纹、波折纹和弧线纹等。画面却不失流畅、疏朗、清雅，独具风格。彩绘仅限于钵、盆的口沿外侧或腹上部。

河南省郑州市大河村遗址出土了许多彩陶。该遗址的文化遗存分四期，时间相当于仰韶文化中、晚期。彩陶纹样丰富。器表施一层白陶衣，彩绘用黑彩与棕红彩，并率先兼用红、黑彩。常见花纹有宽带纹、三角纹、网格纹、锯齿纹、圆圈纹、圆点纹、篦纹、曲线纹、草叶纹、眼睫纹、S纹、X纹、"互"字纹等。最引人注目的是出现有太阳纹、月亮纹、月牙纹、六角星纹等与天象有关的新纹样，显示了人们对天象观察的兴趣和经验。彩绘器皿除盆、钵外，还有器座和罐等[①]。

特别值得介绍的是，1978年在河南省临汝县阎村仰韶文化晚期遗址中发现的一件"鹳衔鱼带柄斧"彩陶缸。该缸高47厘米，口径32.7厘米[②]。器表用黑、白两彩勾勒了亭亭伫立的长腿鹳，鹳口衔一鱼，其左旁树一带柄石斧。它是一幅难得的原始画。画面内容的真实性和主题思想意识等方面耐人寻味。

近年，在河南省汝州洪山庙发现一批着彩绘的大型陶缸和罐，彩绘题材新颖，内容丰富多彩，有人物、动物、植物、天象、工具和生殖崇拜等图像，其中人物纹、动物纹、天象纹和男根纹尤为突出。人物纹人的四肢俱全，轮廓清晰。动物纹所表现的动物种属众多，有鸟、龟、鹿、蜥蜴、鱼等，鸟和龟或鹿和龟多组合成对。天象纹有日、月纹，太阳、月亮分别用红彩、白彩表示，极为形象[③]（图四）。男根纹是这个遗址最有特色的花纹，为其他遗址所未见。它是对男性崇拜的标志。这些纹样揭示出原始人们对自然界的观察能力和浓厚的巫术意识。

三

马家窑文化是黄河上游重要的新石器时代文化，距今5800～4000

---

① 郑州市博物馆：《郑州大河村遗址发掘报告》，《考古学报》1979年第3期。
② 临汝县文化馆：《临汝阎村新石器时代遗址调查》，《中原文物》1981年第1期。
③ 河南省文物考古研究所：《汝州洪山庙》，中州古籍出版社，1995年。

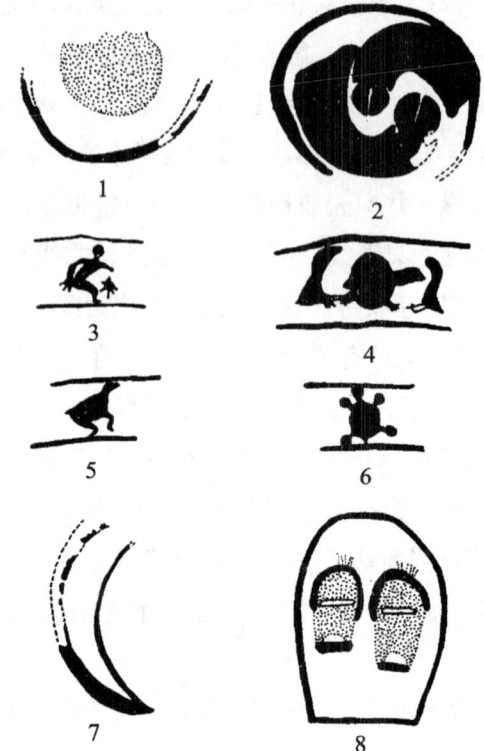

图四 汝州洪山庙彩陶

1.太阳纹 2.男根纹 3.人物纹 4.鸟龟纹 5.鹿纹 6.龟纹 7.月亮纹
8.人面纹 （均出自汝州洪山庙）

年。主要分布在甘肃、青海地区的黄河及其支流渭河、洮河、大夏河、庄浪河、湟水流域及河西走廊。它与仰韶文化分居东西，两者关系密切，互有交叉、传播和影响。

马家窑文化的彩陶非常发达，不仅数量多，而且造型精美，构图华丽，技艺娴熟，达到了彩陶艺术的巅峰。彩陶多属泥质红陶系，陶色略淡，呈橙黄色，这是由于陶土中钙、镁、钾含量较高的缘故。器表多经修整，有的施一层红陶衣。彩绘颜色有黑色、赭红色和白色，普遍施有内彩。纹样种类仍为几何形纹和象生动物纹，圆圈纹、多道平行条纹和蛙纹等是其代表性纹饰。彩陶器形除盆、钵外，带耳的瓶、罐、壶最具特色。由于时间早晚的不同，马家窑文化可分为石岭下、马家窑、半山、马厂四个类型[1]。各类型的彩陶都有鲜明的特点。

石岭下类型　1947年在甘肃省武山县石岭下村首先发现，1979年命名[2]。年代为公元前3800～前3400年。主要分布于甘肃东部渭河中下游、西汉水上游地区。近年，在武山县傅家门[3]和甘谷县毛家坪[4]两遗址的发掘中，发现了一批该类型较完整的彩陶器，大大地丰富了它的内涵。彩绘图案常见的有多道平行条纹、圆圈纹、涡纹、花瓣纹、草叶纹和变体鸟纹、蛙纹、鱼纹。圆圈纹略呈椭圆形，圈内填满网格纹。变体鸟纹主要表现鸟的头部和颈部，已趋图案化、抽象化。蛙纹似蛙似鱼，故称蛙鱼纹。鱼纹有鲵鱼纹、变体鱼纹以及由变体鱼纹同变体鸟纹共组的图案。画面线条流畅而活泼。典型的彩陶器形有盆、钵、细颈瓶、壶、侈口圆腹罐等（图五）。图案中的花瓣纹、涡纹、变体鸟纹与仰韶文化庙底沟类型彩陶的同类图案相似，它应是受庙底沟类型的影响而演化产生的。这揭示了此两类型之间有着较密切的关系。

马家窑类型　因1924年在甘肃省临洮县（旧名洮沙县）马家窑村首先发现而得名[5]。年代为公元前3400～前2700年。分布范围远比石岭下类型为广泛，并向西扩展。该类型正处于马家窑文化彩陶的繁荣期。彩陶陶质之细腻、纹饰之精美，无与伦比。有的通体满饰彩纹。纹带的组成多是突出某一母题，作二方连续展开的宽幅式；或者作上下分层排列，具有平行整齐、层次分明的特点。常见的纹饰有多道平行条纹、圆圈纹、旋涡纹、圆点纹、网格纹和蛙纹等。圆圈纹内填有圆点纹、十字纹、网格纹、同心圆纹等。多道平行条纹施用普遍，常布满于瓶、罐的颈部。旋涡纹笔触流畅，犹如汹涌的河水卷起的旋涡。蛙纹是整体蛙，并特意突出两只眼睛，夸张但有生气。旋涡纹、蛙纹是其代表性花纹。近年在青海省大通县

---

[1]　谢端琚：《黄河上游的马家窑文化》，《新中国的考古发现和研究》，文物出版社，1984年。
[2]　谢端琚：《论石岭下类型的文化性质》，《文物》1981年第4期。
[3]　中国社会科学院考古研究所甘青工作队：《甘肃武山傅家门史前文化遗址发掘简报》，《考古》1995年第4期。
[4]　甘肃省文物工作队、北京大学考古学系：《甘肃甘谷毛家坪遗址发掘报告》，《考古学报》1987年第3期。
[5]　安特生著、乐森璕译：《甘肃考古记》，《地质学报》甲种，1925年第五号。

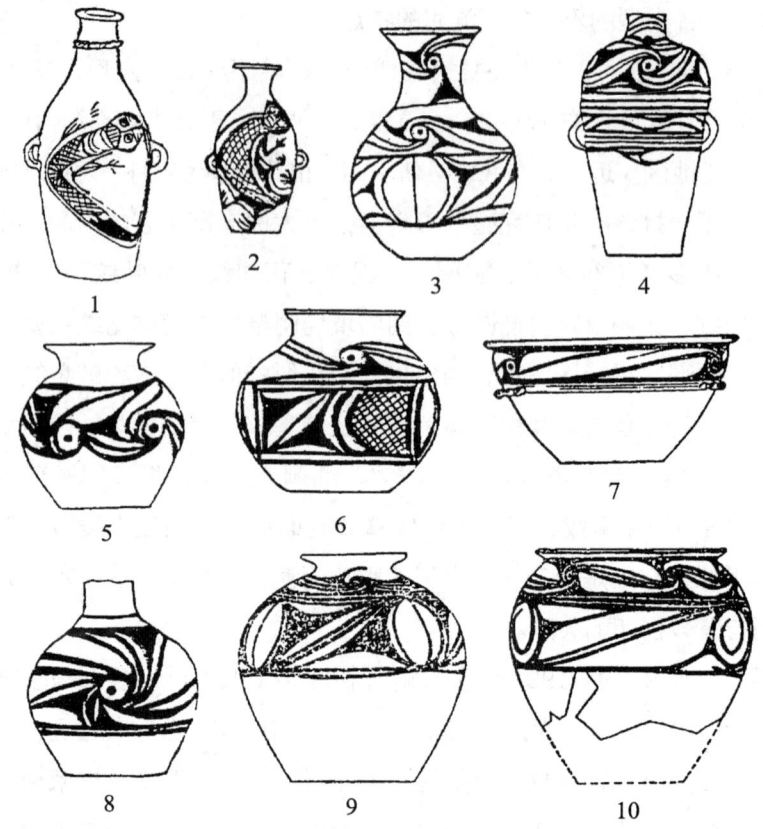

图五 石岭下类型彩陶

1～4.瓶 5、6、9.罐 7.盆 8.壶 10.瓮（1.甘谷西坪 3.甘谷灰地儿 2.7.9.10.武山傅家门 4.静宁威戎 5.6.天水 8.甘谷王家坪）

上孙家寨遗址[①]和同德县宗日遗址[②]都出土了一件舞蹈纹彩陶盆。盆的形制相同，均为大口卷沿，深腹，小平底。器形较大，前者口径29厘米，高14厘米；后者口径22.8厘米，高12.5厘米。口沿及内外壁均有彩绘。口沿上绘短线纹和三角纹，器外表绘复线条纹和弧线纹。器内壁除平行条纹外，主题花纹是舞蹈纹。上孙家寨彩陶盆内绘三组舞蹈纹，每组5舞人；宗日彩陶盆内绘两组舞蹈纹，每组11舞人和13舞人。每组舞人均列队携手而舞，动作整齐划一。这两件彩陶舞蹈纹盆是殊为难得的艺术品，它不

---

① 青海省文物考古队：《青海大通县上孙家寨出土的舞蹈纹彩陶盆》，《文物》1978年第3期。
② 青海省宗日遗址发掘队：《青海宗日遗址考古获重大发现》，《光明日报》1995年9月15日。

仅艺术价值高，而且淋漓尽致地反映出原始人欢快活泼的群舞场面与纯朴天真的情趣。它的发现为我国原始社会美术史、舞蹈史的研究提供了珍贵的实物资料。典型的彩陶器形有侈口尖底瓶、平底瓶、卷沿曲腹盆、束腰双耳罐、敛口瓮等（图六）。

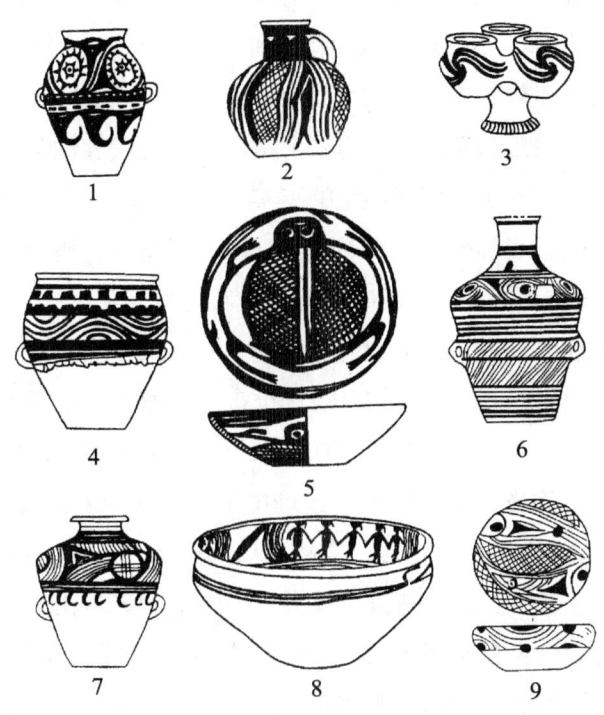

图六　马家窑类型彩陶

1.罐　2.单耳壶　3.三联杯　4.瓮　5.蛙纹钵　6.瓶　7.壶　8.舞蹈纹盆　9.碗（1.永登蒋家坪　2.榆中关北　3.舟曲掌坪　4.6.东乡林家　5.天水师赵村　7.永登杜家台　8.大通上孙家寨　9.兰州王保之城）

半山类型　因1924年在甘肃省广河县（旧名宁定县）半山村首先发现而得名[①]。年代为公元前2600～前2300年。分布范围与马家窑类型大致相同。彩陶图案鲜艳富丽，并富于变化。彩绘的手法是采用黑、红二彩带相间，在黑彩带侧往往作锯齿纹，或者是两道黑带夹一红彩带，在黑彩带的内侧作锯齿纹，以此组成多种多样的几何形花纹。由红黑彩带组成的

---

① 安特生著、乐森璕译：《甘肃考古记》，《地质学报》甲种，1925年第五号。

图案和陶器底色相映衬，形成了三色交织的斑斓画面，是该类型的鲜明特色，也是有别于其他类型的重要标志，常见的纹饰有旋涡纹、葫芦形纹、圆圈纹、三角纹、半圆纹、菱形纹、草叶纹、网格纹、平行条纹、波折纹等。葫芦形纹、圆圈纹二方连续成宽幅纹带，一般为四个单元，在每个单元内填有不同花纹，如网格纹、十字纹、井字纹等。图案设计严谨规整，绘在陶器器腹上部，不论正视或俯视，都能给人一幅完整而美丽的画面，收到了较佳的艺术效果。旋涡纹、葫芦形纹、圆圈纹等纹饰都很丰满，而且一丝不苟，反映出画工的刻意追求，是该类型的代表性花纹。动物纹仅蛙纹一种，它已摒弃了马家窑类型的写实手法，而转向写意和图案化。典型彩陶是双耳盆、双耳罐、小口彩陶壶、侈口彩陶瓮、鸭形壶等。小口彩陶壶器体浑圆，近似球形，壶口侧有一对称冠状盲耳，与腹侧环耳相对应，器高与腹径比例适当，造型匀称优美。双联口彩陶壶和三联口彩陶壶较为罕见，且形制新颖奇特，均是在一个壶身上做出二至三个朝天口，使壶的造型更具多样化。壶上彩绘有圆圈纹、锯齿纹等（图七）。

近年，在甘肃省天水县师赵村遗址出土一件人像彩陶罐，造型完整。罐口径为 14.3 厘米，高 23 厘米。在罐的肩部浮塑一人首，其上刻塑出眼、鼻、口、耳等器官，头顶上有锥形发髻，髻中间横穿一孔，表明当时人们头上是插有发笄的。在头下用黑彩绘出人的躯体及四肢，两手前臂还画出手指，颈部两侧各画一"⊕"形图像，头部两侧绘锯齿纹，左右对称。整个画面富有神秘的宗教色彩，人像似象征氏族中具有某种特殊身份或如巫师一类的人物[①]。

马厂类型　因 1923 年在青海省民和县（旧属碾伯县）马厂塬首先发现而得名[②]。年代为公元前 2300～前 2000 年。分布范围较广，除覆盖半山类型的地域外，又向西延伸至河西走廊。彩绘基本上继承半山类型，但有很大的发展，形成了自己的风格。在彩陶器的腹上部往往先施一层红色或紫红色陶衣，于其上用黑彩、红彩绘制各种纹饰，以黑彩为主，也有红

---

① 中国社会科学院考古研究所甘青队：《甘肃天水师赵村史前文化遗址发掘》，《考古》1990 年第 7 期。

② 安特生著、乐森璕译：《甘肃考古记》，《地质学报》甲种，1925 年第五号。

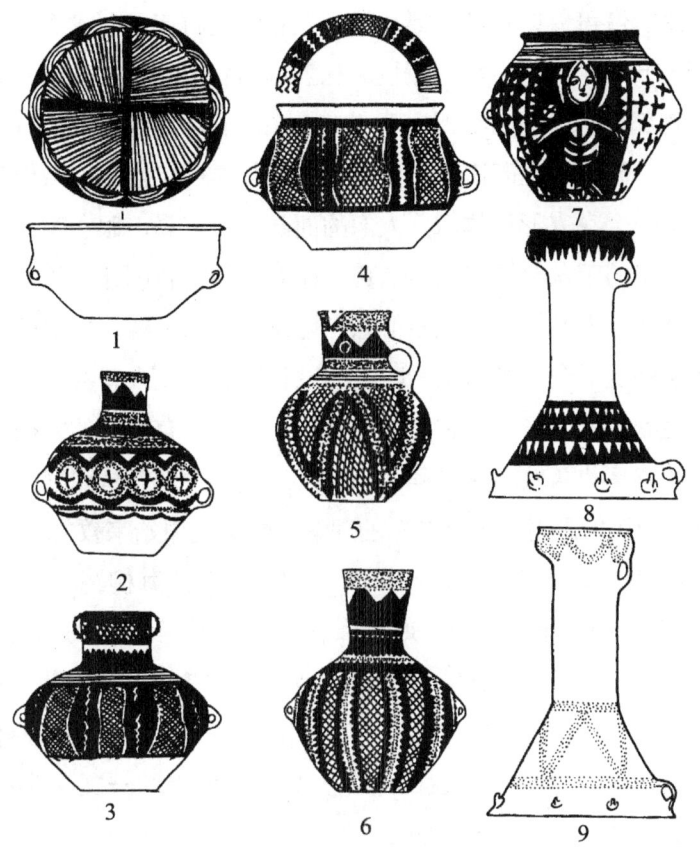

图七 半山类型彩陶
1.双耳盆 2、3.壶 4.罐 5.长颈壶 6.瓶 7.人像罐 8、9.彩陶鼓
（7.天水师赵村 8.9.民和阳山，余均出青海柳湾）

黑两彩兼用的。纹样种类大为增加。常见的有圆圈纹、三角纹、锯齿纹、菱形纹、平行条纹、弧线纹、曲折纹、回纹、雷纹、叶脉纹、串珠纹、太阳纹和蛙纹等。三角纹形式多样，有正三角纹、倒三角纹、对错三角纹、复线三角纹、网格三角纹等。流行四大圆圈纹和蛙纹。大圆圈纹在圈内所填纹类比半山类型要多，除常见的网格纹、十字纹、井字纹外，还有雷纹、卐字纹、贝形纹、云形纹、梯形纹、连珠纹、波折纹等共400多种纹样。蛙纹已完全抽象化，嬗变为变体蛙纹，其形态有全蛙纹、半蛙纹、蛙肢纹。由于是变体，似蛙又非蛙，故有人称之为蛙人纹或人形纹。典型的彩陶器形有小口彩陶壶、人首罐、人像彩塑壶、葫芦形罐、提梁罐、双联

罐、方形器、带盖敛口瓮等，都是独具匠心的创新产品。人面彩塑壶和人像彩塑壶均出自青海柳湾。人面彩塑壶共两件，壶口、颈部造型似人面状，在五官部位捏塑了耳、鼻，雕镂出眼孔、嘴，兼用黑彩勾勒了眉毛、睫毛、胡须，整个脸庞既富于立体感，又渲染得生机盎然。人像彩塑壶是在器表面塑一全身人形裸体像。人像的面部、口、鼻、眼、耳俱全，人体各部位用夸张的手法绘塑得相当逼真。在人像的左右侧还彩绘有圆圈纹和蛙纹。这个裸体人像的塑造，显得憨态可掬，它高鼻梁，巨口硕耳，矮短身躯，大手粗腿，全身各部位的配置很不和谐。最使人感到惊讶的是有意识地突出性器部位的特征。它既有男性特点，又具有女性的特征，像是男女复合体，或是"两性同体崇拜"[1]（图八）。这件彩塑是我国最早的裸体像。它表达的可能是对"人之初"的理解，蕴藏有原始宗教的真谛。

在彩陶中还发现各种彩绘符号，仅发掘的青海柳湾墓地就有679件器物上记了不同符号共计139种。代表性的符号有"一""二""三""≡""≣""十""卄""廿""X""〇""V""田""土""厂""工""口""日""T""个""丰""巾""中""王""卐"等[2]。这些符号多绘在彩陶壶的腹下部，个别的绘在陶盆的底部。在同一地点同一文化类型出土这么多的彩绘符号，是前所未有的。

四

大地湾文化、仰韶文化、马家窑文化是黄河中上游地区彩陶最发达、最辉煌时期。但随着马家窑文化的逝去，彩陶的历史并未结束。齐家文化、四坝文化、卡约文化、辛店文化、沙井文化都有彩陶。除齐家文化尚处于新石器时代晚期至青铜时代早期外，其他的文化都已进入了青铜时代。

齐家文化　因1924年在甘肃省广河县（旧名宁定县）齐家坪首先发

---

[1] 青海省文物管理处考古队、中国社会科学院考古研究所：《青海柳湾》，文物出版社，1984年。
[2] 青海省文物管理处考古队、中国社会科学院考古研究所：《青海柳湾》，文物出版社，1984年。

图八 马厂类型彩陶
1.葫芦形罐 2.双耳罐 3.6.壶 4.盆 5.单耳杯 7.陶豆
8.人像彩陶壶 9.人面彩陶壶（均出自青海柳湾）

现而得名①。年代为公元前2100～前1900年。分布范围较广，东起泾、渭河流域，西抵青海湖畔。它是继承马家窑文化之后发展起来的一支文化。该文化彩陶数量较少，彩绘图案别具一格，它扬弃了马家窑文化富丽繁缛的风格，而趋于简朴疏朗。彩绘以红彩或赭红彩为主，次为黑彩。纹样有蝶形纹、三角形纹、三角网纹、平行条纹、菱形纹、带状网格纹、横人字纹、曲折纹、方块纹、叶脉纹、蛙纹等。蝶形纹由两个对顶的三角组成，三角内饰线纹，酷似彩蝶两翼。三角纹呈窄长形，其最小的锐角朝下。菱形纹和蛙纹是承继马厂类型，不过蛙纹均是简化的蛙肢纹。彩绘多

---

① 安特生著、乐森璕译：《甘肃考古记》，《地质学报》甲种，1925年第五号。

饰于双耳罐、壶、高颈双耳罐等器物的外表和陶豆的内壁。蝶形纹和三角纹均饰于双大耳罐的腹上部。而饰蝶形纹或三角纹的双大耳罐是齐家文化最有特色的典型器物（图九）。

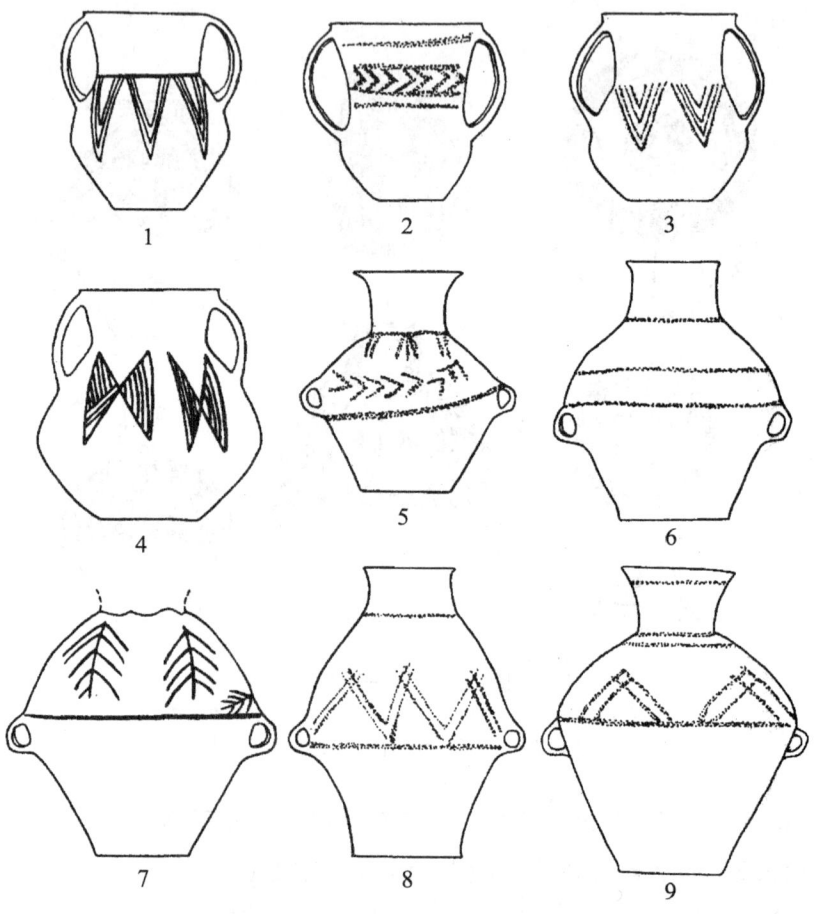

图九　齐家文化彩陶
1～4.双耳罐　5～9.彩陶壶（均出自青海柳湾）

四坝文化　因1956年在甘肃省民乐县四坝滩调查发现而命名①。年代为公元前1900～前1400年。1976年在甘肃省玉门市火烧沟进行发掘，获得大量资料②。四坝文化分布范围仅限于河西走廊的民乐、民勤、酒泉、

---

①　安志敏：《甘肃山丹四坝滩新石器时代遗址》，《考古学报》1959年3期。
②　甘肃省博物馆：《甘肃省文物考古工作三十年》，《文物考古工作三十年》文物出版社，1979年。

玉门一带。该文化略晚于齐家文化，但吸收了某些马厂类型和齐家文化因素。出土陶器中彩陶所占比例有半数以上。彩绘以黑彩为主，也有红彩。常见纹样有菱形纹、网格纹、平行条纹、弧线纹、圆圈纹、曲折纹以及犬、马等象生纹。圆圈纹、菱形纹采自马厂类型。犬、马纹是创新纹式，其形象都很逼真，是画工们生活中熟睹事物的写照。墓中常随葬大量的羊、犬、马之类动物。故此推测，该文化的主人是以畜牧为生的。彩绘陶器有四耳罐、双耳罐、单耳罐、双大耳罐、方形杯、双耳靴足罐等。四耳罐往往有盖，其上作圆形或菱形竖钮。双大耳罐酷似齐家文化同类罐，唯器形小巧精致见其长。双耳靴足罐是在罐下有一双靴形足，罐身与靴足相通。靴足再现了三千年前西北牧民的革履形式。

卡约文化　因1923年在青海省湟中县卡约村首先发现而得名的[①]。年代为公元前1500～前700年。主要分布在青海境内的黄河上游及其支流湟水流域。它吸收了齐家文化的若干特点，与辛店文化张家嘴类型有着较密切的关系。彩陶的陶质较粗糙，多为夹砂红褐陶，陶土中掺入砂粒、云母片和碎陶末。器表经打磨。彩绘以赭红彩为主，次为黑彩。通常在器口内外及颈部施一层浓重的红彩，在肩腹部绘各种几何形花纹和动物纹，如三角纹、网格纹、锯齿纹、涡纹、回纹、曲折纹、钩连纹和羊纹、鹿纹。彩绘多饰于双耳罐、壶和瓮等器上。陶器的底部内凹似圈足状。该文化除彩绘题材有动物羊、鹿外，在墓中也经常有羊、犬、牛等动物随葬，可证经营畜牧业是当时居民的一项重要经济活动。

辛店文化　因1924年在甘肃省临洮县（旧名洮沙县）辛店村首先发现而得名[②]。年代为公元前1400～前1000年。主要分布在黄河上游及其支流洮河、大夏河和湟水流域。相对年代晚于齐家文化。彩陶以夹砂红陶为主，陶质较粗糙，掺入砂粒和碎陶片。陶色多呈橙黄色或砖红色。器表经打磨，并施有一层紫红色或白色陶衣。彩绘以黑彩为主，也有红彩或赭红彩。彩纹以回纹和双钩纹最具代表性。双钩纹似一对羊角，应是羊的象征。它不仅常见，而且绘在陶器的醒目部位，即上腹部。这揭示了该文化

---

① 安特生著、乐森璕译：《甘肃考古记》，《地质学报》甲种，1925年第五号。
② 安特生著、乐森璕译：《甘肃考古记》，《地质学报》甲种，1925年第五号。

主人与牧羊生活有着紧密的关系。双耳罐、单耳杯、高颈双耳罐、高档鬲等为其典型器物。该文化可分为张家嘴类型和姬家川类型①。它们都以甘肃永靖、青海民和、循化为中心，但张家嘴类型稍西北移，姬家川类型略往东南发展。两者在彩陶上也有明显区别。

张家嘴类型　1958年在甘肃省永靖县张家嘴村首先发现而得名②。彩陶胎较厚，部分陶容器有内彩。花纹除回纹和双钩纹外，还有宽带纹、三角纹、涡形纹、曲折纹、菱形纹、竖条纹、S纹、"勿"字纹、太阳纹和变形鸟纹等。这些花纹多由复线组成。还有一种是宽彩带纹，它是先涂上一道红色宽带，然后在宽带上再描绘各种几何花纹，如曲折纹、三角纹、斜线纹等。这种宽彩带纹往往绘于陶器的颈肩部，与其他花纹共组完整的画面。器形以平底器为主，双耳硕大。较新颖的有带耳豆和双耳三足罐，前者为大口折腹盘，大圈足，盘上附一横耳，高出口沿，盘内绘彩纹。后者为喇叭口，高颈深腹，颈侧附双大耳，底置三矮足，器表绘有宽彩带纹、双钩纹和太阳纹等，太阳纹是缀在双钩纹的钩抱中（图一〇）。

姬家川类型　1960年在甘肃省永靖县姬家川村首先发现而得名③。彩绘的方法，除通常在素面陶上直接施彩外，还有一种是在拍有绳纹的纹面上绘彩。花纹的种类虽然大体上与张家嘴类型相似，但在表现形式上却不同，如回纹和双钩纹最为明显，多是用单粗线组成。并且黑宽带纹纹面特宽，最宽者可达7厘米。此外，还有写实的犬纹，且多成对地出现，饰在陶器的腹上部，这是张家嘴类型所未见的。在陶器双耳上普遍出现"十""个""T""X"等彩绘符号十多种。在陶器造型上的一个特点是器底呈凹底或圜底，耳把成半环形。鬲作敞口短颈，颈侧附双环耳，乳头状袋足，器表彩绘锯齿纹、双钩纹（图一一）。

沙井文化　因1924年在甘肃省民勤县（旧名镇番县）沙井村首先发

---

①　谢端琚：《略论辛店文化》，《文物资料丛刊》第9辑，1985年。
②　中国社会科学院考古研究所甘肃工作队：《甘肃永靖县张家咀与姬家川遗址的发掘》，《考古学报》1980年第2期。
③　中国社会科学院考古研究所甘肃工作队：《甘肃永靖县张家咀与姬家川遗址的发掘》，《考古学报》1980年第2期。

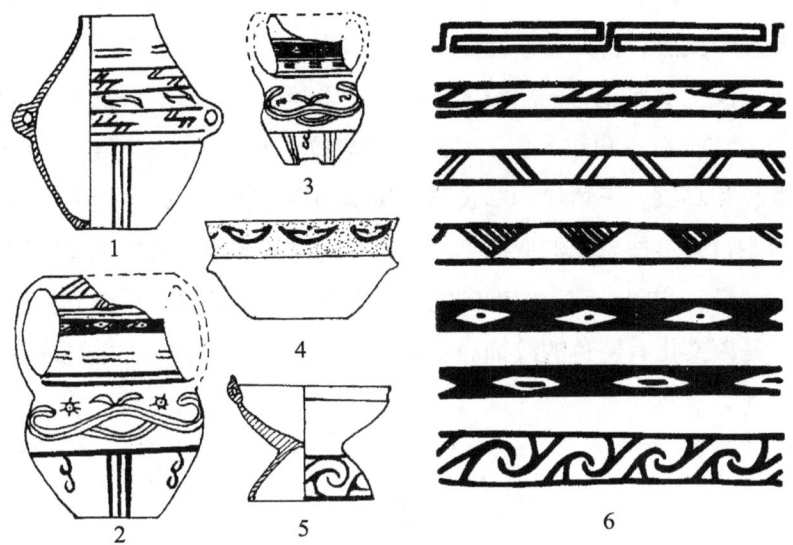

图一〇 张家嘴类型彩陶

1.高领双耳罐 2、3.双大耳罐 4.盆 5.豆 6.彩陶花纹展开图
（均出自甘肃永靖县张家嘴遗址）

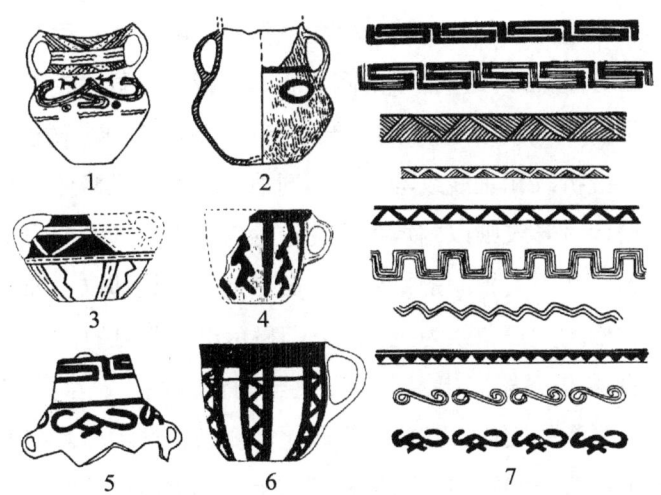

图一一 姬家川类型彩陶

1、2.双大耳罐 3.浅腹罐 4、6.杯 5.瓮 7.彩陶花纹展开图
（除1为永靖张家嘴，余均出自永靖姬家川遗址）

现而得名[①]。其年代较晚，为公元前800～前600年。主要分布在河西走廊的张掖、民勤、民乐、永昌一带。彩陶皆为夹砂红陶，陶质粗糙。在陶器的颈、腹上部多施有一层浅红色陶衣，彩绘多为赭红彩或红彩，描绘于陶衣上。纹样有三角纹、倒三角纹、锯齿纹、曲折纹、菱形纹、竖条纹、平行条纹和鸟纹。三角纹作窄长形，最小的锐角朝下，排列紧密。鸟纹以写实为主，也有抽象化的变体鸟纹。这些鸟纹多成组或成排地绘在同一平行线上，鸟头方向一致，似朝向同一目标飞翔，像雁行一样整齐。三角纹和鸟纹是该文化有特色的纹饰。彩陶的典型器形是筒形杯、单耳或双耳的圜底罐等。

五

新疆地区含有彩陶的古文化遗址分布范围广泛，不仅在哈密、乌鲁木齐、和静地区有较密集的分布，在塔里木河和伊犁河流域亦有发现。彩陶内涵丰富多彩。其特点是以夹砂褐陶为主，均手制，火候较高。彩绘方法一般都是在陶器表面先涂上一层红色或黄白色陶衣，然后在陶衣上再画出各式各样红彩或黑彩纹。绘彩的陶器有单耳罐、双耳罐、带流罐、长颈壶、浅盘豆和单耳杯等。常见的彩绘纹样有三角纹、倒三角纹、棋盘格纹、网格纹、波折纹和垂线纹等。但不同地区的彩陶风格还存在着明显的差异。如哈密地区彩纹则以内填各种花纹的斜带饰、横带饰为主，还有较具特点的菱形纹和虚实相间的方格纹；昭苏地区彩纹却以粗细线相间的三角纹和内填方格的大三角纹为主[②]。它们显示出了各自的特点（图一二）。新疆地区彩陶多与铜器同出，有少量甚至与铁器同出，因此年代都比较晚。这些内含彩陶的文化，其族属问题比较复杂，学术界常有讨论。值得提出的是新疆地区有些彩陶在造型和纹饰上与甘肃地区的四坝、辛店、沙

[①] 安特生著、乐森璕译：《甘肃考古记》，《地质学报》甲种，1925年第五号。
[②] 中国社会科学院考古研究所新疆队、新疆巴音郭楞蒙古自治州文管所：《新疆和静县察吾乎沟口一号墓地》，《考古学报》1988年1期；新疆维吾尔自治区文化厅文物处、新疆大学历史系文博干部专修班：《新疆哈密焉不拉克墓地》，《考古学报》1989年第3期。

井诸文化彩陶存在不少相似之处，反映出该地区彩陶风格深受甘肃地区彩陶的影响，也表明新疆地区与甘肃等地自古以来就存在着密切的文化联系。

图一二　新疆地区彩陶

1、4.带流罐　2、3.单耳罐　5.壶　6～8.腹耳壶　9.豆
（1～5.和静县察吾乎沟口1号墓　6～9.哈密焉不拉克墓地）

六

我国自大地湾文化中发现最早的彩陶伊始，至辛店文化、沙井文化、新疆含有彩陶的古文化，彩陶绵延不断经历了七八千年岁月，跨越了新石器时代，进入青铜时代。彩陶与其他事物一样，有它的发生、发达和衰落的发展规律。它伴随着新石器时代陶器的发展而诞生，而其发达、繁荣，极大地丰富了新石器时代文化的内容，成为新石器时代重要标志之一。

祖国幅员辽阔，彩陶犹如争艳的鲜花开遍中华大地。由于地域因素、传统文化的影响，这些彩陶虽有着许多共性，但也表现出各自的个性。这些共性和个性，正是我们借以研究和区别新石器时代（包括一部分青铜时代）文化类型的重要依据。

彩陶是新石器时代（包括一部分青铜时代）的产品。它萌发于斯，繁荣于斯，有着浓烈的时代特征。它从一个角度反映了当时社会的生产水平和思想意识。彩陶从原始的捏塑法、泥片贴筑法，发展为泥条盘筑法，到轮制法的完成；焙烧从最早的平地堆烧到窑的进步；以及彩绘颜料的使用和选择等等，都是饶有趣味的探讨课题。无疑，最引人兴趣的应是彩陶艺术。

艺术属于思想意识范畴，它源于生活，源于劳动实践。彩陶上那绚丽多彩的图案，既美化了生活，又反映了人们的自然观。因此，彩绘图案的形式、内容及含义一直是研究古代艺术、古代社会的讨论热点之一。

彩绘图案的题材大体可分为几何形纹和动物形纹两个类。前者包括植物形纹，后者包括人像纹。几何形纹最为普遍。

几何形纹常见的纹样有宽带纹、三角形纹、锯齿纹、圆点纹、平行条纹、弧线纹、网格纹、旋涡纹、菱格纹、曲折纹、波折纹、雷纹、回纹、方块纹、串珠纹、叶脉纹、草叶纹、花卉纹、豆荚纹、葫芦形纹、月牙纹、月亮纹、六角星纹和太阳纹等。这些纹样一般是运用点、线以及大小、粗细、长短、弧直、曲折、交叉等形式组成，具有均衡对称、调和统一的特点。艺术的灵感来自人们经常观察到自然界的山、水、日、月等的形象，而将这些客观形象加以提炼而成图案。如三角纹和锯齿纹可能是对于山峦起伏的联想而产生的，波折纹描绘了河水漪涟，旋涡纹则是再现大河汹涌澎湃的惊险景象，充溢着先民们的大无畏精神。网格纹可能是受编织物的启发而绘成，也许是所结网罟的写实之作。在宝鸡北首岭船形壶上的网状图案似乎营造了乘船捕鱼的意境。叶脉纹、草叶纹、花瓣纹、豆荚纹、葫芦形纹等可视为植物的素描。虽是图案化，但有的颇传神韵。如庙底沟类型的花卉纹，构图既谨严又活泼，有的学者曾析其为菊花和蔷薇花①。象征天象日月星辰的图案应是人们观察天象的结果，虽然极其原始、

---

① 苏秉琦：《关于仰韶文化的若干问题》，《考古学报》1965 年第 1 期。

幼稚，但也应该说已开我国天文学的先声。

　　动物形纹所见的纹样有鱼纹、鸟纹、蛙纹、鲵鱼纹、犬纹、鹿纹、羊纹（双钩纹）、马纹、舞蹈纹、人面纹、人像纹等。这些动物纹和人像纹表现的形式不尽相同。鲵鱼纹、鹿纹、犬纹、马纹、人面纹、舞蹈纹采用了写实手法，所描绘的动物和人都是千姿百态，神色兼备。鱼纹、鸟纹、蛙纹始则写实，继而慢慢发展蜕变为抽象图案，并且从描绘整体形态演化为以局部形态来代替。如鸟头象征全身，以蛙肢象征全蛙，但仍不失其形似和神似。羊纹（双钩纹）则始终是抽象的，双钩似绵羊的犄角，整个图案似羊首。人像纹却是写实和抽象的结合。无论是写实还是抽象，都来源自对身旁习见动物和人类自身的观察和理解。值得注意的是，这些花纹图案均含有文化、类型的内容。鱼纹是仰韶文化半坡类型的典型纹样，鸟纹属于仰韶文化庙底沟类型，鲵鱼纹只见于马家窑文化石岭下类型，蛙纹自写实至抽象化贯穿于马家窑文化诸类型，演变轨迹清晰。羊纹（双钩纹）为辛店文化所独有。这就引起我们思考，某一动物为某一文化或文化类型的人们所独钟，这是否与原始宗教的图腾崇拜有关，或者与经济生活紧密相连？换言之，可否推测鱼为半坡类型主人的图腾，鸟是庙底沟类型主人的图腾，蛙是马家窑文化主人的图腾。据历史文献记载，在西北地区甘、青一带是古代羌人活动的中心。《说文解字》云："羌，西戎，羊种也。"学者咸以为即牧羊人。辛店文化彩陶突出的羊纹（双钩纹）为史书记载找到了根据。同时，彩陶上犬纹也常见。犬是牧羊人的助手，羊、犬纹同出于一种文化的陶器上并不是偶合。因此，研究者一致认为，辛店文化的主人应是以牧羊为主的羌人。半坡出土的人面纹是广为人知的，人面往往与鱼或变形鱼纹的图腾结合，颇富神秘性，它或许是图腾人物或神话人物，也可能是巫觋的形象，含有某种巫术性质。柳湾出土的马厂类型彩塑人像具有原始宗教的意味，这种认识当不至于大谬。

　　在彩陶图案中依稀可见先民们数学知识的萌芽。青海大通上孙家寨出土舞蹈盆上，舞人以五为数分成三组。陕西宝鸡北首岭仰韶文化墓葬中出土一件红陶细颈壶，壶身上装饰了三周三角形黑彩花纹，上周一组有六个单元三角纹，下两周各有七个单元三角纹。而每一单元的三角纹亦皆以倒置的小三角组成。组成的方式相同，下两周三角纹最底层为四个小三角，往上以等差级数递减，共四层。上周三角纹最底层为三个小三角，叠三层①。陕西华县元君庙仰韶文化墓葬中出土一件红陶钵，钵上装饰一周三角纹，三角纹的构成方式与北首岭的一样，只不过以戳点代替黑彩，它每一单元三角纹最底层为十个小三角，共十层②。可以想象，如果在先民们的头脑中没有数的观念，是不可能产生这样周密的安排的。在彩绘图案中，方块形、三角形、圆形是习见的基本图形，它们绝不是对自然界的实体素描，应已升华为抽象图像。这就是说，当时的人们不仅有了数的观念，而且画出了圆、三角、方形的几何图形，说明他们已有一定的抽象思维能力。在我国的古代传说中伏羲氏是一位了不起的人物。他发明的八卦，已能演复杂的数。在汉画像石上镌有他和女娲分持规矩的图像。伏羲的时代相当于马家窑文化时期。天水地区是马家窑文化的主要分布区。相传伏羲的故里在成纪，即今甘肃天水。这可能不是偶然的巧合。

在彩陶上有我国最早的文字雏形。这在大地湾文化时期已见其端倪。天水西山坪出土一件陶钵，内壁用红彩画一"山"字形，它是目前所知我国最早的彩绘符号。仰韶文化时期所见符号均刻于彩陶钵的黑宽带上。据西安半坡、临潼姜寨、宝鸡北首岭等遗址统计，共发现270多件钵上刻划有50多种不同的符号。马家窑文化时期的符号均为彩绘，大多见于彩陶壶的腹下部。仅乐都柳湾一处墓地中就出土了679件包括139种不同符号的彩陶。由此可见，这些符号是随着历史的发展而逐渐增加，逐渐丰富的。早在半坡遗址出土刻划符号时，学术界即发生浓厚兴趣，纷纷撰文探讨其涵义。一般都认为它与中国原始文字有关，有的或许是家族制陶和陶工的标志。郭沫若先生指出，这些"类似文字的简单刻划"，"可以肯定地说就是中国文字的起源"③。郭氏所论甚是精当。我国商代文字因甲骨文的发现展示给了世人。甲骨文有单字2000多个，已具"六书"的文字结构，是颇有严密规律的文字系统。显然，它不是一朝一夕所能形成的，在它之

---

① 同注②《宝鸡北首岭》。
② 北京大学历史系考古教研室：《元君庙仰韶墓地》，文物出版社，1983年。
③ 郭沫若：《古代文字之辩证的发展》，《考古》1972年第3期。

前一定已走过了一段漫长的发生、演变的时期。仰韶文化、马家窑文化的符号有些似与甲骨文字一脉相承，如"一（｜）""二（‖）""三（Ⅲ）""≡""≣""X""十""土""廿"等。因此，如果要追溯甲骨文的源头的话，彩陶符号可能就是它的源头。也就是说，中国文字的起源就在这里。

彩陶是艺术，又不仅仅是艺术。它蕴藏着许多历史的奥秘，有待我们去发掘。

本文曾承香港大学冯平山博物馆资助。在写作过程中，该馆馆长刘唯迈先生和杨春棠先生等人给予了热情帮助，特此致谢。

（本文原载《考古与文物》1998年第1期，与叶万松合著）

从考古窥探伏羲时代的历史背景

一

在我国远古时代的历史上有许多传说的英雄人物，如盘古氏、有巢氏、燧人氏、伏羲氏、女娲氏、神农氏等，他们都代表着历史发展的某个阶段，其中伏羲氏是渔猎阶段的代表。《汉书·律历志》末引《世经》曰："炮牺氏作罔罟以田渔，取牺牲，故天下号曰炮牺氏。"晋皇甫谧《帝王世纪》云："庖牺氏取牺牲以充庖厨，以食天下，故号庖牺，后或谓之伏羲。"唐司马贞《三皇本纪》云："宓牺氏结网罟以教佃渔，故曰宓牺氏；养牺牲以庖厨，故曰庖牺。"

伏羲在传说中还是三皇之一。何谓三皇，说法不一。

徐旭生《中国古史的传说时代》云："按三皇的名字，宋均、谯周虽有燧人、伏羲的主张，《白虎通义》又有伏羲、神农、祝融的记载，可是郑玄注《尚书中候敕省图》引《春秋运斗枢》、《文选》班固《东都赋》注引《春秋元命苞》皆以伏羲、女娲、神农为三皇。"[1]《史记·五帝本纪〈索隐〉》云："而孔安国、皇甫谧《帝王世纪》及孙氏注《系本》并以伏羲、神农、黄帝为三皇。"[2]《风俗通义·三皇》曰："三皇，《礼号谥记》说伏羲、祝融、神农。《含文嘉》记虙戏、燧人、神农。"

---

[1] 徐旭生：《中国古史的传说时代》（增订本），文物出版社，1985年，第237页。
[2] 《礼记·曲礼》："太上贵德"。孔颖达疏"三皇"同。

伏羲列为三皇之中的地位未曾动摇，而且多居三皇之首位。伏羲之所以有如此辉煌的地位是因为他有着非常的业绩。除取牺牲以充庖厨，以食天下外，据《周易·系辞下》云："古者庖牺氏之王天下也，仰则观象于天，俯则观法于地，观鸟兽之文与地之宜，近取诸身，远取诸物，于是始作八卦，以通神明之德，以类万物之情。作结绳而为网罟，以佃以渔。"

《论衡·齐世篇》："故夫宓牺之前，人民至质朴，卧者居居，坐者于于，群居聚处，知其母不识其父。至宓牺时人民颇文，知欲诈愚，勇欲恐怯，强欲凌弱，众欲暴寡。故宓牺作八卦以治之。"

《白虎通·号》："谓之伏羲者何？古之时，未有三纲六纪，民人但知其母，不知其父。能复前而不能复后。卧之詓詓，起之吁吁，饥即求食，饱即弃余，茹毛饮血，而衣皮苇。于是伏羲仰观象于天，俯察法于地，因夫妇，正五行，始定人道。画八卦以治下，下伏而化之，故谓之伏羲也。"因此，后世尊伏羲为"人文始祖"。

根据古书的记载，伏羲时代在黄帝轩辕氏之前很远很远。《周易·系辞下》曰："庖牺氏没，神农氏作……神农氏没，黄帝尧舜氏作。"

《帝王世纪》："燧人氏没，包牺氏代之。""包牺氏，风姓也，……在位一百一十年。包牺氏没，女娲氏代立为女皇，亦风姓也。及女娲氏没，次有大庭氏、柏黄氏、中央氏、栗陆氏、骊连氏、赫胥氏、尊卢氏、混沌氏、昊英氏、有巢氏、朱襄氏、葛天氏、阴康氏、无怀氏，凡十五世，皆袭包牺氏之号也。"

《礼记·曲礼上》："太上贵德。"孔颖达疏："宋均注《文耀钩》云：女娲至神农七十二姓。谯周以为伏羲以次有三姓至女娲，女娲之后五十姓至神农，神农至炎帝一百三十三姓，是不当身相接。谯周以为神农炎帝为别人。"

《帝王世纪》："炎帝神农氏……在位一百二十年而崩，纳奔水氏女，曰听谈，生帝临，次帝承，次帝明，次帝直，次帝来，次帝衰，次帝榆罔，凡八代，及轩辕氏也。""神农氏……在位一百二十年而崩。至榆罔凡八世，合五百三十年。"

《辞源》（民国十五年版）："伏羲……在位一百十五年，传十五世，凡一千二百六十二年，而神农氏作。"

简言之，伏羲氏代燧人氏，在位110年，或说在位115年，传十五世，凡1260年。有称传三世至女娲氏，而女娲之后继者十五世也皆以伏羲为号。而女娲传至神农氏又隔七十二代，或说五十代。神农至炎帝一百三十三代，或说炎帝神农氏在位120年，传八代，合530年及黄帝轩辕氏。根据以上这些战国以后的人们带有神话传说式、若明若暗的记载，其中的阙漏、错误、失实肯定是难免的。我们知道，他们离那个时代至少已有三五千年之遥，而且没有文字记录而只有支离破碎的口头传说。现今研究这一阶段的历史主要是依靠考古资料，文献记载可作为参考。因此据其大体粗估计，从伏羲至黄帝的时间至少有两千年，相当于考古学上的新石器时代早中期。伏羲的业绩与新石器时代早中期亦大致符合。

伏羲教民人脱离"饥即求食，饱即弃余，茹毛饮血而衣皮苇"的时代，"结网罟以佃渔取牺牲"，"结网罟以教佃渔"。"佃"在古字义中作"田猎"解。汉许慎《说文解字》佃字下曰："中也，从人，田声。"段注："《广韵》曰营田，《玉篇》曰作田。今义非古义也。许攴部自有畋，不必用佃为之。许所说者，相传古义。"在《说文解字》攴部畋字下曰："平田也，从攴田，《周书》曰畋尔田。"今《辞源》《辞海》"佃"字均是多义字，其一义《辞源》解："田猎也，《易》以佃以渔。"《辞海》解："通畋。打猎。《易·系辞下》：'亦佃亦渔。'陆德明释文：'取兽曰佃。'"这表明，伏羲使大家过着亦佃亦渔的渔猎生活。

伏羲"仰则观象于天，俯则观法于地。观鸟兽之文与地之宜。近取其身，远取诸物，于是始作八卦，以通神明之德……"伏羲作八卦是后人称颂的功德，他是否制创了八卦，现在无从知晓，在考古发掘中发现可称之为"八卦"的，可能是1979年江苏省海安县青墩遗址出土的骨角器上的某些刻纹。张政烺先生在《试释周初青铜器铭文中的易卦》的补记中说"出土的骨角柶和鹿角枝上有易卦文八个，例如三五三三六四（艮下，乾上，遁）、六二三五三一（兑下，震上，归妹）。其所使用的数目字有二、三、四……说明它的原始性。这是长江下游新石器时代文化，无论其绝对年代早晚如何，在易卦发展史上应属早期形式，可以据以探寻易卦起源地点问题。"① 青墩遗址属于崧泽文化，该遗址出土的炭经碳 -14 测定，其绝对年代为公元前 4234～前 3335 年。但该报告并未认可张政烺先生的分析。② 不论分析是否符合历史的真实，但伏羲的时代已有巫术和原始宗教是没有问题的。

《白虎通·号》云："古之时，未有三纲六纪，民人但知其母，不知其父。……于是伏羲……因夫妇，正五行，始定人道。"班固《东都赋》："人伦实始，斯乃伏羲氏之所以基皇德也。"《世本·作篇》云："伏羲制以俪皮嫁娶之礼。"从考古资料看，父系制始于距今五千年左右的龙山文化。在伏羲时代应仍处于母系氏族制的对偶婚阶段，人民但知其母，不知其父。至于《风俗通义·佚文》所云"俗说，天地开辟未有人民，女娲抟黄土做人，务剧，力不暇供，乃引绳于泥中，举以为人。故富贵者黄土人，贫贱凡庸者絚人也。"女娲晚于伏羲，用黄土造人是创世纪故事，与她的时代不符合，更与伏羲不相及了。人之初不分贵贱，《风俗通义》所云带有浓厚的封建社会阶级意识。

古籍的记载亦含有不少神话色彩。如称伏羲氏在位110年，年197岁，女娲治天下130年（《精编廿六史·五帝》），神农氏在位120年，"黄帝在位百年而崩，年百一十岁。或传以为仙，或言寿三百岁"（《帝王世纪》）。原始社会生活极其艰苦，人们寿命很低。据考古发掘的墓葬出土骨架鉴定，他们中的大多数都死于青壮年时期之前。如对陕西省华县元君庙墓地鉴定的 194 具骨架中，有 37 人死于 15 岁左右，占统计总数的 19.077%；有 58 人死于 20～30 岁，48 人死于 30～40 岁，即有 54% 的人死于 20～40 岁。他们中没有 1 人能活到 60 岁。③ 又如对陕西省华阴县横阵墓地鉴定的 102 具骨架中，死于壮年（21～35 岁）的有 35 人，死于中年（36～55 岁）的有 26 人，共计 61 人，占统计总数的 59.8%；死于 20

---

① 张政烺：《试释周初青铜器铭文中的易卦》，《考古学报》1980 年第 4 期。
② 南京博物院：《江苏海安青墩遗址》《考古学报》1983 年第 2 期；中国社会科学院考古研究所编：《中国考古学中碳十四年代数据集（1965～1991）》，文物出版社，1991 年，第 104～105 页。
③ 北京大学历史系考古教研室：《元君庙仰韶墓地》（附录三），文物出版社，1983 年，第 131～132 页。

岁之前的有19人；而进入老年（56岁以上）的仅1人。① 元君庙和横阵墓地均属于新石器时代中期的仰韶文化，其绝对年代是距今6800～5800年。所以，在那个时代人们要达到耄耋之年几乎是不可能的，年逾百岁即是神话。神话的目的是使其人物伟大，不同凡人。但亦可以这样理解，即这些伟大的人物代表的是一个氏族或部族，甚至是一个时代。《帝王世纪》不亦云："包牺氏没，女娲氏代立为女皇，亦风姓也。及女娲氏没，次有大庭氏……凡十五世，皆袭包牺氏之号也。"

后人为了使这些传说中的英雄人物具有神秘的成分，并让他们有着与常人不一样的出身和形象，如伏羲氏是因母履大人之足迹而生；神农氏是因母出游，有神龙首感其母而生（《帝王世纪》）。但这亦反映了其时人们尚处于只知其母、不知其父的婚姻状态。据《帝王世纪》载伏羲氏是"蛇身人首"、女娲氏"亦蛇身人首"、神农氏却是"人身牛首"。《帝王世纪》为晋人皇甫谧所撰，而伏羲、女娲为蛇身人首的传说在汉代以后颇为流行，如王延寿《鲁灵光殿赋》有"伏羲鳞身，女娲蛇躯"之句，汉代的画像石墓的画像题材中就有伏羲女娲作人首蛇身交尾状，著名的山东嘉祥县武梁氏祠有人身蛇尾相交画像，右者戴进贤冠，执矩左向；左者发绾高髻，右向，手前伸。旁有榜题："伏戏仓精，初造王业，画卦结绳，以理海内。"② 伏羲被神化为人首蛇身始于何时？汉代以前伏羲形象的演化轨迹又如何？我们都是不得而知的。

《帝王世纪》云：伏羲母华胥履大人迹"而生包牺，长于成纪"，或曰"生庖牺于成纪"。据《汉书·地理志下》载：天水郡，领县十六，成纪是其一。东汉明帝时改天水郡为汉阳郡，《后汉书·郡国志五》载：汉阳郡，领十三城，成纪是其一。在"成纪"城下，南梁刘昭补注引《帝王世纪》曰："庖牺氏生于成纪。"在今之天水地区有汉代的成纪，也即刘昭认定庖牺氏出生的地方。今人也因此认为天水是伏羲的故里。元代至正七年（1347年）在今天水市西关创建了伏羲庙，明正德十一年（1516年）武宗准奏命立伏羲庙于秦州（今天水），明清两代多次重修。庙占地1.3公顷，

---

① 考古研究所体质人类学组：《陕西华阴横阵仰韶文化人骨》，《考古》1977年第4期。
② 蒋英炬、吴文祺：《汉代武氏墓群石刻研究》，山东美术出版社，1995年，第52～53页。

规模宏大。现为全国文物保护单位。天水市北道区西北三阳川有画卦台，亦名卦台山，相传是伏羲氏画八卦处。《秦州志·卦台记》云："其台若坐若盘，而羲皇观天察地于此，画卦于此也。"该地还曾调查发现有新石器时代的文化遗存。历代官民为纪念伏羲，在台上建庙立碑。1982年在台上发现宋刻《秦州成纪县伏羲庙记》断碑一块，并发现两处庙宇残址。明嘉靖十年（1531年）修建的伏羲庙在"文革"中被拆毁。

《帝王世纪》云："庖牺氏……都陈；宓羲为天子，都陈，在《禹贡》豫州之域。……于周，陈胡公所封，故《春秋传》曰：陈，太昊之墟也。于汉属淮阳，今陈国是也。"《汉书·地理志下》："陈国，今淮阳之地。陈本太昊之虚。"《后汉书·郡国志二》："陈国，领九城，在'陈'城下。"刘昭补注引《帝王世纪》曰："庖牺氏所都，舜后所封。"今河南省淮阳县即是其地。淮阳北郊蔡河北岸有明代所修建的"太昊陵"一处，现为河南省文物保护单位。据传此处春秋时已有陵，汉代立祠，宋初赵匡胤诏立陵庙。现存建筑多为明正统十三年（1448年）所建，庙周有外城、内城、紫禁城三道城垣，南北长700米，东西宽500余米，陵前立有"太昊伏羲氏之陵"碑与明、清、民国石碑200余通。淮阳亦有画卦台一处，位于县北城湖岛上，又名画卦坛，相传是伏羲画八卦处，面积4900平方米。台前有白龟池，传是伏羲于蔡水得白龟，掘此池放养，故名。在河南省孟津县负图寺内有一通宋代朱熹题的"伏羲先天图诗"石碑，碑文内容为对伏羲初辟乾坤的赞辞[①]。

由此可见，伏羲氏族的活动范围不只局限于甘肃东部地区，还驰骋于广阔的中原大地。而不论是天水的伏羲庙、画卦台或是淮阳的太昊伏羲氏之陵、画卦台，孟津的朱熹"伏羲先天图诗"碑，都是后人纪念伏羲之物，说明伏羲在中国人的心目中有着崇高的地位。伏羲不仅是属于天水或淮阳的，亦是属于全国人民的。

---

① 国家文物局主编：《中国文物地图集·河南分册》，中国地图出版社，1991年，第120、422页。

二

《帝王世纪》诸书认为伏羲生于成纪，长于成纪，不是没有道理的。在伏羲的那个时代甘肃天水地区的原始文化是比较发达和繁荣的，而且与中原原始文化有很密切的联系。

天水地区包括天水、甘谷、武山、秦安、清水、张家川等县市，其地理位置处于渭河上游及其支流葫芦河、牛头河、榜沙河流域。水系密布，水利资源丰富，有灌溉之利，河滩、谷地相间，土地肥沃，且气候属于北温带半湿润区。这优越的自然条件和生态环境，为古人类的生存、先民的生息繁衍提供了保障。因此，在这片土地上留下了丰富的先民劳动创造和生活的遗迹和遗物。

自20世纪40年代以来，考古工作者在天水地区做了大量的考古调查和发掘工作，发现新石器时代的遗址共有500余处。据我们的研究和推测，伏羲时代相当于新石器时代早、中期，亦即相当于大地湾文化和仰韶文化阶段。调查所知的500余处遗址中属大地湾文化的3处、仰韶文化的60多所①。而其中经较大规模发掘的有秦安大地湾、王家阴洼、天水师赵村和西山坪等遗址出土有曾居住的房址、储藏物品的窖穴、烧制陶器的窑址以及墓葬等，遗物有石、骨、陶质的生产工具、生活用具和装饰品等。但各遗址出土的数量不等，如大地湾遗址发现房址240座、窖穴342个、窑址38座、墓葬79座，出土陶、石、骨器8000余件。②师赵村和西山坪遗址发现房址4座、窖穴7个、窑址1座、墓葬1座，出土陶、石、骨器共约300件③这些发掘的实物资料在考古研究上具有重要的学术价值，对探讨伏羲文化亦是会有裨益的。

伏羲"作结绳而为网罟，以佃以渔"的生产劳动和生活的情景，在发掘的资料中很生动而且有具体反映。如在遗址中均出土了大量的骨针和

---

① 王彦俊：《试论伏羲氏族文化》，载《伏羲文化》，中国社会出版社，1994年，第175页。
② 甘肃省博物馆文物工作队：《甘肃秦安大地湾遗址1978至1984年发掘的主要收获》，《文物》1983年第11期。
③ 中国社会科学院考古研究所：《师赵村与西山坪》，中国大百科全书出版社，1999年。

陶、石纺轮，石网坠等。骨针和纺轮是结绳织网的工具，网坠在捕鱼中起着重要的作用。拍印在陶器外表的绳纹和画于彩陶上的网纹是结绳织网的写照。彩陶上绘有鱼纹、变体鱼纹、网鱼纹等图像，反映人们对鱼很熟悉，鱼应该是他们口中的美味。遗址中还出土石镞、骨镞、石球、陶弹丸等狩猎工具，可见狩猎在经济生活中占有重要的地位。出土鹿、野猪、羚羊、田鼠、河狸和狗、猪、牛、羊、鸡等的骨骸，前者应是当时狩猎的对象，后者当是饲养的家畜。先民在狩猎劳动中逐渐认识到豢养家畜的可能性和重要性，已有了家畜的饲养。

在出土的石器中还有刀、斧、铲、磨盘、磨棒、臼等劳动工具，而且随着时代的发展而增加。这些工具既可用于采集经济，也是主要的农耕生产工具。还发现有炭化的植物种子，经鉴定有黍、粟、油菜子等，它们可能已是种植的作物。黍和粟都是耐旱作物，适宜在这一地区生长。先民在过着渔猎生活的同时，还兼营采集活动，并已有了一定规模的原始农业，而农业生产日趋重要，在经济中的地位亦逐渐地提高。

在秦安王家阴洼遗址发掘出 63 座仰韶文化墓葬，以分布、朝向的不同可分成两区，西区由 30 座头向东南的墓和 2 座瓮棺葬组成，墓葬排列密集，有叠压和打破现象；东区由 30 座头向北偏尔的墓和 1 座瓮棺葬组成，排列较稀疏，叠压和打破的关系较少。这两区墓的交会处，有 3 座墓交叉叠压和打破关系。西区墓的墓主性别能鉴定的有 15 座，其中 12 座为男性，3 座为女性，以男性为主。东区墓的墓主性别能鉴定的也是 15 座，其中 10 座为女性，5 座为男性，以女性居多。以女性居多的东区墓随葬器物较为丰富，而且多出于女性的墓中，如出 10 件、9 件器物的墓都是女性墓。以男性为主的西区墓随葬器物较少，仅 1 墓出 6 件器物的属男性。两区的墓数基本相等，但墓地的面积，西区较小，因此排列密集，地势偏低且临近悬崖。相反，东区占地面积较大，墓葬排列比较宽疏，地势也较高。显然女性享有较优厚的待遇，居有特殊的社会地位。此外，2 座瓮棺墓均为一成年女性和儿童的合葬，亦即母子合葬。① 发掘资料表明：这里

---

① 甘肃省博物馆大地湾发掘小组：《甘肃秦安王家阴洼仰韶文化遗址的发掘》，《考古与文物》1984 年第 2 期。

是一处氏族公共墓地，它是由男、女两个家族组成，他们尚处于母系氏族社会，其婚姻形态是实行族外婚的对偶婚制度。

《帝王世纪》曰："伏牺氏，仰观象于天，俯观法于地，观鸟兽之文与地之宜，近取诸身，远取诸物，于是造书契以代结绳之政。"又曰，黄帝"其史仓颉，又取象鸟迹，始作文字"。我们知道，文字的发明不是某一代或某一个人所能成就的，它们是劳动人民长期努力积累而逐渐形成的，文字的形成即是人类踏入文明时代的开始。文字的源头却是考古学界和古文字学界孜孜以求的。西安半坡仰韶陶器上发现的刻划符号，即引起了学者探索的兴趣，郭沫若、于省吾诸大家纷纷撰文研究[①]。

近年来在秦安大地湾、王家阴洼和西山坪诸遗址中均在出土的大地湾文化与仰韶文化陶器上发现画有彩绘符号和刻划符号。如大地湾遗址的彩陶钵，一期在其口沿外侧均涂一周红色宽带纹，部分彩陶钵内壁用红彩绘有符号，主要有"｜""‖""个""十""T""〰"等10多种不同形式；二期是在彩陶钵的口沿外侧涂一周黑色宽带纹，宽带纹上刻划"十""」""｜""O""V"等10多种符号。[②] 在西山坪遗址出土有陶器符号的完整标本多件，如彩陶圜底钵在器内壁用红彩绘一"山"字形对号，筒形罐的器腹上部刻两道呈"＝"形符号。王家阴洼遗址出土的彩陶器上有为数较多的刻划符号，据统计带有符号的彩陶钵共10件，符号计5种，作"｜"形的5件，"↓"形的2件，"亻""丬""ㄱ"各1件。这些符号皆刻在钵口沿外侧黑宽带纹上。这些符号都是用最简单的横道、竖道或斜线等组成，很可能是我国古代文字的原始形态。如果要追溯文字源头的话，陶器符号或就是它的源头，换句话说，中国文字的起源应该就在这里。

伏羲是中华民族敬仰尊崇的人文始祖，列为三皇之首。天水是伏羲的诞生地，值得天水人骄傲。伏羲结网罟教民渔猎畜牧，摆脱了"饥即求

[①] 郭沫若：《古代文字之辩证的发展》，《考古》1972年第3期；于省吾：《关于古文字研究的若干问题》，《文物》1973年第2期。

[②] 甘肃省博物馆等：《甘肃秦安大地湾新石器时代早期遗存》，《文物》1981年第4期；张朋川：《中国彩陶图谱》，文物出版社，1990年，第46页。

食，饱即弃余，茹毛饮血而衣皮苇"的时代。可以说，伏羲是一位伟大的发明家和文化的先驱者，他创造了光辉灿烂的古代文化，为中国古代文化的发展做出了重大的贡献。我们将永远敬仰和纪念他。

（本文原载《伏羲文化论丛（2003）》，甘肃人民出版社，2004年）

谢端琚先生著作目录

一、专著

《庙底沟与三里桥》（黄河水库考古报告之二）（合著），科学出版社，1959年。

《青海柳湾——乐都柳湾原始社会墓地》（合著），文物出版社，1984年。

《青海古代文化》（合著），青海人民出版社，1986年。

《西北五省（区）考古学文献目录》（合著），青海人民出版社，1989年。

《中国大百科全书（简明版）》（合著），中国大百科全书出版社，1996年。

《渤海上京龙泉府遗址》，《六顶山与渤海镇——唐代渤海国的贵族墓地与都城遗址》（合著），中国大百科全书出版社，1997年。

《师赵村与西山坪》（合著），中国大百科全书出版社，1999年。

《陶瓷史话》（合著），《中华文明史话》丛书，中国大百科全书出版社，1998年。

《中国文物故事丛书》（合著），湖南少年儿童出版社，2001年。

《甘青地区史前考古》，文物出版社，2002年。

二、调查与发掘报告

《甘肃永靖张家咀遗址发掘简报》，《考古》1959年第4期。

《临夏大何庄和秦魏家两处齐家文化遗址发掘简报》，《考古》1960年第3期。

《甘肃临夏马家湾遗址发掘简报》，《考古》1961年第11期。

《甘肃永靖姬家川遗址发掘简报》，《考古》1962年第2期。

《甘肃临夏秦魏家遗址第二次发掘的主要收获》，《考古》1964年第6期。

《黄河上游盐锅峡与八盘峡考古调查记》，《考古》1965年第7期。

《甘肃永靖马家湾新石器时代遗址的发掘》，《考古》1975年第2期。

《甘肃永靖秦魏家齐家文化墓地》，《考古学报》1975 年第 2 期。

《甘肃永靖张家咀与姬家川遗址的发掘》，《考古学报》1980 年第 2 期。

《甘肃永靖莲花台辛店文化遗址》，《考古学报》1980 年第 4 期。

《甘肃东部发现马家窑文化陶窑》，《中国历史学年鉴》(简本)，人民出版社，1982 年。

《甘肃天水地区考古调查纪要》，《考古》1983 年第 12 期。

《天水师赵村齐家文化聚落遗址》，《中国考古学年鉴·1985》，文物出版社，1985 年。

《武山傅家门遗址的发掘与研究》，《考古学集刊》第 16 集，科学出版社，2006 年。

三、论文与散文等

《齐家文化是马家窑文化的继续和发展》，《考古》1976 年第 6 期。

《试论齐家文化与陕西龙山文化的关系》，《文物》1979 年第 10 期。

《论大何庄与秦魏家齐家文化的分期》，《考古》1980 年第 3 期。

《试论齐家文化》，《考古与文物》1981 年第 3 期。

《论石岭下类型的文化性质》，《文物》1981 年第 4 期。

《浮塑裸人形饰彩陶壶》，《人民中国》1981 年第 4 期。

《略论辛店文化》，《文物资料丛刊》第 9 集，文物出版社，1985 年。

《马家窑文化诸类型及其相关的问题》，《考古与文物》1985 年第 1 期。

《黄河上游的马家窑文化》，《新中国的考古发现和研究》，文物出版社，1984 年。

《黄河上游的齐家文化》，《新中国的考古发现和研究》，文物出版社，1984 年。

《新石器时代考古》，《中国考古学年鉴》，文物出版社，1986 年。

《马家窑文化渊源试探》，《中国考古学研究——夏鼐先生考古五十年纪念论文集》，文物出版社，1986 年。

《略论齐家文化墓葬》，《考古》1986 年第 2 期。

《柳湾墓地》，《中国大百科全书·考古学》，中国大百科全书出版社，1986 年。

《齐家文化》，《中国大百科全书·考古学》，中国大百科全书出版社，1986 年。

《大何庄遗址》，《中国大百科全书·考古学》，中国大百科全书出版社，1986 年。

《秦魏家遗址》，《中国大百科全书·考古学》，中国大百科全书出版社，1986 年。

《皇娘娘台遗址》，《中国大百科全书·考古学》，中国大百科全书出版社，1986 年。

《辛店文化》，《中国大百科全书·考古学》，中国大百科全书出版社，1986 年。

《卡窑文化》，《中国大百科全书·考古学》，中国大百科全书出版社，1986 年。

《沙井文化》，《中国大百科全书·考古学》，中国大百科全书出版社，1986 年。

《试论我国早期土洞墓》，《考古》1987 年第 12 期。

《新石器时代考古》，《中国考古学年鉴》1986 年。

《中国新石器时代》，《中国考古学年鉴》1988 年。

《我国早期的铜器》，《中国文物报》1988 年 3 月 11 日。

《青海民族考古的发现与研究》，《民族研究动态》1988 年第 1 期。

《关于齐家文化研究中的几个问题》，《考古》1988 年第 6 期。

《黄河上游原始文化居住建筑略说》，《中国原始文化论集——纪念尹达八十诞辰》，文物出版社，1989 年。

《新石器时代考古》，《中国考古学年鉴》，文物出版社，1990 年。

《辛店文化族属蠡测》，《华夏文明》第 2 集，北京大学出版社，1990 年。

《师赵村一期文化的发现及其意义》，《中国文物报》1992 年 8 月 23 日。

《论渭河上游史前文化》，《中国考古学论丛》，科学出版社，1993 年。

《中国原始卜骨》，《文物天地》1993 年第 6 期。

《论师赵村一期文化》，《陇右文博》创刊号，1996 年。

《简论我国中西部地区彩陶》，《考古与文物》1998 年第 1 期。

《论中国史前卜骨》，《史前研究——西安半坡博物馆成立四十周年纪念文集》，三秦出版社，1998 年。

《论中国黄河流域古代彩陶艺术》，《故宫学术季刊》第 16 卷第 7 期，1998 年。

《黄河上游地区史前考古的回顾与展望》，《陇右文博》2001 年第 1 期。

《黄河上游史前文化玉器研究》，《故宫学术季刊》第 19 卷第 2 期，2001 年。

《甘青考古的重要成果》，《中国文物报》2003 年 10 月 22 日。

《甘青地区齐家文化》，《中国考古学·夏商卷》，2003 年。

《情系我国西部考古》，《中国文物报》2004 年 4 月 23 日。

《黄河上游史前陶器符号与图像研究》，《考古学集刊》第 16 集，科学出版社，2006 年。

《五千年前中国原始龙》，《伏羲文化研究》2006 年第 1 期。

《宁夏史前考古概论》，《二十一世纪的中国考古学——庆祝佟柱臣先生八十五华诞学术文集》，文物出版社，2006 年。

《黄河上游马家窑文化早期、中期遗存》，《中国考古学·新石器时代卷》2010 年。

《黄河上游马家窑文化晚期遗存》，《中国考古学·新石器时代卷》2010 年。

《论马家窑文化石岭下类型》，《新世纪的中国考古学——王仲殊先生九十华诞纪念论文集》，2015 年。

四、简介与书评

《柳湾墓地》,《青海风物志》,青海人民出版社,1985年。

《诺木洪文化》,《青海风物志》,青海人民出版社,1985年。

《舞蹈纹彩陶盆》,《青海风物志》,青海人民出版社,1985年。

《人像彩陶壶》,《青海风物志》,青海人民出版社,1985年。

《木简和匈奴官印》,《青海风物志》,青海人民出版社,1985年。

《汉代石虎》,《青海风物志》,青海人民出版社,1985年。

《瞿昙寺》,《青海风物志》,青海人民出版社,1985年。

《日月山石碑》,《青海风物志》,青海人民出版社,1985年。

《简介〈甘肃考古记〉》,《世界百科名著大辞典》(社会与人文科学卷),山东教育出版社,1992年。

《简介〈庙底沟与三里桥〉》,《世界百科名著大辞典》(社会与人文科学卷),山东教育出版社,1992年。

《简介〈宝鸡北首岭〉》,《世界百科名著大辞典》(社会与人文科学卷),山东教育出版社,1992年。

《简介〈梁思永考古论文集〉》,《世界百科名著大辞典》(社会与人文科学卷),山东教育出版社,1992年。

《喜读〈福建陶瓷〉》,《东南文化》1995年第4期。

《〈双砣子与岗上〉评介》,《考古》1998年第4期。

《家声故事——介绍〈文物故事丛书〉》,《中国图书报》2001年7月5日。

《甘肃考古研究新成果——喜读〈遥望星宿——甘肃考古文化丛书〉》,《中国文物报》2004年9月8日。